精 装 本

В. А. СУХОМЛИНСКИЙ
ИЗБРАННЫЕ ПРОИЗВЕДЕНИЯ В ПЯТИ ТОМАХ

苏霍姆林斯基
选集

（五卷本）

第 **4** 卷

教育科学出版社
·北京·

《苏霍姆林斯基选集》
（五卷本）

2003年12月

荣获中华人民共和国新闻出版总署颁发的
"第六届国家图书奖"提名奖

2003年

荣获"第三届全国教育图书奖"一等奖

苏联著名教育家瓦·亚·苏霍姆林斯基(1918—1970)

第 1 卷

全面发展的人的培养问题

学生的精神世界

培养集体的方法

第 2 卷

年轻一代共产主义信念的形成

怎样培养真正的人

给教师的 100 条建议

第 3 卷

我把心给了孩子们

公民的诞生

给儿子的信

第 4 卷

帕夫雷什中学

和青年校长的谈话

第 5 卷

论文集

收录苏霍姆林斯基撰写的优秀教育论文 68 篇

编委会

策 划 祖 晶

主 编 蔡 汀　王义高　祖 晶

编 委（按姓氏笔画为序）

丁文礼	干 正	王义高	王家驹
王家柚	叶玉华	申 强	白振汉
毕淑芝	曲 程	刘伦振	刘启娴
纪 强	杜殿坤	杨季舫	肖 甦
吴福生	何书林	张天恩	张佩珍
张渭城	张德广	陈先齐	陈茵梅
金 芳	周 蕖	单丽洁	赵 玮
赵秋长	祖 晶	姚亦飞	倪家泰
唐其慈	继 麟	黄之瑞	黄云英
章昌云	董 友	蒋雪琦	蔡 汀

ИЗБРАННЫЕ ПРОИЗВЕДЕНИЯ
В ПЯТИ ТОМАХ

前　言

提起乌克兰，许多人马上会联想到《钢铁是怎样炼成的》这部作品中保尔·柯察金的生活原型——乌克兰民族英雄奥斯特洛夫斯基。其实，在乌克兰民族英雄的史册上，还有一位与奥斯特洛夫斯基同样值得世人称颂的人物，他就是享誉世界的著名教育家——瓦西里·亚历山德罗维奇·苏霍姆林斯基。

瓦·亚·苏霍姆林斯基是苏联杰出的教育理论家和教育实践家，俄罗斯联邦教育科学院和苏联教育科学院通讯院士。他挚爱教育事业，把心都献给了孩子，在平凡而伟大的教育岗位上，真真切切地奉献出自己；他勇于求索，在艰辛的路途上，历经磨难，不畏劳苦，呕心沥血，孜孜不倦地写下蜚声国际的教育诗篇；他品德高尚，心地纯美，放着高官不做，只求默默无闻、脚踏实地地在一所农村中学工作。这些事迹和品质使苏霍姆林斯基短暂的一生熠熠生辉，留下了永久的痕迹。人们把他当作一个真正的"大写"的人，永远留在心中加以敬仰和爱戴，成就其当代著名教育家的地位。

苏霍姆林斯基于1918年9月28日出生在乌克兰瓦西里耶夫卡村的一个贫苦农民家庭。苏联成立后，苏霍姆林斯基的家境变了样，他的父亲在分配的土地上辛勤耕作，并以精湛的手艺进行木工制作，使得全家过上了和睦甜美的幸福生活。父母给苏霍姆林斯基创造了一个温馨的家庭环境，使他在这样的环境里健康成长。

1926年，苏霍姆林斯基和其他农村孩子一样，上了小学。1933年，他从七年制学校毕业。在那个年代，由于苏联普通学校急剧增加，迫切需要大量的师资，他就毅然选择去克列明楚格师范学院的师资培训班学习，并于1934年毕业。正是在这里，他立下誓言，要将毕生精力奉献给祖国的教育事业。1935年，年仅17岁的苏霍姆林斯基便踏上了漫长而光荣的从教之路。1936年，苏霍姆林斯基在波尔塔瓦师范学院继续深造，1938年毕业。1939年，苏霍姆林斯基加入了苏联共产党。在伟大的卫国战争期间，苏霍姆林斯基曾任作战部队连政治指导员，上了前线，经历几次生死攸关的战斗，但他从不炫耀这段经历。1942年，他在与纳粹德军的浴血奋战中负了重伤，此后有两块弹片一直残留在他的胸部。

伤愈出院后，领导问他："您打算干什么呢？"

"我去学校，我本来就是一名教师……"苏霍姆林斯基毫不犹豫地答道。于是苏霍姆林斯基重新回到教育岗位。从1948年起，直到他逝世为止，他一直是帕夫雷什中学的教师和常任校长。

作为校长，苏霍姆林斯基不仅是一位精力充沛和要求严格的学校管理者，也不仅是年轻教师的楷模，更是学生的良师益友。他把每一个学生都视为自己的孩子，与他们朝夕相处，一天也不愿与学生、教学相脱离。苏霍姆林斯基是个有理想、有追求、有目标的人，他对教育毫无保留地倾注了自己的毕生精力，对共产主义教育事业赤胆忠心，《我把心给了孩子们》这一书名就足以反映他崇高的思想境界。赤诚的心、火热的血、坚强的毅力、辛勤的汗水使他成为社会主义劳动英雄，他把自己无私地奉献给了教育事业。

1970年9月2日晚8时30分，苏霍姆林斯基病情恶化，心脏停止了跳动。葬礼上，前来吊唁的人络绎不绝。苏霍姆林斯基在人们心中竖起一座不朽的丰碑，他永远活在人们的心里。

关于生命，乌克兰民族英雄奥斯特洛夫斯基有段名言："人最宝贵的是生命。生命每个人只有一次。人的一生应当这样度过：当回忆往事时，他不会因为虚度年华而悔恨，也不会因为碌碌无为而羞愧；在临死的时候，他能够说：'我的整个生命和全部精力，都已经献给了世界上最壮丽的事业——为人类的解放而斗争。'"苏霍姆林斯基也说过："人的生命是极为宝贵的，但有比我的生命和你的生命更宝贵的东西,那就是祖国永恒的生命。"苏霍姆林斯基的英雄品格,完全可以和他十分敬慕的乌克兰民族英雄奥斯特洛夫斯基相媲美。

苏霍姆林斯基的一生是伟大的、光荣的。他不仅对共产主义教育事业赤胆忠心,而且是一位勤于笔耕、写有大量教育专著和论文的教育理论家。他一生共著有41部著作、600多篇论文、约1200篇文艺作品。他的著作仅在苏联就出版发行了300多万册。其中的一些著作已被译成30多种文字在国内外出版。他的教育思想同样引起我国教育工作者的高度重视,他的人格魅力更受到人们的高度称赞。苏霍姆林斯基已成为在我国教育领域享有极高威望的外国知名教育家之一。

在我国教育发展的新时代,为落实立德树人根本任务,培养担当民族复兴大任的时代新人,培养德智体美劳全面发展的社会主义建设者和接班人,我们深挖苏霍姆林斯基教育思想宝库的价值,重新策划出版《苏霍姆林斯基选集(五卷本)》精装本。

《苏霍姆林斯基选集(五卷本)》基本包括了苏霍姆林斯基一生撰写的主要著作和论文。广大教育工作者都可以从这部选集中找到可资借鉴的宝贵的精神财富。把他的著作称为"教育百科全书"并非夸张,因为他的教育思想涉及面极广,形成了一套教育理论体系。我们将这一套高水准的教育理论专著奉献给我国广大教育工作者,就是希望人们从中受到鼓舞激励,受到启发教育,在实施素质教育、教育改革开放持续深化的今天,能涌现出千千万万对我国教育事业忠诚热爱的教育家,为培养出更多高水准的人才做出贡献。

收入五卷本的著作、论文如下。

第1卷

1.《全面发展的人的培养问题》[①]

本书是作者在1969年10月至1970年4月完成的,是一篇关于个人已发表的主要学术著作的综合报告。他准备以此为申请教育科学博士学位的论文参加答辩。遗憾的是,这篇论文写完不久,作者便与世长辞了,未能进行答辩,但苏联教育界公认这是一篇优秀的博士论文。

苏霍姆林斯基在其教育实践活动中,重点研究的就是如何培养全面发展的人的问题。他认为"学校的使命就是要培养和谐统一(即全面和谐发展)的人"。

书中提到列宁给社会主义社会提出的任务,是"教育、训练和培养出全面发展的和受到全面训练的人,即会做一切工作的人"。[②]

接着苏霍姆林斯基说:"培养全面发展的人的理想,并不能靠一套专门臆想出来的措施来实现。要实现人的全面发展的理想,就必须深入地改善整个教育过程。"

培养全面发展的人,是一个非常细致的过程,也是一个非常微妙的问题。书中还提到全面发展的8个方面的问题,作者一一做了详细的阐述。

培养全面发展的人,是苏霍姆林斯基的重要教育信念,也是他教育思想的核心所在。

2.《学生的精神世界》

本书是苏霍姆林斯基多年教育实践经验和研究的总结。

为了培养学生拥有思想丰富的、理想崇高的精神世界,作者跟踪观察和研究了29个班级,共700余名学生从入学到毕业整个10

[①] 本书曾由湖南教育出版社于1984年出版,书名为《关于全面发展教育的问题》。——编者

[②] 中共中央马克思恩格斯列宁斯大林著作编译局.列宁选集:第四卷[M].3版.北京:人民出版社,1995:159.

年学习期间的生活。根据大量的实际材料，分析了这些学生在童年、少年和青年时期在德、智、体、美、劳诸方面的成长过程，揭示了他们的知觉、思维、情感、兴趣、需要、意志的心理发展和言语的不同特点，以及各种不同因素对形成学生精神面貌所起的不同作用。本书寓理论于实践之中，既有大量生动活泼的事例，又有深思熟虑的理论概括，并深入浅出地介绍了一些教育学、心理学方面的理论和知识。

3.《培养集体的方法》

通过集体进行教育，是苏霍姆林斯基长期研究的重要课题之一。1956年，他的第一部著作《学生的集体主义教育》一问世就博得了读者的好评。《培养集体的方法》一书是他在世的最后两年中写成的，1971年出版，深受当时苏联教育界的重视。该书集中地反映了作者的集体主义教育思想。全书共分4个部分：学校集体及其培养的原则，集体的思想和公民精神基础，集体对个人教育影响的形成，教师的人格、教师集体和学生集体等。书中通过大量生动的事例，从理论上阐述了集体教育工作中经常遇到的一些问题，其中许多经验具有普遍意义，值得我国广大教育工作者，特别是中小学校长、教师去研究和借鉴。当然，由于国情的不同，书中的某些观点和所介绍的某些做法未必符合我国实际，希望读者在阅读时予以分析鉴别。

◇ 第2卷 ◇

1.《年轻一代共产主义信念的形成》

学校必须进行道德教育，苏霍姆林斯基始终坚持这个观点，他强调："学校应当造就有崇高思想的人，对这种人来说，为共产主义而奋斗乃是生活的最高意义所在。"如何坚定对共产主义的信念理想，为共产主义事业奋斗终生，是一个值得深思的问题。苏霍姆林斯基的《年轻一代共产主义信念的形成》一书，正是我们研究、探讨这一问题不可或缺的必备书。

2.《怎样培养真正的人》

这是苏霍姆林斯基的一部不朽的遗作。苏霍姆林斯基认为,每一个人都应有自己的主题,而他,苏霍姆林斯基的主题,就是培养真正的人,这也是他生活的主旨。为了撰写这部著作,他不顾自己患有严重的心脏病,抛开与工作无关的一切,抛开生活琐事的干扰,在生命的最后两年,潜心写作这部新著。作者去世后,基辅的苏维埃学校出版社曾根据他的手稿出版了一个缩编本。此次出版的是一部较完整的著作,用教育家的女儿苏霍姆林斯卡娅的话说,这本书"是教师向正在成长的一代进行道德教育的一部教材"。读了这本书,可以从中领略到许多有益的道德教诲、人生哲理;它能使人品格高尚、变得更美,具有培养下一代的才能。当然,更多的还要靠读者自己去品评,去实践。

3.《给教师的100条建议》

为了解决中小学教育教学工作的实际问题,切实提高教育、教学质量,苏霍姆林斯基专门为中小学教师写了《给教师的100条建议》一书。作者以"建议"这种新颖的写作方式,与读者真诚地谈心,使人读来毫无刻板、说教之感。全书皆为经验之谈,涉及教师经常遇到的棘手问题,令人倍感亲切、深受启发;各条建议有理有据,教育学、心理学、教学论等重要原理渗透全书,有继承、有发展、有创新,构成了一套完整的教育思想体系,是值得认真阅读的一本好书。

❖ 第3卷 ❖

1.《我把心给了孩子们》[①]

这是苏霍姆林斯基所有杰作中的一部精品,曾获乌克兰苏维埃

[①] 本书曾译为《把整个心灵献给孩子》(天津人民出版社,1981年版);也有人译为《我把心献给儿童》《把心灵献给孩子》,译名虽不同,但都是同一部著作。——编者

社会主义共和国国家奖和乌克兰教育协会一等奖,被再版多次并译成十几种语言文字。这本书在我国已广为流传,成为广大中小学教师的必读书之一。这部著作是苏霍姆林斯基对自己多年学校工作的总结,其中有沉思,也有焦虑、担忧和不安。他说:"在一所农村学校身不离校地工作22年,这对我来讲是无与伦比的幸福。我把自己的一生都给了孩子们,所以考虑很久之后给这本书题名为《我把心给了孩子们》。"他还说:"什么是我生活中最重要的呢?我可以不假思索地回答:爱孩子。"这部书论述的是"教师的心"。初看之下,本书似乎没有什么奇特之处,那么这本书的魅力何在呢?掩卷细想,一颗热爱教育工作、热爱儿童的火热的心所迸发出来的无穷创造力和生命力,正是它的魅力所在。相信这本书定会引起我国广大教育工作者极大的兴趣。

2.《公民的诞生》[①]

这是《我把心给了孩子们》的姊妹篇,谈论的是对少年(10—15岁)的教育问题。作者认为少年处在一个社会公民的诞生期,必须从各方面对他们加强教育,才能把他们培养成社会主义国家的合格公民。本书贯穿着公民教育精神,全面论述了如何对少年进行智育、体育、道德教育、情感教育、美育和劳动教育等,值得我国教育工作者,特别是中小学教师们阅读参考。

3.《给儿子的信》

这是一部具有独特风格的教育评论作品,是作者关于青年教育思想的有机组成部分。作者以通信的方式,从父亲的角度,深刻而又生动地展现了父母应如何正确地对子女进行教育;指出了青年应当怎样热爱学习、选择职业,青年在自我教育中怎样培养理想、志向、高尚的道德情操,应有什么样的道德观、恋爱观、审美观和友谊观等。

[①] 本书曾由教育科学出版社于1984年出版,书名为《让少年一代健康成长》。——编者

第4卷

1.《帕夫雷什中学》

此书是苏霍姆林斯基根据个人经验写成的,在某种程度上是作者在帕夫雷什中学任教22年,其中包括多年担任校长的工作经验总结。该书不仅在苏联国内多次再版,还在国外被译成多种语言文字出版。

《帕夫雷什中学》一书通俗易懂。它既非空洞无物的泛论,也不是事实材料的堆积,而是以论统实,寓论于实。它结构严整,条理分明。其中,前言部分言简意赅地阐述了作者的基本教育信念。第一章介绍了该校从校长到教师整个集体朝气蓬勃的概貌。第二章则把该校富于教育性的物质环境生动形象地展示在读者面前。第三至第七章,分别就体育与健康、德育、智育、劳动教育、美育五个方面详尽地阐述了作者的见解。读了《帕夫雷什中学》之后,人们便会领略到它的确如人们赞誉的那样,不愧为一部"活的教育学"。

2.《和青年校长的谈话》

此书被公认为教育家苏霍姆林斯基的代表作之一。他在本书中不仅总结了自己当中学校长的工作经验,而且广泛地探讨了多方面的教育理论问题。苏霍姆林斯基所说的"对学校的领导首先是教育思想的领导,其次才是教育行政的领导",已经成为广泛流传的至理名言,它道出了领导一所学校最基本的规律,也体现了这本书的主导思想。书中作者把理论和实践紧密联系起来,以谈话的形式,提出了许多深刻的见解。

这本书虽然题为《和青年校长的谈话》,但是它所涉及的教育理论和教育实践问题,对广大中小学教师、教育工作者、教育科学研究者和师范院校的师生,都有较大的参考价值。

第5卷

第5卷是"论文集",收录了苏霍姆林斯基的68篇教育论文,虽说不是其论文的全部(大约在600篇以上),但无疑是其论文之精华,对研究苏霍姆林斯基的教育理论、教育思想极有参考价值,是苏霍姆林斯基教育体系不可或缺的一部分。

第5卷中的论文涉及范围很广,有德育、公民教育、理想教育等方面的论文,也有劳动教育、情感教育、语言教育、自我教育等方面的论文;有论述学校教育的论文,也有论述家庭教育、社会教育,以及各种教育有机结合的论文。

作者凭借在中小学工作多年的经验、研究,对上述问题提出了个性鲜明的独到见解,许多见解颇有启发性、教育性,对今天我国中小学教师如何实施素质教育有极大的现实指导意义,对我国中小学如何加强德育建设更有意义。

苏霍姆林斯基的论文的特点是理论与实践紧密结合。在提出个人见解、观点时,往往都伴随有丰富、生动的教育实例或相关的调查、研究。相信这部论文集的出版,会令我国的教育工作者、研究者、其他读者有耳目一新之感。

以上是编者对五卷本所做的简评,旨在抛砖引玉,还望读者去详读原作,细细品味。

*　　　　*　　　　*

苏霍姆林斯基不愧为一位真正的马克思列宁主义教育家,他既继承了老一辈教育家沙茨基、布隆斯基、马卡连柯等人的教育学说,又独特地创造出具有自己风格的教育理论。他的理论和著作为国际教育界所瞩目,对国际教育界产生了巨大的影响。许多国家纷纷成立苏霍姆林斯基研究会,大量介绍他的作品,深入探讨他的理论和教育遗产,这无疑为教育理论的发展做出了重要的贡献。我国教育界更是十分重视对苏霍姆林斯基的教育理论的研究,出版了大量的著作,这次出版《苏霍姆林斯基选集(五卷本)》精装本,旨在为我国教育工作者提供一套全面了解苏联著名教育家苏霍姆林斯基的大型权威性的经典图书，利于学习、研究、借鉴。

苏霍姆林斯基的教育理论与教育遗产是十分丰富和全面的，但也不是完美无缺的，涉及德育的某些观点带有某些历史局限性，他本人不可能超越自身所处的历史环境和社会条件，这是我们在介绍这部选集时需要加以说明的。

本选集是以苏维埃学校出版社出版的《苏霍姆林斯基选集（五卷本）》为原本翻译出版的。各部专著并没有按年代先后进行编排，而是按专题加以归并集中编排，而论文部分则以发表年月为序。在翻译和校译的过程中参考了较好的原文本。

收入本选集里的译本，多数曾在教育科学出版社和其他出版社出版，2001年出版时对照俄文原版重新进行了认真校译和文字润色，以求译文更加准确、完美。未译的作品，则请专家、翻译家予以补译。各卷末附有注释，均按原版一并译出来。

为了让经典恒久流传，我们在2001年版的基础上，对内容进行了精加工，同时在装帧设计上进行了优化。希望这套设计精美、内容厚重的教育经典之作能满足广大教育工作者长久珍藏的愿望，期待有关苏霍姆林斯基教育思想的研究和实践能有力促进我国新时代教育的高质量发展。限于译者、编者的水平，该书译文难免存在不当之处，望读者批评指正。

蔡 汀
2022年10月25日

ИЗБРАННЫЕ ПРОИЗВЕДЕНИЯ
В ПЯТИ ТОМАХ

目　录

帕夫雷什中学

赵　玮　王义高　译
蔡兴文　纪　强

前　言 …………………………………………………… 3

第一章　全体教师团结一致是教育教学
　　　　工作成功的保证 ……………………………… 23
　一、深思如何领导好学校 ………………………………… 23
　二、我们的教师和教育者 ………………………………… 39
　三、校务会议的组成和作用 ……………………………… 72
　四、我们怎样在校长和教导主任之间实行分工 ………… 76
　五、帮助教师完善教育技巧 ……………………………… 78
　六、集体研究"思维与情感的统一"问题 ……………… 88
　七、我们的传统 …………………………………………… 93

第二章 学校的物质基础及学生周围的环境 ……103
一、培养对自然财富的珍惜爱护态度 ……103
二、课堂教学和课外活动的环境 ……106
三、校园及其教育作用 ……119
四、校舍内部陈设的教育作用 ……126

第三章 关注健康与体育 ……144
一、学生的健康与精神生活 ……144
二、对学生的生活环境、劳动和作息制度的卫生保健要求 ……147
三、劳动是增强体质的手段 ……154
四、课堂上的体育和运动 ……156
五、体育与空余时间和休息问题 ……157

第四章 德育 ……160
一、公民基础——道德教育的基本环节 ……160
二、从道德概念到道德信念的途径 ……168
三、信念在道德成熟时期如何发展和巩固 ……177
四、社会定向——信念形成过程中最重要的因素之一 ……186
五、敏感性和同情心的培养 ……199
六、培养诚实和荣誉感 ……203
七、培养男女青年相互关系的道德美感 ……208

第五章 智育 ……215
一、智育的本质及其任务 ……215
二、智育与世界观 ……216
三、科学世界观的形成过程与科学基础知识的掌握 ……221
四、知识的内容与智育 ……231
五、知识的掌握过程与智力发展 ……242

  六、培养学生的智能 ……………………………………… *249*
  七、智育与教学法问题 …………………………………… *271*
  八、科学无神论教育 ……………………………………… *285*

第六章　劳动教育 ……………………………………………… *297*

  一、劳动教育原则 ………………………………………… *297*
  二、劳动教育的物质基础（从教育学方面讲）………… *304*
  三、学生劳动活动的种类及其组织方面的教育学要求 … *306*
  四、劳动教学 ……………………………………………… *310*
  五、学生以科学技术进步为劳动方针 …………………… *325*
  六、才能、爱好和志向的培养和发展 …………………… *330*
  七、手工劳动在全面发展中的作用 ……………………… *342*
  八、自我服务 ……………………………………………… *345*
  九、劳动教育的方法同智育、德育、体育和美育等方法的联系 … *346*
  十、树立榜样是劳动教育的一种方法 …………………… *347*
  十一、复习是劳动教育的一种方法 ……………………… *349*
  十二、集体劳动作业的完成 ……………………………… *350*
  十三、竞赛是发展创造才能的一种因素 ………………… *351*
  十四、劳动制度 …………………………………………… *352*

第七章　美育 …………………………………………………… *354*

  一、美的认识与情操的培养 ……………………………… *354*
  二、少年和青年时期的审美教育和个性的全面发展 …… *358*
  三、美育和美的创造 ……………………………………… *361*
  四、周围环境和劳动在美育中的作用 …………………… *367*

和青年校长的谈话

赵　玮　等　译
杜殿坤　等　校

作者的话 ……………………………………………………… 375

第一次谈话　教师创造性劳动的几个基本问题 ……………… 377
　　一、关键在于领导全体教师进行创造性劳动 …………… 379
　　二、集体的教育信念和教师的个人创造 ………………… 387
　　三、真正的脑力劳动是思考、理解，而不是死记硬背 … 393
　　四、教师讲新教材时，学生头脑中在发生什么变化 …… 397

第二次谈话　教育现象之间的相互依存性 …………………… 404
　　一、学习与劳动之间的相互联系和相互依存性 ………… 406
　　二、全体教师要团结成一支统一的教育力量 …………… 411
　　三、关于自我教育 ………………………………………… 415
　　四、要了解儿童 …………………………………………… 417
　　五、教师的教育素养 ……………………………………… 425

第三次谈话　学校集体的精神生活 …………………………… 438
　　一、教师的业余时间安排及其一般素养的提高 ………… 438
　　二、教师集体的创造性工作中的研究因素 ……………… 443
　　三、"思想之室" …………………………………………… 451
　　四、读书和创作 …………………………………………… 454

第四次谈话　难教儿童 ………………………………………… 462
　　一、难教儿童是些什么样的孩子 ………………………… 478
　　二、他们为什么变成了难教儿童 ………………………… 484

三、关键是要有富于经验的、懂得儿童心理世界的教师 ········ *492*

第五次谈话　关于道德教育的几个问题 ············ *495*

　一、怎样才能使每个人心中确立起神圣的不可动摇的原则 ········ *496*
　二、是否需要一个道德教育工作大纲 ················ *499*
　三、是数学的世纪，还是人的世纪 ················· *501*
　四、道德与知识之间、精神文明与知识水平之间的相互关系 ··· *503*
　五、课堂教学是师生相互接触的一个极为重要的精神领域 ······ *506*
　六、教师是学生的朋友和同志 ···················· *507*
　七、尽量鼓励学生多参加积极的活动 ················ *510*
　八、道德标准（准则、规则、原则）要体现在事物、现象、
　　　关系之中 ································· *512*
　九、只有创造并且不断完善育人环境，才能使教育手段收到
　　　预期的效果 ······························· *515*
　十、教育者与受教育者、年长同学与年幼同学、同龄同学之
　　　间这三种关系的细微性和人道性 ··············· *517*
　十一、激发起学生心中想变得更好的愿望 ············ *520*
　十二、消除个别家庭环境对儿童教育的不良影响 ······ *521*
　十三、学生特别是少年不喜欢当被教育者 ············ *522*
　十四、想法、情感和内心体验构成的思想财富 ········ *524*

第六次谈话　怎样指导学生的脑力劳动 ············ *526*

　一、知识的"关键点" ························ *528*
　二、学生应当掌握的最重要的技能和技巧 ············ *530*

第七次谈话　关于听课和分析课的几点建议 ········ *538*

　一、听谁的课，何时去听，听多少课 ················ *539*
　二、听课和分析课的目的是什么 ···················· *541*
　三、教师怎样理解和达到课的目的 ·················· *543*

四、为什么及如何检查学生掌握知识的情况 …………… 546

五、是否注意教会儿童学习 …………………………… 548

六、学生对新课的学习 ………………………………… 550

七、学生的知识是如何发展和深化的 …………………… 553

八、能否让全体学生都牢固掌握知识是评价课的主要标准 …… 554

九、教师应当怎样布置家庭作业 ………………………… 555

十、在分析课的过程中概括教学规律 …………………… 556

第八次谈话　怎样做学年总结 ……………………………… 558

一、学年总结为什么是必要的 …………………………… 558

二、学年总结的实质及做法 ……………………………… 563

三、应当把师生的脑力劳动情况作为学年总结的重点 …… 572

四、对教育工作的分析 …………………………………… 577

注　释 …………………………………………………………… 583

后　记 …………………………………………………………… 593

再版后记 ………………………………………………………… 595

帕夫雷什中学

赵　玮　王义高
蔡兴文　纪　强　译

学校教育的理想是培养全面和谐发展的人,社会进步的积极参与者。

前　言

　　本书总结了帕夫雷什中学多年的教育教学工作经验。笔者在阐述全体教师为培养全面发展的人所做的努力时，想尽力从各个方面来展示这种劳动，不仅说明所采用的种种方法，而且揭示它们内在的相互联系。

　　笔者33年的教育劳动充满了紧张的探索和思考。我们国家在这些年里，无论在国内生活方面还是在国际关系方面都取得了巨大的成就。在我国社会主义建设的岁月中形成的社会主义社会的教育学，过去和现在都是同经济、政治和思想领域的革命变革紧密相连并随之不断完善的。苏共中央在《伟大的十月社会主义革命五十周年》中讲道："培养全面发展的人是一个长期复杂的过程，它取决于生活的物质和文化条件，取决于思想政治工作的深度和广度。"[①]

　　摆在学校面前的是这样一个空前复杂的新任务：授予整个青年一代以中等教育，把他们培养成积极的共产主义社会的建设者、英勇刚毅的爱国者、与资产阶级思想毫不调和、愿为革命胜利而献出一切力量甚至生命的人。

　　这项任务乃是创立共产主义社会物质技术基础、完善社会主义关系并建立共产主义关系和培养新人等共产主义建设任务总体中一个不可分割的组成部分。

　　苏维埃教育学的主要基础乃是列宁的思想和教育学遗产，正如A.B.卢那察尔斯基所肯定的，列宁是苏维埃教育学坚强有力的奠基人。[1] 我校全体教师在他们工作的全部岁月中都在竭力以列宁的思想和教育学遗产为我们的创造和经验的基础，以其指导我们的教

[①] 《伟大的十月社会主义革命五十周年》，苏共中央的宣传提纲。

育、教学工作。

帕夫雷什中学的教师集体，在创造性地运用克鲁普斯卡娅、沙茨基和马卡连柯等教育家的教育思想并不断修正和改进自身经验的过程中，一直在努力设法把理论同实践结合得使之能够最大限度地符合以共产主义精神培养新一代的要求，使之能够最深刻地揭示诸如学校同生活的联系、同劳动的联系以及同社会在社会性、道德及科学技术方面的进步的联系。

我们认为，教育工作的目的在于使每个青年男女都能在道德上、智力上、实际能力上和心理上做好劳动的准备，发展个人的素质、意向和才能。我们在努力使我们的学生在友谊和同志感情的基础上、在尊重每个真诚的人所具有的一切真正的人性的基础上，建立具有高尚道德的美的关系。

我校教育集体是以下面这些观点和信念作为自己教育教学的基础的，它们已成为我们这个集体的教育信条。

教师的教育劳动的独特之处是为未来而工作。今天在孩子身上培养起来的是在几年之后、甚至是几十年之后才会使人成为一个成熟人的公民性、道德和精神面貌方面的因素。"苏维埃国家的将来如何，要看今天的十月儿童、少先队员和共青团员把它建设成什么样。"苏共中央、苏联最高苏维埃和俄罗斯联邦最高苏维埃联合庆祝会上的报告中的这番话，包含着表述很明确的教育工作纲领。我校教师集体认为，最重要的教育任务之一就是要使学校成为培养学生的公民精神、劳动态度以及思想和道德——审美态度的第一个场所。如何在孩子这个未来公民的头脑里培养起一个公民、一个劳动者、一个共产主义建设者的牢固思想核心，是我们在教育工作过程中进行自我检查的最重要的准则和主要尺度。

我们很关心学生在劳动方面的公民精神和充实的创造精神。孩子从刚一学会把餐桌上的饭勺送到嘴边时起，就开始劳动了。到10—12岁的时候，他就已经可以见到自己亲手栽培的果树结出的第一批果实了。

随后，为使年轻人所获得的知识成为他们提高劳动生产率的实际手段，我们便教育青年一代辩证地看待劳动，看待人和大自然的相互作用。学校里的学生——儿童、少年和青年，能在整个社会的以创造性态度对待劳动的气氛中得到发展，看到为劳动而掌握知识的实际必要性，在实践中确信使自然力服从人的智慧的这种可能性。

社会的社会性进步和道德进步，取决于组成这个社会的人们如何对待劳动，把劳动看作什么，仅仅是获取物质福利的手段，还是有充分价值和丰富内容而又有趣的精神生活的条件？正因为如此，我们才把这样一条原则作为我们教育工作的基础，这就是：孩子应当在劳动中，在充实自己的知识中，在为人、为社会主义社会创造物质和精神财富中体验快乐。

我们非常重视那种大公无私的劳动——为社会劳动而感到快乐的情景。也就是说，劳动本身使孩子感到快乐，孩子在劳动过程中得到满足。我们十分清楚，要想出现这样的情景，就必须使劳动充满丰富的智力活动，使科学和技术渗透在日常的劳动活动之中。

而要做到这些，还必须在同样程度上在集体成员之间具备完美的道德关系。归根结底，共产主义劳动的基础不在于技术，而在于人——在于他的思想和志向，在于他以他无私的自愿劳动所要达到的目的。我们认为，劳动乐趣的源泉和劳动中丰富的精神生活在于，年轻的劳动者之间要有深厚的人道关系，要把为他人、为人民创造幸福快乐当作劳动创造的首要原则。这就是生活的高尚道德。

学校同生活相联系以及学生的智育和德育相结合，是学校在社会发展中发挥其作用的一个重要条件。

伟大教育家夸美纽斯、裴斯泰洛齐、卢梭、乌申斯基、第斯多惠等都主张引导学校、教师和学生去考察周围世界，教导他们去研究和解释人所能见到的事物。这些教育家的思想应用在我们完成我们的教育任务的工作中时，便具有了另一层含义。重要的是，不仅要让孩子如实地看到周围世界，而且还要使他立志把它变得更美好。因此，教师所采用的考察方法的教育作用便具有了特别重要的意义。第斯多惠说，不高明的教师只是传授真理，而高明的教师则教学生寻求真理。[2] 善于引导学生沿着认识途径去揭示真理，这不仅是教学技巧，而且是对自然和社会的正确观点的培养、坚定信念的养成，是对进行创造性劳动和以探索态度对待自然和社会生活现象应有态度的锻炼。我们认为，我们在社会发展中的作用不仅在于帮助学生学到一定的知识，而且在于培养起他们终生获取知识的愿望。所以我们努力使他们形成一种信念，认识到知识、学问和精神素养都是保持有意义的、有价值而又充实的精神生活的必要条件；认识到没有知识，生活就不可能有兴味，因为不可能进行创造性劳动。"劳动给生命之灯添油，而思想把灯点燃……"³ 马克思在《资本论》里引用了英国经济学家约翰·贝勒斯的这番话。我们竭力要使每个学生都能以掌握知识的顽强不懈的劳动去满足他们各自显示自己力量和才能及确立自己尊严的意愿。

道德信念与教养程度有密切联系，但是这些信念在一定程度上并不取决于人的知识水平和人创造物质财富的实际水平。一个人可以有知识，会做工，但在道德上可能没有做好投入生活的准备。道德教育——这并不仅是在掌握知识和进行活动的过程中形成世界观和种种信念，而且是一项专门的具有特殊性的教育工作，有它自己的规律，需要花费时间和采取一些作用于人的意识、性格和行为的特定形式和方法。

青年一代所掌握的理论知识愈宽广，他们的高度教养水平愈具有普遍性，进行专门的教育工作的必要性就变得愈加迫切，愈加显而易见。阐发知识的教育实质，变知识为信念，在很大程度上取决于学校里与教学过程无直接联系的教育工作做得怎样，学生在生活实践中形成哪些思想信念，他们的社会行为具有什么道德性质。也就是说，要看道德土壤准备得怎样。

苏维埃学校里学习的理论知识，包含培养新人道德面貌的一些重要品质，如诚实、正直、原则性、英雄气概及克服艰难险阻的顽强无畏精神等。但是光凭掌握知识是培养不出这些品质的。渗透在理论材料里的共产主义原则性和英勇无畏精神的思想，只有当青少年的生活实践也显示出原则性和英勇无畏的特征时，才能被他们的心灵领悟。而真正的英雄人物的伟大气概，则只能从最先进的、革命的无产阶级道德的立场来阐发。

例如，学生被乔尔丹诺·布鲁诺的英勇刚毅、捷克人民英雄尤利乌斯·伏契克的坚强不屈和亚历山大·马特洛索夫的自我牺牲精神感动，他心灵里企望自己也能在某一无上崇高的场合一试身手。教育的技巧和艺术就在于教师能帮助学生在生活中、在我们的社会主义现实中找到这种试手的实际机会，力争使那年轻心灵里燃起的火花不致熄灭。教师若找不到这种实际机会，学生头脑里产生的思想就会变成无的之矢。这种无的之矢放得越多，学生对教师用来影响他意识和行为的那些手段的敏感性就越差。我们创造种种机会和条件，促使学生在理解道德概念的同时去实践道德行为。这些机会包含在学生集体的生活方式之中，包含在孩子们的行为及其目的之中，包含在孩子们彼此之间以及他们与成人之间所建立的关系之中。行为的道德意义同时也取决于教师如何参与学生的生活。

教师应当不仅仅是教导者，同时也是学生的朋友，应当和他们共同克服困难，和他们喜忧与共。我们竭力把学生的集体生活组织得使学生不把道德行为看作是教师为了实现他的想法而必须进行的一种练习，一种有意安排的行动。我们的社会主义道德与那种旨在压制积极性、倡导恭顺的资产阶级道德不同，它多方激励集体和个人的创造性、积极性和革命斗争精神。

年轻心灵厌恶有意的造作。对于学生来讲，高尚行为应当是非如此不可的事，应当出自集体内部关系的要求本身。对孩子来讲，最好的教师是在精神交往中忘记自己是教师而把自己的学生视为朋友、志同道合者的那种教师。这样的教师连他学生内心最隐秘的角落也都很了解，因而他口中的话语便成为能对年轻的、正在形成中的个性起作用的有力武器。创设那种能激发道德行为、道德行动的情境，恰恰就是要靠教师对学生精神世界的敏锐理解。教师的这种品质对于少年教育，尤为重要。在少年教育中产生困难的最重要的原因就在于教育行动以赤裸裸的方式出现在他们面前，而人在这种年龄从本性上就不愿意被他人教育。

大家知道，最完备的社会教育就是学校—家庭教育。家庭以及存在于家庭中的子女与家长之间的相互关系，是智育、德育、美育和体育的第一所学校。父亲、母亲、哥哥、姐姐、爷爷、奶奶都是孩子在学龄前的首批教育者，乃至他们上了学依然还是。家庭生活中精神和道德美的财富，既是在家庭条件下，也是在幼儿园和学校里顺利教育孩子的极重要的条件。孩子七岁入一年级，但最好让他从五岁，也就是在开始学校教育的前两年就处于学校的教育影响之下。我校教育集体认为，孩子在二至七岁期间所处的道德、智力和审美环境十分重要。在孩子生活之初的头几年里，在他的发展中起决定作用的是他周围的人，以及丰富的、多方面的人际关系。科学上已知道三十二件孩子在童年早期被不同的野兽夺去养育的事例。被救回到人类社会的这种"野"孩子，没有一个能被造就成一个完全合格的人。这是因为他们童年的最初岁月没有在人中间度过，在他们对外界影响最敏感的时期未能认识人类关系。这可以说是提供了能够借以弄清人类教育过程实质的唯一的一种事实。它无可辩驳地说明，人的年龄越大，就会变得越保守、越不易教育。自然本身就为教育孩子划出了一段神经系统的幼年期①；这个时期一旦错过，日后便无法弥补。然而，即使在人类社会中也并非所有的儿童都能在这个时期受到极其丰富的人类关系的影响，而这却是可以使儿童的心理、智力、思维、意志、情感和性格得到充分发展的唯一保证。所以我们认为在教育方面非常重要的是，要让每个幼儿——未来的小学生，能够在人类关系中最大限度地得到他能够得到、发觉到、看到和感受到的一切。我们是通过向家长普及教育知识来做到这一点的。

施行学校—家庭教育不仅可以很好地培养年轻一代，还可以使家庭和父母的道德面貌完美。没有对子女的教育，没有父母对学校生活的积极参与，没有成人与孩子之间经常的精神上的接触和相互充实，就不可能有作为社会基层单位的家庭本身，不可能有学校这个最重要的教育教学机关，也不可能有社会在精神方面的进步。

生活雄辩地批驳了那种认为未来属于脱离家庭的寄宿学校的主张。削弱家庭经常教育孩子的一切，也会削弱学校。由此引出学校一项极为重要的任务：向家长传授教育学方面的基本知识。学校应当密切联系家长。家长代表应当以校务委员会成员的身份，作为讨论教学和教育问题的参加者而直接参与教育教学过程。

经验证明，把学校设在草木繁茂而且有水的自然环境里，同时又不远离各家住所，以使学生在路途上不需花费很多时间，而家长又可以在工作之余常来学校，这是学校开展工作最有利的条件。如果学校周围缺乏草木，就应逐步培植出一个防护地带，哪怕暂时在

---

① "神经系统幼年期"这一用语是苏联科学院通讯院士 В.Л.雷热夫提出的。

学校最临近的四周也好。

对于孩子们的体育，首先是对增强他们预防疾病的能力给予最大的关注，这是学校很重要的一项教育任务。学校关心学生的健康，使他们不致生病、也不容易感染疾病，同关心他们在智力和道德方面的发展同样重要。

教育的力量和可能性是无限的。凡在智力发展上没有病态偏向的孩子，毫无例外地都可以顺利地获得中等教育。不及格和留级现象是教育教学工作差的后果。学校的任务不仅仅在于授给学生从事劳动及合乎要求的社会活动所必备的知识，而且在于给每个人以个人精神生活的幸福。没有丰满的内在精神世界，没有劳动和创造的欢乐，没有个人的尊严感、荣誉感和自豪感，就不可能有幸福。

学校教育的理想是培养全面和谐发展的人，社会进步的积极参与者。全面和谐的发展，意味着劳动与人在各类活动中的丰富的精神统一，意味着人在品行上以及同他人关系上的道德纯洁，意味着体魄的完美、审美需求和趣味的丰富及社会和个人兴趣的多样。能力与需求的协调赋予人充实的精神生活，可以使他体会和感受其中的幸福。和谐的发展意味着人：第一，是社会物质生产领域和精神生活领域中的创造者；第二，是物质和精神财富的享用者；第三，是有道德和文化素养的人，是人类文化财富的鉴赏者和细心的保护者；第四，是积极的社会活动者、公民；第五，是基于崇高道德的新家庭的建立者。和谐全面发展的核心是高尚的道德。集体中的生活、劳动、学习及其相互关系——所有这一切，我们都竭力使它们受到崇高道德理想的鼓舞。我们总是力求使"人和人是朋友、同志、兄弟"这个原则在少先队和共青团的生活中得到尽可能充分的贯彻。

要实现全面发展，就要使智育、体育、德育、劳动教育和审美教育深入地相互渗透和互相交织，使这几方面的教育统一为一个整体而呈现。学校教育给予学生的和学生给予社会的一切，其最终目的是一致的，那就是：培养具有清醒的理智、高尚的心灵和灵巧的双手的人，能以尊重态度对待其他社会成员，善于珍惜、爱护和尊重他人的劳动、精神尊严、智慧和优点的人。所以，智育的目标不仅在于发展和充实智能，而且在于形成高尚的道德和良好的品质，即具有为人们贡献自己知识的意愿、勤劳的品质以及创造大自然和社会生活的美感。学生不只是人类所创造的财富的享用者和鉴赏者，而且是新财富的创造者，这些新财富又以某种方式提供给社会、造福于他人。

劳动与智力生活的结合对于人的全面发展非常重要。发扬创造精神，进行钻研，开展实验活动，根据科学技术成就改进劳动，这是学校集体精神生活的一个很重要的特点。孩子在劳动中思考，也在思考中劳动。在劳动过程中进行创造性思考是热爱劳动的源泉之一。我校全体教师认为，极为重要的教育任务是，让从学校出来投入生活的人都具有较高的劳动素养，不仅能创造物质财富，而且会革新劳动。

人在智力发展的每个阶段都有一个相应的劳动技能和劳动成熟程度的特定阶段相对应。一个在数学课上能运用三角函数解数学题的学生，在劳动发展水平上站得也高：能掌握电气装配和无线电技术中比较复杂的技能和技巧，会操纵内燃动力机，调整金属加工机床，制作木料和金属加工工具，等等。我们认为，智力和劳动得到一致发展，实际上就是在完成学校的一项重要任务：使受到中等教育的苏维埃国家公民，在少年时期和青年早期就尽可能广泛地掌握一些比较复杂的技能和技巧，以免到成年时才从头学习技术。

如今，苏维埃学校从根本上改变了关于人在童年时期的力量和能力的观念。低年级学生（7—11岁），现在掌握着比他们以前所能掌握的广泛得多的知识和技能，教学可以不是从7岁而是从6岁开始，初等教育可以不用4年而用3年完成。这些可能性的基础建立在智力发展和劳动发展的一致上（可以教会9—10岁的小学生在车床上做工，而这种技能又会大大扩展他智力劳动的范围）。儿童在年岁小的时候所掌握的技能和技巧越复杂，他到中学毕业的时候在智力发展上达到的水平就越高。

如果学生只知享用由社会创造并提供给学校的那些物质财富和精神财富，就不可能产生真正的教育。教育寓于积极的劳动之中，寓于教育过程的物质基础的创设和加强之中，寓于为生活、劳动以及智力发展和审美能力发展所必需的那些物质财富的创造之中。这种劳动是智力和劳动同时成熟的重要先决条件。

科学、技术和思想的发展是我国技术进步的基础。普通学校的任务就是培养学生爱知识、爱书籍、爱科学。这个任务要靠教师和学生对科学和智力创造的浓厚兴趣来完成。

通向科学的道路始于普通中学，但这要创设必要的物质条件。每个学生到高年级都有机会在他最感兴趣且显示出了天资并发展了这方面才能的那种科目上超越大纲范围。因此，最好在大家必学的学科大纲之外再拟出智力和劳动发展和提高方面的专门大纲。我校教师集体总是力求做到，使每个学生都能显示出他的天赋，使每个学生都找到他喜爱的活动并在这方面变成能手，从而感受到劳动创造的幸福。

每个学生的才能和天赋都可以在教育过程中得到发展。日后，一些人将成为科学家、思想家、艺术家，另一些人将成为工程师、技师、医生、教师，还有一些人将成为钳工、车工、农业机械师，但是有一个共同特点使他们很相似，这就是智慧和创造性在劳动中起主导作用。钳工和车工、电气装配工和建筑工、畜牧工和植物栽培工的创造性，与数学家或设计师、作曲家或画家的创造毫无二致。开发每个人的天赋和才能，使他享受到为社会、为人民的幸福进行饶有趣味的、充分发挥了智力的创造性劳动的幸福，这就是学校的任务。注意每一个人，关怀每个学生，并以关切而又深思熟虑的谨慎态度对待每个孩子的优缺点，这是教育过程的根本之根本。

学生集体中的兴趣、爱好、才能是多种多样的，丰富多彩的。切不可硬让这种丰富多彩的多样性迁就某种统一模式。实践证明，那种按全校学生都学习同一专业的方式设置高年级生产教学课程的做法是不正确的。生活表明，要把普通教育同职业化结合在一起的意图是有害的，它会导致普通教育水平的降低和在掌握专业上的不求甚解态度。普通中学是综合技术学校，它的主要任务是：授给学生丰富而又扎实的科学基础知识，使他们能了解现代生产的一些最主要的部门；把理论知识同实际技能结合起来，以便最充分地显示个人的天赋、才能和倾向。

学校的教育作用在于它充满有趣味的、丰富多彩的智力生活气氛，并非所有知识都可以应用于劳动之中。我们的教育教学工作方针是，每个学生在精神上和实际上为劳动做准备时，并不把掌握知识直接从属于他将来要从事的具体劳动活动。孩子们不仅把掌握知识当作责任,而且当作需求:没有经常不断的智力上的成长,他们就觉得生活平淡无趣。培育这种精神需求,是才能与兴趣相和谐的很重要的一个条件。高年级学生在辩论会上、座谈会上和问答晚会上讨论科学技术问题以及社会、道德和审美等方面的发展问题。这些问题深受年轻人的关注,如同切身问题一样。

人的全面发展同掌握高深的知识,同积极的社会活动和劳动活动,同任意选择职业的可能性联系着。所有这一切都要求个人兴趣与社会需要相结合,职业则应适合于人的天赋和志向。这里,我们做教师的负有重大责任。我们认为,要使人的个性得到充分的发挥,就要让他从事他喜爱的劳动,而且,他越深入这种劳动,他的能力和天资就会得到更好的发展,他的生活也会更加幸福。

马克思说:"……人的不同志趣和才能为自己选择适宜的活动范围,如果没有限制,在任何地方都做不出重要的事情。"我们认为,我们的任务在于,让我们的每个学生都能在少年时期或青年早期就能有意识地找到适宜于自己志向的事,就能施展自己的才能,就为自己选好那条足以使自己的劳动达到高超的技艺和创造水平的生活道路。完成这项任务最主要的是,要在每个孩子身上发现他最强的一面,找出他个人发展根源的"机灵点",做到使孩子在他能够最充分地显示和发挥他天赋才能的事情上达到在他的年龄可能达到的卓著成绩。同时,凡在此种情况下,对活动内容的加深及范围的逐步划定,都要在人文知识和美学文化的宽广背景下进行,绝不意味着早期的专业化是在学校里就预先决定专业的选择。

教师集体特别注意的一件事是,对那些喜好某种智力活动(或艺术活动)的孩子做个别工作。在组织课堂的教学方法时、在课外工作的手段中以及在集体精神和趣味的培育中,……处处都要施以特定方向的教育,这就是,要使那些将来可能会成为科学家、思想家、作家、艺术家的学生的天资得到发展,智慧和创造才能得到培育。教师的技巧在于善于察觉儿童的天赋,善于确定足以使他施展智力和创造力的领域,并向他提出一些在完成过程中要克服某些困难以促使其才能进一步发展的那种任务。我们努力设法使学生在课外时间能过丰富的智力生活,并使这种生活能影响集体在精神方面的发展，提高全体学生的智力水平，并发展天资较低的学生的才能。

拥有可以自由支配的时间，是个性发展的一个重要条件。孩子的素质和天资只有当他每天都有时间从事自行选择的喜爱的劳动时才能得到发挥。因此，我们认为给学生提供空余时间就是创造宝贵财富。这里也包括这样一点，即把减少掌握大纲教材所花费的功夫、增加空余时间视为改进课堂教学过程的目的之一。我们给自己的教育工作定了这样一条常规：学生应当拥有同花费在学校课堂上一样多的空闲时间。这在学龄晚期尤为重要。

自我教育是学校教育中极重要的一个因素。我们组织学生的生活总是设法让他们把那些能显示智力、道德和意志力的活动时间，尽可能多地用在每个学生感兴趣的、能促使他产生新的兴趣和要求的自愿活动上去。

教育者和被教育者集体的多方面的精神生活——他们的劳动、道德、智力和审美能力的发展及社会活动，不只是校长和学校教师施行教导的对象，也是一种教育力量。教育技巧恰恰就在于善于激发这种力量，使它活跃起来，并在日后引导它。在这种情况下，学生的精神生活可以达到如此高的独立程度，以至于不仅忘记教师是年长的同志，而且忘记他是教导者。

大家知道，任何一种教育现象，孩子在其中越少感觉到教育者的意图，它的教育效果就越大。我们把这条规律看成是**教育技巧的核心**，是找到通向孩子心灵之路的基础；是能够那样去接近他，使吸引他投入其中的任何一项活动都能成为他需要和迷恋向往之事，而教师则成为他的同志、朋友和志同道合者的基础。一个学校领导人对这种技巧的掌握程度，决定着整个学校生活的教育目的，这也是校长得以把教师们在教育上所做的努力统一起来的保证所在。这种技巧同对儿童的爱、全面的学识以及一般素养和教育素养的结合，是成功领导教师集体的最主要的条件。

自我教育，是学生在认识周围世界——大自然、劳动和社会生活的同时，也认识自己，以最高标准——共产主义道德准则评价自己的见解、行动和品行。

没有足以使儿童、少年和青年感动、钦佩、赞美、受鼓舞的榜样和理想,就不可能有自我认识和自我肯定。受榜样的鼓舞、对榜样的钦佩,可以使人奋发向上,唤起对自身的思考,看到自己的优缺点,学生便会开始自觉地考验自己的意志和精神力量。

学生正处于从童年向少年时期过渡的阶段,他们的精神发展要求教师和校领导具有很细心的关注态度、恰如其分的分寸感和对学生人格的高度尊重。少年们不仅希望从组织方面支配他们集体的活动,而且希望支配涉及思想、情感和感受的精神过程。要十分关切少年内在的精神世界,不可粗暴地把自己的意见强加于他们,要耐心地听取他们的意见(有时甚至是错误的意见),要以平等待人的态度参加他们的争论。

对自我教育的指导是一项非常细致和需要耐心的工作,其意义在于,使学生认识到在童年和少年时期就应学会迫使自己付出辛劳,遵守一定的制度,克服各种困难和克服自己的弱点。还应当使学生认识到:并非一定要在非常环境下才能检验自己的意志力,人可以经过积极的努力在平常的生活条件下创造不同寻常的事迹,可以在平凡的劳动中、在克服困难中乃至在同自身弱点的斗争中成为意志坚强的人。

我们对自我教育的指导,考虑到了我国的普通中学是各种年龄共聚的学校这个特点。我们深深体会到,这不仅没有给教育工作带来困难,而是相反,使工作变得更好做。在有多种年龄的集体里,自我教育具有长幼之间道德社会关系的性质。我们认识到自己一项重要的教育任务就是要让男女青年和少年成为低年级同学的教育者。只有在这种情况下才能充分照顾年龄特点。

在集体自我教育的情况下,其中一点起着重要作用:幼年时期的道德概念、观念和价值是借助生动鲜明的、饱含情感的相互关系在意识中确立起来的,而这种相互关系大多是通过友谊和有趣的活动把大小朋友结合在一起而建立起来的。当青年和少年们把他们的精神力量倾注在他们年幼的同学身上时,他们不仅在表现自己,而且在认识自己。

教育在一定程度上是独立于教学的特殊过程[4],它最主要的任务是培养意识,也就是形成世界观、道德和审美方面的概念、观点、信念以及多方面的含有道德意义的行为动机。

形成意识，就是变知识为个人信念、个人对真理获胜的关心。

学生在积极的活动过程中认清真理并深深倾注了理性、道德和审美情感时，信念便形成了。这样，不仅会使吸引了他的那些思想显得崇高和变得十分鲜明清楚，而且这种思想会决定其心灵和行为的崇高和美。这个过程是自我教育极其重要的一个方面。我们总是竭力把集体的精神生活组织得使思想尽可能深地渗入意识，支配每个学生的情感和意志，成为指引个人生活的灯塔。当学生为新的思想所支配并力图将它付诸实践时，学校的生活环境就应当促进他的积极行动。

积极的活动、行为、劳动及克服困难的斗争……，都是坚定信念的最重要的先决条件。不论教学过程中向学生阐发的那些科学真理距离日常生活实际有多么遥远（如宇宙空间和时间的无止境，有理性的生物在其他星球存在的可能性等），我们仍然力求使那些似乎远离生活实际的知识资料服务于他们的现实兴趣，激发他们做好事的愿望和为真理的胜利而贡献全部力量的意愿，以引导他们的智力生活。

在掌握科学知识中形成意识，就要把个人精神生活的各个部分，特别是情感都投入认识过程。学生赞赏那些为科学宇宙观的胜利而斗争的人们的伟大、刚毅和精神美，由此激起深入认识周围世界的愿望。他开始细心地观察各种现象、事件和人们的行为。结果，他不安地认识到世上还有许多同人的崇高名字不相称的事，认识到不仅要消灭社会的不公正现象、战争、原子弹自我毁灭的威胁，而且还要清除我们日常生活中一切因循守旧、庸俗丑陋的恶习。这些思想会激发青少年做出某些行动，通过某种方式表达他对待世界的积极态度。

教育集体和每个教师都要特别关心的问题是，要对那些学生在学习过程和社会生活中认识到的善与恶做出明确的思想政治评价。我们的理想是，学校培养的人要具有公民的觉悟、科学的世界观，并能在与邪恶相对抗时表现出勇敢顽强精神。我们念念不忘世界上还在进行的共产主义同帝国主义之间的激烈斗争。当代最大的邪恶就是帝国主义以及帝国主义的罪恶战争和仇视人类的思想。我们要努力使少年和青年的心憎恶这种邪恶，反对这种邪恶。这种崇高情感便是提升公民品质的基础,是与资产阶级思想不调和的精神和高度共产主义原则性的基础。同现代世界密切联系的知识对于学生来说变得宝贵起来。他珍视这些知识,把它们看作是个人的精神财富,并要捍卫它们。他愿为祖国的荣誉和尊严而奋斗,他以自己的劳动为祖国而奋斗。

当学生能够利用知识获取新的知识、扩大眼界并能对他在劳动和社会活动过程及精神生活中碰到的许许多多问题自行找出答案的情况下,知识就能成为信念。

对于形成信念非常重要的是,要让在学习必修大纲中获得的知识能通过课外补充阅读科学读物得到扩充和加深。这种阅读可以使孩子获得比大纲要求还要多的知识,可以开阔他的眼界,使他日后的学习变得更容易,因为这会使他产生新的智力上的需求。而在阅读过程中或通过实验要了解、解释、考察和深入探索问题的需要越多,学生的精神生活就越丰富,他的科学唯物主义信念就越坚定。

学校的中心任务之一,就是培养道德的、理性的、审美的高尚情感。所谓高尚情感,首先就是爱祖国、爱人民、爱劳动、爱文化,尊重本国每个同胞和世上每个诚实的人的人格,珍视和劳动人民的友爱、同志和兄弟情谊,享受认识和改造世界的快乐以及无私享用人类创造的文化财富。不能设想一个真正的人没有善良情感。实际上,教育就是从培养真诚的关切之情——即对周围世界所发生的一切都会由衷地做出思想和情感上的反响——开始的。真诚的关切是和谐发展的一般基础,在这个基础上人的各个品质——智慧、勤勉、天才,都会获得真正的意义,得到最光辉的发扬。

在我校教师集体的实践中,情感培养渗透在孩子们的一切所作所为、所见所闻之中。孩子对他所见到的周围的一切给予合乎逻辑的智力评价的同时也给予情感评价。不仅如此,假如认识不带有感情色彩,说明孩子没有看透他面前的事物。情感态度首先是通过能披露善与恶、正义与非正义、正直与不正直等思想政治实质的那些事件和事实表达的。

让孩子在得知或是目睹不良行为后能感到愤慨,这是我们进行道德教育的重要原则之一。那种不满足于现状的奋发向上的愿望,以及在积极行动中表现这种愿望,是培养这种情感的最重要的前提，如对祖国、对人的义务感和热爱，对妇女的尊重；又如开明的思想、坚定的信心和对事物的新鲜感这样一些智力情感，以及审美方面的情感——美感、英雄情怀和感奋之情等。我们为年轻一代培养的精神的优越之处恰恰就在他们对周围世界具有强烈的敏锐情感这一特点上。

要让孩子尽可能多地去体验良好行为的快乐，要让由这些行为产生的道德和审美的满足之情去充实他的精神生活，是学生集体生活的主要原则之一。实施这些行为的活动领域应当是对人的关怀。在孩子为别人带来快乐的同时，他自己也因此而得到道义和美感之乐，在这种情况下就能培养高尚情操。那种对别人的悲伤和苦痛无动于衷的人，则是不能履行苏维埃人的义务的人。

不能让人准备好去体验这种或那种情感。斯坦尼斯拉夫斯基说过，情感是不能下命令的。[5] 因此就可以清楚地认识到，教育技巧和影响学生的能力，对于"诱导"他去表露情感是何等的重要。

这种技巧的实质就在善于找出、发现，甚至有时则是创设那种足以唤起儿童对周围现象产生情感态度的心理情境。这种情境能否丰富多样，则取决于教育者进入儿童精神世界的深度，教育者能在多大程度上激起儿童对所看到的事物的情绪敏感性，树立起儿童对待自己的情感态度，激发他用积极行动去表现高尚情操。

创设并运用那种能够使意图和思想为整个儿童集体所深刻感受的心理情境，具有重要意义。只是在这种情况下要特别注意让所有的孩子都被那激发行动的高尚激情所触动。

越是以道义上的崇高吸引人，伴随行动而产生的情感表露就会越强烈。发挥这种吸引力，激发道德和美感以及在此基础上追求目标的志向，也是培养学生意志、品质的教育技巧。教师在向学生说明相应行动的意义时要让学生意识到，他们为克服困难所付出的努力乃是为树立个人品格而进行的有意义的斗争的一部分，特别是这种行动有社会义务感的动机和为确立人们之间的共产主义关系而奋斗的动机时，尤其要这样。

少年、特别是青年总是渴望通过严肃的事件锻炼自己的意志：青年的本性就要求出现超出学习范围之外的困难。为了锻炼意志，必须吸引青少年参加具有重要社会意义的、在创造和加强苏联社会物质技术基础中起一定作用的劳动。我们认为，要在针对集体从事的劳动所做的情感评价中鲜明地显示出社会的、公民的明确目的来，这在学生意识的形成和公民精神的培养中是非常重要的。凡是能使青少年在其中感到自己是一个公民和斗士的劳动，都是最具教育作用的。当德国厂商拒绝向苏联提供输气钢管的时候，苏联人民坚定地宣布：我们要在自己的工厂里制作出输气钢管来。我校青年男女在共青团会议上做出决定：我们要拾够制作50吨管子的废钢铁。这项劳动是作为履行维护我们祖国的荣誉和尊严的公民义务被学生感受的。

目的的道义会提高劳动的意义，学生可以借以检查、考验和确定自己的意志力。这里非常重要的是，要掌握好每个孩子的体力、智力和意志的紧张程度，做到使他既能达到目标并能体验到成功的快乐，又不至于使他耗尽自己的全部心力，以致搞到筋疲力尽。如果教师未能把孩子的力量估计准，孩子或者找不到足以考验其意志的劳动，或者因力不胜任的劳动而导致体力和精力的衰竭，不论是前一种还是后一种情况，他都会知难而退。在学习和公益劳动中运用意志因素时贯彻这条原则，是教育与自我教育相结合的一个很重要的条件。我们总是认真注视孩子的意志紧张程度是否跟他内在的精神力量相适应。

善于在学生的劳动中加进意志因素，绝非教育技巧中无足轻重的一点。我校每个教师都悉心研究孩子的个人能力，并在日后注意坚持让学生完成某项要付出体力和智力努力的工作时，不仅能达到目的，而且能从中感受到精神上的满足。不让学生在学习劳动中失望，教会他尽量少白白浪费时间，这是让学生养成支配自己习惯的极其重要的一个条件。

我们认为，使学生养成良好习惯和预防不良习惯，是一项重要的教育任务。

良好习惯首先涉及劳动和集体中的相互关系。我们把良好习惯的形成同情操、情感生活联系起来。我们组织儿童的生活和劳动，是要让确立良好习惯所需要的活动能唤起和加深他们乐观愉快的情感，能在他们的心灵上留下某种愉快的痕迹。美感动机会把天天重复的劳动变成精神需求。也只有当人感觉到、体验到这种需求时，他自身的意志力才会成为自我教育这个巩固良好习惯的最重要因素的源泉。

变为学生习惯的日常劳动越多,他们新的道德品质的进一步发展以及新的兴趣、要求和需要形成的前景就越广阔。这样一来,教育者面前便展现出发挥每个受教育者个人才能和天赋的无限可能性。

以上就是我校教师集体的教育信念。这些信念是在共同的、有明确目的的、创造性的劳动过程中形成并确立起来的。

有了一致的教育信念,才使我们能够满怀信心地达到目标。这个目标就是让走向生活的每个青年男女的才能都得到最充分的发挥。毫无例外地努力发展进入我校的所有孩子的才能和天资的意图,贯穿我们的全部教育教学工作。而居于首位的则是品德成熟性和公民精神成熟性的培养。多年的经验向我们的集体证明,才能、天赋、人的个性只有在思想政治和公民精神成熟的背景下才会充分焕发出来。人有了坚定的公民立场,他才可能有所创造。

我们竭力引导个人特性沿着正确的方向发展,设法把教学和教育工作安排得不让任何一个学生感到自己没有才能。例如,一个年轻人的创造性思维能力平平,但他很可能对某种劳动有与众不同的才能,只是需要加以发展。我们就力求使他在这方面精益求精,使技能臻于完美:有人在植物栽培上,有人在技术创造上,有人在营造上,有人在家畜饲养上。教育所追求的目的,就是让人不仅今天而且将来都能领悟到劳动的幸福。

我们在自己的工作中有一条常规,就是不让学校的任何一个学习日不取得成绩和效果。对那些学习有困难的学生,我们都要耐心细致地做个别工作。通过发展他们的个人倾向做到每个人或者在学业上或者在劳动中取得成绩。这种成绩便成为激励学生克服学习困难的精神支柱。

一般情况下,我们没有留级生,只有当个别孩子由于长时间生病才会留级。我们把近12年来及格率数字列表于下。这些数字反复提醒我们,在保证提高学校对新一代的培养质量的诸因素中居于首位的是对孩子们健康的关怀。

学年	在校人数	留级人数	其中因病留级人数（生病2—4个月）	及格率（%）
1955—1956	418	15	12	96.4
1956—1957	406	14	12	96.6
1957—1958	407	9	6	97.8
1958—1959	422	6	4	98.6
1959—1960	463	6	5	98.7
1960—1961	477	5	4	99.0
1961—1962	516	4	3	99.2
1962—1963	560	3	3	99.5
1963—1964	614	3	2	99.5
1964—1965	640	2	2	99.7
1965—1966	630	4	3	99.4
1966—1967	570	2	2	99.6

我们在密切结合生活、结合实际进行教育教学工作时，总是设法使社会生活中最先进的现象渗入教育过程。我们的每个学生都是通过自己的亲身经历确信：只有进行了具有重大社会意义的创造性劳动，才能得到精神上和文化上的提高；而劳动只有倾注了公民情感、智能和创造计谋的时候，才会变得有意义和引人入胜。因此，我们竭力把能使孩子们结为集体的那些他们共同感兴趣的活动搞得多样化，其中既有创造性劳动的有趣构思，也有趣味很浓的图书，又有社会关注因而也为孩子们所关注的种种社会、道德和审美方面的问题，还有课余活动、旅行、长途行军、游戏等。

我们努力在教育工作中尽可能清楚地反映出社会正在变科学为直接生产力的趋向。我们学生的农业劳动包含有丰富的试验研究活动。技术小组的学生的创造性思维总是用在怎样以机械代替手工劳动上。少年化学家们操心的是怎样用化学手段提高土壤肥力。体力劳动与科学思想相结合，这是劳动过程中自我教育的主要源泉之一。

学校同生活的联系,也是通过在学生的意识中形成这样的道德观念而实现的,这就是:物质福利和丰富的精神生活的主要来源是生产钢铁和煤炭、石油和机器、电能和化肥以及粮食和肉类的那些工人和农民的劳动;**劳动是人类幸福之本**。我们整个品德教育和劳动教育体系的目的,就是要在即将踏上独立劳动生活道路的学生的意识中,树立要为尽可能广泛的社会成员创造物质福利和财富的志向。我们的学生从小就会从他们能为社会、为他人做些事中获得快乐,并渐渐把这当作对从世代长辈那里所享受到的福祉的精神报偿。

没有自我教育就没有真正的教育这样一个信念,在我们的教师集体的创造性劳动中起着重大的作用。我们把学生集体看作是一支独立的、能动的教育力量,而对这支力量的领导,我们则认为应当是在分析了周围环境的情况下,在里面找出积极参与社会生活的现实条件。集体的社会自我意识的形成和发展,对社会的集体责任感的培育,是学生的主动性和独立性的基础。为组织而组织,为服从而服从,为领导而领导是要不得的。比如说,假如学生得不到统一思想的鼓舞,假如他们感受不到自己的劳动是人民劳动的一部分、自己的理想同人民的理想一致的话,就不会有任何集体和任何主动性。

对学生主动性的教育也在于把生活提供的许许多多条件用于学生之间的多种多样的精神联系,使全校集体中同时存在许多基于共同的兴趣、活动、意向和爱好结成的集体。这个问题对于发展每个学生的个性具有头等重要的意义。

每个人都有自己的精神需求和兴趣,没有这样一个无所不包的集体是不能完全满足所有这些需求和兴趣的。只有在这样的条件下才能满足它们,那就是每个学生的精神生活在若干个集体里度过,而且其中每个集体都有它自己特有的宗旨和活动领域。在一个集体里满足与智力发展有关的兴趣,在一个集体里发展审美爱好,在另一个集体里则有另外一些创造性劳动把他和同学结合在一起,还有的集体是为了安排学生自己的课余生活,如此等等。有些集体设在学校里,有些集体则是按学生的家庭住址而设的;有些集体是联络各种不同年龄的学生的，有些集体则由同一年龄的学生组成。集体联系的多面性可以保证真正的自动精神。

但是有一支无可取代的教育力量，一个作为公民教育和思想政治教育的统一集体，那就是共青团和少先队集体。我们认为最首要的教育任务是，让学生在少先队和共青团集体里从理性和心灵上认识自己对祖国的公民义务，实地学习并掌握公民义务，熟悉伟大的科学；这种科学是与那些依然存在于我们星球上的社会邪恶——帝国主义、美国"生活方式"中的仇视人类的思想丝毫都不妥协的科学。

第一章

全体教师团结一致是教育教学工作成功的保证

一、深思如何领导好学校

要把学校领导好，意味着要精通教育学，并使这门科学成为科学地领导教育和教养以及组织全校师生活动的基础；意味着要成为教育教学过程的能手，要掌握影响儿童和青少年的艺术。要知道，教育在广义上说，就是精神上不断丰富、不断更新的过程，无论对受教育者还是教育者来讲，都是这样。而且，这个过程具有深刻的个性特点：一条教育真理在一种情况下是正确的，在一种情况下是中性的，而在另一种情况下则变成荒谬的。

学校领导人只有不断完善自己既作为教师又作为教育者的技巧，才能充当教师和学生的优秀而有威信的指导者。一个好校长，首先应当是一个好组织者、好教育者和好教师，不仅对上自己的课的孩子来说，而且对全校学生和教师来说都应如此。

校长肩负的重大责任对他的精神世界——道德情操、智力素养、意志品质，提出了许多要求。首先，一个最主要又是最重要的品质（不具备这个品质就不能当校长，就像不是任何人都能当教师一样）就是：深深热爱孩子，有跟孩子们在一起的内在需要，有深刻的人道精神，有深入儿童精神世界并了解和觉察每个学生的个性和个人特点的能力。

这种能力，从某方面讲，是发挥高度的教育技艺的结果，但它首先取决于一个人用心灵去认识世界，即善于理解和体察他人的喜忧并乐于相助这样一种特殊素养。

热爱孩子，是不可能在任何学府中或从任何书本中学到的。这种能力是在一个人参加公共生活的过程中，在与他人的相互关系中发展起来的。但就其本质来讲，经常跟孩子们交往的教育工作本身就是在不断加深对人的热爱和对人的信任。献身教育事业的志向是在学校里，在教育工作的过程中不断得到发展的。

本书是根据我个人经验写成，在某种程度上是我在帕夫雷什中学任教三十三年，其中包括任校长二十六年的工作总结。从事学校工作和教育孩子已成为我的志向。在进师范学院之前，我当过两年小学教师和少先队总辅导员。进师范学院学习时（我是经过三年函授和一年住院学习的），我就确信，学校工作是最有趣、最引人入胜的工作。

每逢回忆起母校波尔塔瓦师范学院，回忆起教育学、文学、历史等学科的老师，我总是感到十分亲切。那里讲的教育学不是枯燥乏味的结论，而是关于教育艺术、关于如何影响意识和情感的生动而清晰的阐述。在那里，老师们教我爱上了语言。我永远不会忘记，我们在师范学院写作文的情景，我们写过瑰丽的晚霞，写过严冬的暴风雪……

在语言文学系毕业以后，我怀着激动的心情踏进了中学校门。我教的是高年级学生，却总是感到离不开低年级小鬼；于是我当上了一个少先队中队的辅导员，还帮助做少先队总辅导员工作，常跟孩子们一起去远足旅行。

如今，当我思考教师工作时，得出一个结论：孩子们所喜欢的是那种本人就喜欢孩子、离开孩子就不行，而且感到跟孩子们交往是一种幸福和快乐的人。当然，我做教师工作的头几年里，并没有去考虑这个规律，只是孩子们使我感到愉快而已。每当学年一结束，我就跟孩子们一道去远足旅行，去田野、森林、河边旅行。跟孩子们一起在南方晴朗的星空下宿营，架锅煮饭，述说图书内容，讲传说和童话故事。这些对我来讲，是一种幸福。或许正因为如此，孩子们也才那样兴致勃勃地在炽热的阳光下，背着沉重的行囊跋涉。

到了夏季，许多幼儿无人照管（当时农村还没有托儿所和幼儿园），我就把他们集合起来，跟他们一起玩，在池塘边上为他们办了一个类似现在的少先队自办夏令营。

少年们夏天想进行"水上旅行"——乘船经过水库驶入大河，然后登上某个"无人烟"的小岛……。我只是现在才意识到，正是我自己使他们产生了这个想法；而当时我觉得，他们产生这个念头跟我给他们讲的故事无关。可是我们没有船，于是我从新学年一开始就攒钱，到了春天，我就从渔民那里买来了两条船，家长们又买了一条船，于是我们的小船队便出航了。可能有人会想，作者想借这些事例来炫耀自己特别关心孩子。不对，买船是出于我想给孩子们带来快乐，而孩子们的快乐，就是我最大的幸福。

每个孩子都引起我的兴趣，总想知道，他的主要精力倾注在什么上面，他最关心和最感兴趣的是什么，他有哪些快乐和痛苦等。我的小朋友圈子一天天扩大，并且像我以后才意识到的那样，连我不曾教过的那些孩子也成了我的朋友和受我教育的了。

我是语文教师，学校把组织课外文学小组的任务交给了我，给了我一本方法指南，但从一开始，我就没有按指南的建议进行。我给孩子们朗读自己的诗。当然，我并没有打算焕发孩子们的作诗才能，但不知怎么的，就自然而然地在我周围形成了一个小诗人和文艺爱好者的圈子。

在春天宁静的傍晚，在阳光明媚的假日，我们去到田野间、池塘边、树林里，找一片草地坐下来，便对我们的所见、所闻、所想编写诗歌或进行充满诗意的描述。这些诗文和作品汇集成册，我们就把它们叫作文学杂志。

有些孩子身上显示出真正的诗文才华。记得，阿廖沙的诗曾使我感到惊讶，他的诗总能描绘出整幅整幅的画面来。而当我得知阿廖沙语文成绩不好，在算术课上不愿做习题等情况时，这种现象就显得十分荒诞了。我对阿廖沙了解得越清楚，就越发确信正常的孩子不可能成绩不好。每个孩子都显露出具有某方面的才能，不存在无才能、无天赋、生来懒惰的孩子这个信念也越来越坚定了。我没有一个成绩不及格的学生；可是在工作头几年里使我十分奇怪的是，也有个别教师教的学生不愿做功课，成绩得"差"（2分），以致留级。当时我觉得，能促使儿童学习的最主要动力，应是对老师的尊敬，对自己能力的信心，对知识的兴趣和求知的渴望。

我希望尽可能充分地满足孩子们多种多样的兴趣和企望。换句话说，我希望使孩子们生活和学习得有意思。

在那些年月，引起全国关注的大事是：苏联飞行员最初的几次远程飞行，远至北极的考察探险，原始森林区新城市的建设等。我和孩子们不仅写诗来歌颂英雄，而且做考察队和陆地探察者的游戏。村边有一座被废弃的半坍塌的旧农舍，我们把它布置成了一间类似轮船船舱的舱室，并把我们想象中的这个海轮取名为"北方鲁滨孙号"。我们在这里读关于著名探险家的书籍，绘制我们想象中的新发现的地图。

我永远也忘不了那些秋天的夜晚：窗外大风呼啸，雨点敲击着我们海船的"舷窗"玻璃，而我们聚在熊熊燃烧的炉火旁，屏住气息经历着阿蒙森和米克鲁霍-马克莱的奇特境遇——跟他们一道在北极的冰山中和赤道的原始森林里艰难地跋涉。冬天，我们堆砌雪屋和冰山，做"契留斯金号"探险队游戏。

而今，四分之一个世纪之后，还是在那个半坍塌的（稍做了修缮但依然特地保留了半坍塌状态）农舍里，我早年学生的孩子们又在玩宇航员游戏了。这间"舱室"里依然是一派浪漫主义气氛，漫长的深秋夜晚，室内火炉里依然有木柴烧得噼啪作响。我深信，没有浪漫主义精神，没有家庭式的友爱场合，让孩子们能在那里像我们在"北方鲁滨孙号"里那样跟老师待在一起，就不可能教育孩子。

学校工作的最初年月，即我被任命为校长之前的那几年，对我来说，是幸福地、尽管往往也是痛苦而艰难地发现儿童心灵中那些隐秘角落的几年。那些角落里隐藏着快乐，对成人的无限信任和准备信赖地向成人敞开自己心怀的愿望，但也有另外一些相反的心理——戒心、不信任、痛苦、委屈、怨恨、有意地执拗和固执。出人意料的是，儿童心灵上有时竟然还有伤痛乃至仇恨，这是令人吃惊的。我确信，人生中最可怕的因而最需要用爱抚、温柔、关怀、关注、善意去抚慰的，就是遭到毁损和伤害的孩子的心。我就遇到过那样几个孩子，其中每个人的生活遭遇都能写一本书：科利亚亲眼看见过杀人事件；奥克萨娜既没父亲，也没母亲，被遗弃在一个远房亲戚家，这个亲戚不仅恣意虐待她，而且给她灌输了一些非人道的生活观；维佳出身于一个富农家庭，养成了仇视人类的道德恶习；娜佳是一个"无主的"女孩，一个弃儿，她选择用凶狠和极不信任的态度对付嘲笑和自卫；等等。

只是人的恻隐之心促使我像亲近其他遭遇同样不幸的孩子一样去亲近这些孩子。因而在我做学校工作的头几年中，许多这类难教的孩子都成了我的朋友。

总之，我被任命为校长时就已深信：只有当教育建立在相信孩子的基础之上时，它才会成为一种现实的力量。如果对孩子缺乏信心，不信任他，则全部教育智谋，一切教育和教学方法和手段都将像纸牌搭小房一样定然倒塌。此外，要使孩子相信自己的力量，从不向困难低头，他还应当相信他的老师，不仅看到老师的榜样，而且得到老师的支持和帮助。

教师在课堂上跟孩子们的交往，只是教育工作的一部分。孩子的教养，精神上的发展，道德面貌的形成，所有这一切在很大程度上都有赖于在课余时间内进行的、不列入课表的工作。一个教师，只有当他成为孩子们在其中度过其精神生活并建立彼此间道德关系的那些集体的组织者和领导者时，才会是一个教育者。早先那几年，生活就向我说明：少先队集体和共青团集体，就是培养公民战士的强大手段。

1938年，我当班主任的那个班的共青团组织提出了一个目标：要培植出比当时集体农庄一般单位面积产量高三倍的小麦。我们的这种劳动具有十分明显的公民意义。我们不是一般地干活，我们是要用劳动树立一个信念：科学能够帮助人提高劳动生产率。我们的胜利（即共青团员们种植出每公顷产38公担的小麦）使我们在自己的心目中的地位提高了，我们感到自己是社会主义建设的参与者。

每个孩子的思想、观点、情感、感受、快乐、不安、悲伤、忧虑等都是一个独特的世界。教师应当认清并熟悉自己学生的这个精神世界，但绝不能把他们当作研究对象来对待。教师应当成为孩子的朋友，深入他的兴趣，与他同欢乐、共忧伤，忘记自己是教师。这样，孩子才会向教师敞开他的心灵。学校，只有当它成为孩子过愉快而有趣的生活并努力求取知识和钻研科学的园地时，才能成为教育基地。

当我被任命为校长时，我十分高兴，我将有机会跟全体教师一起去实现我的教育信念，学生个个都将受我的教育。这时正当卫国战争前夕，我虽然已经有了五年教师工作经历，但那种离开孩子便不可想象的全部生活还在前头。

战前时期的苏联学校所创造的精神财富，在决定祖国命运的时刻发挥了巨大作用。这种精神财富表现为：青年一代热爱祖国，愿为祖国而献身，坚信共产主义理想，热爱劳动，有浓厚的求知兴趣。优秀教师们向来都把组织得当的劳动视为有力的教育手段。还在战前，我们学校每个班就有各自培育果树苗木的地块，少年技师和设计家们在学校教学工厂和工作间里进行劳动；暑假期间，高年级学生则去充当拖拉机手和康拜因（联合收割机的音译）手。

苏联学校培育的一代青年的道德潜力在卫国战争期间得到了充分显示。战前六届毕业生共有147名男女青年，有42人在前线为祖国的自由独立献出了生命。留在法西斯占领区的女青年参加了地下反法西斯组织，其中有一个叫薇拉·波夫莎的姑娘，领导了一个编写并向居民散发传单的青年小组。后来她被逮捕并遭到惨无人道的虐杀。薇拉在鲜血涌流、生命将息的最后时刻依然坚强地高呼："祖国万岁！"

我从战争一开始就上了前线，先后参加了斯摩棱斯克和莫斯科市郊的战役，以后又参加了加里宁市前线的战斗。1942年，我在尔热夫市郊受了重伤，在乌瓦镇和乌德摩尔梯亚住了几个月医院。出院后，我作为残废军人复员，担任了乌瓦中学的校长。这是一个艰苦时期，但是，一年半的学校工作给我留下了愉快的回忆：我们当时有一个师生团结友爱的集体，我们关心每一个孩子。

我的家乡刚解放，我就回到了原来的学校。29个月的法西斯侵占，不仅在经济上，而且在精神生活上，都留下了可怕的痕迹。我们在战前怀着那般珍爱的感情建立起来的一切——实验室、图书馆、树木繁茂的果园等，被毁坏殆尽，连课桌椅也都尽遭焚毁。我们的教师和高年级学生一起，通过艰苦的劳动，修复了教室和实验室，登记了全部的学龄孩子。

战争给孩子们带来了极大的不幸——孤儿生活。没有教师和孩子间的真正友爱，学校教学没有高尚道德做基础，就不能想象让所有的孩子都来上学。许多孩子的精神世界遭到了损伤，这不只因为沦陷区的残酷遭遇，而且还因为某些家庭中那种冷漠无情和对人生麻木不仁的气氛。村里出现几个无法查找来历的孩子，他们凄惨得无处栖身，当时国家还无法把所有无人监管的孩子都收容到孤儿院去。

同情，友爱，集体主义，……每个教师都应当把这些带进学校的精神生活。我认为，当时最主要的任务就是使全体教师赞同我的教育信念。在开始教学之前，以及在随后一些日子里，我都竭力使他们相信：只有靠真正的人道精神才能克服我们面临的许多困难。因为来到我们身边的许多孩子没有享受到温暖和关怀。他们怀有戒心，不相信人，有些孩子还怀有怨恨情绪。只有抱有这种信念的教师，即相信这是一些本质很好的孩子，只要给予帮助，他们身上好的因素必定占据上风，才能成为好的教育者。我告诫我的同志们，切不可由于自己对孩子的不信任，由于怀疑他们的诚实和善良动机而使孩子害怕接近自己，不要向孩子们探问他们的过去，以免刺痛他们心灵的创伤，但又必须尽可能详细地弄清每个孩子的情况，特别是那些很早就遭到不幸的孩子的情况。要弄清造成这种不幸的根源，但又要做得使孩子不察觉我们的探询之意。

这些意见过去是，今后也将永远是我的坚定信念。对人抱有信心，对我来说是最珍贵的东西。我过去和现在都在竭诚地维护它免遭怀疑和冷漠之情的玷污。

在困难的情况下，教师的真诚、诚实、直率特别重要。我曾向教师们建议：如果你怀疑某件事情，你就直说，不要把疑团，特别是对孩子的不信任放在心里，对教师来说这是一种十分有害的负担。一旦发觉教师的某种行为或言谈中含有对人或对教育力量的怀疑，我总是想方设法（而且现在仍然是这样）向他证明他的不对，说服他确信自己错了。是说服，而不是采取行政手段——压服和强迫。

在那些岁月中，生活一再令人信服地说明：集体的教育力量有多么强大。我们的共青团组织对那些在家里得不到经常照管的低年级同学负起了经常辅导的责任。青年们在暑期还为这些同学举办了少先队夏令营。

进行个别的、亲切友好的、推心置腹的谈话,是校长对教师做工作的主要方法。要知道,教育是一种十分细致的精神活动。我要把教育者对受教育者的影响,同音乐对人的影响相比拟。列夫·托尔斯泰说过:"对精神活动强施影响,无异于去捕捉阳光,不论用什么去覆盖,它总还是在表面上。"上千次跟教师的谈话仍在我记忆之中,其中有一些在我心中留下了愉快的印象,有一些则是不愉快的。我不止一次地不得不为教师的一句话、甚至一丝微笑或一瞥发怒的眼神而跟他进行一个钟头、两个钟头、三个钟头的谈话。有一次,在五年级一个班上检查家庭作业,文学课女教师叫起一个成绩较差的学生来。教师对这个学生造的一个句子感到不满意。她一句话没说,挥了一下手,这个孩子却为此哭了一晚上。随后我只好花很长时间跟这位教师谈话,证明她错了,向她说明,她这一挥手反映了她的教育观点——对待学生态度冷漠,不相信这个学生能做出什么好事,默认坏学生永远是坏学生。

只有成功地说服了教师,而且他已开始用实际工作证明他已心悦诚服的时候(当然,这不是通过一次谈话,也不仅仅是通过谈话就能做到的),我才认为我完成了自己作为领导者的使命。我从没草拟过一道涉及教育过程的指令,这在校长工作中是毫无意义的。同样,我也从不把跟某个教师的任何一起最复杂的争论拿到校务会议上去讨论。

尽可能深入地了解每个孩子的精神世界,是教师和校长的首条金科玉律。一个新生来到学校,我总是细心观察他,寻找跟他进行精神交往的手段。这些手段要能让他去积极活动,积极地表露他的愿望和兴趣。孩子应当用他的行动自我表明我所要了解的有关他的情况。这是对儿童集体进行教育领导的原则之一。

全校有几十个教学和课外活动集体,每个集体都丰富着学生多方面的精神生活。校长是这些集体的积极参与者,并且首先是学生的朋友、同志。通往儿童心灵的道路要靠友谊、靠共同的兴趣、爱好、感情、感受来铺设。我能举出几十个实际例子,来说明那种看来似乎最难接近和最不开朗的孩子只是由于我和他参加同一项活动或者读同一本书、做同一场游戏、进行同一次旅行而高兴、激动,才向我敞开了心扉。

我记得，有一个执拗的、精神遭受了摧残的，而且因某种原因充满怨恨的孩子来到我校五年级上课。他事事都跟教师作对。我便建议教师：必须找到跟孩子共同的兴趣，那样他才会向我们敞开他的心扉，我们才能了解到需要了解的东西。于是探察他兴趣的行动便开始了。整个集体都动起来了。我确信，我们必定会在某个场合跟这个执拗的五年级生相遇：或在文学创作小组里，或在故乡自然资源少年考察小组里，或在少年探险家俱乐部里（我们有时在我们的"北方鲁滨孙号"里聚会），或在绿色实验室里，或在少年电工技师小组、无线电技术小组及少年摩托家小组、少年生物化学家小组、少年动物饲养家小组里。

我跟他相遇过两次：第一次是在故乡自然资源少年考察小组里，第二次是在科学幻想爱好者协会里（我们学校有这样一个协会）。当时，我们长时期未能做到使南方的珍贵果树——桃树适应我们这里的水土气候。最终，我们尝试把这种性喜温暖的树的几棵幼芽嫁接在耐寒性强的杏树上。春天到了。每天，性急的孩子们都要跑到园地里去看，看芽苞是不是开放了。我总是一大早就到园地里去。有一次，我看到一个孩子蹲在杏树旁。我觉得他好像屏住了气息，生怕损伤了刚发出的那闪闪发亮的嫩绿叶芽，它是在这个阳光明媚的清晨刚刚发出的。我同样为这第一枚叶芽而兴奋激动，因此没立即想到是谁竟比我来得还早。我随即抬起头来，或许是为了同这位朋友分享喜悦。他顿时也举目相迎，显然，也想同我分享喜悦。我俩的目光相遇了，原来在这里的就是他，是沃洛佳。我们互相拥抱起来，从此我们成了好朋友。展现在我面前的，不仅是一个聪明的、极端敏感而又诚挚可爱的孩子的心，还有曾经损害了他心灵的并导致他不信任人的那些可怕祸根。

关于这可怕的祸根，现在我不去说它，我提及这次跟沃洛佳的真正的人的相遇，只是为了证明我的一个信念：要以人对人的方式对待孩子，要善于发现他心中能响应我们召唤的那一隅，这样才能使你更容易克服那些妨碍教育的不利因素的影响。我总是竭力使教师们确信，如果你只限于从讲台上看见学生，如果只是由于你叫他来，他才走近你，如果他跟你的交谈只是回答你的提问，那么，任何心理学知识都帮不了你的忙。应当像跟朋友和志同道合者见面那样会见孩子,应当跟他同享胜利的喜悦,共担失败的忧伤。

　　如同一个医生为预防和治疗疾病,必须十分清楚哪些因素能增强体质,哪些因素则可能削弱体质一样,一个校长作为学校的首要教育者,也应当分析和研究儿童入学前的生活环境。从这方面来讲,我最关注的仍然是那些最难教育的孩子(因为如果他们不在学校里朝好的方向转变,那么,好孩子也会朝坏的方向变化,会从难教的孩子身上染上坏习气和不良习惯)。每周我都走访这些困难孩子的家庭,以便深入了解形成他们的道德的最初环境。我跟家长们、家长的邻居们、原先教过这些孩子的老师们进行交谈。每个困难孩子各自都以其思想、感情和愿望诸方面的独特境界出现在集体面前,这个境界的和谐已被冷酷自私的人们破坏了。

　　例如,11岁的科利亚来到我们学校。这孩子的孤僻与凶狠使我们大家都十分吃惊。他觉得老师的真心好意和温柔不过是一种诡计和圈套。他总是喜欢独自待着,不愿跟同学们交往,不愿意劳动。我访问了科利亚父母生活的村庄,了解到一些令人吃惊的情况。原来,这孩子曾经生长在一个偏僻的、与人隔绝的小天地里,那是一个充满虚伪、欺骗和犯罪行为的天地。科利亚原先上的那个单班制小学的女教师灌输给学生的那些道德概念,完全是讲给某种抽象的学生听的,而孩子们则把它们只当作需要记住的材料来接受。科利亚本来是一个肯钻研好提问、求知欲很强的孩子,他经常提出一些用女教师的话说"奇怪的"问题:"为什么费道尔大叔在全队会议上说要爱惜集体农庄的财产,可自己却把一整车玉米棒子从地里运到他家里去了?为什么格里沙大叔(他在沦陷时期曾在法西斯警察局服务,现在是森林管理员)为自己建起了两所新房子,可是加利娅大婶的丈夫牺牲在前线,她却连养老金都没申请到?为什么集体农庄主席每个礼拜天都带着老婆坐上小汽车进城逛市场,而安东老爷爷病了的时候,却不给汽车送医院,结果老爷爷死去了?"

　　女教师对这些问题总是不予理睬,孩子内心困惑不解,因为一方面书里面讲:一个人应当成为怎样的人,等等;另一方面继父却训导说:不欺骗就没法生存,工作喜欢傻瓜,而傻瓜赞美工作等,尽是一些不知为什么人们总是要低声低气去讲的邪恶。这孩子对一切光明、纯洁、正义的东西都失去了信心。他产生了怀疑，认为巴甫列克·莫罗佐夫和卓娅·科斯莫杰米扬斯卡娅的英雄形象同样也是神话，就像美貌绝世的公主、起死回生的神水和英勇无比的壮士那样的神话一样。科利亚凶狠起来了，变得不听话、好动怒了，冲着女教师和母亲说粗鲁的话。

　　我又到那个村庄去过两次，了解那里的人，了解那个村庄小小的劳动集体，力图弄清孩子周围那些人们的情趣所在。老师们就科利亚的精神生活进行过不止一次的讨论。我们终于得出一致的结论：我们国家还有一些死角，那里，包围孩子的是一种追逐私利和贪图财富的小私有者腐朽习气。如果在这种情况下不好好开展学校的教育工作，那么，渴求光明、善良和正义却又得不到支持的富于感受性的、敏感的孩子就会在情感上惶惑不安。年幼的人不愿向非正义现象妥协，他有抵触情绪，但这种情绪与自觉地以善抗恶相距还很远。他对所有的人和一切事物都怀有怨恨。对这个学生的教育是一个十分复杂艰难的过程。应当使他确信：在我们的社会里，真、善、美必定取胜，一个人不是命运旋风中的一粒尘沙，而是争取真、善、美的积极斗士。

　　这种关于"困难孩子"的教育和这些孩子的道德渊源的讨论，增强了我们教师的同情心、关注之情、教育的敏锐性和观察力。

　　我们在帕夫雷什中学研究并了解每个学生家庭的精神生活，但这只是学校—家庭教育的开始。我的坚定信念是，**教育学应当成为众人的科学**——不论是教师还是家长。我们竭力给每个家长都讲授最低限度的教育学知识。为此，我们办有家长学校，家长们在自己的孩子上学之前两年就进家长学校，一直学习到孩子从学校毕业为止。家长学校的心理学和教育学课为250课时（顺便说一句，这比任何师范学院或大学的课时都多得多）。家长学校的学员分5个班（按他们孩子的年龄划分）：（1）学前班（孩子为5—7岁的家长）；（2）一、二年级班；（3）三、四年级班；（4）五至七年级班；（5）八至十年级班。每班每月上课两次。上课的基本形式是由校长、教导主任和最有经验的教师讲演和谈话。心理学和教育学的理论知识紧密联系家庭教育的实际。

　　教学大纲包括师范学院相应课程的全部章节，但我们着重讲年龄心理、个性心理和体育、智育、德育、美育理论。我们力求使每个父亲和每个母亲都把在家长学校学到的理论知识与自己孩子的精神生活联系起来。这要求我们教师严格把握分寸和具备高度的敏感性。我们从不"抖搂儿童的内心世界",从不公开谈论家庭相互关系中敏感而又容易触痛人心的问题。这些问题只能在个别谈话中触及。

没有家长学校,我们就不可能有真正的学校—家庭教育。

孩子们的健康,在我们学校也是校长经常关注的对象。不经常关心孩子体质的增强,就不能想象有成效的教育。患有疾病和身感不适的孩子有时仅仅因此而没法接受教育。

为了尽量清楚地了解孩子身体的健康状况,我攻读了专门的医学著作,从而日益确信:对教师来说,懂得学生身上发生的内在的生理、心理、年龄、性机能等发展过程是多么重要。许多事情都有赖于这些知识。孩子在学习上开始落后往往是由于他身体不适,而他自己却不知道这一点。教师无权不去了解孩子身上发生了什么情况:他为什么身体不好,他的健康状况怎样影响到他的智力发展。

在我国,整个社会生活制度创造了爱科学、爱知识、爱学习、爱教育的气氛,而对教育孩子爱学习起决定作用的是教师。知识的掌握应当给孩子带来愉快和充实的精神生活。促使孩子热爱知识的首要源泉就是教师的、首先是校长的知识素养的高度。缺乏教学计划内各门学科的知识,就无法领导学校的教学过程。我从当校长最初那些日子起,就开始研读物理、数学、化学、地理、生物、历史,三年内自学完了学校所有科目的教科书和主要教学法参考书。我特别在数学上下了更多的功夫:解完了数学习题课本里的全部习题和补充习题课本里的许多习题。我逐渐在笔记本里把习题按章节和专题划分开,现在每个笔记本里每年都会补充一些新的习题。

但这仅仅是个开头。对我来说,密切注视构成教学大纲各门学科的最新成就和成果成了一条常规。了解数学、物理学、生物学、生物化学、电子学等学科所达到的最新水平尤其重要。在我的实验室里(我这样称呼我的办公室)放着一沓沓笔记本(每门科学或一个科学问题各有一个厚本子),笔记本里有成千上万条期刊摘录和剪报。我的兴趣和爱好直接地,也特别通过教师间接地不断传给学生。

例如，对土壤中的生化过程的研究吸引了我。国内外在这方面所进行的试验为生产水平的提高开辟了极广阔的前景。我跟喜爱植物栽培学和园艺学的老师们谈论这个有趣的问题。生物课教师和几位低年级教师逐渐对这个问题产生了兴趣，他们给孩子们讲述土壤生命活动的引人入胜的情景，讲述帮助土壤创造营养物质的种种奇妙微生物。这个问题也引起了孩子们的极大兴趣，他们在生物专用室、绿色实验室、教学实验园地、温室里做起试验来。对校长来说，这既是同学生进行精神交往的一个领域，又是接近较难教育的孩子心灵的一条途径。

我抱着极大的兴趣阅读遗传学、自动化技术、电子学、天文学等方面的科学著作。物理教师们都知道，任何一件新事物都不会被我们的注意遗漏。我跟物理教师的每一次交谈，都是一个新设想、一个新计划。自动化技术和无线电电子学少年爱好者小组、少年无线电技师和少年电工技师小组、少年天文学家小组开展活动的那些专用室和工作间吸引着我。我和孩子们一样，同样兴致勃勃地为装设语音教室而装配仪器和模型。我跟学生们一道架设气象站和儿童天文观察台。当观看星体和星系，幻想遥远的世界时，我也和他们一起激动。

我焦急地等待着大地回春。树木汁液流动，首批嫩叶和花蕾萌发，我们在学校的果园里和教学实验园地上，进行着许多试验，栽培着数十种粮食、技术作物和果木。春、夏、秋三季，都有好几个少年植物爱好者考察队到田野去考察。我们挑选耐旱的小麦穗和其他禾本植物的穗以备育种，收集土壤标本，寻觅新的（可能至今科学上未发现的）、能增加土壤肥力的有益微生物品种。冬季，在我们的温室里和柠檬苗圃里，花朵散发着芳香，金色的柠檬正在成熟。这些花果之角吸引着学生，吸引着那些应当对劳动美产生兴趣的学生。

我是文学教师，我承认，我喜爱自己的学科。我的教学体系的基础，是善于阅读、理解和欣赏原著的能力。对语言的喜爱和语言美感，在我们学校被视为文学教学获得成功的决定性条件。整个集体都在不断努力提高自己的语言修养。文理不通，说话含糊，口齿不清,在我们学校被看作如同无知。"说话务求正确:每个词都有自己的含义,不善于选择恰当的词,无异于美术课上不用削好的铅笔而用钉子去绘画。"这些话是小陈列栏的结束语,在教员休息室的这个陈列栏里陈列着有关发展语言的各种材料(如好课记述、报刊文摘等)。

我有丰富的藏书,我选入的只是那些具有重大艺术价值的著作。我想使这些书成为审美修养的标准。教师、学生、家长都来向我借书。跟读者的每一次晤谈都给我带来极大的快乐:我们总是自然地攀谈起来,我从中了解到种种有趣的生活经历,这样便开阔了我的教育眼界。

不论是照管挂着果实的葡萄藤,还是诵读描写自然和人的抒情诗,对我来讲,都是极大的享乐。我常写东西,但不是为了发表,而是为了自己,为了教会自己的学生抱着爱惜的态度使用语言。在从事教育工作的岁月里我写了上千篇短文,每篇短文都是写自然现象、感受和体会的。下面便是一些短文的标题:

《日出时的露珠》《阳光照射在鲜花怒放的桃树枝上》《桃园》《葵花向阳开》《亚麻开花》《苜蓿遍野》《蜜蜂出箱》《秋日大自然的凋萎》《林间簌簌声》《河上黎明》《落日云雨》《林中雷雨》《夏日酷暑》《夏日蓝天中的云雀》《第聂伯河那边浅蓝色的远方》《春汛》《小麦将熟》《几次目睹列维坦的〈桦树林〉》《秋日艳阳天》《林中早秋征兆》《草原夜静》《蝈蝈的音乐》《夜莺歌唱》《草原暴风雪》《秋日的阴天》《夏日的阴天》《积雪覆盖下的生命》《黎明时森林的苏醒》《林中道路》《草玉铃》《第聂伯河岸边的夏天》《基辅的栗树》《塔拉斯·舍甫琴科的陵墓》《野花花束》《少年植物爱好者》《星夜》《晚秋初寒》《柳枝上的霜》《池边垂柳》《篝火旁的夜晚》《小男孩怎样救出了小狗》《暖房里的葡萄果穗》《清晨严寒》《乌克兰土地上的白俄罗斯山梨》《洋槐花开》《苹果树开花》《八月之夜》《入秋初雨》《第聂伯河岸上的幼松》《古斯基福人陵墓地带阵亡将士纪念碑》《会见英雄的母亲》《谷中丁香林》《沟中——土地的创伤》《小儿迈出第一步——母亲的喜悦》《我的孩子们怎样在林中找到一只小鸟》《我们身边到处都

有好人》《我怎样无意中委屈了小男孩》《毕业晚会上的悲喜交集》《会见过去的学生》《书——我的朋友》《书架旁的遐想》《栽下你自己的一棵树》《身后要给世上留下美好遗迹》《什么是真正的友谊》。

　　我有时把自己的短文和诗读给学生们听。这给我带来一种愉悦：能跟他们谈心，交换有关周围世界——大自然和人们的感想。我发现，凡是能使孩子们从中领略到他们自己也有过某种同样感受的那些短文和诗，尤其使他们激动。一旦我的文章和诗触动了孩子们的心灵，他们便亲自动起笔来，抒发他们的情怀。我觉得，对语言的感受，以及想用语言去表达内心世界最细腻的活动的愿望，是真正的人的文明素养的重要源泉之一。

　　我不能想象，不到故乡各地旅行游览，不观察自然景色，不用词语抒发感情，怎能去讲授语言。我在河岸上，在田野里，在夜晚的篝火旁，在外面有秋雨沙沙作响的窝棚里，教孩子们表达他们对周围事物的感受。令我感到高兴的是，我对语言的喜爱也传给了孩子们，触动着他们的思想感情。他们感受到语言的美、词语的芳香和细微色彩，他们也写描述大自然的小作文，他们也作诗。对语言美的敏感性，是促使孩子精神世界高尚的一股巨大力量。这种敏感性，是人类文明的一个源泉所在。

　　我竭力做到居于我这个校长工作首位的，不是事务性问题，而是教育问题。每天清早，上课之前，我跟总务主任交谈十至十五分钟，这一天里就不再过问总务问题了。我把总务工作中使我感兴趣的一切问题都记入笔记本里（以备下一次谈话，以备跟教师们共议：我们学校的大部分总务工作是从教育着眼，靠学生集体和教师集体的力量去共同解决的，总务工作是服从于教育任务的）。

　　领导教育过程，参加学生集体的生活，深入孩子们的精神世界——这一切，都要求校长十分重视脑力劳动的素养问题。应当善于把教育思想体现在各种各样的事情中，而且在这期间总要努力看到集体的发展前景。学校生活中有成千上万种教育现象，当你越是深入考虑每种现象，考虑个别学生的前途，考虑他们的行为的时候，就越能发现须由集体来解决的实际问题。对教育过程的逻辑分析，要在一天工作结束时进行，要在跟某位教师或家长、教导主任、学生的谈话中进行，这样才能做得好。下面就是进行交谈或思考的问题。

怎样做到使儿童倾心于集体？有哪些内部精神联系——思想、感情、感受，能成为增强集体友谊、同志关系的牢固基础？怎样使每个孩子个人的幸福、快乐跟集体和社会的利益和谐地结合起来？为什么有些孩子身上会产生个人主义恶习，怎样预防这种现象的产生？为使孩子们和教师靠共同的思想、兴趣、意愿联系在一起，做了些什么，正在做什么？通过哪些方式给孩子们传授人类创造的精神财富？怎样培养儿童的诚实、正直、原则性，以及对邪恶、非正义、欺骗行为的不调和精神？怎样做到使每个孩子因享受到物质、精神财富，因童年的幸福而感到自己对祖国、对老一辈负有义务？怎样才能使劳动成为内在的需要？怎样达到德、智、劳、体、美诸方面的和谐发展？怎样使道德因素在受教育者身上贯彻终生？每个受教育者是否能从自己为社会所做、所贡献的东西中感受到幸福和满足？是否做到了使一个人从长辈那里获得的东西跟他贡献给祖国和社会的、或将来准备做的贡献两者之间和谐？其发展前景引起我们特别关注和操心的那些孩子的生活中心是什么？集体的智力生活要丰富到何种程度？教师为发展学生的智力、兴趣是否做了应做的一切事情？学生们在阅读一些什么书籍？高年级学生在关注哪些科学技术问题？知识在实践中运用得怎样？学生的个人要求和兴趣是否得到了满足？我校毕业生的工作情况如何？

深入思考这些问题，是实际规划明天以及一月或一年之后应当做什么及确定集体要力争达成什么目标的最重要的基础。上述每个问题不时地成为教师集体讨论的中心。我们总是力求做到使学校全体工作人员（从校长到看门工人）都来实现教育思想，使全体人员都全神贯注于这些思想。

二、我们的教师和教育者

一个好教师意味着什么？首先意味着他热爱孩子，感到与孩子交往是一种乐趣，相信每个孩子都能成为一个好人，善于跟他们交朋友，关心孩子的快乐和悲伤，了解孩子的心灵，时刻都不忘记自己也曾是个孩子。

其次，一个好教师应精通他所教的科目归属的那门科学，热爱那门科学，并了解它的发展情况——最新的发现，正在进行的研究以及最近取得的成果。此外，本人若能热心于本门科学正在探讨的问题，并具备进行独立研究的能力，则可成为学校的骄傲。一个好教师，应具备比中学教学大纲的规定多许多倍的知识。教学科目对他来说只是科学的基础知识。深湛的知识，宽广的视野，以及对科学问题的浓厚兴趣，……这一切都是教师引起学生对知识、学科、学习过程的兴趣的必备条件。教师的知识越深湛，视野越宽广，各方面的科学知识越宽厚，他就在更大程度上不仅是一名教师，而且是一位教育者。对于低年级教师来说，重要的是不仅要具备多方面的知识，而且要对某门科学和某方面的知识具有特殊兴趣。

再次，一个好教师要精通心理学和教育学，懂得而且能体会到缺乏教育科学知识，就无法做好孩子们的工作。

最后，一个好教师要精通某项劳动技能，并且是这项工作的能手。十分重要的是，学校里要有出色的园艺家，有醉心于机器的人，有电工技术专家，有细木工，有喜欢教学实验园地作业的植物栽培家。一所好学校里，每个教师都应当有从事某项劳动的热情。

到哪里去找这种全面的人呢？就在我们身边，要善于发现他们。我总是力争有权完全独立自主地选配教师，并认为不这样就不能设想办好学校。

如果没有全体教师从精神上对我的校长工作的支持，那我在学校里连一天都待不下去。每个学年开始之前，都由我们整个集体分配职务，分配每个教师的周工作量，同时由集体做出决定：谁当校长，谁任教导主任[6]，谁做少先队总辅导员，以及由哪些人担任班主任。如果集体得出结论，认为某个教师不称职，这个教师就要离开学校。校务委员会中的家长委员也参与这些问题的决定，他们的意见特别重要。

好教师并不总能带着已经成熟的素养到学校来。往往只得选择那种只是具备上述全面素养的发展条件的人，然后着手对他进行耐心细致的工作。而他之所以成为一个好教师，首先有赖于全体师生的创造性劳动环境。

在国民教育局办理新教师的任命手续之前，我总是力求尽可能多地了解他是怎样一个人，做到对他的兴趣、眼界和精神生活心中有数。进行这种了解的最好办法就是进行毫无拘束的友好谈话。我们谈双方都很关心的话题，陈述自己的观点和信念。这样，总是可以清楚地了解这个人的生活中心是什么，是什么东西促使他产生了献身教育事业的念头。可以享有最高评价的是那些既热爱孩子又具有对科学问题的创造性志趣的教师。

未来教师的发现往往始于这样一种迹象：在一个没有受过师范教育的人身上显露出了教师才干的素质。我们区有一个工厂，来了一位复员军人——亚历山大·亚历山德罗维奇·菲利波夫，他是一位电工，普通中学文化水平。引起我很大兴趣的是，这个青年工人家里有一间完备的工作间，晚间和假日总有一些孩子到他这里来，都是我校和邻校的学生，他和孩子们一道设计各种活动模型和装置。

我认识了亚历山大·亚历山德罗维奇，并确信他能成为一位好教师。我建议他上师范学院函授部。经过一年时间，亚历山大·亚历山德罗维奇了解了学校，听了一些有经验的教师的课。我帮助了他在函授部的学习，而他则帮助学校搞课外活动。那些对技术创造产生了兴趣的儿童、少年和青年都被他吸引，于是开辟了一个课外技术活动室，孩子们自豪地把它称为自动化技术和遥控技术室。

这都是亚历山大·亚历山德罗维奇被正式任命为物理教师两年前的事。当这位年轻教师（三年级函授生）受到正式任命时，他向我提出了如下要求：除物理专用室之外（这个专用室尽管当时设备还不齐全，但已经建立起来），还应当建立一个电工室，而将来再建立一个不大的技术创造车间。我都欣然同意了，并料到，所有这一切都将由这位年轻教师同我们一起共同去建立。

在课外技术活动室里热火朝天地展开了有趣的、吸引着孩子们的创造性劳动。学生们着手设计制作各种机器和装置的活动模型。这种制作逐年变得更加精细复杂起来：学生们从热电站活动模型向着程序控制模型迈进了一步——制作了自动车床的活动模型。技术小组的指导教师身旁每年都会涌现出一批新助手，每年都产生新的小组、新的设计方案。过了一段时间之后，这位教师对直接变化学能为电能的问题，对创制无发电机装置的问题"着了迷"。他的设想也迷住了少年技术家，他们做试验，进行检验。这位物理教师随后又向我提出新要求：学校里应当开辟一个引人入胜的科学技术室。这个想法吸引了我，也吸引了许多其他教师。不久，这个活动室就建立起来了，为施展青少年的才干，为进行制作和设计，为从理论上钻研科技成就，创设了一切必要的条件。

区报编辑部的安德烈·安德烈耶维奇·萨姆科夫，酷爱园艺和花卉栽培。关于他这一爱好的传闻传到了我们学校。我走访了他的家。这个人对土地和植物的酷爱，以及他对科学知识的坚定信念使我十分吃惊。他在小小的一块地里培育了20个品种的葡萄。我想，这个人从天性上说就该教育孩子。

安德烈·安德烈耶维奇在函授农业学院学习。按照我的建议，安德烈·安德烈耶维奇开始听我校有经验的教师们的课，以便学到教学方面的实际技能。随后他便担任了生物课教师。学校的教学实验园地和果园变成了名副其实的研究中心。

如今，在安德烈·安德烈耶维奇的指导下，学校里有生物科学小组、生化科学小组和好几个少年自然试验家小组在开展活动。这位年轻的农学家已成为很有才干的教师。他以他的事业心和对本门科目的精深造诣赢得了孩子们的心。他总是竭力把那些看来是很平凡的农业活计都置于科学基础之上，他能让随便一件事情都带上能大大提高其趣味性的某种思想和意义。安德烈·安德烈耶维奇每年要给150—170名高年级学生授课，此外，还要对50名左右的低年级学生——少年自然科学家进行培养。

在他指导的小组成员中总有几名如他所称的"入迷者"，这是一些在学生时代就明显显露出具有植物栽培、园艺、蔬菜种植、畜牧业等方面天才的儿童和青少年。他对这些人都进行了个别培养。

安德烈·安德烈耶维奇用三年时间学完了教育学和自然教学法课程。在安德烈·安德烈耶维奇指导下，学生们在划归学校使用的集体农庄土地上种植粮食和技术作物。他们开展试验活动，试验新品种，研究土壤和土壤肥力的特性。现在，在学校教学实验园地的基础上已建立起教师进修学院的科学教学法中心。

教师，是学生智力生活中第一盏、继而也是主要的一盏指路灯；他激发学生的求知欲，教会他们尊重科学、文化和教育。

多年的经验向我们证明，有效地开展学生全面发展工作最重要的条件之一，就是教师集体要有丰富多彩的智力生活，要有多样化的兴趣、开阔的眼界、顽强的钻研精神和对科学新事物的敏感性。

集体的智力财富是由各个人的智力财富汇集而成的。学校及学校所从事的一切活动赖以确立的基础，就是每个教师的多样化的知识、丰富的智力生活、开阔的眼界和在学识上的不断提高。教师在他大学毕业3—5年以后所拥有的知识，应当比他工作头一年时多3倍、5倍乃至10倍。否则他的学生定将蒙受呆读死记之苦，从而趋于愚钝。因为，由于教师缺乏渴求知识的强烈愿望致使教学不仅失去光彩和热情，而且变为他的苦差和重负，这就会使学生的求知乐趣丧失殆尽，智力上的禀赋和才华遭到扼杀。学识的增长，知识的不断丰富、更新、补充、加深和完善，这是一般教师，特别是那些已有10年、20年、30年教龄的教师的致命问题。思想"僵化"对这类教师的威胁不亚于甚至有时更甚于年轻教师；防止这种现象是一个事关集体的重大问题。

我校每个教师都指导一个、两个或若干个课外活动小组。学生在里面过着生气勃勃的、丰富多彩的精神生活。教师对于这种集体来讲，乃是知识之源，是热爱科学的榜样。每个教师都以自己的品格、劳动、兴趣和对新知识的渴求为集体多方面的精神生活做出自己的贡献。我不能想象有哪个教师跟学生（不仅跟他的学生，而且跟整个校集体的成员）在精神生活上不保持最紧密的联系。我校教育集体有35名教师，1名少先队总辅导员，1名图书馆管理员。他们每个人都有各自的个性特点，各自的独特之处。

现在来介绍一下我们的教育集体，介绍一下它的中心生活内容，并说明一个教师怎样成为学生精神生活的指导者、教育者和鼓舞者。

我校 35 名教师中，受过高等师范教育的 25 人，高等学校肄业的 1 人，受过中等师范教育的 7 人，受过普通中等教育的 2 人。教龄在 25—35 年的 4 人，20—24 年的 9 人，15—19 年的 7 人，10—14 年的 3 人，5—9 年的 6 人，5 年以下的 4 人；在我校工作的教龄为 25—30 年的 2 人，20—24 年的 6 人，15—19 年的 12 人，10—14 年的 5 人。可见，我们有 25 位教师在我校工作了 10 年以上。人员的稳定，是使多年积累起来的丰富的教学素养得以精心保留并传递给青年们的重要条件之一。

尽管我校许多教师教龄都很长，但是年龄在 50 岁以上的却只有 2 人，我校教师的平均年龄为 39 岁。

我校拥有二三十年教龄的教师中，绝大部分在 17—20 岁时就开始了自己的教育生涯，有的人开始任教时还只是 16 岁的小青年和年轻姑娘。所有教师都永远把自己的命运跟农村和学校联系在一起，不论是谁，都不曾想过并且现在也不想离开这里到别的什么地方去，或者脱离教育工作。除两人外，所有教师都有家眷，有孩子。30 位教师的家庭中总共有 69 个孩子，其中 28 个已经中学毕业，18 个是学龄前儿童，23 个现正在我校学习。我们教师的性别构成情况是：男 15 人，女 20 人。

这些数字对说明我们集体的特点及其品质具有很大意义。目前正在我们这里上学的有 276 个孩子，他们的父母过去也是我们的学生。往往有这样的情形，当你朝小孩子或少年看去，观察他在课堂上的学习活动，看他怎样思考，怎样解题，喜欢什么，便会情不自禁地把他跟当年同样坐在这个教室里乃至坐在同一个座位上的他的父亲或母亲相对照。现在已开始有第三代进我们学校了。这是在我校工作 20 年以上的教师们当年教过的那些学生的孙辈人。我们十分了解所有家庭的家世，孩子们的精神世界就在我们眼前形成，这一切有助于我们进行教育。

集体中男女教师的比例也有很大意义。集体不宜是清一色的女教师。我们在这方面竭力做到平衡，并认为这是对男性青少年进行正确教育的重要条件，他们不仅需要慈祥的诱导和指教，而且需要父亲般的坚强的男人的帮助。

我们的集体是逐渐形成的。近20年间有5名教师离开了学校，他们不符合集体的要求。

关于某人是否符合教师称号及其在我校去留的问题，我们都是严格按集体方式决定的，即由校务会议做出决定，并且必定遵守一条原则：只有决定一致通过，也就是说，在那个同志本人也得出他不适合做教师工作的结论的情况下，才算有效。重要的是，还要使这个人选好适宜于他的别的工作。正好那5位教师全都顺利地做到了这一点。[7] 一个教师只要勤奋，而且有强烈的求知欲，那么，他在教学论和教学法上的欠缺并不可怕，任教之初知识上有空白也不可怕。在我校25位具有高等教育程度的教师中，有12人就是在我校任教后，修完师范学院或大学函授课程的。不具备高等教育学历的10位教师中，有6位教师正在参加高等师范学校的函授学习。如果一个人不相信孩子，如果他稍有挫折就沮丧、就绝望，如果他认为孩子将会一事无成，认为他在学校不会有所作为，那么，他不仅会使孩子们痛苦，而且自己也会终生感到苦恼。

集体的智力财富之源首先在于教师的个人阅读。真正的教师必是读书爱好者，这是我校集体生活的一条金科玉律，而且已成为传统。一种热爱书、尊重书、崇拜书的气氛，是学校和教育工作的实质所在。一所学校可能什么都齐全，但如果没有为了人的全面发展和丰富精神生活而必备的书，或者如果大家不喜爱书籍，对书籍冷淡，那么，就不能称其为学校。一所学校也可能缺少很多东西，可能在许多方面都很简陋贫乏，但只要有书，有能为我们经常敞开世界之窗的书，那么，这就足以称得上是学校了。

我校图书馆藏书1.8万册，教师们的私人藏书有4.9万册。如文学教师 В.Т. 达拉甘的私人藏书就有1000多册，物理教师 А.А. 菲利波夫有1200册，教导主任 А.И. 雷萨克有1500多册，语言教师 В.А. 科斯奇科和 А.И. 列兹尼克各有1400—1500册；我和 А.И. 苏霍姆林斯卡娅的私人藏书共有1.95万多册，包括文艺、历史、教育、艺术理论及艺术史等方面的书。我校图书馆是全体人员进行自修的基地之一。馆内收藏有俄罗斯、乌克兰、白俄罗斯、保加利亚、波兰、捷克、德国等文学中所有最有价值的作品，许多东方作家的著作，还有适于学龄前和学龄早期阅读的书籍。藏书中有已列入世界文学宝库的所有著作，以及在童年和青年早期必读的最低限度的那些书籍。

我校每个教师都订有几种杂志（其中包括一两种文艺杂志）和几份报纸。订阅的各种报刊彼此间还进行互换阅览。教员室里设有陈列橱，陈列科学和文艺方面的新书。教师如对其中某种书感兴趣，便去购买，纳入个人的藏书。

对某些书我们还开展集体讨论，往往在涉及共产主义教育的一些重大问题上产生激烈争论。近三年来，集体讨论过的著作有：A. 希什金的《共产主义道德原理》，C. 乌特金的《马列主义伦理学概论》，C.M. 沙巴洛夫的《苏维埃学校中的综合技术教育》，С.И. 鲁宾斯坦的《存在与意识》，B.A. 克鲁捷茨基和 H.C. 卢金的《少年心理学》，A. 列夫申的《教育学与现实生活》，Л. 卡鲍的《尼娜·科斯捷里娜的日记》和《鲍里斯·别克列米舍夫的故事》，B. 坚德里亚科夫的《非常事件》，И. 叶夫列莫夫的《安德罗美达的迷雾》，季捷尔·诺勒的《维尔涅尔·霍利特的历险记》，以及 X. 鲁兹别赫的《遗嘱》等。我们力求使人类的，特别是我国的社会政治、思想、科学生活中的任何一件大事无不引起教师的关心和思考。

介绍科学、技术、艺术、社会精神生活诸方面的问题对于全面发展和不断积累教师的知识具有特别重要的意义。我校教师大约每月两次向自己的同事们做学术问题讲演，1961—1965 年做了这样一些题目的讲演：

《大脑与意识》《生物化学过程与思维》《记忆的生理基础》《社会生活与道德教育》《知识与道德》《当代青年的道德标准》《体脑劳动的结合与学校任务》《科技进步、劳动与学校任务》《传统遗传学与学校生物学》《人的心理病态偏差》《我国社会少年犯罪的社会原因和生活原因》《地球生命起源理论》《宇宙起源论》《未来的动力技术》《相对论》《控制论与程序教学》《群众性电气化教育（列宁语）[8]与中等学校的任务》《细胞内的生物化学过程》《生活美与艺术美》《审美教育与学校任务》《列宁的反映论与认识过程》《健康与人的全面发展》。

配合每个讲演题目在教员室陈列橱里或校图书馆里都要陈列出有关的书刊资料。在讲过某个问题之后如果随即出现深入阅读相应学术著作和刊物的需求，我们认为讲演的最终目的便达到了。

供教师们使用的学术性刊物有：《哲学问题》《自然》《知识就是力量》《技术——青年》，各门学科的百科辞书（《哲学百科全书》《物理百科全书》《历史百科全书》《地理百科全书》《世界各民族和国家的艺术》《戏剧百科全书》《艺术通史》《世界历史》《简明文学百科辞典》），《世界民族》丛书，《儿童百科全书》，以及数学、生物学、化学、自动技术、遥控技术等方面的学术杂志。

教师的知识越多，他的学生掌握基础知识就越容易，他在学生和家长中的威信和信誉就越高，孩子们就越把他当作知识之源而被他吸引。

物理教师 A.A. 菲利波夫热爱基本粒子这门科学。他十分熟悉关于物质性质和特性及磁场和引力等方面的科学理论和假说。他讲话时学生都会屏住气息静听。知识、学识、眼界，都是教师享有高度威信的基础。学生们处处都感到，他们的物理老师拥有许多超出教学大纲规定范围的知识，他博览群书。他关于植物体内磁力现象的讲述——这是本学科前沿的一个独特分支，引起了一些学生对新实验的兴趣。教师善于把洞察自然奥秘的引人入胜的前景揭示给学生的那种能力，善于激起学生对科学、对知识的惊异之感的那种能力，也就是点燃学生心灵之火的一颗火花；没有这颗火花，就不可能有真正的智力生活。

如果教师教学只局限于教科书，而不开阔孩子们的科学视野，不向他们揭示尚未学习过的、期待他们用好奇的头脑和勤劳的双手去探索的那些领域，我们就只会使孩子们厌恶那天天要掌握的一定量的知识"份饭"。而为了开阔和揭示那些领域，就要求教师要拥有比大纲的要求多得多的知识。

生物教师 О.И. 斯捷潘诺娃讲到科学家的一种猜测：可能植物体的毛细管内壁上生有一种压缩和扩张微孔的肌肉，能使营养物质运行到植物顶端。那些喜欢钻研植物生机的男女孩子们产生了考察这一猜想的强烈愿望。教学实验园地里，果园里，展开了有趣的实验活动。这样，落在了喜好探索的学生智慧上的火花便点燃了强烈的求知欲和探察自然奥秘的愿望之火。

只有当知识、科学、文化和孜孜不倦的劳动的光辉照亮了个人点滴的禀赋、天才、爱好、才干的时候，后者才会闪耀出光彩来。

看起来，"什么是遗传学"这个题目的讲演会跟一至四年级的教师有什么关系呢？可能只是为了一般地开阔眼界？这当然也很重要，但问题不仅仅在于此，没有任何一个科学、技术、艺术问题不对学生的教育工作实践产生影响，不以知识之光照亮学生的智慧。当做完这个题目的讲演之后，一些喜爱园艺和植物栽培的低年级教师和文学教师便做起了不甚复杂但十分有意思的实验。这些实验的实质在于：各种不同的化学物质对胚芽、对粮食和技术作物以及果树的染色体所能产生的影响。这原本纯属教师们的个人爱好，但它对学生的教育却起了多么大的作用啊！（或许，教师的个人爱好、热情所向及着迷之处恰恰就是点燃学生智慧和心灵之火的炽热火花。）我校出现了好几个使学生入迷的活动中心——好几个课外活动小组，少年自然科学家在里面实验化学物质对染色体的影响。这种探索钻研精神的火光照亮并激发了休眠中的天资和才华。

教师的知识越丰富，他越能经常而又巧妙地开阔学生的科学视野，学生就会表现出越强烈的探索志趣和求知愿望，他们的问题和不明白的东西就越多，这些问题就提得越有头脑、越有趣、难度也越大。这些问题反过来又促使我们教师去思索，去读书。"既然在我们的宇航员乘坐的那艘绕地球飞行的宇宙飞船的密封舱里，靠惯性自由飞行时一切物体都处于失重状态，那么，宇航员是怎样呼吸的呢？空气怎样进入他们肺部？要知道，空气粒子也应当处于失重状态呀！"为了回答这个问题，物理教师不得不阅读许多文章。

我校集体认为，了解涉及每个学生的一切，即了解他的思维、情感、天资、能力、兴趣、倾向、爱好，这是我们的职责。只有当每个孩子亲身感受到是许多教师在影响他，而且是他们每个人仿佛都在把自己的一份精神力量注入给他的情况下，教师集体才能成为一种教育力量。我校不论哪位教师对570名学生中的任何一个都是了解的：了解孩子来校之前以及当前他的个性形成的环境，了解他的思维、认识周围现实以及从事智力劳动等特点，了解他的性格特征，了解他的能力、才干、兴趣、爱好、困难以及他的喜和忧。若不如此，我们就不能想象有完备的集体精神生活。我们力争把对孩子在家和在校情况的研究置于科学的基础之上。我校每月两次于星期一举行科学校务会议或心理学讲习会，专门讨论儿童问题。没有任何事情比谈论儿童问题更必要、更有益、更有趣的了。

由某个教育人员（班主任，课外小组指导老师，少先队总辅导员，家庭文化、知识、爱劳动和创造性劳动基地的组织人员）讲述自己集体的精神生活，讲述精神珍品和精神财富的相互交流，讲述集体的意向、快乐、苦恼、感受，是星期一校务会议的头一部分内容。接着，教育人员谈一个或两个学生的情况，介绍他们的个性、行为、举动，而且都以生动的实例来阐述这一切。还有，其他熟悉这个学生的老师，或在与这个学生的接近中、与这个学生的相互关系中遇到过困难的老师发表关于这个孩子的意见。于是，关于这个孩子我们还有什么东西不了解，忽略了什么，或什么尚未察觉出来，也就清楚了。最后由集体指明，已经在某种程度上成为这个孩子的教育者的老师需要做些什么，教师中有谁能够并且应当成为他的另一个教育者，以及这件事情应当怎样去做。所有这一切的意义在于：丰富孩子的精神生活，培养他那含有道德价值的需要、要求和兴趣，揭开他身上的一切优点，弄清他最强的才干，即经过一定的磨炼和加工将决定他的个人品格和精神财富的那种能力。

我们经常讨论的是那些在集体里并不突出、任何方面都无所表露的孩子。那种在任何事情上都不显示个性、什么都不感兴趣、谁都不惊扰、既不让人操心、也不惹人不愉快的孩子，是最棘手的孩子。在一次星期一的校务会议上，我们研究了对五年级学生 H. 科利亚的教育问题。大家都十分熟悉这个男孩及他的家庭，但是大家说起他来都怀有不安的心情，因为谁也说不清科利亚对什么感兴趣，有什么爱好，有哪方面的倾向。他总是安安静静，不动声色，什么时候都竭力待在一旁……。谁也想不起在任何一件事情上科利亚表现过坚定性，坚持过自己的意见。从未发现过他淘气，然而这也使我们感到不安，就如同对这孩子什么都不感兴趣、学习十分冷淡一样不安。我们得出一个结论：应当把科利亚引入某种环境，使他能在这种环境中表现出坚毅精神，使他感到对某事负有责任，体验到个人的义务感。应当为他找到一种活动，而这种活动对于他不仅是一项责任，而且首先是他感到有趣的事情，使他认为这件事情是自己切身的事情，并因此产生自豪感。我们商定，哪些教师和家长（我们的首要助手）应当经常跟科利亚接触，应当把他吸引到哪些课外小组中来。长期和耐心细致的工作终于使科利亚取得了一些个人成果，唤起了他一定的爱好，并使他为自己的创造力和创造成果而感到自豪。

  星期一校务会议的第二部分内容，一般是有关教育与个性全面发展方面的某一问题的理论报告。报告由校长、教导主任或最有经验的教师准备。每篇报告都建立在集体教育工作的生动事实的基础上，目的在于改进工作。报告后，通常都要展开热烈的讨论，在讨论过程中，老师们对重大的教育问题都要发表自己的看法。不论是报告中，还是讨论中，注意的中心总是活的孩子，是他的精神世界。1960—1966年，我们讨论过的报告题目有：

  《共产主义社会中社会教育的本质》《道德意识与道德行为的一致》《爱祖国的教育》《各族人民友好的教育》《怎样培养对邪恶和非正义的不调和精神》《极高的智力素养与热爱劳动的品德相结合》《我们的学生怎样理解幸福》《情感教育和道德信念的形成》《如何培养对集体和个人财富的爱护态度》《集体的自我教育和主动精神》《家庭在七岁以前儿童的精神世界形成中的作用》《青年男女——未来的父亲和母亲》《道德感、理智感和审美感的培养》《友谊和同志关系在形成崇高生活理想中的作用》《大自然与道德情感》《高年级和低年级学生的相互关系》《好习惯的培养和坏习惯的预防》《教育与再教育》《学校里的困难儿童》《懒惰与懈怠是道德缺陷，如何预防它们》《如何根除利己主义和自私自利现象》《顽强精神是儿童的性格特征》《儿童集体中的盗窃现象》《儿童的自尊心》《儿童的什么行为可以在集体里讨论，什么行为不可以》《儿童五至七岁期间如何做好上学准备》《自觉与纪律》《积极性与纪律》《儿童的奖励与处罚》《严格要求与尊重儿童》《老师——儿童的朋友》《儿童的健康与精神生活》《作息制度》《日常劳动、自我服务和道德习惯》《儿童的饮食与健康》

《心脏及血液循环系统疾病的预防》《儿童的听力和视力》《自由活动时间是儿童充实的精神生活的重要因素》《游戏在儿童教育及其精神生活中的作用》《学生的脑力劳动》《课外活动在减轻脑力劳动方面的作用》《教师的渊博学识是合格的智育和巩固知识的重要条件》《培养对知识的兴趣和爱好》《对知识的最初感知、巩固、发展和运用》《教师的语言与讲授的直观性》《个人素质和志向的发展》《怎样对天资和才能较高的孩子们做教育工作》《不及格现象的防止，落后学生的个别工作》《培养美感，培养对诗歌的爱好》《文艺作品在青年一代精神生活中的作用》《绘画、雕塑和音乐在儿童教育中的作用》《劳动教学过程中思想与实践的结合》《生物学、物理学、化学的学术问题及其与学校教学教育工作的联系》《实验活动在培养热爱劳动方面的作用》《学龄早期儿童的善与恶、正义与非正义、光荣与耻辱等概念的形成》《对儿童的研究》《教育机制的本质》《有助于建立师生之间互相信任、友爱、同志式关系的集体精神生活》《儿童的智力才能及智力兴趣》《有助于儿童智能发展的集体精神生活内容》《儿童周围成年人的智力兴趣与儿童的智力发展》《读书与儿童的智力发展》《思维过程迟缓的儿童》《依据儿童健康状况及其生活环境而定的脑力劳动制度》《儿童脑力劳动创造性的本质何在》《在创造丰富的、充实的精神生活方面我们给予家庭的帮助》《学生道德标准的形成》《我们学生的生活目的何在》《集体的精神生活与道德标准》《用集体主义和同志互助精神进行教育》《儿童、少年和青年早期等时期的精神生活的特点》《如何培养儿童、少年和青年具有道德价值的需求》《如何培养儿童对世界前途的关心》《意识与信念的统一》《遗传与儿童的智力发展》《用儿童的眼光看世界（学生作文分析）》《科学基础知识的范围与智力和智力兴趣的发展》《儿童集体中的情感关系》《杰出人物的生平与个人社会理想的形成》《个人的天资与才能》《怎样培养爱好》《儿童兴趣的多样性及如何在集体精神生活中满足它们》《才能的多样性与集体的精神生活》《儿童进行模仿的意愿与个人社会理想的形成》《学龄早期与晚期的活动和行为的动机》《什么是勤劳》《什么是创造》《劳动的创造性与对待劳动的创造性态度》《个人劳动成果带来的自尊、自豪、光荣、快乐与生活理想的形成》《劳动过程中创造才能的竞赛》《文化财富与个人的精神生活》《审美要求的形成》《美与道德》《美与劳动》《美感的培养》《加速度现象与学校的教育任务》①

所有这些问题都由集体拟定。关于每次报告的题目，教师都预先得到通知。

报告要对涉及讲题的科学资料和实验资料进行分析，阐述我校工作中的成绩和缺点，发表关于教育和教学改进办法的想法和建议。

报告也利用教育书刊所刊载的教育教学实践的事例。我校生活已形成一种惯例，这些事例以及从中得出的结论都按系统归类收入教育资料供大家使用。这些资料中收有：老教师们编写的书籍、小册子、某些书的书评，剪报，杂志文章。我校全体教师都关心收集有关国内外学校活动的资料。根据这些情报资料所做的报告可以促使教师们去思考：为把改进建议付诸实施，有哪些工作实际上已经做了，还需要做些什么；我们是否已具备了采纳先进经验的一切条件。

如前所述，报告后的交换意见往往带有激烈争论的性质，但对争论谁也不做任何规定；每个人都可以多次发言，发言不仅可以是经验总结或者是对某个学术问题的意见，而且可以提出新的问题。我们集体研究分析刚刚由生活提出来的问题（如加速度现象，即儿童生理发育的加快）。由于争论的中心始终是儿童的前途，是儿童智力和道德上的发展，因此这种研究分析过程会使集体的教育信念更加明确。

在一次星期一的校务会议上，我做了《学生的才能和需求的形成》的报告。报告分析了才能和需求的教育学和心理学方面的问题，援引了一些事例，说明我国一些先进教师如何力图在创造性劳动的基础上发掘学生多方面的才能，培养其丰富的精神需求。杰出的苏联心理学家列昂节夫关于发展没有音乐天资的孩子的音乐才能

---

① 上述题目按七年间讨论的先后顺序列出。

的科研成果[9]，引起了我们极大的兴趣。

　　分析了我校和其他学校先进教师的经验后，我校教师们得出一个结论：才能是在活动中得到发展的，"劳动"一词应当包含比我们通常所理解的更为深刻的含义：劳动，不仅是人与自然的相互作用和在此基础上对周围世界的认识，而且是人对自身的认识。学生的任何一项劳动，应当不仅是物质价值的创造，而且是自身价值的创造。后者是建立在由于意识到自己精神上的提高，意识到自己的创造和技能而深感精神上的满足这个基础之上的。我们常说的对劳动的自然需要，就应当首先出于精神上对自我完善和自我教育的需要。教育者的任务是，让人在造福于社会的劳动中得到精神上的满足，让劳动给他带来真正的个人幸福。要让学生从事的劳动以探索和试验科学、理论的意图为基础。儿童不论完成多么简单的工作，他都是在通过这项劳动把自己的点滴创造性带进与自然相互作用的过程。因此，自然科目的所有教师和各种技术与农业课外小组的辅导员，以及所有具备某种劳动爱好的教师，都要经常考虑自己的学生在劳动中的精神上的提高和满足。

　　我讲了六年级学生别佳的经历，对他的精神发展我做过五年观察。别佳不但没有数学才能，就连初步的算术知识学起来也很困难。在一、二年级时，他连最容易的习题都不会做，因为他理解不了习题的条件。依老师看，这个孩子连乘法表也永远掌握不了。然而，转眼间这个孩子却被少年数学家小组的活动吸引。他迷上了数学匣的制作，这是一种运算教具，可以用它以直观的形式概括许多数量关系。这项有趣的劳动激发了别佳的智力。别佳产生了强烈的求知愿望，焕发出好钻研、好学习的精神。过去被他视为沉重负担的脑力劳动，变成了他的需要。我陈述了我的坚定信念：如果一个人有了思考的需求，如果他在脑力劳动中看到了想要达到的目标，那么惰性和他思想上的束缚就必然会消失。别佳就是这种情况，之后别佳成了班上优秀的数学家。

　　在报告结尾，我提请大家注意：才能与需求的和谐问题有许多还远未解决，应当对这些问题加以思考。这些问题是：怎样把认识过程和学习活动跟创造和创作结合起来？多方面的创造才能（从事几种形态的劳动活动的才能、从事审美创作的才能）的发展规律是什么？既然幸福寓于创造性劳动之中，而创造又离不开智力的不断提高，那么，怎样才能把终生的求知愿望这种"精神上的火药"装入儿童的心灵？怎样安排普通学校的教育工作，才能使创造性劳动接近课余科技活动（要知道这是我国科学事业繁荣的条件）？怎样做到使学生在脑力劳动单调的情况下感到自己是一个能进行创造的人？

报告引起了热烈的争论，成为思考中心和争论对象的是创造的本质、才能的多样性和才能的运用范围这些观念。在争论过程中，一些早先形成的"僵死"观点，即认为似乎某些人有创造活动才能，而另一些人则不具备这种才能的观点，遭到了批判，并指出，共产主义就意味着进行创造的幸福，每个人都有权享受这种幸福。那么，怎样无一例外地把所有的学生都提高到在劳动中进行创造这个高度呢？有些老师说，应当把个人天资的发掘提到首要地位，从童年早期就爱护儿童身上表现出来的这种创造才能。另一些老师不否认个人从事某种创造性劳动的天资的作用，但同时肯定，天资和个人倾向只有在各种劳动中才能显示出来。全体得出一个结论：真正的学习，就是儿童个人的创造性活动。只有当学习过程中的脑力劳动触及了学生的情感，只有当真理的获得使他感到是他个人努力的结果时，学生才会感到自己是一个能进行创造的人。在有经验的教师手下，学生是学习过程的积极参与者，而且不单是教师眼里的积极参加者。学生在认识周围世界的过程中也在认识自己。脑力劳动，这是多方面的自我教育，只有当一个人在认识世界的同时也在认识自己的时候，他才会感受到发现的快乐，他的智能才会得到发展。

* * *

我校教师集体是一个志同道合者的创造性友好群体，这个群体中每个人都为集体的创造做出个人贡献；每个人借助于集体的创造在精神上得到充实，同时他又使他的同事们在精神上充实起来。

低年级女教师、五至八年级数学教员玛丽亚·安德烈耶夫娜·雷萨克在我校工作28年了。这是一位文化素养很高的人，她深深了解和热爱孩子，相信孩子。为了不跟自己所教的低年级学生分离，玛丽亚·安德烈耶夫娜跟孩子们一起"升"到中年级，继续教数学。她热爱自己的学科，喜欢那些要求有机敏性和观察力的复杂而又有趣的算术题。她的这种喜好激发着孩子们的数学天资和才能。

玛丽亚·安德烈耶夫娜指导两个数学小组——低年级小组和中年级小组。数学游戏、晚会、会考、朝会、数学竞赛，以及出墙报和办低、中年级学生的数学杂志等活动，把有数学才能的学生都吸引到她身旁。玛丽亚·安德烈耶夫娜还热爱大自然，她经常跟孩子们去森林、去河边徒步旅行。在大自然中，她教给孩子们怎样测量到那些无法接近的目标的距离，怎样测算干草垛或麦秸垛的体积和重量，等等。由于熟悉孩子的内心世界，她能把难以做到的事情变得简易可行。

此外，玛丽亚·安德烈耶夫娜还是一位画家，她爱画风景画，这也吸引着孩子们来接近她。孩子们准备跟她外出旅行时，总要带上画本和画笔。玛丽亚·安德烈耶夫娜还竭力通过其他途径把自己那善于理解美的能力传给孩子们。因此，她还指导艺术刺绣小组和话剧小组的活动。

文学女教师维多利亚·特罗菲莫夫娜·达拉甘是一位有才干的、善良的、有丰富而多方面的精神需要的教育者。她在八至十年级任教，但下至一年级的各个年级都有受教于她的学生。

维多利亚·特罗菲莫夫娜善于细腻地领略大自然的美、集体成员间相互关系上的美以及文学和造型艺术的美。她跟 P.K. 扎扎、А.И. 苏霍姆林斯卡娅、М.А. 雷萨克、М.Н. 维尔霍维尼娜几位教师一起，在学校环境和生活美学问题上是全校教师和学生公认的权威。维多利亚·特罗菲莫夫娜是我校善于培养读书爱好的教师之一，是青年书迷的培育者。课堂上她从不看着书朗读文艺作品，需要朗读的内容她全都能背诵。当她在晚会或朝会上朗诵诗歌或短篇小说时，不论学生、教师还是家长都会屏住气息静听她那清晰而又充满感情的朗诵。

维多利亚·特罗菲莫夫娜是好几个文艺阅读小组（低、中、高年级学生的阅读小组）的指导教师。孩子们在她和其他文学教师及低年级教师的指导下受着热爱语言的教育。维多利亚·特罗菲莫夫娜还指导中年级学生的一个戏剧小组和一个文学创作小组。在她的戏剧小组和文学创作小组的影响下，我校建立了一个儿童话剧团，这是低年级中年龄最小的学生和学龄前儿童的创作集体。

在我校文学创作小组里，孩子们学习用词语表达那些使他们激动、给他们带来愉悦和他们所欣赏的事物的美。指导这些小组的有五位文学教师（笔者也在其中）和七位低年级教师。

参加文学创作小组的学生，全是想试试自己创作才能的孩子。我校谁也不在各文学创作小组之间实行分派孩子的办法，其他各类课外小组也是这样，孩子参加的总是他认为指导教师能更好地满足他的需要的那种小组。

亚历山大·亚历山大罗维奇·菲利波夫在我校任教十九年了，他是物理教师，是那些有明显的技术才能、包括有理论思维倾向的男女青少年的领路人。他指导高年级学生的科技小组，青少年们在这些小组里钻研物理学、遥控机械学、无线电电子学等方面的问题，讨论学术杂志上的文章，进行想象、思考。

亚历山大·亚历山大罗维奇同时又是出色的钳工和车工，他会操纵内燃发动机、驾驶汽车和拖拉机。他喜欢设计、装配以自动技术原理为基础的机械、机器、装置的活动模型。在一个工作间里，他有自己的一块活动基地，他总在那里制作一些什么。

亚历山大·亚历山大罗维奇大约在十五年前创立了我校第一个少年钳工—模型制作家小组，自那时起这个小组就变为我校培养熟练技巧和勤劳精神的良好基地。这个小组吸引着许多从小就对技术产生兴趣的小孩子。而一个孩子只要在亚历山大·亚历山大罗维奇指导下活动两三年，那他就会毕生"迷上"技术。到高年级，这些学生就会迷上自动化技术、无线电电子学。这位物理教师可以引以为豪的是，他在我校任教的十九年内，他的学生中已有八十五人当了工程师。他极端厌恶自傲自负、粗心大意、做事马虎、懒散懈怠等不良习气。

亚历山大·亚历山大罗维奇还是一位音乐家，会拉手风琴。在学校的节庆日子里，在同高年级学生到集体农庄参加集体劳动时，在徒步行军和参观游览时，他都负责指导合唱队，演奏手风琴。

生物教师奥莉加·约瑟福夫娜·斯捷潘诺娃在我校任教二十年。

她是我校爱护一切生物这种情感的热心维护者，是为自然财富更加丰富、大地更加美丽而努力的斗士。我校有许多少年自然考察家小组、少年博物学家小组、少年育种家小组，所有这些小组，所有着迷于小组中某项活动的孩子们，都是奥莉加·约瑟福夫娜"亲手栽培"的。这位老师总是力求做到，使他们每一个人能在童年就创造出一点什么，用点什么美化一下大地，在自己身后留下一点美好的痕迹。她的教育原则是：将大自然的美感发展为劳动的美感，将童年培植的小树和小小地块上收获的第一捧粮食所引起的自豪感发展为忘我劳动的情感。

奥莉加·约瑟福夫娜是低年级教师在培养学生热爱大自然、热爱劳动方面的老师。她的爱好，她那善于为最小的孩子找到力所能及的事情的本领，是我校教师集体的坚定信念的根源之一。我们坚信：每个跨入我们校门的孩子从他学校生活的第一天起就应当成为一个劳动者，而且这种劳动不应当是防止闲散现象的引诱手段，而应当是严肃的，对儿童来说往往并不轻松的一项工作。

安德烈·安德烈耶维奇·萨姆科夫是一位热爱大自然、热爱农业和园艺劳动的生物学与农艺学教师。可以说，他在巩固并加深奥莉加·约瑟福夫娜及其他低年级教师在孩子意识中奠定了的东西。在科学—生物学小组和科学—农艺学小组里，他的学生开展实验，在这些实验中劳动与科学设想、劳动与探索自然奥秘的意图结合了起来。他总是从低年级就发现那些喜爱农活的孩子，把他们吸引到科学—农艺学小组的少年土壤学家分组中来，并且可以说，从这里就开始培养富有钻研精神的庄稼人了。

安德烈·安德烈耶维奇确信，为了做到热爱农业劳动，就要熟悉和懂得土壤生命活动的规律。他的学生为了实现自己的指导者的意图，便通过试验来弄清如何对土壤的生命过程施加影响。

奥莉加·约瑟福夫娜和安德烈·安德烈耶维奇两位老师所做的工作，在全体教师中又确立了一个教育信念：不管青年人毕业后选择什么职业，他必定会喜欢园艺学和葡萄栽培学，会把看管果木当作他的审美需要。

我校全体教师都喜欢园艺和栽培葡萄。学校每年都培育几百株苹果、梨、桃和葡萄苗木。我们把所有这些苗木都分送给庄员和工人。葡萄苗圃已成为我校的一种骄傲。

从"学生"一词的全部含义来讲，所有对栽培粮食作物和技术作物感兴趣的那些人——青年育种家、未来的高产能手，都是安德烈·安德烈耶维奇的学生。在学校教学实验园地里培植着杂交粮食作物，而在这里开展实验的，不仅有学生，还有青年庄员，他们把用铁锹和锄头的劳动跟显微镜下精心细致的观察、跟用镊子的操作结合在一起了。

跟两位老师一起工作的，还有一位劳动与知识相结合的捍卫者——化学和生物学教师叶夫多基娅·叶夫多基莫夫娜·科洛米钦科。对物质结构的奥秘和引人入胜的实验表现出兴趣的低年级和中年级学生，在她的指导下组成了少年化学家—自然财富勘查家、有机物研究家小组。春天和夏天，少年化学家们进行地质勘查旅行——考察故乡的自然资源。

在叶夫多基娅·叶夫多基莫夫娜的帮助下，少年化学家们建立了化学实验室。少年研究家们在科学—化学小组里做种种实验，以创制新的有机肥，创制刺激植物生长发育的化学制剂，创制抗生素。

年轻的化学教师叶卡捷琳娜·斯捷潘诺夫娜·沃利克毕业于波尔塔瓦师范学院，一年前才开始在我校工作。但就在这段短短的时间里，叶夫多基娅·叶夫多基莫夫娜就已经把爱读书的习惯和观察研究自然现象的技能传给了这位年轻教师。她还鼓励这位年轻教师去建立化学实验专用室。年轻教师叶卡捷琳娜·斯捷潘诺夫娜怀着极大的热情投入了这项有趣的工作。

安德烈·费奥多罗维奇·巴尔文斯基教了二十年高年级数学。他的教育信念是：要学习数学并发展数学才能，就要经常锻炼智力，不断前进。当一个学生已经完全掌握了当时所学的教材，他就给这个学生创造单独继续前进的条件。那些有数学才能的学生在他指导下通过科学—数学小组学习高等数学，办数学杂志。

安德烈·费奥多罗维奇同时还是机械学教师。他从十五岁起就开始了劳动生活，随后掌握了拖拉机手、动力机机械师、钳工、电工、车工等方面的专业知识。他认为，每个中学毕业生都应当会驾驶拖拉机、汽车、联合收割机。这并不是职业，而是劳动入门。他在教师集体的帮助下，在实践中证实了这一点。安德烈·费奥多罗维奇指导一个少年机械师小组，他教那些特别爱好技术的小孩子们操纵内燃机。他说："如果孩子从十岁起就开始操纵小型发动机，那就意味着他到青年时期就能成为一个出色的机械师。"总之，这位具有丰富阅历的老师在孩子们身上培育着劳动者的可贵品质——热爱技术，精心爱护机器。

年轻的数学教师安娜·格里戈里耶夫娜·阿里辛科，从波尔塔瓦师范学院毕业后在我校工作四年了。

安娜·格里戈里耶夫娜精通自己的学科，精通儿童心理学，是我校公认的施教能手之一。她善于为每个学生选择适当的习题和例题，胸有成竹地做每个学生的个别工作来发展他的才能。她上课的过程，也是每个学生深入思考的、独立的、精力集中的劳动过程。

这位年轻教师确信：学习数学，首先要求个人付出意志上的努力。在她的课上，每个学生都在做发展自己才能所需要的那种难度的作业。

安娜·格里戈里耶夫娜指导一个科学—数学小组，学生们在小组里制作程序教学教具。她是一位出色的教育者。她关于科学家、参观游览和远足旅行的谈话丰富着学生的精神世界。

阿基姆·伊万诺维奇·雷萨克是教导主任，他在我校工作二十九年了。如今在校学生的父母足有半数都是经他培养过的。他毕业于波尔塔瓦师范学院语言系，但之后通过自学还获得了高等数学学历。他教语言和文学。

阿基姆·伊万诺维奇的丰富生活阅历和高度文化素养，使他成为教育技巧和崇高道德问题方面的大权威。他关于道德问题的谈话，总能触及男女青年内心中最隐秘的角落。

阿基姆·伊万诺维奇认为，道德规范应当通过那些能指导青年在各种困难场合如何行动的、鲜明而又具有说服力的教导和准则来阐发。这个问题，目前正是我们全体教师在激烈争论和讨论的课题。怎样教学生生活？——前不久我们举办了这个主题的教育讨论会。事先进行思考和辩论，经过讨论大家得出一个结论：每个教师最重要的教育任务在于把前辈中所有优秀人物的道德经验、精神财富永远牢牢地确立在他所培育的青年一代人的意识和心灵之中。

在我们的教师集体中,老一辈人占有特别重要的地位。几乎他们所有的人都是从十二三岁的少年时期起就开始了自己的劳动生活,都是费了很大的力才接受教育的。他们是教师集体的观点和信念的生动体现,是我们教育思想的主要来源。集体中并非事事都那么轻松愉快,我们总有一些重大困难要克服。每当集体遇到困难时,总是由老一辈教师组织安排克服困难的工作。谈谈困难——我们根据 А.Ф.巴尔文斯基和 А.И.苏霍姆林斯卡娅等几位党员教师的倡议,不时地就这个主题进行全体教师都参加的、不那么正式的、生动活泼的座谈。我们最大的困难往往是,在似乎已无计可施的情况下找出接触学生的办法来。老教师教导他们的年轻同事:任何时候都不要绝望;教育,首先是一种劳动,一种十分艰难却又十分高尚的劳动。

我们的年轻教师,从那些受过社会主义建设这所巨大的生活学校训练的同事们身上,学会了尊重为我们争得了自由、学习机会、过丰富精神生活的机会的那些先辈们。老同志们很熟悉学生们的家庭情况,因此能帮助年轻教师深入孩子们的精神世界,正确地理解他们的感情和感受。我并非偶然才谈到教师们曾经教育出多少和正在教育着多少自己的孩子。教育他人子弟的人,有责任首先把自己的儿子、女儿教育成真正的人。而我校集体中的老教师的确也有引以为豪的理由:他们的子女都已成长为优秀的、诚实的劳动者。

丰富的生活阅历,高深的教育理论知识,使老教师有条件不仅把教育艺术,而且把心灵之美和人道精神传给自己的年轻同事。老一辈女教师跟姑娘们谈婚姻、家庭、教育子女、姑娘的贞洁和尊严等问题。老一辈男教师则跟小伙子们谈男人的尊严和名誉,谈男子在与姑娘和妇女的道德审美关系中的责任,谈父亲的职责和对子女的教育。

安娜·伊万诺夫娜·苏霍姆林斯卡娅在我校任教已三十年,受过语言和教育学方面的高等教育,教五至七年级的俄罗斯语言和文学。

安娜·伊万诺夫娜在课外阅读方面是教师们的指导者之一。她考察家庭里的阅读情况,帮助低年级教师努力做到使孩子们阅读有思想价值和美学价值的书。她指导两个文学创作小组,举办文学创作晚会，编辑手抄文学年刊《我们的创作》。

文学和历史教师薇拉·阿列克谢耶夫娜·斯科奇科在我校任教已二十二年。她对教师集体精神生活的贡献表现在对抒情诗和音乐的爱好上，她熟悉并能背诵几百首抒情诗。她确信，从童年就激发并发展孩子们对读书的喜爱和诗歌语言的美感，这是每个教师的任务。

В.А.斯科奇科和А.И.苏霍姆林斯卡娅教会了低年级教师朗读诗，而这些教师则在教学的头两年在这方面训练学龄早期的全体学生，她们到森林、果园、田野给孩子们朗读描绘自然美和人的情感美的诗。学校建立了一个音乐作品唱片库，乐曲都是为普希金、莱蒙托夫、涅克拉索夫、舍甫琴科、弗兰柯及其他诗人的诗谱写的。低年级和中年级学生既在课堂上也在大自然中听这些音乐作品。音乐美和自然环境美的同时作用，可以促进孩子们语言美感的发展。

В.А.斯科奇科和А.И.苏霍姆林斯卡娅是抒情诗晚会和朝会的组织者，这类晚会和朝会的主题有：抒情诗中的家乡自然美、抒情诗中的爱国之情、俄罗斯诗人对母亲的歌颂等。

В.А.斯科奇科和А.И.苏霍姆林斯卡娅以及В.Т.达拉甘和О.И.斯捷潘诺娃对学校集体精神生活的贡献，还表现在对花卉的爱好上。在她们的家庭花坛里有玫瑰、菊花、紫菀、石竹、草玉铃花圃。许多学生也按她们的样子在家里建起花圃来。

我们通过发展孩子们对花卉的爱好，力求做到使儿童的生活和劳动与美相伴。我们通过美向孩子们揭示人的伟大，揭示英雄主义、勇敢精神、坚强品格、人道主义。我们介绍杰出人物的生平事迹和劳动功绩的少先队和共青团集会，都在很美的场合——在绿树葱葱、百花争艳的校园里举行。劳动节，收割节，植树节……，所有这些节日也都在能激发和加深美感的环境里欢度。

年轻的文学教师安顿尼娜·伊万诺夫娜·列兹尼克在我校任教十年了。她真挚诚恳，与学生相互信任、善意相待，这些特点能最好地表现这位教师和她的学生的情感关系。孩子在她教育下之所以不可能不学好功课，不可能不完成家庭作业，首先是因为孩子懂得，这会使安顿尼娜·伊万诺夫娜老师感到难过。某个学生如果无法完成作业，他就坦率地把这个情况告诉老师。安顿尼娜·伊万诺夫娜如珍惜无价之宝一般珍惜孩子对她的信赖。她说："只要孩子像对待母亲、像对待朋友那样来对待我，我就确信，他心中燃烧着勤学之火。"

她和孩子们的交往包括精神生活中极不相同的各种领域，她之所以善于找到通向儿童心灵的道路，其秘诀也正在于此。不论是阳光明媚的春天和天空晴朗的夏日之晨，还是浓雾遍野、阴云密布的深秋，安顿尼娜·伊万诺夫娜总要带领孩子们去进行"文学游览"，孩子们这样称呼这类游览。跟她一起去的不仅是她班上的学生，还有被她唤起了文学爱好的那些孩子和少年。

游览小组在某棵百年橡树的浓荫下或者河边的一片绿草地上停歇下来，安顿尼娜·伊万诺夫娜便给孩子们讲述英雄事迹，讲述刚强的、勇敢的，具有善良、正义、人道、公民精神等崇高思想的人物的事迹。

我校有一个传统，每逢暑期每个教师都要带孩子们到野外宿营几天。孩子们特别喜欢在草场上宿营。他们迫不及待地盼着那些令人神往的夜晚的到来，那时，他们将在繁星闪烁的夜空下，在散发清香的干草堆上，倾听关于远方国家和遥远星空世界的故事，静听夜间的沙沙声。繁星的闪烁，可口的稀粥，迷人的篝火，黎明前那逼人躲进草堆的寒气，河岔中的嬉水……。这一切都在孩子们心灵里留下了不可磨灭的、无法忘怀的印象。

在精神生活的各个领域都跟孩子们交往，已成为我校教育工作的一条原则。"如果我只是一个教书匠，我就不是一个真正的教师，通向儿童心灵的小道就会对我紧紧地封锁着。"我们每个教师都是这样想的，都有这种体会。

数学教师安娜·亚科夫列夫娜·沃夫钦科在校任教十二年了。在她指导的少年数学家小组里和在课堂上，学生们制作可以帮助学习和思考、能发展想象力和观察力的教具。安娜·亚科夫列夫娜确信，做创造性作业能发展那些似乎最无希望的学生的数学才能。这位教师的口号是："学生今天应当比昨天更聪明。"在她带领下的班集体过着丰富的精神生活。安娜·亚科夫列夫娜爱好艺术，经常做关于绘画和音乐的有趣谈话，教女生刺绣。

我们的教师即使不当班主任，也总是跟孩子们保持密切的精神交往。语言和文学教师玛丽亚·瓦西利耶夫娜·利马连科指导少年方志学家小组。她热爱乡土，熟悉几十处发生过重大历史事件的地方。她夏天跟孩子们一起进行地志旅行。少年方志学家在一次这样的旅行中，发现了查坡洛什赛切火药工厂的遗址（查坡洛什赛切，是16至18世纪犯罪或逃亡的哥萨克人在查坡洛什擅自组织并自认为独立的组织——译者）。

地理和历史教师马特连娜·季洪诺夫娜·塞罗瓦特卡和叶卡捷里娜·斯捷潘诺夫娜·列兹尼克热爱故乡。她们也指导少年方志学家小组。其中一个小组编了一部《故乡大事记》。大事记里载入了取自历史文献、故事和传说中关于本乡、本区的全部已知事件，刻画了参加过革命、参加过国内战争和卫国战争的人们的形象。

年轻的物理教师伊万·瓦西里耶维奇·科姆帕涅耶茨在我校任教八年了。他也像其他老教师一样，从十四岁时起就开始了自己的劳动生活，他懂得什么叫劳动，并且善于劳动。伊万·瓦西里耶维奇热爱机器。他会驾驶汽车、拖拉机和随便哪种联合收割机。他的教育影响范围主要是少年。他能让陈旧过时的机器重新复活，并使它便于少年们驾驶。保养这种机器，维修这些机器，是培养勤劳精神、坚定性和耐心的真正学校。

伊万·瓦西里耶维奇指导的课外小组，名副其实地是用废铜烂铁来装修机器部件和整台机器的。他的经验再一次肯定，不应当把什么都以别人做好的现成形式拿给学生，克服困难才是劳动教育的康庄大道。

法语教师奥尔加·阿莫索夫娜·皮西缅娜娅在我校任教20年了。她能流利自如地使用法语，能用德语和英语进行阅读。她遵循一条原则，那就是只有当单词和语句在儿童的意识中跟鲜明的形象、观念、感受结合起来时，儿童才能领会活语言的精神。所以她总是首先让学生习惯于用法语互相表达自己关于周围世界的思想，表达感情和要求，直到儿童意识中有了一定数量的语句、短语和概念，它们已经与事物、现象和感受相联系而无须译成本民族语言。在此之前，奥尔加·阿莫索夫娜不会教她的学生法语的读和写，更不必说教语法了。

不仅在奥尔加·阿莫索夫娜的课堂上可以听到生动的法语，而且学校还举办法语晚会和朝会，孩子们用法语表演小戏剧。学校图书馆为每个高年级学生备有若干本外语课外读物。孩子们跟17个国家的同龄朋友有通信联系，114名中、高年级学生跟外国同龄朋友进行个人通信。这是拓展知识、培养对其他民族文化爱好的有效手段。

低年级教师在思想和学识上的提高以及眼界的扩大，是我们集体十分关心的大事。引导小孩子进入自然界和人类社会的人，应当是有知识、有聪明头脑、有全面教养的人。一个人精神上的发展，很大程度上要看他在童年时代是怎样学会思考、读写、观察周围世界和表达自己的思想的。奠定道德信念的基础，是小学生精神发展的最重要的因素。使低年级教师广博的道德教养转化为孩子们之间的，建立在科学世界观、实事求是、诚实、原则性、热爱劳动、集体主义及忠于对人民的义务等品质的基础之上的道德关系，是学龄早期的主要教育任务。这一任务的完成，要依靠教师的一般素养和教育素养。低年级教师认识到自己的任务在于，使那些关于善恶、是非、荣辱的初步概念和观念很明确地体现在孩子们的道德关系之中，这就是为集体的教育素养做了自己的贡献。

薇拉·帕夫洛夫娜·诺维茨卡娅在我校任教20年了，而她从事教育工作的总教龄已达30年之久。她掌握了一门很可贵的艺术——善于鼓励学生去从事公益劳动，使这种劳动在小学生的精神生活中能发挥十分重要的作用。В.П.诺维茨卡娅以及其他低年级教师的多年教育实践清楚地表明：一个人的德育水平和道德修养如何，取决于他在童年和少年时期的快乐和享受的源泉是什么。老一辈提供给孩子的物质带来的精神享乐是童年快乐的十分重要的来源，但出于教育目的，还必须让儿童从他自己所付出的东西中、从他自己为长辈们所做的某些事情中获得快乐，并由此领略个人的最大快乐。薇拉·帕夫洛夫娜就是以这种感受为基础做孩子们的道德教育工作的。她善于在孩子们面前把世界揭示为祖辈们创造的物质和精神财富，并教导孩子们精心爱护和充实这些财富。这位教师反复教导孩子们说："一个人最高尚的快乐，就是把大地改造得比我们从父辈和祖辈手里继承下来的时候更美好、更富裕。"薇拉·帕夫洛夫娜总是鲜明地、满怀深情地通过发现那些以人民的幸福为其生活和活动的主要动力的人们的生活道路，来培养孩子们的道德观念。善于为儿童在幼年时就点燃起生活理想的指路灯，是这位老师的教育技巧的一个显著特点。

酷爱大自然的薇拉·帕夫洛夫娜，也善于培养孩子们热爱大自然。她在每个孩子的心灵中树立起关心爱护树木和人类的朋友鸟禽的态度。她还热爱书籍，并培养孩子们像对待人类文化瑰宝那样对待书籍。

由薇拉·帕夫洛夫娜发起，村子里建立了几个家庭文化活动中心。在那里，读好书成了孩子们精神生活的主要内容。例如，其中有一个中心，在九年间连续多次朗读过Π.茹尔巴的《亚历山大·马特洛索夫》和A.雷巴科夫的《短剑》等中篇小说，有几百个孩子听了这些朗读。

拉伊萨·卡尔波夫娜·扎扎在我校任教十四年（她当了六年少先队总辅导员）。她在师范学校函授部毕业后，现在在高等学校学习。

拉伊萨·卡尔波夫娜是一个有着极高文化素养、有着多方面精神需求和兴趣的教师，她教育学生要尽量多给人们做好事和创造快乐。这位教师的教育素养跟她对艺术的热爱，对音乐、美术、文学创作的爱好紧密结合在一起。拉伊萨·卡尔波夫娜指导少年艺术家小组和戏剧小组，戏剧小组在我校被称为童话剧院，孩子们在这里排演由童话改编的小戏。

在散步、游览、旅行时，拉伊萨·卡尔波夫娜教孩子们讲述他们的见闻、感受和体验。在初春阳光明媚的日子里，她照例带领孩子们到森林里去。在那里，她让孩子们用语言述说他们在林中听到的一切：鸟儿的歌唱，啄木鸟的啄树声，溪水的潺流，小动物跑过时树叶发出的轻微沙沙声。孩子们起初感到困难，她就帮助他们找到恰当的词语，于是集体创作出一篇故事《春天森林里的生活》，编辑了学校头一份手抄杂志，给里面的故事还画上了插图。孩子们便产生了用语言表达感受的愿望，表达他们对自然美的惊讶、赞叹和诧异。随后，文学创作爱好得到了发展的那些孩子便参加祖国语言爱好者小组的活动。在这个小组里活动的，不仅有她现在的学生，还有她几年前从四年级送走的学生。

拉伊萨·卡尔波夫娜还指导一个民间刺绣小组。头一学年末，她教的女生就能穿着她们亲手绣了花的乌克兰式衬衫来参加全校的学年结业典礼。低年级的其他教师也以她为榜样开始教孩子们学习这门艺术。

叶卡捷里娜·马尔科夫娜·扎连科在我校从事儿童教育工作已十一年，其中有五年她也像 P.K. 扎扎一样担任少先队总辅导员。她做的家长工作，堪称全校的典范。她几乎每天都跟两三位家长进行交谈，了解他们的孩子自我感觉如何，孩子的劳动态度怎样，他的兴趣和爱好是什么，读些什么书，学习上遇到了哪些困难，等等。如果某个学生有什么不愉快的事，叶卡捷里娜·马尔科夫娜就深感不安，直到这孩子的悲伤、忧虑、苦恼解除为止。如果哪个孩子学习上不顺利，如果他遇到了什么困难，这位老师马上会帮助他，所以，孩子总能感受到老师慈母般的关怀，因而总能敞开胸怀向她讲自己的困难、委屈和挫折。师生关系中充满真挚诚恳的情谊。每次上课之前，她班里的孩子们都是主动告诉老师：我没有完成作业，我没弄懂，或是我解题和做练习觉得很困难。

班集体像个友爱和睦的家庭。每个孩子的生日都要进行集体庆祝，并由集体给过生日的同学赠送礼物——一本书。如果某个同学病了，同学们就马上去看望他，帮他补课。

叶卡捷里娜·马尔科夫娜班上的孩子们之间的关系，称得上是培养同情心和人道精神的真正学校，是培养善良情感的楷模。这位教师以她固有的谦逊态度谈到她教育技巧的这个特点时说："不存在培养善良、同情、诚恳的专门手段和方法，只不过是把每个孩子视为自己的亲生儿女。要想到，当孩子有什么不对头的情况时，母亲必然要感到难过。有了这个想法，就会产生善意。而当孩子感受到了善意，他对待自己的同学、对待长者、对待父母就会变得善良。"

叶卡捷里娜·马尔科夫娜善于把劳动用于培养真诚待人、同情人、关心人等品德。她的学生跟她一起经常到果园劳动，并在班里建立了一个生物角。她给孩子们灌输这样一种思想：一丛玫瑰，一棵苹果树，一株葡萄，都是能给人带来愉悦的有生之物。如果你对这些生物冷漠无情甚至残忍相待，任意折树枝、摘生果，那就说明你是一个心地不善的人,你就无权要求别人爱戴和尊重你。

孩子们移栽并浇灌幼小嫩弱植物,保护它们免受严寒袭击,为他们的生命忧心忡忡。如今很难说是哪位教师的经历使学生产生了这种想法,不过在叶卡捷里娜·马尔科夫娜的工作中这一思想体现得最明显,而且随后成为整个集体最重要的教育信念之一:如果儿童亲手培育过,并且用自己呼出的微热温暖过娇嫩的小植物,如果他曾时刻把这棵植物的命运挂在心上,并为它坐立不安、感受过痛苦,如果他为了使那棵孱弱纤细的、毫无抵抗能力的幼苗成长为粗壮挺拔的大树而操过心,那他就会成为善良、真诚、热忱和富有同情心的人。

对叶卡捷里娜·马尔科夫娜的学生来说,学校生活中最快乐的时刻,就是他们把自己培育的树苗赠给别人的那个时刻。他们已有两次把苹果树苗赠给幼儿园集体。培育这些树苗的学生已经是成年人了,如今照管它们,则成了学前儿童的事情。

叶卡捷里娜·马尔科夫娜的另一个爱好,也跟 P.K. 扎扎的一样,即喜欢民间刺绣(我们这里几乎所有的妇女都爱好这门艺术)。她教的小孩也都会刺绣。

安娜·安尼西莫夫娜·涅斯捷连科在我校任教已二十年。她完成了自己的第五代学生的初等教育任务,为学生培养了从事须动用智慧的、富于智力成分的、探索性的劳动的浓厚兴趣。她熟悉并热爱大自然,善于通俗易懂地、引人入胜地给孩子们讲解形形色色的自然现象。她教的孩子在一二年级时就已经知道许多对这个年龄来说是相当复杂的事情,如种子在春天怎样苏醒,太阳光怎样制造绿叶,植物怎样积蓄淀粉和糖分等。如果孩子不曾在教学实验园地的劳动过程中深入探究过大自然的奥秘,那么这些知识就会是无法接受的。这位教师向孩子们提出的奋斗目标是:要在通常只能长出一根穗的地方培植出两根穗,要让收获的粮食的颗粒比通常的大一倍。她指导一个少年自然研究家—育种家小组。安娜·安尼西莫夫娜是第一个在集体中举办收割节的,随后由她的经验形成一个优良传统——劳动成为审美感受的丰富源泉。

玛丽亚·尼古拉耶夫娜·维尔霍文尼娜在我校任教二十二年了。现在她在教第六代受初等教育的孩子。这是一位具有多方面文化需求和兴趣的人，她热爱书籍和大自然，培养孩子们以敏锐、珍爱的态度对待语言，她指导一个文学创作小组、一个戏剧小组和"自然保护协会"的儿童部。

玛丽亚·尼古拉耶夫娜常常在大自然中上课，目的是培养孩子们的观察与思考能力。她领导的低年级教师联合教学小组最关注的问题是儿童的思维与语言的发展。

我校低年级教师的经验使教师集体坚信：儿童的劳动生活应当尽量早一些开始；儿童的劳动，是形成他们初步道德观念的最牢靠的基础。

低年级教师的工作成果还使我们的教师集体确信另一个充满哲理的信念：教育不是什么无忧无虑、安逸闲适的田园生活，它的每一步都会遇到困难；教育技能就在于善于正视并克服这些困难。我们的低年级教师一致认为，教育中潜伏着许多"暗礁"，最大困难在于能否正确确定什么是儿童力所能及的和什么是他力所不及的，能要求他做到什么和不能要求他做到什么。低年级教师和整个教师集体特别关心的问题，就是经常研究和发展每个孩子的智力、才能，以及分析儿童入学时已有的道德上的教育程度。教育中的巨大困难恰恰就潜伏在这里：并非所有的孩子都完全一样，不是所有的孩子都有同样的智力发展水平和道德教育水平。只有熟悉了儿童精神生活的最细微的特点，才能有助于我们克服这些困难。

瓦西利·亚科夫列维奇·塔兰是钳工和细木工教学工厂的劳动教师，毕业于机械制造技术学校。他在我校工作八年了，在教师集体的帮助下他已成为一名优秀的教育者。

这是一位心灵手巧的人，是一位出色的钳工、细木工、电工、安装工、内燃机技师。他只需看一眼车床、钻床或其他机器，就不仅能做出同样的机床或机器，而且还能对它的结构做出某些改进或改善。

瓦西利·亚科夫列维奇确信，手工劳动技巧是技术素养的基础，一个人应当从童年起就学会细致耐心地用钢锉、錾子、锤子干活，并逐渐过渡到操作机器和机械。"人的技艺表现在他的手指上"——他喜欢重复这句话，并现身说法，证明确实如此。

我们刚着手建立教学工厂的时候连一台机床也没有。瓦西利·亚科夫列维奇在汽车制造厂的废铁堆里找来一些被认为不中用而废弃的各种零部件,他决定用这些零部件造出我校第一台车床。而且果真把它造成了,简直就是用钢锉、锤子、錾子制造成的。自那时起,教学工厂里添了许多工具和机器,现在我们拥有三十多台木材或金属加工机床,而所有这一切都是在这位劳动教师领导下由学生们亲手制造的。

瓦西利·亚科夫列维奇在我校指导好几个课外小组,如少年木工小组、少年设计家和机械化专家小组、少年钳工和模型制作小组等。在他指导的这些小组里,既有高年级学生,也有低年级学生。小组里总是闪耀着创造之光。学生们为他们的低年级小同学设计和装配小型钻床、铣床和车床。这位教师跟学生们一起制造了一台小型收割机,被用来在教学实验园地上进行粮食作物的机械化收割,他们还制造了粮食脱粒机。

这个小组的活动清楚地说明,如果学生在童年、少年和青年早期就进行小型机械的设计、模型制作和实地制造,并把它用于教学实验园地的劳动中,就会使他们对农业技术产生爱好。

安德烈·安顿诺维奇·沃罗希洛在我校指导技术小组十四年了。他就是我校毕业的。这也是一位双手巧灵能干的人,热爱技术,热爱孩子。他既是车工、钳工、电焊工、电工,又是装配工、铣工、细木工。所有这些工种,他样样精通。学生们说,金属到了安德烈·安顿诺维奇手里就会"唱起歌来"。他最入迷的工作是设计木料和金属加工机具——铣床、刨床、万能机床等。他制造的铣床在金属加工的精度上和装饰的美观程度上都不亚于工厂的产品。

安德烈·安顿诺维奇在五六年级的学生中就能发现未来的能手,这些孩子到了高年级就会成为他指导少年钳工和模型制作、少年摩托师、少年车工、少年电工等技术小组的得力助手。那些显露出技术才能的孩子从二三年级起就开始在这些小组里活动。

学校为低年级学生建立了一个小型电站。此外,小能手们还学习操作机器和机械。安德烈·安顿诺维奇跟学生们一起为小学生设计并制造了一辆小型汽车、一台筛谷机和一架带锯。在他的帮助和指导下,孩子们为集体农庄机务人员的田间修理车间制造了成套工具。

维克托·伊万诺维奇·申古尔也是本校毕业生。他服军役期满后又回到我校当实验员和电工技术及无线电技术教师。无线电、自动化技术、电子学、电视及要求极端精确的精密仪器和机械，是他最痴迷的事情。他指导少年电工技师和少年无线电技师小组以及自动化技术和无线电电子学小组。其中每个小组都设有低年级、中年级、高年级学生分组。小组组员每年设计装配出五十多台无线电收音机——从最简单的电子管收音机到晶体管收音机，样样都有，我们学校的每个毕业生都会组装无线电收音机。

在维克托·伊万诺维奇的指导下，学生们建立了我校无线电广播站和电视专用室。他们在少年电工技师小组里设计并装配带有电动机和工作机的机组，制造小型发电机，而且每个组员都尽力给自己的模型增添一点新东西，以显露自己的构思能力和发明才能。在自动化技术和无线电电子学小组里，学生们设计并装配无线电控制的模型（汽车、飞机、拖拉机），他们很喜欢搞程序设计：装配程序控制演示车床以及不太复杂的电子计算机。

劳动教师和技术小组的指导教师，总是设法使所有的低、中、高年级学生无不受到自己教育的影响。

音乐和唱歌教师谢苗·约瑟福维奇·叶夫列缅科在我校任教19年了，而他的总教龄则达24年。他对集体教育素养的贡献是对音乐和民间创作的爱好和对青少年天才的关注。

他教孩子们如何欣赏和理解乐曲，领略听音乐的乐趣；他举办音乐晚会和朝会，让孩子们在会上听著名作曲家的作品和民间音乐，组织低、中、高各年级学生的合唱团（参加高年级学生合唱团的还有教师）。他最喜爱的乐器是手风琴并指导手风琴小组。学生在这个小组里受完7年训练便能自如地识谱，演奏民间创作和作曲家的作品，并能指导合唱队。谢苗·约瑟福维奇培养出了76名青年音乐家，其中有些青年男女很有才能，他们（有6人）已成为其他学校的音乐和唱歌教师。

音乐在我校集体的精神生活中占有牢固的地位。在我校的节庆日子里，在少先队集会上，在徒步旅行中，在田间宿营站的休息时刻，到处都能听到音乐之声。

图画教师格里戈里·捷连季耶维奇·扎伊采夫在我校任教17

年。这是一位自学成才的画家,他通过自学完成了中等教育,现在在师范学院艺术系学习。

他喜爱舍甫琴科的作品,已多年在为这位伟大的乌克兰诗人的抒情诗画插图。

格里戈里·捷连季耶维奇在我校指导好几个少年美术小组。春天、夏天和秋天,组员们带着速写簿和画册,到森林、田野、草地、河边,在那里学习写生。格里戈里·捷连季耶维奇向孩子们揭示艺术的奥秘,教他们领会和热爱大自然的美,唤起他们对这种美的赞美之情。

对绘画的爱好已成为许多学生精神生活的组成部分:他们心有所思时,常常在自己的画册和练习本上作画,借以抒发自己的思想感情。我们每年举办好几次全校性学生绘画展览。

格里戈里·伊万诺维奇·列兹尼克是体育教师,他在我校任教十年了。

我校集体把体育看作是健康的重要因素,生活活力的源泉。我们不允许追求个人纪录和学校的运动成绩;对我们来说,体育就是为健康而奋斗,就是为使我们的学生在身体和精神两方面一致地得到增强而奋斗。

格里戈里·伊万诺维奇会同医生一起为每个学生分别制定个人的锻炼计划和运动量,并过问对这些计划的遵守和执行情况。我们大家完全同意这位教师这样一个观点:每个人应当毕生都保持对体操的爱好,体操是最有益的运动项目之一。

我们为开展体操运动创设了一切必要条件:体育馆和运动场都安装了器械,并备有各种器材。在全区运动会上,我校运动队每年照例都得冠军。

我们从本校毕业生中选拔少先队总辅导员,这已成为我校集体的传统。选择的着眼点自然要放在那些爱孩子、会唱歌、会演奏乐器、爱自然美和艺术美的人身上。莉吉娅·麦弗季耶夫娜·库里洛就曾是我校这样一位辅导员,而瓦连季娜·阿列克谢耶夫娜·戈尔巴奇则是一位这样的现任辅导员。

少先队工作中最重要的是,形象地说,善于点燃孩子们心中的浪漫火花,善于激励他们,并以自身的榜样引导他们。

任何计划和想法，多半是当它们能使孩子们从中感受到进行奋斗和战胜困难的浪漫时，才会产生鼓舞他们的作用。莉达·库里洛以更新日渐衰败老化的果园这个想法鼓舞了少先队员们。正因为这项工作已成为这位总辅导员心上的大事，正因为即将进行的劳动被团结友爱和战胜其中的重重困难这一共同愿望激励，所以孩子们也被这个计划鼓舞，因而他们终于达到了所提出的目标——更新了果园。

这一成果再一次说明，只有当集体的领导人、少先队总辅导员自己成为怀有满腔热忱的表率时，儿童集体才会受到鼓舞。如自己冷淡、冷漠，就不可能鼓舞别人。这个原则对少先队的各种活动来说，尤其重要。在我们学校，每个教师都参与少先队工作，跟孩子们一起劳动，以自己奋发出的热情激励儿童的心灵。

少先队各中队及各班十月儿童团的辅导员，是我们教育儿童的首要助手。共青团委员会按照教师的建议委派担任辅导员的人，正是那些善于丰富儿童精神生活的共青团员。瓦利娅·斯克里普尼克就是这样一位中队辅导员，她组建了一个木偶剧团。她跟孩子们一起以儿童民间创作为主题编写各种小剧目，孩子们在她的指导下为同学们表演这些剧目。在游览和旅行时，在途中休息时，在夜间篝火旁，少先队员们朗读描写英勇无畏的人物和探险旅行的各种有趣的书。瓦利娅认为，每一本书都应当在特定的环境中读。按她的意见，有的书只适于在秋雨绵绵的深秋夜晚，在窝棚外面有风声呼啸的背景下读。

另一位辅导员尤里·什瓦奇科，爱好技术，是我校优秀的青年机械化专家之一。他把这种爱好传给少先队员。孩子们装配具有游戏因素的模型——这些模型被用于儿童的游戏之中。尤里也热爱故乡，他研究故乡的过去，采集民歌和民间故事。按照他的倡议，少先队员们跟阅历丰富的老人们会晤，聆听和记录他们关于遥远过去的各种事件的讲述。

校图书馆是学校精神生活中心，是精神生活的重要基地之一。儿童的许多兴趣在这里得到满足，激发幻想的火花往往在这里点燃。图书管理员叶列娜·叶麦利扬诺夫娜·玛洛莉特科是个喜爱图书的人，一位出色的组织者。教师集体向她提出这样的要求：您应当了解和感受每个学生在图书世界里的生活，为此您自己也应当读许多书。而叶列娜·叶麦利扬诺夫娜确实读书很多。她熟知世界文学、俄罗斯和乌克兰文学的所有著作，我们的教师集体认为这些著作是丰富的精神生活所不可缺少的最起码的图书。

书籍爱好者时常在晚上来图书馆进行"灯下聚会"。图书馆有几个少年爱书小组，孩子们在这里读有趣的书，整修装订破损的旧书。图书管理员跟教师们一起竭力做到使所有列入世界文学宝库的书无一不为我们的学生所读。没有一个孩子没读过安徒生和格林兄弟的童话以及盖达尔的那些引人入胜的中篇和短篇小说。没有一个少年或青年没读过《从彼得堡到莫斯科旅行记》《叶甫盖尼·奥涅金》《战争与和平》《静静的顿河》《被开垦的处女地》《青年近卫军》《母亲》《钢铁是怎样炼成的》《浮士德》《哈姆雷特》《堂吉诃德》《强盗》《阴谋与爱情》《神曲》《约翰·克利斯朵夫》《绞刑架下的报告》等名著。校图书馆就其中每一部著作都举办展览，并做剪辑陈列。我们通过校图书馆对那些由于家庭生活的种种情况而可能陷入精神空虚的学生进行教育工作。我们力争使他们中的每一个人都在书海中找到自己的生活天地。

三、校务会议的组成和作用

我们总是竭力把校长对学校的领导跟集体讨论并决定教育教学工作重大问题的会议制结合起来。

会议制的效能，有赖于在决定教育方向与本质的原则性问题上的观点一致。教育观点和信念的这种一致性，使我们的教师能够在校务会议上集体解决学校的生活与劳动中的各种问题（校务会议每年举行七八次）。集体对各种问题做出的决定和决议，学校全体工作人员都必须遵行。

我校校务会议成员包括：教师、少先队总辅导员、图书管理员、长日班教导员、校医、课外小组辅导员、校长、教导主任、总务副校长、5—7名家长委员会委员（每年由全校家长大会选举产生）及共青团组织的代表。校务会议的主席、副主席和秘书一年改选一次。校长照例被选为主席,副主席则从教师中选出。[10]

校务会议每年选举校长和教导主任;为教师们分配教学科目和班级;确定班主任及课外小组辅导员;在各科教师中各确定一名老教师担任联合教学小组组长;确定少先队辅导员,人选由共青团委员会从高年级学生中推荐。

校务会议审批年终呈报国民教育局的学校工作总结报告。每年,集体审议批准关于呈报奖励优秀教师的决定,奖励类别包括:教育部颁发的奖金、荣誉奖状、"优秀国民教育工作者"奖章及"功勋教师"称号。由校务会议委托其委员写出相应的评语。

校务会议在分配教课任务和课外工作时,以有利于工作为首要方针;每个教师应当保证高水平地授课和对孩子进行教育。在这方面,不仅重视教师集体的意见,而且也重视家长们的意见。我校发生过这样一个事例:家长代表,即校务会议委员要求停止一位历史教师教课,因为他工作懈怠,备课不认真,不提高自己的知识水平。

在分配教课任务和课外工作时,还考虑教师的利益,其中包括他们的工资。如果没有可能分配给教师足够的授课时数(即保证必要的劳动报酬的工作量),那就再分给他有报酬的课外工作。我们总是争取使教师的总收入不低于定额工资的一倍半;这样,总收入就接近于校长和教导主任的工资。而这个原则总是十分严格地得到遵守,即使有一个教师的利益受到损害,校务会议也不会批准这个讲课任务和班级工作的分配方案。

校务会议关心孩子们进校学习的准备。我们对本乡的所有儿童从4岁起就进行登记,由将来教他们的教师会同医生走访这些孩子的家庭。他们借此结识家长,帮助家长制定能保证儿童身心发展的合理生活制度。校务会议还不时地听取医生关于这些孩子健康状况的报告。

我们关心患病儿童的治疗和体弱孩子体质的增强。经校务会议介绍,13年间(1955—1967)集体农庄和企业(即铁路车辆厂、水电站、汽车制造厂、榨油厂——我校孩子们的家长在这些企业里工作)的工会组织拨出资金为45个孩子做营养补助,63个孩子被送去进行治疗,从而防止了孩子因病而长期耽误学业的可能。

校务会议还审议决定，应当给哪些学生在学校食堂里免费补充营养（由国家、集体农庄、企业工会拨付资金）。[11]

校务会议关心师生的作息制度，审批为早、中、晚各学龄段学生制订的作息时间表。关于这些时间表的说明，在家长学校上课时做出。为个别孩子（患过重病的，身体虚弱的，容易伤风感冒的）规定专门的作息制度。教师、医生、家长委员会委员经常调查分析孩子们在学校的疲劳程度和家庭作业的负担情况，医生报告个别孩子在每季度开头和末尾的健康状况。医生还定期报告学生心血管系统、呼吸道以及视力和听力各方面的状况。由于有了这些做法，使我们得以在近 19 年间（1948—1965），防止了学生中 28 例严重心脏病、肺病、眼病的恶化。医生和受托担负这项重要工作的教师每年向校务会议报告一次校用家具的状况以及课桌椅规格是否适合学生身高的情况。

校务会议负责审查和批准教学工厂、工作室、实验室、儿童电站和教学实验园地等处工作的安全规则。校务会议还审核各个年龄段学生公益劳动的量的问题和时间长短的问题。如果地方上某个领导人要求学生完成力所不及的劳动（遗憾的是，这种情况时有发生），那么他要打交道的就不只是校长一人，而是整个教师集体。关于是否准许学生完成某项工作，校务会议有权做出最后决定，任何人都无权更改。

校务会议审批课程表和课外活动计划，对假期教育工作计划的审查尤为细致：劳动与休息的结合，应当做到使暑期的劳动不致影响休息。制订秋假、寒假、春假、暑假的教育工作计划时，应当考虑使每个教师除法定的两个月假期以外，每年能在学生休假期间有不少于二十天的休假。教师的工作是十分劳神的，没有定期的休假，就无法使他们在精神上得到充实提高。

校务会议关心教育教学过程物质基础的创设、充实和完善，还关心体力劳动的减轻和机器的使用。教师们把有关应该为学生置备的那些直观教具、工具和设备的建议提交集体讨论，而且主要从教育和教学法方面考虑这个问题。校务会议就此做出的决定由整个集体去执行。例如，供低年级学生用的儿童工具以及浇灌树木用的机具就由教师和高年级学生去制作。

年终，校务会议讨论学校图书馆的藏书情况，并决定应该为图书馆和阅览室购置哪些图书。

校务会议每年在开学之前都讨论教学大纲的内容，并列出不可能由教学大纲详细规定的那些实际技能和技巧的项目。例如，审核低年级学生应当牢固掌握其正确写法的那些字的一览表已成为一个传统。教师根据各自对学生的观察对这张在数年间形成的正字表做出补充修订。校务会议还审议数学、物理、化学、生物各科教师的建议书，书中规定一学年中应当做什么习题和做多少习题，学生应当制作哪些机器、机械和装置的活动模型作为实践考查作业，他们在暑假期间应当采集一些什么干叶植物标本和实物标本，等等。校务会议每年还讨论并确定书面创作的题目，即各个年级的作文题目，以及高年级学生撰写论文的题目。

校务会议讨论校长和教导主任在一定时期内听课情况的报告。这些报告分析研究的都是教育教学过程的一些关键性问题，如学生脑力劳动的积极性，教学过程中知识的发展与加深，知识在实践中的运用，不及格现象的预防，道德信念的形成，等等。简要地汇报或报告工作经验，也是教师参加学校集体领导的一种形式。教师们提出的一些建议往往能给予整个集体的实际工作以很大的影响。例如，1959—1960学年度，女教师M.H.维尔霍文尼娜做了一个题为《情感在早期学龄儿童的道德教育中的作用》的报告。报告中有许多令人信服的生动事例，说明了儿童行为的情感修养的巨大意义。M.H.维尔霍文尼娜的经验被整个集体接受。孩子们精神生活的情绪范畴成为集体实际工作中的一个专门领域。

校务会议还研究关于学校环境美的问题及其创造和保持的问题，关于语言文明的问题，关于学校卫生标准和卫生规则的保持和遵守问题。

校务会议的某项决议都是整个集体集思广益的产物，每个教师都把它当作集体的意志去执行。

四、我们怎样在校长和教导主任之间实行分工

我跟教导主任一道做着同一项工作,这就是帮助教师们提高教育技巧:听他们讲课并给予分析,组织学生的课外活动,研究教育经验,监督作息制度的遵守情况,参与少先队和共青团组织的工作。在共同工作中,我们互相商议,一起总结优缺点。为了协调一致,我们每逢学年、学季、教学周开始之前,先讨论已经完成的工作,然后进行具体分工。例如,有一学年,我跟教导主任做了这样的分工:一年之内我旁听并分析七位教师的系列课,教导主任则旁听并分析八位教师的系列课(这就是说,我们旁听每个教师若干节课,这些课讲授的是教学大纲中一个完整的题目或部分);我帮助一至七年级教师的作文教学,教导主任则帮助八至十年级的;我做两名缺乏经验的年轻教师的个别工作,教导主任也做两名青年教师的个别工作。

在做新学年的准备工作中,我帮助低年级教师及数学、物理、历史、图画、制图、唱歌等科目的教师学习教学大纲;教导主任则帮助语言、文学、化学、生物、地理、劳动等科目的教师。我参加低年级教师及物理、数学教师的联合教学小组的工作;教导主任则参加化学、生物、历史、地理、语言、文学诸科的联合教学小组的工作。我负责指导准备和举行三次观摩课,教导主任则负责五次。我负责检查十七个需要经常对其观察的学生的作业,教导主任则负责十四个;我负责与四至七年级的学生就课外阅读和完成家庭作业方面的问题进行谈话,教导主任则负责与八至十年级学生进行谈话。我检查一至七年级学生对知识的掌握情况(包括检查作业、测验卷,做笔记的情况,完成制图的情况,教室日志反映的情况),教导主任则检查八至十年级学生的。

在每个学季开始时我们就商量好,我参加少先队的哪些集会,教导主任参加哪些这样的集会。

我对听课的分析材料加以综合,然后在校务会全体会议上做了几次报告,报告题目是:《学生在课堂上学习新教材过程中的

脑力劳动》《课堂上最初接受知识之后，这种知识的发展、深化和运用》《关于学习的技能》。教导主任根据听课分析材料准备的报告题目则是：《教学过程中对学生个别施教的方法》《教师怎样准备系列课》《教课的直观性》《备课时对教科书材料的教学论加工》。

除旁听和分析系列课以外（这是研究教师和学生劳动最有价值的一种形式），我和教导主任还定期听所有教师的课，在听课量的安排上做到一年之内分析每个教师8—12节课（我们每周旁听和分析的课总计达10—12节）。关于定期听课问题，我们大致每月商议两次。

我跟教导主任每周要花两三个小时进行交谈，交换各自在分析课堂教学和研究学生课业劳动过程中所产生的想法。往往某个微小的细节会迫使我们去深思某个重要问题，进而引出一个大课题来。我们通过交换想法，使我们的教育观点更加明确，教学论知识日见加深。在这些交谈中产生出某些意图，然后这些意图在教师集体的创造性劳动中获得发展。

我在分析低年级有经验的教师以及数学教师的课时注意到一个细节，我觉得它十分重要：有经验的教师有时要返回来讲已学过的教材，但不是简单地重复，而是把学过的教材引入新问题中来，是用新的知识、概念和规律阐发已学的内容。我把观察到的这些情况告诉了教导主任。我们思考了许多实例，分析了许多教师和自己的经验之后，得出结论，认为这关系到发展学生的知识。我们通过进一步地观察和跟教师们交谈，越来越确信这样一个想法：发展知识，是一个完整的教学论问题，要解决这个问题，就要采取专门的方式，教师就要对教材做专门的分析。这个问题的讨论，在教师集体的工作中占据了重要位置。教师们交流自己发展学生知识的经验；每个教师在学年之初着手工作时，就考虑需要发展关于哪些概念、事实、规律和定理的知识。

在校长与课外活动组织者之间的分工问题上，我们也进行了协商。课外活动的组织者是年轻的数学女教师 А.Г.阿里辛科，她负责指导技术和农业方面的课外小组，帮助教师们准备和讲授选修课，组织共青团员们的社会政治活动。我则负责组织家长学校的工作，计划并领导在集体农庄进行的公益劳动，各个少先中队的活动也由我照管。我们——校长、教导主任、课外活动组织者，在做年度分工时，要商议由我们当中谁来负责过去几年中遇到困难和挫折较多的那一部分工作。例如，1967—1968学年，实际领导那项保证理论知识与实际技能相结合的工作由我负责；教导主任负责做思维迟钝儿童的个别工作；课外活动组织者的任务，则是培育低年级的儿童集体。

五、帮助教师完善教育技巧

校长的一项任务，就是帮助每个教师建立个人的创造性实验室。

对教师做个别工作包括两方面，一方面是分析他采用的教育方法，另一方面则是给他以实际帮助。这项工作的内容、方法和性质取决于教师的教育素养，他们的眼界、兴趣和精神需求。在学年开始之前，我跟教导主任就商定，我们各做谁的个别工作。照例，这项工作在全年内是跟分析系列课同时进行的；我和教导主任不仅把自己的经验、教育观点和信念传授给教师们，还把其他教师的经验也传授给他们，我俩都有各自的教师学生。这项工作最主要的一点，就是向教师揭示这样一个道理：他的工作效果取决于他的知识和素养，取决于他读些什么书，怎样自学和怎样充实自己。

下面举一个实例，是我对物理教师A.A.菲利波夫做个别工作的例子。

A.A.菲利波夫在被正式任命来学校工作之前，一边参加课外工作，一边了解我校教师的教育观点和信念。我好几次跟这位未来的教师谈教学方法和课的类型，谈孩子们的独立作业，谈对孩子们的个别施教等问题。我当时就认为，这位青年教师只有跟孩子们有了共同的精神生活，有了共同的智力兴趣、劳动兴趣和创造兴趣，才能成为教育工作能手，因为只有通过这种途径才能了解儿童。

我帮助这位教师钻研了几本论述课堂教学的教育学著作，然后他就着手对准备由他执教的科目（六至七年级的物理和八年级的数学）的教科书做教学论分析，旁听富有经验的教师的课，某些课是我俩一道去听的。在这期间，我们特别重视对教学大纲和教科书进行教学论分析。

我们在分析教学大纲的过程中，探讨了这样一些重要问题：（1）在六、七年级学习物理时，对自然现象的观察应当怎样为在高年级领会这门学科的理论概括做好准备；（2）孩子们应当深入理解初等物理教程中的哪些概念，才能在随后的几年里很好地理解和顺利地学习物理定律和规律；（3）哪些定理、定律、公式和数据是学生必须牢牢记住和永远不忘的，从而使这些知识在记忆里的保存有助于思维的积极工作；（4）理论知识与实际技能之间的相互关系应当是怎样的；为了顺利进行学习，即为了顺利地理解、认识和分析周围现实的事物和现象，孩子们必须熟练地掌握哪些技能；（5）应当把哪类作业列为家庭作业，这类作业的完成将怎样促使脑力劳动的积极化，将怎样发展对知识的兴趣、求知欲望和勤学好问精神；（6）应当完成哪些实践作业，学生应当亲手制作些什么东西；（7）孩子们应当阅读哪些科普读物，应当怎样由此开阔他们的眼界；他们有哪些个人兴趣和爱好应当得到发展，我们怎样才能在课外活动中满足孩子们的这些需要和兴趣。

然后我们逐节浏览教科书和习题集，细读了其中最重要的、在学生看来也是最困难的章节。

按照同样的原则，每个教师都在我或教导主任的帮助下钻研自己所教科目的教学大纲和教科书。低年级教师在做这项工作时，特别注意把会学习这个工具交到孩子手里，没有这个工具就不可能进一步掌握知识。这个工具包括五把"刀具"，即五种技能：（1）读；（2）写；（3）思考；（4）观察周围世界的现象；（5）用语言表达所见、所做、所想。教师们还编出儿童在低年级时就应当永远记住的正字表。一般来说，低年级教师对教学工作的准备，实际上也就是对孩子们日后到五至十年级去学习的准备状况的分析。

对这位年轻教师做个别工作的下一个阶段，就是帮助他准备头几节课。但去旁听初次任教的教师的头几节课，则是不适当的，应当容他有机会熟悉一下班里的情况，逐步步入工作的正轨。但同时防止他可能产生的错误也十分重要。在讨论头几节课的内容时，我向菲利波夫提出了如下问题。

1. 您将引用周围生活中的哪些事例来说明物理现象、运动、运动的相对性这些概念?

2. 怎样组织新教材的学习,才能使学生自己概括得出结论,自己对生活中必然遇到的种种现象进行分析、理解和比较?

3. 过去掌握的知识有哪些是适宜于在学习新教材过程中加以发展和深化的?

4. 当您布置家庭作业时,将让孩子们去注意周围生活和生产中的哪些现象?

这位教师在思考这些问题时,必然要多次深入钻研教材内容。

菲利波夫在上课的头两周内,每天下班时都把自己上课的情况讲给我听。谈论我还没有听过的这些课,可以帮助我了解到,他是否善于分析学生的知识与自己的备课质量的依从关系。令人高兴的是,菲利波夫能坦率地谈他讲课的所得和所失,并力图说明有所失的原因。从谈话中我清楚地了解到,他的最大困难是在学习新教材上。七年级的第二堂物理课上,就已经有一部分学生不明白第一堂课学过的教材内容了。

我告诉他,怎样在学习教材过程中了解全班和个别学生的学习情况,怎样观察和分析儿童脑力劳动的效果。课堂上应当在教师监督下完成教学的第一阶段,也就是主要阶段,即全体学生应当对刚讲过的现象、规律及相互依从关系的本质都已十分清楚。而家庭作业,只不过是对已获知识的加深、发展和应用而已。

随后进行的谈话表明,菲利波夫在努力做到一边教一边弄清学生的掌握情况,防止课堂上出现不懂和没有掌握的现象,并摸清个别学生的学习特点。但正是在进行反馈联系上,这位教师遇到了很大困难。我明白了在他的课上应当把注意力放在什么问题上,应当在哪方面给他进一步的帮助。这时已是能够开始旁听和分析他的课的时候了。

我第一次旁听菲利波夫的课就明白,他很难把讲述、谈话、完成实习作业跟了解学生知识的掌握情况、跟考察学生的脑力劳动过程结合起来。他本应既考虑教材内容,又考虑必须把他备课时没有预见到的那些变化纳入教材的学习过程,以便防止学生听不明白和克服他们不会思考和分析事实这个弱点。

我在分析我听过的第一堂课时，主要探讨的是学生怎样沿着知识的道路前进的。分析，就是把这位教师做了的跟他应当做的进行比较。不过在这种情况下，即使做出最详尽的分析也是不够的。而应当把你所说的和所建议的做给他看才好。我跟菲利波夫约好，他来听我上语法课，然后我再去听他上物理课，往后就这样互相听课。

我对这位年轻教师将要来听的那堂课做了充分的准备。十分重要的是，要使他看到和弄懂怎样观察和分析掌握知识的过程。

我讲的这堂课是学习简单句的类型和复习原先学过的正字法规则。每个学生都独立地分析钻研列有一些句子和正字的个人卡片；孩子们的回答实际上就是对实例的深入思考。学生们经过思考，便各自依据自己的实例独立地达到对语法规律的理解。完全没有把提问划作课的一个单独部分，了解和评定知识的掌握情况都是在课的进程中进行的。

课后的交谈表明，这位年轻教师弄懂了这样一个要点：能看清脑力劳动的过程，就意味着善于组织孩子们去独立地（从这一概念的广义上说）认识事物和现象。我详细地评述了我那堂课，并着重说明了这样一点：只有在许多事例通过了学生的意识，并且经学生分析且发现真理的情况下，知识才可能是深刻的。

我们互相听课持续了一年。此外，我还跟菲利波夫一起听了其他教师的课。

我对这位刚开始任教的教师提出一个要求，即分析学生在学习新教材时是怎样被激发进行积极的脑力劳动的，他们独立认识事实是怎样进行的，识记和熟记是如何建立在深刻理解的基础之上的。这位年轻教师除听课之外，还研读了教育学参考书中关于主动自觉掌握知识的过程这一部分，以及心理学参考书中"思维与言语"的章节。

没有理论上的认识，就不可能借鉴别人的经验和掌握教育技巧。我校每个初任教的教师不论教育程度如何，都要在头三四年内紧密结合对自己的教学实践及其他教师的经验的分析，去学习教学论和心理学。只有当一个教师深入掌握了每种教育现象的理论实质，他才会取得教育技巧。

菲利波夫在如何复习学过的教材方面遇到的困难较大。只有清楚地了解了周围世界种种事物和现象相互联系中的心理学规律、教育学规律和逻辑规律，才能理解复习是怎样在学习新教材过程中进行的。教育学和心理学书籍的研读，帮助了这位年轻教师去理解他在富有经验的教师的课堂上所看到的一切。他明白了，复习不是目的本身，而是发展和加深知识的手段；巧妙地选择复习材料，首先要明确各部分以及各概念、规律、定理、公式等之间的逻辑联系。

为总结第一学年的工作，我跟菲利波夫进行了谈话，参加谈话的还有菲利波夫听过他们课的那些教师。这位年轻教师学会了如何激发孩子们去进行脑力劳动，如何跟他们建立牢固的联系，掌握了按逻辑顺序阐述教材的方法和进行启发式谈话的方法，在把学习新教材跟考查知识的掌握情况结合起来这一点上迈出了最初的几步。但是他在教学中依然有许多不足之处：不善于正确地为若干节课安排复习；知识的运用与知识的掌握过程相脱节；不大善于利用某些学生对技术创造、搞设计和制作模型的爱好来扩大他们的眼界和加深他们的理论知识。

我们确定了下一年要对他做的个别工作，具体安排如下。

我跟有经验的教师一起要听他八至十节课。目的是改进教学方法，特别是学生对事实和现象独立开展脑力劳动的方法。菲利波夫将听我三四节课，目的是学习进行谈话和讲述的方法，学习对已学内容进行复习的方式，以及为加深知识而运用知识的方式。他跟我一起将在六年级听С.П.潘钦科老师的代数系列课，借以了解这位老师的备课情况，学习复习、发展和加深知识的过程。然后我们将共同编写一堂物理课的教案（逐句写出讲述内容），菲利波夫要钻研这个教案，并按它上课，目的是改进讲述和阐释新教材的方法。随后他要继续钻研教学大纲和教科书，以及教育学和数学、物理教法参考书。

菲利波夫第二年的教学开始了。我在分析他的课时，越来越深入地了解学生脑力劳动的细节。我们把注意力放到了一个有趣的规律上：越是利用过去学过的教材来领会新教材，学生的脑力劳动就越积极，新教材就领会得越深，而过去学过的知识也会变得越巩固。当学生把过去获得的知识作为领会新教材的钥匙来使用时，他的脑力劳动就最积极。此外，我越是深入思考课堂上发生的现象，我面前就越是展现出教育思想的新源泉、创造的新溪流、教育信念的新萌芽。

我能取得教育经验，应当归功于我听过和分析过他们课的那些富有智慧而又善于思考的教师。当我面前出现教育工作的某一新境界，但我不论怎样仔细观察和思考它也无法理解它的实质时，我就一连听这些教师五节、七节课，以求找到触动了我心思的那个问题的答案。

我在菲利波夫的课堂上研究学生脑力劳动的积极程度同他们应用以前获得的知识之间的依从关系时，发现一个规律：应理解和识记并把它当作解释新事实和现象的钥匙来加以应用的那个抽象真理（定理、公式、定律）越难，学生识记这个抽象概念并把它保存在自己的记忆里的程度就越取决于他为此而独立分析和思考过的事实范围的大小。我跟这位年轻教师一起分析他的课，得出这样一个结论：当学生集中思考过相应的事例，对它们进行过分析，并从这些事例的相互关系中得出理论性概括时，就能做到牢固地识记规则（定理、定律、公式）并把它们保存在记忆里。这也就是脑力活动过程中的那种创造性活动，智力才能就是靠它得到发展的。

在第二年年终的总结性谈话中，我跟菲利波夫一起拟订了一个继续做他个别工作的长期计划，这时拟定的已是为期三年的计划了。我计划每年旁听并分析这位年轻教师十到十二节课，并确定将着重注意那些使知识系统化的课，即预定要分析包括实验作业、实践作业、参观、对自然现象和劳动的观察以及对教科书和科普读物的独立钻研等活动形式的系列课。我们还拟出了要他在三年内独立去研读的教育学和教学法书籍的书目。到任教第四年的年末，他准备好了一篇报告，题目是《领会事实与识记结论》。

这时我再听菲利波夫的课，主要注意的就是认识途径了，即从观察、分析事实到形成结论并把这些结论用于日后的学习。教育过程的新规律一个接一个地被揭示出来。我们认识到，如果结论能作为解释一个个新事实的钥匙而多次被运用，就无须专门去背诵它便能识记；这样，课堂上就会有空余时间去做实践作业，锻炼和提高学习技能。新教材的学习便跟知识的发展、加深和巩固结合起来了。

我跟这位年轻教师一起不止一次地思考过某些课的细节（这些思考也是一种教育上的创造）。例如，我们对将要上的"磁场"一课做了一番思考。按照这位教师的设想，学生观察了实验，就应自行得出结论来。然而从交谈中了解到，这种观察在相当大的程度上是消极的，学生那时在忙于记住讲解，以便以后能再现它。我们便仔细思考，怎样才能把直观性用在积极地获取知识上。我们得出结论认为，必须把学生将要在课堂上领会的那些概念（空间、作用力、磁力线、磁场等）都纳入他们获取知识的积极劳动过程，让每个学生在独立观察时就在心里解释他看到的现象。例如，当他在磁铁旁摆放了若干小磁针之后，就让他说明眼前出现的现象（说说磁针和磁铁是怎样相互作用的，磁场磁力线的作用是什么）。我还建议准备好若干个以"为什么"开头的提问，以便当学生独立操作时向他们提出。学生为了回答这些问题，将积极利用直观教具去探寻因果关系，也就是去获取知识。

菲利波夫已能巧妙地使直观性服从于积极的脑力劳动了。以"为什么"开头的提问逐渐变为把直观形象同理性规律的分析结合在一起的思考题。他读了一些论述思维过程心理的论文。把观察、实验作业、实践作业同理论性规律的思维分析相结合的思想又被集体加以发展和深化，我们举办了首次关于课堂上学生脑力劳动的理论讨论会。从那时起，每年举办关于这个题目的理论讨论会已有十九年了。在讨论会上，我做分析课堂教学和学生答问的报告，教师们则汇报各自的创造性探索与发现。

在一次理论讨论会上，菲利波夫向老师们提出了一个有意思的问题：教师怎样才能看清和弄明白学生在接受新知识时头脑里在发生什么？他声明："我应当在没有结束自己的阐述和讲解之前就知道，我所阐述的新知识在学生的意识中跟他已知的哪些概念在结合。"他在这里又一次涉及早已使他不安的那个反馈联系的问题，在工作中他对这个问题已有了点点滴滴的经验。

此后，我跟这位教师又对实现反馈联系的教学方式做了一番研究，这个问题我们已经钻研十多年了。他向学生的意识揭示事物和现象的本质时，总能做到使他们在意识中产生带有鲜明情感色彩的问题——也就是产生诧异：为什么会是这样？诧异感，是求知欲的蓬勃源泉。这位教师在学生接受新知识时巧妙地组织他们进行独立的脑力劳动：学生在跟随教师思路的同时，把它反映在平面图、示意图和素描图中。结果，教师在讲解过程中就能看到，个别学生是怎样领会教材的，他们遇到了一些什么困难。

菲利波夫用以实现反馈联系的最得力的教学方式是：学生先观察自然现象，观察劳动，观察技术和工艺过程；依据观察材料撰写总结报告、科学报告和专题报告；利用直观教具（不经课堂讲解）完全独立地钻研教学大纲的有关章节。现在我校整个教师集体都在研究反馈联系问题。菲利波夫力争使每个着迷于教学工厂、学科专用室和实验室里某项劳动的理论问题的学生，都研读科学图书，开展研究工作，进行实验活动。他在指导几个学生小组的技术创造活动过程中，也从自己的高年级学生中培养儿童集体的领导者。他从来都没有过不及格的学生。

现在，菲利波夫常做报告，给教师们介绍工作经验，参加区联合教学小组的工作。近五年内，他为全区教师做报告的题目有：《运用知识是教学过程的重要规律》《物理教程中的概念体系》《掌握知识过程中学生独立作业的种类》《爱好与志向的培养》《怎样观察和分析学生的脑力劳动》《如何在课堂上培养注意力》《个人才能的发展和求知欲的培养》。

如果一个教师肯于用心深入地分析自己的工作，他就不可能不产生对学生的知识状况与自己的教育素养之间的因果联系做出解释的意图。教师对自己的工作进行分析，必然会促使他把注意力集中在教学过程中他认为能在那个场合起最重要作用的某个方面，促使他考察分析事实，研读教育学和教学法书籍。这样就开始了教育创造活动的高级阶段——实践与科研的结合。经过一年、两年、三年，教师便能在理论讨论会或校务会议上做报告了。

我校教师在1962—1963和1964—1965学年在理论讨论会上做报告的题目如下。

В.А.苏霍姆林斯基的《学习新教材过程中学生的脑力劳动》《高年级学生集体的精神生活》；

А.И.雷萨克的《知识与信念》；

В.А. 斯科奇科的《教育教学过程中情绪因素的作用》；

А.И. 苏霍姆林斯卡娅的《男女青年生活理想的形成》；

М.Н. 维尔霍文尼娜的《思维过程迟缓的儿童》；

Е.Г. 阿夫瓦库莫娃的《爱国主义情感与爱国主义信念》；

В.Т. 达拉甘的《教学过程中高尚道德需求的形成》；

М.Н. 利马连科的《道德信念的形成过程》；

А.И. 列兹尼克的《儿童智力才能、素质和兴趣的研究》；

О.А. 皮西缅娜娅的《学习外语时脑力劳动的特点》；

А.Ф. 巴尔文斯基的《高年级学生公民感的培养》；

М.А. 雷萨克的《学龄中期学生个人荣誉感和尊严感的培养》；

А.А. 菲利波夫的《个人才能的发展和求知欲的培养》；

А.Г. 阿里辛科的《数学与人的智力发展》；

О.И. 斯捷潘诺娃的《教学过程中的科研因素》；

М.Т. 塞罗瓦特科的《教育者的教育分寸》；

Е.Е. 科洛米钦科的《知识与科学唯物主义信念》；

А.Я. 沃夫钦科的《学龄中期学生集体中的道德关系》；

Е.С. 列兹尼克的《把我们的社会道德财富传给年轻一代》；

А.А. 萨姆科夫的《农业实验活动中的智力发展》；

Е.С. 沃利克的《学生无神论信念的形成》；

Е.М. 扎连科的《小学生科学唯物主义观念的初步形成》；

П.Т. 沃罗希洛的《学龄早期儿童善恶概念的形成》；

Р.К. 扎扎的《学龄早期儿童教育中的美感》；

В.С. 奥西马克的《学龄早期学生集体中的道德关系》；

А.А. 涅斯捷连科的《小学生道德教育和审美教育中的大自然》；

М.И. 贡恰连科的《学龄早期的劳动审美》；

В.П. 诺维茨卡娅的《学龄早期儿童思维的个性特征》；

С.И. 叶夫列缅科的《音乐欣赏过程中美感的培养》；

Г.Т. 扎伊采夫的《儿童精神生活中的图画》；

Р.А. 克里沃舍娅（长日制班教导员）的《游戏是发展儿童智力才能的手段》；

Г.И. 列兹尼克的《体育与健康》；
В.И. 申古尔的《劳动美感的培养》；
А.А. 沃罗希洛的《设计过程中创造才能的培养》；
В.А. 戈尔巴奇的《少先队工作中的浪漫主义》；
Е.Е. 马洛利特科的《读书与德育》。

教师们在独立撰写这些报告的过程中，便会深入到范围更为广泛的大课题中去，这种研究有时会持续好几年。我们不妨举几个我校教师近几年正在研究的题目，其中有："困难儿童"（В.А. 苏霍姆林斯基），"高尚的道德需求"（В.Т. 达拉甘），"个人与集体"（А.И. 列兹尼克），"低年级的美育"（Р.К. 扎扎），"低年级的德育"（Е.М. 扎连科）等。

这类研究中的每一项都是下面我要谈到的那种集体研究工作的一个部分。我校出有手稿汇编《教育思想》，有二十六名教师在教育杂志和报纸上以论文形式发表过自己的报告。

我们不容许教师的独立研究工作变成写官样文章。尽可能少让教师拟计划、写提要，不让他做任何书面总结。这已成为我校工作常规。教师需要有空余时间去思考科学的新成就，充实自己的知识，总结已有的经验。我校集体在工作中严格遵守这样一条规定：让教师每周只花费一天时间在理论讨论会、校务会议或联合教学小组的活动上。这样，教师就可以把其他几天的时间都用在独立工作和休息上，用在跟学生们进行那种能使他得到道德满足和审美满足的精神交往上。教师之所以需要有自由活动时间，最主要的原因还是为了读书。教师若不读书，若没有在书海中的精神生活，那么提高他的教育技能的一切措施就都失去意义了。

这里想给校长们提几点建议。不论教师面临的任务多么紧迫，都不能一蹴而就。不论是教育战线的新手，还是有些经验的教师，对于校长来说，重要的是辨明他的能力、他的教育素养和一般素养、他的眼界和学识，重要的是怎样更好地防止课堂上出现各色各样的缺点和错误。听过头几节课之后就应做出结论，为改进这位教师的工作质量都需要做些什么。

个别工作的成效主要取决于教师怎样借助于校长的意见和建议

去掌握独立分析自己的成绩、缺点、失误的方法。在我校，意见和建议的性质乃至语气全都符合这个目的，这些意见和建议都产生于跟教师一道对教学过程进行分析。每堂课上都会揭示出某种新问题，思想也会深入在此之前一直没有察觉的细节。重要的是，要使校长的思想也能吸引教师，使校长和教师被共同的探索激励，成为教育过程的共同研究者。最有经验的教师绝不应当在已经取得的成绩上停步不前，因为不继续前进，就必然要落后。

在做有经验的教师的个别工作时，校长的任务在于跟他一起（往往由于教师的能力比校长强）去寻找一个可以从那里开始进一步完善教学技巧的创造领域。完善教学技巧，这在我们的工作中是没有止境的。

如果你在做年轻教师的工作，那就要在开始时向他展示一些教学技巧，哪怕是一点一滴也好。但正如砧木里的汁液没有开始畅流之前，嫁接在上面的幼芽就不会复苏一样，想借鉴好经验的人在尚不具备借鉴这种经验所必备的条件，即不具备一般文化素养、相应的眼界、教育学和教学法知识以及理解儿童精神生活的能力以前，好经验是不会开花结果的。为教师创造这些条件，要比让他看到现成的经验并做到使他清楚地理解这种经验的实质还要困难。

因此我要再三忠告：切勿忘记关注教师读些什么书，他怎样对待书籍和科学。只有当读书成为教师的一种很重要的精神需求，只有当他不仅有书而且也有读书的时间的情况下，他才有可能借鉴别人的经验。时间，这是教师的精神财富，应当通过巧妙安排教育教学过程来珍惜它。

真正的教育者身上能体现出在教育新一代方面已经取得的成就的全部精华。教师对年轻一代来说，是满腔热情地劳动和献身于崇高理想的榜样，是丰富多彩的精神生活的典范。

六、集体研究"思维与情感的统一"问题

当每个教师日益深入研究教育过程的细节和奥秘，分析自己的工作和学生的脑力劳动的时候，形象地说，集体里便燃烧起活跃的

思想火花来，集体便为生活提出来的问题寻找答案。而教育思想则是集体的创造活动赖以飞翔的翅膀。由于思想激励着集体，于是学校生活中最有意义和最不可缺少的事情——集体的研究工作，便开展起来了。

约在二十年前，我在分析一堂自己听过的课时冥思苦想，为什么学生的回答如此贫乏、平淡、毫无表现力？为什么儿童的话语里没有他自己的、活生生的思想？我开始记录学生们的回答，分析他们的词汇量和言语的逻辑性和修辞成分。我发现，学生们使用的许多词和词组，在他们的意识里并没有跟鲜明的表象以及周围世界中的事物和现象发生联系。

我通过分析在同事们和自己课上所观察到的现象，以求回答这样几个问题：词语怎样进入儿童的意识？词语怎样成为思维的工具？儿童怎样借助词语学习思考？思维又怎样反过来发展语言？从教育学上指导学校精神生活中最复杂、最微妙的成分——儿童思维存在哪些缺点？

我首先从研究自己的教学工作、自己的课和本班学生的回答入手。比如，一个孩子叙述一滴水的旅行。这里本应该讲早春的溪流，讲春雨，讲彩虹，讲平静湖水的轻声拍溅。孩子本应该把这一切当作他周围的世界来述说，当作他本人也是其中一分子的自然世界来述说。然而我听到的却是什么呢？是一些勉强拼凑的、笨拙的、死记硬背的句子和词组，它们的意思连孩子自己也弄不清。我一边听，一边思索孩子们的言语，心里逐渐形成一个信念：我们当教师的没有教儿童思考。从他开始过学校生活的最初日子起，我们就把他眼前那扇通往周围大自然的迷人世界的门关闭了，他再也听不到小溪的潺潺流水声，听不到春雪融化时水滴的叮咚响，听不到云雀的婉转鸣唱了。他们只是背诵关于所有这些美好事物的一些枯燥乏味的语句。

我把五年级学生领到了果园。当时，灰蓝色的雨云遮着半边天空，太阳点燃起一道彩虹，苹果树上开满了鲜花——有乳白的，有粉红的，有鲜红的，蜜蜂发出轻轻的嗡嗡声……。我对自己的小旅伴们说："孩子们，你们看到了什么？什么东西最让你们激动、赞叹和惊异？"他们的眼睛里泛出喜悦的神情，可是他们很难表达自己的情思，很难找到合适的词语。我真为孩子们痛心：词并没有带着鲜明的形象进入他们的意识；词从一朵散发芳香、生机盎然的鲜花，变成了一片夹在书页当中的干枯叶片，只能使人从表面上回忆它的生气……

不，不能再这样继续下去了。我们一旦忘了知识的最重要的源泉——周围世界、大自然，便会逼着孩子们去死记硬背，从而使他们的思维迟钝起来。我们把夸美纽斯、裴斯泰洛齐、乌申斯基、第斯多惠对教师的忠告全部忘记了。

我开始一课接一课地把孩子们领到永远常新的、取之不尽的知识源泉——大自然中去，到果园、森林、河边、田野去。我跟孩子们一道学习用词语表达事物和现象的细微差别。

云雀在天空中歌唱，延伸到天边的、一望无际的田野上和风掀动了层层麦浪，远方蓝色的烟雾中矗立着斯基福人的古墓……。在百年老橡树间，在茂密的森林里，清澈的溪流潺潺作响，而在小溪的上面，黄鹂唱着它那纯朴的歌……必须确切而又优美地说出这一切。

我的桌子上不断出现各种新书：有关于实物课的教育文集，有各种词典，有植物学、鸟类学、天文学、花卉学等方面的书籍。每逢春天清静的早晨，我都到河边、森林和果园去，细心观察周围世界，并试着尽可能准确地表述它的形状、色彩、声音和动态。于是我又备了一个习作本，专用来写短文：写一丛玫瑰，写一只云雀，写火红的天空，写美丽的彩虹……。我开始把在大自然环境中上课叫作到生动思想的源头去旅游。渐渐地，这种课不论在目的上还是在孩子们脑力劳动的形式上都变得越来越丰富了。

有时，我把自己写的短文和小诗读给学生们听。能跟他们交流思想，交换对周围世界，即对大自然和人们的观感，使我感到十分愉快。我发现，特别能使孩子们激动的是那种也表达着他们的某些亲身感受的短文和小诗。当我的短文和小诗能被孩子们心领神会时，他们自己也会动起笔来，以求抒发他们的感情。我觉得，对语言的感受，以及试图用话语表达人最细腻的内心活动的愿望，是真正的人的文明素养的重要源泉之一。

下面援引两篇这样的短文做例子。

秋

　　秋天到了。这是暖洋洋金灿灿的时节。空气格外清爽明净。草原显得异常开阔，远处的斯基福古墓在柔和的阳光照射下呈现出一片灰色。路旁开着鲜艳的野菊花。清晨，洁净的花瓣上闪耀着晶莹的水珠——这是融化了的初霜。花儿却依然生气勃勃，没有花瓣凋谢坠落。

　　傍晚时分，天空变得灰中透红。在灰暗的橙黄色晚霞映衬下，展翅飞翔的归巢乌鸦的黑色身影像是一些神奇的幻想之物。森林陷入沉思般的寂静中，只是偶尔有某处的树叶在带有寒气的秋风中颤抖着发出簌簌之声。田野渐渐地越来越昏暗：夜色如潮水一般从沟壑里漫溢开来，覆盖了大地，遮蔽了森林。一颗流星在混浊的天空划过坠落而下。

日　　出

　　天空燃起了朝霞。我伫立在繁花似锦的苜蓿草地旁。这块五颜六色的巨型地毯在颤动，在闪变，时刻都改换着自己的色彩，宛如上面撒落着千万颗彩色石子——有天蓝的，有浅紫的，有粉红的，有橙黄的，有深红的，有金黄的。这时看上去满是天蓝色石子。可是眼睛还未看清这个色调，天蓝色已变换为浅蓝色，浅紫色又变换为粉红色；然而顷刻间粉红色又消失了，整个田野呈现一片火红色。而在天地相接的远方出现一圈发出耀眼光芒的金色边缘。太阳很快就要从这里升起。

　　云雀蹿出苜蓿地，飞向高空，随即在空中滞留。一转眼，这个颤抖着的灰色小团在阳光照射下变为金黄色。不一会儿，阳光照在苜蓿花的露珠上，闪射出光亮的火花来。蜜蜂在张开的花瓣上面嗡嗡叫。真像是整个田野都在歌唱，整个世界都在歌唱，美妙的音乐在大地上回荡。

随后我便抓校内的课。我上的课首先都是思维课。例如在一节课上，我跟孩子们谈论现象、原因、结果。孩子们遵照我的建议从周围世界寻找因果关系，并对它们加以论述。

于是我亲眼看到，孩子们的思想逐渐变得越来越清晰、丰富、富有深意，词语有了感情色彩，活泼、生动起来了。我面前展现出一个异常丰富、无限美好的教育技巧境界——善于教孩子们思考的本领。这个发现使我无比激动，我体验到了创造活动的非同寻常的幸福。

我把自己的想法和观察告诉了同事们，他们开始来听我在自然环境里上的课。我给他们读自己写的短文。有一次在初秋季节，我跟教师们一道来到橡树林，欣赏树木披上的五彩缤纷的秋装，以便过后尽可能鲜明而又富于表现力地描述出这种美景。

教师们对这种去活的思想源泉的游历产生了兴趣，他们也开始领孩子们进行这种游历和旅行。在春秋两季，我们几乎把三分之一的课都移到大自然去上，也没有人抱怨时间不够了。低年级教师开始同我竞赛，看谁的短文写得更好。

语言与思维统一的思想，逐渐深入我们全体教师的头脑。我们常常聚在一起谈论这个有意思的问题，并进行争论，正是在这种争论中产生出真理来：每个教师不管他教哪门课，都应当是一个语文教师。语言，是我们最重要的教育工具，任何东西都无法取代它。大自然以及它无限的丰富性和多样性，是思维的主要源泉，是发展智力才能的主要学校。

这些真理逐渐转化为全体教师的教育信念。低年级教师手里都有了写短文的习作本。诺维茨卡娅着手分析孩子们在一年的各个季节里，例如在春、夏、秋、冬四季，到果园去游历时所能掌握的词汇量。她记录了可以在观察过程中纳入孩子们的积极词汇的名词、形容词、副词和动词。她在《儿童的词汇与思维》这篇报告中向集体讲述了她的有益经验。

菲利波夫开始专门为教孩子们思考和逻辑上连贯地表述思想而带他们到大自然去。随后他在介绍自己对脑力劳动这个有趣的方面所做观察的报告中说："应当在大自然中教孩子们进行逻辑思维。

我们往往忘记，物理学是关于大自然的科学。我现在拟了一个在物理学教学的头三年中去大自然游览的计划。我将通过自然现象给学生们介绍因果关系、时间关系和从属关系的依从性和制约性，并以此教他们如何思考。高年级学生要写持续观察自然现象的观察报告。"

深入儿童思维奥秘的这项集体科研劳动，把我们从精神上团结了起来。我和低年级教师一起着手写一本书，一本记述到活的思想源泉去上游览课的书。书中每篇写的是都是一种自然现象，或是一种季节现象（例如，《自然界里的有生物和无生物》《自然界的一切都在变化》《太阳——生命的源泉》《大自然从冬眠中苏醒过来》《冬季森林中的鸟类》，等等）。这些记载在集体中传阅着，讨论着，评论着。有意思的是，结果这些游览对物理、数学、化学等学科的教师也都很有用。这项有趣的集体劳动如今已持续15年之久了。我们编成了一本《大自然的书》，记述了300次游览课。我们在教孩子们思考，在继续集体研究这个课题。

现在，我校教师又被一些新的探索课题吸引：我们正在研究在观察大自然过程中产生的言辞的感情色彩问题。思维与情感统一的问题吸引着我们。我们还日益深入地在探索课的教学细节——研究不同教学阶段的思维方式。

教师集体的创造，离不开对个人劳动的科学探索和对儿童的深入研究。

七、我们的传统

毫无疑问，我们的学生对童年、少年、早期青年时代都有最温暖、最亲切的回忆。学校生活中的某些活动已经代代相传，成为传统。

下面来讲讲最重要的传统。

少先队员同将于两年后上一年级的五岁小朋友会面。这项活动在八月中旬进行。会见这些小朋友的是过两年将充当十月儿童团的组织者——带领做游戏、游览参观以及其他儿童趣事的那些少先队员。少先队员们把小朋友领到果园里。在葡萄架旁的草地上,孩子们观看儿童木偶戏表演,听唱歌,听诗朗诵。然后少先队员们给小客人抬几筐葡萄来招待他们。

会见七岁小朋友——未来的一年级同学,这项活动在六月初进行。会见小朋友的是他们的老朋友——少先队员,这时已是六七年级的学生。他们赠给每个小朋友一件礼物:一本课外读物——普希金的诗集,或小本的舍甫琴科的《科布扎歌手》;请小朋友吃学校果园自产的水果。从这天起,他们每天都来学校,已经算是我校的学生了。

为一年级生举办的"首次铃声"节,在上课的第一天进行。毕业班的学生祝贺小朋友们加入学校大家庭,给每个新同学赠送一本题写了赠言的书;带小同学们到校园里,把他们在十年前上学的第一天亲手栽种的树移交给新同学照管。随后,举行传统的仪式——栽植永恒的学校友谊树:毕业生跟小同学同栽一棵苹果树苗。

我们努力加深和发展曾有人吐露过的那股浪漫情思:只要校园里有学校友谊树常青永存,我们的友爱精神、同志关系、兄弟情谊就将不断发展和加强。

毕业生的"最后铃声"节,在毕业生上课的最后一天举行。毕业生和一年级学生班对班地排成两列。一年级学生给每个毕业生献上鲜花和题有赠言的一本书〔在这个节日中当作礼物的赠书,已成为传统习惯的是赠送普希金的诗集,舍甫琴科的《科布扎歌手》,歌德的《浮士德》,塞万提斯的《堂吉诃德》,荷马的《伊里亚特》或《奥德赛》,密茨凯维支、裴多菲、赫里斯托·波特夫等诗人的诗集,拜伦的《恰尔德·哈洛尔德游记》,雨果的《悲惨世界》,但丁的《神曲》,伊拉塞克的《捷克古老传说》,卢斯达维里的《虎皮武士》,《萨逊的大卫》(亚美尼亚史诗),日本的和阿拉伯的民间故事等〕。多年前的本校毕业生、如今的学生家长乃至老年人,都来参加这个庆典。小同学们的赠书上用大个儿字母题写的感人祝愿,象征着学校集体的永世长存。由一个小同学走近铺着天蓝色台布(这已成了传统)的桌子,拿起系着天蓝色丝带(这也是传统)的铃铛。当铃声响起时,从高年级学生队列中走出一名男青年或女青年代表集体向老师们致简短的谢词。这篇谢词是预先经过长时间准备的，但在典礼前一直保密。

在祝贺学生中学毕业的庆祝典礼（颁发中学毕业证书）上，由一位最年长的老师向毕业生做临别祝愿。这篇祝词由整个教师集体事先郑重思考后起草。祝词中包含我们的教育理想和我们集体的教育信念。我们认为，不论是祝词的内容还是形式，都具有十分重要的意义。

这里，我抄录一篇化学老教师 E.E. 科洛米钦科 1964 年致毕业生的祝词。

我亲爱的孩子们！

今天，你们要和母校告别了，而我们教师今天也更上一层楼。我们每个教师一生中能登上的这种楼层并不那么多，也许能上 30 至 35 层。对我来讲，今晚就意味着登到第 32 层楼了。

你们虽然将离校走向社会，但永远都会留在我们心中。你们要知道，我们终生都会因为听到关于你们任何一个人的任何一句好评而感到莫大的欣慰。同时也要知道，我们也会因为听到关于你们任何一个人的不愉快的消息而伤心。

幸福，是崇高的生活目的；理想，是人要力求达到的最高点。伟大的俄罗斯作家屠格涅夫写道："没有理想而活着的人是不幸的。"幸福之巅寓于创造性劳动之中，创造性劳动能给你们每个人带来可贵的人的自豪感，并为祖国增添荣誉。你们有的人将成为工程师和数学家，成为教师和医生；有的人则要当钳工和车工，当农业机务人员和畜牧工作者。要懂得，在任何一项劳动中都可以攀登高峰，都能成为创造者、诗人和艺术家。不要鄙弃任何一种劳动。为给你们每个人指明那条能走向幸福的道路，我们已做了所能做的一切。今后就靠你们自己了。要记住，获得幸福最可靠的途径就是劳动，就是有益于我们社会主义社会的劳动。

要记住，生命只有一次。度过一生，要在世上留下自己的贡献：留下稳立于花岗岩基石上的、高墙矗立的楼房，留下郁郁葱葱的茂密树林和硕果累累的苹果园。你们也将生儿育女，将在他们身上重现你们自己。要把人类创造的纯洁道德、美和智慧都传给你们的子女。小伙子们，要把姑娘当作未来的母亲尊重，对爱情要忠贞不渝，要永远记住，爱就是给你所爱的人以幸福。姑娘们，要高度珍惜女性的自豪。当你们带着自己的孩子来上学时，我们教师中许多人还将在学校工作。要知道我们将在你们的孩子身上看到你们优良品格的延续，但愿这种延续将是纯洁无瑕的。

幸福就在于诚实、正直和高度的原则性。要像珍视生命和个人荣誉那样珍视真理。要毕生为真理而斗争，而这个真理意味着：生活中没有哪件事情不与你有关。机器在露天里生锈——你要操心；一个残酷无情的人在欺负人——你心中要激起怒火；在遥远的非洲，殖民主义者杀害了卢蒙巴——也要引起你的悲伤。要十分关注你周围发生的一切。在生活中，要按你良心的最初意念（那是最高尚的）去行事。任何时候也不要让任何人压制你最初的美好情感。不要昧着良心办事，不要用貌似合乎逻辑的理由来自我安慰：说什么，我对发生的情况无能为力，无法做任何改变；说什么，发生的事情与我何干。要终生牢记果戈里的话："带着吧，在你从温和柔弱的年轻岁月走向严峻刚毅的成年的途中带着所有的人道意念，不要中途丢弃，丢弃了就无法挽回。"

中学毕业以后，任何时候都不要在你们已经达到的程度上停步不前。这只不过是文明、教养的一些基础知识而已。要使书籍成为你们毕生的朋友。要记着母校和老师们，任何时候都不能忘了自己的父母。祝愿你们成为真正的人——忠于我们伟大祖国的爱国主义者。

隆重的气氛和男女青年在这个日子里激动无比的那些感受，会增强临别赠言的印象。教师集体的临别赠言会使受赠者铭记终生——我校早期毕业生的回忆就说明了这一点。临别赠言的教育力量是巨大的。

每年于 1 月 30 日举行的老校友会晤，也是我校的一个传统。这天，应届毕业生、大学生、工农业劳动者，都到学校来聚会。这种会晤能培养学生对母校的敬重，能做出一年来的工作总结，并向教师集体展示他们的劳动成果。

母亲节——每个学生都为这个节日做很长时间的准备。节日前夕，即 3 月 7 日晚，向母亲们献礼，礼物是收集有诗和画的纪念册，或者是某种亲手制作的手工制品。节日这天，许多孩子把学校温室里培育的鲜花或开着花的杏枝作为礼物献给母亲。礼物的价值常以儿童在自己的劳动中所注入的精神活动而定。三八妇女节这天，孩子把自己在劳动中和在校学习中愉快高兴的事报告给母亲。例如，把老师给了最高评分的作文拿给母亲看，或者把自己在课外小组活动中的成绩讲给母亲听。这个传统使孩子们在看待一个人给别人带来的快乐的源泉上确立起一个正确观点：快乐，首先在于做好事，在于树立家庭的荣誉和尊严。

女孩节——这个节日在寒假的头一个星期天举行。这一天，男孩们给女孩们赠送礼物——鲜花、图画等。

八年级学生（15 岁的少年）向加入少先队的小同学隆重转交少先队红领巾。我校这个仪式在列宁诞辰纪念日——4 月 22 日举行。这天，退出少先队组织的八年级学生举行他们的最后一次队会。由一名少先队员代表八年级学生向三年级同学致贺词。他先报告他们中队的活动情况，然后向新接班者发出珍惜爱护红领巾荣誉的呼吁。当三年级学生宣读完少年列宁主义者的庄严誓词之后，八年级学生便走到他们身旁，每人给自己的小同志系上红领巾。队会在少先队队歌声中结束。这一天，许多成年人也到学校来。隆重的授巾仪式也逐渐成为家庭生活的一件大事：父母们感到这件事是他们的儿子或女儿在生活道路上迈出的重要一步。靠着这个传统，我们成功地克服了那些进入青年早期年龄的部分少年对待少先队工作的冷淡态度。

春天的节日有"歌节""花节"和"鸟节"。"歌节"这天，学校合唱团、小合唱队及某些学生个人演唱各种新歌曲，作为对集体的献礼。"花节"在 5 月底举行。每个学生带来他在专辟的小畦里（即在父母的宅旁园地里）培育的或在野外、森林里采来的几枝花，用以显示自己会配一束小小的但是很漂亮的花束。放学后，孩子们便到同学家里去访问，观赏他们的花坛和盆花。少年花卉栽培家小组这一天举办玫瑰花丛及花坛观摩活动。家长们也到学校来，每人都可以在暖房里或小畦里选取花苗。9 月底还举行秋季"花节"。这是一种特殊形式的秋季花卉栽培艺术的竞赛。

"鸟节"在燕子归来的时候举行。这是小同学的节日,这天,他们把冬天捡来的、由于寒冷而生命垂危的、随后又在"小鸟医院"治愈的禽鸟放回大自然。这天,孩子们还互相赠送鸽子。这个传统培养着善良情感——道德上的和审美上的善良情感,加深着同志式的友爱关系,培养着孩子们对大自然的热爱和珍惜。

卓娅·科斯莫捷米扬斯卡娅纪念日——我们的少先队大队就是以这位英雄的名字命名的,在卓娅英勇就义的纪念日我们召开大队会。12 礼堂的中央悬挂着这位巾帼英雄的大幅画像,画像周围用秋天的鲜花装饰起来形成一个花环。少先队员们朗诵歌颂她功绩的诗篇。按照传统,大会最后由在卓娅牺牲的那个月(即 11 月)出生的一名男共青团员或女共青团员发言,以此结束大会。

向朋友们报告成绩。我校集体跟白俄罗斯戈麦尔州科尔姆区的学生很久以前就建立了友谊。每年一次,通常在 9 月份开学之初,都要由大家综合材料给白俄罗斯朋友们集体写一封信,信中每个少先中队都要介绍自己所做过的、所经历过的种种好事。这个传统是培养爱国主义友好情感的很好手段。

无名英雄纪念日。在本村中心广场上,在卫国战争阵亡英雄兄弟陵墓旁,有一座无名英雄墓。每年在我们村从法西斯占领下解放的那一天,都有一个少先队中队(通常是最年长的少先队员们)到这座陵墓前敬献鲜花。少年列宁主义者在陵墓前默哀一分钟,悼念为苏维埃祖国的自由与独立献出了生命的英雄们。

为最小的小朋友举办新年松树游艺会。邀请来校参加游艺会的是刚学会走路和说话的最年幼的公民,由妈妈们带领他们来。这天要给小客人赠送礼物,为他们演出木偶戏,他们的年长朋友、一年级生为他们做文艺表演。(这大概是这个传统节日中最有意义而且最有趣的事情:一年级生在这里以年长者的身份出现,他们事先要帮助小小朋友做节前的准备,教他们朗诵诗歌。每个幼儿在这里要做首次诗朗诵。)

堆砌雪城的冬节。参加这个活动的不光是小学生和少年,而且也有高年级生。孩子们在森林边的空地上、在草场上,用雪为冬老人建造一座小城——有小房子,有塔楼。已形成传统的是,这天要在这小小雪城里、在建好的小雪房旁边吃午饭。这餐冰冷的午饭总是格外香甜。日后，这座雪城便供学前儿童在里面玩耍，直到阳光把它融化为止。

我校集体认为，培养学生具有同志式的互助精神以及互相支持和援助的意愿，是一项重要任务。我们力求能在幼小的孩子心灵里就唤起关怀同学命运的感情，学会把一个同学的不幸看成是整个集体的不幸，养成团结一致的集体感和随时准备相助的意愿。这是防止利己主义的最重要的条件。每个孩子在上学的岁月里，总会有不愉快的遭遇：有的同学生了病，有的同学的母亲病了，有的同学的鸽子窝被大风吹毁了，有的同学的小狗失踪了……。所有这些遭遇，都需要有人予以同志式的分忧与同情。我们使孩子们从小就习惯于为遭到不幸的同学做好事。有一个女生患了两周重病，接着奶奶又去世。孩子们便请求老师，在她还没有平静之前，不要检查她的作业，不要叫这个同学到黑板前来。而在整个这段时间里，同学们——男生和女生——每天都去帮她补课，使她不至于落下功课。

"如果你自己会，而你的同学不会，你就要教会他。"这是我们从孩子一开始学校生活就予以引导的思想。在工作间，在教学工厂里，在实验室里，都有专为进行同志式互助而设的台案。

劳动的传统在我们的集体生活中占有特殊地位，由于这些传统，劳动带有了浪漫色彩，并伴随着鲜明强烈的情感和感受。孩子们在劳动过程中体验到的高昂情绪给他们带来愉悦，劳动与幸福感便会融为一体，成为一种道德财富。

放暑假之前，孩子们制作直观教具及布置教室和少先队活动室用的各种装饰品，作为献给学校的礼物。如，A.A.涅斯捷连科老师教的孩子们，在一年级结业时赠给学校一本《描绘我们最喜欢的事情的故事画集》，每一页是一个学生的故事画；二年级结业时送给学校一幅镶嵌画——《小男孩在开花的玫瑰旁》，这是用禾谷类秸秆碎片镶嵌成的。第三学年末，他们制作了"像大人建造的真正的"小房子模型。再过一年，他们赠给学校的礼物是粮食作物和技术作物标本集，标本装在一个表面像蚌壳镶嵌那样拼贴起来的精制盒子里。

随着孩子们年龄的增长，他们为学校制作的礼品也越富有意义。在学龄中期和晚期，劳动过程本身就带有喜庆活动的性质。这个活动跟期待大功告成，制品展现在集体面前的那个庄严时刻相联系着。中、高年级学生的制品既反映不同年龄的不同兴趣，也反映对各种劳动的不同爱好。例如，在1963—1964学年结业时，各年级学生给学校制作了这样一些礼品：五年级学生赠给学校的礼品是卓娅·科斯莫捷米扬斯卡娅和奥列格·科舍沃伊的肖像，他们把这两位英雄的像绣在了织锦上。六年级学生为物理室制作了一台汽轮机活动模型，还以民间故事为题材绣了一幅画。七年级学生制作了一台播种机活动模型。八年级学生制作的是热电站活动模型，还绣了一幅列宁肖像。九年级学生制作了一套悬架式电气化铁道活动模型，送给学校几棵他们用三年时间培植起来的柠檬树。十年级学生制作了一个无线电遥控的汽车模型，还装了一台电子管收音机。

对学校的依恋之情，对母校培养教育的感恩之意，以及行将别离老师们的惜别之情……这一切，特别使十年级学生心潮澎湃，心境不安。他们希望给学校留下某种有意义的、总能使一代代新同学念及他们这些老校友的劳动纪念品。如在1964—1965学年，毕业生为学校制作了两件礼品：一个是按自动技术原理设计的一台初轧机模型，另一个是一幅以乌克兰民间故事为题材的刺绣画。

第二个劳动传统，就是在暑假里为生物专用室置备直观教具，如土壤、种子、昆虫的实物标本，蜡干植物标本，可保持原有形态与色泽的用沙土制的干花卉，植物压机，等等。孩子们开学的头一天就把自己的赠品拿到学校来。

第三个劳动传统，就是在学年开始之前和考试开始之前美化教室和校园。暑假最后一天，8月31日，学生和老师都到学校来，每个班集体把自己的教室布置得像过节一样。他们用鲜花编成花环，用它们装饰英雄人物肖像，在老师的讲桌上摆上一束鲜花。而一年级同学的教室则由高年级同学帮助美化。然后，学生们去整理校园，平整学校果园的林荫道，为花坛松土，给花浇水。三四个小时之后，整个学校便呈现出一派节日景象。到晚上，大家聚在一起参加少先队篝火晚会。多年前的毕业生则带着自己的孩子到学校来。新学年的开学日，这是孩子们生活中的一件大事，能使他们感受到极大的快乐。

第四个劳动传统，就是春秋两季的"果园周"劳动。"果园周"

开始的那个星期日,全体学生都到学校来。每个年级都从学校苗圃里掘出树苗,挖好树坑,备好稀肥和浇灌用的水。从一年级起所有学生都参加植树。四年级学生帮助一年级植树,这也是一个传统。一年级学生每年在学校园地里栽一两棵树,中年级各班各栽三四棵,高年级则栽七八棵。各年级都在专设的果园周记录本里记下所栽的果树品种和栽种的日期。当高年级学生翻阅他们在几年前所做的记录时,他们栽的苹果树、樱桃树、欧洲樱桃树、梨树都已结果了。一想到这些,他们的劳动自豪感便油然而生。

因为进行普通农业劳动都举行某种隆重仪式,使得孩子们总能体验到一种崇高的美感,而劳动的美则丰富着集体内的道德关系。

日后,孩子们便按组或单个地在公共园地里或在父母的宅旁园地里干活。每个学生都把树栽在适当的地点,使它将来不光能给他自己的家,而且也能给别人带来愉快和好处(如栽在大路旁)。已成为传统的另一件事情,像我已经说过的那样,就是每个一年级学生在他上学后的头一个春天,要在家里为母亲、为父亲、为奶奶、为爷爷各栽一棵苹果树,并且日后由他照管。几年之后,树便开始结果。孩子们把第一个苹果和在同一个春天栽下的葡萄树所结的第一茬葡萄献给母亲、父亲、奶奶、爷爷。这是培养人道精神的一个好方法。

学生们在几年前开辟的公共葡萄园和公共果园里参加集体劳动,也成了一个传统。孩子们由于创造了属于大家共有的财富和可供大家共享的福利而感到高兴。

跟"果园周"相关联的一个传统是,学生互相交换果树苗,并栽下作为纪念。例如一个学生带着核桃树苗到学校来,别的学生则带来欧洲甜樱桃树苗、李子树苗、苹果树苗、桃子树苗等。他们互相交换,然后把树苗栽在家里或校园里。这样在学生时代栽下的树,对每个人来说都是同学之情和牢固友谊的一个活的纪念物。

第五个传统就是"首捆庄稼节"。在收割庄稼的头一天,全校学生清早就到学校来。老师向他们祝贺节日。男女青年们分散到大田里,在机务作业队和畜牧专业队里劳动。小同学则收集小麦和其他作物的最大的粮穗,给教学实验园地做种子。晚上,大家都到学校来,在铺着绣花台布的桌子上摆一捆庄稼——象征丰收。庄稼两旁则摆放高年级学生烤制的面包。高年级学生载歌载舞，欢庆丰收。

第六个传统是"新粮面包节"。这是小学生的节日。孩子们把自己小块园地里的小麦收割来，用小型脱粒机脱了粒，然后交给磨坊，得到面粉后，母亲们帮助烤成面包。孩子们把妈妈都请到学校来，用自己种的新粮面包款待她们。在这个节日里，特别鲜明地显示出劳动与美的统一。筹办这个节日的那些日子充满深刻的美的感受。

第七个传统就是夏季割草。七月初，男女青年们在黎明时分便乘车到浸水草地去。他们要在那里干一周活，用割草机或用镰刀收割牧草，把干草搂成堆、垛成垛。少先队员们也参加若干天的劳动，他们为牛犊配制富含维生素的饲草。这项劳动的魅力在于那集体的友爱生活，那蓝天下的露宿，那河水中的捕鱼，那篝火上的烹食，那草原上的日出，那仲夏的黄昏，那繁星的闪烁……

第八个传统是本村环境的改善。学校集体每年都要为村子的绿化做些事情。这项活动始于战后的头一个春天，当时，学生们把村子的一条街两旁栽上了排排杨树。自那时起，改善本村环境的活动带上了全村居民集体劳动的性质。我们开辟了新的公园，在公墓区栽上了树木，为农村青年装备了运动场，绿化了托儿所的庭院，开辟了两个公共果园和两片葡萄园。

第九个传统，就是班集体给同班同学的父母以劳动上的帮助。这个传统也产生于战争和战后头几年的艰难岁月，当时，许多人都需要得到物质上和精神上的帮助。有个同学的父亲刚动工盖房子，却突然得了重病，母亲一人完不成建房工程。于是高年级同学都来到这个同学的家里帮忙。九年级全班同学连续干了几天，直到主要工程完成为止。以后，其他班级的集体也给了自己的同学这类的帮助：帮助种植蔬菜，贮备燃料，收割庄稼等。学生们完成这种助人行为时，便在自己的劳动中倾注了崇高的思想感情。有两个九年级学生，十六岁的小青年，在隆冬的寒夜，冒着呼啸的暴风雪，把他们的邻舍——一位患了重病的老人送到十公里外的医院去就诊。由于救助及时，老人的性命保住了。类似的事例不胜枚举。这些举动中最主要的一点是：它们都是受良知的支配而为，毫无私心杂念。

由于我们把愉快而崇高的思想感情跟劳动联系在一起，我们学生的心灵也变得高尚起来。

第二章

学校的物质基础及学生周围的环境

一、培养对自然财富的珍惜爱护态度

学校的物质基础（我们把学生周围的一切陈设也包括在内），[13] 首先是一个完备的教育过程必不可少的条件；其次是对学生精神世界施加影响的手段，是培养他们的观点、信念和良好习惯的方法。我们把孩子周围的一切都用来对他进行体、德、智、美诸方面的教育。

我们的苏维埃国家为培养青年一代提供了大量的物质和精神财富。

教育艺术在于，不仅要使人的关系、成人的榜样和言语以及集体里精心保持的种种传统能教育人，而且要使器物——物质和精神财富——能起到教育作用。依我们看，用环境、用学生自己创造的周围情景、用丰富集体精神生活的一切东西进行教育，是教育过程中最微妙的领域之一。

我们把学校物质基础同包括大自然在内的周围环境以及周围人们的劳动和社会活动紧密联系在一起来看。这里的许多东西是学生自己或是他们的学长创造的，包含着他们的亲切情谊。因此，这些东西对他们每个人来讲都是珍贵的，在他们的情绪记忆中都同一些事件、人的关系、情感和体验联系在一起。我面前摆着几十封我们学校毕业生的来信，他们的童年、少年和青年早期岁月都是在这亲切、舒适的母校——第二个家庭里度过的。他们很想知道母校有些什么新闻，全校集体在搞什么有趣的活动。每封信里都有一些关切的话语："我在毕业考试前栽的那棵苹果树长得怎样？[14] 您还记得那株开始要枯萎、经我们移栽后又复活了的玫瑰吗，现在情况如何？

白俄罗斯朋友们寄给我们的那些花楸树都扎下根了吗?"

这些东西所包含的情谊以及孩子们对它们的珍爱之情,使得物质财富——环境中的物件得以进入每个孩子的精神生活,并增进集体关系。

学校果园里有一棵不知是何年栽种的老苹果树,据老住户讲,已有一百年了。在这棵高大的老树之下,常有人倾诉衷肠,表白青春初萌的相恋之情。然而,这棵老树开始枯干了。孩子们决定把老果树的叶芽嫁接在幼树苗上,希望有朝一日再长出这样一棵大树来。现在我们往日的学生在来信中常常问起"咱们的大果树"的情况。这就不仅是对自然物的喜爱,而且是对一度进入过他们精神世界的事物的深切珍惜。

孩子们在环境中所创造的东西,当时对于他们只是有些实际需用之物,而从长远来讲,则会成为往日集体生活的珍贵纪念。

我们学校坐落在距克列明楚格市 15 公里的一个大村庄的边上。校园占地约 5 公顷,与一片森林和集体农庄的肥沃农田毗连。南面有奥麦利尼克河流过,这是第聂伯河一条不大的支流。这条小河在这里被截断,形成一座大水库。

整个村子都被茂密的树木遮蔽着。我们在校园和农庄的田地之间栽植了几片防护林。学校旁边是一个周围种着果木的体育场。校园西北是一道深谷。我们沿沟边栽种了橡树,沟坡上遍植了丁香树,现在已长成橡树林带和繁茂的丁香树丛。

校园位于一片起伏不大的冈峦上。登上小山岗,第聂伯河岸旷野的美景尽收眼底。天气晴朗时,从较高的山岗上望去,第聂伯河对岸波尔塔瓦地区的原野和克列明楚格水库的碧蓝水面也清晰可见。地平线上刻画着水电站的轮廓,清淡的雾霭中依稀可见铁路车辆厂和汽车制造厂的厂房。西边和南边是一望无际的田野,其间散布着斯基福古墓。

学校地处村边僻静的环境,周围是大自然,附近又有大面积的水域。这一切对孩子们身体的发育和健康,都是十分有利的。学校四周的田野种的是小麦、苜蓿、荞麦和牧草。据科学测定,1 平方公里土地如果没有绿色植物覆盖,上面空气中经常含有浮尘 500 吨,而有植物的土地上空空气中的浮尘则不超过 40 吨。城市 1 立方米空气中含细菌5000个以上,而遍布植物地区1立方米空气中则只有400—500个细菌。①

孩子经常呼吸田野和森林地带含氧极丰富的空气,会使机体的新陈代谢十分活跃,这起到了防病作用。我们总是尽力做到使空气饱含植物杀菌素,以消灭微生物。校园里到处都种有核桃、樱桃、杏树、栗树和针叶树木。这些树种都是以散发植物杀菌素见长的。例如,榛树林中任何时候都没有苍蝇。这一切都是孩子们亲手创造的,而且这是任何学校都可以做到的。

很多种农作物(尤其是禾本科作物)的植物杀菌素,能清除呼吸道和血管里足以引起感冒、风湿、结核等疾病的病原体。凡在割草或麦收期间劳动过两个月的学生,在随后的六个月内既不得感冒,也不患喉头炎。整个春季和夏季都呼吸饱含树木、禾本科作物及牧草散发出来的植物杀菌素的空气的孩子们,在作息制度合理、营养良好的情况下,从不会得结核病。

校园内及校园周围的大量树木形成了一个特殊的森林性小气候。我们这里比邻近无树木遮蔽的地带,最热的月份的气温低3℃—4℃,而最寒冷的时节的气温则高2℃—3℃。无论夏季还是冬季,我们这里比周围地区的降水要多些,霜露尤其是这样,它可以清洗掉树木上的微粒尘埃。据我们的专门考察②表明,水库附近露水充裕的地区,1公顷土地上一夜之间被露水从植物上除去并送进土壤的尘埃多达70公斤。由此可见,校园里即使1平方米的地方也不容许处于未绿化状态,这个规定具有多么重大的意义。我们跟校医一起对那些入学时就带有隐性肺部或关节结核病征候的孩子,系统地进行了多年观察。含有大量植物杀菌素的空气加上良好的营养和恰当的作息制度,简直可以创造奇迹,孩子们真是变得无法辨认了,红光满面,生机勃勃。在大自然中生活,是和富含维生素和植物杀菌素的新鲜食物同样重要的因素。至于安静、傍晚和夜间的

---

① B.蒙特扬.大自然在危急中[J].文学报,1961-05-05.
② 考察是通过称量1平方米禾本科植物上尘埃的重量推算的。做法是:晚间在没生露水之前,割下1平方米的植物加以称量。翌日早晨,当露水蒸发完之后,再割下同样面积上的植物加以称量(这些植物上的尘埃已被露水冲洗)。二者重量之差就可以说明有多少尘埃被露水清洗。

凉爽、早晨的清新等因素，我们也都使之服从于作息制度。

我们认为，未来的学校应当把大自然所赋予的和人所能做到的一切都尽可能充分地用于人的和谐发展，做到使大自然为人服务。只是为了这一点，我们也应当爱护和充实已有的自然财富。我们学校的学生在比较短的时期（20年）内，在为丰富自然财富的劳动中大大改变了周围的环境。我们在这20年里把40公顷黏质土壤的贫瘠土地变为肥沃的良田和树木繁茂的果园。

学校也不应该远离工业中心。例如说，我们学校跟工厂（铁路车辆厂、汽车制造厂）、水电站、农业实验站等这样一些科学、知识和劳动技艺的基地为邻，在很大程度上决定了我校学生的劳动素养和劳动需求的水平，决定了他们课外活动的内容和性质，特别是对技术设计和模型制作活动的爱好。

二、课堂教学和课外活动的环境

我们学校的课堂教学分在四幢楼里进行。主楼设有十间教室，由五至十年级占用（五至七年级在一层，八至十年级在二层）。相邻的其余三幢楼由一、二、三、四年级使用。每幢楼里都设有教员休息室。

每幢楼里如同住着一个不太大的家庭，里面所有的孩子互相都认识，他们渐渐还会进入校集体的生活。这里没有那种使小孩子很容易疲倦的嘈杂忙乱和拥挤现象。孩子从自己的楼里跑出来就到了花园和绿草地；不管天气好坏，他都可以通过水泥走道到任何一幢楼里去找大同学或小同学，不沾湿双脚。

学生到校后就脱大衣并挂在衣架上，直至放学回家时才穿上。不论从一幢楼到另一幢楼走多少趟（他总是需要走几趟的），都不穿大衣。

供低年级使用的每幢楼和主楼的每一层都设有一个阅览室，这是孩子们日常在智育、德育、美育诸方面获得发展的一个基地。他们在这里可以读到不断更新的各类书刊：科普读物和科学书籍、各种杂志和小册子、儿童科技文选、《儿童百科全书》及文艺书籍等。

楼道里也设有书籍陈列架，陈列适合相应年龄阅读的图书。这些图书的陈列和更换都由学生自己管理。每个人都可以在校内看这些书，或借回家去阅读。各个阅览室配备的图书旨在使学生的知识逐渐超越教学大纲，使读书成为他的爱好。划出专供读书用的房屋和经常关心个人兴趣的发展，是智力培养很重要的一个方面。

老师们针对一定时期内对于孩子们的精神生活具有特殊意义的主题，以及可充作他们智力发展基础的东西，选配图书放入书橱内，并为各个知识领域划出一定的位置。比如说，供一至四年级学生阅读的图书是按以下门类分格摆放的：

无生物界；生物界；花卉；果木；飞禽；劳动；人；艺术；我们祖国和人类的往昔；世界各民族；名人生平；少先队员英雄人物的生平事迹；技术；世界各国民间故事；游戏、谜语、谚语、俗语等。

五至七年级阅览室的图书分以下门类：

动植物界；祖国的大自然；花卉；果木；飞禽；无生物界；世界各国和人民；我们祖国的往昔；名人生平；人与人是朋友、同志和兄弟（关于集体主义、友谊和互助的书籍）；数学和物理学；机械学；电工学；化学；自动化技术和无线电电子学；科学幻想；专业与职业；世界各国民间故事；关于英雄主义的书籍；游戏、谜语、谚语、俗语等。

八至十年级阅览室的图书类目名称反映了年轻人认识世界的多方面的意愿，对科学尖端问题尤其感兴趣。下面就是这些分类名目：

个人与集体；未来社会；何为道德；人与人是朋友、同志和兄弟；伟大的思想家——空想社会主义者；各国人民在各个时代争取社会和道德进步的斗士；著名科学家、作家、作曲家、雕塑家、画家、表演家；优秀的劳动人物；物体、物质、能量；粒子世界、力场、引力、电子学、控制论、遥控技术、仿生学；化学；生物化学；天文学；宇航学；我们的同龄人——我国和外国当代青年；生活中永远存在建立功绩的机会；尚未解决的科学问题；有关当前社会生活、文学、艺术问题的报刊讨论文章；幻想、奇遇趣闻；爱情与友谊；职业、技艺；《苏联小百科全书》、辞典、手册等。

此外，各阅览室还备有各种杂志，如《知识就是力量》《技术青年》《少年技师》《少年自然科学家》、《知识与劳动》（乌克兰语版）、《自然》《寰球》《新世界》《十月》《物理学问题》《艺术》《少年时代》《青年与技术》（德文版）、《友谊》（法语版）、《美育》（捷克语版）等。

不进行课外阅读，课堂阅读就会变为死记硬背。

各类图书的补充以图书专用基金款购置。阅览室的图书如不进行补充，就意味着砍断了为课堂脑力劳动输送营养的根。

现在，我们把五至七年级阅览室"无生物界"一类所备图书列举如下：

加涅依泽尔的《江河为什么流入大海》，梅津采夫的《我们周围的水》，马尔的《谈谈普通的铁》，卡尔马申的《风和风的利用》，阿尔汉格尔斯基的《一滴水的旅行》，利亚普诺夫的《关于大气的故事》，西多罗夫的《从松明到电灯》，科马罗夫的《冷》，莫罗佐夫的《模型的奥秘》，帕夫洛维奇的《研究无生物界的仪器和模型》，斯米尔诺夫的《物理实验和自制设备》，阿尔曼德的《可怕的力量》，扎瓦里茨卡娅的《火山》，戈尔什科夫的《地震》，巴耶夫的《地球——天体》，奥戈罗德尼科夫的《地球架在哪里》，伊万诺夫斯基的《太阳及太阳系》，巴耶夫和希沙科夫合的《社会学入门》，布勃列依尼科夫的《地球之谜》《地球与钟摆》《地球的结构和成分》及《地球富源》，费尔斯曼的《有趣的地质化学》《有趣的矿物学》《宝石的故事》和《关于岩石的回忆》，莎斯科莉斯卡娅的《晶体》，布扬诺夫的《奇异的原子》，热姆丘日尼科夫、戈尔的《煤》，季洪拉沃夫的《石油的故事》，亚科夫列夫的《岩石世界里》《寻找矿藏的长征》，拉祖莫夫斯基的《怎样识别矿石》，苏斯洛夫的《水及其应用》，泽尔泽耶夫斯基的《大气海洋》，切斯特诺夫的《电离层之谜》，斯捷科利尼科夫的《闪电与雷雨》，伊林的《人与自然力》，沃利涅尔的《大化学》，别姆、多尔格的《原子巨人》，沃尔科夫的《天与地》等。

教学主楼里除教室外还设有数学专用室、语言文学专用室、备有录放设备的外语专用室、无线电实验室（附设校广播站）、音乐室、少先队室、共青团室、校博物馆、教学研究室、家长活动角、摄影实验室、美术角、运动大厅、安静角（学生可以在这里得到僻静，以便进行思考和幻想，和同学谈谈心、看看书报等），以及自我服务用具存放室等。

五至十年级各班学生都在主楼上课，除非上物理、化学、生物和劳动教学等课时，才到设在其他楼里的专用教室和工作间去上。体育课在天气暖和的日子一律在户外操场上进行。

数学专用室在课余时间各年级学生都可以活动。少年数学家小组的活动也在这里进行。这里的橱柜里既有适用于学龄初期和中期的数学游戏书籍，也有适合于学龄晚期的数学史书籍、习题集以及计算仪器和装置等。自学校成立以来的毕业考卷也保存在这里。

语言文学专用室收集了两百部文艺作品，这是每个人在上学期间都要看完的，这样他才能成为艺术上有教养的人。这比通常一个人在进入成年之前所看过的书要少得多，然而要做到让学生只把这些书看完（其中某些著作要反复阅读的），也不是一项容易的教育任务。这里还有向各种年龄段的学生推荐阅读的书目和单独列有要反复阅读的著作目录。我们认为，缺少了这些就不能想象有符合要求的德育和美育。这里备有学生自编的有关优秀文艺作品的评介，有致少年读者的建议，有优秀作文集、文艺壁报的专刊，有手抄杂志《我们的创作》的辑存本。

在推荐做反复阅读的著作目录前面，我们写了这样几句前言：

青年们！列在你们面前的是已进入人类艺术宝库的著作目

录。这些书是要反复阅读的。它们将教给你们怎样生活，将向你们展现艺术之美。

列入书目的作品有：

拉季谢夫的《从彼得堡到莫斯科的旅行》，格里鲍耶陀夫的《智慧的痛苦》，莱蒙托夫的《当代英雄》，普希金的《叶甫盖尼·奥涅金》，屠格涅夫的《父与子》，托尔斯泰的《战争与和平》和《复活》，涅克拉索夫的《俄罗斯妇女》，果戈里的《死魂灵》，车尔尼雪夫斯基的《怎么办》，萨尔蒂科夫－谢德林的《戈罗夫略夫一家》，契诃夫的《草原》，高尔基的《伊则吉尔老婆子》，肖洛霍夫的《静静的顿河》和《被开垦的处女地》，奥斯特洛夫斯基的《钢铁是怎样炼成的》，法捷耶夫的《青年近卫军》，波列伏依的《真正的人》，列昂诺夫的《俄罗斯森林》，扬诺夫斯基的《骑士》，冈察尔的《旗手》，莎士比亚的《李尔王》和《哈姆雷特》，塞万提斯的《堂吉诃德》，歌德的《浮士德》，席勒的《威廉·退尔》，海涅的《德国，一个冬天的童话》，拜伦的《恰尔德·哈洛尔德游记》，雨果的《悲惨世界》，夏尔·德·高斯特的《乌伦斯比格的传说》，伏尼契的《牛虻》，巴尔扎克的《驴皮记》，罗曼·罗兰的《约翰·克利斯朵夫》，杰克·伦敦的《马丁·伊登》，密茨凯维支的《塔杜施先生》，伐佐夫的《轭下》，伊拉塞克的《捷克古老传说》，卢斯达维里的《虎皮骑士》，舍甫琴科的《科布札歌手》，亚美尼亚史诗《萨逊的大卫》，伏契克的《绞刑架下的报告》，霍斯罗夫·鲁兹贝赫的《献给暴风雨的心》。

有时我们会就读过一遍或几遍的书的内容举行座谈。通过这种方式使学生对读过的书产生更大的兴趣。

外语专用室里备有我们学校所授两种外语（法语和德语）的课外读物，另外还备有英文书籍，英文是由学生任意选修（在小组里）的。这里还备有录放设备，有课堂教学及诗歌和散文朗诵的录音磁带，有教师、作家、工程师和社会活动家们的讲话录音。另外，还单独存录有一部分学生在外语课上的答话及对他们的发音所做的语音学分析。卷宗里还保存有跟外国中学生的集体来往信件（外文），以及标记着跟我们的学生通信的国外通信者所在的国家和城市的地图。

无线电实验室里备有从事无线电工程实际活动所必备的各种设备：组装新收音机用的成套元件以及用来向无线电操纵的动力机械模型发射指令信号的无线电发射机。这里还备有成对的收录机——一台用来收听和收录节目，另一台则放在台子上，以及电视机（另有一台电视机放在物理专用室里，供学生集体收看节目用）。无线电实验室里还装备有校广播站，用来转播每周的广播（各个教室、活动室和工作室都装有喇叭），还有磁带录音设备（可用来收录课余文艺团体的演出、个人表演以及学校的来访者和家长对孩子们的讲话等）。学生安装了两个广播站：一个在无线电实验室，另一个在物理专用室。

音乐室是用来进行音乐和歌咏等课外活动的。这里备有供学习音乐知识用的装备和直观教具，收集有古典和现代音乐作品的唱片和录音带。我们力求使得听这些作品成为我们学生的精神需求：课余空闲时学生来这里听音乐。这里还备有各种民族乐器。

少先队室里放着少先队大队的什物用具（大队队旗、中队旗帜、古巴、民主德国、捷克斯洛伐克等国少先队授给我们学生的领巾以及鼓号等），保存着孩子们入队时写的决心书卷宗。有时，有的父亲出席儿子入队仪式时会拿出他在二三十年前写的决心书给儿子和全大队看。家长对儿子和所有孩子的祝词会使孩子们感到十分激动，会触动孩子们的内心。为少先队室配备的图书包括杰出人物的传记，介绍我们祖国及各国人民英雄儿女生平事迹的书，关于各国人民团结友好、保卫和平的斗争以及各国儿童生活等方面的书籍。

我们的孩子们十分懂得，世界各国劳动人民儿女的思想和意愿是一致的。

少先队室的墙上，和我国少先队员英雄人物肖像并排，还挂着曾因美国原子弹爆炸而受到严重伤害的日本广岛女孩佐佐木贞子的像。我们的少先队员如同世界上所有的孩子一样，当得知死亡在威胁这个小女孩的时候，也给她寄了许多纸仙鹤，按日本习俗这样可以带给人幸福。未寄出的纸鹤（当时正准备寄发时传来了女孩已夭逝的消息）陈列在她的画像下面。这里还张贴着一条饱含义愤之情的标语："我们永世诅咒那些向和平城乡投掷及企图投掷原子弹的刽子手。我们苏联儿童希望大地之上永远是明朗的晴空。"

少先队室里还悬挂着我们引以为荣的老队员——优秀的工人和农民的画像，陈列着他们馈赠的礼物——图书、画片等。这里还备有儿童音乐作品的录音。我们总是竭力设置尽可能多的场所使孩子们能够在那里听听最喜爱的音乐，思考思考问题，和他的好朋友在一起或自己单独待一待。

共青团室里可以和朋友谈心，可以看书，也可以像在少先队室一样听听音乐。这里配备了从《杰出人物生平》丛书中选出的书籍和介绍共青团历史的书籍；在单设的书架上陈列有记述为崇高理想而创立功勋的书，以及记述胸怀宽广、理想崇高的火热生平的篇章。这些书如同摆在书写着关于生活目的语录的红色标语牌前的鲜花一样具有象征意义。这些名言出自那些争取社会进步的英勇斗士之口，他们是：乔尔丹诺·布鲁诺、康帕内拉、扬·顾斯、加里巴尔德、柯斯丘什科、科舒特、恩斯特·台尔曼、赫里斯托·波特夫、圣·卡塔亚马、帕特里斯·卢蒙巴、尤利乌斯·伏契克、尼古拉·奥斯特洛夫斯基、车尔尼雪夫斯基、亚历山大·乌里扬诺夫、马克思、列宁。年轻人可在这个僻静之所看书，考虑生活道路。

共青团室里的音乐作品主要是为适应青年人特有的情趣和感受选择的。

学校博物馆里点点滴滴收集的是被全校师生视为我校荣誉和尊严的所有东西，是把我们全体结为一个团结和睦家庭的所有东西。陈列品中也有个别能体现学生劳动技巧的实物（可以活动和使用的模型和仪器、绘画等），有为祖国光荣立功的校友的肖像，有已退休老师们的肖像以及他们对学生集体致辞的录音带。这里还保存有记载班集体做好事的记事簿以及多年前毕业生的优秀作文和作业本。博物馆也陈列有报刊剪辑，内容是本村乡亲们关于学校、关于个别学生或老师美好回忆的短文。

教学研究室是供教师在里面工作、看书和研究问题的场所。这里准备的教育书籍有教学和教育理论、心理学、伦理学和美学等方面的图书，有百科类辞书和各种参考手册。这里还备有关于教育和教学问题的报刊文章的剪辑，剪报按以下各类分卷存放：道德教育理论与实践，智育，体育，美育，政治教育与教学，勤劳精神的培养，个人爱好和志向的培养，学生的精神生活，知识掌握过程中的心理，学龄初期、中期和晚期儿童的心理特点，职业选择，集体里的男生和女生，科学基础知识教学法（按各科分卷存放），低年级教育教学工作，学生的书面创作，科学、技术新闻（分人文科学类和自然科学类）等。个别卷宗的材料被贴在大张纸上保存，可供张贴使用。教育工作专用类的张贴材料收集了供教师用来给青年人树立榜样的描绘人的道德面貌和记述英雄事迹的特写、随笔和报道。新书陈列架上陈列着新出版的教育图书。

家长活动角陈列的是介绍孩子的劳动、学习和创作的各种展品。每位家长都可以在这里看到显示自己子女某种优点的东西：做得很好的书面作业，自己动手在工作间制作的工具或是活动模型，练习簿、图表、绘画等。老师可以在这里和学生的父亲或母亲单独进行谈话（这种单独谈话是很重要的）。

教员休息室里除课程表之外，没有什么东西能使人感到这里是学校：桌上摆着鱼缸；旁边是一个绿化角，摆着可以净化空气的观赏植物（柠檬树、月桂等）；桌子周围是一些软椅，桌上放着杂志和象棋。

美术角是二层楼的一间教室和一段走廊。这里常常举办小画家们的画展。橱柜里放着可以概括介绍世界上一些最重要的博物馆收藏品的美术画册和书籍。"艺术新闻"陈列橱里陈列的是报刊剪贴。

安静角是一间不大的舒适幽静的房间。墙上挂有著名画家作品的复制品。（挂两幅作品，定期更换。比如近三年间挂过的名画有列维坦的《金色的秋天》、库因芝的《白桦林》、瓦斯涅佐夫的《阿廖努什卡》、瓦西里耶夫的《暴风雨到来之前》、克拉姆斯柯依的《月夜》、波希托诺夫的《乌克兰的冬日黄昏》等。）桌上摆放着名画画册和音乐作品录音带，这可以引起遐想、回忆和思索。

女生角设在一个小房间，里面摆着解剖学和生理学、少女和妇女卫生等方面的书籍和小册子（这些书册是经常补充的）。少女们很乐意看这些书籍，而且一般都是拿走便不再归还的。我们把这看作是正常现象：女孩子往往不好意思进行这方面的谈话或向老师提问，即使拿书，也要设法不让别人知道她对什么产生了兴趣。

每幢教学楼都没有存放自我服务用具的储藏室。每个班都有自己的水桶、喷壶、长把儿掸子、抹布等用具。每一层楼有一个吸尘器。每件东西都有固定的存放地点。

学生进入教学楼之前要擦洗两次鞋：第一次在校院进口的洗鞋池里，走过混凝土走道进楼之前再在另一个池子里彻底洗净鞋底。值日生要检查鞋底是否干净，办法是：让学生站在白色粗麻布上蹭鞋底，布上不留痕迹，便可以进入校舍；如果布上显出污迹来，学生就得去重新擦洗，并且把粗麻布也带回去洗。在这些事情（擦洗鞋、检查）上，每个学生一天花费的时间不超过两分钟，但是这两分钟却可以大大减轻和节省清洁工的劳动和学生自我服务的时间。

楼与楼之间的甬道总是保持绝对干净的，即使在雨天被淋湿之后，孩子们脚上沾到的只是雨水，而不是泥泞。

各个教室都设有一个家务角，里面备有针线、纽扣、布头和碎布块等。

一、二年级上课的楼里设有游戏室和故事室。游戏室备有供小学生玩的玩具，它们可以扩大孩子们的眼界，发展其机敏性，培养种种实际技能和技巧，而最主要的是培养孩子们对周围世界的富有人生乐趣的态度。每逢天气特别寒冷时孩子们就在这里玩。

大部分玩具都是电动的，有些是由高年级同学按自动学原理制作的。在玩具的配备和运用上，我们遵循这样一条原则：玩具应当成为促使孩子全面发展的工具，特别是在智力及电学知识方面更应如此。

故事室里的布景和各种模型构成一种童话环境。例如，一个角落里是森林、用鸡爪支撑的小木房和猫头鹰以之为家的树洞，这让人联想到讲老妖婆的俄罗斯民间故事；另一个角落里则是胶合板模型布置的关于天鹅在背上驮走小男孩的乌克兰童话的布景；又一个角落里是安徒生某篇童话的场景；还有一个角落里则是日本童话的场面。这一切都是为了对孩子施以情绪上和审美上的影响而创设的。有些阅读课和语言发展课就在这里上。课外在这个环境中朗读或讲述故事，会在孩子心里留下不可磨灭的印象。

各个教学楼里都设有生物角，摆着孩子们栽培的花草。孩子们在这里做农作物和土壤实验。

低年级的某些课,是在大自然中、在暖房里或在教学实验园地里上的。在春秋两季的暖和季节,一、二年级的课都到"绿色教室"里上;而冬季高年级的课有时则要到冬季教室里上,这种教室是专门为此而设的。

各个班都拥有自己的一些常用什物:一两盆花、柜橱(存放练习簿、铅笔、直观教具、手工用具和材料等)、直尺或米尺(供在黑板上做题用)、圆规、指示棒、彩色粉笔匣、算术尺或计算尺。讲桌橱子里则存放本班财物(钱财、图书等)。

各科专用室及各种活动室都设在距教学主楼三四十米以外的一幢专用楼内。这里设有:物理、化学、生物和土壤学、机械学和电工学等科的专用室(供高年级用);低年级和中年级的电工技术活动室;无线电技术活动室;少年设计师、少年自动化和无线电电子技师活动室及一至四年级手工劳动活动室。楼背面另有一道门通向学校发电站和小"铸造车间"。有碍健康的化学试剂存放在地下室保险库里。物理和化学教师备课有专门的实验室。

物理专用室和化学专用室各设有 20 张双人实验台、放映教学影片的银幕(放映机装设在隔壁的放映间内)、黑板和电气化的门捷列夫元素周期表。每张实验台都装有泄水池,以便做实验时排放污水和残液。每个操作位置都安装有电路和水管。橱柜里备有供个人做实验和进行电工及无线电装配活动用的仪器和材料。每个作业位置都配有一个"轻便实验室",其中包括供个人使用的固体试剂、坩埚、喷灯、镊子、研钵、玻璃棒、小铲、吸管、滤纸、盐酸、焊接吹管、无水酒精及乌洛托品等。学生自己配备的轻便实验室在他们的独立活动中,特别是在少年地质家们的远足中起很大作用。

生物专用室有供放映教学电影和幻灯片用的银幕,每个操作位置都备有显微镜、成套的放大镜和切片,以及学生采集的各种标本。

物理、化学和生物各专用室都有一个《科技新闻》卷宗,里面收集了由教师和学生们剪辑和翻译的报刊及外国儿童和少年科技刊物上的文章和图片。

近 3 年里,无线电技术教师 В.И. 申古罗夫带领高年级学生为物理专用室新安装了3套程序教学装置。教师的讲桌是控制台，同每个操作位置都有电路相连。各个操作位置上则装有接受控制台指令的设备。教师可以同时发布36项不同的作业指令，每个学生分别接受各自的单独作业。学生完成作业后，向控制台报告结果，取得评分并接受新作业。数学课和物理课都使用这套设备。数学和外语专用室也安装了这种设备。

各专用室的各项设备不仅考虑了按教学大纲学习的学生，而且照顾了其中较有才能的学生，他们对某些科学问题在课堂讲授前一年乃至两年就可能已经熟悉了。学生在大纲之外掌握的知识越多，整个集体的智力生活就越丰富，才能比较低的学生的智力发展水平就越高，发生学习跟不上乃至不及格的危险就越小。

各专用室还设有标题为《日常物理学》《日常化学》《日常生物学和生物化学》和《日常数学》的演示资料，其中某些资料还配备了仪器设备，以便用来以深入浅出而又饶有趣味的形式揭示自然规律。

为高年级学生而设的机械学和电工学专用室备有：可运转的电动机模型、电瓶充电装置、变流器、能运行的电气化火车模型、各种机器和机械模型及其他模型和示意图表等。这里还设有供分组（15人，即教学班学生的半数）上课的操作位置以及进行集体活动的地方。高年级学生在这里装配各种活动模型、机器及各种电气仪表和装置。

低年级和中年级的电工技术活动室则是供少年电工和电器装配工小组活动用的。室内配备有供15名学生活动的工位，还有1张台案，上面备有可以通电开动的机器和机械模型。每个操作位置都备有装配和制作电气仪表和模型所必需的元件和材料，以及电气装配工具。为这个活动室配备机器和机械模型的意图，在于使学生看到热能、机械能和化学能的相互转化过程。室内除了能说明电工原理的机械和装置外，还有能反映前景、反映明天的机械和装置（用半导体装成的热电装置、能说明无电池发电机发电原理的模型等）。低年级电工爱好者的活动基地也在这里，为他们设有专门的台案，以及特别配备了成套工具的若干操作位置。孩子们在这里制作小型发电机模型，用现成的部件、零件和机构装配机组模型。

无线电技术活动室有 12 个位置，只有那些喜好无线电技术的低年级和中年级学生才在这里活动。摆在这里的绝大部分机具、仪器和装置都是课外活动小组组员在较有才能的八至十年级的同学指导下亲手制作的。每个操作位置都备有完成各种难度的劳动作业（装配无线电收音机、制作操纵模型的无线电装置等）用的器材和工具。这个室是为进行长期的和集体共同协作的活动项目而设置的。

少年设计师、少年自动化和无线电电子技师活动室备有：金属和木料加工机械和工具（虎钳、车床各 2 台，钻床、铣床、刨床各 1 台）、电熔化炉、电焊烙铁、电动细木工锯等。为年纪最小的学生单划出活动场所，配备有小型钻床 2 台、车床 2 台和铣床 1 台。孩子身边的各种机器装备能激发他们搞技术创造的志趣。

活动室的另一部分供自动化和无线电电子小组活动。这部分房间设有进行金属精密加工的 5 个操作工位，备有测量仪器、电焊烙铁、制作各种继电器的材料以及制作按自动原理运转的机器和机械模型材料等。为年纪小的学生备有小型车床和钻床。室中央安装有一台塑料和软金属零件的程序控制车床。这个活动室里的一些装置本身就很能标志组员们的劳动性质：室内灯光的开关是自动的，进行焊接时有排气柜排除废气，规定小组活动时间的钟表也是自动开停的。

一至四年级的手工劳动活动室设有可供一个班学生活动的操作工位，配备有存放器材和工具的橱柜、细木工电锯和木工车床。学生在临近四年级末时便会用这个小车床车东西了，这和使用剪刀一样是劳动的初步技能。这个活动室并不是随便安排在其他科技活动室旁边的，而是让低年级学生每次都可以看见大同学在干什么，可以访问那些少年设计师，访问那些少年自动化和无线电电子技师及少年电气工程技师。他们会亲身体验到，光有从事某种有趣活动的愿望还不够，还要学会很好地锯、刨、粘贴和旋磨才行。一般来说，年幼的同学应当尽可能多地看到年长的同学怎样学习和工作才好。

学校发电站分两部分，并具有教学作用。

一部分装着配有 16 千瓦交流电发电机的动力装置 1 台，配有

4.5千瓦交流电发电机的动力装置1台,配有2千瓦直流电发电机的动力装置1台,热电发电机1台,还有电瓶充电设备,电溶槽、电熔炉、电焊机、铣床、研磨装置和圆锯等设备。这些设备安装在这里,是为了电站在做教学运转时不白白发电。

另一部分是儿童发电站。这里装着配有低压小功率交流电发电机的动力装置。发电机可以连接各种活动模型。高年级同学在这里安装了几个装置,可以自动启动和停止小内燃机的运转,避免不幸事故的发生。

电站旁边是"铸造车间"和锻工炉。

各个专用室、活动室和工作间里的一切,差不多都是学生和老师们亲手制作的。我们的专用室和活动室每学年都增添新机床、活动模型和装置、试验台及设计和制作模型台案。如1963—1964学年,师生便制造了1台金属铣床、1台木工万能机床、1架圆锯、2台程序控制旋床、6台供低年级和中年级学生用的小型金属车床、15台可运转的交流电发电机模型和45台无线电收音机。至于金属加工机床,我们不光为自己而且也为邻近学校制造。近10年来,我们向别的八年制学校提供了机床18台,数理化各科直观教具45件。

教学主楼一旁是厂房。学生进工作间要更换长工作服或连裤工作服(视工种而定)。工作间分木工部、金工部和电工部。前两部分各有20个工位,第三部分则设18个工位和1个装配台案。

木工部装着5台木工旋床、1台刨床、1台铣床、1台万能床、1架圆锯和3台小旋床。每个木工台旁都设有工具箱,箱内每件工具都有固定位置。室内装有抽气管以清除空气中的粉尘。这里还安装着由学生装配的木屑制砖机,可以把刨花和锯屑制成用于卫生技术方面的隔热材料。

金工部有4台车床、1台钻床和1台铣床,此外还有2台小型车床和1台小型钻床、小型虎钳及5把电烙铁。每个工位都配备有台钳和1套工具。

电工部的每个工位都备有供装配发电机和制作电气测量仪器及电动制品用的零件和材料。

各部设置的工位席数都比上课需要的略多一些。这样安排是考虑到中、高年级的学生都有自己的小朋友，而这种友谊的基础是共同的兴趣、气质和爱好。不论年长的学生在哪里活动，总是考虑到年幼同学的劳动，所以各个部门同时都安装有小型机床。

目前，在厂房入口处又安装了一块铁笆子，下面是一个不大的空房间，与抽气管相连接。当人一踏上铁笆子，抽风机就自行启动，气流便会把鞋上的尘土清除干净。

校图书馆也设在工厂所在的那座建筑里面，但有单独的出入口。馆内收藏的图书是孩子们要熟悉的，一部分是会在阅览室、在语言文学专用室及少先队室和共青团室读到的。凡按教学大纲要学到的书籍，我校图书馆都有收藏。图书小组设有读书登记簿。登记簿里列有学生名单，并且列着每个学生都必须读的书名，学生每读过一本之后便在簿上做个标记。

若干书橱专门用于存放"世界文学不朽之作"这类书籍。凡进入世界文学宝库的作品，这里都有足够数量的复本。教学主楼的前庭里张贴有这些作品的目录。不读完这些著作被当作缺少文化和无知的标志。遇有某个学生由于某种原因很少阅读列入这个目录的书籍时，就会作为一桩"事件"在校务委员会上进行讨论。

馆内供高年级阅读的学术著作是按文学、历史、数学、物理和化学等科目配备的。

供家长阅读的这个部分也经常得到补充。

三、校园及其教育作用

我们校园的南部、西部和北部是一片占地两公顷的果园，里面培植着乌克兰地区生长的所有果木——苹果树、梨树、李子树、杏树、桃树、樱桃树、欧洲樱桃树、核桃树等。由 20 年前的学生开辟的这片果园每年都在发展。紧靠教学主楼的是一片葡萄园（占地 0.2 公顷），这是全体师生的"宠儿"。每年 5 月到 11 月，孩子们先是欣赏茂密的叶蔓之海，随后则是日渐成熟的累累果实。

全校各个房舍都被各类树木遮蔽着，其中有苹果树、杏树、梨树和樱桃树等果木。校园里栽种了很多的杏树和梓树，还有一些在我们地区少见的乔木和灌木——山梨树、垂杨柳、松树、桦树、罗汉松、雪松、扁桃树等。

由于有茂密的树木，即使在春秋暑热季节里，校园里的空气也总是清新凉爽的。

果园和葡萄园之间是第一温室和绿色实验室。温室里培育花卉和蔬菜，并进行实验。有一个竖架立在暖房中央，周围是一些马扎和供班级活动的地方。暖房是学生搭建的，他们又给暖房安装了暖气和自来水管道。在严寒的冬季，暖房里的温度也保持在27℃以上。

在通向第一温室的甬道上架设着金属（铅丝）制的拱架，上面盘绕着耐寒品种的葡萄枝蔓。

这条甬道的另一端通向设在主楼里的学校食堂。

绿色实验室是少年自然科学家和其他科学小组进行实验活动的中心。这里是一间供进行活动和实验用的明亮房间和一间存放什物用具的小储藏室。房间里有许多板架，架上摆着盛放土壤标本的箱子；储藏室里则存放各种器皿、混合土壤样品及工具（铁锹、小锄、耙子、喷壶、喷雾器、花木剪刀等）。南侧是镶玻璃的走廊。冬季在这里进行锻炼植物的、温度要求较低的试验，春季这里又可以作为培育花卉幼苗的另一间暖房。走廊与地窖出入口相连。窖里的冷藏室用于进行生物和生物化学实验，并存放那些在发育上需要在低温下收藏一段时间的植物种子和幼苗。

绿色实验室里设有干燥室，用来弄干种子和果实或是植物的个别部分，如根、茎、叶等。两个橱柜里放着植物标本及土壤和矿物肥料样品。绿色实验室也和学校其他房舍一样由校中心水罐供水。水罐里装有浮子继电器，可以自动控制必要的水位，继电器同自动开关水泵的装置相接。这套装置是高年级学生在物理教师指导下制作的。绿色实验室也是学生亲手修建的。

第一暖房旁边是温床，其土壤由生物燃料供暖。

专用室楼旁边是第二暖房，也是学生修建的。这个暖房用于培养柑橘。

温床后面，在茂密的果树林中有教学实验养兔场的房舍。这座房舍的修建对学生来讲，曾是一次特殊劳动学习：他们在那里学习了砌砖、拌和灰浆和制作混凝板。兔舍里设有兔笼、饲料槽和用具存放室。兔舍地面敷设有暗管，可以把兔笼中排出的液态污物输送到教学实验园地作肥料。

我们把离我校不远的农庄奶场的一个小部门也算作自己的物质基础。少年畜牧家小组的组员们在那里看管奶牛和小牛犊。

奶场劳动的文明程度是比较高的。机械化减轻了体力劳动，并使它变得更为有趣。如粪便稀液是通过机械向菜园输送的。学生在菜园里种植着产量很高的蔬菜，并学习驾驶拖拉机和操纵灌溉机械。

兔舍和专用室楼之间是一片杏树林。春天，当杏花开放时，一部分果园被一层粉红色薄雾所笼罩。青年男女常常到这里来欣赏这大自然的美丽景色。身边有这样的美景，干起活来也会觉得更有趣，也更愿意干。

葡萄园一旁的树荫下是养蜂场。这是最僻静的处所之一，学生可以在这安静独处，进行思索或跟同学谈心。

离养蜂场不远是一条栗树和云杉林荫小道。云杉幼苗是我们的白俄罗斯朋友戈麦利州科尔缅斯科寄宿学校的同学作为礼物带来赠送我们的。客人们同我们的学生一起绿化了这条云杉林荫道，即友谊林荫道。

校舍北侧是孩子们的剧场和电影厅。戏剧小组的活动室也在这里。这里会举行戏剧和课余文娱小组的演出，放映电影。影片的选择由校务委员会负责指导，学生应当只观赏电影艺术中最优秀的作品。一般来讲，电影在学生的精神生活中不应占据比较重要的、更不能是主要的地位。

剧场左边是橡树林，由近及远树林逐渐变为灌木丛。这里是低年级小同学游戏和休息的极好场所。林木后面便是操场，场上设有跑道和篮球、排球、网球、曲棍球等球类场地。

人工湖上开辟有学校水上活动站。湖的另一边是广阔的草地。这是暑期度假和到大自然游览的好地方。

校园的西边是少年建筑家小组的房子。组员们从春季到秋季都在这里制作学校各方面需要的钢筋混凝土楼板、块形料、管件及其他构件。建筑组房屋附近是地理模型场和气象站，站里备有必要的仪器，用以测定气压、风向、风速、气温、降水量等。地理模型场旁边是一座不大的风力电站，所发低电压的电力可以用来启动小型活动模型。

与果园相连接的，是一块占地 2 公顷的教学实验园地，包括粮食作物轮作和经济作物轮作的田地、果树苗圃和少年沤肥场。实验园地里进行各种实验，考察植物的生活条件。收获的粮食部分留作种子，部分交给集体农庄或别的学校。果园及葡萄园的收获物几乎全部由孩子们分享，其中既包括我校也包括他校的孩子（他们常来我们这里做客）。

果树苗圃里栽培各种果树苗木。另外还有培育葡萄幼苗和各种观赏树木苗（栗子树、核桃树、梓树等）的苗圃。每年培育出来的苗木约有一半无偿地分送给邻近的学校，本校学生家长以及喜爱自然并愿意搞园艺活动的其他人。在春秋两季"果园周"的日子里，生物教师在这里向居民做有关果木管理的介绍。另一半苗木则按价出售，所得收入用来补充学校的物资设备（其中包括购置装配我校制作的金属和木材加工机床用的电动机）。

沤肥场占地 0.03 公顷。学生在这里配制各种有机和无机混合肥料，并研究各类肥料对土壤成分和对有用微生物生机活动的影响和作用。肥料场建有混凝土沤肥池，可把各种有机废物变为肥料。

教学实验园地后面，是机器学专用室的房屋和停放两辆教学用汽车和两台拖拉机的车库。农用机器和机械（播种机、耕犁、松土机、果园喷雾机等）也都停放在这里。专用室所在的房舍和两座车库（除主要车库之外，还有一座停放组员们自己装配的两辆小马力汽车的车库），也都是高年级学生修建的。小车库还附设有少年发动机手小组的活动间，装配发动机需用的工具及制作模型的器材也都存放在这里。活动间里进行的是很有趣的活动：搞小规模的机械化，设计并安装一些电动机械，以代替手工劳动。

校长的住所安排在教学主楼里。校长应当尽可能接近孩子们，应当感受到整个集体的生活脉搏。住所有一个通向林荫道的门。我们和学生有一种默契，他们从不惊扰这个僻静的角落，如同不论校长还是教师也从不妨害学生所需要的那些独处场所的安宁一样。

校园里到处都是花草树木。学校不需要空旷的校园，以免起风时从窗户刮进灰尘来。我们有许多草坪和绿草如茵的幽静角落。绿化地段很多，即使学生有时在草上走动或坐在上面，也不可能把它完全压坏。

校园里培植了许许多多花草、花丛和成林的树木。由教学主楼通向专用室和活动室楼及厕所的甬道两侧栽着玫瑰树丛，这条玫瑰林荫甬道是散步的绝好地方。果园里、杏树林里、橡树林里有三十余处散发着花草清香的幽静角落，可以在那里沉思遐想或个别谈心。跟人的生活相关的一切都应当是美的，所以我们才如此重视周围环境的美化。

那些为寻求僻静、获得休息和进行谈心而设的幽静角落里的花木都不是任意种植的，而是考虑了每棵花木、每朵花所能赋予人的精神生活的某种审美和情绪色彩。培植新的玫瑰花丛，照管这些花丛和把玫瑰嫁接在野蔷薇上，都是整个学生集体的劳动；那些将于一年之后来我校学习的小朋友也参加了这项劳动（他们为种植野蔷薇砧木而采集种子）。

我们种了几处成片的锦葵。锦葵是欢乐之花，人们在有所思或有所忧的时候总喜欢去找它。有一片锦葵中间长着很大一株葡萄，藤蔓攀缘在一棵樱桃树干上。葡萄果穗在锦葵鲜艳花朵的衬托下显得格外有生气，使得要消忧解愁的人感受到大自然永无止境的更新生气。

紫罗兰、石竹、翠菊、唐菖蒲、虞美人等花卉，分别在不同的僻静角落各自占据主要地位。在一块比较偏僻的地方有一片铃兰花，这是一些中年级学生种的。他们常在这里欣赏铃兰花碧绿的茎叶和雪白的铃状花朵。各类花卉很少被采集下来去做花束。我们一向都极少奉献大把花束，作为装饰点缀用的，也都是已开至极盛时的花。人在创造富有生气的美景，并从中得到美的享受。春天，学生观赏繁花满园的果林，而夏季和秋季则又欣赏垂挂在枝头的累累硕果，杏子、樱桃、李子、苹果、梨……无所不有。

一处偏僻的地方保持着原始密林的幽静。学生总是到那里去迎接早春的来临，欣赏那初吐花蕾的雪花。另两处僻静的角落，由垂柳的长长枝条形成了自然的凉亭（其中一处变成了夜莺的栖息之所）。青年们常常来此抒发忧伤和欢乐之情。各种年龄的思想和体验都带有自己的情感审美色彩。小孩子们都很喜欢热闹欢快的草场和色彩明快的、使人觉得像是透明的小树林。我们把几片这样的草地和小树林划给了年纪较小的孩子们专用。他们在这里搞了个鸟禽养护基地，树上为山雀和其他益鸟架设了不少饲槽。还有几处"秘密"之所，小学生们在那里做游戏，收藏他们的"宝物"。有一座半坍塌的旧窝棚，是除小学生外其他人不得进入的。他们在那里做装扮印第安人或宇宙探索者的游戏和其他有趣的游戏。

少年们则喜欢追求那些激烈的、不同寻常的、富有浪漫性的东西，喜欢玩一些要付出体力并克服种种困难的游戏。他们在丁香丛中，在草木丛生的沟谷中，在森林里开辟了几块地方，这些地方都是不易进入的。其中有神秘的洞穴，有业已毁损的旧建筑物（以前的砖瓦堆放处）。其中有一处，孩子们在里面还砌了炉灶；少年们在深秋阴雨天的傍晚或者假日常常聚在一起，在那里讲故事，做想象旅行。我们总是装作不知道他们那些"秘密"角落，但对活动多方给予支持。有一次，他们为一项不寻常的请求在事先想好了某些理由的情况下，有些难为情地开口问我，是否可以从哪里拿一节铁烟筒，我也未加细问他们要烟筒做什么（即使询问，他们也不会讲）。我校其他教师遇到这类情况时，也是这样处理的。而且，无论哪位教师每当有幸收到少年们请他到他们某个"洞穴"去的邀请时，都会感到这是他很幸福的一天，这种幸福并非人人都能享受到。

在另一个偏僻的角落里有一个饲养动物的小屋子，这是一间小茅舍，里面放着几个箱笼。这里是孩子们的一些"小朋友"的栖身之所，其中有折了一条腿的小狐狸，伤了眼睛和撕裂了耳朵的两只小兔，一条水赤练蛇，一只刺猬，一只来历不明的带着几只小猫的老猫，不知被谁抛弃而被孩子们喂养起来的一只小狗等。到秋季，这里也会出现被打伤了翅膀的野鸭。此外，这里还有收留那些不慎从巢窝里跌落在地的幼小家燕和麻雀的"托儿所"。这些小动物都得到了孩子们的精心照料。

有时，孩子们还可以从农庄饲养场抱回一只被饲养人员认为是已经无可救药的病羊羔。这时，这个简陋的偏僻茅舍里便会出现很多大自然的少年保护者。这间十分简陋的小茅舍，乃是品德教育的一个基地。拾起一只从巢中跌落的小麻雀,把它喂养好,再放它远走高飞。这一举一动都在孩子的心灵里培育着善良之情。

果园中间有一个鸽窝,一个镂刻着花纹、制作得很艺术的小木房架在一根木柱上,耸立在树木之间。

校园里还创设了供家燕筑巢的方便条件,孩子们架设了木板屋檐,许多燕子在那里筑了巢。学校楼房也给燕子筑巢创造了条件。另外,在树木上还为山雀悬挂了开有洞口的鸟屋。对燕子和山雀的关心能培养人道精神。

从初秋时节起,校园内及学校临近的树林中的树木便披上五彩斑斓的秋装,橘红色、金黄色、深红色、绛紫色交相辉映。随着时间的推移,这种色彩每周都有变化。许多树木的叶子入冬也不脱落,而有一片林木则整个冬季都呈现深红和橘黄色。

各个角落按照习惯分属于每一年龄组。常来葡萄凉亭的是最小的同学,八年级生较喜欢玫瑰和锦葵花丛,垂柳之间则是青年人的林荫小道。我们做老师的,都很慎重地维护少年们和男女青年们处理纯属个人的、不好公开也不宜干预的那些事情的权利。进入习惯上是高年级生经常独处的那些角落,对老师来讲是不当行动。同样,高年级生也以维护我们安宁休息和独处的权利相报答。校园里有些地方是学生从不进入的,而其中有一处偏僻幽静之所是专供青年教师用的。这一切并没有经过任何有意的协商,而是自然而然形成的。各个集体之间的这种关系的基础,是师生之间的互相尊重,特别是彼此对对方情感的尊重。

要想使孩子所创造并生活于其中的环境能培养他们的道德审美观和增强道德关系,就必须有一种不知是否可以把它称为经济创造性的精神。例如,众多的树木花草需要大量的水来灌溉。我们便安置了一系列设施,使校园以及附近所降的全部雨水真正一点一滴也不白白流失。各个建筑旁边都放置了收存雨水的大缸,积存起来的水都用于浇灌植物。校园里都筑有既防止土壤侵蚀又可聚积雨水的土围,使雨水全部渗入土壤。遇有大雨时,校园四周及大道上的雨水都可以顺着水沟流进我校教学实验园地和果园。多余的水则可贮存在水泥壁面的蓄水池里。校内园地一年之内所得水量约等于本地降水量的五倍。积雪也可以提供大量水分;孩子们整个冬季都从大路上收集积雪,在果园里堆起高高的雪堆来。这项劳动也在培育孩子们的高尚情操,因为它的目的是带给人们快乐。

四、校舍内部陈设的教育作用

孩子在他周围——在学校走廊的墙壁上、在教室里、在活动室里——经常看到的一切,对其精神面貌的形成具有重大的意义。这里的任何东西都不应当是随便安排的。孩子周围的环境应当对他有所诱导,有所启示。我们竭力使孩子看到的每幅画、读到的每句话,都能启发他去联系自己和同学。

每座教学楼以及楼里每一层的陈设布置,都是同该年龄儿童的精神生活和情趣相适应的。

在一、二年级上课的那座楼的楼道里有图片展览橱吸引着孩子(图片是定期更换的),这些图片的含义都是不加说明也可以理解的,都是适合于刚入学的孩子们的。

在学年刚开始时,孩子们可以从图片中了解到,学校里最小的同学可以做哪些活动。这个独特的"图片世界"向孩子介绍他身边的环境。小学生们很有兴趣地观看图片上那些和自己一样大的小朋友怎样在游戏室、在生物角、在绿色实验室、在暖房里活动,怎样在工作间里在小钻床或者铣床上、在小型台虎钳上做工,怎样用小小木锯或细木工锯制作东西。接着便是介绍低年级学生——少先队员课外活动、休息和劳动的图片。小孩子们从这些图片中可以看到和他们同年龄或差不多年龄的小朋友怎样驾驶微型汽车,这就更有趣了。这样,图片上所介绍的一切便如同真实的现实,展现在孩子面前了。

下一个橱窗里的图片的总标题是"如果全国每个一年级学生……"。这部分图片介绍孩子们所能胜任的劳动,以及这种劳动在全国范围内所能取得的成果。如果每个一年级学生都从地里拣回一粒麦穗,祖国就可以多获得五车厢小麦。如果所有的一年级学生每人都栽种一棵小树并且很好地进行照管,那就会长成面积达两百公顷的森林。这部分图片后面的结束语是:"你的劳动就这么伟大。

好好劳动，多为祖国创造财富！"

当孩子们刚刚掌握一些阅读能力时，他们就努力去读每幅图片下面的说明。许多孩子在设法弄懂这些说明的过程中，也学习了阅读。

我们还给小孩子们展出一些帮助他们理解周围现实的图片。例如，有一组图片以"这是为什么？"为总标题。图片表现的都是孩子们司空见惯的事物——大自然和劳动，但同时每幅图片都包含一点不同寻常的东西，一点令人疑惑不解因而不得不思索的东西。一根柳树枝插在湿润的土里就能发芽，长成一棵树，而橡树枝就会枯死，这是为什么？春寒料峭的夜里，当北方有寒流袭来时，果园里生起篝火来烤正在开花的果树，树木不会被烤坏，这是为什么？

另一组图片是要回答"为什么要这样做？"这个问题的。为什么冬天要在覆盖于池塘上的厚厚冰层上凿一些窟窿？酷暑季节，为什么要在过于干旱的土地上的蔬菜秧四周抛撒一层粉碎的腐殖物？为什么夏天人们总是把盛牛奶的罐子用湿毛巾裹起来？要把一块铁做成斧子或是铁锤，为什么要先把铁烧红？如此等等。

第三组图片以"画上有什么错误？"为总标题。每幅图片都有意安排了错误，如：在橡树的浓荫下有红红的番茄在成熟，集体农庄的庄员拉着一车西瓜从繁花盛开的苹果树旁走过，排排杨树的树影都倒向有太阳的那个方向，人们把蜂箱运到田间摆在了播完种的麦田里，等等。这些图片会使小孩子们对自然现象和劳动进行思考。

第四组图片是回答"这是在哪里？"这种问题的。图片展示的是孩子们从成人读给他们的书中、从成人的讲述中以及从电影中已经熟悉的一些现象，如：一架飞机降落在冰山环绕的一片雪原上，这是在哪里？农民在灌满了水的稻田里插秧，这是在哪里？放牧者在用绳索套马，这是在哪里？满天繁星之间有火箭在飞行，舷窗里是孩子们熟悉的苏联第一位宇航员面带微笑的面孔，这是在哪里？等等。

年龄越小，他们对于在图片上所看到的、对于为扩大他们关于周围世界的认识而介绍给他们的事物就越感到新奇，也越会为之惊讶。这种新奇和惊讶之感便是思考的开端。我们展出的图片激发着孩子们对周围世界的兴趣，并唤起他们好学和探求精神。

在一、二年级学生度过休息时间的走廊里，张贴着剪贴下来的儿童报刊。由教师和十月儿童组辅导员们帮助孩子们选择那些介绍我国及国外劳动人民生活的材料，特别是有关儿童生活的材料。有时则把较广泛题材的剪报材料合在一起用来布置那些介绍有关儿童事迹的陈列场所。如介绍被法西斯统治者枪杀的希腊争取自由的斗士尼科斯·别洛扬尼斯的儿子、日本广岛受原子弹之害的小女孩佐佐木贞子等的事件。

有一个陈列橱和一个小桌是专门陈列儿童作品的，如手工作品、机械模型以及纸和纸夹制品等。走廊中心位置的陈列橱里展出的是孩子们的绘画。

走廊里最安适的地方是列宁角。这里摆着沃洛佳·乌里扬诺夫（即少年时代的列宁——译注）的半身塑像和布置得很好的陈列橱，其内容分以下三部分："沃洛佳·乌里扬诺夫当时是怎样学习的""弗拉基米尔·伊里奇·列宁怎样教导我们"和"怎样做个十月儿童团员"。列宁角旁边是一幅以"你看过这些书吗？"为题的画。画上是一个女孩，手指指着一个二年级学生应读的书单。书单上的书目是时时更新的。

各个教室都设有一块"布告牌"，上面公布值日生名单、课外阅读书目等。每个班都设有自己的作业本展览台，台上标着"要写好，要写对"的字样。

三、四年级上课的校舍室内布置也是以图片为主。图片内容仍然是帮助孩子认识世界和发展他们对于大自然和劳动的兴趣的。这里陈列材料的安排也和一、二年级的一样，由近及远，由简及繁。

例如其中有一个陈列橱的标题是"注意看看出现什么情况，想想为什么"。图片表现一只蜜蜂怎样先飞近一朵苜蓿花，刚一接触就又高高飞起，在这样的动作之后才落回到花上采蜜，为什么？向日葵的花盘总向着太阳，为什么？也许你能断定，花盘"追随"太阳的器官在哪里？有时，垂柳枝头较低的叶片上会出现水珠，这个时候垂柳发生了什么情况，为什么？

这些问题会启发学生去思考周围世界的现象，激发他们的探索精神和求知欲望。

陈列橱里"为什么要这样做?"的图片下面标着这样一些问题:冬季为什么要在机器的金属部件上涂抹含油物质?为什么雨后一两天要耙地?土豆种子为什么在下种前要在阳光下曝晒?煤在进锅炉燃烧之前为什么要泼水湿润?……

另一组图片的思考问题是:"怎样才能知道……"在任何一根树杈都不锯开的情况下,怎样才能知道果树的树龄?怎样能在冬天就知道苹果树到春天会不会开花?怎样知道是什么飞机在飞,是螺旋桨还是喷气发动机的?

在画着各种各样机器(联合收割机、脱粒机、中耕机及其他机器)的零部件的图片下面标的问题是:"想一想,这是什么机器的零件?它在机器上起什么作用?为什么机器没有这个零件就不能正常工作?如果这些事你还不知道,你就注意看一看,想一想!"

一些杰出人物——争取祖国独立自由的战士、作家、画家、科学家、旅行家——的肖像下面的总标题是:"这都是谁的肖像?关于他们的生平事迹你都知道些什么?"

在标着"想想看,这个问题怎么解决"的陈列橱里常常列出一些问题(附着图画),都需要发挥机敏性和对各种自然或劳动现象之间相互关系有很好的理解。另一个陈列橱里则是一些有关技术创作、构筑和制作模型等智力训练问题。例如图片上是几个零散的部件,图下标着一个问题:"用这些部件能装配一个什么活动模型?"

在"想想看,这些小朋友是哪些国家的"总标题下的图片上画着日本、土耳其、非洲、阿拉伯及其他民族的孩子。孩子们在游戏、在劳动,而且他们的活动都带有本民族独有的某种特点。

在"我们的朋友遍天下"的标题下陈列着我校学生从国外收到的照片、明信片、画片、邮票、书本等物。

在三年级和四年级的楼里有一个陈列橱的标题是"万恶的战争贩子,奴役人民的罪人"。这里展出的是报刊剪贴(带图片),揭露帝国主义分子的血腥罪恶,揭露死亡贩卖者——军火垄断资本家惨无人道的阴谋。

在三、四年级的列宁角里时常摆出有关列宁生平以及有关少先队英雄人物的新书。

这些班级的布告牌上除去一至四年级各班共同的公布材料外,

有时还要以"向少年技术家推荐""向少年自然科学家推荐"为标题张贴一些儿童报刊的剪辑、图纸和实验说明等。这里的本班同学作品的展览内容比前两个年级要丰富得多，较有才能的少年设计家已经能展出他们亲手制作的木制和铁制活动模型。

五至十年级教学楼内的布置，照顾了少年和青年们的精神生活特点以及他们的兴趣和要求。

第一层走廊里的布置是针对12—14岁的学生的，这里如同学校的面貌一样反映着教学集体的教育思想、工作作风、观点以及教师和学生的劳动素养。

入口迎面墙壁上是一块色彩鲜艳的标语牌。天蓝的底色显著地衬托着致学生的如下话语：

"你在咱们学校应当探索的最主要的东西，就是生活目的。请你认真思考这些杰出人物的卓越见解。"

标语下面悬挂着一些杰出人物的画像，画像旁边是他们的语录：

不论有任何艰难险阻，我仍将向着我的目标迈进。

——马克思

当我不能进行斗争的时候，就让我死去好了。

——恩格斯

要成就大事，就要从小事做起。

——列宁

人不进则退，静止不动的事是不存在的。

——别林斯基

生活中没有理想的人是可悲的。

——屠格涅夫

人的最高使命并不在于解释世界，而在于改造世界，使它变得更美好。

——米丘林

生活中最可贵的是永远做一名战士，而不是在队伍后面蹒跚跟随。

——奥斯特洛夫斯基

你只要告诉我你向往什么，我就能说出你是什么样的人。

——聂米罗维奇-丹钦科

在你的工作中，在你的探索中，要有入迷的热情。

——巴甫洛夫

不论过去还是将来，只有所有人的而不是一个人的幸福所需要的，才是重要的。

——托尔斯泰

没有一定世界观的理性生活，不能称为生活，那是重负，是灾难。

——契诃夫

人的全部技能，不外是耐心加时间的产物。

——巴尔扎克

没有巨大的险阻，就没有巨大的业绩。

——伏尔泰

无意义地生活犹如早死。

——歌德

使别人幸福的人，不会自己不幸福。

——爱尔维修

任何一个人，不论是伟人还是小人物，只要他的行动有理想背景，他就是诗人。

——易卜生

万事之中最可怕的就是生而犹死。

——安德逊·尼克索

可耻莫过于无益于社会也无益于自己，莫过于徒有头脑而无所事事。

——帕斯卡

生活的全部乐趣在于创作。创作意味着消灭死亡。

——罗曼·罗兰

少年和青年们反复诵读这些语录，把它们抄入自己的日记本，并进行深入思考。对青年人提出的一些问题也在启发他们思考，从思想上检查他那暂时还很简短的生活道路，去想象未来。这些问题是：你是否思考过自己的生活目的？你给自己确立了什么目标，达到了哪些？克服了些什么困难？你是否在某种对人们有益的事情中试着考验过自己的意志，磨炼过自己的性格？你将对自己的青年岁月做何回忆？你要警惕，要避免日后在回顾所走过的道路时，为虚度年华而蒙受良心的谴责。

另一块标语牌是关于劳动的，四周装饰着麦穗、葡萄果穗及橡树叶子，中间是名人像和他们的语录：

你干什么就要爱什么。这样，劳动乃至最粗笨的劳动便会升华为创造。

——高尔基

历史永不变更的趋向是消灭寄生虫和颂扬劳动。

——杜勃罗留波夫

没有顽强刻苦的勤奋，就没有才华，没有天才。

——门捷列夫

如果你对劳动做了恰当的选择，并把全部心灵投入其中，幸福便会自行降临。

——乌申斯基

游手好闲的生活不可能清白。

——契诃夫

懒惰的人往往在各方面都是庸碌之才。

——伏尔泰

谁从童年就知道劳动是生活的法则，从年轻时就懂得流汗才会有面包，他就能建立功绩，因为一旦需要，他在那个时刻就会产生立功的意志和足够的力量。

——茹利·维尔

天才是百分之一的灵感加百分之九十九的汗水。

——爱迪生

最难得的天资也会被游手好闲所摧毁。

——米歇尔·蒙台涅

不工作的人都是恶汉。

——卢梭

国家中懒惰和游手好闲的人犹如蜂群中的雄蜂，吞食工蜂采集的花蜜。

——塞万提斯

劳动——这是道德和审美的最佳良药。

——安纳托利·法朗士

每句语录的思想都在反映和加深我们努力在集体里建立的那些关系的道德意义。名人有关劳动的见解启发学生分析自己的行为，激励他们自我教育。

"青年岁月的功绩"的标语牌，蕴含着巨大的教育意义。这里悬挂的科学家、社会活动家和作家，都是在青年时期就已取得杰出成就，为人类精神生活做出了卓越贡献的。现将这些人物以及他们肖像下面的说明列举如下。

米哈依尔·肖洛霍夫写完他的举世名著《静静的顿河》的第一部时还不满23岁。

马克辛·雷里斯基15岁出版了第一本诗集。

Н.И.洛巴切夫斯基21岁当教授的助手，23岁已是数学教授了。

列霞·乌克兰卡在杂志上发表她的第一篇诗作时才13岁。

阿尔卡迪·盖达尔17岁时指挥一个红军团。

索菲娅·科娃列夫斯卡娅24岁因杰出的数学著作而被授予哲学博士学位。

А.Н.洛德金25岁时发明电灯泡。

米克鲁霍-马克莱22岁完成了到加那利群岛的第一次旅行，25岁时在伊里安岛登陆，并在巴布亚人中间生活了一年多。

П.П.谢苗诺夫-天山斯基29岁完成了到天山和伊塞克湖的旅行。这次旅行为他去中亚的一系列旅行奠定了基础。

威尔第写出他第一部音乐作品时年仅10岁。

美国伟大的发明家爱迪生年仅15岁就出版发行报纸。他为报纸写文章,并做排字、制版和印刷等工作。

杜勃罗留波夫是俄罗斯伟大的评论家、革命民主主义者,享年仅25岁,但他的著作将与世长存。

苏维埃数学家谢尔盖·梅尔盖良18岁大学毕业,25岁已成为科学院院士。

标语牌下端写着:

鼓起勇气努力干吧,为别人创造幸福才是你的幸福之源。不要忘记,在任何劳动中都能成为诗人、艺术家、发明家。要敢于向往科学和艺术的高峰。这里,就在我们学校也会产生拉菲尔和柴可夫斯基们,产生肖洛霍夫和爱迪生们。要劳动,劳动,再劳动,这样才能发掘你的天赋和才能。伟大人物,首先是伟大的劳动者。要选择劳动生活为自己的理想。

这块标语牌旁有个幽静的角落(摆着长沙发、几把椅子、象棋桌和一些花卉)。希望小伙子或是姑娘能在这里停留下来进行思考,思考一下自己的生活目的。

走廊尽头是少先队的列宁室。在列宁半身塑像背后的墙上,悬挂着为祖国献出了生命的少先队员英雄们的肖像。小桌上摆着花瓶,孩子们精心往瓶里插放鲜花。标语牌上的话语,采取了犹如牺牲的英雄们直接对正在准备投入生活的年轻朋友讲话的口吻:

少先队员,共青团员,请你在这里停一停!请以片刻静默来追念我们!我们牺牲是为了你能幸福。我们原来和你一样活泼快乐,朝气蓬勃,也和你一样喜欢蹦蹦跳跳、玩耍、游泳和嬉闹。当祖国临难之时,我们每个人都能奋不顾身,英勇战斗。我们为祖国献出了生命。请你此刻思考一下自己的生活。想想你的幸福曾以多么高昂的代价取得。你是否善于珍惜它?你以什么充实你的生活?你是否准备在劳动中建立功勋?你是否已决心为祖国献出全部力量，而必要时则献出生命？

这个角落的整个环境促使人暂时忘却平凡的、日常的一切，沉浸在非同寻常的、英雄主义精神的感受之中。列宁塑像一旁是卓娅·科斯莫捷米扬斯卡娅的肖像，接下去便是以"列宁对我们的遗训"和"少年列宁主义者守则"为题的标语。

一楼有这样一条装饰得很醒目的标语："知识是巨大的财富。要顽强不懈地掌握知识，把世界改造得更美好，使我们幸福，使人人都幸福。"标语下面是杰出科学家、作家和社会活动家的肖像和他们谈论科学和知识的语录。

在科学上没有平坦的大道，只有不畏劳苦沿着陡峭山路攀登的人，才有希望达到光辉的顶点。

——马克思

要是知道自己懂得太少，那就要设法使自己懂得多一些。

——列宁

假如有人向我提议说"你去念书吧，可是为此每逢礼拜天我们要在尼古拉广场用棍棒打你"的话，我想我会接受这样的条件。

——高尔基

任何时候也不要认为你已经无所不知。不论人们对你评价多高，你也总得敢对自己说："我是无知的。"

——巴甫洛夫

只有经过全力以赴的思考而并非仅凭记忆获得的知识，才能称为知识。

——托尔斯泰

那个没有胜过自己老师的学生才是可悲的学生。

——达·芬奇

光知道不够，还要去运用；光向往不够，还要去行动。

——歌德

一切民族中凡能在思想领域和智力活动中领先的人，将永远居于首位。

——帕斯特尔

我们在努力做到使学校的墙壁也能说话。

标语牌上和各种标语上的深刻思想之所以会渗入学生的精神生活，引起相应的感受，首先是由于它们是我们的德育、智育和美育体系的组成部分。如果上面那些语录的思想不与集体当时关心的主题相联系，所有这些言论便不会进入学生的心灵，因而成为空谈。所有陈列橱和标语的内容都时时随着教育工作内容而更换。

一楼的前厅里也布置有宣传画，是专门针对学龄中期儿童的，目的在于发展他们的求知欲、探索精神和对知识的兴趣。其中有一幅标语画向少年提出的思考题是："请你想一想，人能不能把那些还没有利用的自然力利用起来？"题目下面是这样一些画片：汹涌的巨浪撞击海岸，闪电穿过乌云，广阔的荒漠上灼热的阳光，地下深处的热水……。"请你读读关于这些自然力的书"（下面便是推荐的书目）。

第二幅标语画的标题是"你懂机械吗？"。这里包括一系列画，上面画着一些用内燃机或电动机驱动的机械（脱粒机、碎石机、铡草机、分液器、碾谷机、水泵等）。每幅画下面有一个思考题，如"想一想，假如把发动机轴的转数增加××转，那么在机械结构上要做哪些改变？"，"想一想，假设动力机的飞轮直径是××，那么工作机的飞轮直径应该多大？"，等等。

第三幅标语画叫作"日常数学"。上半部分画着各种劳动过程（包括手工的和使用机器的），进行这些劳动必须懂得数学。让学生思考估算某一劳动过程、选择工具等要懂得哪些公式。下半部分则是智力测验题，即训练机敏性和注意力的题目（这些材料是经常更换的）。

第四幅叫作"到处都有'为什么？'"，画的是司空见惯的普通自然现象和生产过程，但对这些现象和过程仔细观察，会发现它们都包含有某些需要解释的成分。画的旁边便是一些问题："为什么天气晴朗时能从较深的井底看见星星？为什么冬季很少有雷电？为什么天气潮湿有雾时森林里听不到回声？为什么司机在急转弯处要减速……"

第五幅是"你读过这些书吗？"。在五至七年级学生应读书目旁边是对少年读者的一些指导性意见（建议应当怎样读书、怎样做读书笔记、怎样编辑读书摘录等）。

第六幅是"怎样写作文"。这里有关于如何为书面创作作业收集素材，有关脑力劳动技能训练方面的建议等。同时，这里还陈列有优秀的散文、短诗、随笔等作品。

在一张不很大的世界地图旁边是《世界时事一周》剪报栏。学生在这里张贴一周来有关世界动态的重大事件的报刊文章剪贴，并在每篇报道文章和地图上与事件相关的一点之间拉一条线。在报道文章的上面是致学生读者的话："请你思考思考，发生这些事件的原因是什么？可能导致什么后果？"我们希望通过这种形式唤起青少年们对于人类命运的思考。

另一个宣传栏是"要热爱祖国语言，说话要确切、清楚、富有表现力"。这里列举有应当怎样说和不应当怎样说的实例。这些实例经常更新，由参加文学创作小组的学生负责。

前厅一个角落的陈列橱专门陈列新书，里面包括机械学、电工学、无线电技术、生物学、天文学、化学和地质学等方面的科学普及读物。学生在这里还可以看到文学艺术和科学方面的新杂志。

少年方志学家角挂着本地区的地图，图上标出了发生过重要历史事件的地点。图中还不断填进少年方志学家们的一些新发现。这项工作既增长知识，也培育对祖国的热爱之情。

一楼还布置有全校性的儿童绘画展览。

一楼前厅的一个角落里也有一幅宣传画，标题借用了高尔基的一句话："没有母亲，就既没有诗人，也没有英雄。"这里陈列着为人类养育了杰出人物——列宁、克鲁普斯卡娅、果戈里、马雅可夫斯基、列宾、柴可夫斯基、卓娅·科斯莫捷米扬斯卡娅、尤里·加加林等的母亲们的肖像。肖像下面写着：

母亲给了你生命，向你揭示了世界，让你的口舌学会说祖国语言。她关心你的健康，她希望你成为幸福、诚实、勇敢的人。你要爱护母亲，照顾好她的身体，不要辜负她的期望。不要给她的生活增添任何烦恼。要做一个能使母亲为你骄傲的人。

通向二楼楼梯的过道陈列的图片，反映了少先队员们的生活和劳动：一个五年级女生在栽树，一个八年级男生在开拖拉机，等等。在高年级上课的楼梯口的标语牌上致学生的话是：

男女青年们！你们就要开始独立生活了。要做一个正派人，就要进行自我教育。请认真思考杰出人物谈自我教育的话语。

这些话的下面便是名人语录。

既然内里放荡不羁，外部也就无法束缚。

——高尔基

自身不善从命，不可发令于人。

——达维·古拉米什维利

一切胜利始于对自己的胜利。

——列昂诺夫

坚韧不拔精神万岁！谁意志顽强，谁就胜利。那些不善于过乐观、壮美、富有意义生活的人，见鬼去吧！那些涕泪不止、无病呻吟的人，见鬼去吧！

——奥斯特洛夫斯基

我们议论的用意不在于了解何谓美德，而在于做品德优美的人。

——亚里士多德

行为是一面镜子，每个人都把自己的形象显现于其中。

——歌德

要经常提醒年轻人牢记一个宝贵定则——万事切忌过度，以便随处保证自己不致极度厌腻。

——夸美纽斯

凡对一事自认为须佯作不见，随之便会感到必得事事视而无睹。

——让·雅克·卢梭

真理必胜，但须决心予以相助。

——尤利乌斯·伏契克

凡对他人行为发表尖锐意见者，即以此责成自身行为须胜于他人。

——别林斯基

对你的毛病和缺点进行辩解乃至赞许的人，要与之疏远。此类人或属善于阿谀奉承，或属胆小怕事，或纯属愚蠢无知。当你遭遇不幸或灾难时，不能指望他们来相助。

——斯科沃罗达

人们为你的作为而夸奖你不为不幸，但当你为夸奖而行事时则属不幸了。

——托尔斯泰

只知有己，乃人之最大贫困。

——席勒

杰出人物们的这些真知灼见，反映了全体教师对学生做教育工作的思想，反映了学生进行热烈争论的那些辩论会和读过的那些书的思想。标语牌不时更新语录，以反映教育工作的新意图。

"要向那些把个人幸福置于人民幸福之中的人们学习如何生活"这组宣传画里，有为自由和真理而奋战的卓越斗士们的肖像以及有关他们的功勋事迹的简要介绍。在一个适于进行思考、谈心和离群独处的舒适僻静的角落，布置着题为"友谊和爱情——只有正直的人才能享有这高尚的情感"的画组，名人肖像一旁是他们关于友谊和爱情的语录。

爱就是祝愿别人得到你认为是幸福的一切，而且不是为你自己而是为你所爱的人祝愿，并且要尽一切可能使他得到这种幸福。

——亚里士多德

真诚的爱可以帮助承受一切艰难困苦。

——席勒

只有经受了考验，才能真正看出爱情。

———罗曼·罗兰

人所达到的最大智慧，就是会爱女性，倾心于她的美。世上一切美好事物都产生于对女性的爱。

———高尔基

友谊——首先就是真诚，就是对同志的批评。

———奥斯特洛夫斯基

凡能不顾羞耻地、公然无礼地对待妇女的人，他就不配作为公民被人信任；他对公共工作的态度也会同样寡廉鲜耻，他是决然不可信的。

———马卡连柯

那些把爱情像小钱一样随便施舍给连自己也不知是谁的人，会严重地衰老。

———希帕切夫

这些聪慧睿智的话语与青年男女的精神生活、思想和感受紧密相连。

有一块标语牌是关于科学和知识的，致青年学生的前言这样写道：

自然界还有很多没有被认识和研究过的东西。善于探索的人类智慧正在钻研一些终将为人们带来很大福音的问题。但愿你哪怕对其中某一个进行深入思考，阅读科学书籍！这里就是科学家们当前研究的一些课题。

下面列出了一些课题：

控制热核反应，以期获得新的能源。
不用发电机获取电能。
化学能直接转换为电能。
超导性——某些金属在接近绝对零度时的性能——的实际运用。

创造能经受住5000℃—7000℃高温的物质，创造比金刚石坚硬的物质。

解释电磁场、引力场、核场的物质作用规律。

将基本粒子转化为能和能的物化——形成基本粒子。

在原形质状态中研究物质特性。

解释有机体内发生的生物化学过程的实质；人工再现这些生物化学过程，以期转化物质并获得能量。

人工制造蛋白分子。

支配作为遗传基础的那些过程。

研究能用氮、空气和碳水化合物制造蛋白质及微生物的生活条件。

利用聚合物改良土壤结构并提高其肥力。

课题列举完之后又是一段致读者的话：

要从少年时期就做好进行创造性劳动的准备。要准备为解决这些课题尽自己的一分力量。如今科学已成为社会生产力。劳动与智能是并驾齐驱的，因此，你越会用手工作，通向科学的大门就向你开得越大。

有一组宣传画画的是学生通过生产劳动，通过教学车间里的学习以及到工厂的参观活动熟悉了的劳动程序。让学生考虑，这些程序中的哪些环节可以用自动装置取代手工操作。

有一处墙报则专门用于培养高年级学生的脑力劳动技能。这里向青年们介绍怎样进行观察，又怎样把观察所得的资料用于学习，怎样选择图书和怎样看书，怎样钻研分析一部文艺作品，怎样安排劳动与休息等。

在二楼前厅显著位置的宣传墙报上，张贴着进入世界文化宝库的文艺著作书目。书目前面是给学生讲的一段话：

青年们，这是人类世世代代永远都会阅读的著作。你们不仅要读完这些著作，而且要反复阅读，领会其中的智慧和美，从中寻求欢乐和满足。要把这些著作收入你个人的藏书里,成家立业之后再传给你的儿女。

有一块宣传墙报是关于职业选择的。这里常常张贴一些说明各类劳动的活动特点、劳动技艺、机械设备以及业务进修条件等方面的材料。一张小桌上陈列着介绍各种行业和专业的书籍。

前厅的中心位置是共青团的列宁角。这里布置着这样几块宣传墙报:"列宁关于共产主义道德的教导""共青团员英雄们的事迹""我乡优秀人物"。一个漂亮的镜框里挂着"关于列宁的书"的目录。

在一个较显著的位置设有一个题为"全人类都在关注"的活动宣传栏。这里经常挂出一些关于国内外重要事件的资料(报道、图片等),结合每一桩事件都写有致青年男女的话。例如,当全世界都为胡利安·戈里冒① 惨遭杀害而义愤、激动时,资料下对学生写了这样几句话:

青年们,请你读一读胡利安·戈里冒就义前所写的信。在这几幅照片上你看到的是失去了英雄父亲的孤儿。不要忘记,在你生活的这个星球上还有刽子手、犯罪者、奴役者。让你的心灵充满对剥削者、帝国主义分子和战争贩子们的切齿痛恨吧!要警惕,他们在蓄谋侵害你的幸福!

这个宣传栏旁边便是共青团—青年俱乐部的布告栏。高年级学生在里面张贴关于辩论会的布告,提出学生集体关心的问题。

二楼的前厅里布置了学校的画廊,这里的名画复制品是定期更换的。低年级教学楼里时而举办流动画展。

画廊旁边是外语角,在这里可以阅读外国报纸和外国杂志的剪贴资料。

高年级学生办了一个《文化艺术公报》:在装饰华美的陈列栏

---

① 胡利安·戈里冒,西班牙工人运动活动家。1962年被逮捕入狱,后被弗朗哥政权的军事法庭判处极刑。——译注

内布置一些剪自报刊的有关戏剧、绘画、音乐、雕塑和建筑等方面的资料；每年4月则布置有关荣获列宁奖金作品的报道、评论及其他材料。

二楼前厅张贴有科学技术（若干个）、文学、历史、地理及其他课外小组的墙报（《少年数学家》《技术创造》《青年文学创作》《卫星》《故乡今昔》等）。

教学车间和工作间里的宣传陈列橱形象地介绍安全操作规程。还有专设的陈列橱张贴学生正在制作的活动模型的图纸和说明。

工作间和车间里还悬挂介绍我国劳动战线上的著名人物——那些能工巧匠的宣传画。有时还布置专门的宣传栏，号召学生参加制作某种机器或机构活动模型的创作竞赛。

上面我们所介绍的一切都由师生亲手创设：宣传画由他们画，陈列橱由他们布置和美化……

我校学生周围的陈设布置，乃是起教育作用的环境的一个组成部分。这样的环境要去创造，要力求让那些鲜明的形象、画幅、优秀人物们的聪慧思想所表达的人类的道德经验渗入学生的精神生活。我们深信言词力量的强大，深信直接针对人的精神世界去讲话的作用。但是，我们同时也没有忘记这种讲话只有当听话的人在努力探索他所关注问题的答案，希望学会如何生活，企求认识真理，而这种探索、希望和企求又被整个集体的生活内容以及集体中激励每个人的理想所左右的时候，才可能触动人的思想和心灵。

第三章

关注健康与体育

一、学生的健康与精神生活

良好的健康和充沛旺盛的精力,是朝气蓬勃感知世界、焕发乐观精神、产生战胜一切艰难险阻的意志的一个极重要的源泉。而孩子生病、体弱和带有疾患素质,则是众多不幸的祸根。

20年来,我们都在研究学生学习差是怎么回事,原因在哪里。我们对学习差和跟不上班的学生的身体和智力发展所做的科学考察使我们得出结论:这些学生中之所以有85%的人学业落后,知识贫乏,课堂作业和家庭作业不合格以及留级,主要原因就是健康状况不佳,身体患有某种疾病或者有什么毛病,而且这些疾病或毛病往往是医生无法察觉,只有在父母、医生和老师的共同努力下才能弄清的。我们发现了一些心血管系统、呼吸道和胃肠系统的疾病和症候,这是在孩子的活跃好动的掩盖下起初不易察觉的。我们逐年越来越清楚地看到体力的充沛,对于孩子的精神生活——智力的发展、思维、注意、记忆及专心程度——的决定作用。例如,观察证明,所谓思维迟钝,在绝大多数情况下并非由于大脑皮层细胞的什么生理或功能的改变所致,而是由整个机体的毛病造成的,这是连孩子自己也感觉不到的毛病。这种孩子在上课之初能专心学习,但是过10—15分钟之后,他们的眼睛便显得无神了,目光毫无目的地投向空间,他们不能紧张地思考,不能注意听教师讲课。而当教师竭力使课堂上的每一分钟都充满紧张的脑力劳动,企图使课堂的每一分钟都不丢失的时候,潜伏的疾患就显现出来了。诸如上课进程的加快,这种快速急进(例如在一堂算术课上让学生接连解算五六道难题),致使某些学生精疲力竭:两眼失神,精神萎靡。有鉴于此，不禁要向主张所谓快速有效教学的人们告诫：切莫以孩子们的健康为儿戏。我校全体教师十分关心，在小学实行加快的三年制教学，若不认真提高全体教师的教学素养，若不全面充实孩子的智力生活，若不普遍在学校进行经过深思熟虑的、有计划的智能培养，那就会使孩子们的健康遭受损害。

当认清了孩子的脑力劳动乃至整个精神生活要在那样大的程度上取决于孩子的健康，我们便决定要从研究孩子的健康状况入手。对于一年级的孩子们的健康情况，校医做过仔细的体格检查之后要向校务委员会报告。对于那些发现有心血管系统、呼吸道系统以及新陈代谢不正常的孩子，我们都要进行经常性的教育观察。

我们总是要竭力设法防止疾病的发展，增强身体的防病能力：我们同家长一起为孩子规定作息制度和饮食制度，做到了凡是由于身体全面虚弱致使思维过程迟缓并由此导致大脑皮层细胞的不活跃和易受抑制的那些孩子，在春、夏、秋三季都要露天睡眠，并得到富含维生素和植物杀菌素的食物（蜂蜜、牛奶、黄油、蛋品、肉类、水果等）。这些措施对孩子的健康和智力发展，都有特别显著的效果。

我们越来越认识到，防止疾病及病患征兆，增强体质，这是儿童脑力劳动以及整个精神生活完满正常的主要条件。如果说，我们如今每年仍有两三名学生会留级的话，这说明，对改进这些孩子的健康状况我们已无能为力了，因为这主要是由于遗传性的深刻的病理异常现象造成的（如由于父母嗜酒过度致使子女大脑皮层细胞不活跃等）。

这个问题也有它的另一面：健康在很大程度上也取决于精神生活，尤其是脑力劳动的素养。我们不允许教师热衷于"求效率""快速"的教学方式。这些方式所依据的观点，乃是把孩子的头脑看作是能够无休止地输入的电子机构。孩子，是活人，他的脑是极其精细娇嫩的器官，须要细心审慎地对待。用三年时间授予初等教育是可能的，但必须在经常关心儿童的健康及其身体正常发育的情况下才行。[15] 正常完满的脑力劳动，不是来自脑力劳动的速度和紧张程度，而是来自身体、智力和审美等多方面的培养。少年时期的精神生活和健康，尤其需要教育者特别关注。

感觉生活富有乐趣，精力十分充沛，全然不知疲倦，这才是青少年精神力量的源泉所在。我们说是感觉，是因为人在这个年龄从不会考虑自己的健康状况，不会珍惜它。我们设想的教师对学生健康的关心是委婉而又细微的，不要使其他学生对那些被家长过分娇惯、怕感冒、怕劳累的同学有轻蔑之感。至于青少年把猛烈使劲乃至冒损伤身体的危险视为英勇行动这一点，绝不是像长辈们有时所认为的不顾一切的蛮干行为，而是与人格的自我确立、与精神成熟性的形成相关联的那些深刻道德过程的实质表现。我们力求要跟学生有更多的接触点和共同志趣，以便体贴入微地关心他们的健康。

青年具有隐讳与体力和生理相关的一切事情的特性。稍有不慎，触动了敏感的年轻心灵，一旦被他们认为是对其身体发育的某一方面的不尊重、指责或讥笑，就会被视为对他们精神尊严的伤害。尤其要忌讳提及某个青年男女竭力隐瞒的那些生理缺陷。

对对纯属个人生活隐秘领域的侵犯和触动的敏感性，是人的心灵美的一种品质。我们总是千方百计地发展青少年体力上的独立性和同志式的关系，其中主要是自尊感，这对女青年尤其重要。女青年越能保持自尊，男青年对她的爱慕之情就越高尚、越纯洁，因而女青年对男青年精神面貌的教育影响也越大。

还应当考虑到，青少年总希望通过锻炼体力来锻炼自己的精神—意志品质。他们出于效仿自己所敬爱的英雄人物——牛虻、保尔·柯察金、尤里乌斯·伏契克、穆萨·嘉里尔、卓娅·科斯莫捷米扬斯卡娅等的心愿，总是希望借助一些什么来检查和考验一下自己体力的和精神的力量。男青年之间或女青年之间，都会进行默不作声的竞赛。

青少年男女对自己身体发育的审美方面的感受，也是很敏锐的。他们非常在意别人对自己外表的看法。对于他们来说，关心美跟关心健康一样重要。我们从一批批学生中越来越多地看到他们怎样关注自己的仪表。

马克思描述剥削社会的贫困生活时写道："忧心忡忡的穷人甚至对最美丽的景色都**没有什么感觉**……"在我们的社会，人的物质需要一年比一年得到更充分的满足，家长对子女的要求是有求必应，这样便促进了当代年轻人审美需求的发展。仪表美对于他们来说变成了和品德高尚一样的精神需求。鉴于此，我们十分注意使这种需求同劳动、创造精神和谐地结合起来，并融为一体。但是切不可使年轻人一味地只追求外表美，否则会使他的灵魂变得空虚。

青少年时期生理上的急剧发展，要求教育者首先认真关注学生体力和脑力劳动的适当。我校教师经过多年的观察得出的结论是：搞死记硬背这种畸形的和力所不及的脑力劳动，有导致正处于发展形成中的人因过劳而致病的巨大危险。我们不允许让12—15岁的少年每天（除在学校上五六小时课以外）花四五个小时去做家庭作业。这会摧残少年，使他的健康终生遭受不良影响，会损坏他的美，使脊椎弯曲、胸廓狭窄、眼睛近视等。本书介绍了我们在指导脑力劳动时怎样同时关心学生健康和身体的美。

我们不让女生承受过重的体力负担，不让她们参加需要剧烈用力的体力劳动。我校集体有一个传统，就是女教师也免除这种劳动。这个传统对于青年也是一个好榜样。

二、对学生的生活环境、劳动和作息制度的卫生保健要求

体力劳动和脑力劳动的作息制度，是身体健壮和精神振奋的一个重要条件。自觉遵守制度，也是自我培养意志的重要因素。

遵守劳动和作息制度的卫生保健要求，会怎样促进学生身体和精神发展的一致。

学校院子里，学生平均每人有十多棵树木，而这个"氧气厂"还逐年在扩大。在春秋两季里，一、二年级的一部分课在"绿色教室"里上，即在四周都是葡萄藤的草地上上课。长日班的活动也在这里进行。

我们不允许让低年级学生一天在室内进行三小时以上的脑力劳动。我们乡里各户家长和年长的孩子，都为小孩子修建了绿化的凉亭，供他们在那里念书、写字、画画和做手工劳动。我们特意开辟了一个栽培野葡萄的苗圃，并且很乐意把培育的幼苗和插条分送给需要的人家。

我们常常在校务会议上研究，为让学生呼吸到饱含氧气而又没

有细菌的清洁新鲜的空气，还应该做些什么。大家决定在工作间周围竖起一道绿化屏障。我们沿着墙壁栽种了葡萄，使秧蔓从下到上把整个建筑都遮盖起来。工作间的窗外是一片绿色海洋，遮掩了强烈的阳光，并且只能使干净的空气进入车间。我校还培植有许多柑橘类植物，使空气在冬季也含氧量较高。

我们学校只按一个班次上课，所以所有的课都在自然光线的照射下进行。尽管如此，我们仍然设置了对孩子们视力的医务监督。一旦发现孩子的眼睛发育稍有异常，就采取措施增强体质，以预防眼病或弱视。如孩子得到富含植物和动物维生素的、加强的营养；为弱视孩子制定特殊的看书制度，增加中间休息的次数，变换脑力劳动的方式。个别孩子可以在课间出去散步几分钟。

除定期检查课桌椅是否适合学生身高之外，还要为驼背孩子的课桌椅在结构上做某些适应个别情况的改变。但学生本人和班集体都看不出这种改变。学生的身体和体态能否得到正常的发育，要看课桌上的学习制度订得是否合适。教师和家长要竭力做到使学生校内在课桌上的学习和家里在桌上做作业的时间，一年级不超过 2 小时，二年级不超过 2.5 小时，三年级不超过 3 小时，四年级不超过 3.5 小时，五、六年级不超过 4.5 小时，七至十年级不超过 5.5 小时。[16]

作息制度的核心问题是，劳动和休息、活动和睡眠的恰当交替。对学生劳动的考察表明，这个领域中存在着许多可能对健康和精神状态产生不良影响的危险。劳动不均衡，以及闲散与不适宜的过分紧张交替出现，不仅对健康而且对品德修养也十分有害。我们曾经不得不长时间地在家长学校和与家长的谈话中向父母们说明孩子晚睡觉的危害。睡眠不足，精神萎靡以及由此带来的经常性的周身不适，既影响自我感觉，也影响智力发展。

睡眠的恢复作用，并非单单取决于睡眠时间的长短，还要看是在夜间的哪一段时间睡觉，以及一天中是在什么时间和怎样劳动的。要想自我感觉良好，就要早睡，睡眠时间充足，苏醒时间早，而且要在醒后的 5—10 个小时之内（视年龄而定）从事紧张的脑力劳动，随后的活动时间中则应降低劳动的紧张程度。切忌在睡前 5—7 小时内进行紧张的脑力劳动，尤其是背诵（体弱和病后初愈的孩子则要在睡前的八九小时内就不进行这种劳动）。如在这个时间进行紧张的脑力劳动，不仅会导致工作效率的显著下降，而且会使睡眠质量不好，因而孩子醒后也无法投入紧张的脑力劳动。许多实例向我们证明，一旦要孩子在就寝前一连几小时地去做功课，他就会变成落后生了。课堂上脑力劳动的不活跃，往往是由孩子本应在户外——园子里活动或打雪仗玩的时候，他却坐在屋里抠书本造成的。

例如说，学龄初期的孩子早晨6点钟起床，那么在12—13小时之后，就不能再让他进行紧张的脑力劳动了。而学龄中期和晚期的孩子在同样起床的情况下，紧张脑力劳动的持续时间则可延长两三个小时乃至4个小时。①

这些结论都是根据30年的观察做出的。观察了脑力劳动在不同的非睡眠时期的效率之后，我们认识到，在6点钟起床的情况下，学龄初期儿童在12—13小时之后、而学龄中期和晚期青年则在14—16小时之后从事紧张的脑力劳动，对健康和智力发展都有不良影响：记忆和感知的程度鲜明减退，思维能力下降，睡眠变差，食欲下降。我们对32名学生的脑力劳动进行观察、记录。调查材料证明，他们长时期跟不上班的原因，是他们身体不够强壮，却经常守着课本熬夜。随后，消除了这种不正常情况，确立了合理的饮食制度，增加了在新鲜空气中的逗留时间，从而帮助了这些孩子，使他们变得能够胜任脑力劳动，可以正常学习了（其中8人以全优成绩、12人以优良成绩念完了七年制或八年制学校）；所有的人都以合格成绩中学毕业了（读完中学的19人中，4人荣获奖章，5人的成绩均为优和良）。

我们竭力使学龄初期儿童（7—8岁到11—12岁）的睡眠时间为10小时，学龄中期和晚期儿童则睡8—8.5小时，并使睡眠时间的40%—45%分配在前半夜（午夜12点以前），其余时间则在翌日之初（午夜之后）。

---

① 在长日班里，我们也严格遵守这条原则。课后仍然留校活动的一至四年级的学生，在教室里的脑力劳动时间不超过20—30分钟。其余时间，他们都待在户外，在园子里或在田野中。

休息时间的这种安排同醒后7—11小时内的紧张脑力劳动（而且脑力劳动要安排得当！——这个问题我们将在后面讲）相结合。这是下一夜睡眠正常并充分恢复精力的重要条件。早睡早起，而且在早操之后立即着手学习，而不白白浪费时间。这是我们教育工作方针中对作息制度的一条原则性要求。睡眠对于神经中枢和整个机体具有巨大的保护作用，而在人的全部发展过程中大自然又为睡眠安排了夜晚，我们认为这都具有非常重大的意义。改变这种安排，就意味着使孩子的机体遭受很大损害。

在孩子开始上学前两年，我们就在家长学校的讲课中给父母们推荐合理的作息制度——早睡早起。因此，孩子入学时对我们的作息制度在某种程度上已经有准备了。对家长的工作则还要继续进行：我们教给家长如何使孩子自己就寝和自己起床。幼儿会饶有兴味地练习按照闹钟起床。只要睡眠时间够长，而且40%—45%的睡眠在午夜前（这是不难做到的），早醒习惯便会随之形成。我们观察了许多孩子的脑力劳动和健康状况，他们都有早起习惯，而且是在学校学习的整个八年或十年期间总是在同一时间起床。他们的精神都很饱满，上课都能积极地接受教学内容。

低年级学生一般都在晚间8点睡觉，早晨6点起床（在假期中，睡觉和起床时间都延后1小时）；中年级和高年级学生9点睡，5：30起（假期中，作息制度要根据生活、劳动和休息条件有所改变，但早起原则坚持不变）。学生在盥洗、早操和早餐（这一切总共不超过20分钟）之后，便开始学习、劳动；在去学校之前的1.5—2小时内（住址离学校近的则有2.5小时）做家庭作业。这样一来，工作日便从最难的工作开始。完成家庭作业的主要劳动方式不是背诵，而是阅读、思考、分析事实。绝大多数家庭作业都同创造性劳动结合在一起。清晨，是从事这种劳动的最好时刻。在工作日之后的时间里要逐渐降低脑力劳动的强度，这是很重要的一条要求。遵守这条要求有利于保持精神奋发，朝气蓬勃。而且，在这期间，紧张的劳动与休息是交替进行的。第一次的主要休息就在由家到校的路途之中。我校学生在去学校的途中要花费5—30分钟。对于那些离校较近的学生，我们就教他们逐渐养成课前进行10—15分钟散步的习惯。

脑力劳动方式的多样化及劳动和休息的相间安排，对于低年级学生的健康和智力发展都非常重要。一年级一节课的课时和其他年级的一样，都是 45 分钟。不过，一年级孩子在一堂课期间要进行不同类型的活动：或读、或写、或算。教师在一堂课中还要进行某种活动，使他们或到讲台前或到室外做些什么观察，或者看看什么。我们的一年级没有那种把全部时间都用来只写字或只算算术的课。向"纯粹的"算术、习字、阅读课的过渡，在第一学期末逐步进行。那些与紧张的记忆相关联的掌握知识的活动与主动运用知识的活动交替进行。例如，学生在解过算术题之后，就进行一些丈量、计数、计算和测定活动。学生在课堂上经过几小时紧张的脑力劳动之后，这一天就不再接触课本了。家庭作业都在早晨上课之前做。经验表明，在整个教育教学工作（特别是课堂上学习新教材的过程）安排得当的情况下，早晨用一个半到两个小时（有时是两个半小时）进行脑力劳动，可以比课后用同样长的时间多完成一倍的工作量。一至二年级的学生早晨用 20—25 分钟完成全部作业，三至五年级的学生则用 40—45 分钟完成。实践证明，没有家庭作业不行。需要花费时间多的作业（作文、画复杂的图等）分几天完成（划分办法由教师向学生介绍）。孩子早晨的脑力劳动从复习那些应该背诵和永远保持在记忆中的东西开始。

按脑力劳动的难度和性质恰当编排各种课，是作息制度的相关要求中很重要的一条。如图画、音乐、体育、手工课及在学校工厂里的劳动，一般都排在末节课；劳动教育活动都排在周末。阅读讲解课和文学课按其性质和主旨来讲，显然不同于其他科目，都在工作日中段进行。数学、物理、化学、生物等自然科目及语法课，排在开头的几节课里。

课间的 30 分钟休息时间，学生可以加餐，并待在户外空气新鲜的地方。

下午课后，孩子们主要在户外度过，从事富有智力活动的、有趣的创造性劳动，以满足个人需求。装配、钳工、电器装配等方面的工作，都从室内挪到室外来做。每个孩子在家里也有一个户外劳动的角落。假日期间（包括星期日），作息时间没有较大改变，不同的只是学生全天（而夏季则是整昼夜）都在户外度过。

如同在上课期间不得有力所不及的脑力劳动一样,放假期间则不得有力所不及的智力活动。我校学生在假期中的脑力劳动与在大自然(试验园地、农庄田间、果园、养蜂场、畜牧场)中的实验、与设计和模型制作、与机器操纵等相联系着。

在新鲜空气中的紧张的体力和脑力劳动的时间越多,各个器官的发育及其功能的发挥就越协调,就越不容易疲劳,睡眠的恢复作用也越好。学生睡觉时都开着通风窗,夏季则完全睡在户外,睡在干草垛上、粮田和牧草地附近。禾本科和草地植物产生的植物杀菌素,可以消灭容易引起肺部疾病的致病细菌。如果学生整个夏季呼吸的都是饱含禾本科植物和草地植物的植物杀菌素的空气,他就不会患受寒疾病——咽喉炎、气管炎、呼吸道黏膜炎等。

我校学生暑期一般都在自己家乡度过,不专门为休假做任何外出旅行。他们每天都洗几次澡,或在池塘、河沟里,或用淋浴。多数学生家里装有淋浴器,可以从春季一直用到深秋。男生夏天穿背心,12岁以前穿短裤。从学龄初期到十三四岁的孩子,春天到秋天不论天气好坏,一律打赤脚。脚的锻炼,是锻炼机体抗病能力的一个很重要的条件。我手边存有980个孩子的健康卡片,他们从7岁到17岁整个夏季都打赤脚,不论刮风下雨还是炎夏盛暑都不怕。他们当中任何一个人从来没生过病。我们有些孩子赤脚在雪地里行走都不在乎,他们冬季每天都在院里走5—10分钟,都有极好的耐寒能力。

在课堂上课之前完成家庭作业,并在午后不进行紧张学习的脑力劳动,这是一个具有决定性作用的条件。在这种条件下,不仅可以增强体质,而且可以为丰富精神生活、为全面发展创造条件。这也正是空余时间这个无价之宝的价值所在,没有这个宝,就不可能过有充分意义的人的生活。

然而,下午不进行紧张的脑力活动并非为了完全摆脱智力劳动,而正是为了让学生能过上富有意义的丰富多彩的精神生活。只有当孩子每天按自己的愿望随意使用5—7个小时的空余时间,才有可能培养出聪明的、全面发展的人来。离开这一点去谈论全面发展,谈论培养素质、爱好和天赋才能,只不过是一些空话而已。

我们不容许让学生在经过课堂几小时紧张的脑力劳动之后再去

把着课本学习,这样会使大脑疲惫不堪,智力变得迟钝,学习兴趣受到挫伤。我校学生课后可以自愿进行课外小组的创造性劳动,做游戏,旅行参观,游览散步,徒步行军,阅读文艺和科普书籍,进行文娱活动等。而且,这些活动90%以上的时间都在户外度过。

我校长日班的学生也不坐在那里抠课本,因为家庭作业清早已在家里做完。长日班减轻了家庭教育的负担,但不能取代它。一般说来,什么都不可能取代家庭。孩子平日不经常同父母在精神上接触的那种教育是不正常的畸形教育,如同不经常关心子女的家长生活一样不正常和畸形。

通过若干年对许多孩子身体发育和智力发展的观察,我们得出结论,人在成年时的健康在很大程度上取决于在童年、少年和青年早期各时期充分的营养和合理的作息制度等其他因素结合得如何。我们要着重指出:充分的、符合要求的营养要和劳动、休息(睡眠)、空气及经常而又恰当的身体锻炼相结合。营养不仅要含有足够的热量,而且还要包含丰富的容易吸收的食物(牛奶、黄油、糖等)以及在机体组织中起重大作用的各种成分(特别是蛋白质和维生素)。

奶和糖,特别是水果里的糖分,在孩子的营养中具有特别重要的意义。早晨起床后,孩子喝一杯奶(凉奶),吃面包抹黄油——我们通过对家长的经常解释工作总能做到这一点。各家都持有我们分发的、照顾了孩子个人特点的有关合理营养的手册。各个家长都为孩子的营养而储备各种食物(特别是各家都储存水果干,以保证孩子能在冬季吃到果糖)。

做完家庭作业之后(去学校之前),好好地进早餐。两节课之后的30分钟休息时间,学校食堂供给每个孩子一杯牛奶,课后则供给面包加黄油和茶或者牛奶(供给需要加强营养的孩子)。任何时候都不能让孩子产生"饥肠辘辘"之感。从学校回家后进餐,饭后散步或在户外进行轻微的劳动。

做操和沐浴对增进健康具有很大作用。除了在家里起床后做早操之外,在学校上课前还要做操,这是专门为训练姿态而做的。在30分钟的课间休息之前,由教师带领(按照各种年龄专用的整套操)做小操练。池塘边开辟了几个浴场。

我们力求使遵守制度变为自我教育的课题（特别是在劳逸结合、脑力和体力劳动的交替进行和坚持起床后的个人早操等方面做到这样）。我们在有关自我教育的谈话中，总要阐述严格遵守作息制度的德育意义。学生逐步确立把自觉遵守纪律视为美德的观点。那些需要全校人员在工作安排上予以遵守的全校性制度准则，对例如一切课外活动都要在就寝一小时之前停止有促进作用。我们总是竭力做到，让孩子在家里度过晚上的时间。

三、劳动是增强体质的手段

体力劳动在完美体魄的培养中所起的作用，同运动一样重要。人不经受正常的极大疲劳，就不可能充分领略休息的愉悦。

有许多劳动过程，人体在其中的协调优美动作可以同体操相媲美。这类劳动（如手工割草、用砖砌墙）的动作，就动态和美的表现力来讲，都不比体操逊色。年轻人很乐意干这种体力活，特别是集体去干。同运动相比，这种劳动甚至还有它的优越之处：里面有更多的细微差异可以显示体力与技巧和技能的多种多样的结合。青年男女为这种劳动任务做行前准备的时候如同筹办节日一样高兴。每逢暑假，高年级学生都要去手工割几天草。草场上的这项劳动连同旷野露宿、野炊，真有妙不可言的美！学生对集体进行的栽植树苗、嫁接果木和掩埋葡萄等手工劳动，都很喜欢干。高年级学生每年都参加生产用房和文化生活用房建筑的手工砌砖劳动。

在整个上学期间从事这种劳动的学生都显示出一些特点，他们身体发育良好，体型美观、匀称和谐，善于根据动作目的使用体力。他们身体发育的突出特点是，身材匀称，体态端正，动作优美，体魄强壮。他们在各种体力劳动中寻求美，力求使劳动过程完美。

我们在谈论劳动的快乐时，就要知道这种情感首先来自劳动的美。而人在劳动中也在创造自身的美。

我校学生从进校的最初日子起就从事体力劳动，或在生物室，或在工作间，或在教学实验园地。即使七岁幼儿，也有事可做：可以照管果树和葡萄，培育秧苗，收集观赏树和果树的种子，为粮食和经济作物选种，等等。

学龄中期和晚期的户外劳动，每天达两三个小时。

少先队员们在暑期要在少先队自建夏令营里度过两三周，在那里既劳动也休息（孩子们在营里每天劳动两三个小时），主要是照管水域旁的防护林带。他们都是早晚当空气清新、天气凉爽的时候劳动，食宿都是露天的。

高年级学生夏天至少在野外生活劳动两三周（割晒干草，收割粮食）。

冬季在天气不太寒冷（–15℃以上）时，高年级学生要在户外劳动10—12天。在这些日子里，他们不仅在户外劳动，而且在户外吃饭、休息和度过工余时间，只是夜里才在室内。我们从学龄初期开始就吸收孩子参加这种劳动。这种劳动对于呼吸和血液循环器官的发育，对于新陈代谢的增强，都有重大的意义。在营养良好的情况下，这种劳动能增进机体的所有功能，强化神经系统。神经细胞，特别是脑细胞的营养会增强，睡眠的恢复作用会提高。这是锻炼身体的极好手段。春季，当白天时间变长的时候，许多高年级学生都在园子里的凉亭里做家庭作业。即使冬季，遇有好天气时他们也在户外新鲜空气中看书。

伤风感冒在我校已经很少见了。我们掌握着有关26名学生身体发育的资料，这些学生在入学的头两三年中都是常患感冒的，其中4人患有非开放性的肺结核。由于专门为他们制订了特殊的作息制度，特别是由于昼夜都在靠近茂密树木的新鲜空气中度过，由于日光浴和水浴以及高热量的营养，他们的肺部情况大大好转，各方面的结核症状完全消失。

目前，我们对那些带有肺病症候以及一般身体虚弱的孩子采取一种独特的治疗方式。首先为这些孩子（一般都是学龄初期儿童，即将进入青年早期的人中已经没有生病的了）规定完全合乎要求的、含有丰富维生素的饮食。坚持让他们冬季开着通风窗睡觉，夏季则完全在户外睡眠。从6月到9月，他们有3个月住在野外，得到很好的营养，进行日光浴和水浴。不用任何药物，孩子们也会变得身体健壮，生机勃勃。

让一个人在童年时就健壮起来，使他不致在身体虚弱、精神萎靡的状况下进入青年期，这意味着要赋予他充分完满的生活乐趣。

户外劳动对于那些神经过度兴奋的——易激动的、不安宁的孩子，具有良好的影响作用。某些孩子来到学校时就有神经功能失调的现象，这是由于家庭教育不当，多数情况下是由于娇生惯养所致。消除这种失调现象和缺点，是学校的一项重要任务。我们这里有27名孩子的资料，他们进校时都有明显的神经官能症症状。这些孩子中的绝大多数不能正常学习。他们的治疗方案中最重要的措施就是在安静环境中的户外劳动，要求更多的不是体力，而是注意力集中和细心操作（如用柳条或其他材料制作各种器物）。嫁接果树可以起很大的巩固作用。凡是容易激动的、神经质的孩子，我们都特意教他们进行嫁接。孩子在干这种活计时可以忘记周围的一切，从而使他的神经系统不发生病态激动。

四、课堂上的体育和运动

只有当整个教育教学工作都贯穿着对学生健康的关怀时，体育运动才能在他们的全面发展中起到一定的作用。

我们尽力使体育操练变为一种享受，变为身体的需求。人从事运动不应当只是为了在竞赛中取得好成绩，而是为了培养自己完美的体魄。

我校体育课在操场上进行，遇有坏天气时则在体育馆里上。操场和体育馆都设有田径、球类、攀登及其他操练所必需的器械和设备。学校选定田径和体操作为体育活动的主要项目，此外，八至十年级还有器械体操。这些操练项目的目的是，培养运动美感、力量、协调性、灵巧性和耐力。在体育课上教学动作时，我们很注意审美上的完善，注意美的表现。体态美的自我培养，这是促使学生坚持每天做早操的主要动力之一。

所有学生经过体格检查后被划分为三组：基本组、预备组和特殊组。各组都按单独的大纲分别进行教学，而且在教学中着重关心的不是那些能在比赛中达到纪录标准的学生，而是那些身体虚弱的孩子（即特殊组）。对这些体弱的孩子有时要按不同年龄分别为男女生编排成套的矫形体操。我们力求使尽可能多的孩子进入少年期的时候能从特殊组转入预备组，进而升入基本组。就那些因个别器官的毛病或因患病导致体质虚弱的孩子来讲，都可以达到这个目标。

我们对于心脏和血液循环系统、中枢和外围神经系统有器质性缺陷的孩子，给予了特别关注。在医生参与下，为他们编排成套体操，以促进他们体质的逐渐增强。这种体操是根据孩子的健康状况随时更换的。

我们竭力要使学生确信，有规律的经常性锻炼不仅可以使身体变得健美，动作协调，而且可以培养性格，锻炼意志。

在跑步、滑雪、游泳等练习时，我们认为审美感是很重要的。我们的运动项目的比赛形成了一条规矩：主要比动作的漂亮、优雅、协调，速度则是次要因素。这里不只是在显示而且是在创造美和体魄的完美，也就是说，在争取达到体育的主要目标。总之，我们认为那种以动作快慢为唯一成绩标准的比赛是根本不能容许的，那会滋长不健康的狂热性和虚荣心。在那种比赛中没有美，缺乏审美要求，尤其要不得的是，没有真正的群众性和对个人能力的照顾。不能把运动从全体儿童的体育手段变为个人争夺成绩的手段，不能把儿童划分成有运动才能的和无运动才能的，不能通过投机取巧而猎取学校虚假名声的做法去煽动不健康的狂热性。

只有当运动成为每个人都喜爱的活动时，它才能成为教育手段。

五、体育与空余时间和休息问题

休息既可能是闲着，也可能是积极的活动。闲着，从这个词最好的含义来讲，作为紧张劳动（脑力劳动或体力劳动）之后的松弛是必要的。但是人生中不应当有任何一分钟是不获取精神财富的。对于会休息的人来讲，甚至消极地观看自然界和艺术品也是创造。只有当休息表面上好像是在闲着而实际在进行积极的精神和体力活动时，才是休息。不能不令人怀着不安的心情看着孩子们在许多少先队夏令营里处于疗养员地位的那种情景：休息被人们视为，使人在通常情况下本应该靠自己的力量来满足的那些需求最大限度地都由别人代劳。

学生应当把休息看作不仅是增进健康和体力，而且是提高精神力量的一种方式。从童年就培养积极休息的习惯，是我们教育方针的重要原则之一。我们认为，各类活动的恰当交替是休息，能满足审美需求的劳动是休息，带有创作性质地、积极地欣赏大自然的美也是休息。在这种做法下，孩子日常总有休息的机会，这对他们身心的正常发展具有很大的意义。可见，休息的空闲时间可来自课堂和课前脑力劳动的恰当安排，整个劳动制度的合理制订，特别是把强度最大的脑力活动放在前半天的安排①。

在我们自建的少先队夏令营里，孩子们在里面度假时并没有成人为他们的休息"服务"。度假队员实行自我服务办法，休息同力所能及的劳动相结合。例如，有些中队在果园里安置自己的营地，孩子们在休假期间便照管果木和收摘水果。另一些中队在树林里扎营，孩子们便负责护林，采集植物标本，收集籽种。

旅行行军是一种极好的休息：在这种活动中，能锻炼体力，培养道德观念和审美观点。学生可以尽情观赏丰富多彩的自然景色，这种休息同活动结合得特别显著。

我校学生从八九岁开始参加旅行行军。开始，他们是在老师和高年级学生指导带领下在原野和森林里沿第聂伯河河岸做一两天的行军。随着年龄的增长，学生行军的里程也逐渐加长。共青团团员们可举行三四天的行军，行程达100—150公里。行军途中，孩子们自己做饭，夜宿时自己搭帐篷。

我们拟订了行军必须学会的技能项目单，其中包括：在没有太阳和星辰的情况下辨别方向、不用火柴取火、在雨中点燃篝火、搭盖窝棚等。行军前都要提出知识性目的：要在行军中了解一些什

---

① 上课时闲着，该有脑力劳动的时刻没有脑力劳动，这是缺少空闲时间的主要原因。一个人，只有当他领略过劳动的趣味，劳动成为他生活需要的时候，他才会真正珍惜空余时间和享受休息。学生能这样看待劳动，他们就会争取积极的休息——阅读文艺作品，从事露天劳动。

么。每次行军都是丰富学生精神世界的某种新的兴趣和推动力量，是对这一兴趣的一次激发。这一兴趣或是智力方面的，或是劳动方面的，或是社会方面的，或是审美方面的。孩子们可以了解本地区过去某件有意义的事。四年级学生在一次行军中会晤了伟大卫国战争的参加者——第聂伯战役的英雄。学生还同当初从法西斯占领下解放乌克兰的战士，如今的俄罗斯、白俄罗斯、格鲁吉亚、乌兹别克斯坦、亚美尼亚等地的工人和集体农庄庄员建立了通信联系。孩子们建立了一个家乡历史陈列角，为此收集了丰富的资料，其中包括战争年代的照片、曾在敌占区秘密出版的地下小报等珍贵文物。这些东西都被精心珍藏着，考察研究着。

在一次寻找自然宝藏的行军中，孩子们找到了铁矿，从此便开始了对家乡自然富源的深入考察。

利用别人创造的文化财富进行休息时，是人精神生活中最复杂的时刻。我们认为教育的技巧就在于，要让学习和体力劳动之外的空余时间都充满生动的、触动思想的以及深刻的道德、理性和审美的感受。休息时刻的精神情趣越丰富，学习、课堂上的脑力劳动就越吸引孩子，他对艺术作品美的感受也越深刻。

休息时刻思想情感的丰富与否取决于活动的性质。这时的智力生活应当不同于学习。当学生朗读一本书、向同学做报告、排练节目和在课余艺术小组活动的时候，他感到自己是在为集体创造某些财富。在必学课业之外的空余时间去积极满足精神上多方面的需求，是充实心灵力量、助长乐观情绪和振奋精神的富有生气的源泉。如果学生在按心愿进行的脑力劳动过程中发现了自己新的力量和才能的话，甚至连这种脑力劳动也会成为休息。我们学校高年级学生有一个科学化学小组。青年化学家们做一些有趣的实验，揭示出认识大自然更多奥秘的前景（关于化学物质对染色体影响的实验就是特别有意义的一个实验）。这种活动往往会是很紧张的劳动，但它带来的却不是疲倦，而是学习之余的休息。

学生在休息中充实了自己的精神世界，在自己身上创造了新的价值，从而也就教育了自己。

第四章

德 育

一、公民基础——道德教育的基本环节

在道德教育的实际工作中，我们的教育集体首先着眼于形成个人的思想核心——公民的观点、信念、情感、品德、行为及言行一致。高度的共产主义思想教育纲领反映在共产主义建设者的道德准则之中，这些准则是人类道德文明的最高成就。让人受到共产主义思想的鼓舞，在我们看来，是教育素养的入门，同时也是教育素养的高超技艺。

共产主义思想，用马克思的话说，应当变成"不撕裂自己的心就不能从其中挣脱出来的枷锁"[17]。依照我校教育集体的信念来看，培养道德的最微妙的"奥秘"之一，是将共产主义思想、公民思想寓于少年儿童敏感心灵的激情和渴望之中，寓于他们的行为之中，寓于集体的互相联系之中，寓于老师同孩子们、孩子同孩子之间千丝万缕的联系之中。

克鲁普斯卡娅在《论教师》中写道："在孩子看来，思想总离不开人。他们在接受他们所尊敬的老师的教导和接受他们所鄙视的陌生人的话时，态度是截然不同的。"这就是我们把我们和学生的关系要具有十分鲜明的、道德的公民精神的这一点看作非常重要的一条教育原则的原因所在。

道德教育是从儿童有意识的生活刚刚一开始就进行的，也就是说，早在他们还理解不了共产主义理想是人类道德文明的顶峰这一真理之前，就开始进行了。我们正是在儿童幼小的时候，在他们的心灵很容易接受情感的影响和作用的时候，向他们展示全人类的道德准则，把初步道德教给他们。我们力求把全人类的道德基础贯穿

在公民的积极性和自觉行动之中。不是简单地让他们知道什么是好,什么是不好,而是让他们能为了祖国的繁荣昌盛,为了共产主义事业而积极行动。

我们认为,让青年人掌握全人类的道德准则,是形成个人道德修养的非常重要的途径。我们通过培养孩子遵守起码的道德原则的习惯,做到使每一个孩子都能幸福地生活和劳动,培养他们一些初步的公民动机和对集体、对社会利益的初步的关心。因此,把讲解和劝导、说服和激发结合起来,是很重要的。只有当积极行动明显地显示出社会行为性质,全人类的道德准则才会变成人的个人良知。教儿童在社会中、在人们中间生活,意味着教他们如何做出社会行为,也就是教他们处世待人。

我们把哪些人类道德准则作为起码的道德素养,作为基本的公民精神传授给孩子们呢?

1. 你是生活在人群之中的。不要忘记,你的每一个行为、每一个愿望都会影响周围的人。你要知道,在你想要做的和可以做的事之间是有界线的。要检查自己的行为,问问自己所做的事是不是在损害别人和不利于别人?做什么事都要有益于你周围的人。

在阐释这条道德素养时,我们都要以实例说明,在人们中间应该如何行动:当你想要做什么事情的时候,要想想,按照自己的想法做了会不会使别人不愉快。例如,在林荫道旁盛开着玫瑰花,你想去摘一朵花。你要想想,如果每个同学都要满足这种愿望的话,将会是什么样子。盛开鲜花的玫瑰丛将会变成一簇秃枝。

儿童的心灵对这种告诫是极容易感受的,儿童会因为给别人做了好事而从内心感到极大的喜悦。如果能配合这种道德教导辅之以为人们做好事的引导和启发的话,那么在这些幼小的心灵中就会确立起抑制欲望和任性的内在精神力量。而这对于形成公民的端正作风是很重要的。那些自幼就只顾自己不顾别人,只知按自己的愿望行事而把集体利益置之度外的人,长大就会成为一个自私自利的人、个人主义者。能控制个人欲望这一条基本准则,乃是道德行为这个识字课本的第一页的第一行。谈论道德的响亮辞藻,儿童是难以理解的。要少使用这种辞藻,多关心人道主义行为的磨炼和优良习惯的培养。

2. 你在享受别人创造的财富。人们给了你幸福的童年，你要以德报德。

当孩子还没有理解他是这个社会的公民、要承担许多义务这些概念之前，就应当学会以德报德。要使他的良心不允许他只做物质财富和快乐的享受者。所以，我们对我们的孩子说："在宁静的黎明前的时刻，当你还在酣睡的时候，挤奶员早已在畜牧场工作了，为你们准备新鲜的、营养丰富的牛奶。炊事员已点燃了学校厨房的炉灶，为你们准备美味的早餐。矿工们下到矿井，在坑道中挖掘煤炭，为的是让你们暖和地待在教室里。拖拉机手冒着严寒驾驶拖拉机到田野去运喂奶牛的饲料，你们喝的就是这些牛的奶。你们的父母上班去工作，为的是你们有衣服鞋袜穿，为的是让你们能够欣赏到明媚的阳光和蔚蓝的晴空。他们把一切财富毫不吝惜地让你们享受，也企望从你们这里得到善报。"

我们教孩子们怎样为人们做好事。我们对他们讲："这是畜牧场工作人员休息的地方。孩子们，咱们在这儿栽种一些玫瑰花和丁香树，让这儿变得很美，让我们的妈妈和姐姐们能在这儿愉快地休息。"于是当孩子们开始栽种花木和以后进行管理的时候，这些劳动给孩子们带来了无限的快乐，因为里面充满了高尚的情感。

孩子们做完一件好事之后再去做第二件、第三件……，我们就这样引导他们沿着道德修养的阶梯一步一步地前进。而孩子们则因为能为人们做好事而感受着由衷的喜悦。我还要再说一遍，只有当人在童年时多次体验过这种情感，这种情感才会在心灵里扎下根来。

3. 生活中的一切幸福和欢乐都由劳动创造。不劳动，就不能正直地生活。人民教导说：不劳动者，不得食。要牢记这一格言。懒汉，寄生虫……，犹如吞噬勤劳的工蜂所造的蜂蜜的雄蜂。学习是你的首要劳动。去上学，就是去上工。

为了让孩子们养成牢固的劳动习惯，培养他们真正热爱劳动——公民的首要义务，我们在学校里创造了劳动环境和绝不容忍懒惰、懈怠、闲散、做事马虎等恶习的气氛。小懒汉，是懒惰、寄生等恶习的顽固祸根，不能允许社会上存在这样的小懒汉。要理解不劳动就不能生存这样一个真理，只有当孩子能在集体里过充满劳动乐趣的生活时才能做到，而这样的快乐是任何别的东西都不能与之相比的。当一个人付出劳力不是随心所欲而是根据需要做事的时候，人就会由于体验到为人们做事的快乐而希望为人们的共同幸福去做事了。在我们学校，孩子在七八岁时就开始种植果树，把荒地开辟成鲜花盛开的园地，他们到十二三岁时就能看到亲手建成的果园了，这就是劳动之乐的源泉所在。这样他们从小就感到自己就是一个劳动者。他们每个人到少年及青年早期时就能在自己的劳动成果中像照镜子一样照见自己，看到自己的技能、意志、思想和顽强精神，因而在他们的心灵中也牢固地树立起这样一种情感：不劳动就不能生活。给人传递勤劳品质，在思想上树立爱劳动的精神，这是一个极其需要个别化的教育过程。因此，我们尽量使每个学生在幼年时期，就能在劳动中体现他个人的精神，为他自己完成的工作而自豪：这是我种的树，这是我为实验室做的活动机器模型。如果在幼年做不到这一点的话，那么，到少年或青年早期再开始这种教育就要困难千百倍了。初步的道德都是在儿童时期学到的。

4. 要做一个善良的、富有同情心的人。要帮助弱者和无自卫能力者，要帮助患难的同志，不损害人。要尊敬、爱戴父母，是他们给了你生命，又在抚育你。希望你成为一个诚实的公民，成为心地善良、心灵纯洁的人。

使每一个人培养起善良、诚挚、同情心、助人精神及对一切生物和美好事物的关切之情等品质，是学校教育的基本目标。学校教育就要由此入手。薄情会产生冷漠，冷漠会产生自私自利，而自私自利则是残酷无情之源。为了防止薄情的滋生，我们培养孩子们要学会真诚地关怀、惦念、怜惜一切生物和美好的东西——树木、花草、禽鸟、动物等。如果一个孩子会深切地关心在隆冬严寒中无处栖身的小山雀，并设法去保护它免遭灾难，能想到保护小树过冬，那么这个孩子待人也绝不会冷酷无情。相反，假若小小的年纪就毫无怜悯之心地去毁坏和消灭生物和美好的东西，那么他就可能成为欺侮身边亲人的小霸王。而生活中，这类小霸王确也不乏其人。例如，一个七岁的男孩正准备去上学，但怎么也系不好鞋带，就生气地把鞋带揪断，把鞋也扔开。他是想让母亲惊慌起来，为他张罗起来，以致哭起来。而当闹到母亲流了泪时，他却感到轻松愉快。这正是那种所谓"无恶意的"霸道行径,要对之进行巧妙的、关切的但却是毫不留情的斗争。要使孩子领悟到,让别人难过是极大的罪恶。要让孩子们的心经常惦念一切生物和美好事物的命运,那他就不会因为意识到有人为他内心痛苦而欣喜。

我们尽量使每一个孩子都能关心花草树木和鸟兽,关心鱼缸中的鱼儿。这种关心能磨炼孩子们真挚的同情心,激发他们做好事的愿望。我们激励孩子们去关心人,首先是关心母亲、祖母、父亲和祖父。在上课的头一天,我们就给年幼的一年级学生讲述他们的父母有时会如何困难,他们的祖父祖母们又是经历了多么艰难的生活道路。随即,孩子们当天就在宅旁地里为母亲、祖母、父亲、祖父各栽种了一棵苹果树。孩子以后便去精心照管这些幼树(当然,这要常提醒他,甚至要手把手地去带领)。当有朝一日,果树结了果子的时候,孩子就把果子奉献给他的亲人(这一行动也要去教,去多次地提醒)。如果已做到使这个时刻成为孩子们一生中最快乐的时刻的话,这就是说,您已把道德价值灌输到了孩子的心灵深处。我们不相信,道德上的恶习纯系思想意识中的资本主义残余。凡是缺乏真正教育的地方,都会出现这种恶习;那里的孩子,或者被当作宠儿受到多方纵容迁就;或者相反,犹如野草一般,没人照管,既没人教他们好,也没人教他们坏。要想不出现坏事,就要不断地教他们做好事。

5. 对坏事不能置之不理,要同坏事、欺骗和不正义现象做斗争。绝不可同那种企图靠别人去生活、损害别人、危害社会的人妥协。

我们认为,培养公民的不妥协精神和与坏事和非正义现象做斗争的主动性,是一项重要教育任务。不能允许儿童对浪费、懒惰、懈怠、惨无人道现象采取沉默观望的态度。但是鉴于不良现象往往发生在成年人身上,因此,这方面的教育工作要讲究方式,要深思熟虑。

学校里设有少先队监督岗,负责保护绿化植物。这是公民教育的一个基地。假如孩子们发现大人毁坏或者哪怕只是损伤树木的现象,对这种不良行为的斗争,就不能只是说说而已。这种破坏行为若得不到惩处,孩子们就会为之伤心难过。因此,我们尽量让犯了错的人,由舆论强迫他付出劳动,以补偿损失。当孩子们看到正义终于胜利了的时候，就会以更大的热情积极地为社会而劳动。如果一个孩子会因为看到生活中的坏事而愤愤不平，并讲出他的义愤之情，这很好。但是他自己也应当会做好事，会以实际行动去巩固生活中的好事。否则，他就可能变成一个没有为善良和真理的胜利做出任何行动的空喊家、爱说漂亮话的人、蛊惑家和"揭露家"。

以上便是道德的初步素养，孩子有了这些素养就能确切理解善与恶、荣与辱、正义与非正义的实质。除这些最基本的真理之外，我们还逐步向学生展示诸如爱祖国，为祖国的自由、荣誉、独立、伟大和强盛而斗争的英雄主义，坚韧不拔，英勇顽强等这样一些可贵品德。教育工作的技巧和艺术就在于以鲜明的榜样把这些可贵品德展现给青少年，以触动他们的心灵，引导他们的思想，激励他们追求道德最高标准的志向。有这样一句拉丁语名言：言词固可教人，但榜样更具有魅力。我们尽力使那些丰富的道德财富能吸引孩子。我们进行教育谈话时，总要引用一些最能充分显示心灵美、伟大、英勇、忠于人民及其理想的行为实例。

学校的任务是，在先辈们世世代代所创造、争取和获得的道德价值的基础上，在集体里建立切合实际的、具有高度思想性的和公民精神的道德关系。应当使那些道德价值变成每个学生的个人精神财富。要做到这一点，只有把道德思想通过鲜明的形象展现给学生的智慧和心灵，激起他们深切的道德美感。正因为如此，当我们进行旨在把我们社会及全人类的道德价值灌输到学生的思想和心灵中去的教育谈话时，总要选用这样一些事例、情景和人与人的相互关系，使这些实例能以它们所显示的为了共同的幸福所创造的业绩的伟大和美好而引起孩子们的赞美和敬佩。

我们编辑了一部独特的道德价值文选，里面收集了千百件记述那些忠于祖国、忠于劳动人民理想和自己信念的人们建立功勋的故事。这部文选是我们多年劳动的成果，它包含着从古到今人类所创造的道德价值，但主要篇幅则反映了我国人民在革命年代、在国内战争时期、在伟大的卫国战争中为了从剥削者手中求解放、为了祖国的自由独立而进行的英勇斗争。文选中有不少是记述劳动人民的光辉篇章的，向青年一代介绍他们的英雄事迹尤为重要，这样可以说明，人的宏伟业绩并非仅能在特殊情况下才能创造。我们在以我们祖国优秀儿女们的生活和斗争为榜样教育我们的学生,让他们做真正的公民。

我们在努力让我们的学生力求在生活中做到像那些把为人民而劳动视为光荣、尊严和自豪的人们一样。我们在每一届学生到青少年时期时,都要介绍道德价值文选中有关优秀建筑电焊工、两次荣获"社会主义劳动英雄"称号的阿列克赛·乌里索夫事迹的篇章。他一生曾参加过几个城市的建设。我们竭力使他写给我们学生信中的这样几句话深刻铭记在每个青年的心里:"一生中只要领略一回你在世界上是一个创造者的幸福,只要能看到你盖的楼房平地而起并住进了人,你建的发电站安装的第一台机组送出了电流,或者,你挖的运河已伸展在大地上,孩子们走进了你修建的幼儿园;……你就会发现,这种感受是任何奖励和赞誉都不能给予的。"

文选中有一篇是介绍我国著名的畜牧学家斯坦尼斯拉夫·伊万诺维奇·什泰曼的。他的生活经历使我们的学生赞美和惊叹不已:在苏维埃政权初期,他是住在卡拉瓦也沃村的一个雇农放牛娃。从来没有读过书,他的童年生活是很艰苦的。但是他成为一名科学博士,培育出了奶牛新品种。这位来自人民的学者所说的话和对青年的希望,我们都当作巨大的道德财富传授给每个青年。他说:"我一生大部分时间是在畜牧场和牛舍度过的。但是当我回顾自己走过的生活和工作道路时,我觉得我如同一个探险家,不止一次地在无人走过的路途上跋涉;我多次感到自己是一名登山运动员,在向巍巍高峰攀登。"

我们的道德价值文选中有几十页的篇幅记述的是一些像阿列克赛·米列西耶夫一样的人物,他们克服了严重病痛,表现出顽强英勇的精神,在劳动中、在智力和美学创作中取得了卓越的成就。这些英雄人物的生平事迹就某个方面来说,是形成这样一种信念的不可多得的、强有力的手段,即道德意识、精神力量——这是公民精神的关键。它也是对那些软弱、意志不坚定、毅力不强或纯属懒惰的人的一种独特的精神刺激剂,是激发良知和促使他们进行自我教育的手段。

我们尽量使青少年去思考这些英雄人物的不幸遭遇,同他们比一比自己在克服困难时的毅力和顽强精神。有一篇选文是介绍乌克兰的米列西耶夫式人物——伊万·莫尔达夫斯基的。他在前线失去了双手和左腿,但他没有丧失意志:他念完了中学,进了学院,成为一名农学家,现在他在敖德萨州工作。

格里戈里·兹米因科失去了双脚,但他鼓起了重新回到劳动者行列的勇气。他现在是哈尔科夫州彼得罗巴甫罗夫卡乡的一名拖拉机手。

罗斯托夫州卡尔金农机站的拖拉机手德米特里·克鲁吉林,在抢救一名儿童时失去了双手,但他找到了重新回到劳动岗位的精神力量;重新回到拖拉机站工作,正像他在写给我们学生的信中所说的那样,用他自己的双手修理拖拉机①。

阿佐夫钢厂的工程师瓦西利·沃罗帕耶夫为抢救一名青年工人免于致残,自己失去了视力。双目失明的工程师仍坚持在自己的战斗岗位上,他写了学位论文并通过了答辩。

"不劳动、不去克服困难的生活是我无法想象的。"——我们把从工程师沃罗帕耶夫来信中摘下来的这句话写在他的照片下面,挂在了七年级学生维克多的课桌旁边的墙上。按某些教师的说法,维克多是一个"不可救药的懒汉"。正如我们预期的那样,维克多的生活有了转变,这也是每当我们把顽强、勇敢这种道德价值展现在一个软弱、缺乏坚定意志的、往往是在家里因不让他做事而被娇惯了的学生面前时所能指望发生的事。这个少年确实能够控制自己了:制定了严格的作息制度;在没有完成规定的当天作业之前,能强迫自己不离开书桌。

当我们向全体学生介绍这些英雄人物的坚强意志时,便会引起他们对英雄事迹的赞美,他们也因此得到激励。那些懒汉们则会觉得自己被羞辱,因而感到十分羞愧。尽管在教师的讲述中并不直接提到他,但实际上整个故事都是针对他讲的。对懒惰、懈怠以及不道德的行为要尽可能少去直接指责,因为这些指责比起正面榜样的教育影响来,极少有收益。

我们常常以那些为祖国服务的公民榜样为主题举办共青团青年晚会,晚会的题目就叫作"学做真正的公民"。

---

① 克鲁吉林同我校保持着经常联系。

道德的、公民精神的、思想的财富,是永恒的、无可取代的教育手段。同时,通过公民榜样和精神财富受教育,也是青少年们进行自我教育很有效的手段。年轻的公民在了解了公民的勇敢精神和对祖国的义务之后,他就会学着以高度的道德行为标准来衡量自己,用社会眼光来观察自己,并能深思熟虑地、严格地分析自己的行为和品德。但是这个手段的效力怎样,完全要看青年的思想、情感同积极的社会活动结合得怎样,要看他在怎样的公民活动范围中显示他是一个爱国主义者、一个为共产主义思想而斗争的战士。

二、从道德概念到道德信念的途径

列宁教导说:"我们的学校应当使青年获得基本知识,使他们自己能够养成共产主义的观点。"掌握自然知识和社会知识,认识周围世界的现象和规律,这仅仅是教育的开始。要进一步形成个人的道德信念还有一个长期的复杂的过程。个人道德信念是道德教育的最终结果,是说明一个人的精神面貌及其品行中思想和行为一致、言论和行动一致的主要标志。

只有当对真理和概念的认识能深深地反映在一个人的精神世界里,成为他个人的观点,能激发出深沉的情感,同他的意志融合起来,并能在他的行为方式、行动举止以及待人对己的态度中表现出来时,才能算得上道德信念。道德信念是个人的能动力量,是对坚持真理、证明自己观点的正确性并为此随时准备做出任何牺牲的一种热忱的企望。信念,不只是指人知道些什么,而首先是指他怎样把这些知识变为行动。

我们尽量使孩子们从上学的第一天起就培养个人的观点,并使这些观点变为神圣宝贵的东西,如同个人的荣誉那样宝贵。我们竭力使集体的全部生活和活动,使学生多方面的关系以及他们的种种兴趣,都具有思想意义和公民性的意义,都能促使他们形成对一个人的所见、所知、所为的个人态度。学生把任何一种乍看起来似乎与他并无直接关系的事情和现象,都会深切地当作个人的事情去感受:任何违反道德原则的行为都会使他感到不安、担忧和关切,会使他感到如同自己的人格受到了伤害一般。

道德信念，是道德发展的最高目标，是顶峰；要做到道德习惯和道德意识一致，才能达到它。实践向我们证明，道德信念的坚实基础要在童年和少年早期奠定，不过在这个时期必须使孩子看见的、从事的和观察的一切都具有鲜明的、显而易见的道德含义，才能使他分辨善与恶、光荣与耻辱、正义与非正义。我们尽力使善良、光荣、正义能给孩子带来快乐，而丑恶、耻辱、非正义则使他不快、忧虑乃至痛苦。

情感，是道德信念、原则性和精神力量的核心和血肉。没有情感，道德就会变成枯燥无味的空话，只能培养伪君子。正是由于这个原因，形象地说，由道德概念通向道德信念的甬道是以行为和习惯为起点的，而这些行为和习惯则是充满深切情感并含有孩子对待他所做的事和他周围发生的事情的个人态度。只有当我不止一次地体验过自己不受益而为他人做好事的快乐、仅仅由于做了好事而感受到快乐的时候，我才会在有人做坏事而于我毫无损害的情况下，也把它当作自己的不幸来感受和体验。我们在教育工作实践中遵循的就是这样的原则，从而达到行为和思想的一致。

我们的学生是在高尚道德行为已成为习惯的气氛中生活的（这对幼年学生尤其重要）。我们总是让孩子完成这样一些行为，这些行为在道德实质上能培养孩子对待公民义务的个人态度，能激发他为社会做好事的意愿和对坏事做不妥协斗争的精神。

校园里有几百棵果树。儿童一入学，我们就提醒他们注意：如果你看到树上有树枝被折断了，你要小心地把它缠扎起来，并把断口糊好；如果接得好而且及时，断枝就会长好，小树的伤就会痊愈。我们教给他们怎样做这种事，但这只是事情的一个方面，主要要让孩子在看到有树被毁坏时会感到心痛。我们是通过教育孩子去热情地创造生活美、同坏事和苟且偷安现象做斗争而达到这一点的。假若我们随后能看到，孩子在发现有折断的树枝时能跑回教室或者家里找小绳，或者当他自己不会用绳缠扎时，会带着不安的心情去向老师或者高年级同学报告风把树枝吹断的事，我们认为我们的目的就已经达到了，小树对他来说已成为有生命的、应该保护的东西了。

这些行为便逐渐形成习惯。青少年们已经无须再去思考断枝要缠扎，因雨水冲刷而暴露在外的树根要培土，手提重箱的老人要去帮助；而是当遇到这类涉及他人或是社会的事时，他们已经无法漠然处之和视而不见，不能不自然相助了。在童年时期，伴随着做好事而反复体验过的快乐之情，随着时间的推移，会转化为高尚的道德意识。这时，人要做好事，不是因为想听到什么赞扬（在道德教育中赞扬是一种十分微妙，但并非毫无危害的手段），而是因为如果对之漠然不顾的话，他会为此感到内疚。

我们认为，能培养高尚道德习惯基础的那些初步行为，在许多情况下反映着对待物的态度，而这些物包含着人的劳动，体现着技艺和勤劳精神，因而它也包含着人的道德品质。通过物看对待劳动的态度，通过劳动再看对待人和社会的饱含情感的态度，是形成道德习惯极其重要的一个条件。从学生入校的第一天起，我们就教育学生习惯这样一些行为。

如果你看到玫瑰丛或桃树根周围，或者刚刚移栽的小苹果树或葡萄秧下的土已经干裂，就把它们刨松散，到傍晚再浇上水。

在路上拾到被人丢弃的金属碎块，就把它捡回学校，放到专门设置的地方；每一块金属就是机器的一个小小组成部分。

不论在校园里，还是在楼道里或教室里，看到地上有纸屑，要捡起来扔进垃圾箱里。

做完活之后，归还工具（车刀、凿子、工具刀、刨子）时，应检查一下是否需要磨一磨；如果需要，就要磨好；要记住，你交还的工具（或者锹、耙子、喷壶等农具和用具），要比你领出时的状态更好。

你要归还给图书馆的书，要比你借到的时候更好；要时刻记着，书是由许多人的劳动创造而成的。

当你发现交给你操纵或者使用的机械有了毛病，要即刻请高年级同学帮助修好；如果你自己会修，就要自己动手。

这些行为的道德意义在于对劳动的尊重，而通过劳动又表现出对人这个创造者品格的尊重。这些行为并不单单是制度上的要求，而是形成这样一种信念的生活课堂，即把自己的劳动、自己的责任推给别人是不道德的。每当孩子遵循着社会要求做出某一行为时，都要认识一次这层意义,但是认识转化为信念并不是靠行为的频繁重复完成的。人的意识不是电子计算机的储存器。认识,只有在行为能给孩子带来正义感,能使他激动,能使他产生欢乐感和兴奋,并能振作精神的情况下,才能转化为信念。

信念的形成过程,要求儿童先要能自觉地对待自己的愿望,也就是先要能支配自己的愿望。我们校园里并非无意地栽种了这么多玫瑰花:有时孩子会想去摘一朵花,可是这样做会危害别人的想法就会制止他。这种想法可能逐渐会消失,但是厌恶坏事的情感会永远保留下来。对孩子们来说,花可不可以摘的问题已经无须思考了,甚至于连这种想法他都不会产生。道德习惯的实质就在于,人的行为已经被良心的呼唤支配,而这种呼唤的主调则是情感。我永生都铭记着法国著名文化活动家爱德华·赫里欧里奥的名言:当其他一切都被遗忘时,保留下来的就是修养。确实,道德修养并不是保留在记忆中的一堆堆知识,而是由深刻感受和领悟了的知识凝结在心灵里的东西。

多年的教育工作经验告诉我们,到少年和青年时期才教学生爱护花草树木这些令人喜爱的东西,不经任何人吩咐而自觉地给玫瑰花丛松土,在把书还给图书馆之前把破损的书皮修好等这样一些行为,为时已晚(进行再教育也很难)。如果他们在童年或少年早期的时候没有形成牢固的道德习惯,如果他们没有感受过可以激发道德行为的思想,这种思想没有在他们的心灵里留下印象,那么,即使他们懂得这样做的社会必要性,他们也不会这样做。反映我们青少年的对待物以及通过物对待人的态度的那些道德习惯,在少年晚期和青年早期的年岁中只能是巩固。这是顺利进行道德教育一个非常重要的条件。要在青少年时期解决道德教育中比较复杂的那些课题(形成生活理想的信念,认识科学世界观的一些重要真理等),只有靠童年和少年早期时就形成道德修养的基本习惯,才有可能。

儿童在形成反映他对待物和通过物对待人的态度的那些道德习惯的过程中,就产生了关于善与恶、光荣和耻辱、正义和非正义、义务、幸福、自尊感等的初步概念,但这仅仅是培养道德品质的开端。而启发儿童去完成那些包含有对待人、对待自己和对待社会利益的直爽态度的行为,则是这一过程的更高一级的阶段。完成这些行为的目的是要使他们感受这样的思想过程,即应当使自己的行为符合周围人们的利益,我的幸福不能给别人带来痛苦和不幸。教导人如何在人们中间生活的这些行为好比是道德修养的基础,今后的一切都要在这个基础上去建立。能否带着鲜明的情感去感受作为这些行为基础的种种道德观念、真理、准则和原则,就要看学校集体是否有丰富的精神生活。现在我们看看,怎样在行为的基础上形成要尊重别人利益的道德信念。我们这样教育孩子。

对于一个人、一种行为、一个现象、一件事情,你是怎样想的就要怎样讲,任何时候不可试图猜想别人想要让你说些什么。这种企图会使你成为一个伪君子、阿谀奉承者,以致最终成为一个卑鄙的人。

当你看到,在你眼前发生了不公正的事、欺骗行为、损害人的尊严以及诸如此类的事件时,你心中气愤不过,想去干预,主持正义,可是另一种想法悄悄地提醒你:别去参与,这不关你的事。要知道,这是一种胆怯的声音。你要按第一个动机去做,感情、良心的召唤常常是最崇高的。对丑事、非正义和凌辱现象抱冷漠和无所谓的态度,会使你变成一个无所关心、冷酷无情的人。

假若你没有事先单独跟同学谈过他的缺点,没有想方设法使他相信他不对,就不要在集体面前批评他。如果你使他认识到了自己的缺点,那么也没有必要去进行批评,批评会变成无用的空话。

假若你听到了对某人、某种行为、某件事的议论,不要鹦鹉学舌,人云亦云,要对你所听到的加以思考。事事都要有自己的意见,要有自己的看法。如果你确信别人讲的是对的,那就应当支持他,维护他的想法。

不要忘记今天你应当完成的工作(作业,在实验园地、工厂、小组里的工作等)。每天当你醒来的时候,首先应当想到的是你今天要完成的劳动任务。永远不要把今天的事推到明天。明天,那是懒惰、懈怠之母。为了使你的心坦然,今天就要把明天要完成的事做出一些来,哪怕少一点也好。要使这成为你的生活规则。

知识要靠自己的努力去获取，利用同学的劳动成果是不光彩的。不去独立完成学习作业，是走向寄生生活的第一步。

一天结束之后，你要想一想：你为别人的快乐和幸福做了些什么，你为自己的进步——这也是助人为乐的一个方面——做了些什么。假若你没有任何作为，这就是说，你白白地度过了一天，那你明天就要加倍努力，弥补今天的损失。

在工作室或车间里，你可以看到要仿照做的样品——零件、模型、工具等。无论样品多么完美，都要努力做得更好。要知道，劳动的技艺和产品的完美是无止境的。

如果你的好朋友在学习和劳动中落后了，你要帮他克服困难赶上去。如果你不关心他的落后，就说明你是个冷漠无情的人。在精神上给朋友的温暖、善意、关怀、提醒、挂念、爱抚越多，由此给你生活带来的快乐也会越多。

不要把自己的劳动推给父母。要用实际行动尊重父母的劳动和关心他们的休息。你学习好、劳动好，这就是父母的快乐。要让他们享受到这种快乐，不要使他们伤心，不要让父母把最优越的一切都让给你。

要尊重妇女。对待妇女的态度，是道德修养的一面镜子。爱一个姑娘意味着首先要使她快乐，意味着创造快乐气氛。如果你看到有人欺侮妇女，你要去制止，要惩罚肇事者。

那么，在实际工作中怎样去激发学生如此行事？让他们产生道义感和道德思想的源泉何在？怎样做才能使他们产生信念，并使信念巩固呢？

我们给学生介绍人类道德价值文选中有关那些为争取真理的胜利、为争取人民的自由而斗争的英勇高尚的战士们的文章。英雄们的形象在学生们的心里燃起强烈的愿望，他们立志要做这样勇敢的人。这种感受、这种情感，就是产生信念的萌芽。但是要使思想能真正支配人的灵魂，就必须使他感受到自己的高大和美好。孩子如同站在各种思想影响的十字街头，他的生活中也会出现使他感受到或看到坏事的场景和情况。而那些值得向他们学习怎样生活的英雄人物的壮美的道德行为，对于孩子来讲，犹如灿烂的光辉，为他照亮了周围的一切。这样就使站在生活门槛上的年轻人投入到同丑恶做斗争中去了。在许多情况下，这里面会发生冲突，这是必然的，因为信念要在思想斗争中产生。非常重要的是，要让这个年幼的人察觉到、感受到丑恶，使他投入与坏事的斗争并成为一个胜利者，从而使他相信，在我们的社会里善良和正义总是会胜利的。

少先队员们有一次曾帮助庄员们往卡车里装要做种子用的玉米。他们尽量挑最大个的玉米棒子装。忽然，工作队长建议说："孩子们，咱们往车厢底层随便装些什么样的都行，把最好的放在面上，要尽快完成任务。"可是就在劳动之前，孩子们才怀着激动的心情，屏住呼吸听了关于亚历山大·乌里扬诺夫的英雄事迹。因而孩子们的脑子里产生了疑问："干吗要这样呢？我们干吗要欺骗人呢？"于是他们很生气地把全部情况告诉了老师。这是他们为维护正义而进行的第一次斗争，这件事在孩子们幼小的心灵中留下了深刻的印象。

儿童保护自然委员会的小队和小组，经常走出去，到农田、森林、牧场和池塘边巡视，看有没有人动手损害"绿色的朋友"，有没有出现森林和果木的病虫害，有没有人在鱼产卵的时期到池塘偷钓。他们的巡查常常是有成效的：及时阻止了某些破坏行为或及时查清了事情真相。

我们不容许孩子们看到犯罪行为后，只是用道德标准去评论一番。如果一个孩子清楚理解他眼前发生的是坏事，但只是记住肇事者，并把他看到的一切讲给年长的人听（即使他们能分辨是非和归咎责任），他将成为一个对所有人和一切事情都漠不关心的人。在他看来，什么都要服从于毫不动情的理性判断及随之而来的慎重斟酌。当丑恶现象就在眼前时，他却要考虑他该气愤还是不该气愤，他学会的将是伪善。

这样的人是可怕的：在他的一生中会发生千百次变节行为，这些行为之所以可怕，是因为初看起来，它们所涉及的似乎都是一些无足轻重的事。这种人看到一个流氓在侮辱一个姑娘时，也并非总是从旁而过视而不见的，有时也会停下来看一看，甚至对警察和民防队员的无所作为表示愤慨，但自己不予干预。这正是一种可耻的变节行为，其根源就在于儿童时期就养成了不得罪人的、漠不关心的态度。

儿童精神生活的特点是，对于影响他感情的各种现象具有很强的敏感性，对一个人给另一个人造成的痛苦和伤害尤其敏感。教师们常常会听到小同学报告他的同学或高年级学生犯过失的事。这些报告中最常讲到的是某某同学欺负了某某同学。告状的人是在向老师倾诉义愤，这时他还没有能力做出更多的行动。认真倾听这些幼小孩子的诉怨之词是十分重要的。要知道，他们并不要求老师去惩办肇事者，即使是他本人被欺负。他所希望的是，要老师能理解和分担他的苦楚和愤怒心情。他们报告的委屈，在大人们看来，往往也并不是什么大事，但要知道，孩子有他自己的标准，有他自己衡量善与恶的尺度。我们不仅要俯就孩子们所关注的世界，而且要深入他们的思想，体验他们的情感，为他们的不安而激动。不能鼓励孩子告状，但当孩子前来诉说他的不悦情绪时，他很少把自己的行为看作是告状。他所寻求的是，要使自己的感受在另一个人的心里得到反响。

重要的是，不要冷落孩子的满腔热情，不要刺伤他们敏感的心灵，不能让孩子变得冷漠无情。我们和孩子一起恼怒，共同气愤和分担他们的不悦之情，就是在培育他们强烈的道德情感。我们在教他寻找使这种情感产生积极作用的出路：不是只对丑恶表示愤慨，而且要亲自同丑恶做斗争；不是只找别人来评理，而是自己也去主持正义。重要的是在每一个具体事件中，为孩子如何行动提出具体建议。

儿童利己主义的根源在于感情教育的欠缺。结果，当孩子面对坏事时，他会感到自己无能为力，会觉得自己无法应对。而哪里有无能为力的情绪，哪里就会产生孤立无援的感觉。如果小孩子能满腔热情地对待别人，那么当他和坏事做斗争时，就无暇去思考自己是在孤军作战。

我们努力使孩子逐渐树立这样的信念：为社会做好事、有益的事和有用的事是道德高尚的表现，只考虑自己是可耻的。非常重要的一点是，要让那些能显示这种思想本质的行为，充满道德情感，要让孩子感受个人对可耻行为的不容之情。

在我们学校，九岁多的孩子就能获得在有益于社会的活动中体验的初步道德情感经验：他已经可以看到自己为社会劳动的初步成果，如栽培出来的葡萄藤苗木，并从中体验到快乐。早期体验这种情感，是形成道德信念的极为重要的条件。当孩子没有为别人做出任何事情的时候，这种情感使他感到很不坦然。当学生进入少年时期时，就能看到自己长期进行的公益劳动的成果了：荒地变成了果园，贫瘠的土地变成肥沃的良田；学生到了青年早期就已经拥有道德财富了——由于意识到他用自己的劳动美化了大地而产生的快乐之感。这种感情，就是真正的爱国主义和社会义务意识的源泉。

我们认为，在掌握知识的过程中，学生独立劳动的道德意义是十分重要的。我们尽力做到，让学生在学习中能体验到自尊感。从开始学习之初，我们就**激发学生从获取知识中感受快乐**。对学习成绩的情感上的评价，随即成为智力劳动的重要特征。教师和学生追求的是一个共同的智力目的，这就是认识真理，克服困难。当学生看到老师会因他的成功而高兴，也会因他的失败而伤心的时候，这些情感也会感染学生，从而会使他从亲身经历中体验到经过自己的努力去获取知识的那种劳动会带来快乐。所以我们才竭力使孩子从这样两种获取知识的方式——一种是轻松的、无忧无虑的，但不会因克服种种障碍而享受到快乐；另一种则是困难的，要付出艰苦的努力，但会享受创造之乐——之中自觉地选择后者。要学生做出这样的选择，还要看教师能不能足够鲜明地向孩子揭示出劳动的目的，这就是：不仅要把事情做成，还要肯定自己的道德品格，验证自己的才干和能力。孩子越能更多地做出正确抉择，就会越深刻地体会到，完成或是不完成学习任务，坚持到底还是半途而废，是关系个人的荣誉和品格的大事。向学生阐明学习劳动的意义，是教师发挥创造力的一个大领域。我们有许多作业形式具有使学生感受一个劳动者的荣誉感的明显用意。

在算术课上，我们通常给孩子们布置几种不同的、要求独立完成的习题；每种习题的难度各不相同，学生可以任意选做。孩子们对这种自由选择是很敏感的，他们把它看成是树立个人威信的机会。这样，脑力劳动便具有了生动活泼的、有趣的竞赛性质。

我们布置给学生的作业许多都是由两部分组成的：一部分是必做的；另一部分则是附加的，可以自愿选做，以满足希望比所要求的还要多做的那种意愿。附加部分和必做部分有密切的联系。独立作业便具有了这样的德育意义：学生自愿去做的，正是那种可以考验他的意志从而吸引了他的事。选择走比较困难的道路的意愿，渐渐会变成道德习惯。道德修养，正是那些已养成良好品行的情感捍卫者的道德习惯：一个有教养的人，甚至都不会允许自己有是否可以抄袭同学作业的犹豫念头。这对于他，就如同赤身裸体出现在大庭广众之下一样，是做不出的事情。

这样便会形成一种特定的行为方针，其特点就是很自然地不能容忍欺骗、不诚实和不付出辛苦就获得成功的妄想。要完成使每个学生都树立这种行为方针这个任务，只有使道德信念建立在牢固的道德习惯的基础上才有可能。

饱含激励人的行为美的那些道德习惯，就是初步的道德修养。如同一个有文化的人读一个单词时不必思考该词的每个字母，一个有道德教养的人，做出高尚行为时也无须对行为实质所反映的思想去进行逻辑论证。但是如同读一个单词不能不认识字母一样，道德信念也离不开行为，离不开道德习惯。

一个人道德修养的特征就在于，信念在他的生活中已变为能不断激发他创造新的道德行为的独立的精神力量。这种独立性的能否建立，取决于充满集体生活和学生个人生活的内容是什么。一个人在一天、一时所显示出的精神力量，可能要比他未能显示出精神力量的几年岁月在他一生中所起的作用要大得多。学校的任务，就是要竭力使信念尽早变为学生独立的精神力量。精神生活的这个阶段，可称为道德成熟期。我们绝大部分学生是在少年和青年早期进入这个时期的。下面我们要详细地谈谈这个时期学生道德发展的情况。

三、信念在道德成熟时期如何发展和巩固

种种思想，只有当它们不仅为人所理解，而且为人所发觉所获得时，只有当人为它们的胜利而倾注了自己的精神力量时，才能变为坚定的信念。思想上道德信念的形成是一个积极过程，在这个过程中，受教育者并不是教育的消极对象，而是为在自己灵魂中确立

某种东西的积极斗士。一个人在青少年时期的道德面貌取决于他的活动、行为、行动的世界观倾向性。我们尽力使青少年把自己的精力集中到争取具有重大社会意义这一目的上。人应当为某种思想尽可能多做一些事，充满他生活的劳动、工作应当成为他达到崇高目的的手段，而不是最终目的。

青年对于让他去做的每一件事情和他所做出的每一个行为的道德意义是非常敏感的。假若你只告诉学生在深秋乍寒时节去收甜菜，而不讲明为什么要付出这些辛苦的话，他们对这项劳动会显得冷淡，甚至不愿去干。他们一向都很关心将要去完成的劳动的道德意义。如果他们发现他们之所以要付出紧张的劳动，是由于某些人的懈怠失职和经营不善所致的话，那么这种劳动就会失去教育价值。只有在那些具备了相当的道德思想的集体，才可以组织学生去干那种就其性质来说是补救某些人的懒散和懈怠所导致的恶果的那种劳动。在这种情况下劳动的目的，就不只是完成一定量的劳动，而且是在与丑恶、懒惰、懈怠、冷淡和个人主义进行思想斗争。只有这样，才会使克服困难的胜利之感在学生心目中得到提高。而如果青年们在劳动中意识不到自己是在同坏事做斗争的战士，而且是这场斗争的胜利者的话，那就千万不要让他们去参加目的是补救某些人的过失的那种劳动。

向学生讲明劳动的道德意义之所以特别重要，是因为许多劳动过程具有十分单调的特点，过程本身不易激发学生的兴趣，而且还需要克服许多困难。我们总是竭力使学生能从思想上很好地认识劳动的意义，知道为什么而劳动，做到使他们在劳动之后信念不仅不发生动摇，相反变得更加坚定。

我们引导学生通过渗透纯洁情感的高尚行为达到一种信念，确信人通过自己的劳动可以改变地球的面貌和改变自己，确信那种造福于人民的平凡的日常劳动，就是青年们所要追求的爱国主义的献身义举。我们尽力使这种信念成为激发学生去做新的高尚行为的内在力量，成为他们个人行动的神圣不可侵犯的准则。

我们的学生在青少年时期就受到了具有象征性意义的劳动的鼓舞：这种劳动是重大社会思想的物质体现，是实现这种思想的实际例证。

几年前，我们在沟边斜坡的荒地上开辟了一块葡萄园。刚开始劳动，学生就发现荒地的土质是肥沃的黑土。坡地朝南，阳光很充足，春汛和降雨季节蓄水条件也很好。这一切都说明，这是大自然赐给我们的一块种植葡萄的好地方。我们在三分之一公顷的土地上栽种了葡萄藤苗。我们一年在这里就干四五天的活，但是就用这一点有限的劳动，大自然却给了我们很丰厚的报偿：每一百平方米收获了四公担以上的葡萄。

秋天，当我们的葡萄园里一串串琥珀般的葡萄正在灌浆成熟时，近旁的几公顷坡地却呈现出枯草蓬杂、一片荒芜的景象，真是令人不堪入目。如果这里都种上葡萄，那么全村居民每人每年就可以得到一百公斤葡萄。葡萄，意味着健康、美好和生活愉快。一个人如果每天能吃上三把葡萄粒，他就可以比一般人多活二三十年。而要把这块坡地开辟成一片葡萄园，并不需要任何花费。只要每个16—60岁的有劳动能力的人，每年仅仅干四天的活就够了。这看来似乎很容易，但暂时是做不到的。虽然人手是现成的，但是并非所有的人都具有开发自然财富的精神准备。我们为人们缺乏积极创造幸福的精神而深感难过（这是我们学生的话）。在我们这片小小的葡萄园，我们收摘的这一百二十公担葡萄，是我们理想的具体体现。在八月底九月初，我们邀请老年人、带着小孩的母亲和体弱有病的人来这里吃葡萄。我们对来的每个人都要讲，并使他们信服，只要勤于动手，土地对人是很慷慨的。我们反复讲："这九公顷土地应当成为咱们村集体的葡萄园。每年可以从这里收获三千公担葡萄。这就意味着健康和生命！"

我们相信，只要全村的人在精神上有了相应的准备，这个葡萄园终究会建成的。可是目前常常发生这样的事情，路过这里的外来小伙子们在夜间会闯入葡萄园，偷摘甚至尚未成熟的葡萄。不少人称我们为鬼迷心窍的怪人，并带着嘲讽的口吻问我们操这番心有什么收获，问我们这样做都得到了什么好处。这些问题主要不是使我们感到受辱，而是使我们感到不安：那种事事都从个人利害着眼的人，从事我们理想的那种集体劳动，在精神上是不合格的。对于这样的人，我们尽力要让他们认识到他们是错误的。

我们奋斗为的是什么？为的是人们的幸福。共产主义对我们来说，首先就是人人都幸福、快乐。我们奋斗，为的是要每个人不是把幸福设法搂进个人的小天地里去，用高高的围墙把它圈起来，并养只家犬去看守，而是和大家一起去创造、去争取，在共同的劳动中寻求幸福。葡萄园旁是我们的苗圃，培育着数以百计的葡萄藤苗。令人高兴的是，有许多庄员来要求我们提供葡萄藤苗，有的人已经在欣赏那串串果实了。可是令人非常遗憾的是，有个别庄员种葡萄是为了赚钱。这本来很可能会使我们灰心丧气，但是另一些情况却令人十分高兴：有三户庄员，打通了他们的篱笆，种植了一个集体葡萄园，共同管理花木，从而创造共同的欢乐。另有两户庄员，在他们宅旁的共同地界上栽上了梨树和苹果树。我们感到很高兴，正是这些不属于任何人的果木，给大家带来了最大的快乐。不久，我们就要在那九公顷坡地上，着手种植葡萄了，我们的愿望就要实现了。

共产主义道德、共产主义信念，并不意味着放弃个人利益和奉行禁欲主义。马克思所描述的那种极丰富的物质财富，[18] 全都是为了个人幸福而创造的。然而美满的幸福，不仅在于为人们创造物质财富，美满的幸福还在于创造精神财富。当倾心于这种创造时，人就可以确立自己的道德品格和公民美名。我们认为，我们最重要的教育任务就是培养青少年形成一种信念：生活的意义就在于创造精神财富。

如何实地完成这项任务呢？依我们看，这是教育过程中最复杂、最精细的领域之一。它之所以复杂而精细，是因为每个人都生活在一定的环境中，每个人都处在种种不同的、有时是相互矛盾的思想影响之下。教育技巧在于，使人在为个人丰富的精神生活而努力创造时，把这种愿望表现在他的活动、行为、品行之中，表现在与人们的相互关系之中以及生活的冲突之中。这种愿望从何而来呢？它来源于为人们进行创造的快乐感受，而这种感受则产生于那种被崇高思想所鼓舞的劳动。极为重要的是，要让人在青少年时期，每天都能从这个源泉中不断地汲取新的力量。如果存在这种源泉，那您的学生就不会是一个消极的教育对象，而是一个能为自己培育信念的积极斗士。信念，并不是脱离具体的、活生生的人而存在的抽象真理。信念，是脉搏的跳动和智慧的光焰：只有当一个人能为自身树立信念，并因而在社会中树立自己时，信念才会成为现实。

学生盖纳吉从小就喜欢技术，家里有母亲、外祖母和妹妹，生活很困难。母亲是一位年轻的妇女，一字不识。祖母常常带他到教堂去，给他讲一些有趣的雷公打雷的故事和巫婆捉鬼弄神的故事。我们从不对孩子讲："不要相信你外婆讲的故事，她在欺骗你。"这是家庭精神生活中一个极微妙的问题，对此要持慎重态度。我们朝着这样的方向引导了孩子，让他边在学校掌握知识，边把科学、知识和文化之光引进他的家里，并让他被这种思想所激励，把在民间传播文化作为他生活的目的。

盖纳吉上二年级时教会了妈妈识字，他外婆也学会了识字。在他上四年级时，我们帮他建造了一座小小的风力发电站。于是这个偏僻农村的农舍里有了电灯。后来盖纳吉又装了一台收音机。而这一切都发生在本村尚未电气化的很早以前，是在发射第一颗人造地球卫星的十二年之前，可以想见，当邻居们看到他点上了电灯，收音机里播放出优美的音乐时，会感到多么有意思。

这个孩子的心灵中焕发出了传播知识、科学的强烈热情。他成了一名少年启蒙教育者。他的家也成了一个独特的教育中心——自然科学知识俱乐部。晚上，这里总会聚集许多庄员。盖纳吉给他们讲各种科学知识，展示各种机械模型（许多模型是在学校制作的）。他总是在证实一些什么，使人确信某种科学道理。当看到种种愚昧和迷信现象时，他总是不能保持平静。有一次，在一个严寒的冬天，天空出现了一个幻日，一位九十岁的邻居老人便对盖纳吉说："看见上帝显灵了吗？这是向你证明，不管人怎样相信智慧的力量，不管他讲了些什么道理，他是没法什么都知道的。你能证明不是这么回事吗？"

这位青年倾注了他全部激情去设法动摇、改变人们这种不可知的观念。他给老人们做实验，演示光学反射的"奇景"，这使他们惊讶不已。不久村里有了第一台电视机，这是盖纳吉自己装配的。

毕业后，盖纳吉在附近的一个工厂里当了一名电工。像以前一样，他办的自然科学知识俱乐部照常活动。不过这时已经分了组，有老年组、中年组和青年组。青年人在这里学习无线电技术、电工技术、装配收音机。老人们的兴趣则很广泛,从海洋深处的生物到宇宙飞船,无所不包。盖纳吉给他们介绍各种科学技术成就,用幻灯机放映各种画片、照片和图解。他为中年人组织了一个电工技术学习小组。令他感到不安的是,村里还有人不会使用电动机,不会把它安装在各种加工机械上。原来一字不识的妈妈,已通过了熟练技术工人的考试,现在当上了变电站的值班员。

A.B.卢那察尔斯基曾说过,共产主义个性,是表现极鲜明的个性。[19] 他这句话具有英明的预见性,预见了我们这个时代个人个性形成过程的特点。培养这种鲜明的个性,就是说,要使高尚的道德信念在每个人身上通过他的热情、个人追求、所倾心的事业和激情显示出来。只要我们教育得法,没有哪一个人不会发挥出他特有的才能。只要我们教育工作者,能以为人们创造快乐这种最高尚的创造意愿吸引人,那就没有一个活动领域不会使人的个性达到最完美的程度。激发人们为思想、原则、信念而生活的志向特别重要,因为没有思想的激励,没有对生活意义的认识和感受,个人就发现不了自己的才能,而才能不是可以由人去寻觅和发现的,而是靠信念和行动在人身上产生和形成的。

几年前,我校有一个叫瓦西里的学生。他曾是一个缺乏热情的学生。但我们发现,他对年纪小的孩子特别爱护、热诚、和善,他喜欢和孩子们一起玩,给他们制作玩具。他对孩子们来求他帮助,总是感到很高兴。我们帮他在他家的宅旁地上开辟了一个幼儿游戏场。瓦西里还栽种了葡萄等果树。全街的小孩子都愿意到这里来玩。他们津津有味地听瓦西里讲童话,说故事。瓦西里教孩子们如何照看果树,这里他显示出了园艺家的才能。

孩子们都把这个友好集体和小果园称作"乐园"。孩子们经常是急不可耐地等待瓦西里放学回家,并到园子里来。后来,瓦西里在九年级学习时,还为他的小朋友在他家的一个旧柴草棚里设了一个讲故事角落。

随着秋季的到来,"乐园"里的活动简直成了孩子们最快乐的事。每个人晚上都可以带着礼物回去送给妈妈和不能来这里玩的弟弟妹妹。

瓦西里早已长大成人。他已成了家,并有了两个孩子。他现在是一名拖拉机手。而"乐园"依然如故，他和少年时代一样，给新的一代、新的小朋友带来幸福和快乐。"乐园"里一如既往，从早春到晚秋，依旧有孩子们的欢声笑语传出。瓦西里还为小朋友们修建了淋浴室和运动场。到了休假日，他就带着小伙伴们到森林里去玩。到他们自己花力气挖的洞穴去，这里已成为他们讲故事的园地。

只有当信念构成一个人的行动和行为的核心时，这种信念在人身上才会鲜明地表现出来。

犹如犁铧因天天耕地会脱锈而光洁如镜，人的心灵也会由于劳动、克服困难、勇敢地对待失败、不为成绩所迷惑而闪闪发光。困难、障碍、苦恼，是对信念的试金石。一个人在青少年时期如何对待困难，决定着他精神上的坚定性和对原则的忠诚性。

社会主义现实为青年一代免除了人在剥削制度下所要遭受的那些艰难困苦。这并不意味着在社会主义、共产主义下，生活中就没有困难、矛盾和苦恼。在创造性的劳动中，在为造福人民、征服自然而进行的斗争之中，就包含有磨炼精神所必需的困难。谁能以自己的光和热去温暖别人，谁能在造福社会的斗争中寻得个人幸福，谁就会一心憧憬有非凡作为的前景。人在这样的劳动中，会在品德发展上提高到比原来更高的阶段。向男女青年展示这种精神的高尚性，是形成信念的一个重要方面。

我们的学生无论完成一项什么样的工作，都要让他们想到，不论在这项工作中或在任何别的工作中都有着使创造力得到更大发挥的广阔天地。一个人任何时候都不可能说："我已达到顶峰了。"就拿种小麦来说，我们种的小麦一个穗有五十五个到六十个麦粒，但还可以培植出上百粒的麦穗来。在实践中，从来没有人用插条的办法培育梨树和苹果树树苗，如果运用智慧和技巧，也能把苹果树枝插活，并让它长成大树的话，这项劳动将会具备有趣的特点。

通常在土质好、肥料足、管理好的情况下，每公顷地最多能产40公担小麦。但如果充分发挥作物本身的潜力，每公顷可收获小麦90—100公担，甚至达到150公担（我们暂时还是在进行小面积试验）。在我们当地，粮食作物通常是一年一收，但也可能收获两季，甚至更多。

凡是一切有困难然而可能做的事，都会以它的创造性和认识上的浪漫性吸引青年。他们在劳动中总希望走谁都没走过的道路。在我们的教育工作体系中，专门安排有以形成和发展信念为目的的劳动任务。这些任务要用较长的时间去完成，因为信念巩固与否，要经过时间的考验。我们安排的劳动任务，都是估计要从少年早期做起，到青年早期才完成的。

1960年，我们以夺取每公顷收获90—100公担小麦的高产计划吸引了一批学生。为让孩子们更深地体验战胜困难的感受，我们为这项试验选了一块土质贫瘠的黏土地做试验田。这就要把这块地改造成肥沃的高产土壤。面临这场不轻松的劳动，激发学生的是对大自然的威力提出的一个豪迈的挑战：大自然毁坏了的，我们要来进行再造，就像在北方原始森林区建造一座发电站或制造一架新的机器一样令人神往。

我们开始干起来。挖山沟里淤积的肥沃淤泥，把它运到这片黏土地里。为使这块毫无生气的黏土地更快地恢复生机，我们还施了有机肥料，这样便为有益微生物提供了良好的生长环境。这一切，做起来是很困难的。但要知道，任何一件严肃的事情，不付出努力是不可能办成的。在精神上支持我们的思想是，我们在创建新事物，犹如在打开通向未来的窗口：既然能造出0.1公顷的高产沃土，就能造出成千上万公顷这样的土地。

半年后，我们在试验田里播种了能给土壤增加含氮量的作物，然后把土地重翻一遍，又掺上了淤泥。这样反复干了三年，并且每年秋天都对土壤成分进行分析，以确定是否可以种植冬小麦。但每次都发现缺少一些成分，我们便千方百计地寻找肥料，加以补充。完成的工作越多，克服新困难的决心就越大，因为经验已经告诉我们：今天的困难将是明天的快乐。每次从这种有明确目标的劳动中所感受到的快乐，犹如涓涓细流汇集成一个源泉，滋养了我们必达目的的信念。假若您要想借助困难去锻炼意志、加强信念，那就要把这些困难用无形的纽带同需要花费大力气和较长时间并要求集体在精神和思想上统一的某项重大工作联系起来。

当例行分析，说明土壤已经符合要求之后，我们就集中几天时间到大田里去：我们从千千万万个麦穗中挑选最饱满——说明它抗旱力最强（当时是一个旱年）——的穗子，脱粒后经过精心筛选，去除了那些发育不全的萎小籽粒。

在播种前，我们又施了有机肥，以促进有益微生物的活动。我们没用行播方式而是用点播方式下了种，株距较大，使得每株作物都有发展空间和较大的供养面积。冬天，我们还采取了储雪措施。

禾苗长得很壮实，我们又追施了肥料，每次雨后都松土。这样，每墩麦子比一般的麦子多长了四五倍的麦穗，每穗比一般的麦穗多长了一倍麦粒，每个麦粒又比一般的麦粒重一倍，我们都很高兴。收获的那一天，简直像过节一样：0.1 公顷的土地上收了 10.5 公担小麦（1 公顷单产 105 公担）。这样的产量是谁也没有见过的。

1965 年，我们达到了 1 公顷 137 公担的产量。可是我们的学生不满足这样的产量，他们又定了 1 公顷 150 公担的目标。我们每个人，无论是大人还是孩子，都兴致勃勃地谈论着，不久就会在集体农庄和国营农场一望无际的田野里，培育出像我们这块小试验田一样高的产量来。麦粒将会像稻粒那样大，那样有分量。

没有劳动，没有能使人表露他自己的那种在道德上和意志上的努力，培养信念是不可能的。劳动是形成信念的强有力的手段，但只有当人能通过劳动来证实已成为他心灵不可分割的一部分的某种思想时，才是这样。人应当在成果中看到他所尊崇的真理和原则的生动体现。

劳动，是个含义丰富的概念。一个人的精力和体力不仅可以贯注在他所创造的物质财富之中，也可以贯注在其他人身上。当一个人理解了这种劳动的道德意义时，他在道德修养上就会达到高级阶段，因为人在教育别人时，同时也在真正地教育自己。

我校集体非常关心的一个问题是建立一种道德关系，使得这种劳动能在这种关系中促进鲜明个性的形成。我们尽量使每个少年和每个青年在学校集体中都有自己的教育对象——一个小朋友，并关怀这个小伙伴，同他的进步和失败喜忧与共。这里的教育技巧就在于帮助大同学找出他和他的小伙伴共同的爱好来。

我们激发了六年级女学生奥丽娅对 6 岁小女孩娃丽娅的关怀之情。这个小女孩的父亲曾对女儿犯下严重罪行，因而被判处刑期很长的监禁。小姑娘的心灵遭受了严重的创伤，她不再相信有善良了，连母亲也不爱了，一个亲人都没有了。就这样，12岁的奥丽娅做了娃丽娅的朋友。

她们俩之间的友谊，不是轻而易举建立起来的。娃丽娅很长时间不相信奥丽娅。奥丽娅经常去找娃丽娅（她们住得很近），常给她带玩具来。后来，娃丽娅上学之后，奥丽娅又在这个小朋友家里布置了一个故事角——用硬纸板剪刻并绘制了各种童话人物，还给她送来一些有趣的儿童读物放在书架上。这种关怀和体贴，终于在娃丽娅那幼小的心灵中又唤起了对人的信任。一连好几年，直到奥丽娅毕业，她一直在培养娃丽娅对图书的爱好。于是大家把她们的友谊就叫作"读书友谊"。奥丽娅常用在农庄挣得的钱购买图书，而这些图书已成为她俩共同的财富。

当一个人在劳动中受到了教育，当他感受到自己身上所具有的善良和道德美也在别人身上确立起来，从而使这个人变为他所亲近喜欢的人时，道德信念就正在形成。

四、社会定向——信念形成过程中最重要的因素之一

道德信念是否深刻与牢固，在很大程度上取决于学生在道德教育过程中如何形成个人思想的社会定向。这种定向的形成，就是知识向信念转化和过渡的过程。

社会定向的形成究竟是怎么回事？这方面有些什么样的教育工作实践？

对道德价值本质的认识和理解，乃是形成思想信念的基础和根据。这些认识的源泉，就是前面提到过的那本人类道德价值文选。这部文选记述了许多曾为劳动人民的利益进行了不懈斗争的杰出人物的生平事迹，他们显示了对人民、对祖国的忠诚，表现了大无畏的英雄主义、英勇顽强的坚定性、对自己信念的坚贞不屈精神，以及为了崇高思想——自由、理智的胜利、人民之间的友好——而准备接受任何考验乃至献出自己的生命。我校全体教师付出了巨大的劳动，使我们这部文选尽可能充分地反映人类道德价值。这部文选的内容，实质上就是形成社会、阶级定向的大纲。我们把人类的道

德财富中最富光彩的精华收进了我们的文选。

文选介绍了马列主义奠基人、国际共产主义运动的卓越活动家、列宁的战友、苏联共产党的杰出活动家以及伟大的十月社会主义革命、国内战争和伟大卫国战争中的传奇式英雄人物的生平，以及他们为社会主义和共产主义进行斗争的事迹。文选中还收集了有关空想社会主义者、人文主义启蒙者、革命民主主义者以及伟大科学家、作家、诗人、画家、作曲家等人物的材料。

我们的人类道德价值文选中，在教育方面最具光彩、最有力的是记述为共产主义理想而献出生命的那些英雄人物的篇章。这些英雄，有的是在革命和国内战争年代为无产阶级的胜利而献身的，有的是在同反革命和外国侵略者的武装斗争中为祖国的自由和独立而献身的，有的是为社会主义和伟大的共产主义理想而献身的。

我校少先队和共青团组织在编辑和在教育中使用这部人类道德价值文选方面，做了许多工作。比如，近五年内，少先队员和共青团员们就编选了《红心似火的人们》。它包括了从共产主义诞生直到现在的许多共产党员的可歌可泣的事迹。青年和少年们怀着极大的热情从报纸杂志上选辑了许多有关优秀人物的文章，里面有伊万·巴布什金、费利克斯·捷尔任斯基、雅可夫·斯维尔德洛夫、阿尔乔木、谢尔盖·拉佐、尼古拉·鲍曼、谢尔盖·基洛夫、奥列科·顿季切、斯捷潘·绍缅、尼古拉·奥斯特洛夫斯基，等等。

我们常常以学习共产党员们的生平和斗争事迹为题，举办共青团青年晚会和少先队朝会。那些忠于共产主义信念的真正的人、那些准备为共产主义献身的共产党员的英雄气概，鼓舞、激励着青少年，并博得了他们的敬佩。1965—1968年，共青团员和年龄大的少先队员们为文选补充了许多动人的、有关卫国战争年代及和平建设时期的共产党员们英雄事迹的新材料。共青团员们和少先队员们称这些材料为"火一般"的篇章。这一说法不仅在转义上，就是在本义上也是名副其实的。这里有一篇记述斯大林格勒战役的英雄米哈伊尔·帕尼卡科的故事。他手中的燃烧瓶已着起火来，顷刻间他周身都燃起了熊熊烈火，但他还是鼓起全身力气扑向法西斯的坦克，用自己的躯体烧毁了它。还有一篇故事介绍了年轻的共产党员弗拉基米尔·卡尔尼丘克的事迹。他在战火燃起的头一天，为了抢救苏军家属和子女，周身燃着烈火，无所畏惧地迎向法西斯的坦克。他把自己的外衣浸透汽油，点燃后，扔向敌人的坦克，自己也带着熊熊火焰扑向车底，坦克爆炸了，妇女和孩子们都得救了。另有一篇是介绍心似烈火的英雄拖拉机手尼克拉·格列鲍夫和弗拉基米尔·柯丘什可夫的。他们为了抢救几千公顷小麦免受火灾，英勇地同烈火搏斗，火被扑灭了，而他们却因烧伤而牺牲了（参见1962年9月25日《消息报》）。

学校图书馆和阅览室里备有许多有关英雄人物的书籍，这些人物都是学生应当在生活中引以为榜样的：其中有一些专供小学生阅读，而另一些则是为中、高年级学生准备的。学生进行独立阅读并思考书中内容，这已是思想定向的开端了。纪念少年英雄的队日活动，也可以归入此列。通过这种队日活动，学生不仅可以知道人类道德价值的内容，还可以感受到它的美的魅力。队员们聚会的环境的美，可以激发出英雄主义的悲壮情感。每次纪念英雄的队日活动，都要刊出宣传专栏，宣传的内容都是直接针对队员们的思想感情发出的号召，以促使每个队员深入思考生活（这种针对心灵和感情的号召，是作为展示高尚道德精神的一种手段而使用的）。这种号召的响应，可以为队日增添隆重的气氛。

例如，为纪念巴夫利克·莫罗佐夫，在队日之前我们向孩子们发出了这样的号召：

少年朋友们！敌人杀害巴夫利克·莫罗佐夫，是因为他坚持了真理。当你面对着这位永远堪称少先队光辉榜样的同龄少年时要想一想，你在怎样履行自己的庄严誓言？是不是总是按良知提示你的那样行事？非正义和邪恶总能在你的心里激起愤怒吗？要知道，你手中握着改造世界的最强大的武器——列宁主义真理。

参加队日活动的年长同志——共青团员、共产党员和伟大卫国战争参加者的发言，也提到了这个号召。少先队员们表演了节目：朗诵了纪念巴夫利克·莫罗佐夫的诗篇，演唱了赞颂英雄的歌曲。

这种队日活动的教育目的，是让孩子们在思想上有深切的感受。他们在会上听到、了解到的和想到的一切，都会在他们的意识中留下深刻的印迹，会激发他们对英雄的敬佩之感，会召唤他们向榜样学习。这种情感是迈向社会定向很重要的一步。每逢生活要求年轻的公民表示他的态度时，这种情感便会提示他如何行事。不要强使孩子们在会上马上去讲，他在生活中如果遇到某种情况时将采取什么行动。只要他有了这种感情，自然会采取正确的行动。不要教孩子去空讲漂亮的言辞，也不要让他们在没有任何需要付出精神力量的具体情况下，去表露强烈的感情。如果驱使孩子们按指定意思去表露感情，就会把他们培养成喜好吹嘘、不讲原则、只善辞令的空谈家，也就是说，最终让他们成为冷漠无情的人。我们不会让少先队员们，比如说在成年人的隆重集会上，去讲一些他们不大清楚而且没有那种亲身感受的话。孩子们只应该讲触动了他们的事，而不是讲大人想要借他的口所要讲的事。

在受教育的十年期间，我们的每个学生都能听到列入我们的人类道德价值文选中的那些英雄人物的鲜明而有说服力的生活和斗争事迹。我们非常重视这些故事的针对性：有一条关于道德义务和荣誉是统一的思想红线贯穿其中；我们竭力用一些鲜明的事实来说明，一个有义务感的人才是一个真正完美的人。

在获得道德价值知识的同时，还经历着一个形成思想定向的比较复杂的过程，也就是知识过渡和转化为信念的过程。信念，是经过反复理解，并已成为人的主观世界有机组成部分的知识。那么，反复理解知识是什么意思呢？就是能看到自己的活动，即自己施于集体和社会的劳动、行动和行为的道德意义。

只有在激烈的争论和不同意见的交锋中才有可能对道德价值的知识进行反复理解。六至八年级各班少先队中队常常举行讨论会（队日）。而共青团员们则有共青团青年辩论俱乐部。经验证明，假若逐步地、循序渐进地向儿童和青少年们阐发人类道德价值的意义，假若学生专心去干的劳动具有道德思想基础，那么在学生中间不可避免地会产生各种不同的、往往是完全相反的意见。例如，七年级少先队中队提出了这样一个讨论题："为什么人在未成为英雄之前，谁也看不出他身上有什么特殊的地方？又为什么只有当他成为英雄之后，人们才会从他的生活中发现不平凡的英雄事迹？"

队委会向全体队员提出建议：

"我们大家都来思考一下这个问题,我们准备就这个问题举办一次讨论会。个人有什么问题请书面提交队委会。"

一周之后,队委会就收到几十张问题便条。问题都公布了出来,并提出号召。

队委会收到了这样一些问题,希望大家都来思考。

和平时期能成为英雄吗?

当共产主义社会建成之后,英雄主义将如何表现?

英雄们的身上有哪些品质是和大家一样的,有哪些是不寻常的、罕见的?

一个人在行为上能不能一点儿缺点都没有?

我打碎了温室的一块玻璃,一直不敢承认这事。后来我告诉了父亲,父亲说我是胆小鬼。如果我当时就承认,并把这件事告诉同学们,这难道就能说是勇敢吗?

如果天天都是这一套——上课、做作业、测验,大概培养不出自己勇敢顽强的精神来。那么应该再做一些什么事情,才能锻炼自己的性格呢?

在我们这个时代,哪种个性品质被认为是最坏的?

我们本地的乡亲中间,都有谁能称得上是出色人物?

社会主义劳动英雄身上最美好的品质是什么?

学生和老师能建立友谊吗?

老师问我,是谁把墨水弄在了墙上?如果我说出是谁弄的,有人会说我出卖同学,我该怎么办?

我想当个诗人。到了共产主义时代,一个诗人应该歌颂什么,反对什么?

这种讨论会,通常会有许多其他中队的少先队员和共青团员来参加。而且总有一位老师或其他长者参加,他应当是这样一个人,他应当能够辨清那些大胆、尖锐、有时是轻率而且往往是自相矛盾的意见,并能决定:是让争论深入下去,以便让少年们带着新的问题和思考回去;还是提出明确的意见,援引恰当的生活实例,向参加讨论的人论证出正确的见解来。

会议主持者多半是由大家推选的、善于听取各种意见的少先队员（少年会细心发掘同学中拥有这种特长的）。

　　在这种会上，每个参加者争着要讲的，并不是对同学提出的某一个问题的回答，而是自己的问题、想法和疑问。少年期和青年早期，都是好学、好问、探求真理永无休止的年龄期，因此每一种观点、每一个论断都会引起许多新的"为什么"。争论一掀起，就会引起思想上的连锁反应，甚至发展得那样迅猛而又突然，以至任何时候都无法预见下一个环节将是什么。在我们所讲的这次讨论会上，少先队员们就讲出了这样一些想法。

　　当一个人还未做出英雄行为之前，他和别人一样，没有什么特殊之处。但是这能说明在一定的环境中每个人都能成为英雄吗？不能。因为在同一条件下，一个人会成为英雄，而另一个人则可能是怕死鬼。那么，究竟为什么一个人在未立功之前，我们从他身上看不出任何英雄气概呢？大概是因为，英雄气概只能在斗争中或者在紧张激烈的活动中才能显示出来。和平时期能出英雄吗？在我们这个时代怎样显示一个人的精神力量呢？的确，我们所熟悉的英雄和优秀人物都是斗士。巴夫利克·莫罗佐夫是跟富农做斗争的。别佳·克利帕在布列斯特城堡是跟法西斯侵略者做斗争的。托菲克·谢伊诺夫抢救溺水儿童时，是同盲目的自然力做斗争并在斗争中牺牲的。约翰·布拉温是为黑奴的解放而斗争的。纳森为把祖国的旗帜高高升起在遥远的地方而进行了斗争。库利宾是为维护俄罗斯思想的荣誉及其创造性和敏锐性而斗争的。我们想成为真正优秀人才，就要进行斗争。那么应该为反对什么和争取什么而斗争呢？例如，我们的同乡人马尔克·奥泽尔内依为提高作物的产量，为达到比祖辈所收的高七八倍的产量而奋斗了一生。就是说，他发现并找到了使他成为一个幸福的人的用武之地和道路。

　　我们每个人要怎样去寻找和发现自己斗争的天地呢？这本来就是人生的主要问题。就拿我们培植果树和葡萄苗木来说，不能只是单纯地培植，而要进行斗争。那么怎样才能把这种劳动变为一种斗争呢？也许那些我们认为是平常的而且往往是枯燥无味的劳动，如上课、做作业、测验等，也应当成为一种斗争。这些道理我们还都不清楚，希望年长者帮助我们弄明白……

拿我来说，有什么优点？又有什么缺点呢？例如，我打碎了温室的一块玻璃，怕说出来。为什么怕，连我自己也不知道。父亲说我是胆小鬼，那么如果特意为了让别人说我勇敢而去承认错误，难道这样就好吗？是啊，同学们就是会这样去想的。这里有点问题，可是问题在哪里，我也不知道。大概，对这种"坦率"是不应该赞扬的，就像有时我们做的那样……

一个人可能一点儿缺点都没有吗？不可能，不可能有那样完美无缺的人。我们学校也没有一个人是没有缺点的。那么我们怎样才能成为优秀的人呢？怎样才能弄清自己身上的优点和缺点呢？大概这要经常求教于那些卓越的人物，阅读有关他们事迹的材料，思考他们生活中点点滴滴的特点。最主要的是学会斗争（又回到原来讨论的那个问题上来了——在我们这个时代，可能有什么斗争）……

这里我们只记述了少年们的主要思路，把许许多多的实例和论证都省略了。

这种激烈的讨论，正是对知识的重新认识，是知识向信念过渡、转化的过程。正是在这种紧张的时刻，受到儿童们信任的、有威信的长辈代表的话语具有很大的作用。在这次讨论会上，一位老共产党员、国内战争参加者对孩子们讲了话。他讲了在国家还很困难的艰苦年代，最早的共青团员们怎样掀起了针对文盲现象的斗争，以及年轻人怎样在斗争中锻炼了自己。他说："你们不是在寻找哪里有进行斗争的天地吗？要知道，你们的学习就是斗争。这是为了使我们的国家变得最先进，为了让我们拥有比任何地方都多的有智慧、有学识的人才而进行的斗争。"

要像列宁那样学习的号召，在少年心灵中会引起强烈的反响。这里应当特别注意的是，当少年重新理解关于道德价值的知识的时刻，当他在讨论中形成自己的道德定向的时刻，他们的心灵对于号召、对于生活中某一问题实质的解释，都非常敏感。我们应当善于选择时机，使教师和老同志的话，形象地说，就像播下去的种子，要让它落在准备好的道德土壤上。这种土壤就是热烈的讨论，是各种不同意见的交锋，是对紧迫的生活问题所做的急切的、有时是痛苦地探索的答案。然而，如果未能通过整套道德教育创造好这样的土壤，那么学生对教师的教导就会置若罔闻。

在青年早期，形成社会性生活定向具有特别重大的意义。青年对人类道德价值反复再认识的深度，决定着他们生活信念的坚定程度。我们要尽力使每个男女青年都能从优秀人物的生活中找到他们所关心的有关个人生活道路问题的答案。

青年早期对道德知识的再认识，会变为青年对一些重大问题的思考，诸如人类生存的意义、英雄主义和勇敢精神的本质、公与私的协调、知识和道德、自我教育的实质和途径等。同少年时期一样，青年们也是通过争论，通过有关道德问题的辩论求得真理的。但如果说，少先队的讨论会犹如洪流倾泻一般，其中每个答案、每条真理又会引出许多新问题的话，青年们的讨论会就会是另一番景象。他们的发言也很热烈，正像一个女生所说的那样，青年男女总是在盯着真理，而且是盯着不放，不左顾右盼。他们总是竭力把讨论主题限定在某个问题的范围内。如果说少先队员一旦确信了某种思想的真理性，就会惊叹而又兴奋地停歇下来，接着会立刻引用这种思想，向那还未说清的、仍然有疑问的问题进军（这是一个十五岁少先队员的用语）的话，共青团员则对那看来似乎早已被证明了的问题，好像有意地加以怀疑。他们之所以这样不予以肯定，是为了更深入地确定他们所尊崇的真理的正确性。对年轻人的这种好否定的倾向和执拗，无须畏惧。所有这些特点，对青年人的心灵都起着有益的推动作用。

我校的共青团青年辩论俱乐部在建立青年们的道德关系方面起着很重要的作用，辩论题目常常就是从集体的道德关系中产生的。

十年级的一个班曾进行过关于勇敢精神的辩论。一部分人认为，只有个别人才能成为勇敢的人，认为我们今天是生活在忘我劳动的时代，而勇敢精神则必须在斗争中表现。"只有当无限忠于自己的义务，也就是说，为了思想而准备献出生命时，才能表现出勇敢精神。而对于在机器旁、在田间、在畜牧场工作的人来说，什么地方和什么时候会需要人去这样做呢？"另一部分学生则相信，人在任何的情况下都有可能成为勇敢的人。

这样,问题争论的焦点就很清楚了。团员们便决定通过关于勇敢精神的辩论来解决。辩论是从两种对立观点的争论开始的。十七岁的共青团员谢尔盖非常崇敬那些宁愿遭受迫害、承受苦难甚至献出生命也不肯背弃真理的科学家、思想家和诗人。

谢尔盖讲道:"当乔尔丹诺·布鲁诺被押赴刑场时,街上聚集了成千上万的人,他们都想看看这个'被恶魔附了体的'人。人们往他身上吐口水,撕扯他那带有花纹的死刑囚衣。面对这些宗教狂热分子和居民们仇恨的目光,他表现得多么坚定、多么勇敢啊!

"使我感到不安的是:如今,我们是否还有尚未阐明并得到公认的真理需要去捍卫、去论证?在我们的社会里,是否还有反对这些真理的敌对势力?当谢琴诺夫说,没有什么灵魂,只有中枢神经系统在支配机体的各个过程时,人们都斥责他离经叛道,并要挟他,若仍坚持他的思想,将被判处流放。但他没有放弃自己的思想,而且终于取得了胜利。穆萨·嘉里尔在临刑前夕,轻蔑而又愤怒地斥责了刽子手们。塔拉斯·舍甫琴科为了维护思想信念,同当时被认为是似乎不可战胜的势力进行了斗争。

"我敬仰那些为了信念而献出生命的人物。我希望成为他们那样的人。可是在我们这个时代,如何去显示勇敢精神呢?我羡慕那些有幸经历过需要显示精神威力的那种境遇的人们。不管怎么说,在我们的社会里有幸做出英勇事迹的只是极少数。有时能听到人们说,要有勇气说真话,例如敢当着全体同学的面,指出同学的缺点。我对这样的教导感到好笑。结果会是这样:譬如说,我看见盖卡吸烟,这当然是缺点。好了,那么就让我考验一下自己的勇气,在会上讲出盖卡这件不体面的事。然而,难道通过这样一些小事就能锻炼勇敢精神吗?恐怕不是这样,绝对不是。大概,正因为是这样,在会上也就没有人批评别的同学。请大家指出一条正确的道路……

"请你们讲讲应当怎样以勇敢精神之火去点燃自己的心灵。不是所有的人都能成为像塔拉斯·舍甫琴科、托马斯·康帕内拉、亚历山大·乌里扬诺夫、穆萨·嘉里尔那样的人。可是，每个人都想在身后、在世上留下痕迹，而且不是那种微风一吹就会被沙土埋没的轻微痕迹，而是一条深深的垄沟。那么，怎样才能成为一个勇敢的人呢？常言道：生活处处有用武之地。也许，我们就是不会识别需要拿出勇气的时刻。"

从这篇发言中，我们可以看出青年人的矛盾心理，这是对真理的热忱探求。同学们在听谢尔盖的发言时，时而表现出热情激动的赞同，时而又以玩笑似的刻薄话语加以反驳。他的话触动了那些正在焦急不安地寻找生活真谛的青年人的心。如果他们不是深信在我们的社会里人人面前都有勇敢生活的阳关大道的话，这些青年就无法生活在这个世界上（一名女共青团员的话）。

十五岁的女共青团员——两年前，她十三岁时，由于没有被吸收入团而哭过几小时——薇拉同谢尔盖（大概也同她自己）争辩说：

"按你的说法，也就是说，生活越幸福，思想就越少？怎么会是这样？如果你说的话是对的话，那就意味着到了共产主义社会就再也没有勇敢的人了，因为没有斗争的对象了。或者，如果人们忘记了战争，忘记了艰难困苦，人们将会变得十分娇气不能吃苦？这是不可能的！在共产主义社会里，斗争目标和性质将会不同，而且衡量勇敢精神的标准，大概也会不同。

"我就设想，如果奥列格、谢尔盖·拉佐、亚历山大·拉吉舍夫、列霞·乌克兰卡、裴多菲、赫里斯托·波特夫、加里波第等人就生活在我们这个时代，他们会安闲度日无所事事吗？（插话：拉吉舍夫之所以成为拉吉舍夫，正是由于他没有生活在我们这个时代。）我们这个时代里，勇敢的人何止千万！可能正是由于这个原因，勇敢就不那么突出啦！

"不久前，我读了一本关于哈萨克农庄庄员察冈纳克·别尔西耶夫的事迹的书。他在一公顷的土地上收获了二百零一公担的黍子。他去世后，还没有人达到过这样高的产量。这可以和图尔·海耶尔达渡洋旅行的事迹相媲美，是对大自然的无畏挑战。

而你,谢尔盖,却毫无信心地说:哪里去找值得为之斗争的思想呢?这种思想就在我们身边,也在咱们自己身上,到处都有。

"现在,最好年景时小麦产量是每公顷四十公担,这对共产主义来说显然太低了,应该达到三倍于此的产量。这就是奋斗目标:向大自然挑战以证明你是一个真正的人。

"在我们农庄,年年都有一公顷多的肥沃土地被雨水冲毁。如果只是坐着苦思冥想,担忧到了共产主义社会没有可斗争的了,那么共产主义也不会到来:二十年后,全部田地都会被冲得沟壑遍野。这就又有了一个奋斗目标:去制止大自然的这种破坏行为,设法不使一滴水从田里白白流失。科学会告诉你如何治理,但是,要实地完成它,还必须有勇于奋斗的精神。

"还有一个奋斗目标:第聂伯河的一条支流有片河滩地,是非常肥沃的土地,可是这块土地已变成杂草丛生的荒滩。但这样的土地,是满可以每公顷生产五十公担小麦的。与其在那里苦心思索什么是勇敢精神之类的问题,不如到拖拉机队实干一番,翻耕它二十公顷河滩地,证明一下你究竟是一个什么样的人……"

有人起来和薇拉争辩,并提醒她不要教训别人,而要讲一讲自己可以做些什么。尤其,吉娜是不同意她对勇敢的这种简单理解的。

吉娜说:"只要给人机器和肥料,他就能提高土壤肥力,止住土地被侵蚀,把荒滩变成良田,这能说是勇敢吗?如今,每个工人、每个庄员都在使用科学技术。当他们还只有锄头和木犁的时候,他只能编造一些关于能够力拔大树的巨人的神话。这些传奇巨人被当时连雷电都要惧怕的人想象得多么强大无敌啊!难道我们可以把一个挖掘机手称为勇士吗?勇敢,并不是科学和人类经验赋予你的那些东西,而是发自个人内心深处的自己的某种力量。一个人把一般不可能的事变为可能的了,这才算是勇敢。"

大家都聚精会神地听了她的发言,发言同样也引起了热烈的争论,大家有不同意见,意见可以归纳如下。

"这就是说,在劳动中就不可能产生勇敢精神?(吉娜在发言中并没有直截了当地这样说过,可是年轻人的天性就是这样,他要在反驳对手的论断中去寻找一隙'漏洞'。)这就是说,只有在航空事业初期,飞机还不大可靠的时候,飞行员的飞行才是勇敢行为?那么说如今,当失事危险已经几乎不存在时,在云层以上高空从莫斯科飞往哈瓦那,是不是就像开电车一样啦?不可能是这样。无论是多么复杂的机器,主要还是靠人的智慧和意志。离开了人,什么样的机器都只不过是一堆金属。那么,怎样才能在平凡的劳动中成为勇敢的人呢?不可能大家都去当飞行员吧?但愿永远照耀着康帕内拉、尤利乌斯·伏契克、皮埃尔·居里和玛利亚·居里夫妇、卓娅·科斯莫杰米扬斯卡娅、穆萨·嘉里尔、卡莫、尼科斯·别洛扬尼斯等这些光辉名字的那团火焰,也能在我们的心灵里燃起火花。本来,真正的幸福在于斗争。但要成为一个幸福的人,应当做些什么和应当怎样去做,这我们还不十分清楚,但是我们强烈地感到……"

在一阵紧张的沉默之后,薇拉接着说:

"应该为理想而斗争。如果你热爱自己做的事,那么对你来讲,护田林中的那些幼小的树苗也会变得像古老公园里的林荫大道上的大树一样。关键在于要热爱事业。吉娜说得对:勇敢是发自人的心灵深处的力量。我读过一本记述波兰医生和教育家亚努什·科尔恰克事迹的书。他既给儿童治病,又是他们的老师,最后也是为了儿童而牺牲的。他同他所照管的那些孤儿一起被遣送到法西斯的特雷布林卡集中营。尽管他本可以得到释放,但他为了孩子们而宁愿去死。直到最后时刻,他还惦念着那些孤儿,想方设法不让他们知道多么可怕的命运在等待着他们。他是一个有理想的人。我就是想要做这样的人。我谈到了三个可以为之奋斗的目标。也许,我还没有这样强的力量去做这种斗争,但我愿意去奋斗。我要给自己定一个小小的目标:不管活多少年,我每年都要种上十棵果树,并亲自照管它们。我算了一下:如果每人一生种上十棵果树,我们整个国家就将变成一个百花盛开的果园。我要做的还不是所有的人都可以做到的事情。也许可以说,我的劳动将带有一点勇敢精神。"

辩论到此结束了,但是个人生活态度的思考,在辩论之后的读书中,在对人生问题的思考中,仍将继续。争论和讨论的意义在于,可以对道德知识做到反复再认识,它会使青年人不以旁观者的角度看待关于真理的各种对立观点,而是亲自投身于这场思想斗争。斗争吸引了他的理智和感情,使他不能无动于衷。

近两年来,我们举行过讨论会的题目有:

"为信念而生活意味着什么?""什么是真理?""谁是我们生活的榜样?""从亚历山大·乌里扬诺夫到穆萨·嘉里尔""要珍惜自己的荣誉""以火热的心照亮了通往共产主义道路的人们""什么是功勋?""和平时期能不能建立功勋?""为什么在我们的社会里还有懒汉和寄生虫?""我们的生活目的是什么?""人们在生活和斗争中能不犯错误吗?""什么叫人与人以诚相待?""怎样才能在身后留下自己的痕迹?""什么是原则性?""怎样进行自我教育?"

社会定向的形成,是培养人的道德成熟性和思想坚定性的极重要的条件。今天还在学习的青年,明天就要踏上独立劳动的道路,他将会遇到各种各样的思想影响。因此,如果他没有坚定牢固的道德信念,如果在他的青少年时期没有形成明确的思想观点,那么,他随时都会碰到像卢那察尔斯基提到过的那些危险,有时是各种思想轮番侵蚀你的个性,因而在我们面前便出现一个随风而变的人;有时则是这些思想影响兼收并蓄于一人之身,因而出现一个折中主义者。[20]

坚定的思想和鲜明的政治方向之所以必不可少,是为了保护人不受消极思想的影响,要让人成长为一名为共产主义理想而奋斗的战士。

五、敏感性和同情心的培养

在道德教育中起着巨大作用的是敏锐精细的道德情操的培养，即人的义务感、敏感性和同情心的形成。奉行"人和人是朋友、同志和兄弟"的原则，要求每个人从幼年起就会关注别人的精神世界，使每个人的个人幸福来源于极其亲密的人际关系中的纯洁、美好、高尚的道德。

人道主义的入门教育就是要让孩子在精神上给别人以温暖的时候，自己也能从中感受到快乐。如经验所表明的，在教育工作中需要细心琢磨的这个领域里，主要是让孩子会感受别人的痛苦、忧伤和不幸，并和需要同情帮助的人共忧患。

年幼时期进行这方面的教育工作最为有利，小孩子对别人的痛苦反应特别敏感。因为生活中经常有不幸、忧伤和苦难，一个善于思考和感觉敏锐的教师，就要把这一切讲给孩子们听，在他们的想象中勾画出鲜明的情景，以影响他们的情感。

我们经常给孩子们讲那些需要同情、关注和帮助的人们的遭遇。有一次，我给一年级学生讲了七岁的米沙因病卧床两年不能上学的事。孩子们听后立刻就要去探望这个小朋友。第一次看望这个生病的小朋友，就在孩子们心中留下了很深的印象。他们给米沙讲了学校的情况，给他赠送了玩具、画片，第二天又给他送来了识字匣。以后，对每个孩子来说，看望这个有病的小朋友就变得不是一种义务，而是精神需要——发自内心的责任。每个人想什么时候去看望米沙，就随时去。米沙学会了识字，学会了阅读。孩子们还在学校工厂里给米沙做了一张小桌，给米沙写字用。每个同学——已经不只是一年级学生，还有大同学——都来帮助米沙和关心他的成绩了。米沙也总想做点什么来感谢同学，他显示出了很好的绘画才能，于是他就画了许多画片送给大家。

到了夏天，米沙的病床被搬到户外的树荫下，他可以整天都待在新鲜空气中。孩子们帮助他进行日光浴治疗。他们在米沙床前的草地上做各种游戏，讲故事，表演民间故事。原来米沙还是一个出色的朗诵家,他给大家朗诵诗歌和童话。

又过了一年,孩子们又和米沙一起度过了一个夏天。米沙在学习上并没有落下,他升入了三年级,身体也强壮起来,他那瘫痪的双腿,用孩子们的话说,"苏醒了"。当米沙站立起来走出几步路的时候,他的每个小朋友就像自己得到了幸福一样。有几个月时间,孩子们一直用小车接送米沙上学。到了春天,米沙走路有了显著进步,开学那天,他自己步行来到了学校。他的身体一年比一年好。他中学毕了业,现在在机械制造厂当钳工,还成了一名运动员。

对同学的关怀照顾,在孩子们的精神生活中起了很大的作用。他们每个人都感受到,自己给一个重新回到生活里来的人献出了个人的力量。凡是和米沙结为好友并帮助过他的同学,都培养起了心地善良、温存的品质。

人的苦恼是多方面的,而且各有不同。重要的是,要让孩子们学会给别人带来快乐,这样他们自己也会体会别人的苦恼,并会找到进行最愉快的创造性劳动的道路——人道主义道路。

我还给这个年级的学生讲过老游击队员安德烈·斯捷潘诺维奇的遭遇。伟大的卫国战争时期,法西斯匪徒杀害了他的妻子,把两个年幼的儿子(一个两岁,一个四岁)遣送到德国去,并在当地的报纸上发出消息说,这两个孩子将受到阿利安精神的教育,他们将成为共产主义的敌人。战争结束后,安德烈·斯捷潘诺维奇开始寻找自己的儿子,但是始终未能找到。他一直无法消除这一巨大的悲痛。他在一个国营农场当电工,总是沉默寡言,不愿和人们交往。对这样的人需要给予特殊的帮助:要怀着深切的同情心很委婉地深入这个因悲惨遭遇而留有精神创伤的人的情感世界,这种人对一丝一毫的虚假做作都是十分敏感的。我们努力在孩子们的心灵中激发这种感情,使得他们的关怀和帮助不致触痛他的精神创伤,而是给予他温暖的抚慰,要赋予他的应当是欢乐。我们把安德烈·斯捷潘诺维奇住宅周围的杂草都清除干净,栽上了苹果树。他很长时间都没有理睬我们,这使我们感到很不痛快。但是后来,他开始走出自己的住房了。我们发现,他是那样爱听孩子们的说话声音。之后他向我们要了几棵葡萄苗,这件事给我们带来了极大的愉悦。

安德烈·斯捷潘诺维奇种上了葡萄树,他请我们到他家里做客,并请我们吃苹果。

大家热烈地攀谈起来。安德烈·斯捷潘诺维奇向孩子们询问了学校里的活动，孩子们讲了他们的游戏活动，讲了在森林里的游览，还向他透露了自己的秘密，讲了他们在树林里藏玩具枪支的小洞穴，讲了池塘边上有梭鱼在那里漫游的那片神秘幽静的地方。

到了星期日，安德烈·斯捷潘诺维奇和孩子们一起到森林里去游玩。这是一个难忘的日子。他能引人入胜地谈论大自然，他指给孩子们看，哪儿是兔子窝，哪儿是狐狸洞，哪个是松鼠，哪个是喜欢栖息在拦水坝旁的麝鼠。

看来好像他一直就盼望着有人来真正同情他的遭遇，但只字都不触动他的悲痛。安德烈·斯捷潘诺维奇不再是一个孤独的人了，他那几乎要消失的和人们交往的要求又恢复了。每逢星期日，他都和孩子们一起到森林、河边、湖畔、草原去，到处都会使孩子们得到新的感受，获得新的知识。在春假和暑假期间，他们还登上过一个岛，在岛上找了一处僻静的地方，架锅做饭，采集各种标本。在长达十年的友好相处中，谁也没有违背大家相约而许的诺言：从来都没有人提到过安德烈·斯捷潘诺维奇过去在游击队里的往事，也没有谁要求他讲战争年代的严酷岁月。孩子们现在都已长大成人，他们同安德烈·斯捷潘诺维奇的友谊也更加牢固了。

相互间都感到快慰的、充满欢乐的友好岁月，使孩子们培养了对人的精神世界的敏感性和对人的需求。凡是有了这种需求的人，凭着一种不可捉摸的情感，就会找到那些需要帮助的人。我们的学生，当他们念四年级时就找到过这样的人。有一次，在从森林回家的途中，他们看见一位老人。天气很热，正好老人也是回家。孩子们就帮助老人拿衣服。孩子们的敏感心灵，使他们发现这位老人有心事。女生们说："他遭到了很大的不幸。"他们从父母那里听说，这位他们新相识的老人是一位领退休金的医生，今年七十岁了，是不久前从邻村迁来的。几个月前，他安葬了他的老伴。这对老夫妻在一起生活了近五十个年头，为了避开容易勾起他思念之情的一切，他离开了原来住的地方。现在，每星期天他都拿着自己培植的鲜花到墓地祭奠亡妇。

孩子们感到，这位老人需要关怀，需要友情。一个星期六，他们给老医生送去一束玫瑰花，老人非常感动。孩子们请老人允许他们陪他一起去邻村，但是老人没有同意。他们只好陪他走到树林边，并在那里等老人回村。从那天开始，每逢星期天，风雨无阻，孩子们都去送老人，从未间断。

后来，孩子们又帮助老人照管花草，老人则给他们讲了许多养花秘诀。孩子们这样喜爱花，使他很高兴。他教孩子们怎样欣赏花，怎样领略各种花的极其细微的色彩。

孩子们总想给彼得·阿法纳西耶维奇（人们都这样称呼这位老医生）做一些能使他高兴的事。当孩子们打听到他老伴的生日之后，他们就在生日的前一天送去一束鲜花，放在他夫人的墓前。这使老人非常感动。随后，他就想方设法对孩子们表达他的感激之情。到了春天，他在学校苗圃帮助培植唐菖蒲和丁香花。照看这些花木，给孩子们也带来了新的欢乐。他们每个人都在自家的宅旁地里栽种了各种鲜花（个别学生还盖了温室），从此花卉便进入了各家的精神生活。薇拉的父母不太和睦，常常吵嘴。薇拉就在窗前的花坛里用鲜花组成了父亲和母亲名字的两个字头。这使她的父母感触很深。于是，他们家里不再发生口角，全家都能和睦相处了。

两年后，老医生去世了。他的去世使我们十分难过，我们把他安葬在他老伴的墓旁。他们的墓前常常有人送上一束束鲜花。青年人没有忘记这位老人，是他向他们展现了人性的美和善。

我们把这种人道主义课看作是道德教育的极重要的因素。我们在这里培养的是学生的善良情感。根据多年的经验我们可以肯定地说，感情的培养不是局部的狭隘的任务，而是一个人的道德面貌形成过程的本质。

二十年来，我们都在观察学生对构成我们社会道德价值的道德观念、原则、准则是怎样感知、认识和再认识的。这些观察说明，孩子们对教师在阐发道德价值的实质时所发表的言论的敏感程度、思想反应和个人态度，取决于他们的善良情感的发展程度。凡是善良感情没有得到发展的学生，对教师的言语就会无动于衷。而如果一个学生能把别人的痛苦、不幸和忧伤放在心上，如果他多次体验过帮助人的热情，而且把这种热情付诸行动的话，那他就会把教师的话当作直接对他发出的号召来接受，乃至在教师只字未提他个人的情况下也是这样。

我们深信，情感的敏锐性和高尚的情操犹如一种动力，推动学生去思考道德教导和规劝的实质所在。苏联学者们的研究早已证明，大脑皮层的活动会刺激神经中枢——兴奋中心。巴甫洛夫写道："大脑皮层活动的主要冲动来自皮层下中枢。如果排除这些情绪，那么大脑皮层就失去了力量来源。"

研究人的高级神经活动的科学，不仅可以帮助解释儿童灵魂最深处发生的一切活动，而且可以把它们引向正确教育所需要的方向。

在我们学生精神世界的最复杂的那些过程之中，居于首要地位的是个人信念和个人观点的形成过程，是把真理转化为有血有肉的具体行为和行动的过程。毫无疑问，这个过程在很大程度上取决于情感教育和善良情感的形成。培养人道主义情感，是确立道德修养的最重要的方面之一。

没有对人的同情心，就不可能有仁爱精神。爱全人类容易，爱一个人难。去帮助一个人比宣称"我爱人民"要困难得多。

投入生活的每个人，不仅应当是一个出色的劳动能手、巧匠、物质财富的生产者，而且应当是一个真挚热情的、富有同情心的人。一百多年前，别林斯基就说过："我们会成为木匠，会成为钳工，会成为工厂主，但会不会成为一个人还是个问题！"这些话永远都不会失去它的意义。要让我们的学生作为一个真正的人生活，这恰恰就是最重要和最困难的问题所在。生活在我国建设共产主义时代的人，不为他人做好事就不能生存。

六、培养诚实和荣誉感

有些教师认为，对孩子们谈论游手好闲、过寄生生活和侵吞人民财产等这些坏现象是不相宜的。我们根本不同意这种观点。我们认为，这种要在儿童周围创造某种思想上的无菌环境的企图，只会使孩子的心灵畸形发展。

对于现实不要去粉饰，不要去掩盖。不能让孩子跟好友的谈心和在自己家里讲的是一套,而在会上和在公开场合讲的却是另外一套。不能让孩子去做违背良心和口是心非的事。不能让孩子形成一种错误观念,认为这种虚伪似乎是必不可少的;认为好像不便于去说,某些共产主义劳动突击手似乎不配这个崇高称号;或者不好在作文里写,个别农庄领导人懒于动脑筋和玩忽职守,导致人们的生活水平下降和贫困。粉饰生活就会产生认识上的教条主义和束缚人的思想,就会产生怀疑主义,不相信崇高的共产主义目标和原则,就会使人在为共产主义而进行的斗争中丧失斗志。

我们告诫教育工作者:要切忌某些被虚假高尚目的掩盖起来的虚伪造作、心灵的"双重化"、两种"真理"(一种用于日常生活,另一种则用于会议发言)同时奉行、欺瞒哄骗、冷漠寡情等卑劣品行。如果有那样一所学校,当教学实验园地里的作物刚刚发出嫩芽,而少先队会就已在高谈阔论农业实验经验。如果这种欺骗行为引不起孩子们的愤懑之情的话,我们就认为这个学校的教育工作是很有问题的。

要让青年们坚信共产主义思想,让他们像珍惜个人荣誉那样珍惜共产主义信念,就必须对他们诚恳坦率地讲真实情况,并且教育他们只讲真话。我们竭力使学校生活充满正义、诚挚精神,并对恶行,对不诚实、虚伪、欺瞒、哄骗等不良行为持不调和的态度。我们为学生树立一种信念,那就是在唯一的真理——共产主义思想的真理面前人人平等,从普通庄员到部长都一样。我们努力做到使这个真理成为唯一的透镜,用它来观察一切生活现象和人们的道德面貌。共产主义伦理的崇高原则同人们日常行动和行为的方向的联系,在学生思想上越清楚、越深刻,他就会越敏锐地留意和注视自己的内心世界,就会越严格地要求自己。如果在他的眼里,在他的面前,唯一的真理——共产主义思想的真理,形象地说,能像和风一般吹拂生活中的每一个细节、每一件事情,那么这一切都会起到培养纯洁而富有同情心的良知的作用。

这项工作应当从儿童经常接触的最细小、最平常的事情做起。我们不允许抹杀、粉饰和掩盖生活中的坏事,不能回避生活中存在的问题。例如,学生和成年人一起劳动时,如果他们发现了浪费现象和偷盗公共财产的行为,我们就竭力设法把集体中的相互关系调整好，使得积极行动能教育学生对这类不良现象持不可调和、不能容忍的态度。

在我们学校中，学生随处都可以接触到集体所有的财产。我们使学生养成正确使用它们的习惯。当一个学生需要一本新练习本时，他可以从集体储藏柜里取。如果他对某一本书感兴趣，他也可以从班里或走廊里的图书陈列橱里去拿，就地翻阅或带回家去阅读。当读这本书时，他就想着别的同学也在希望或者正在等着看它。一些有趣味的书，在低年级学生中几乎是不间断地互相传阅着，直到大家都读过了才能在书架上看到这本书。

在这种大家共同使用物质财富的环境中，那些不诚实、不道德的行为会立刻受到大家的谴责。如果有人损坏了大家喜爱的书或者把它据为己有，孩子们自己就会发现肇事者，他自己也会深切感受到大家对他的气愤和不满。也只有在有了这种感受的情况下，处分才会发挥作用：集体会对犯错误的孩子给予限制他享用某些精神财富的处分。

对于那些用来满足大家需要的各种精神财富采取共同管理的方式，对中高年级学生特别是对高年级学生来说，作用也是很大的。通过个人对待集体利益的态度可以考验和培养一个人的诚实和正直。我们学校的每个学生在课余时间，无须请示任何人就可以随意拿取个人所需要的音乐唱片和书籍。物理实验室的台案上摆着各种仪器，学生随时都可以去用。我们的学生爱惜物质财富，尊重集体利益，这是我们从孩子入学的第一天起就开始培养的那些道德习惯的成果。

真诚、老实和不容忍弄虚作假的精神，也应贯穿在我们学生的劳动之中。从孩子的幼年起，我们就向他们灌输这样一种思想，就是劳动成果，特别是农业劳动成果，不仅仅靠人的力量，而是要依靠大自然的力量。只有用你的双手、智慧和创造力做出的，才是你的功劳，不能把大自然赐予的也归功于自己。遵循这样一条原则，就能树立起对虚夸蒙骗行为的不容忍态度。为了客观地评价学生的努力、勤奋和用心程度，我们特意选择那些首先要克服许多困难的劳动任务。在肥田沃土上种出好庄稼来，这算不了什么功劳。而如果学生能把贫瘠的土地改造成高产良田，劳动果实体现着他的奋斗和探索精神，他就会珍惜劳动果实。因此，常常会有这种情况：受到表扬的是那些产量不算高的学生，而不是产量较高的学生。

在低年级各班，我们坚定地实行一条规则：对一个学生的劳动成果（默写、作文、算题、练习），在没有得到肯定的评价以前，就不做任何评分。学生逐渐明白成绩要靠汗水取得。如果一个学生还没有获得评分，就意味着他还不能胜任工作（坚持不懈就可以摆脱这种困境），或者他不愿意劳动（这就完全是另一种性质的问题了）。在绝大多数的情况下，我们遇到的都是第一种情况。任何人都不愿意毫无成果地劳动。因此，每个孩子都极力希望克服困难，他感受到了评分的道德意义，而且十分珍视它。凡是从小就学会靠自己的努力获取知识的孩子，从来都不会企望走一条安逸轻松的道路。

对行为做出公正的评价，具有很大的教育意义，特别是对高年级学生来说。在用五级分制评定操行的情况下，[21] 我们绝不给那些在课堂上默不作声，对精神生活中的任何事都毫无反应的学生评"优"（即5分）。这种缺乏个性的行为，是一种很不好的现象。我们评定操行的根据是：能进行自我教育，能认真劳动（包括学习劳动和公益劳动），爱护并充实人民的财产，诚实，尊敬劳动人民，尊敬父母，尊敬老人，尊重妇女，不容忍坏事，积极参与对低年级同学和学前儿童的教育活动，能为别人做好事。

特别重要的是，要让孩子知道在各个年龄段如何在实际行动中去达到这些要求。每个班集体都参加学期和学年的操行评定工作，这有助于加深学生对这些要求的理解。班集体对每个同学该得到怎样的评分，是能自行做出结论的：会考虑他劳动怎样，学习怎样，社会活动如何。评分由班主任在班会上做，而且进行评定时，在我们学校教师和学生集体之间几乎不会产生意见分歧。一旦出现不同意见，则将问题提交校务委员会去分析研究，在这种情况下，操行评分只有在取得班代表及所争议的学生本人的同意之后才能确定。

我们的学生对待懈怠和偷懒行为特别严厉，毫不留情。我们从幼年就给孩子们灌输这样的思想：剽窃别人的劳动成果（打小抄、搞抄袭）是极大的耻辱。这方面的任何毛病，都不能被宽恕：你现在是一个学生，那就已经是一个劳动者了，你要用自己的劳动对你的家庭、班集体和社会负责。凡是被揭发有偷懒、作弊和欺骗行为的学生，都会在家长会上被点名批评，家长的过错也被提出来。学生为了不使自己和家长难堪，都能独立去完成各项任务。

当教师集体确信毕业生能够顺利地在高校学习，我们就向高校开出由校务委员会主席及家长委员会主席签署的推荐信。信中介绍这个青年人的兴趣、爱好和才能。这种介绍信要被抄录在校务委员会的记录簿中。以后，我们每年都要重新翻阅这些记录，检查我们对那些被推荐上大学的学生的能力、才干和特长的估计是否正确，正确程度如何。

在家长室的显著位置，我们布置了一个很漂亮的陈列橱，名为"他们——家庭和学校的骄傲"。里面张贴着我们的毕业生——如今的教师、工程师、医生、农艺师、畜牧师们的照片。这里还有升入大学的学生人数（每年都进行更新）和大学毕业生的统计数字（按专业分类列出）。这也是我们向家长们的一项汇报。

培养学生正直诚实精神的一个重要的条件，是让青年人怎样想就怎样说，而不顾忌会遭到大声呵斥，相反能指望得到耐心的解释和帮助。

青年人总爱留心周围世界所发生的一切，他们对生活实际是否符合共产主义思想和原则这一点极为敏感。言论与行动间极微小的不一致，也会引发许多问题来。对这些疑问不能采取回避态度，不能把它们看作是思想谬误或者是吹毛求疵。这些问题产生于最善良的动机，他们是在企望肯定崇高的共产主义思想的真理性和正确性，这也是教师集体向我们的学生展示的神圣的事物。提出这些问题就是要寻求证据，以证明"我们的思想不是神话故事，不是美好的臆造，而是富有生命力的真理"。青年们提出问题时，往往会举出一些与共产主义原则相矛盾的事实。他们举出的事实越严重，就越有必要做出回答，以消除他们对共产主义思想的真理性和正确性的疑惑。

青年男女们总是带着烦扰他们和使他们不安的问题去参加共青团青年辩论俱乐部召开的讨论会的。年轻人关心的问题都会得到答案，不会"议而不决"。我们总是力求做到，让那些带着自己的疑问和想法来请教集体、请教老同志的青年男女，都能带着关于共产主义思想的正确性的信念离去。他们并不总能依靠自己的力量消除疑惑，所以必须要有生活阅历丰富的长辈参与讨论。我们这些长辈在回答他们的问题和跟他们一起讨论时，总是设法让他们自己找出一些生动鲜明的事实来证明，共产主义真理是不可战胜的，并说明一个真正的人的使命不是消极地旁观，而是积极地为真理、为正义去斗争，去克服困难。

讨论会都是随着大家所关注的问题的成熟而举行的。按照团委会决定的日期，邀请高年级同学、教师和参加过十月革命和伟大卫国战争的老共产党员来校参加。会议通常由团委书记主持，由他宣布所要讨论的问题，接着团员们便开始发言，讲他们的意见和疑问；然后由老同志发言，帮助他们找出答案，消除他们的疑团。

青年男女们总是怀着十分激动的心情倾听那些老共产党员的英雄事迹，他们宁愿牺牲自己的生命也绝不对自己的信念的正义性产生动摇。青年们在发言中都讲：能坚定英勇地坚持真理，蔑视一切威胁，这是一个真正的共产党员的最重要的品质。

七、培养男女青年相互关系的道德美感

我们认为，培养纯洁、高尚的道德审美关系——友谊、同志关系、互爱，是学校的重要任务。

有个别青年的行为之所以粗鲁、庸俗、缺乏羞耻感，根源首先是在家庭里，接着是在学校及团队组织中缺乏情操的培养，人与人之间缺乏情义，关系冷漠。只有在爱情被变节行为、被兽性的无耻表现或者被对物质享受的贪求玷污了的家庭里，才会生长出庸俗、无耻的好色之徒来。青年人犯罪的原因之一，是父母的漠不关心和冷酷无情使他们满怀空虚地进入了生活。我们的教师就熟悉两个"意外"孩子奥丽娅和亚历山大的不幸身世。他们没有父亲，也没有享受过母亲的温暖和爱抚，天天从母亲那里听到的，只是"他们真是造孽"的责骂。自略懂些事以来，他们经常想到的只是，世界上有那么两个人，只给了他们生命，但没有赋予他们幸福。这是两个卑鄙的人，而像他们这样的人还有很多，什么爱都没有，有的只

是狡诈和欺骗。这样的"生活现实"从小就侵蚀着奥丽娅和亚历山大的思想。从小滋长成熟起来的就是这种"生活哲理"。他们就这样带着怀疑、戒心和对人们的不信任的性格特点来到我们学校，开始了他们的学习生活。

这种罪恶行为必须在一个人尚未具备创造新生命的能力之前尽早预防。我们认为，最细致的教育任务之一，是要使青年能严肃地、心地纯洁地对待一个新生命的造就；要使他们就像等待幸福的节日一样等待一个新生命的诞生；要让每个孩子的头脑里产生的第一个想法是：我能给父母带来快乐，没有我，他们都不能生活，他们的快乐也就是我的幸福；父母给了我幸福，我应当永远感激他们。爱，是标志人类高尚气度之美的花朵。要在人自然产生性要求之前，尽早考虑这朵花的洁美，要培养人的高尚情操。

为了使每个学生随着年龄的增长，能成为一个好丈夫、好妻子、好父亲、好母亲而对他们进行的品德教育，并不是要对他们讲解两性关系问题，不是让他们知道暂时还不该知道的事情。必须做到使孩子们的全部生活——他们的所见所闻、所作所为以及他们的一切感受，都有助于他们形成信念，确信生活中最宝贵的是人；最高尚的品德、荣誉和道德精神，是给人造福，为人创造美，同时也使自己成为美好、善良的人。与道德审美态度相关的那些不幸乃至真正的悲剧的祸根，恰恰就是个别年轻人在爱情中只看到自己可以攫取的享受，而看不到给人幸福和快乐的义务。真正的爱情，特别是男性对女性、青年小伙子对姑娘的爱，是精神力量的巨大耗费，是为建立幸福而进行的创造。

要在青年人尚未产生追求异性的要求之前，就教会他多施与少攫取，教会他以满腔热情去待人，并仅仅由此获得快乐。给他人以快乐，要比给班里送一盆花或者做一个兔笼要复杂得多。触动心灵的高尚行为，是十分微妙的。这里具体体现着心灵的动态，体现着意向。最糟糕的是，只是为了博得赞誉而做好事。如果一个孩子从小就养成了只是为了表扬才去做点好事的恶习，那么他必将成为一个待人冷漠、计较得失、无情无义的自私的人。我们记得，有一个十二岁的男孩子，常常因为帮助一位孤寡老太太而受到少先队辅导员的表扬。然而过了一些时候，我们才知道他常常向辅导员汇报完他给老太太打过水的事之后回到家里就把沾满污泥的脏鞋和脏外衣扔在地板上，让他有病的奶奶整晚为他洗刷。我们花费了很多时间才帮助他认识到这种行为是不体面的。其中起作用的因素是，幸好这个孩子当时只有十二岁，而全班又能团结一致。

对纯洁美好爱情的品德准备，要从牢固地培养儿童心灵中的善良情感做起，从培养他对自己所敬爱的人的真挚热忱和无限关心的情感做起。孩子年龄越小，就越容易激发他的善良情感和引导他去做好事。年幼的儿童都愿意在他的行为中表露他的心，他们的情感就蕴含在他表达对他人态度的那些行动之中。

二十年来，我们对每一届一年级学生，都要讲述一个人与另一个人相爱、彼此忠诚的感人肺腑的故事。有两个青年人结婚了，可是三个月后，妻子得了重病：两腿瘫痪。丈夫二十三年如一日地照料瘫痪的妻子，拉车带她看病。他相信妻子一定会康复。果然，他的妻子能走路了，还生了一个儿子。

我们还讲了我们的朋友老医生彼得·阿法纳西耶维奇，那位每周都去邻村给妻子墓前送花的老人。这些故事深深地触动着孩子们敏感的心。他们都会感受到，最宝贵的就是人。在此，我要再重复一遍，这当中最主要的是情感；孩子们这时还不可能对什么都有深入的理解，重要的是，要让他感受到人道之美。如果我们能借助这类充满丰富情感的动人故事，做到当得知同学生病而不能上学时，一个男孩子就会眼里泛出泪花来的话，那他长大成人之后，必定是个会体贴关心人的丈夫和父亲；他的良心就不会允许他做出损害姑娘、妻子、母亲的事情。善良情感，是良心的头道防线。

通过讲述这些人道故事，我们在激发孩子对他人苦痛的同情之心，也在防止对自己的姑息之情——滋生个人主义的祸根。善良情感可以激发善良行动，能使孩子分担同学甚至完全不相识的人的忧伤、不幸和痛苦。孩子会产生为别人创造快乐的愿望，因而也会很乐意把自己心灵的温暖献给那些他认为很需要精神支持的人（这种支持，在我们成年人来说，是往往不易察觉的）。

七岁的柯利亚和加丽娅满心欢喜地准备新年晚会：练习唱歌，准备服饰。加丽娅的妈妈给她做了一顶漂亮的帽子，并给它上浆熨展。小姑娘小心翼翼地把帽子放在硬纸盒里，准备在新年晚会上戴。恰恰就在晚会开始前,不知谁坐在了盒子上,把帽子弄皱了。这件事如果发生在大人身上,是算不了什么的,但对一个孩子来说却是很大的不幸。柯利亚发现加丽娅低着头站在一边,旁边是被压扁了的盒子。我们还没有顾得上过问。他就走到了小姑娘跟前,这个不会说安慰话的孩子眼里闪着泪花,拉起加丽娅的手,站好姿势,接着就双双起舞了。顷刻间,已经好像什么都没有发生似的。

有了深沉真切的感情,就不需要用语言了。

这里要顺便指出,不要训练孩子去表露他们还不会用语言表达的那些情感。不要叫他们去背诵那些要在成年人的大会上发表的词藻华丽的祝贺词,也无须让他们在鼓乐伴奏下去列队祝贺。我们成年人也不必为孩子们用他们响亮的话语所表达的那种"预定的"情感而激动,否则我们就会培养一些玩弄辞令的空谈家、随便就任何题目都敢大发议论的演说家。这样只会损害孩子们的心灵。在我刚刚谈到的事例中,柯利亚对小姑娘的同情,犹如一束明亮的光,照亮了她的心:这就是说,世上有一个能把我的苦恼当作自己苦恼的人。这样一来,闪现在加丽娅眼睛里的就不是懊丧的泪花,而是欣慰的欢快了。小姑娘在游玩,在跳舞,并没有人理会她头上没戴那顶漂亮帽子。

在儿童的生活中有不少这类事例,真挚的感情如同童话中的神水一般,能驱散忧伤,减轻痛苦,使人重新快乐起来。能用自己的情感温暖他人的心,能与人共患难,能真诚地关怀体贴人,这就是高尚爱情的源头,它会使青年人成为一个男子汉、一个可靠的丈夫,使姑娘成为温柔、忠贞、坚强、严肃、不可轻易冒犯的女性。让我们的儿童、少年和青年们的生活中不再有任何不被人分担的悲伤、痛苦、委屈和忧患,该有多么重要呀!为使青少年能把他们心里的温暖更多地给予姑娘,又是多么需要让人的本性在道德上更加完美。纯洁高尚的情感,好比道德的精神动力。我们所创造的一切都是为人着想的。如果人不能给人以幸福,那么任何物质财富和精神财富也不会给人带来幸福。

在已经消灭了一切经济和政治压迫根源的社会主义社会里,人道主义和对人的尊重,都是从尊重妇女做起的。我们在教导儿童认识,人性美最明显地体现在女孩子、女青年和妇女身上,因为女性是新生命的创造者。未来的男子汉赋予未来成年女性的心灵温暖，也在塑造着他自身的精神美。这里主要的是情感，重要的是要让男孩子和男青年会因为给女孩子和姑娘带来快乐而感到欣慰。

每年一月份的第一个星期日，我们的学生要过一个"女孩节"。在节日将要来临的日子里，生活充满了兴奋情绪：每个男生都在给自己的姐妹或女朋友准备礼物。礼物都要亲手制作，要付出劳动。男孩子们在用细木工刀镂刻，用胶水粘贴，用针线缝制……。他们制作的礼品，多半是胶合板做的童话故事中的人物和鸟兽以及布娃娃、小匣子、画片等。不少男生还为祝贺这个节日栽培鲜花或者能届时开花的树木。在隆冬季节培养出一朵铃兰花，一月份让一枝丁香开出花来，这要比刻一件最好玩的玩具困难得多。他们在温室里认真劳动，精心保存菊花、铃兰、雪花等花卉的根，精细计算什么时候着手催育才能如期开花。而所有这一切，都是为了能让姑娘们高兴。

在对男孩子的教育中，我们非常重视家庭内道德情感关系的高尚和纯洁。特别是我们要竭力使儿子像对待他最敬爱的人那样敬爱母亲。精心照管为母亲栽种的果树，这是我们每个男孩子、每个小伙子最关心的大事之一。许多男生还为母亲栽种了葡萄树。孩子们总是怀着激动的心情把亲手培育的苹果和葡萄献给母亲吃。过"母亲节"的时候，儿子还会送妈妈一朵铃兰花。此外，还有赠给妈妈画片、刺绣品等礼物的。年纪大的孩子们在这一天往往在习作本里写一篇作文或写一首诗，并用题头画加以装饰，送给妈妈（不用那些过分奢华的纪念册）。

对男青年的教育，很重要的是要让这些未来的男子汉、未来的丈夫把精神力量用在努力发现姑娘们的精神美上面；使他们在欣赏这种美——在其形成中也包含着小伙子自己献出的点滴创造性的美——的过程中产生精神的共性，产生对人的追求，也就是真正的爱情。要让青年男女之间既因共同兴趣，也因共同的感情而结合，这是很重要的。在所有能吸引人、激发和鼓舞人的各类活动中，男孩身旁总有女孩，小伙子旁边总有姑娘。男孩在把女孩作为一个女性来爱慕之前，已经对女孩作为一个人的美有了景仰之情。

在我们学校男女青少年的生活中充满了比创造才能、比精神美、比意志、比顽强精神的竞赛（当然，这种竞赛并不具有任何可见的形式，而是隐伏着在暗中进行）。这种竞赛，既可能是劳动，也可能是社会活动或是艺术创作等。在这种竞赛中，姑娘们会因她们的社会地位、因自己的劳动而产生自豪感。姑娘们也和小伙子们一样，在科技小组的活动中获得一些复杂的技能和技巧，并竭力在创造性劳动中胜过小伙子。

在合唱队、乐队和戏剧组中，把男女青年结合在一起的，不仅是共同爱好，还有他们共同的情感。在这些活动中占上风的往往是姑娘们，但小伙子们也不甘落后。这样你追我赶、激发姑娘们更加上进，使彼此之间的爱慕之情日趋高尚，使青春年华闪耀出浪漫主义色彩。

在创造性劳动中，在文艺活动中和智力需求的发展上所进行的竞赛，会丰富姑娘们的智慧，会创造姑娘们不可缺少的精神财富。一个姑娘应该是聪明的、全面发展的人，在各方面不仅不亚于男青年，而且要更胜一筹，这都是姑娘可以引以自豪的基础。只有在青年时期创造了心灵美的财富，并在生活中相互奉献这些财富的情况下，两颗相爱的心才能永葆纯洁。我们总是尽力使每个学生在他年轻时期就获得多方面的精神财富，以便终身慷慨相施。每个学生都有自豪的点，都能在某方面显示出自己的个性。在尚未造就新人之前，爱情应当先教会人创造足以使全人类都高尚的因素——智慧、美德、创造性和技艺。

青年在未产生对异性的要求之前，就在他所喜爱的劳动中找到了生活的幸福，因而无须用爱情去填补精神上的空虚。我们认为，当一个人的才华和天赋得到充分发挥，每个人都在某方面感到自己是具有丰富想象力的创造者时，他就有了过道德纯洁的家庭生活的准备。当人燃起创造之火时，这种火光好似能从内部照亮他的面容、眼睛以及他的一举一动，从而使外在美在理智和智慧内在美的作用下，更富有神采、更显高尚。哪里有了这种美，哪里就会有自豪感。在年轻姑娘身上创造这样的美该是多么重要呀！这种美是个人尊严的本源，是妇女的不容侵犯、贞洁、自尊和庄重等这些可促使男女之间的道德—审美关系高尚的女性气质的本源。

没有个人的高尚品德，就不可能有广泛的、全民的优良素质。

人不仅应当在为人民的幸福和祖国的强盛而进行的斗争中成为他人的朋友、同志和兄弟,而且应当在建立个人幸福、在教育子女和享受生活快乐中也是如此。现在我们面前的坐在课桌旁、正在一笔一画用心描画字母的每个男孩和女孩,不只是未来的物质财富和精神财富的创造者,而且也是明天的父亲和母亲。他们的心灵应当充满人类获取的一切美好的东西。

第五章

智　育

一、智育的本质及其任务

智育（智力的培育），是共产主义教育的一个重要环节。它包括获取知识，形成科学世界观，发展认识和创造能力，形成脑力劳动的若干技能，培养对脑力劳动的兴趣和要求，以及对不断充实科学知识和运用科学知识于实践的兴趣和要求。

智育是在获取科学知识的过程中进行的，但又不能仅仅归结为一定知识量的积累。只有当知识变为个人信念，变为人的精神财富，从而影响到他思想的方向和他的劳动、社会积极性及兴趣时，知识的获取过程和深化过程才能成为智育的要素。世界观的形成乃是智育的核心。

马克思写道："……个人的真正的精神财富完全取决于他的现实关系的财富……"智育意味着用社会的一切精神财富充实学生的头脑，这种充实乃是学校教育教学过程与社会生活的和谐结合。

马克思说过："有识之士往往通过无形的纽带同人民的机体联系在一起。"[22] 正在形成中的人的智力吸取着人民的意识和心理，人民的信念和传统，以及理智的、道德的、美学的文明等的营养。

教学是智育极重要的手段。教学过程中的智育成效取决于这样一些因素：学校全部精神生活的丰富，教师精神的丰富、宽广的眼界、渊博的学识和文化素养，教学大纲的内容，教学方法的性质，学生在校和在家智力劳动的安排。

教学过程要实现智育的主要目的——发展智力。А.П.平克维奇说过："我们应当竭力培养灵活的、活跃的思维，即反映自然本身运动的思维。"就像人不识字就无法看书一样，没有智力的发展，没有灵活、活跃的思维，就不可能有智育。

那么怎样实地实施智育呢？任何时候也不能忘记马克思提到的那些现实关系的财富。[23] 只有当学生被多方面的智力兴趣和要求的气氛所包围，当他与周围人们的交往充满求知精神时，他才能得到智力上的培养。关心整个学校生活的智力财富，乃是符合要求的智育的决定性条件。

每个教师都应当成为学生智力的得法的、有头脑的培育者。只有当教师不把知识的积累和知识量的扩大视为教学过程的最终目的，而是当作发展认识、创造力以及喜好钻研的灵活思考能力的一种手段时，才能在教学过程中实现智育。在这样的教师手下，学生获得的知识是一种工具，学生借助于这个工具可以在认识周围世界的过程中自觉地迈开新的步子。在这种情况下，把已经掌握的认识方法转用于新的认识对象，便成为学生的思维活动规律，以后他们就可以独立研究新的现象、过程、事件的因果关系了。因此，学习自然科目时的生产劳动、考察工作和实验活动，以及学习人文科目时的独立研究生活现象、钻研图书资料、进行文艺创作尝试，便成为最重要的智育因素。

人之所以需要接受智育，不仅是为了让他能在劳动中运用知识，而且是为了充实精神生活——善于珍惜文化艺术财富。不应仅从劳动中实际应用知识的角度看待教育的内容。近些年某些文章，流露出学校教学和教育唯智化的思想。有人就对"智育"一词害怕起来。这种情况，形象地说，不过是令人遗憾地也波及了国民教育的那股欠考虑的"改革"浪潮上的一片浮沫而已。智育过去和将来都永远是教育教学过程的一个主要环节。

二、智育与世界观

世界观不只是某一社会中占统治地位的那种看待世界的观点体系或某一阶级的意识形态，而且是体现人的思想、情感、意志和活动的个人主观状况。世界观是意识、观点、信念和行为的统一。

科学世界观的形成，取决于学生理解科学基础知识的主要和主导思想的深度。这些思想是：世界的物质性和可认识性；现象之间的相互联系和相互制约；人改造周围世界的可能性和必然规律性；社会现象，特别是诸如战争、革命以及其他社会的和经济的震荡及改造等的本质和原因的可认识性；一切剥削社会中压迫者与被压迫者的利益的不调和性；为摆脱剥削、摆脱社会和民族奴役而进行的斗争的崇高性；资本主义转变为社会主义的历史必然性；善恶观、正义与非正义观的阶级性和社会制约性；为祖国的自由和独立、为摆脱人对人的剥削而斗争是道义崇高的豪迈事业；在共产主义社会里劳动将成为人的自然需要；等等。

我们认为有一项重要的教育任务，就是使世界观不仅表现为善于解释现象的本质，而且表现在实际行动和劳动中。学生在探究周围世界的事实和现象、认识自然规律、确信科学观点的真理性和正确性的同时，要力求证实、确立和捍卫某种东西。在脑力劳动触动了个人兴趣的情况下，教学过程中的思维便会成为独立形成科学世界观的过程。科学世界观，是思维、情感和意志的融合；世界观是在认识活动中形成的，这种认识活动同时也是征服自然和理解周围社会生活的一种斗争。在我校的智育体系中，就有主旨在于形成世界观的劳动作业。例如，学生在教学实验园地里劳动，同时也是在证实土壤是微生物活动的特殊环境。这一真理的证实，只是向形成世界观的独立活动迈出的第一步。紧随这一步的便是创造能保证高产的土壤。正是这一劳动展现出了马克思提到的那种现实关系的财富。[24] 世界观的形成，个人对周围现象的看法的形成，涉及学生精神生活的各个方面——思维、情感、意志、行为。就学龄早期的儿童来讲，他所获得的知识跟他的主观经验结合得尤其紧密。思维和主观经验的这种融合和结合，在相当程度上会保持到学龄中期乃至学龄晚期。

对形成世界观来说，十分重要的是，要使学生的思维活动在他的实际活动中得到反映。有经验的教师，并不把科学世界观的某一思想安排在教学大纲规定的某一章节或某几个章节里来讲解。他们竭力使思想多次表现在个人活动中。当思想具有了鲜明的感情色彩，即伴随有惊异感和发现真理后的快乐感时，唯物主义思想才会成为儿童个人的观点。只有当儿童对表现和揭示思想的那种劳动有个人的态度时，他才可能对科学思想、对唯物主义真理持有个人态度。

我们认为脑力劳动的研究性具有非常重要的意义；孩子们在观察、思考、分析、对比中会发现真理，或者认识到为了发现真理必须进行新的观察，必须读书和开展实验。例如，我们的学生在着手学习粮食和豆类作物的种子结构之前，先要培育种子发芽，并在这时注意每个品种的特点，对其共性和特性做初步观察。又如在学习内燃机之前，每个学生就拆卸和组装小型压缩式飞机发动机，开动它，并在这时考察它的结构与它运转时所发生的种种过程之间的依从关系。于是学生产生了很多问题。而这种探索本身就已经在激发良好情绪，这种情绪其实就是儿童对待真理的个人态度的心理基础。

脑力劳动的研究性质，并不只是在学生接触事物和现象的直观方面时才重要。学生在思维过程中会引用他们已有的关于事物和现象的全部概括性思想（论断、定律、公式等）。例如，物理课上讲授关于功率的科学概念时，教师便启发学生去思考机器和役畜做功的特点。这时思维客体已经不仅仅是事物的直观方面了，而是单位时间内完成工作量的能力这个概括性论断，这个论断在学生意识里是在生活实践过程中形成的。他们在运用这个论断考察他们未曾直接观察过的那些现象。

任何一个试验、一次实验作业或一项实际工作，其目的不仅在于揭示某种因果关系和联系，而且也在于促使学生表现出智力和意志上的积极性，促使他们力争在利用自然力的道路上迈出哪怕微小的一步。栽培出一棵当地到处都有的树来，这只是看到了世界现有的状态；而在北方培育葡萄结出果实来，或种出两季小麦来，这就不仅仅是认识大自然，而且是让不断发现的新的自然力受人的支配。在这种试验过程中，对现实的认识更加深刻了；与此同时，人对自己也有了认识，确信人并不是听任自然自发力量摆布的玩物。那些能使思想转化为个人信念和观点的试验、实验、劳动，才是学生现实关系财富的实质。每个学生在校期间，都要完成几项使自然力受支配的劳动作业（如培育出两季粮食作物，通过施用特殊肥料加速植物的成熟，通过育种获得耐寒的小麦品种，把几十平方米的贫瘠土壤变成肥沃土壤,增加甜菜的糖分等)。这种劳动的重要意义不仅在于它能发展学生对科学的兴趣,能激发他们的钻研精神和求知欲,还在于这是思维活动积极的世界观本质。学生在这种劳动中对科学真理抱着关切的个人态度。

凡是在少年期和青年早期完成过具有世界观定向性劳动任务的人,在成年期便显示出这样的特点:他们对自然和劳动的重要规律都有自己的见解;这种人工作起来具有创造性,他们通过自己的劳动总在证实一些东西、检验一些东西。例如,我校过去的学生、年轻的农艺师维克托,曾通过自己的试验证明了小麦种子的发芽能力与育种时在土壤中施加微量肥料有关系。根据他的提议,人们在育种地块里开始施放能加速种子成熟的微量肥料了。

这种人好钻研,求知欲强。他们总是努力弄清自然现象中复杂交错的因果关系,他们喜好体力劳动,并极力使体力劳动带有智力劳动因素(写观察日记,对若干年内劳动的成果进行比较等)。他们总是设法向一起劳动的同伴们说明:任何一种现象都不会是不可认识的,不可研究的。

教会儿童积极地看世界,在劳动中恪守信念,是使知识发挥教育作用的一个主要前提。我们认为极重要的一项教育任务,就是要在积极活动中形成世界观。能激发人去积极地看世界的主要信念之一,是人不仅能认识周围世界,而且能以自己的智慧、创造力和劳动征服自然力和改造生活。

有许多证据都证明这种思想是正确的和合乎真理的。儿童往往津津有味地倾听曾用自己的发现和研究证实了智慧、思维、意志的伟大力量的杰出科学家的生平故事。他看得见高年级同学在贫瘠的荒地上创造肥沃的良田。教师给他看,怎样在无土壤的实验室里——在矿物肥料的水溶液中——种出蔬菜来。能**认识**,这一切还不是信念。积极看世界,不仅在于儿童应当通过自己的劳动获得真理,而且应当理解它,应当感受到发现和克服困难的喜悦。这样,真理就成了他所珍爱、所亲近的东西。

孩子越小,他在劳动中的思维所具有的情感色彩也越鲜明、越直率。这就是为什么我们认为在学龄早期形成世界观信念具有特殊意义。世界观的活跃和形成,是与认识自然界的初步规律同时开始的。我们认为智育和世界观形成过程的统一表现在：儿童在认识，比如说植物发育规律和有机物制造规律时，也确信了人既能影响土壤的生命过程，又能影响植物机体的生命过程，而且是通过亲自劳动和认识而确信这些的。

我校学生通过自己的劳动证实了如下一些事情都是可以做到的：培植出高产的粮食和技术作物；获得比集体农庄常年收成高出数倍的小麦产量；获得比普通品种早熟 20 天的玉米品种；培育出蛋白含量比最好品种还高 2%—3% 的小麦；使苹果树不是按常规在第六、第七年才结果，而是第三年就结果；获得含油量比本地最优良的品种还高 5% 的葵花子；使得冬小麦能经受住零下 30℃的严寒。

通过认识去证明，通过证明去认识，智育和世界观的统一恰恰就在思维与劳动的这种统一之中。儿童在自己的劳动成果中不仅看到物质价值，而且也看到自己和自己的顽强精神及坚定意志。十分重要的是，要让儿童从幼年就开始这样积极地去看世界，以便带着世界观的牢固基础进入青年早期。

学生的年龄越增长，他们的力量和潜力也就越大，与确立世界观有关联的那种活动也就越为他们的精神发展所需要。我们认为那些足以考查、检验、锻炼青年人精神力量的活动具有非常重要的意义。十分重要的是，要对他们的青春活力加以引导，使之不致白白耗费。

我们对共青团员们说："在这块 3 公顷的地块上从来没有种出过每公顷 12 公担以上的粮食产量。但是，就像能工巧匠能把一块锈铁做成精巧的工具那样，我们也可以把这块贫瘠地块变成肥沃的良田。让我们来为此奋斗一番吧！"男女青年们投入了这场战斗，并取得了胜利：种植的小麦产量达到每公顷 36 公担。在这场战斗中，激励着他们的是一个崇高的目标，即证明人在世上并不是一粒微尘，他们创造了肥沃的土地。我们努力做到，使每个学生都能在青年早期经历这种为共同的事业、为某种思想而奋斗的活动。

三、科学世界观的形成过程与科学基础知识的掌握

科学世界观意味着人对所看到的、所认识的、所做的事情采取积极的态度。只有当人站在个人的生活立场对待知识，当学到的知识在生活实践中得到反映，并决定他的行为方向时，知识才会转化为世界观因素。人对所获得的知识以及从这些知识中得出的结论所采取的个人态度，就是信念。

教育性教学最重要的任务之一，就是防止学生对所获得的知识采取冷漠态度，认为知识内容与他毫无关系。培养科学世界观，就意味着教师深入理解儿童的内心世界，善于对儿童的思维、儿童认识周围世界的过程和劳动活动进行合乎教育学的指导。只有当学习过程成为学生多方面的智力生活的一个组成部分，当他的智力和意志力已开始"表演"，当学习为他打开了通向世界的窗户，而且世界向他展现出许多有趣的和诱人的东西，当他通过书籍、在自然界和周围世界寻找他所关注的问题的答案时，知识才能成为形成科学世界观的因素。求知欲，不仅是教育得法的结果，而且是科学世界观形成过程的本质。

儿童从入学之初起，就开始掌握科学知识。尽管儿童在学习初期阶段所掌握的知识，在我们成年人看来是十分简单的，然而有经验的教师却认为，这个阶段对形成科学世界观有着特殊意义。正是在童年早期，周围世界的许多方面和许多现象初次展现在学生面前，他初次知道了许多事物。而儿童对知识采取什么态度，则要看教师教会儿童以怎样的态度对待周围世界及其奥秘和规律。

有经验的低年级教师，总是力求使儿童从他入学的最初阶段起就成为知识掌握过程的积极参加者，力求使世界的揭示过程给孩子们带来深切的、无与伦比的快乐、兴奋和情绪高涨。这种精神状态乃是十分重要的求知欲的源泉，渴求知识的源泉。

孩子们一来到学校，教师就给他们介绍周围世界——生物界和无生物界的种种现象。教师带领孩子们去到森林、田野、草地、河边。孩子们看到肥沃的田地、牧场，也看到沟坡上毫无生机的黏

土。这边,葡萄园藤壮叶茂,硕果累累,丰收在望;而那边,则是乱石遍地,一片荒芜,毫无生机。为什么不长东西呢?孩子们问。教师对此做了解释,孩子们明白了现象之间的因果联系,但这还不是世界观的形成;这只是它的根基,只是基础。在秋天一个暖和的日子,教师和孩子们一起来到土壤贫瘠的地段。孩子们清理了几平方米的荒地,用筐子运来了好土和肥料,掘了坑,为栽种植物准备好了培养基,栽下了自己的第一株葡萄树。理论知识与实践活动的联系就这样开始了,而我们最重要的教育任务就是每天每时都不中断这种联系。当孩子通过亲身体验认识了知识的改造力量——看到在原来毫无生机的荒地上长出了翠绿的葡萄藤时,便以积极的态度对待知识。他希望更多地知道:怎样为栽培作物准备土壤,怎样提高产量,怎样预防植物遭受种种灾害。他觉得带着知识劳动更为有趣;他感到自豪,因为他凭借学到的知识为人们做了有益又美好的事情。

  情感如同肥沃的土壤,知识的种子就播在土壤里,种子会萌发出幼芽来。儿童边认识边劳动,他对劳动快乐的激动情感体验得越深,就越想知道得更多,求知渴望、钻研精神、学习劲头也就越强烈。因此十分重要的是,要让幼年创造者的这种快乐感永远都不消失,还要使它变得更加强烈,这就要用源源不断的新的劳动成果来支持和滋养它。儿童从进校的最初日子起就开始了的,那个掌握有关生物界、动植物界、发生生命现象的环境等知识的过程,经常伴随着知识的运用,这是形成科学世界观的最重要的条件。这里,劳动并不单纯在于用实际例证说明儿童已经了解或正在了解的知识;劳动还不断向儿童揭示新的自然奥秘,肯定他作为积极发现者的作用。

  学生在学习植物学、动物学、人体解剖生理学、达尔文主义等自然科学基础知识的过程中,不断加深对作为世界观、信念基础的一些十分重要的思想的理解,这些思想是:周围世界里有生物与无生物之间存在着永不停息的相互作用;自然力把无生物改造成有生物,创造出有机物质——生命的源泉;有生物从无机界中摄取制造有机物的原始材料,进行新陈代谢;人作为自然的一部分,不单纯是观察、分析、认识这个复杂的过程,而是大胆干预它,创造有利于加强生命现象的条件，为有机体改变和创造生活环境。

为了在学生的意识中确立和加深探索周围世界奥秘的志向，我们这样安排自然科学基础知识的教学：每日都有新的细节展现在学生面前，从而扩充他们关于世界本质的物质性的观念。由于学生在人工创造的环境中栽了葡萄树，便获得了有关肥沃土壤和贫瘠土壤的最初概念，对他们来说，从这时候起，便开始了一个认识有机界与无机界相互作用的新阶段。

孩子们在低年级理解了关于植物和土壤、生命过程、矿物肥和有机肥以及劳动在为生命过程创造条件中的作用等的初步概念。然而理解概念，只是儿童智力发展的一个方面。儿童应当边动手边思考，边思考边动手。只有在这种条件下知识才会转化为信念，这也是儿童的天性所要求的：他们的智力活动在劳动中表现得最为明显，经他亲身劳动肯定过的概念能激发出深切的情感，而这种情感则是人的行为的最强大的推动力。

我校学生在低年级就开始在温室和教学实验园地里配制混合土壤，为此采用各种成分，试验各种矿物质和有机质对土壤肥力的影响。二、三、四年级学生则在水溶液中培植绿油油的大麦和燕麦，从而确信即使没有土壤也能创造出产生生命的条件来。随着知识理论基础的扩大，揭示有生物与无生物相互作用的奥秘的那种劳动也日趋复杂。学生在五、六、七年级就会创造有利于土壤中有益微生物发育的条件；在八、九、十年级，则能通过各种途径去影响微生物的生化过程。土壤在他们看来就是一种发生复杂生命现象的环境；人有了认识，就可以支配这些现象按自己的智慧和意志发展变化。

学生在掌握有关生物生命活动知识的过程中，为使植物特性按所希望的方向发展和改善而创造条件。他们在生物课上知道了科学家的研究成果，科学家们通过育种培育出粮食和技术作物的新品种。于是学生们把知识运用到劳动中：在学校的教学实验园地和集体农庄的田地里试验改造土壤和培植农作物的各种不同方法。如孩子们用丛生法种植冬小麦，使每颗播在地里的种子都占据充足的营养面积，而且在行与行之间像中耕作物那样进行中耕；植株分蘖情况很好，每株作物结出肥大麦穗的数量显然比用通常的播种法多很多。这种播种法所获得的产量比通常的条播法的产量高两三倍。这样的劳动对学生们来说是一种小小的研究活动：他们分析研究土壤的成分，为有益微生物的滋生创造适宜的生物化学条件。

在高年级，学生通过学习农业技术原理和生物化学原理，得到实为创造性劳动的世界观基础的种种知识，这些知识包括：植物的矿物营养，光合作用和呼吸，植物发育各主要阶段中新陈代谢的质的特点，生长发育的生理过程及其控制方法，轮作制的生物学依据和种子繁殖的生理学依据，植物的育种方法，遗传、染色体和基因等。这些知识的获得，是同在教学实验园地和集体农庄田地里的劳动紧密结合的。

知识与劳动的结合使学生们坚信：那些与生物的生命活动相联系以及对提高劳动生产率起巨大作用的现象，都是有物质基础的；它们是可以控制的，但为此必须具备广博的知识。我校高年级学生拥有自己的教学实验园地，在这里，开展着对形成科学世界观具有巨大作用的科研活动。近15年间，他们在这里就一些具有极大的科学和实践意义的问题进行了不间断的研究，这些问题是：加速小麦和向日葵的生长、发育的化学方法和生物学方法；葵花子含油量的提高；对能增加土壤腐殖质的有益微生物活动的刺激；小麦蛋白质含量的提高。我们把这项工作叫作科研工作，因为它被纳入了农业试验站的科研计划。

物理、化学、天文、数学等科目的讲授过程，为培养科学世界观提供了广泛的可能性。早在八年制学校第一教学阶段，在观察物理和化学现象以及认识其实质的过程中，学生就已经接触到了一些最重要的科学原理，如物质的永恒性、不可创造性、不灭性、宇宙的无限性，运动、时间和空间的物质性，人的意识是物质发展的高级阶段等。学生们在诸如基本粒子、物质和能、宇宙射线、宇宙的起源、电磁振动和电磁波、光的波动属性和量子属性、生命过程的生物化学原理等这些远未被人们完全认识和充分研究的科学领域里，迈出了知识性的第一步。

有经验的物理、化学、数学、天文等科目的教师，总是竭力把教学过程组织得使这些科目的科学真理和自然规律的知识成为一种手段、一种工具，成为解决创造性劳动课题的钥匙、洞察自然奥秘和进一步认识周围世界的钥匙。而达到这一点的办法是：让研究和实验活动赋予认识过程以深入钻研和紧张探求真理的性质。学生在这样认识真理的同时也在认识自己，亲身体验和感受到人的创造力，而这就是世界观的情感和理智基础。

例如，在八年制学校里，学生获得了关于能的不同形态——机械能、热能、电能——的概念。为了加深对这些理论知识的认识和理解，他们设计制作变一种形态的能为另一种形态的能的活动模型。每个学生都力求给他的模型设计加进自己的特色，体现他不同于别的同学的构思和劳动。凡被这种劳动吸引的学生，不仅在提高对知识的兴趣，而且在形成个人对知识与劳动相结合的看法：他们在电工技术、自动化技术、无线电技术等小组里设计各种模型、仪器和装备，这些设计中都包含有以一种形态的能转换为另一种形态的能为基础的极复杂的过程。凡经历过这个绝妙的劳动学校的人，都具有强烈的创造要求：他们在自己的劳动活动中，总是努力为电的应用寻求新的可能。

儿童是通过集体劳动进入社会生活的。我们总是竭力使那些具有社会意义的集体劳动在学龄早期就被儿童当作个人的切身事情来感受，就吸引住他们的理智和心灵。我校每一届学生都在年幼时期就为人们开辟新果园打基础，到十一二岁时就能看到童年早期开始的那些劳动的成果。他像是在心里回顾自己经历过的不长的生活历程，由于为别人做了好事而自豪。为人民进行创造而感到的快乐越深切，儿童对现实关系的认识就越丰富鲜明，他对社会利益就越关心。每个少先队员到十四五岁时便能怀着自豪的心情观赏自己的肥沃土地，观赏他曾付出多年劳动才使贫瘠不毛之地变成肥沃良田的那片园地。他深感愉悦，他亲手开辟的葡萄园已给人们带来了果实。他希望为社会福利而劳动，因为他已经为故乡的土地付出了许多劳动。

那种能培养并加深智力兴趣、劳动兴趣和创造兴趣，能激发掌握科学知识愿望的环境，可以促进知识与劳动的结合。我们这里指的是广义的"环境"，既包括教师集体的丰富的智力生活，也包括学生集体里精神财富（知识、技能、经验）的交流，以及对儿童兴趣和爱好的鼓励。我们力求在学生时代就使"学问真正深入到……

血肉里面去"（列宁语）。我们的教学实验园地，是建立在科学基础之上的那种劳动的实验场所。教师集体对科学技术问题的兴趣越浓，教师越能更多地读书、思考和交流智力财富，展现在学生面前的科学知识视野也就越广阔、越深远。我们的教师集体总是力求做到熟悉现代科学动态。近四年来，在我校的自然科学讲座上，老师们做过以下这些题目的报告。

《基本粒子研究的新进展》《量子发生器》《热能和化学能直接转化为电能的问题》《电磁场的物质性》《宇宙射线的新发现》《相对论及其在当代的进一步发展》《关于太阳系起源的天体演变说》《物质和能》《土壤中的生物化学过程》《有机合成》《细胞内部的生理过程》《遗传学成就》《宇宙中的生命》《维生素和植物杀菌素》《国民经济中的电子学》《何谓仿生学》《史前文化的新资料与恩格斯的〈自然辩证法〉一书》。

教师科学知识的不断充实，是使学生集体具有丰富的智力生活的十分重要的条件，是科学基础知识的讲授具有较高科学水平的前提。

在科学—学科小组的活动中，高年级学生钻研科学书刊，了解自然科学中的种种问题。组员们建立了专业图书室，给自己的同学举办关于自然科学问题的系统讲座，其中包括了世界观问题。近两年来讲了这样一些题目。

《自然界无机物到有机物的转化》《唯物主义生物学论生命的起源》《脑——物质发展的高级阶段》《原子结构的现代观念》《电磁振动与电磁波》《光的波动属性和量子属性》《相对论的唯物主义本质》《超导性问题》《物质的等离子状态》《国民经济中的合成材料》《石油的来源》《宇宙空间的性质》《太阳系》《物质和反物质》。

作为科学—学科小组成员的高年级学生，是教师在培养学龄中期学生的世界观方面的助手。他们给少先队员们朗读科普读物里的论文、故事和特写，举办少先队科学技术朝会。共青团委员会和少先队大队委员会组织学生与农学家、工程师、医生、畜牧专家进行会晤，这些从事脑力劳动的人们给学生讲各种科学技术问题，这些会晤能开阔学生的眼界，促进学生职业方向的形成。

我们认为阐明科学发展的历史道路，阐明唯物主义反对唯心主义、无知和迷信、为争取理智的胜利而进行的斗争，对形成科学世界观具有重大意义。学生深切地认识到：人类通向知识的道路曾是一条荆棘丛生、艰难辛苦的道路，许多学者在这条道路上表现出真正的英雄主义，他们作为为进步事业而斗争、献身的有功者被载入了史册。科学斗士的传记在课堂上具有相当重要的地位。那些揭示着科学领域中的意识形态斗争的鲜明事例使辩证唯物主义思想的正确性和人道性深入学生的意识，激发着他们怀着情感对待知识和文化。学校里系统地举办以"科学功勋和英雄"为题的晚会和朝会。为理智的胜利而斗争，就是为劳动人民更加美好的未来而斗争。这个思想作为一条红线贯穿在这些晚会和朝会中。近五年间，学校里举办了一系列纪念晚会和朝会，纪念布鲁诺、伽利略、哥白尼、达尔文、郭霍、皮埃尔·居里和玛利亚·居里、罗巴切夫斯基、米丘林、巴甫洛夫、季米里亚捷夫、谢琴诺夫、齐奥尔科夫斯基、泽林斯基、加马列亚、库尔恰托夫、巴尔金、科罗廖夫等著名科学家。

学校里教授人文科目的最重要的目的，就是培养公民，培养坚定勇敢的爱国主义者和为共产主义理想而奋斗的战士。人应当通过学习历史、社会学和文学而认识过去、现在和将来的社会发展规律，认识和爱惜人类创造的精神财富。人类、人民和人，人的内部精神世界，人的意向和快乐，人的期望和担忧，这是一个内容极其丰富而又多方面的认识领域。学生既认识影响过人类发展的伟大事件，也认识作为个体的人的心灵、思想、情感和感受。认识对象的特点，也决定了学习人文科目时知识转化和改变为信念的特点，要在这方面获得成功，学生就不能作为旁观者去接受和认识关于社会的科学知识，而应当作为一个切身关心社会主义祖国的繁荣、维护和平、加强各国人民间的友谊、建立和谐的人际关系、消灭至今仍在损害人的尊严的一切丑陋庸俗的东西的人，去接受和认识这些知识。个人对待所获知识的态度在这里起着特别重要的作用。

我校低年级教师和人文学科的教师们在知识内容的阐述上，总是使儿童能关注人类的命运，使祖国人民的过去、现在和将来的命运能触动儿童的心灵。善于激发个人的情感和对自身的关注，这在低年级特别重要，因为情感在这个年龄期，形象地说，就是一个高峰，儿童登上它就能看见周围世界。

例如，教师给二年级学生讲述遥远的过去所发生的事件——农奴反对农奴主的斗争。孩子们眼前便出现一幅鲜明的图景：被剥削者的专横激怒了的农奴烧毁了农奴主的庄园，制裁了监工刽子手。教师直接诉诸学生的意识："孩子们，这就是你们的祖辈们奋起反抗农奴主的情景，你们可以为自己人民的这种英勇的过去而自豪。"

教师给孩子们讲述国内战争和伟大卫国战争年代为争取祖国的自由独立，为摆脱剥削者的压榨而进行的斗争，激发起孩子们更加深厚的情感。教师把孩子们领到村边，指给他们看那块在国内战争年代曾发生过悲惨事件的地方：白卫军在这里枪杀了一批农民，他们是红色游击队员，因受伤而落入敌人之手。学生们又走到河边，看到用石块堆砌成的陵墓，这是苏军战士们英雄业绩的无声见证，他们曾强行渡河捍卫我们这块土地直到最后一口气。教师说："我们的每寸土地在伟大卫国战争年代都遍洒了捍卫祖国自由独立的战士们的鲜血。他们献出了生命，为的是我们能自由地生活，为的是我们的头上永远阳光灿烂，为的是未来世世代代的人不遭受灾难、贫穷、非正义之苦。孩子们，要珍惜祖辈、曾祖辈为我们争得的成果。肥沃富饶的土地、金色的麦浪、繁茂的果园将是对英雄们最好的缅怀。孩子们，切莫忘记你们的幸福生活应归功于谁。"

这种呼吁触动着儿童的心灵，激发着他们对捍卫了祖国的自由独立和家庭幸福的人们的感激之情。而感激之情则是义务感的源泉。

对祖国、对为无忧无虑的幸福童年创造着一切条件的人民的义务观念，作为一条红线贯穿在谈及过去特别是现在和将来的全部课堂教学之中。教师们特意用一定的课时讲苏联人民的劳动。学生眼前出现一幅千百万人民劳动的图景，他们在这里不是旁观者，而是与劳动者紧密相连的、社会生活的积极参加者。儿童所获得的关于先辈们创造性活动的观念越清晰，他愿为祖国给予他的一切做出报答的感激之情就越深切。当然，这就要求在学习的同时要有劳动，这种劳动能给孩子们带来公民的自豪感，因为他们在童年和少年时就已经哪怕是部分地把先辈们所给予他们的回报给了祖国。

不论学生在历史课、文学课、社会学课上学习些什么，不论教师讲述的事件如何远离当代现实，其思想永远是针对现实生活、针对全体人民深感关切的问题的，这是我们的教育原则之一。直接针对学生的精神世界，针对他的思想感情而施教，目的就在于唤起他对自己和家庭际遇的思考。

但是，怎样在学生的意识中把个人跟社会联系起来呢？怎样在学习遥远的过去所发生的事件时，在学习决定人类命运的问题时，触动人的理智和心灵呢？

历史规律不以人们的意志为转移，但创造历史的是活的人。所以，凡是讲授具有世界观意义的重要课程的那些有经验的教师，总是念念不忘：在青少年的理智和心灵面前揭示历史过程，应当不只是把它当作客观规律，而是把它当作善与恶的斗争、当作人们充满爱恨喜忧的斗争来阐发。我们竭力把历史过程作为鲜明的，充满人的激情、思想、情感的，活生生的人类冲突揭示给学生。如果学生在历史课上感受到了活生生的人的形象，如果思想是有血有肉地被揭示在他面前，即使教师很少谈及思想，思想也会作为活生生的人为幸福而满怀激情进行的斗争被学生领会、感知的话，他就永远不会成为冷漠的"知识使用者"，他不会对某一历史事件的结局无动于衷，他将同情善良、憎恨邪恶。

当分析和理解的课题是当代最尖锐的问题时，历史的拟人化尤其重要。有经验的教师在揭露资本主义世界的矛盾时，竭力使学生不是去背诵人们共知的真理，而是亲自得出结论。这些教师通过把资本主义社会的剥削制度这一概念拟人化，在学生的观念里建立起活生生的人的形象，而奴役这些人的并不是劳动本身，而是非人道的制度。在这种制度下，生产的主要目的不是人民的福利，而是资本家的暴利。有经验的历史教师着重注意的是让学生懂得，在资本主义社会中人的劳动被奴役究竟是怎么回事。

只有当学生对于事件、史实、现象以及由此得出的结论持有自己的、纯属个人的态度，当他珍视某些思想并决心维护、捍卫它们，而对另一些思想表示出仇视和不调和的态度时，历史过程的知识才能转化为信念。

我们力求把历史过程作为活生生的人们所进行的炽热斗争加以揭示。这一点若离开教师讲述杰出人物的生动有趣的故事就不可能做到。每个学生在七年级到十年级的学习期间，都能听到关于马列主义奠基人和杰出的革命活动家的谈话，这些革命活动家是：捷尔任斯基，巴布什金，斯维尔德洛夫，台尔曼，季米特洛夫，卡莫（捷尔·彼得罗相），伏契克，尼科斯·别洛扬尼斯，加里巴利吉，亚历山大·乌里扬诺夫，斯捷潘·哈尔图林，彼得罗夫斯基，热利亚博夫等。每一堂这样的课，都是为建立公正的新世界而英勇斗争的历史的一页。这些人的生平和斗争犹如熊熊火炬，点燃着青少年的心中之火，激发起其献身于人类伟大理想的愿望。

文艺书籍是培养共产主义世界观的重要手段之一。我校教师们抱着使文艺书籍成为"生活教科书"（车尔尼雪夫斯基语）25 这一目的，把主要注意力放在艺术形象所表现出的审美标准、思想政治标准和道德标准的统一上。艺术形象所体现出的善良、荣誉、真理的标准，也作为美的标准吸引了学生的注意力，激励着他们立志诚实地、纯朴地、壮美地生活。每个学生在校学习期间所阅读的作品中的那些艺术形象，都体现着人类的道德财富。我校教师集体经过几年编选列出了一个阅读书目，被列入书目的都是已进入俄罗斯、苏联及世界各民族文学宝库的作品。这些图书是我们的智育、德育和美育的大纲。凡收入这个文库的著作，我校图书馆都备有足够数量的复本，此外每个家庭还备有自己的藏书。

文学课，只是培养共产主义世界观这一工作的开端。文学教师在学生心灵中激发了对荣誉和真、善、美理想的赞赏之情以及对假、丑、恶事物的憎恶感之后，便竭力使每个学生去独立地阅读文艺作品，去思考社会、道德和审美问题，去思考人民的未来和个人的未来。那些按其思想和艺术价值都堪称生活导师的作品，便成为男女青年的必读书籍。

四、知识的内容与智育

只有当人类最有价值的智力财富成为学生的财富后，才能实现真正的智育。学校的实际任务就是要做到，使关于自然和劳动、关于人的机体和思维、关于社会和人的精神生活以及关于艺术等科学的基础知识在学生的智力发展上占据应有的地位。尽管地质学、矿物学、生物化学、天体演变学、心理学、修辞学、人种志等学科未被列入教学计划，但是不介绍这些科学的基础知识就不可能施行真正的智育。

数学在科学基础知识中占有最重要的地位。这是普通学校里唯一要从一年级一直学到最后一个年级的一门课程。数学的概念和规律从学习的开始阶段起就是认识、掌握世界和增强意识的重要手段。数学在智育中具有特殊的作用。数学是一门具有世界观意义的科目，它既贯穿在研究自然的科学领域里，也贯穿在研究社会生活的科学领域中。数学思维，不仅是对数与数、量与量、几何图形与几何图形之间的数量、空间、函数关系的理解，而且是对客观实际所持的一种特殊的对待方式，是研究自然、社会生活、劳动、经济等方面事实和现象的一种方法，是分析现象之间因果关系的一种手段。

我校教师从一年级起就教孩子们要在数量及其关系背后、在抽象定理背后看到客观现实中各种事实和现象间的关系。从一至四年级，孩子们要解算那种他们在观察过程中，在考察现象和事物间的空间、函数、原因等关系的过程中自编的算术题。直到学生们对算术题的本源和来历有了理解，才给他们布置现成的算术题。中年级和高年级学生则按照亲手制作的形体编几何习题，根据劳动过程中所判明的依从关系编代数方程式。这一切都不可能在教学大纲中做出详细规定，这里起决定作用的是教师的创造性。

数学思维对于顺利学习各门功课都是必不可少的；数学才能，是在认识性和创造性劳动中起着重大作用的那些品质的具体表现。学校的任务就在于关心所有学生的数学才能的发展。数学教师要培养学生科学地表达思想的技能，教他们进行论证和从前提中得出结论。孩子们在学习数学过程中所学会的思维技能，会给学习过程中的全部智力劳动以及学习生物学、物理学、化学、天文学时对自然现象的观察，留下深刻的烙印。学习数学时，起着巨大作用的函数关系、变数等观念能发展辩证思维，从而使学生在学习其他科目时易于理解种种因果关系。

我们的学生在分析自然现象时，特别是在进行跟学习力学有关的观察时，经常运用数学证明方法。在认识世界和在劳动过程中应用数学思维手段，是学习数学过程中理论联系实际的主要途径之一。学习化学时，做实验作业时，也采用数学证明方法。某些实验作业具有数学习题的性质。我校就数学、物理、化学等科目的书面创作作业拟定了一个体系。这里的主要任务在于，要使学生会利用理论知识去完成跟设计和制作模型、植物栽培学、土壤学、农业气象学有关的各种作业。我们认为很有意义的一个做法是，采用数学方法来选择达到劳动最终目的的正确途径，来比较各种途径的优劣。例如，学生编制出一些图表和曲线图，据以推断哪种土壤施用哪种肥料最相宜。

我们认为，数学在培养首创精神、勤勉劳动的品质、认真严谨的作风和批判性态度等方面具有重大意义。例如，每个数学教师都备有一套有着多种解法的习题，而方法的选择正是起教育作用的刺激因素。

从三四年级起，我们就开始举办数学创作晚会、数学竞赛及数学游戏会等活动。高年级学生在低、中年级的数学小组开展活动时做报告，并编辑数学杂志。对有数学思维天赋的学生进行个别工作——谈话、作业。近18年来，我校毕业生中有59人接受了高等数学教育，其中8人成了设计家，6人在研究部学习，5人获得学位，20人在科研机关的实验室工作，14人在中学教数学。

物理、化学、天文学知识的教育作用，取决于学习物质、实体、能、运行的特性和规律时，对物质世界与智慧的创造力和改造力相结合的思想阐发的深度如何。对这种思想的领会，特别是在学习诸如物质的结构、放射性、原子能、基本粒子、热核反应、聚合物、人工合成蛋白、星体和星系的起源、微观世界与宏观世界间的相互联系等问题时，能激发学生的求知欲望。人越是努力深入知识的本源——物质和实体的结构、生命的起源、有机体中的生物化学过程，他对知识的兴趣就越浓厚。经验向我们证明，如果学生在学习物理、天文、化学的过程中能竭力把智慧用于认识物质的奥秘的话，他们毕业离校时就会是一个好钻研、爱学习的人，任何时候都不会停止自学，会竭力使劳动具有更高的智力水平，同时使自己的精神生活变得丰富多彩。

我校几位有经验的物理、天文、化学老师 A.A. 菲利波夫、E.E. 科洛米钦科、O.N. 斯捷潘诺娃等都备有两套教学大纲，一套讲授必修教材，另一套则是让学生逐步接触更广泛的科学技术问题。这对自然科学科目来说尤其重要，这种知识之所以必不可少，不仅是为了理解周围世界，而且是创造性劳动的手段。而在劳动中，学校里学到的知识随处都会跟未学过的东西发生关系。

我们为必修大纲内的每一个问题都创造一种特殊的由非必修材料构成的智力背景。例如，在学习安培定则之前以及学习过程中和学习之后，学校里举办有趣的电工技术科技晚会，举办旨在向学生尽可能广泛地揭示与运用物质的电性能相关的科学成就的游戏活动。在学习元素的化学和物理特性时，举办一系列"元素漫话"讲座，通过有趣的形式向学生揭示物质结构的规律。由于教学大纲中没有地质学和矿物学，我们就举办有关这些科学的晚会、座谈会、读书会等活动。高年级和中年级学生从中学到许多关于矿物起源的假说和理论及有关天然资源开发的知识。学生理解和思考的事实、现象和规律越多，对知识的学习就越自觉。正是由于有趣而吸引学生的那些材料，有利于对必修教材的不随意识记。有经验的教师竭力引导学生超越教学大纲的范围，为的是更好地掌握大纲的教材。学生超越了大纲范围，就能更深地理解世界观方面的种种概念。例如，他们对现代天体演化理论了解得越多，就会对相对论的思想认识得越清楚。

植物学、动物学、解剖学和生理学在智育中的作用，取决于生命这个物质运动的最高形式的本质、生命过程的物质性，其中尤为重要的是关于人能够积极影响生命过程等科学信念在学生的意识中扎根的深度。这些信念是青少年对待科学真理、知识及创造性劳动的个人态度的动因所在，是求知欲、钻研精神和笃信智慧力量的源泉所在。我们证实，劳动态度，特别是在农业生产中所持的劳动态度，在很大程度上要视孩子们在学生时代形成的对生命过程的物质基础的态度而定。

每一个对生物学产生了兴趣的孩子在学生时代做生物实验，不仅是为了证实科学上众所周知的真理的正确性，而且形象地说，是为了能沿着才刚刚进行科学探索的那条羊肠小道迈出哪怕微小的一步来。每一个爱上了生物科学的学生在教学实验园地里都有一块供开展实验活动用的地段。少年生物学家们探究土壤和植物的生命过程对人所创造和控制的培养基的生化条件的依从关系。弄清这个关系，是激发学生对超出大纲范围的问题产生兴趣的动力。例如，许多学生做加速植物个别发育阶段的生命过程（如加速果实和蔬菜的成熟）的实验，这迫使他们去深入研究种子、叶和根内发生的生化过程的本质。

学校里的实验，是丰富劳动的智力内容，实现劳动同思维、分析相结合的不可取代的手段。我们认为，许多青少年"患"上了一种与深入了解植物、动物和土壤的生命奥秘相关联的"幻想病"，这是教育工作的很大成绩。高年级学生研究的一些问题是粮食蛋白质含量的提高，土壤中保墒微生物发育条件的创造，牲畜饲料的生物化学制备法等。增加小麦蛋白质百分比的实验特别吸引青少年，开展这类实验的地块成了丰富的智力生活的基地之一。

历史知识的内容，应当为教师直接触及学生的个人精神世界提供尽可能多的机会。智力的发展在学习历史过程中较之在学习其他任何课程时更取决于学生所理解的事实与现象的广泛程度。多理解，并不意味着多识记，或在记忆里多保持。学习历史时的智育效果比起学习其他科目时的智育效果来，其依赖记忆中保有知识量的程度更低一些。这里重要的是，为了使学生在看待历史过程时树立起科学唯物主义观点，为使这些观点成为个人的信念，就要具备一个广阔的智力背景。学生应当思考和理解许许多多事物，只有在思考和理解时才能在他的意识里由这许多事物中抽出主要的东西来，并在内心中确立起对待过去、现在和将来及对待人类所关注的问题的个人情感道德态度。这一切，要求给学生介绍比历史教学大纲所规定的要多许多的实际材料。

如果拿历史课程跟其他科目相比，那么，历史课程为智力和道德发展创造背景的那个非必修的第二套大纲，要比任何其他科目的广阔得多。我们对学龄早期儿童也介绍许多历史事件，为他们举办历史故事讲读会，给他们讲有关人类的过去，有关过去和现在反对社会邪恶的斗争，有关人民反对压迫者的起义和战争等内容的短小故事。讲这些故事是为了施以情感影响和表达一种思想，即劳动人民从来就不容忍社会上的不公正现象，劳动人民争取解放的斗争中总是培育出忠于人民的、道德高尚的人物来。

为了介绍先进社会力量反对反动势力的斗争，我们举办专门的系统讲座和讲读会。其中一个讲题叫作"伟大的人道主义者——争取人类幸福的战士"，它要持续讲五六年。每个学生在十岁到十六七岁期间都能了解到许多杰出的人道主义者的生平。这些人物是：彼得拉克，但丁，薄伽丘，达·芬奇，米开朗琪罗，布鲁诺，伽利略，蒙田，闵策尔，席勒，胡斯卡，哥白尼，约翰·保尔，莫尔·汤麦士，莎士比亚，培根，温斯坦利，斐弗斯，塞万提斯，爱拉斯谟，拉季谢夫，赫尔岑，别林斯基，杜勃罗留波夫，车尔尼雪夫斯基，高尔基，舍甫琴科，等等。我们举办晚会和文艺作品片段朗读会，介绍这些人物的生平和斗争。这期间特别强调：在作为社会科学的马克思主义形成以前，早就出现了社会主义思想的萌芽。

以"科学共产主义的先驱者""古代及20世纪以来的人民起义""首批共产主义者""献身自由事业的一生"为题的讲座和讲读会都具有极大的教育意义。

人类的物质文明和精神文明问题，在我校的课外活动中占有相当重要的地位。我们经常举办晚会，介绍非洲、古希腊、古埃及、中国、古印度、美洲印第安部族、拉丁美洲各国人民及西伯利亚各族人民的文化。

对本民族语言的掌握，决定着个人智力兴趣和审美兴趣的丰富和广泛程度。我们力求使各科教师都来丰富孩子们的积极词汇，教他们正确地进行思考和运用内部语言，正确地用口头和书面形式表达自己的思想。我们引导孩子思考他们的所见、所为、所观察的事物。那种力求清晰精确地进行思考的愿望，会促使学生更精确、更正确地去反映客观现实：他会力求更好地理解事物间与现象间的联系和认识自己在周围生活中的作用。教会学生正确地说话，这是教育工作的一个重要领域，集体的精神生活在许多方面都有赖于这部分工作的成效。

我们考虑到语言素养在我们的社会里与劳动素养、与人的一般素养的联系日趋密切，因而认为掌握规范语言的实用修辞法和锻炼出个人的风格具有很大意义。为此目的，我们鼓励不论在文学题材还是自由（抽象）题材的文章风格上下苦功夫。学生在文艺创作晚会上朗读自己写的文章、故事、随笔和诗歌。由于我们十分重视表达思想和确切而又生动地陈述周围事物的能力，所以除文艺题材外还给学生提供机会写那些要求表达自己的思想、观点和见解的测验性作文（如这样的题目：《我即将走向独立生活时的想法》《我的幸福观》《人生中的公与私》《我们这一代对祖国和人类的天职》《人能不能成为理想的人》等）。

按高尔基的话说，文学使思想血肉丰满。[26] 主观因素，即艺术形式所体现的社会道德观念和审美原则，在个人精神世界、信念和行为中反映的深度，在文学感受中起着特别重要的作用。文学感受与人的德育紧密相关。只有使文学作品成为生活教科书和道德标准的那种人，才能真正懂得文学。因此，有两个因素具有很重要的意义：第一，正确选择供阅读和学习的作品；第二，文学教师应当同时也是懂得并能体察学生道德发展正确途径的教育者。严格选择阅读作品，是形成丰富的精神志趣、个人需求和道德理想的重要前提。这种严格的选择，会使学生头脑里形成关于人类精神生活各个重要阶段的观念。

之前已经谈到过，我们把归入人类文化宝库的那些作品的书目装饰得像鲜艳的艺术宣传画一般。一共两大张，四周饰有大作家的肖像（有荷马、莎士比亚、普希金、舍甫琴科、歌德、雨果、德莱塞、伊拉谢克、密茨凯维支、尼克索、卢斯达维里等）。书目前面是致青少年的话：

男女青少年们！开列在你们面前的是一些被收入世界文学宝库的不朽名著的书目。人类将永远研读它们。你们不仅应当读完这些书，而且应当反复阅读，从中寻找智慧和美，获取愉悦和美的享受。"书籍集中了人类思想的瑰宝并把它们传给后代。我们终将化为一捧骨灰，然而书籍却犹如铁铸石雕的纪念碑将永世长存。"（艾别克语）

我们认为青少年时代文艺读物的选择具有十分重要的意义，所以完整地把这一书目抄录在下面。

俄罗斯文学和苏联各民族文学：

《伊戈尔远征记》；卢斯达维里的《虎皮骑士》；《萨逊的大卫》（亚美尼亚史诗）；乌克兰杜梅叙事诗；《卡列维波埃格》（爱沙尼亚史诗）；冯维辛的《纨绔少年》；拉季谢夫的《从彼得堡到莫斯科旅行记》；茹科夫斯基的《斯维特兰娜》；克雷洛夫的寓言；格里鲍耶陀夫的《智慧的痛苦》；普希金的《叶甫盖尼·奥涅金》《青铜骑士》《波尔塔瓦》《鲁斯兰与柳德米拉》；莱蒙托夫的《当代英雄》；柯尔卓夫的《诗歌集》；果戈里的《狄康卡近乡夜话》《密尔格拉得》《死魂灵》《彼得堡的故事》；别林斯基的《致果戈里的一封信》；屠格涅夫的《父与子》《罗亭》《贵族之家》《春潮》《猎人笔记》；冈察洛夫的《奥勃洛摩夫》；赫尔岑的《谁之罪》；涅克拉索夫的《谁在俄罗斯能过好日子》《铁路》、抒情诗；车尔尼雪夫斯基的《怎么办》；杜勃罗留波夫的《什么是奥勃洛摩夫性格》；萨尔蒂柯夫－谢德林的《戈罗夫略夫一家》《一个城市的历史》，以及他编写的故事；亚·尼·奥斯特洛夫斯基的《大雷雨》；丘特切夫的抒情诗；陀思妥耶夫斯基的《罪与罚》；托尔斯泰的《战争与和平》《安娜·卡列尼娜》《复活》《伊凡·伊里奇之死》；舍甫琴科的《科布扎歌手》；契诃夫的《樱桃园》《三姊妹》《万尼亚舅舅》《草原》《在峡谷里》《六号病房》；柯罗连科的《盲乐师》《森林在喧闹》；尼扎米的《莱伊拉和马季农》；那沃依的《法哈德和希林》；弗兰柯的《波里斯拉夫在笑》；莱尼斯的《吹吧，微风》；列霞·乌克兰卡的《森林之歌》；科秋宾斯基的《海市蜃楼》；艾尼的《贫农》；高尔基的《在底层》《母亲》《童年》《在人间》《我的大学》；亚历山大·勃洛克的诗集；

谢尔盖·叶赛宁的诗集；库普林的《莫洛赫》《决斗》；穆萨·嘉里尔的《我的诗歌》；肖洛霍夫的《静静的顿河》《被开垦的处女地》《一个人的遭遇》；奥斯特洛夫斯基的《钢铁是怎样炼成的》；法捷耶夫的《青年近卫军》；阿·托尔斯泰的《苦难的历程》《尼基塔的童年》；拉齐斯的《渔人之子》《狂风暴雨》；普里什文的《人间之春》；列昂诺夫的《俄罗斯森林》；马雅可夫斯基的《弗拉基米尔·伊里奇·列宁》《好》；奥瓦涅斯·图马尼扬的诗集；冈察尔的《旗手》；考涅楚克的《舰队的毁灭》；雅库布·科拉斯的《在十字路口》；马卡连柯的《教育诗》；诺维科夫－普列保依的《对马岛》；谢尔盖耶夫－岑斯基的《塞瓦斯托波尔激战》；鲍里斯·波列伏依的《真正的人》；苏列依曼·斯塔尔斯基的诗集；江布尔·扎巴耶夫的诗集；吉茨安·塔比泽的诗集；盖达尔的《远方》《天蓝色的杯子》《少年鼓手的命运》；革拉特科夫的《童年的故事》；费定的《不平凡的夏天》；西蒙诺夫的《生者与死者》；奥勃鲁契夫的《普洛托尼亚》；叶夫列莫夫的《仙女座星云》；别利亚耶夫的《跃入虚空》；别尔戈利茨的《白天的星星》；邦达列夫的《寂静》；尼林的《冷酷》；索洛乌欣的《弗拉基米尔州的乡间小路》；田德里亚科夫的《不称职的女婿》；阿尔布佐夫的《塔尼娅》；苏穆勒的《冰书》；阿里盖尔的《卓娅》；阿谢耶夫的《蓝色的骠骑兵》；马尔琴凯维丘斯的《鲜血和灰烬》；麦热莱季斯的《人》。

外国文学：

荷马的《伊里亚特》和《奥德赛》，埃斯库罗斯的《被缚的普罗米修斯》，索福克勒斯的《俄狄浦斯王》《安提戈涅》，欧里庇得斯的《美狄亚》，阿里斯托芬的《骑士》，《罗摩衍那》（古印度叙事诗），《罗兰之歌》（法国中世纪叙事诗），《尼伯龙人之歌》（德国古代史诗），《卡勒瓦拉》（芬兰民族史诗），《埃达》（冰岛史诗），爱尔兰史诗，菲尔多西的《王书》，但丁的《神曲》，贝迪耶的《特利斯当和伊瑟》，拉伯雷的《巨人传》，塞万提斯的《堂吉诃德》，莎士比亚的《李尔王》《哈姆雷特》《奥赛罗》《罗密欧与朱丽叶》,彼得拉克的《歌集》,莱辛的《爱米丽娅·伽洛蒂》,洛普·德·维加的《羊泉》,高乃依的《熙德》,拉封丹的寓言集,莫里哀的《伪君子》《悭吝人》《贵人迷》,弥尔顿的《失乐园》《复乐园》,笛福的《鲁滨孙漂流记》,斯威夫特的《格列佛游记》,歌德的《浮士德》《少年维特之烦恼》,席勒的《强盗》《阴谋与爱情》《威廉·退尔》《华伦斯坦》,乔治·桑的《安东先生的罪孽》,司各特的《艾凡赫》《昆丁·达沃德》,拜伦的《恰尔德·哈洛尔德游记》《希隆的囚徒》《唐璜》,雨果的《悲惨世界》《巴黎圣母院》《笑面人》《海上劳工》,司汤达的《红与黑》《帕尔马修道院》,弗莱里格拉特的诗集,维尔特的诗集,巴尔扎克的《高布赛克》《高老头》《萨拉金》《欧也妮·葛朗台》,狄更斯的《匹克威克外传》《雾都孤儿》《大卫·科波菲尔》,萨克雷的《名利场》,密茨凯维支的《塔杜施先生》,海涅的《歌集》《德国,一个冬天的童话》,易卜生的《玩偶之家》《培尔·金特》,梅切尔林克的《蓝鸟》,裴多菲的《雅诺什勇士》,查理·德·考斯脱的《蒂勒·乌伦什皮格勒》,伊拉塞克的《捷克古老传说》,爱明内斯库的《皇帝与无产者》,福楼拜的《情感教育》《包法利夫人》,端木松的《永世流浪的犹太人》,基诺西特·劳埃的《火柱》,左拉的《萌芽》《崩溃》,莫泊桑的《一生》《漂亮朋友》《菲菲小姐》,都德的《达拉斯贡城的达达兰》,克里斯托弗·马洛的《浮士德博士的悲剧》,马克·吐温的《汤姆·索亚历险记》,安徒生的童话,哈里特·比彻·斯托的《汤姆叔叔的小屋》,沃尔特·惠特曼的诗集,库柏的《杀鹿人》《最后的莫希干人》《拓荒者》《草原》,马因·里德的《无头骑士》《小海狼》,儒勒·凡尔纳的《十五岁的小船长》《海底两万里》《格兰特船长的儿女》,史蒂文森的《金银岛》,克努特·汉姆生的《饥饿》《维多利亚女神》,威尔斯的《星际战争》,查理·伯罗的童话集,格林兄弟的《格林童话》,威廉·豪夫的童话集,霍夫曼的童话集,泰戈尔的《沉船》,鲁迅的《阿Q正传》,伏尼契的《牛虻》,朗弗罗的《海华沙之歌》,德莱塞的《美国的悲剧》,亨利·曼的《臣仆》,法朗士的《企鹅岛》,托马斯·曼的《布登勃洛克家族》,高尔斯华绥的《福尔赛世家》,尼克索的《红莫尔顿》《蒂特——人的女儿》，杰克·伦敦的《马丁·伊登》《北方的奥德赛》，罗兰的《约翰·克利斯朵夫》《哥拉·布勒尼翁》，巴比赛的《火线》，肖洛姆-阿莱赫姆的《游星》，哈谢克的《好兵帅克》，恰佩克的《母亲》《蝾螈的战争》，普伊曼诺娃的《玩火》，孚希特万格的《奥彭曼一家》《儿子们》《犹太人的战争》，安娜·西格斯的《第七个十字架》《死者青春长在》，伏契克的《绞刑架下的报告》，海明威的《老人与海》，乔万尼奥里的《斯巴达克斯》，路易·阿拉贡的《加布里埃尔·别里的故事》，巴勃罗·聂鲁达的诗集，尼古拉斯·纪廉的诗集，约翰内斯·贝歇尔的诗集，霍斯罗夫·鲁兹贝赫的《交给暴风雨的心》，诺利的《维尔涅尔·霍利特的奇遇》，尤利安·杜维姆的诗集，列昂·克鲁奇科夫斯基的《德国人》，勃·勃列赫特的《来自谢祖安的善良人》，列马尔克的《三个同志》，圣埃克苏佩里的《人的大地》，科尔杜埃尔的《来自佐治亚的孩子》，斯坦贝克的《烦恼的冬天》，塞林格的《麦田里的守望者》。

  我们的绝大部分学生都能在青少年时期读完这些书。
  艺术形象的影响力不仅取决于课堂讲授，而且取决于集体精神生活的内容。如果集体的精神生活丰富多彩，学生善于认真地读书，那么，教师的创造性劳动就会产生效果，因为教师在备课时就能考虑应当用哪些思想感情去激励学生，应当启发他们思考什么。文艺作品的学习从独立阅读开始，大部头著作最精彩的片段和章节则在课堂上进行朗读。
  文艺作品之所以能教人如何生活，成为生活教科书，是因为对艺术形象的感受可以激发美感和道德感。朗读和赏听文艺作品，是一种特殊的创造过程：学生在朗读文艺作品时，其语言充满了发自内心的热烈情感，他或者赞赏美好事物、高尚情操、崇高道德，或者满怀愤慨和憎恨。正因为如此，我们认为，在课堂上或在家里朗读文艺作品是非常有意义的。不论朗读还是默读，都是从美学和思想上感受艺术形象的主要一步。教师不仅要教学生读，而且要教他感受。学生在感受思想感情的细微差异的同时，也是在接受陶冶情操的特殊教育。

我们认为，在内容为分析体现人类高尚美德或卑劣恶德的不朽艺术形象的课堂上，朗读具有特别重要的意义，如堂吉诃德、哈姆雷特、奥赛罗、浮士德、恰尔德·哈洛尔德、蒂勒·乌伦什皮格勒、约翰·克利斯朵夫、马尔金、马丁·伊登、达尔杜弗、罗密欧与朱丽叶、冉·阿让、高里奥、牛虻、奥涅金、彼齐林、奥勃洛摩夫、米哈伊尔·符拉索夫、格里高利·麦列霍夫，保尔·柯察金等艺术形象即属此类。那些能体现艺术形象的美学意义和思想意义的最精彩、最有表现力的片段在同一堂课上往往由几名学生朗读。感知过程和进行评价的过程纯属个人的事，因此十分重要的是，要让每个学生都能透彻领会作者的意图，并在自己的转述中体味原文的意思。

青少年应当了解自己，了解自己的精神世界，锻炼自己的意志，发展自己的记忆力。由于教学计划中没有心理学，我们便在课外时间为14—17岁的学生就人的心理问题做一系列讲演。我们的学生靠自学，靠独立阅读思维与语言、感情、意志、性格、气质等方面的书籍，掌握了相当多的心理学知识。

外语在智育中占有相当重要的地位。我们的目标是，要让学生领会外语中的活语言，让他们能赋予所学的词汇和词组以人民所赋予他们的那些概念、情感和思想。我们认为，外语的教育作用在于能使别国人民的语言活在儿童的思想中，能使读到或听到的外语不总是要通过翻译才能领会它的意思。所以，我们力求使学生通过生活交往和谈话来掌握词汇和词组。

我们是怎样接近这个目标的呢？孩子们是通过短语和句子掌握语汇的。五年级第一学期的外语学习（我校学习法语）专门学习口语。孩子们学习用法语述说自己的见闻和活动，提出问题和回答问题，记忆谚语和俗语。逐渐有一些无须翻译的语句便会巩固下来，在意识中则会留下语言的意味——词和词语的感情色彩。较有才能的学生是可以达到这种水平的，所以我们才说要力求达到这个目标。七到十年级学生中的法语爱好者负责辅导一至四年级的课外外语小组。这是学校课外活动的一种十分有趣的形式。

我们很重视语言实践，不论是读和说，还是写。外语的词语应当活跃在思想感情中，只有这样，外语才会起到发展学生智慧的作用。我们力求能使孩子们产生用外语阅读文艺作品的爱好。为此，我校经常举办外语晚会，出外语小报。学生们跟法国、德意志民主共和国、越南以及讲法语的非洲国家的小朋友进行通信交往。

五、知识的掌握过程与智力发展

不能认为，不论用什么方法只要能使学生掌握大纲规定的教材就算达到了教学目的。不能仅仅根据学生掌握的知识量来评价教学方法的效果。教学目的在于，使掌握知识的过程保证最佳水平的一般发展，而在教学过程中达到的一般发展又反过来促进更顺利地掌握知识。在我校，用来评价教学方法效果的依据是，看这些方法在多大程度上促进了儿童的一般智力的发展，看学习过程在多大程度上同时也成为智育、德育、思想教育和美育的过程。

许多教师都感到不安的一个问题是：为什么低年级学得很好、掌握知识不甚费力的儿童，随着年级的上升学习却变得越来越困难？为什么儿童已经掌握、积累起来的知识似乎成为一种沉重的负担，使他越来越吃力？原因就在于掌握知识与智力发展之间常常脱节，教师往往把掌握一定数量的知识当作教学目的，没有把教学视为培养发达的智力的手段；而只有具备了这种发达的智力，才会使学习随着新知识的掌握变得越来越容易。**防止教学过程与智力发展脱节**，我们认为这几乎是最重要的教育任务。

这项以保证教学过程与智力发展相统一的教育工作，是从研究儿童的发展入手的。我校教师在未来的一年级学生入学之前很长时间就对他们进行了了解。春夏两季，教师带孩子们到森林、田野、果园等处游览；冬天，则让孩子们在专门划作此用的房间里做游戏。在这期间，教师考察和研究这些孩子的思维特点，激发他们的智力兴趣。

儿童的思想是在他对周围世界的积极态度中表露出来的。他对自己所看到的和所观察的事物，对自己所做的事情都要进行思考。我们学校为未来的一年级学生辟有几个活动角，这里的环境能激发他们的思维；而我们则可以观察孩子怎样认识世界，并预测他将来的学习情况，可能在哪方面会遇到困难。其中一个活动角里栽种有几十种植物——树木和果木丛，孩子们从春季到秋季不断观察这些植物的生长情况，他们会产生许多"为什么"。一个活动角是拥有几十台机器和机械活动模型的房间，一个活动角布置有许多描绘动物及其生活习性的画片，还有一个活动角陈列的则是反映世界各地人民生活的图画。

这种入学前的预备教育有助于考察、研究和弄清每个孩子的思维特点。我们着眼于这样一点：教学过程，是大脑的工作，而为了对孩子智力发展的个人特点和特征有所了解，我们应当早在他上学之前就看到他大脑的这种工作。大脑的工作是连续性的，大脑瞬间离开一个念头转向第二个、第三个念头，然后又回到第一个念头，如此等等。这种转换是在瞬间进行的，理解认识对象的能力取决于念头转换速度的快慢。

这种转换在每个孩子身上都是按自己的方式进行的，有的十分迅速，有的十分迟缓。这些我们都要加以研究，以便考虑如何更好地发展这个或那个孩子的头脑——培养他把思想集中在一个对象上、瞬间又转向另一对象的能力。这是智力发展的十分重要的过程。迅速转换思想的能力也就是机敏性，它决定着发达的头脑的品质。为了发展这种能力，我们先给学前儿童，然后给低、中年级学生上思维课，即让孩子们考察和思考周围世界的事物和现象。

在五六岁的时候，我们称为考察家的那部分儿童就初露头角了。他们考察果园和菜园里的各种植物。这些幼儿三月份就来学校了，而开始读书还要过一年半。他们开始时每隔一两天一次，然后每天都到学校温室或果园来聚会。他们播种粮食作物（小麦、荞麦、大麦、黍子）和果树（苹果树、梨树、桃树、樱桃树和欧洲甜樱桃树等）的种子，以及做葡萄和玫瑰插条。用专为他们制作的喞筒进行浇灌。不久粮食作物便有嫩芽出土了，接着果树也长出芽来，插条上发出嫩叶来。

这种劳动的成果越显著，孩子们产生的问题也就越多：为什么有的植物第一年就能获得收成，而有的植物要几年以后才行？为什么桃树一个夏天就能长高一米，而柞树上却只长出四片小叶子？为什么麦穗不像黍穗？为什么西瓜瓜子长在"甜蜜的贮存室"里，而小麦为什么没有"贮存室"？在紧张思考每一个这样的问题时，儿童的思想要千百次地发生瞬间转换，认识对象从各个方面被考察着。儿童学会了边观察边思考和边思考边观察——思维课的意义正在于此。儿童在开始学习之前，就先学习了思考。

有些孩子考察森林、旷野、草地中的植物，有些孩子观察池塘和湖泊里的生命现象，有些着迷于活动模型，有些喜欢用木制小构件搭建房子、工厂、电站，有些搞鱼缸养鱼，有些栽培花卉，有些则被异常现象吸引。我校有一个活动角，这里一切都是不寻常的：在西红柿秧上长出南瓜，小麦被嫁接在玉米秆上。到处都有疑问，都引起是什么、怎么回事、为什么的问题。每个孩子都有所思考，都向教师、辅导员或高年级同学提出一些询问。每个人都焕发出某种兴趣：没有兴趣，就享受不到发现的快乐，就没有才干、爱好，没有生活朝气，没有个性。还在学龄前，儿童中就涌现出一批出色的理论家、幻想家来。这些理论家总是深入现象的细节，探索现象的本质；他们的思维中显露出进行推理和逻辑论证的喜好。幼年幻想家和诗人们则总是笼统概括地看事物或现象；日落时的晚霞、雷雨将临的乌云都给他们留下深刻的印象，他们对色彩的变幻赞叹不已。幼年理论家，这时则总是提出种种问题：为什么同一片天空时而呈现蔚蓝色，时而变成鲜红色？为什么太阳当顶时是金色，而在地平线上时呈深红色？

每个孩子的思维都按其独特的方式发展，每个孩子各有自己不同的聪明才智。任何一个孩子都无不有其天分和才能。重要的是，要使这种聪明才智成为学习成功的基础，要使每个学生的学习都不低于他的才能。来到学校的每届学生中，都会涌现出天才的数学家、天才的机械师和模型设计制作家、天才的植物栽培家，而稍后则涌现出天才的化学家、语言学家、历史学家等。我们总是力争在学龄前就把这些才能的火花点燃。

每个学生都在学习上做他能做的事，贯彻这一原则使我们能让所有的学生都得到全面的智力发展，并防止成绩不良的现象。我们决不让有才能、有天赋的孩子按低于他能力的要求进行学习。如果本应成为大自然考察者、少年试验家、未来学者的学生落到平庸书呆子的地步，那么，那些没有表露出明显才能和天赋的学生的天分也就不会充分发挥出来了。我们认为,让有才能和天赋的学生在他们的天分和禀赋所在的科目上和创造活动领域里超越教学大纲范围,就可以防止能力薄弱的学生成绩不良。例如,如果一个七八年级学生有钻研植物学的志向,那么,他在我们学校就不受中学教科书的限制,而去学习生物化学、学习土壤微生物的知识。这就会给天分较低的学生以重大影响,因为集体的智力生活是一个统一过程。事实向我们证明,一个班级若有几个学生不是学习大纲规定的教材(这种教材他们早已掌握),而是钻研诸如半导体、量子振动器、电子仪器等现代科学问题,那么,这样的班里就不会有物理成绩差的学生。如果天分较好的学生钻研教学大纲不会涉及的别林斯基的文学评论文章,并根据这些文章撰写包含有科研成分的专题报告的话,这在文学学习上甚至对天分最弱的学生去较详细地了解诸如别林斯基的创作这种文学上的难懂部分也会有帮助。一个有才能的青年曾研读了卢那察尔斯基及其他学者评论这位伟大评论家的文章,写出了一篇题为《别林斯基世界观的演变》的专题报告。现在他已成为大学文学教师和青年学者。能力较强、智力较发达、天资较好的学生,对能力较弱、智力平常的学生的影响,是经常性精神交往的十分复杂的过程。各种课外学科小组和综合技术小组以及多样化的课外活动,如科技晚会、各种竞赛、各种智力游戏等,在这种交往中起着巨大作用。

数学教师给学生布置几种不同难度的作业。每个学生都可以选做他力所能及的作业。但由于这种智力劳动是在集体中进行的,所以它具有创造能力竞赛的性质:每个学生都不甘示弱,每个人都极力想在完成困难作业上一试身手。才能在这种竞争气氛中显露出来。我校每一届毕业生(四五十名学生)中,总会涌现出两三名有才能的数学家。他们在中学就开始学习高等数学课程的教材并解算里面的习题。

如果教师引导最有才能的学生超越大纲教材的范围,集体的智力生活就会变得丰富多彩,能力最弱的学生也会因此而不致落后。我校物理教师菲利波夫是按"各尽所能"的原则进行教学工作的。他为大纲教材每部分的学习都拟有一些理论问题,供最有才能的学生去钻研。这种材料的学习始于课堂,而在课外活动中继续。例如，在学习电学和原子分子理论时，最有才能的学生便接触到这样一些问题。

无电机发电；热核反应；等离子体的本质；等离子体的电磁状态；太阳系各行星的电磁场；电动液压的功效（苏联科学家尤特金的发明）；半导体在现代技术中的应用；物质的超导性；磁流体动力发电机；地球深层的物理化学过程；物质与能；当代科学已知的基本粒子；光与物质；有关真空的问题；宇宙射线的来源；同步稳相加速器构造；地球辐射带及其来源等。

教师在课堂上给学生介绍这些问题，便激发起他们对于课外活动和学习的兴趣。在专门介绍科技新闻的陈列橱里，在阅览室和校图书馆里，在物理专用室里，都摆有相应的科学书籍和小册子；科学技术问题成为谈话和争论的对象，在争论中不仅产生真理，而且带来智力的成熟。这是超越大纲范围的一个十分重要的阶段。当教师确信这种条件已成熟时，便要求较有才能的学生去准备报告和专题论文，出科技小组墙报和编写书评；举办科技晚会和朝会，进行讲演——由学生充当主讲人；就某些问题开展课外小组活动。能力较弱的学生在丰富多彩的智力生活气氛中除了了解到和听到许多知识，许多问题也都通过他们的思考，从而促使他们去专心致志地进行智力劳动。由于有了不要求必须记住的知识，那些必须弄懂和学会的东西对于他们也就变得容易些了。

十分重要的是，要使读书能给学生带来智力上的愉快感。如果学生有兴趣阅读不要求必读的书籍，那么，他也就会有兴趣去阅读教科书。这样，他才能在读书时熟练到不用把精力放在阅读过程上，而是专注在阅读内容上。为使读书尽早成为学生丰富的智力生活的源泉，就必须教给他们牢靠的实际技能。儿童在小学就应当学会读、写、思考、观察和表达思想。对一个八年级学生来讲，如果作文只不过是抄录背熟了的句子，而不是表达自己的思想，那他就不可能成为成绩好的学生。我们力求让孩子们到五、六、七年级时就能撇开书写过程，而把全部注意力集中在他所写的内容上。低年级和中年级的多数书面创造作业，都是叙述他们所见、所观察、所思考、所做的东西。

只是出于兴趣而无须熟记的阅读，可以防止学习负担过重。负担过重，是个相对概念。学生由于年龄特点而无法理解的教材才会成为其力所不能及的。在某一年龄段不能掌握的那种教材的范围，可能因集体和个人智力生活的不同而大有出入。如果作为学习背景的智力生活十分贫乏、狭窄，那么，即使是微不足道的、极小的知识量也会成为力所不能及的。

我们力求让每个学生经常阅读各种杂志和科普读物：出于自己对书籍和科学的兴趣而阅读的东西越多，掌握科学基础知识就越容易，用于准备家庭作业的时间也就越少。

我校学生在课外阅读的同时还开展技术小组或青少年自然科学小组的活动，听高年级同学演讲，观察自然现象，做实验和开展其他课外自愿活动。大多数参加这些活动的学生，在学习上不会遇到无法克服的困难，因为他阅读、写作、思考、观察的东西越多，他感到的学习负担也就越轻。负担过重现象只会在智力劳动存在片面性，只是一味地进行背诵的情况下才产生。消灭负担过重现象，不能靠机械地缩减大纲规定的知识范围，而要靠学生丰富的智力生活的内容和性质，要靠丰富那个衬托学习活动的智力生活背景。我校学生还没有在物理课上听关于原子结构的教材讲解之前，就已经读过有关基本粒子的一些引人入胜的、十分有趣的文章和介绍；尽管这些文章中有许多问题他们还不懂，然而这不会削弱，相反会提高他们对课堂上所学教材的兴趣。在文学课上，当着手学习某篇文艺作品时，我们的学生早已读过了这篇作品，重要的是，他们已经有了相应的道德和审美感受。我们力求使对物理、化学、几何等科目教学大纲中那些难度最大的问题的了解，都从大纲要求之外的课外活动开始。

我们十分关注使每个学生都有能吸引他全部理智和心灵的书，都有可以与之交谈思想和感受的年长朋友。比如某个学生若表现出有进行技术创造的喜好，那么，他从低年级开始每年都能从少先队组织、共青团委员会、校长、集体农庄委员会那里（以奖品或赠品形式）获得相应的科普读物。待到毕业时，他就会积蓄起一套个人（家庭）藏书。这些书籍便充实着家庭精神生活的物质基础。

我们的科学—学科小组，包括科学技术小组、科学数学小组、科学化学小组、科学生物小组、科学生化小组、科学物理小组、科学人种志小组、科学天文小组等，是发展智力兴趣的一种重要形式。或许，"科学"这个字眼用在这里略有夸大之嫌，然而正是这种称谓才能反映高年级学生搞研究和试验这类创造性活动的特点。他们由于在某种程度上已接触到脑力劳动的科学方法而感到高兴，受到鼓舞。

学生在这些小组里所关注的，都是远远超出基础知识范围的问题，都是来源于科学成就中的某些材料。例如，青年们在科学生化小组里钻研的是土壤中所发生的种种生物化学过程，以及粮食和技术作物的激生问题等。科学天文小组则连续好几年都钻研恒星形成的理论和宇宙射线的性质。

科学—学科小组的活动是以充满生动有趣的事实的报道、报告、专题文章等活泼形式进行的。在科学技术小组的活动中，占据重要地位的是设计活动和模型制作。例如最近五年内，自动化技术和无线电电子学小组装配了 35 台以无线电电子学原理为依据的设备。

每个科学小组的灵魂，都是深切关注最新科学成就的教师。例如，物理教师菲利波夫就负责指导自动化技术和无线电电子学小组。他不仅是小组的指导者，还跟组员们在一起活动，在小组活动室里也有自己的工作位置。

学生的智力深入某一科学领域，就会促使他在这一科学领域知道的比教学大纲所要求的多许多，而且越深入，学生的智力兴趣范围就越广。不仅如此，我们还证实，让某些学生在某一知识领域去超越大纲，也是丰富集体的智力生活和发展个人天资的必要条件。头脑聪明且发展水平高的学生，总是在一门或几门科目上超越大纲。各门科目深入扎实的基础知识，与某一门科目、某一方面知识的特殊兴趣的发展相结合，是人得以全面发展的重要条件。

同一年龄、同一班级的学生由于个人的天资、才能和爱好不同，在某一科目上所能掌握的知识量也不一样。对那些不喜欢某一科学领域的理论思维和实践活动因而掌握这方面的教材相当吃力的学生来说，这一科目的教学大纲就是知识的最高限；而掌握超出大纲范围的理论问题毫无困难，并对理论思维和科研性脑力劳动深为爱好的学生，教师则为他们确定较宽的知识面。正确判断每个孩子的能力、才能、天资和爱好，确定他能胜任的难度，是教育教学过程的重要任务之一。

苏共中央和苏联部长会议1966年11月的决议，在智育这项工作上对教师们提出了严格的要求。[27]我们认为改用新的教学大纲的困难之处，首先在于深入了解每个学生在思维和智力劳动方面的个人特点，并在教学中照顾这些特点。

六、培养学生的智能

发达的智力的一个极重要的特点，就是善于观察，乌申斯基认为，就是"会用我们的慧眼从**事物的一切关系的中心**观察它们的能力"。[28]智力发达的其他特点都与观察力紧密相关，这些特点是：钻研精神，即对待周围世界现象的积极态度，认识和求知的意愿；系统性，即有目的地选择认识对象，选择概念、结论；容纳性，即善于把知识保存在记忆中和善于理解智力财富；此外还有纪律性、灵活性、独立性、批判性等。

智能是在掌握知识的过程中发展的，但要考虑到"知识"这个广义概念的复杂性和多面性。我们认为，第一，知识就是保持在记忆中的基本真理（事实、定理、数据、各种表达、依从关系、对比关系、定义等）。它们时刻都被运用于生活之中，若不善于运用它们，不善于在必要时从自己的记忆中找出所需要的东西，就无法继续学习、发展智力和进行智力劳动。第二，知识就是对那些无须保存在记忆中的东西的理解能力，是对人类所积累并在书籍中保存下来的那些无穷无尽的瑰宝的利用能力。

这是两个相互联系的但又有区别的知识成分。就具体教材来讲，十分重要的是实行不同的方针：凡是要永远保留在记忆中的，不断用来做解释接踵而来的新事实和新现象的手段的，或形象地说，作为思维工具的知识，都应当永远记住，尤其重要的是应当运用这些知识，而且是要经常运用，以免工具生锈，或变成沉重的负担。我们力求使那些必须记住的事实、现象、表述等深深铭刻在学生的记忆中，并且是通过对知识的运用、通过获取新知识和进行创造性劳动时的运用做到的。每个教师都在自己的课程体系中拟有对那些必须记住的知识的应用途径。巴尔文斯基、阿里辛科、沃夫钦科三位数学教师设计了一种教具，学生在解代数方程式时借助这种教具复习简乘公式。这时公式便被用来解算习题。

我们通过对教学大纲的分析，确定必须经常记住的基础知识的范围（公式、定律、定理、测量法；正字法；物质、植物、动物的一般特性；地理术语、地理目标在地图上的位置，等等）。这些知识既通过专门熟记也通过实践活动过程，即通过知识的使用和运用进行识记。为识记乘法表，我们设有专门的数学匣，这是一种有趣的游戏。为识记地理目标和距离，我们采用的是按地图旅行的一整套游戏。对教学实验园地里的植物做的这样的配置，使得学生从照管一种植物转向另一种时必须追忆保存在记忆中的某些重要特性。这一切，都是为不随意识记（这种识记的意义已为科学所证明）创造条件的手段。不随意识记是减轻学习劳动的极重要的途径。不随意识记的效果，取决于学生在认识某个理论问题过程中伴随着什么性质的智力劳动（见津钦科《不随意识记》）。例如，如果学生已听过关于物质结构的有趣报告，读过这方面的引人入胜的书，这就为他在课堂学习过程中不随意识记这方面的教材创造了条件。我们竭力使许多概念（特别是像国家、民族、运动、函数之类的概念），通过不随意识记的方式进入学生的记忆。儿童不用专门识记记住的知识越多，熟记那种不熟记就无法识记的知识也就越容易。

科学在飞速发展，知识在不断积累，而人的记忆能力却是有限的。人的智力发展在今天越来越取决于他是否善于在浩瀚的知识海洋中确定方向，以及是否善于利用书籍这个知识贮存库。不能要求学生做不可能做到的事情：要他永远记住全部功课。我们教学生在准备课堂问答时，在撰写作文过程中都要利用书本。

我们要再次强调学生在每个学习阶段都永远牢记那些必须记住的知识的极大重要性。我们认为在低年级和中年级识记教材尤为重要。在学龄早期和中期要奠定牢固的知识基础，使思维分析和运用知识获取新知识成为学龄晚期学习最重要的特点。例如，在低年级我们规定了正字法的最低限量，学生对这些字的写法应当牢记到无须再追忆语法规则的程度。我们认为这一点的重大作用在于，可以使单词和句子的书写达到某种自动化程度。到高年级，学生只有在这样的条件下，即他在书写过程中无须考虑如何正确书写某个词，而是把全副精力用在考虑他所写的内容上时，才能顺利地进行学习。在低年级掌握阅读技巧的自动化同样具有重要意义。只有那些在阅读时不是把精力集中在阅读过程上而是集中在所读材料的内容上的学生，才算为在中年级和高年级学习做好了准备。

不随意识记，是智力发展的一个极重要的条件。它可以使智力解放出来以便进行思考，以便深入思考事实和现象的本质。不随意识记可以防止最可怕的弊病——呆读死记。我校教师最忌讳死背不理解的东西。数学教师阿里辛科在开始讲一个新定理时，总要设法使学生理解作为定理本质的那些要素、事实、现象及规律之间的内涵关系；让学生说明他们是怎样理解定理的（这时要利用图画和直观教具）。学生对定理的含义思考得越多，对定理的识记就越牢。建立在理解基础上的识记是最牢固的识记。

人文学科的教师们都认为，不能让学生按教科书死背然后复述背熟了的东西。因为这会束缚儿童的智力，特别是当他接受关于某一依从性和规律性的最初概念时更是这样。为预防机械地死记，当检查知识时从不向学生提那种要求复述课文的问题。学生在回答教师的问题时，都进行思考、对照、比较和解释。学生不是逐段逐节地死背，而是通过深思从教科书、补充读物这些不同的来源中寻取知识。比如说，学生复习某一历史时期的农民运动、起义、战争，这些史料是在好几十页书中阐述的，一气读完是做不到的，因而也是毫无意义的劳动。教师考虑到这一点，便让学生去思考这样一些问题："我们学过的那些农民运动、起义和战争是哪些革命的和反革命的势力在互相对抗？在种种剥削制度的社会中农民运动总是以失败告终，如何解释这种现象？农民都提出过哪些要求？谁是他们的主要敌人？"采取这种复习方式，学生就要进行研究、思索、比较、对照；他不是通篇不漏地去读全部教材，而是从教材中寻找问题的答案。经过这种复习所做的回答就不是单调乏味的复述，而是激烈的争论、深入的思索。学生手持书本进行争论，引证史料来论证自己的想法。在这种提问方式下，借助书本作答要比不用书的背诵困难得多。

求知，首先意味着善于运用知识，而且这一技能在学习不同科目时的具体表现也各不相同。

例如在七年级，历史课上学习的题目是"荷兰资产阶级革命"，物理课上学习的题目是"热的计量单位——卡和千卡"。在这两种情况下不随意识记都起着很大作用：学生不以熟记为目标，对所学对象深入思考得越多，事实和现象以及它们之间相互联系的本质留在学生记忆里的印象就越深。

然而，如果说在学习物理教材时教学过程的最终目的除深入理解物理现象的本质外，还要会应用必须牢牢识记的那些结论的话，那么学习荷兰资产阶级革命的最终目的就全然不同了。智力的发展，对历史过程的理解，以及思想信念的形成……，要看学生对不仅涉及这个历史事件而且还涉及许多其他历史事件的那些规律的本质认识的深度如何。如果说，物理课上重要的是要在学生的意识中把有关计量单位的观念和概念只跟热现象而不跟任何其他东西联系起来，而且牢固的知识恰恰就表现为这种联系，表现为善于使用结论的话，那么历史课上具有决定意义的则是一系列似乎远离该历史事件的规律，如资本主义生产方式的因素产生于封建制度内部，成长中的资产阶级为其阶级利益而利用人民群众的不满情绪来反对封建主义，手工工场劳动生产率的提高会导致剥削的加剧等。教师通过生动的历史事件、通过历史细节、通过有别于其他革命的荷兰革命的特点把这些规律揭示得越清楚，学生对一般历史规律的认识就越深刻，靠熟记的必要性就越小，对详情细节也就记得越牢。

有关历史过程规律的知识，不经过专门熟识就被永远保持在记忆里。学生知道在剥削制度下生产的改进会导致剥削的加剧，也如同他知道土壤中营养物质的积累会促进产量的提高、空气中的碳借助于阳光会在植物叶子里变成有机物等一样。

物理课上所学过的种种因果关系（物体的加热，热量的散发，等等）也永远不会忘记，但计量单位本身则可能忘记，为了记住它们就要做专门的工作：这既包括熟记，又包括用计量单位来分析具体现象；后一种工作做得越多，花在熟记上的功夫就会越少。

学生在学过荷兰资产阶级革命之后，还会学到多个资产阶级革命，于是关于历史过程规律的知识每一次都会得到加深。而一般规律的知识越深刻，学生对具体史实的理解也就越清楚，他知道的史实也会越多，尽管不把识记和熟记史实当作目标。

凡能迫使学生在研究问题时，在头脑里评论研究广泛的史实和现象等那类影响内部心理过程的方法，都能促使智力的探索性、系统性、灵活性和独立性等的发展。一个最有效的方法，就是提出一些须进行探讨的问题。例如在历史课上，在学习《俄国农奴制的衰败》时，曾给学生提出过这样一些问题：

如果当时沙皇政府仍不解放农奴，俄国会发生什么情况？当时有哪些社会力量拥护解放农奴，而哪些社会势力主张维护农奴制？为什么？怎样根据对待解放农奴这一问题的态度得出关于某个社会集团在社会斗争中的地位的结论来？为什么在1861年改革之后俄国仍保留有农奴制的残余？这种保留对谁有利？为什么？哪些社会集团的阵地因1861年的改革加强了？俄国工业的日后发展与改革的依从关系如何？如果不曾保存大地主土地所有制，俄国农业中的资本主义会沿什么道路发展？这样农民的地位会发生什么变化？如果把俄国的农奴解放跟其他国家如德国的消灭农奴制加以比较，可得出什么结论来？为什么改革以后某些地主的经济衰落下来，而其他地主的经济却迅速发展起来？你怎样理解涅克拉索夫把1861年的改革比作"巨大锁链"的崩裂，而这条锁链崩裂之后，"一端打了老爷，另一端打了庄稼汉"？[29] 既然改革没有改善农民的地位，为什么我们还说废除农奴制有进步作用？

要回答这些问题就不得不广泛引用史料，而分析、对照的史实越多，对每个需要探讨的问题就理解得越深。学生在思考问题时，头脑里就会诉诸他所知道的这方面的其他史实和现象。所以，教师的知识应当比他必须按大纲教给学生的知识多得多。那些不必识记的相近和类似的史实与现象犹如一种知识背景，衬托出那些必须识记的最低限度的知识，从而易于对它进行不随意识记。教师由于创造了探讨问题的情境，也就激发了思维积极性的一个最重要的动力——从已经达到的知识和智力发展水平提高到新知识掌握过程中应当达到的新水平。苏联教学论专家M.A.达尼洛夫把这个相互联系叫作矛盾。[30] 形象地说，对智力发展的指导艺术正在于，要正确测定已经达到的水平与应当达到的水平之间的距离，要使困难的克服过程依靠对事实和现象的分析。

　　文艺作品的学习，能为智力发展提供极大的可能。我们把掌握文艺作品的思想价值和审美价值这两个标准置于文学知识的首位。深刻的文学知识的基础，表现为对待审美财富、社会生活现象和人的精神世界的一种极度个人的情感态度。这种情感态度是在对文艺作品的直接感知即阅读的基础上培养起来的。我们认为，集体听读的形式，即一个学生（表情、朗读技巧掌握得较好的学生）读、大家听这种形式具有很大意义。学生应熟读并记住文艺作品中最精彩的片段。把这些珍贵财富保存在记忆里，能够丰富思想情感，能使对待周围世界的情感态度更加高尚，能使思考变得容易。如果一个学生不能背诵哈姆雷特和浮士德的独白，海涅和拜伦的诗作片段，果戈里《死魂灵》的片段（即把俄罗斯比喻为飞驰的三套车的那个片段），普希金的《英明的奥列格之歌》《囚徒》《我记得那美妙的一瞬》《每当我在喧哗的街市漫步》等作品，柯利佐夫、尼基金、莱蒙托夫、涅克拉索夫、舍甫琴科、列霞·乌克兰卡等人美妙的抒情诗，屠格涅夫、契诃夫、柯罗连科、普里什文等人的作品片段，那么就无法想象他能在智力、道德、审美和情感各方面得到合乎要求的发展。我校严格遵行一条常规：学生在每个年级都要背熟一定量的课文。我们时常举办文艺作品朗诵晚会和朝会。这是一种特殊的竞赛，优胜者会得到书籍作为奖励。在讨论会上、集会上、读者座谈会上，学生们在自己的发言中引用他们背熟了的内容。

　　我校文学教师不让学生在未读过原著的情况下就照教科书进行学习，只有当他们的头脑里对原著的阅读有了艺术形象的概念，形成了对主人公和情节的情感—道德态度之后，才允许他们学习教科书。布置作业所采取的方式，则使学生即使企图按教科书背熟内容，也回答不了任何一个问题，为回答所有问题非读原著不可。只有这样学习这门课，文学才能成为学生的生活教科书。

　　发展智力的可容量和灵活性的一个十分重要的条件，就是知识与技能的统一，也就是知识转化为技能，且转化到知识的运用出现某种自动化的程度。有些科目中，知识与技能密切融合在一起，并且首先表现为技能。这首先涉及的是语法。掌握语法，并不意味着必须在每个场合都引用语法规则。许多通文理的人早就忘了语法规则的确切表述，可是写起来并不出错。掌握语法，意味着通过活语言的众多语例去领会语法规则。如果语法规则不是通过领会足够数量的语例而是死记硬背记住的，那学生能在某段时间内记住它，但不可能真正掌握，因而很快便会忘记。经验表明，语法规则的识记应当逐步进行，用某一语法规则去概括活的语言的各种语例越多，不随意识记的延续时间就应越长。

这对低年级来讲尤其重要。在低年级，学生在许多课上都要做练习，其目的就是分析活语言中的实例：写单词和句子，考虑书写规律，做新旧知识的对比，做创造性作业。规则（定义、结论）不断通过新的语例而多次被理解；于是会有这样一个时刻来临，这时学生记住规则不是由于背诵，而是由于多次反复地思考过它、深思过它，为了说明语例和语言现象而应用过它，曾把思想集中在它的本质上。做到使学生不通过专门的背诵就牢牢记住规则（定义、结论），是教学技艺的一个很宝贵的特征。我们根本不允许在低年级死记规则，同样也不允许用询问规则表述法的方式检查知识。如果学生没掌握或没记住某一条规则（指在不专门背诵的情况下），他就应当一再地去做练习和分析实例。这样做为的是最终弄清规则的实质，对它进行深入的思索，从而在理解的基础上才去识记它。不让儿童预先背诵规则，这也跟竭力做到使儿童理解教材一样重要。有时还必须让学生把他没有理解的那种表述法从脑子里抛弃掉，忘掉，一切都重新开始——深入思考实例和现象的本质。如果这项工作在低年级做得很好，那么，学生以后在中年级和高年级就会自觉地对待概括性结论（规则、定理、公式、定义、结论）的识记，在没有根据事例的分析而理解概括性结论之前，绝不去背诵它们。

指导这种具有如此重要意义的、不费专门熟记功夫就能掌握知识的脑力劳动，对课的结构和教师的备课都提出了一定的要求。我校低年级各门课以及中年级的语法、算术、代数、几何、物理、化学等课的主要类型，都是为获得、发展和加深新知识而实际应用知识的课。要在这种水平上有成效地进行教学，就要求对一系列课、对一个讲题或一个章节的教学做深思熟虑的准备。在这种情况下，要把学生的课堂活动安排得使他们不时地回到事实和现象的分析上来，以便更深刻地理解各种概括性结论（规则、公式）。例如，在数学教师雷萨克的课上，学生在二十五堂课期间都要做为理解乘法公式所必须做的练习，每次都要划出几分钟来做练习。随着每次新练习的完成，学生越来越能独立地利用以前在课堂上获得的知识。这位教师细心分析了学生的学习情况之后，为他们分别布置个人作业，以求首先做到弄懂和理解。任何教学大纲也不可能事先定出什么时候做练习，做多少或做什么练习，只有了解每个学生脑力劳动的能力、天分和特点的教师才能决定这些。思考能力在生动观察事物和现象的基础上而获得发展时，学习才会成为一种劳动。我校教师就是通过观察过程来使刚入学的孩子们形成关于现象、原因、结果及某一事物的特点的最初观念的。

我们给学生布置一些以观察为依据的专门的思考作业。这不仅是一种学习教材的方法，而且是发展智力、培养智能的方法。例如，孩子们观察秋天果园里发生的变化；判明某些现象的原因；思考这是怎么回事，会导致什么结果，结果又怎样变成新现象的原因。孩子们便深入思考现象的原因了，开始理解自然界的普遍联系，学着进行分析和综合，提出假设并通过实践进行检验。例如，二年级学生在观察树叶变黄和凋落现象时，便思考起这样一些问题来：为什么一些树九月落叶，另一些树十月落叶，而有些树的叶子到春天才掉落？落叶的时间与某类树春季发芽的时间有什么依从关系？思想跟具体现象发生关系越频繁，可以理解的现象就越多，观察力的发展也就越深入。凡是学会了在亲自劳动（如照管树木、制作活动模型）的观察过程中进行正确思考的学生，总是竭力去丰富劳动的智力内容。

中年级和高年级的思考作业总是跟某种劳动联系着，而这种劳动的结果取决于极其多样的客观条件和原因（如季节、天气等）。比如说，给七年级学生布置这样的思考题：请思考，提高种子的发芽能力和加速植物结果依赖于哪些条件？这一课题的完成跟学生施肥和用化学物质处理种子等劳动相联系。这既是劳动，同时又是对劳动过程和自然现象的考察。

如果思维与观察发生联系，学生就会形成一定的脑力劳动方式：努力思考现象中某种隐蔽的、乍看起来不可理解的那些方面。于是那些直接看不清、但能根据可见的事物和现象推断出的种种规律便展现了出来。学生由于在观察过程中探索了种种因果关系，便逐渐学会进行抽象思维。凡学会了边观察边思考的学生，便善于在头脑里分析那些不直接作用于感观的事实和现象。

对观察结果进行思维分析的方法，已被纳入我校自然科学类各门科目，特别是植物学、动物学、物理学的学习体系之中。这种分析方法可服务于两个目的：一种情况下，可以用新的事实说明已经掌握的规律；另一种情况下，可以为学生做好学习新规律的准备。在对即将探讨的现象进行观察的过程中，儿童会产生种种问题。事物和现象中儿童以前不曾注意过的个别方面或特征，这时便会成为一个谜出现在他面前。产生的问题越多，现象中那些似乎含有新的不解成分的方面在学生的头脑里显得越清晰，学习过程就会在更大的程度上变为积极的智力活动，学生对知识的需求就会更迫切。学生在课堂上有东西可思考，他们便会积累相当多关于事物和现象的概念，而尤其重要的是会积累许多问题，因为没有问题就不会有思考。

学习新教材之前的观察作业，可以针对一堂或几堂课布置。如四年级结业后的学生可以在暑假里观察那些将要在五年级学到的植物，把观察材料以及观察中产生的问题都记录下来，并画出速写画。

观察人与自然相互作用的劳动，观察人们对机器、机械的操作以及工艺过程中的各种操作，是有重大意义的。在学习力学定律以前，学生要观察拖拉机、播种机、中耕机、簸谷机以及各种建筑机械设备的工作情况。

学习新的规律和自然现象时利用生动的观察材料，能促使学生领会和体验在智力上的努力以及这种努力的成果，从而形成关于脑力劳动品质的观念（即智力上的努力有赖于人的意志力）。

智力的独立性和创造性之所以形成，是由于课堂上的智力劳动中，即初步感知知识的过程中，特别是发展和加深知识的过程中，包含有研究的因素。例如，学生在着手学习新的几何图形或几何体时，便绘出图形或制作表示各个组成部分及其相互依从关系的示意模型。我们十分重视学生在获得关于现象、事件、规律的本质的初步观念之后的研究活动。绝大多数的课堂都划出思考的时间——思考所学材料的各个组成部分及各个因素之间的依从关系，分析事实，解释因果关系。这里，仿佛在进一步深入教材：学生通过认识事物、现象、事实的各个主要侧面，发现种种新的联系和依从关系；他们由此产生种种问题，这些问题反过来又激发学生去深入钻研事物、现象、事实的本质。

确定以理解和思考教材为目的的作业的性质，提出为此目的服务的独立作业的课题，是具有高超教学艺术的事情。有经验的教师备课时总是分析教材的内容，从中找出依从关系和联系，以便在讲解事实和现象的本质之后，使学生对这些关系和联系的理解帮助他们从教材中发现某种新东西来。为此，教师在阐述、说明、讲解过程中，不把所学材料的各个方面全部都揭示出来，以便为学生的独立钻研留下余地。教学技巧也正在于会为学生的思考留下教材的某个重要方面。

化学课上在学习"溶液"这个讲题时，其中一节课是用来讲解溶解时的热现象的——一种场合下讲温度的降低，另一种场合下则讲热的释放。科洛米钦科老师讲解教材时，把这个现象说成是两种过程即物理过程和化学过程的统一，说成是物质从一种形态向另一种形态的转化。在做以思考事实和现象为目的的实验作业之前，教师提出一系列问题，要求用分子论来说明。教师在讲解时有意没有阐述因果关系。学生便在独立钻研热现象时思考分子论和能量守恒定律。通常在提问中要有一个问题提得使答案能引出学生的新问题来：为什么溶解时，在一些场合下以降温为主，而在另一些场合下以散热为主？教师所预期的，正是产生这个问题。于是动脑筋对不同物质的特性和本质进行考察的活动便开始了。学生们还使用起补充资料和各种手册来。

对事实、现象、规律及因果关系的本质的钻研，是作用于内部心理过程的一种重要刺激。我们深信，思考，对已经获得初步概念的教材在头脑中进行钻研，恰恰就是新教材学习过程的实质，即智力的积极心理机能。新教材学习过程中思考的比重越大，学生对周围的所见、所闻、所观察的以及对所做的一切，就越具有认识性，越能深入思考。学生越能更多地边思考边钻研和边钻研边思考，他对新知识的掌握就越不费力。

学生在中年级和高年级独立学习大纲范围内的某些章节（专题），便逐步养成了智力的探索性、独立性、灵活性、容纳性和创造性。这种独立学习活动是任何东西都无法取代的一种智力培养。学生从六、七年级起就独立学习某些自然规律、动植物种类、文艺作品、公式、历史事件等。这项工作在教师事先做了周密准备的专设课上进行。选出来供独立学习的教材，都要求学生在学习时运用以前掌握了的知识。六、七年级上这种独立掌握知识的课时，教师就已经带补充资料（科普书籍和杂志）进课堂了。学生年龄越大，我们就越重视补充资料以及使用和查找资料的技能。我校图书馆设有专门摆放各门科目补充资料的架子。例如，物理资料分为若干部分，如力学、气体、液体、电学、光学、原子物理等。在高年级学生上独立学习新教材的课之前，给他们布置一定范围的问题，让他们按这些问题去收集资料。同一个问题可以搜集不同的资料。这项活动可以培养独立思考能力，并教给学生查找书籍的技能。

在专用于独立学习教材的那种数学课的课前，给高年级学生布置若干道只有钻研了有关定理和公式才解得出来的应用题。例如，在学习三角函数的某一节内容之前，让学生求出当地某个不可达到之点的距离（而且给每个学生都做个别安排）。

在学习数学、物理、化学时，培养智力创造性的手段之一，就是独立编题并解题。中年级和高年级的编题作业在实践活动中进行。编题和解题从智力上丰富着劳动的内容（例如，学生根据土壤化学分析资料编题）。

我们十分重视学生在阅读科学文献之外还要完成实验和实践作业的那种独立学习教材的形式。比如，八至十年级学生在学习物理的过程中，完全独立地完成一些实验和实践作业：绘制和阅读表明机械力的能量与时间的依从关系的图表；确定力、质量、加速度之间的比例关系；变机械能为其他形式的能；确定固体的线膨胀和容积膨胀系数；确定冰融比热；考察导线的并联；测定焦耳—楞次定律之电流功的热功当量；组编带电磁继电器的电路；确定透镜的屈光力；探究光的干涉和衍射现象；探究光电效应；实际运用光电池于光控继电器和光电阻；设计组装袖珍半导体收音机。

为每一项这样的作业都配备有资料和各种手册。独立实验作业课要求教师做周密的准备。

高年级学生由于在课堂上获得了独立学习教材的经验，就逐渐开始在家里、在图书馆、在阅览室、在专用室里的自修活动——独立掌握理论材料和实际技能。每个教师都从全年的教程中划出一个题目（一个部分）供学生自修用。学生按照这个部分去收集参考书籍，确定实践作业的种类。独立学习的成果以简介性专题报告的形式来阐明，并在专设课上，即讨论课上去宣读。学生不仅阐发他所学过的教材的内容，而且说明他是怎样获得知识的。例如，十年级学生独立学习化学课的两个题目——"碳酸盐"和"硅的物理与化学属性"，物理课的一个题目——"内燃发动机"，代数课的一个题目——"通过各个部分找出对数"，文学课的一个题目——托尔斯泰的小说《苦难的历程》。

除列入大纲必修内容的教材之外，教师还为某些学生的自修布置高等学校才学习的一些题目和问题。例如，在生物学方面，十年级学生独立学习这样一些问题：农作物的植物细胞在不同发育期的生机活动；化学物质对甜菜、荞麦、向日葵染色体的影响；超声波对粮食和技术作物种子的影响；小麦种子的萌发能。

在毕业班，每个学季都划出几天（这几天不安排课）专供自修用。对难度较大的章节，教师还为高年级学生编写了学习方法指导材料。

通过自修获得的知识都能十分巩固地保持在记忆里。学生在以后的学习和实践作业中都积极自觉地运用这些知识。没有自修，我们就不能想象学生智能的培养。在自修过程中形成个人的智力特点，锻炼出个人的脑力劳动风格。

孩子们根据自己的所见、所想、所感写作文，对才能的发展具有很大意义。写作文，是个具有一般教育意义的问题，学生的智力发展，他们精神生活的丰富，都有赖于这个问题的解决。

从孩子们开始过学校生活起，我们就教他们思考自己所看到的东西，述说自己所想的内容。孩子们借着观察自然现象，便即景构思，然后完成写生性作文。例如，教师把学生带到河岸边上，让孩子们观察太阳怎样向地平线降落，水面、田野、草地怎样染上绚丽的色彩。教师帮助孩子们找出表达思想所需要的词汇来，帮助他们造句。一年期间，一至四年级的每个年级，孩子们要写五六篇即景作文；五至七年级写七八篇；八至十年级写三四篇。孩子们早在学前准备期间就开始试着编口头作文了。书面作文则从第一学年的第三学季开始。五至七年级，也开设跟课内学习的文艺作品有关的作文课。孩子们在这些作文里表达自己的思想，表达自己对待生活、对待人、对待周围世界的个人态度。有些作文则属于对某些作家、艺术家、科学家等杰出人物所发表的见解的发挥和引申。孩子们很乐意写那种可以为孩童的幻想提供广阔天地的作文，每年还就一些杰出画家的作品写作文。

我们认为，写作文这种创作活动对学生的智力发展具有非常重要的意义。这里不妨把我校一至十年级学生的作文题目列举在下面。

一年级：学校的果园；校舍旁边的花；当太阳没入乌云的时候；我们到森林去的一次游玩；晚霞；我们的池塘里有些什么生物；春天的第一朵花；鸽子、燕子和麻雀都是怎么飞的；黄昏；鱼缸里的小鱼。

二年级：夏天和秋天；蓝天下的鹤群；椋鸟南归；刺猬准备过冬，燕子筑巢；我们怎样招来飞鸟；冬天太阳暖和的时候；森林积雪下还有生命；西瓜熟了；我们的葡萄园；粮食怎样变成面包；大风前的日落；晴天之前的日落；和煦的微风；寒风；春日暖阳；炎热的夏日。

三年级：小麦怎样抽穗；荞麦开花；日出；果园秋景；林中秋色；蜜蜂怎样劳动；田野与草地（比较）；鸟类——我们的朋友；春天的花；夏天的花；秋天的花；冬天的花草世界（温室内）；第一场雪；傍晚黄昏；空中飘雪；橡树上的啄木鸟；彩虹；苹果树开花的时候；我们的桃园；鸟群从温暖的地方飞来；我的小狗；我的小猫；我的养鱼缸；按舍万德罗诺娃的画《在乡村图

书馆里》作文；春雨；晴日蓝天和雨前阴天。

四年级：池塘与河流（比较）；初秋时节；阳光明媚的林间旷地；窗外寒风；雏鸟从巢里掉落下来（暑假回忆）；暴风雨初起；冬季日出时的雪堆；"一朝被蛇咬，十年怕井绳""种瓜得瓜，种豆得豆"（根据俗语作文）。假如我变成隐身人……（幻想）；真理是什么；如果我有一根魔杖……（幻想）；夜晚，麻雀一家……；霜是从哪里降下来的；最美的与最丑的；现象——原因——结果（逻辑练习）；春汛；鹳鸟飞到哪里去；夜晚降临；我的小树；按瓦斯涅佐夫的画《三勇士》作文；我想成为怎样的人。

五年级：童话《莫罗兹科》里的什么人、为什么遭到惩罚；普希金在《死公主和七勇士的故事》中怎样谴责邪恶和非正义；夏天的早晨（尼基金的诗《早晨》读后感）；女主人使格拉西姆遭到什么不幸（根据屠格涅夫的短篇小说《木木》写作）；朝霞和晚霞；窗外秋雨绵绵；树上挂满寒霜；初射的阳光照亮了什么；绯红的晚霞；在刈草场上（暑假回忆）；深秋乍寒；候鸟飞往温暖地带；林中之夜；鹳；现象——原因——结果（逻辑练习）；人生活在世上为的是什么；透过滴水看世界；透过天蓝色玻璃看世界；根据列维坦的画《三月》作文；"患难见挚友"（依谚语作文）；致外国同龄朋友的信（读文章或报纸简介之后）；让天空永远洁净，愿世界永无战争。

六年级：壮士歌中的勇士伊利亚·穆罗梅茨保护什么人，跟什么人做斗争；杜布罗夫斯基的什么吸引了我（根据普希金的中篇小说《杜布罗夫斯基》作文）；人民的忠实儿子奥斯坦和叛徒安德烈（根据果戈里的小说《塔拉斯·布尔巴》作文）；"懒汉怨日出""平放的石头，流不过水去"（以谚语为题作文）；我以什么人为榜样（我的理想人物）；凋谢的叶子呈现什么颜色和色调；晚秋草原的变化；冬季林中；"初秋有段虽短暂但是极美妙的时节……"（丘特切夫语）；春天的溪流；丁香丛林；按库因芝的画《乌克兰的傍晚》作文；按佩洛夫的画《三套车》作文；按普里亚尼什尼科夫的画《渔童》作文；刈草场之夜；按巴克舍耶夫的画《蔚蓝色的春天》作文；和平时期能表现出坚定和勇敢精神吗；人生中什么最珍贵；我认为谁是最凶恶、最坏的人；宇宙飞行幻想曲；全世界劳动人民的孩子都是我的朋友。

七年级：格里涅夫怎样理解义务和荣誉，我们又是怎样理解的（普希金《大尉的女儿》读后感）；果戈里在《钦差大臣》一剧中是怎样刻画官吏们的愚昧无知、贪污受贿、阿谀奉承的；涅克拉索夫在叙事诗《严寒，通红的鼻子》中是怎样描绘农民普罗克尔和达利娅的命运的；我们今天有没有"变色龙"（契诃夫的短篇小说《变色龙》读后感）；舞会上和舞会后的上校（按托尔斯泰短篇小说《舞会之后》作文）；苹果熟了的时候——晴和初秋的一天；森林里的冬天；秋天的草原；夜间我们来到了第聂伯河上的一个城市；乍寒时节；"这就是北方，一面驱散乌云，一面吹起、卷起乌云，这就是冬天女魔法师在行走"（普希金）；"时节凄凉，景色迷人"（普希金语）；冬日晚霞；按韦涅齐阿诺夫的肖像画《带矢车菊的少女》作文；按列宾的画《纤夫》作文；按马可夫斯基的画《夜牧》作文；我面对为自己祖国的自由独立而牺牲的人们（斯巴达克，让娜·德·阿尔克，裴多菲，伊凡·苏萨宁，亚历山大·马特洛索夫，卓娅·科斯莫捷米扬斯卡娅等）有何感想；"纸包不住火""趁热打铁"（以俗语为题作文）；我们为什么必须学习；当我们的首批宇航员登上火星的时候……（科学幻想文）；堂吉诃德是什么人（结合课外阅读作文）；愿永远不发生战争。

八年级："没有母亲，就没有诗人，就没有英雄"（高尔基）；"生就爬行的决不会翱翔"（按高尔基的《鹰之歌》作文）；"只有精神坚强者才能胜利"（尼古拉·奥斯特洛夫斯基）；保尔·柯察金形象中的什么吸引我和鼓舞着我（尼古拉·奥斯特洛夫斯基《钢铁是怎样炼成的》读后感）；青年近卫军战士们为了什么献出了生命（结合法捷耶夫的《青年近卫军》作文）；"没有目的的生活犹如没有舵的小船"（印度名言）；我对为信念而献出生命的人（乔尔丹诺·布鲁诺、亚历山大·乌利扬诺夫、尼古拉·基巴耳契奇、谢尔盖·拉佐、尤利乌斯·伏契克、恩斯特·台尔曼）有何感想；卡希林老爷爷的历史（按高尔基的《童年》作文）；肖洛霍夫小说《一个人的遭遇》中苏联人的形象；"人的意志和劳动在创造奇迹"（涅克拉索夫）；"生活是为了在地球上留下更深刻更明显的痕迹，是为了如同千年橡树那样留下你的事业"（穆萨·嘉里尔）；"智力和体力上的萎靡源于无所事事"（皮萨列夫语）；彩虹；苹果树开花了；夏夜；深秋在林中的篝火旁；第聂伯河上的月夜；春天，蓝天云雀；小草怎样生长；伏尼契的小说《牛虻》读后感；按格拉巴里的画《晴朗的二月天》作文；我想成为像谁那样的人（我的生活理想）；文艺作品中和现实生活中我最爱戴的英雄。

九年级：《伊戈尔远征记》中伊戈尔和斯维亚托斯拉夫的形象；地主婆的残忍、专横和无知（按冯维辛的喜剧《纨绔少年》作文）；拉季谢夫在二百年前从彼得堡到莫斯科旅行时看到些什么，旅行者在今天可以看到些什么；"真正的人和祖国的儿子是一个意思"（拉季谢夫）；恰茨基在祖国绝望的原因（根据格里鲍耶陀夫的剧本《智慧的痛苦》作文）；为什么奥涅金和皮巧林成了不幸的人；长辈与我们；"我的朋友，让我们把心灵的美好激情献给祖国吧"（普希金）；我们今天能遇到乞乞科夫和泼留希金这种人吗（果戈里的《死魂灵》读后感）；我们今天能遇到奥勃洛摩夫式的人物吗；黑暗统治时代的一线光明（亚历山大·奥斯特洛夫斯基剧本《大雷雨》读后感）；我们今天父子间矛盾的性质（屠格涅夫小说《父与子》读后感）；我对车尔尼雪夫斯基小说《怎么办》中的主人公——"新人们"的想法；《谁在俄罗斯能过好日子》的作者涅克拉索夫笔下的主人公为了什么而生活，而斗争；为什么不要捕食"聪明绝顶的鲍鱼"（萨尔蒂柯夫－谢德林的童话《聪明绝顶的鲍鱼》读后感）；"生活没有理想的人是可悲的"（屠格涅夫）；"诚实最接近伟大"（维克多·雨果）；"真理必将取胜，但要坚定地帮助它"（尤利乌斯·伏契克）；"单独一个人，即使他也伟大，但毕竟是渺小的"（高尔基）；果园秋色；旷野古墓；冬季天空晴朗的一天；"没有战胜自我的小胜利，就不会有任何大胜利"（列昂诺夫）；克拉阿斯的骨灰敲击着我的胸膛（我读了夏尔·德·高斯特的小说《乌仑斯比格的传说》后的感想）；我童年时代难忘的一天；什么是幸福；按库因芝的画《白桦林》作文；杰克·伦敦——英勇精神的讴歌者；当人飞向星星的时候（幻想文）；生活中我要向谁看齐（我的理想人物）。

十年级：托尔斯泰小说《战争与和平》中的主要人物（略论人民与个人）；樱桃园的衰败也就是贵族的衰亡，但是为什么当我们看到果园衰败时就感到难过（契诃夫的《樱桃园》读后感）；浮士德是怎样看待人生意义的；自私自利者腊拉与争取人民幸福的斗士丹柯（高尔基的《伊则吉尔老婆子》读后感）；为什么聪明有才干的人沦落到了社会底层（高尔基的剧本《在底层》读后感）；一个普通俄罗斯妇女怎样变成了革命者（根据高尔基小说《母亲》中尼洛夫娜的形象作文）；列宁——领袖，列宁——人（马雅可夫斯基的诗《弗拉基米尔·伊里奇·列宁》）；达维多夫与我们的集体农庄主席（肖洛霍夫的《被开垦的处女地》读后感）；一生为人民幸福而奋斗的战士作家对我们的教益（拉季谢夫，舍甫琴科，拜伦，车尔尼雪夫斯基，裴多菲，赫里斯托·波特夫，高尔基，穆萨·嘉里尔，尤利乌斯·伏契克）；"搏斗见勇士，患难见妻孥，不幸见朋友"（印度格言）；"消灭寄生虫，颂扬劳动——历史的一贯趋势"（杜勃罗留波夫）；"我向您发誓，不论为了世间的什么我也不愿有别的经历和别的祖国"（普希金）；"人自少年起，就要重名誉"（根据俗语作文）；"什么也比不上给众人以幸福更高尚更美好"（贝多芬）；我的生活理想；我活在世上是为了什么；我爱什么，恨什么；按谢罗夫的画《挎篮少女》作文；按约翰逊的画《审判日》作文；春暖雪融水滴滴；鸟群飞往温暖的远方；丁香林中听莺歌；收割第一天；夏日草原；夏天的拂晓；"人被造就出来就不是为拖着锁链，而是为舒展双翅在上空翱翔"（雨果）——男女青少年对人类命运的思考；"判断一个人的好坏，不能凭他本人的自吹自擂，而要看他的实际行动"（列宁）；[31]"任何游手好闲的公民都是窃贼"（卢梭）；"俄国没有我们中哪个人都没关系，可我们谁也不能没有俄国"（屠格涅夫）——劳动生活起步前夕的想法。

由于我们从孩子们小小年纪起就教他们感受语言的美和风味，因此我们的孩子喜欢写作文。低年级学生，通常是在大自然中，在到语言的源头游览时构思作文的。感受大自然的美，形象地说，这是一条小溪，引导语言的美流进儿童的心灵。使用语言进行创作的活动便进入了儿童的精神生活，成了一种精神上的要求，如同听音乐的要求一样。儿童总想把他看到的、感受到的和体验到的东西尽可能美地、鲜明地陈述出来。

我们把刊登在我校手抄杂志《我们的创作》和《我们的思想》上的几篇作文抄录在下面做例子。

当太阳没入乌云的时候

（一年级，麦娅·波斯托洛娃）

太阳光下是一片金色的田野。穗儿在游戏，花儿朝着蓝天微笑。太阳啊，你多么高兴，多么愉快！你在每一朵花上，每一根草上闪耀。可是飘来一朵乌云，遮盖了太阳。穗儿愁闷，花儿惊慌，草儿低下了头。田野变成了灰色，天空阴沉沉的。好像有人给金色的田野覆盖了灰色的毯子。啊，多么希望太阳快快从乌云里钻出来啊！我这样希望着，穗儿、花儿、草儿也都这样希望着。

蓝天中的仙鹤

（二年级，安德列·克拉夫钦科）

草地上又响起了春天的音乐。鸟儿在歌唱，溪水潺潺作响，鸭子嘎嘎欢闹。垂柳的细枝显出了嫩绿，蜜蜂嗡嗡叫。树根旁还残留着一些白雪。天空深蓝，洁净，晴朗。日落时，一群仙鹤出现在蓝天。这银白色的鸟群边飞边叫。你们从哪里来，又飞向哪里去？你们像是在游泳，蔚蓝色的波浪抚摸着你们。太阳下山了，它在向你们问候。在遥远的森林里有个蓝色的湖，有清澈的水，碧绿的岸。那里有你们的巢。我将到那里去，你们会请我喝水，为我祝福。

黄　昏

（三年级，瓦利娅·马尔钦科）

　　太阳下山歇息去了。田野渐渐暗下来。朦胧从沟壑里走出。这是一位拄拐杖的白发小老头。他悄悄地在地上走，向农舍里探望，用手指轻轻地敲敲窗户。孩子们正躺着睡觉。

夜

（四年级，莉达·特卡奇）

　　灯熄了。我的两个洋娃娃倚在椅子靠背上打盹。小熊在桌子下面睡着了。小锡兵也都睡了。大家都入睡了。可外面是隆冬。附着冰花的窗户外，寒霜从树上撒落下来。风吹得路灯在电线杆上摇摆。影子在雪面上悄悄晃动。

当秋天开始的时候

（四年级，斯维特拉娜·洛巴里）

　　我知道，苹果散发出香味的时候，就是秋天到了。苹果，夏天没有香味，到秋天才有。太阳不烤人了，而是暖洋洋的。果园里很静很静。集体农庄的院子里尽是麦垛。地已经翻耕过了，都长出了绿芽。从果园运来一筐筐苹果。菜园里正在收摘红红的西红柿。初秋的夜晚变得凉爽起来。清晨，池塘上雾气弥漫。在宁静的秋天，我们喜欢到田野里去。一天，我们坐汽车去果园了。每人得到一个大西瓜。我把西瓜带回家来。妈妈把它切开，瓜瓤红得像太阳一样，还散发出远方草原的清香。

鹳

(五年级，瓦利娅·斯克里普尼克)

很早很早以前，我刚出生的时候，就有一对鹳在棚子上筑了巢。妈妈后来说：这是对你的祝福。每年都有两只白鹳从温暖的远方飞来。它们忙碌着，修整窝巢，孵化幼鹳。晚上，太阳一下山，它们就立在巢旁，向远方眺望，眺望远方的牧场、田野。它们仿佛在欣赏晚霞。黄昏笼罩了大地的时候，鹳鸟就像是用浅灰的颜色在暗灰色的天空中描画一样飞翔。

刈草场之夜

(六年级，奥列格·里亚多沃伊)

暑期，我们是在刈草场上度过的。白天帮助晾晒干草，放牧牛犊，到森林里去给厨房拾柴。一到晚上，那可真叫好！在星空之下点起一小堆篝火。格里戈里·菲利波维奇老大爷讲咱们镇的遥远过去，讲稀奇古怪的植物和动物，讲他在舰队服役的故事。

然后我们爬到草垛上去，躺在上面睡觉，但没有睡意。我们就谈论起遥远的星际世界来。我们都忘了我们周围是牧场、森林、草原，如同在星空旅行一样。那里是一颗小得几乎看不见的小星星，但那也是一颗跟每天都照着我们的这颗耀眼、炽热的大太阳一样的太阳。我们便向着那颗遥远的星星飞去。我们周围有彗星，有流星，有星座。飞了八年之后，我们终于接近了那颗星。它已不是无边宇宙中的小星星了，而是一个巨大的赤热火球。

我们飞近了另一颗陌生的星球。它隐没在淡蓝色的烟雾中。我们的星际飞行器降落在绿色的丘陵之间。处处都是耕作过的田地，还有明亮的楼房——多高兴啊，这里竟然还有我们那些有理性的弟兄在生活……

然而马嘶狗吠声使我们那美妙的飞行终止了。月亮已经升起，照耀着田野和森林，照耀着辽阔的湖面和我们的刈草场。湖面上笼罩着一片白色雾气。可能在遥远的星球上真有美妙的奇景，然而任何地方也不会有我们地球这样美。

当我们的首批宇航员登上火星的时候……
（七年级，尤里·莫罗科夫）

盼望已久的日子终于来到了：我跟我的两个朋友一道要进行登火星的飞行了。银白色的飞船在阳光下闪亮。我们登上了船舱。地面震动起来——强大的原子发动机已经启动了。我们被紧紧地挤压在座椅上，随后变得轻松起来：我们在船舱里随意悬空飞行，从舷窗瞭望，我们看到黑色背景上有一个巨大的天蓝色球体，这就是我们的家乡地球。

火星越来越近了。它已在舷窗中所能看到的空间里占据了三分之一。我们开动了制动器，平稳地降落在火星上。我们的飞船停在一片广阔的平原上。土地是蓝色的，天空是暗紫色的，太阳散发的温暖很微弱。我们走出飞船。星球的整个表面覆盖着浅蓝色的矮小灌木丛，灌木上开着黑色的花。有些凹陷的深处闪烁着晶莹的冰凌。

四周一片寂静。我们发现远处地平线上是一片废墟。于是我们走近黑花丛中的废墟，看到有坍塌的建筑物，有被毁坏的机器。这是一座死城。房屋上覆盖着灰烬，街上到处是被焚毁了的汽车和直升机，房屋附近有一层薄薄的尘埃。我们走进一幢房子，房间宽敞，窗户很漂亮，墙上装饰有浅浮雕和很美的画。当我们看见一些死尸时，大为震惊。他们似乎全是同时死去的。每个人都是在做着某项工作的情况下就遇难了……

这是一颗死的行星。火星人由于原子辐射而死亡。他们进行了一场毁灭性战争。不仅人死了，连植物也死了。幸存的只是开黑花的浅蓝色灌木，它们好像一块黑色大毯覆盖着整个星体。

我们怀着十分激动的心情返回地球。人们啊，接受火星人灭亡的教训吧！销毁核弹吧！如果爆发战争，我们也将被毁灭。可怕的消息使地球上所有的人都为之震惊。各国人民都迫使自己的执政者们销毁了核武器，于是永久和平降临了。

春 之 声
（八年级，列娜·格林钦科）

大地从漫长的冬眠中苏醒过来。小草闪耀着青绿的光彩，草地上弥漫着绿色烟雾。近来，我每天晚上都倾听大自然的音乐。天色淡蓝，傍晚温暖寂静，晚霞宛如初开的紫色玫瑰花。我在傍晚的寂静中细心聆听，听到草地在作响。从不远的什么地方，好像是在池塘边的垂柳旁，传出几乎难以听见的声响，它沿着大地、绿色牧场、沟壑传播开来；柳枝在微微颤动。这是什么在作响？可能是甘甜的液汁从桦树枝上滴落在明镜般的池塘水面上，池塘如同一口巨钟在轰鸣。也可能是鹤群从温暖的远方归来，在快乐地欢唱。

我童年时期难忘的一天
（九年级，尤里·杰伊涅卡）

我永远也忘不了这一天。大概是我4岁也可能是3岁的时候，爸爸到第聂伯河的沿河草场去运干草，我央求他也带我去了。日落之前我们已经到了草场。父亲卸了车，马儿便到湖边茂密的草地上吃草去了。太阳下了山。一群候鸟飞过。有什么东西在芦苇里沙沙作响。

父亲装满了干草，套好车。天已黑了，林中传来夜鸟的歌唱。

我们往回走了。夜空中繁星闪烁。我感到困倦了，便躺在干草上，星星仿佛离我近些了。不一会儿，我觉得自己已经不是躺在草车上，而是乘坐在蓝色波浪里穿行的航船上。波浪轻轻地摇着船身，星星若隐若现。忽然间，一颗小星星颤动起来，分散开来——天空中播撒下闪烁发光的点点星火。

波浪摇得我越来越想睡。干草散发着清香，我闭上了眼睛。眼前出现了一片洒满阳光的草地，蜜蜂在嗡嗡叫，苜蓿草开着花。有一朵花就好像是刚从天上掉下来的一颗小星星。

我醒了，半天都想不起我正在哪里。星星忽明忽暗，田野里传来蝈蝈的歌声。马车停了下来。我微欠起身子向田野望去，看见地平线上有个很大的湖。

"这是火焰吗？"我问父亲。

"不，那是月光……"父亲回答。

我们又接着往前走，田野又变成无边无际的蓝色大海。

回到家后我就醒来了。妈妈把我抱在怀里——难道我还这么小？父亲在干草上铺上被褥。我记不起什么时候又睡着了。

由于冷，我又醒了。天空变亮了，稀稀的几颗小星星在苹果枝后面闪着微弱的光。不知什么地方有绵羊在咩咩地叫。我又睡着了，梦见大河、晴朗的天，水泛起层层波浪，真是洗澡的好时光。

我又一次醒过来：太阳高高升起在苹果树上空，晒在脸上热乎乎的。风吹得树叶沙沙作响。蔚蓝色的天空中飘浮着一朵白云。

这是多么长、多么长的一天啊！我永远也忘不了这一天。

七、智育与教学法问题

我从多年的经验中得出这样一个结论：一般教学法可以分为两类。

第一类是保证学生最初感知知识和技能的方法，包括：陈述、讲解、讲演、论述；解释概念，指导，谈话；为首次感知知识而进行的独立阅读；演示，实例说明（电影，略图，图片，电视，示意图，标本，图表，模塑品，模型），劳动过程和技能的表演；独立观察和参观，独立掌握知识过程中的实践和实验作业；体操动作示范等。

第二类是理解、发展、加深知识的方法，包括：练习（口头练习，书面练习，技术练习）；解释自然现象和事实以及劳动和社会生活；讨论，书面创作（作文，专题报告，书评，编题，程序设计）；制作教具和仪器，制图作业，实验室作业，试验（在教学实验园地，在集体农庄田地，在实验室，在专用室）；为加深、发展和运用知识与技能而操纵机器、机械、仪器；以实际劳动、完善技能、加深知识为目的的持续性劳动（在实习工厂，在教学实验园地，在集体农庄田地，在畜牧场）。

科目和教材内容的不同特点，决定着每种方法也都有各自不同的特点。讲演法在文学课上有它自己的一些特点，而在物理课上则又有另一些特点。劳动过程或技能的表演也依劳动与理论知识相联系的特点而定。学习自然知识时所进行的观察与学习物理过程时所进行的观察，不仅在接受知识的方式上，而且在脑力劳动的性质上，都是不相同的。智育的成效有赖于教学方法的创造性运用，有赖于那些受具体情况制约、不可能为教学理论所预先规定的种种细节的多样化。实践之所以是理论的无穷源泉，正是因为在实践中可以揭示出理论的多面性。

合乎要求的智育的一个很重要的条件，就是要使教学方法、课的结构以及课堂的教材教学和教育目的的所有组织因素和教学因素，都与学生的全面发展这一任务相吻合。获取知识是为了将这种知识以某种形式运用于生活实际，是为了使学生在同人们的道德、劳动、社会、审美等关系中遵循那些在教学过程中所形成的信念。道德发展与智力发展相一致的本质，恰恰就表现在这一点上，表现在知识运用的性质上。有经验的教师在备课时，总是考虑所传授的知识在学生的头脑中的反映，并根据这个来选择教学方法。

例如，五年级的历史课在学习希波战争。在这种场合下，具体史实的了解在观点和信念的形成上起着很大作用。然而，学生的智力和品德的进一步发展以及他们的精神面貌，却不取决于他们把历史事件的细节牢记和背熟到什么程度。这些知识的应用是间接的：应用的不是关于一件件单独的具体史实的知识，而是对历史事件的思想和道义评价，这种评价表现为学生对待周围世界的主观态度，表现为他们的主动行动的性质。

有经验的教师，总是力求使儿童那种对希腊人反抗外来入侵者的爱国斗争的钦佩之感终生都保持在他们的意识和情感中。教师对那些能够揭示教材思想内容的史实的分析，都服务于教育目的：使儿童加深热爱祖国的情感，使他不仅能从现代思想观点去认识历史事实，而且让这种思想观点更加深化。教师出于这种考虑，在阐述教材的过程中引用孩子们在教科书中找不到的若干鲜明事例。他不特意指出学生应当记住教材中的哪些历史事件，也不在课堂教学中采取有助于识记这些史实的手段（有时是必须这样做的），这里起作用的是不随意识记规律，因此，教师引用的补充材料——生动的史实越多，学生对主要的和基本的东西理解和识记得也就越深。为了对这些捍卫祖国的希腊人的英雄主义形成鲜明的观念，教师引用了记述斯巴达战士在保卫塞莫皮莱战役中英勇奋战、不怕牺牲的精神作为补充材料。

　　历史的讲述任何时候都应当有丰富的、能揭示政治和道义思想的鲜明史实。历史的讲述，不同于数学的讲述，没有必要在最初感知教材时专门去做随意识记的工作。随意识记会降低和削弱教材对意识和情感的思想影响作用。教师在历史课、文学课的讲述（或讲演）中引用的补充事例越多，学生对政治的、道德的、审美的思想就会理解得越深，对这些思想的感受也会越深。而哪里存在对思想的情感感受，不随意识记，这个教师的得力助手就会在哪里发挥作用。

　　保卫祖国的思想对于孩子们来讲是亲切而又宝贵的，他们总是希望表达自己的这种思想感情。用道德和政治观点把历史事实阐发得越生动鲜明，讲述与谈话相配合的机会就越多。有经验的历史教师和语文教师，一般总是紧扣教材的教育目的来使用谈话法的。孩子们表述他们对于捍卫祖国的人们的英雄主义、大无畏精神、豪迈气概的思想和感情；重要的政治观点在他们的意识中作为个人信念确立起来。孩子们并非是消极的知识"需求者"，他们深切关怀祖国的捍卫者们的命运。在历史课和文学课上，谈话起着特殊作用：它能促进道德信念的形成。

　　在这种历史课上没有必要采用为了熟记而让学生独立阅读教材的方法（当教育教学目的要求这样做时，是要这样做的）。在这种课上没有必要画表、作图和绘制系统图，否则会降低课堂教学的思想目的性（这在复习知识和将知识系统化时使用是合适的）。在完全用于分析作品的思想和美学方面的那种文学课上，顺便去重复大纲的其他部分，同样也是毫无意义的。

语法课的教学方法，则为完全不同的另一些条件所决定。如果说，学生获得某部分历史知识主要是在某堂课的最初感知过程中完成而后便是发展和加深知识的话，那么，这些语法知识的最初感知则仿佛只是而后许多次课的一个纲，在随后的许多次课上不断重复着知识的本质，就像经常回到最初的感知上来一样。教学过程，因而也包括识记过程，在这里表现为不断理解那些揭示着同一结论即规则的许多同一类实例。而这种理解的目的首先在于识记，在于达到终生的识记，识记得如此牢固，以至于结论（语法规则）的表述本身尽管可能会遗忘，而在意识中通过的、理解过的那许许多多实例却会帮助人把结论的本质保留下来。因此，家庭实践作业，如阅读、反复做同一语法规则的练习等，在语法学习中具有重大意义。语法的掌握，这是应用已学知识的一个长期过程。

在我校低年级和中年级的语法课上，主要采用的是那些照顾到了理解语法规则的长期性和渐进性的教学方法。语法规则的理解与练习、与独立解释活语言的实例是结合在一起的。正因如此，我们才把解释事实和现象这个方法从方法体系中特地划分出来。在这个方法中，知识的加深与知识的运用密切联系在一起，因而增强了不随意识记。要使教材在记忆里保持得越深，就越要把教材的学习安排在较长的时期内进行。假如教师企图把实际生活中可用来解释或分析众多事实的那种规则、公式或其他概括性结论，在一节课或几节课上"赶完"，企图一下子达到学生牢固地掌握它，那就不仅必然导致知识的肤浅，而且必然导致智能的迟钝和智慧创造力的束缚。不会应用语法规则（所谓"学生知道语法规则，但一写就错"）正是这种赶学教材的后果。

我校语法课上采用的主要教学方法，就是在独立做练习的过程中解释活语言中的事实和现象。学生通过解释事实和现象便会逐渐理解语法结论（规则）的本质。教师为每一条语法规则都配备有一套准备长期完成的系统练习，并且还为那些只有思考了更多语言实例之后才理解得了语法规则的学生设计个别补充作业。如给这些学生发一些文字卡片，文中包含许多合乎相应正字法的字词。

　　语言、数学、物理、化学各科教师，也就是说，凡是要用已学会的规则、定律、公式去掌握新的规则、定律、公式的那些科目的教师，都特别注意使这些规则、定律、公式的实际运用成为最重要的复习方法。

　　教学方法对智力发展任务的适应，决定着课的结构及其各个阶段的相互依赖关系。我校教师集体为低、中、高年级的课分别拟定了结构。在课的结构安排上我们着眼于以下几条原则。

　　1. 学生做的实践作业应与知识的最初感知，与知识的加深、发展和运用相配合、相结合、相融合。因此，知识的巩固不作为课的一个单独阶段。知识的巩固是一个长期过程，它不仅包括专门的练习、实验作业及其他形式的独立作业，也包括新知识的掌握。

　　2. 知识的运用（各种方式下的运用），不仅是加深和发展知识最重要、最主要的途径，而且也是查明、检验和考查知识的最重要、最主要的途径。我们竭力通过知识的运用来保证经常的反馈联系，教师则获得关于学生如何思考及每个学生学习效果如何等方面的情况。教师能否及时获得每个学生脑力劳动的情况，要看为运用知识而选配作业的正确程度，要看对个人能力和才能、特别是脑力劳动的独立性和个别性照顾得如何。

　　3. 知识掌握过程的延续性和渐进性。假如大纲规定学习某部分教材用 3 课时，这绝不是说在这 3 课时之后学生就完全掌握了知识。知识还要在长时期内逐渐发展和加深。知识的发展和加深是一个长期过程，既在课堂上，也在做家庭作业时，还在自学（如阅读资料、准备报告稿和专题报告等）中进行。为巩固、发展和加深知识所必需的实践作业是在长时期内完成的。

　　建立在这些原则基础上的课，具有结构十分多样的特点。一至四年级绝大多数语法课和算术课的教学，都是从实际运用以前学得的知识开始的。在这个过程中，对规则、定律、定义以及其他概括的理解在不断加深。例如，假若语法课这时正在学习无重音元音的正字法，那么，教师就从能促进学生思考语法规则本质的教学方式中选用其中的一种：学生或者抄下一些句子并对句中带无重音元音的词加以说明，或者从阅读课本中摘出带有这类词的句子来，或者把带有无重音元音的词按其特点和特征进行分类，或者独立造带有无重音元音的词的句子。

不论采取哪种方式，实践作业都把知识的加深与知识的检查结合在一起，对个别问题的回答教师都不予评分。经验表明，这种评分会造成偶然碰运气的气氛。在低年级和中年级，只有当教师对学生的全部作业，如课内作业、家庭作业、创造性作业等，进行了一定时期的观察之后才评分。对某些学生做一周作业的评分，对另一些学生则做两周的（这要根据许许多多的个人特点而定）。经验证明，在学生的作业中，知识的运用和实际使用在知识的发展和加深过程中表现得越明显，检查知识的机会就越多，而专门检查知识的必要性也就越小。低年级教师 P.K.扎扎编了一套习题（约四十道题），小学生在做这些习题的过程中应牢牢掌握的诸如长度、重量、容积、面积等知识，都能得到实际运用。如果他们做这些题时忘记了什么，则要亲自去查找他所不知道的东西。

在我校，低、中、高年级全部采用的一个十分重要的教学方法是：凡必须永远掌握、牢记不忘的知识，都不是脱离实际的，而应在为了某一目的而完成某件事情（如解题、写创造性书面作业、测量地形等）时加以回忆和复习。数学教师 А.Г.阿里辛科编了一套三角函数的习题，学生通过解这些习题无须背诵就能记住三角函数。

低年级课的结构，决定于儿童在这个学习阶段应掌握的那些知识的特点。这个阶段的知识是同技能有机地结合在一起的。小学教学阶段的主要任务在于，让孩子们学会阅读、书写、思考、观察和表达自己的思想。因此，语法、算术、语言发展等课的结构的各个阶段都含有积极劳动，孩子们必须做事，即写、读、编题和解题、测量、观察自然现象或劳动操作、作文等。为使以后的学习能顺利进行，儿童的书写应当达到半自动化程度，也就是说，他的精力应当主要集中在理解自己所写的内容的含义上，集中在思考上，而不是集中在书写过程上。多年的经验告诉我们：要学会相当快地、清楚而又合乎语法地书写，要使书写成为学习劳动的手段和工具而不是最终目的，学生就要在低年级阶段书写不少于 1400—1500 页。

为此必须进行书写技术和速度的专门练习。

在每一节加深、发展和运用知识的课上，都安排有学生的创造性作业。只有当学生学会了运用语言，即学会了作文时，他才能算是一个识字的人。只有当学生会自己编习题时（编方程式时，创造性尤为重要），他才能最顺利地学会解题。我校低年级老师 M.H. 维尔霍文尼娜、P.K. 扎扎和 B.П. 诺维茨卡娅，特意举办主要目的是"设法发掘习题"的、去田野和森林的专门旅行。我们相信，假如连一个算术最差、最吃力、最令人操心的学生都着手编起题来，那就意味着，他的算术学习将会顺利进行。

在低年级的课堂教学中占据重要地位的有这类作业，其特点是教师的课堂语言、孩子们看到的直观形象（实物、图片等）、孩子们的实践活动三者结合在一起。教学的初级阶段在给孩子们打开通向世界的第一个窗口：什么都要向他们说明，指给他们看，进行解释，教他们做。我们十分重视说明（解释），其目的在于使学生形成相应的观念；十分重视概念的陈述和阐释以及对读、写、劳动等活动的示范。孩子们到大自然去游览能丰富他们的词汇，使他们掌握表达现象和特征的细微差异（如颜色、气味的细微差异）的各种词语。教师对各种抽象概念的含义都给以解释，每个低年级教师都积累有一套这类概念（诸如自然、有机物、物质等）的语汇，并不断通过新的事例逐步向孩子们解释这些概念。

我们认为，阅读技巧在低年级具有十分重要的意义，我们力求使学生阅读时的主要精力不是集中在阅读过程上，而是集中在阅读的内容上。每节课上，孩子们都听教师做示范性的、充满情感的、富于表现力的朗读。然后他们自己也朗读，并且不仅读教科书中的课文，而且读自己喜爱的书。多年的经验使我们教师集体得出一个结论：要学会富有表现力地、流畅地、自觉地阅读，要使儿童在阅读时不是思考阅读过程，而是思考所读的内容，他就需要在低年级至少花费 200 个小时在朗读上（包括在学校和在家里），至少花费 2000 个小时在默读上。教师为此要做好时间上的安排。

到了中年级，知识的理解、发展和加深在掌握新知识过程中的作用就更大了。独立学习的指导因素，越来越多地被引入陈述、论述和讲解之中，而且，指导已作为一个独立方法开始占据更特殊的地位。我们认为，中年级这个学习环节无论对继续受教育（特别是对自修），还是对参加劳动，都具有特殊意义。中年级的陈述与低年级的不同之处在于，教师总是竭力激发少年阅读书籍的兴趣。六、七年级就已经把独立阅读当作初步接受知识的方式加以运用了：把个别章节（中等难度的）布置给孩子们去独立钻研；这时阅读还与其他独立活动方式（如在实验室内和教学实验园地里做试验，进行观察，翻阅图解、模型、图表等补充资料等）结合在一起。

在语法、算术、代数、几何、物理、生理等课上，知识的运用是深入理解教材的一个十分重要的途径。在所获知识的本质在于锻炼建立在理解理论基础之上的技能的那些场合，这一点尤其重要。每个中年级和高年级教师，都摸索出了一些把学习新教材与运用知识和技能结合起来的途径、方式和方法。语法教师在课堂上把写有专门挑选好的实际材料的那种单人卡片分发给学生，通过对卡片材料的分析，既可以加深理解原先学过的知识，又能弄清某些知识，从而引向对新材料的学习。植物教师总是把新纲或新科植物的学习以察看活对象（杆、花、根）为开头。物理教师让学生思考他们曾做过观察的某一现象的本质，并把分析不了解的新教材变为对知识的运用。历史教师的课则从提出一个需要研究的问题开始，所提出的问题中有相当一部分学生是不明白的，但运用以前学得的知识是可以把它的实质理解清楚的。

在中年级和高年级，引用预先观察自然现象和劳动过程中所得的材料（通常是在学生着手接受新知识的课堂教学开头使用）占有特殊地位。我们认为这种方法具有非常重要的意义。例如，在学习植物根之前，孩子们就在较长的时间内观察各种不同植物的根是怎样生长发育的。又如，在学习机械运动的类型（物理）之前，孩子们在技术修理站、筑路队、住宅建筑工地、牲畜饲养场等处观察机器和机械的工作情况。教师是带着促使学生去思考现象间的因果联系的目的而布置这种预先观察任务的。在课堂上运用观察所得，就是对这种联系进行揭示。对已知和未知的东西发现得越多，课堂上的智力劳动就越积极。

以熟记和保持记忆为目的的作业，对中年级比对低年级的意义更大。我们尽量使公式、符号、测量单位、各种物质的特点和特性以及其他概括，都能在既与加深、发展和运用知识相联系，也与劳动相联系的种种实践活动过程中得到复习。代数教师为了在一定程度上训练学生技能技巧的自动化，便布置比如说这样一套习题和例题，学生在解算它们时能在三四个小时内把简化乘法的全部公式都复习到。语法教师则给学生布置一套创造性的、视听结合的默写，使学生在五至八年级的学习期间完成这套默写时能几次复习到那些最重要的正字规则。在这期间，并不划出专门的时间去复习规则的表述。准备这种课要有预见性，要预计学生一学年的学习劳动，并首先在时间上，其次在课堂作业和家庭作业之间做出安排。

在学年之初，语文教师就拟定五至八年级学生每学年将做多少次回忆语法规则和培养书写自动化的练习。数学和物理教师每学年则给学生布置或在现场、或在实习工厂里、或在教学园地里、或在实验室里完成的种种实践作业，学生在完成这些作业的过程中便可复习测量单位、公式、属性以及其他概括。这类作业是与体力劳动结合在一起的。例如，设置温床、为果树开挖壕沟和坑穴、开辟果树和观赏树木的苗圃等——这一切，除具有生产劳动目的外，还有巩固有关测量体积和面积方面的知识和技能的目的。在校办化肥厂里，学生们独立计算他们要配制的那种肥料的各种物质成分的百分比。在这里劳动的学生不仅懂得生物学、化学，而且熟悉数学。他们随处都得口算各种物质成分的数量和百分比。我们相信，凡是日常劳动迫使他计算百分比的那些人，才最懂得百分比。

在中年级，我们十分重视示范表演法，即劳动和工艺过程、机器和机械的操纵、教具和教学仪器的制作等示范表演。数学、物理、化学、生物、天文等科目的教师都给学生示范如何使用仪器和教具，同时为每个学生独立调整仪器（有时还要拆卸和组装仪器）提供必要的时间。示范表演在工厂和教学实验园地里占有特殊地位。对劳动过程的掌握始于示范表演，学生可从这种示范中看到熟练精湛的劳动的榜样。八年级学生在劳动课上进行操纵内燃机、电动机以及使用测量仪器的专门实习。我们对每个学生在一至八年级的学习都规定有制作直观教具和仪器的最低时间限额，他们应在工作间、工厂和家庭工作角里制作好这些教具和仪器。

在中年级，我们还十分重视诸如对读过的书写书评，做带有设计性质的基本计算，以及撰写简介性学术报告（在七、八年级做这些事情）等这类创造性的脑力劳动方式。

中学高年级阶段的教学任务是，让学生获得广泛的综合技术教育、脑力劳动和体力劳动的高度素养、扎实的实际技能和技巧，培养起对劳动和知识的热爱，为学生自觉选择职业做好准备。教学方法的特点，课的结构和体系，课堂独立作业和自修的比重，实际运用知识的性质……，都是与上述任务相适应的。高年级全部教学方法的总的特点是：新知识的获得和已获知识的运用，较之低年级和中年级更具独立性和自觉性，独立脑力劳动的方式方法多样化，以及只有高年级学生才特有的一种做法——向自己的同龄同学、或向年龄小的同学传授知识和技能。高年级的理论知识和实际技能技巧的范围如此广泛，如果知识的获得不随时随地与知识的运用和传授、与独立探索和挖掘结合起来，高年级学生就无法顺利地进行学习。

我校高年级占首要地位的那些教学方法都突出地显示出如下一些脑力劳动特点：（1）利用以前获得的知识和技能来"挖掘"新的知识，为此目的而独立分析事实、事物和现象；（2）独立锻炼运用课堂所获知识的能力，培养、发展和提高为达此目的所必备的技能和技巧，为此目的而完成实践作业——练习、计算、习题等，装配机器和机械的活动模型等；（3）在自然环境中和在实验室里研究现象和过程。

在高年级，教学方法的特点对教材内容和知识的应用特点的依从性更加明显了。20世纪50年代初，我校高年级就形成了一个上课的讲授—实验体系①。这个体系的主要特点是，阐述（获得，总结）理论知识的方法跟旨在弄清、深化知识的种种实践作业方法实行多种形式的结合。这种结合当教师在为课的体系做准备时就予以拟定和安排。这里不可能有一成不变的课的结构，也找不到某种对所有科目或一个科目的所有章节都适用的万能方法。例如文学、历

---

① 关于这个体系的概述，参见苏霍姆林斯基的《校长的工作方法》（乌克兰文）一书。32

史、数学或物理课的某一章（或讲题）需要有一个导言课，即学生为学习这一章（或讲题）所包含的全部教材做准备的课，而在另一种情况下，则没有必要上导言课。

在课的讲授—实验体系中，讲授法——历史、文学、地理及自然科学的讲授——起着重要作用。根据讲授的内容以及为理解、消化知识而必须做的实践作业的比重，可划出一节、两节或几节课的时间来上讲授课；其余的时间（指用于课题、章节范围内的其余时间）则用于独立的实践作业。这里我要强调一下，这种实践作业的目的不仅在于加深认识和锻炼技能技巧，而且在于获得新知识，为学习新材料做准备。在某些情况下，讲授课要涉及讲题的全部重要理论问题；在另一些情况下，则只涉及部分材料，目的只是给学生做个分析问题的示范，教会学生独立钻研理论问题。前一种讲授课多用于自然科学科目（特别是物理和化学课），后一种讲授课则用于人文科目（特别是文学）。

讲授课同随后的独立实践作业之间的恰当的相互联系，是我校整个教师集体特别关注的问题。讲授课为独立作业确定方向，它不仅阐发理论问题的内容，而且介绍进行研究、做试验和阅读资料的方法。这对于自然科学各科的基础知识具有特别重要的意义。在有经验的物理和化学教师那里，实地演示独立作业的方法属于讲授课的一部分。

数学讲授课具有一些仅为该学科所独具的特点。严格地说，在我校的数学课堂教学中，几乎没有纯粹的讲授课。有经验的数学教师手下的学生总是一面听理论材料的阐述，一面思考笔记（照例都是在本子上记下的理论体系和依从关系），这种笔记其实就是用来理解讲授课上所讲到的规律的一种作业。学生在做这种作业时，要运用原先获得的知识和技能。这样，对讲授内容的领会便表现为深入理解知识的独立作业。

人文学科的、特别是历史的讲授课的特点，在于教材阐述的概括性。有经验的历史教师，都选择最重要的、带根本性的问题作为讲授内容，对这些问题的理解是跟科学世界观的形成相关联的。同时，还向学生提出一些需要他们在独立学习中钻研并弄清的问题。例如，在复习"19世纪的德国"这一题目时，学生独立研究"德国封建关系消灭的过程"这个问题。教师在关于这个题目的概述性讲授中说明应怎样独立研究问题和参阅哪些图书资料。

地理讲授课的特点，是广泛利用能说明某个国家或某些国家经济政治发展条件的种种补充材料。

在文学讲授课中，我们十分重视艺术因素和情感—审美因素。文学教师总是把分析艺术形象置于讲演的中心地位，力求把作者的表现手法最充分地表达出来。他们的讲课中常常包含直接针对男女青年的思想情感而发出的呼吁；教师启发学生深入思考某些社会现象，思考人们之间的精神—心理关系。文学讲授课常常还包括艺术朗读。

上课在采用讲授—实验方法的情况下，可以不从讲授开始，而是以在课堂上和在家里同时进行的实践作业开头。在这种情况下，教师的讲授（或优秀学生的概括性报告）则作为学习这个题目的结尾。这种做法特别适合于人文学科，尤其适合于文学的学习。文艺作品的学习，在许多情况下都是从学习原著开始的。这时，学生不仅反复阅读所学作品的最重要部分，而且就作品中所涉及的社会政治问题、道德问题以及美学问题发表自己的想法、观点和见解。文学的教学，往往是从讨论（辩论）开始。而生物、物理、化学教师在某些情况下，则从某个优秀学生的概述性报告开始新教材的讲授。这种报告要概括那些可以导入新教材学习的有关概念、定理、论断、定律、规律。

继讲授课（或某个优秀学生的概述性报告）之后或在这以前的实践作业，通过各种各样的方式方法进行——这要根据教材的内容、知识的性质以及知识的运用方式而定。在数学课上这就是：解算习题和例题，自编习题，绘制图表，进行计算；在现场（或在工厂、专用室、实验室里）做实际测量作业；为程序控制模型编制程序；对机器和机械的工作情况（如根据工作轴、减速器工作装置的规定转速等）做鉴定；分析统计资料和其他数据资料，以确定规律和结论；制作能说明定理证明方法的模型；高年级学生对少年数学家——最有天分的中、低年级学生进行辅导。

数学教师们，总是力求使每个学生在解题时都独立劳动和领会教师讲课中或同学的报告中所阐述的理论性结论。为独立作业配有几套不同的习题，一般是四套。头三套难度不同的习题，都以大纲的要求为出发点。第四套则包含某些超越大纲范围的内容；这一套是为那些在数学小组中进行个别培养的、能力较强的、有天分的学生而设计的，并且也是为了培养新的有天才的学生。作业题难度的差别可以引起学生的浓厚兴趣，显露他们的才能，激励他们竞赛，而且有助于教师在教学过程中考察和评定学生的知识。学生们总是争做难度较大的习题，并用独特的方法去解。学生往往在做完了较容易的题之后，又着手去做较复杂的题，克服种种困难，最后完成作业。由于学生做几种不同的作业，便产生了一种竞赛感。最成功、最独到的习题解法，随后都被刊登在校内数学杂志上。

在实践作业过程中，随着某些学生在某一讲题上的知识的积累和深化，教师在课堂上给两三个学生（有时给四五个学生）布置几种不同的、注有"考查"字样的作业题。学生选择自己力所能及的一种进行解题。在某些情况下，除解题之外，考查作业还包括编新习题（或平面图、示意图、计算、图表等内容）。对全班来说，教学在继续进行，而对于个别学生则在进行知识考查。当一个大的篇目（或题目）学习完结之时，照例要对全班学生的知识做一次考查。对于那些已经获得评分的学生，教师便从刚学过的篇目（题目）中找一些较难的作业布置给他们做，或者让他们独立转向下一篇目的学习。

在学习数学、物理、化学、生物的某些题目时，都要上一堂实际运用知识的课，作为教学的结束。这种课的目的，是教会学生在实际劳动中、在掌握机器操作技术时、在掌握新的知识时、在理论钻研中、在试验活动中、在实验作业中独立运用知识。教师总是使学生预先做好上这种实际运用知识课的准备（这种准备有时被纳入那种专为加深对知识的理解的课的实践作业中，要求学生同时完成）。常给一组学生或个别学生布置有关测量、编写计算题及鉴定工艺过程等方面的作业。例如，在学习立体几何的"圆柱体和圆锥体"的过程中，给学生布置下面这些作业：

（1）测量储水塔的容积，计算能压入水塔的水量；（2）测定掘井（圆柱形井）时所挖出的土方量；（3）测量钢筋水泥柱——

为铁道电气化而建的、呈平截锥体的电线杆——的体积,计算生产1000立方米这种杆子所需要的水泥和钢材数量;(4)测量圆柱形油罐中所容石油的体积和重量,确定石油从油罐里倒出后残存在油罐内壁上的石油的损耗量;(5)计算用截锥体毛坯制作齿轮时金属的废料量;(6)计算对圆柱形部件进行精加工时金属屑的体积和重量;(7)研究出一种效果最好的水槽结构(从冬季保温的效果着眼),计算需要多少各种不同的水槽保温材料。

学生(根据选择)在完成一项或几项这样的作业之后写出报告。最佳解答方案刊登在数学杂志上。

我们认为,把知识实际运用于农业生产的那种课具有很大的意义。例如,在学习"氮和磷"这一节时,给学生布置的作业都是与为某种土壤选择肥料配方、与研究土壤中积聚空气氮的细菌的生机活动问题相关联的。

试验活动在高年级占有重要地位。生物、化学、物理教师在学年开始时,就确定在大纲的哪些章节上将给学生布置试验作业。例如,在学习达尔文主义基础课的过程中,十年级学生就下列问题做试验。

(1)化学元素和生物碱对糖用甜菜染色体的影响;(2)用化学手段提高粮食作物种子的发芽能力;(3)维生素、植物杀菌素及抗生素对活跃动物机体的作用;(4)牛奶含脂率对饲料中蛋白质与糖的比率的依从性;(5)变人造尿素为蛋白质。

学生完全独立学习新教材的课在讲授—实验体系中占有特殊地位。这里,提到首位的是独立钻研各种资料;资料的阅读与实践作业完成过程中对现象的研究配合着进行。

讲授—实验体系有助于学生亲自参加知识的挖掘过程。在实施这种体系的条件下,学生以及他的内部精神世界就不仅是教学法施加作用的对象,而且是实施教学法的主要力量。

八、科学无神论教育

对青年一代进行科学无神论教育，是共产主义建设时期苏维埃学校的重要任务之一。列宁曾教导：与宗教做斗争，这是"整个唯物主义的起码原则，因而也是马克思主义的起码原则"。在用无神论教育青年时，应当考虑到，在人们意识中被划分为现实世界和虚幻世界的宗教世界观，已存在许多世纪了，它跟社会的整个精神生活体系交织在一起，渗入了家庭生活，渗透到了人们之间的道德—审美关系和精神—心理关系之中。而且不能忘记，绝大多数宗教信仰者，是我们社会主义祖国诚实的、爱国的公民。此外，孩子们的无神论教育，也是反对某些家长的宗教信念的一种特殊斗争，而这种斗争要跟教育孩子们深深尊重家长、敬爱双亲和听从父母教导的工作同时进行。

这一切，都要求有高度的敏感性、恰当的分寸和极大的耐心。存在于人们意识中已达数千年的东西，不可能一下就"清除"干净。在无神论教育中要依靠现代科学成就。科学无神论教育，比教育过程中的任何其他方面都更不能容许形式主义和空话。马克思在编辑《莱茵报》时，就绝对不许刊登大发空论的无神论文章。马克思曾奉劝这种文章的作者们与其高喊响亮的词句，不如多在人民中间做一些科学哲学的宣传。[33] 青年一代的教育者们切不可忘记这一忠告。无神论信念应当在科学知识的牢固基础上去培养。

刚入学的儿童，对周围世界还没有系统的观点、观念和概念。他的初步生活经验以及情感和感受具有社会主义方向，因而是形成无神论信念的良好基础；但同时，他的意识又很容易受谬误和错误解释的影响。儿童从成人那里并非总能得到有关周围世界的疑问的正确回答。而在解释自然和社会生活现象时的任何含糊不清，都为接受宗教世界观和道德创造了有利条件。许多现象和规律还不能为儿童所理解。但是，对儿童提出来的、并在儿童的科学世界观的形成中具有一定作用的任何一个问题，都应当给予明白的、有无可争辩的科学依据的回答。

一天，一个十岁的男孩问教师："真的吗，每个人在天上都有自己的一颗星，如果人死了，那颗星就熄灭了？"给小孩子讲述天体存在的物理规律是没有意义的，这是他的意识还无法理解的。教师只讲了一个事实：科学家们创造了一些仪器，借助这些仪器测出了遥远的星星的温度；他们弄清了，这些星星也跟我们看到的太阳一样炽热，但是离地球很远。小男孩十分认真地听了教师的讲述。许多东西他还不懂，然而他明白了：奶奶讲的那个似乎是活在星光里的"灵魂"的故事是不真实的。于是小男孩对阅读儿童科普读物产生了浓厚的兴趣，他的探求精神和求知欲不断得到发展。

我们给几届学生在他们处于少年和青年早期的五六年里，都讲述了与研究微观世界和宏观世界有关的一些科学成就和科学发现。从原子是物质的基本的、不可分的粒子这一观念到得出反物质假设的试验资料……对世界进行科学认识的过程把人们控制自然力的证据展示在了学生面前。孩子们在十三四岁时了解到有关磁场初步的、基本的科学资料之后，便对智慧、科学、知识的力量赞叹不已。他们对磁性和电磁性的试验着了迷。他们在青年早期便知道了有关磁场的最新科学知识。那种证实液体和气体在磁场内和不在磁场内所呈现的状态完全不同的试验，对他们产生了深刻的影响。学生们激动地提出一个问题："磁场与地球上生命的产生，是否有依从关系？"他们大胆设想：今后对磁场奥秘的深入研究可能会有重大的发现！

有关万有引力的科学真理的逐步揭示，也在这些学生的精神发展中起到了同样的作用。有几次讲座讲的是关于银河系内部相互作用规律的各种假说。学者推测：除万有引力定律外，银河系中可能还有一种相互排斥的规律在起作用，这种推测引起了学生们的极大兴趣。他们努力分析那些能说明这一推测的种种事实，阅读科学杂志。他们理解的每一个规律都使他们十分激动，都使他们为人类思维的深邃而感到惊异。他们产生了许许多多涉及世界观问题的疑问。他们的脑力劳动具有一个特点，那就是对所研究的现象报以研究态度、实验态度；他们对理论性的结论和规律仿佛还怀疑，总是力图通过实验和观察来检验他所听到和读到的知识的正确性。他们在年轻时期不得不跟信仰宗教的人们进行争论时，总是引用科学资料来论证唯物主义观点的真理性。

科学无神论教育的一个重要条件，就是在小学阶段便对周围世界的现象做科学的解释，这种解释要建立在孩子们与大自然接触的基础之上，使得信念和观点能直接从观察和积极活动中产生。如果对学生在积极认识世界过程中所接触到的事实和现象，都能以最重要的科学思想予以解释，那么，这些思想就会逐渐变成学生的个人信念。

在这些思想中居于首位的是，世界的物质性、自然现象的相互联系和制约。儿童从他的自觉生活之初起，就对现象的因果联系很感兴趣。"为什么小耗子打洞，而大狗不打洞？为什么小燕子会飞，而母鸡不会飞？为什么煤油能点着，而水却点不着？为什么手上的伤口能长好，而皮鞋上的裂口就不能？为什么太阳暖和，而月亮不暖和？为什么有夏天和冬天？为什么大南瓜长在细蔓上，而小梨长在粗枝上？为什么小木块能在水面漂着，而小铁块沉底？"——这些问题是我们从 5—7 岁儿童的口中记录下来的，它们反映了认识世界的一定阶段。儿童在这些问题上得到的回答如何，关系科学知识体系基础的建立，而这些科学知识又决定着无神论信念的形成。

在儿童认识世界的这个阶段上，重要的是要使他确信：每种现象都有它自然的原因和结果，而因果的根源则在于自然现象之间的相互联系。"燕子所以会飞，是因为它若不能急速地飞行，就无法生存；会飞对它来说，就跟人会在地上行走一样。而母鸡不会飞，是因为它的生存跟大地、跟人有关系；它的翅膀不适于飞翔……"这样的回答，可以把儿童的注意力引向认识现象之间种种重要的相互联系，教他思考和观察。

到 7—10 岁时，儿童提的问题已涉及比较复杂的自然现象了：为什么人会变老、会死？我们周围的山河湖海都是从哪里来的？下雨时这么多的水是从哪里来的？河里的水流到哪里去？煤油从点亮的油灯里跑到哪里去了？小小的种子是怎样长成大树的？大树是从哪里来的——树下的土并没有减少啊？为什么蝌蚪跟青蛙不一样？等等。为了使孩子们确信，可以看见的某些东西或物质、某些特征或属性的出现和消失，都是物质的运动和变化，我们不仅向他们解释现象的本质，而且激发他们去观察，去做实验，去进行探讨。例如，孩子们在三、四年级时，就对蛙、鸟、昆虫的发育和生活情况进行观察。这种观察使他们逐渐形成关于一切因果联系的物质本质的信念。一位老奶奶对正在津津有味地观察昆虫蜕变现象的十一岁小男孩说：危害果园和菜园的毛毛虫，是上帝的惩罚。小男孩问："这个上帝到底在哪儿？他把虫卵搁在哪儿？"奶奶诧异地问："什么虫卵？"小男孩回答："毛毛虫是从虫卵发育出来的，这是我亲眼看见过的。"为了证明自己正确，他去到果园，找了一根附有单一蚕蛾卵"环"的树枝，指给奶奶看，并说："毛毛虫就是从这些卵里爬出来的。"小男孩把树枝放在靠近炉子的一个暖和角落里，过了几个星期，他把毛毛虫拿给奶奶看。小孩原本并无破除奶奶迷信的意图，他只不过是对他眼前所发生的现象的物质本性深信不疑而已。

我们认为，不可强迫儿童去跟迷信做斗争，如果他对这个斗争还没做好准备，如果他还没有确立起建立在科学知识与生动的观察、实验相结合的基础之上的唯物主义信念。不能让儿童只谈漂亮的空话，如"宗教是迷信和无知的根源"等，不能往儿童的意识里硬性灌输这类空话。真理要通过儿童力所能及的、理解得了的观察和实验来确立。

深刻揭示有关宇宙、有关世界的物质统一性和无限性、有关宇宙的起源和发展等科学知识，在无神论教育中具有重大意义。除实际科学知识之外，学生们还获得了适合他们年龄的关于宇宙知识的历史性的观念。有一系列的课和讲座专门用来介绍人类在不同历史发展阶段上对于地球、大陆、海洋、天体等所持有过的观念。那些人类幼年时期的观念往往引起孩子们带有谅解意味的笑声。学龄前幼儿就已经知道喷气式飞机的超音速，知道人造地球卫星了。因此，古人有关晶莹的苍穹、有关苍穹中的窟窿及星光穿过这些窟窿而射到地球上的那些观念，会帮助孩子们理解人类在其文化发展的早期对于大自然是无能为力的。学生因认识人类所经历的道路而引起的自豪感越深，就越相信科学将能够进一步洞悉宇宙的深邃和物质的奥秘。这个信念会因学生所参加的、实地向他们证明科学的力量的那种积极活动而不断增强。

那些能说明当初人类曾付出多么昂贵的代价才取得、如今已成为显而易见的真理的各种故事,对儿童会产生巨大的影响。贯穿这些故事的有关科学观与宗教观不可调和的思想,可以培养学生对歪曲真理和违背自然的言行的不容忍精神。那些为理智的胜利曾经进行过不调和斗争的战士们的形象,对于儿童、少年、青年来说,会成为为真理而斗争的坚定英勇精神的楷模。对科学洞察宇宙奥秘的力量的认识,地球以外物质世界的统一而又多样化的宏大图景,其他星球可能存在理智生活的设想——这一切,都能促使光明乐观的宇宙观的形成,促使创造积极性和主动性的提高,以及同迷信做斗争的坚定性的增强。

有些家庭硬要孩子们去相信所谓"世界末日""最后审判"等思想。跟这类思想影响做斗争,并不像乍看起来那么容易。我们的多年观察表明,在这种场合,如果学生集体生活中缺乏乐观的、富于人生乐趣的坚定目的性,则不仅宗教观点,而且连某些唯物主义观点也都会对想象力带来消极影响。

一个人正确理解了科学真理还不能完全决定他的科学无神论信念的形成。恩格斯把只是否定宗教的那种无神论称为反面宗教[34]。真正科学的无神论不仅肯定唯物主义自然观的真理性,而且也肯定人的乐观的、富于人生乐趣的宇宙观,肯定人对生活目的和意义的认识。因此,贯穿教学过程的道德气氛具有特别重要的意义。在涉及人本身——人的生与死、人的情感与体验的那些科学真理的认识过程中,集体和个人的道德生活背景的意义尤为重大。不能天真地认为,我们一旦使我们的学生、我们的青少年确信了人体也和我们周围的一切一样,都是由同样一些化学元素构成的,因而不存在任何"永生的灵魂",我们便在他们身上培植起了抵御宗教理论的免疫力。我要再重复一遍,一切都不是那么简单。

生命过程的复杂性和神秘性,生命起源问题的无法进行实验检验,人对生命的高级现象如心理现象的无力解释,——这一切,许多世纪以来都被传教士们当作得力的武器用来在人们意识中强化对超自然力的信仰。

使学生懂得人是自然的一部分,如同其他高级生物一样受制于同一些规律,但同时人又与其他高级生物有质的区别,拥有思维这个物质的特殊属性,这在无神论教育中具有重大意义。学生对这些理解得越深，就越感到疑惑和不满足：难道人也是由常见于无机界和有机界的那些化学元素构成的？这种感觉蕴含在少年们所提出的关于生命本质的如下问题之中：为什么人会变老？无生物在我们机体内的什么地方变成生命细胞？如果一切都这么简单，那为什么不能人工造出生命细胞来？为什么现在不能由无生命物质产生出有生命物质来？也许能够产生？

对这些问题做出正确回答，只不过是科学无神论教育的开端。要达到最终目的，则要看科学知识在个人精神生活中得到的反映如何。只有在科学真理的知识跟道德教育的无神论方向结合起来的情况下，这种知识才能使人确立乐观的宇宙观，确立他生活目的的高尚性。

人文学科类的，特别是历史科学基础知识的科学无神论意义，不是光靠教师正确解释历史现象对社会物质条件的依从性，以及正确阐明物质与精神的相互联系而揭示出来的。有经验的教师在使学生确信社会生活是按照不受人的意志支配的客观规律发展的同时，总是把人是历史的创造者而不是客观规律的盲从工具这一思想作为一条红线贯穿全部历史课教学。

我们认为，高年级学生筹备、举办的自然科学知识晚会，在科学无神论教育中具有很大的意义。参加这类晚会的不光是学生，还有集体农庄庄员和工人。学生们发表报告或做一些报道，讲科学上的成就和发现，讲杰出科学家的生平和创造。这种晚会具有明确的无神论方向性，尽管报告中很少提到宗教和上帝。如果学生只是凭空发表一些否定宗教的刺耳言辞，信仰宗教的人们就不会来参加我们的晚会了。我们向人民传播科学知识，由信教者自己去思考真理在哪一边——在科学一边，还是在宗教教理一边。

道德教育的无神论方向是科学无神论教育的一个组成部分。

神职人员认为，善良和公正在我国不依赖于社会主义社会促进个性发展的社会条件，而依赖于某些永不改变的原则——永恒的理性、上帝的旨意。这是一种微妙的、巧加掩饰的图谋，它企图使道德脱离人的行动，把人的道德理想变成脱离现实的幻想。宗教号召人们成为善良者和公正者以及一般的道德高尚者，并许以脱离尘世欢乐的世界的报偿，借此教人冷漠地对待人世间最迫切的问题。这一情况使我们不得不深思道德教育与道德行为的统一是何等重要。共产主义道德原则应当深深渗入整个集体生活和学生与长者的相互关系之中。

道德教育的无神论方向何在呢？

首先在于个人精神生活的充实和人的个人幸福。

乐观主义和富于生活乐趣的感受，是与无神论紧密相连的。感受到建设和创造的快乐，感受到人的友谊和爱的快乐，这种心境绝不会容许宗教信念渗入儿童的意识，因为比起能激励儿童并唤起他去积极行动的人间现实的高尚思想来，教人忍受和顺从命运的宗教思想在儿童看来便是对人格的凌辱。人越珍视他亲手创造的幸福，就越不相信关于可能作为"上帝的恩赐"而降临的那种虚幻幸福的臆造。

我在做学校工作的 33 年间，亲眼看见了 70 名男女青年的道德面貌的形成过程，他们在童年和少年时期曾在家里受到过"神灵的威严"、命运不可抗拒、展望未来有罪等思想的影响。父母竭力教自己的子女按"一切都听上帝安排"的原则生活。学校终于把这些孩子教育成了坚定不移的无神论者，这是由于学校凭着创造幸福的劳动气氛战胜了原来充斥家庭的消极的、基督教的忍耐气氛。

为了来世的幸福而弃绝私利和牺牲个人利益，是与共产主义道德格格不入的。如果我们要求人在今天克服困难、经受种种艰难困苦，而许诺的只是在遥遥无期的将来才享有福利和幸福，那么这种共产主义理想是虚假的东西。科学世界观在与宗教的斗争中之所以总是获胜，正是因为个人幸福对于人来说是整个社会福利的一部分。今天青年人的个人幸福的一个最重要的条件，是意识到、感觉到、体验到自己的充分价值，自己在社会中的地位，自己的创造力和才能，自己在创造性劳动中的成就。对于感受到这种幸福的人来说，诸如宿命论、无可幸免论、人的无能论等任何说教都是荒谬的。我们认为道德教育的无神论方向，就是使少年和青年岁月里因天赋和才能得到焕发而感到的快乐，使文化财富这一高级享乐源泉里的激动人心的发现永远被铭刻在记忆里。

童年和少年时代曾深受宗教教义和宗教道德影响的那 70 名学生，之所以充满个人幸福，其基础就在于他们在青少年时代在精神发展上达到了较高的阶段,在自己喜爱的事业中感受到了自己智慧力量的"闪耀"。因此,他们早在青少年时期就对自己的力量充满了信心,就能在生活中展望未来了。学校教出来的这些人的突出特点是,对世上一切事情和创造性活动都充满浓厚的兴趣,对悲观主义、颓废情绪,对脱离生活、与世隔绝的处世哲学采取毫不容忍的态度。这些人不仅自身不曾被教士和虔信者所左右,而且还通过自己的道德面貌,特别是以展望未来的积极态度增强了其他意志薄弱者和不坚定者的精神力量。

这 70 名学生,每个人都在多方面的创造性劳动中找到了适合于自己的工作。他们在自己所喜爱的事业中取得的成绩越大,就越感到自己是幸福的,就越能清楚地看到自己的未来。这就防止了在他们身上产生任何信心不足、决心不大、意志不坚等现象,而这些现象正是各种异端邪说乘虚而入的适宜土壤。

米海伊尔的父母在生活道路上遭遇了许多痛苦的经历。父亲没有什么专业技能,把劳动视为上帝强加于人的重负。笼罩着家庭的那种毫无目的、生活空虚的气氛,使这个天性活泼好动的男孩深感苦恼。母亲和父亲都在宗教中寻求安慰:在家里经常可以听到,对某某人和对某些人"上帝赐给了幸福,可是没想到我们"。米海伊尔在学校毕业后曾回顾道:"每当想到这个常给人带来痛苦的、缺乏善心、不知怜悯人的上帝时,我就觉得可怕,我就设法尽快离开家到学校来。"

我们曾努力尽可能深入地把米海伊尔吸引到能给他带来愉快和充实的精神生活的那种劳动中去。米海伊尔早在低年级时就饶有兴味地参加了技术小组的活动,在工厂里交了一个很能干的朋友。八年级结业时,米海伊尔装配了一座构造独特的风力发电站,过了一年又装了一台发电机。创造之乐成了他乐观宇宙观的源泉。老师们谈到他时说:"米海伊尔感到了生活的乐趣。"

笼罩家庭的那种前途渺茫、悲观主义的气氛对米海伊尔的精神世界完全没有影响力了。相反,早在七八年级学习期间,儿子就竭力去影响父母的思想了。例如,他对父亲说,人应当自己去劳动,人的幸福要靠自己,而不能靠什么超自然的力量。渐渐地,儿子朝气蓬勃的生活志趣,儿子的幸福,以及他对未来的乐观主义信心,便成为家庭生活中的一线光明。米海伊尔从学校毕业以后参加了工作,他的成就给了父母以巨大影响:他们已开始较有信心地展望未来,开始更多地指望自己的力量,而较少指望命运,也不再谈论天命了。

对那些学习上感到困难、尚未显露出明显的创造性劳动才能的少年儿童和青年男女的内部精神世界,要特别予以关注。如果对他们冷淡,他们就会感到孤独,就会由于认为自己不够格而深感苦恼,而这对宗教的说教及其观点的传播则是最适宜的土壤。我校教师集体认为,使这些孩子的生活充满创造乐趣是一项十分重要的教育任务。我们竭力在每个孩子身上去发现那股"活跃劲儿",那颗创造灵感的火花。一个少年想不出惊人的事来,做不出工程师或者科学家所能做出的事来,他却可以在看似最平凡的事情中,例如在植物栽培中、在果园照管中、在动物饲养中感受到创造的快乐。而我们就要努力设法使他享受到这种快乐,使他感受到作为一个创造者的自豪。

道德教育的无神论方向的第二个表现是:相信自己的创造力,相信人的智慧、意志和坚定性。

一个投入生活的人越是意识到、感受到自己的意志和智慧是一种创造力,他对那些劝诫他要消极听从命运的宗教教条的批判态度也就越鲜明。感到自己力量的强大,形象地说,是人的自由思想的翅膀。我们总是竭力做到使每个学生在少年时期和青年早期就体验到因自己向自然挑战而取得劳动成果时的自豪。在大自然只允许长出一颗干瘪的弱穗的地方培植出两颗饱满的壮穗来,使趋于枯萎的树木恢复生机,比通常情况早一年或早两年获得果实,……道德教育的无神论方向正体现在这种劳动中。对于那些好像处在不同思想影响的交叉路口上的,经常在家里听到宗教训诫的,并且胆怯懦弱、意志不坚、畏葸不前的孩子来说,这种劳动在他们生活中的作用尤为重大。

经验令人信服地表明,由于进行了这种劳动,对人的创造力的信赖便会战胜消极冷漠情绪。不仅如此,不信神的孩子还会对他们信仰宗教的父母给予巨大影响,而且不是用某种专门准备好的宣传(我们认为绝不允许强使孩子们去向母亲、奶奶、父亲做"无神论劝说"），而是用自己对人的智慧、意志和坚定性的信念去施加这种影响的。

道德教育的无神论方向的第三个表现，就在于个人和集体精神上的一致。

一个人意识到他的思想和信念同集体一致时，会大大增强他在精神上的坚定性、信心和意志的顽强性。集体的精神生活越丰富多彩，集体对那些在意识和意志上受到不良思想影响的学生的吸引力就越大。

集体的精神生活对这类学生的影响，取决于能使集体从中得到激励、从中汲取发展智力的精神力量的那些思想，取决于在劳动和智力交往过程中形成的那些信念。世界观和道德问题在集体的精神生活中反映得越明显，集体成员精神上的一致性就越牢固，集体对每个人的精神世界的影响也越大。如果集体中乐于阅读和争论有关世界观和道德的问题，如果对青少年所关注的问题做出的回答正在被集体的实践所印证，那就不会有哪个学生企图脱离自己的集体而到别的什么地方去寻求精神上的需求和兴趣的满足。

从这些原则出发，在学龄初期我们就竭力在学生身上发展和增强钻研精神，发展和增强对于周围世界、对于人的精神世界、对于人的文明的兴趣。同时我们特别注意使那些能激发智慧、确立信念的集体实践和行动成为儿童衡量真理的标准。为此目的，我们对孩子们进行有关自然和社会的谈话，给他们读涉及道德问题的有趣的书。到七八年级，集体里就开展涉及某些世界观和道德问题的争论，诸如世界的可知性、个人自由与个人对社会的义务、人在为共产主义思想而奋斗中的坚定性和大无畏精神等。在就这些问题进行谈话时，通常都要谈及人在集体中的劳动和行为。

八年级女生奥利佳，深受信仰宗教的父母亲的影响。他们给小女孩灌输这样的思想：人应当把自己的一切成就都归功于上帝。而集体的生活和劳动却向小女孩证实着一个相反的事实：人在劳动中靠自己的力量和顽强精神征服自然。奥利佳兴致勃勃地参加同班同学开展的活动，参加一切都贯穿有创造意图的工作。结果，父母在女儿头脑里连任何一条出自宗教意识和道德的原则都未能确立下来。十岁左右时，这孩子就拒绝参加母亲和奶奶过去曾带她去参加的那些宗教活动。集体的精神志趣对于奥利佳来说已变得比她家庭的情趣越来越亲切，越来越重要了。这孩子跟母亲和奶奶避而不谈宗教；然而，她的全部精神生活，她的兴趣和爱好，她与同学们的谈话，……不可能不引起亲人们的注意，这就把无神论的空气引进了家庭生活。逐渐地，奥利佳的母亲变得不再是一个虔诚的教徒了，尽管她照例还去参加宗教活动。

阐明人类为了理智的胜利所做的斗争，在历史课上研究历史发展规律的过程中经常在做，但只凭上课还不足以达到这个目的。还必须进行一系列专门的教育性谈话，用以阐明宗教和无神论的历史，阐述科学反对愚昧、迷信和宗教黑暗的斗争。这种以鲜明事例作为基础并以故事方式进行的谈话，在我校从四年级就开始进行。我们透彻地分析宗教的认识根源和社会根源，说明宗教信仰和宗教仪式产生的原因。在这种讲述中起巨大作用的，正是在一些事实的基础上学生意识中逐渐形成的关于世界各国不同历史发展时期中人们所虔敬的教会及其神职人员犯下的违反人性的滔天罪行的可怕图景。学生由这些事实形成了一个信念：宗教在其本质上就是反人道的，宗教道德是虚假的、伪善的。

说明教士们怎样镇压正确解释自然和社会发展规律的那些事实，对学生的意识具有特别强烈的影响。上帝宗教裁判所把伟大科学家乔尔丹诺·布鲁诺置于麻秆碎屑上活活烧死，把伽利略长期关进监狱肆意折磨，割去托列齐奥这位唯物主义科学家的舌头，砍断托马斯·莫尔的双手双脚，非人道地拷问和折磨托马斯·康帕内拉。殖民主义者以上帝的名义奴役各国人民，用火与剑毁灭城市与乡村，焚毁最伟大的文化珍品，而当代战争贩子则宣扬消灭地球上一切生灵的狂妄计划。这些事实的本质被揭露得越彻底，学生就越是深信：宗教在为反人道的罪恶辩护，在为奴役、暴力、杀人、犯罪等凶恶思想意识辩护。

那些说明宗教在为帝国主义分子毁坏城市、狂轰滥炸和平居民而祝福的事实，使学生极为愤慨。美国总统就是一面发布轰炸越南城乡的命令，一面向"上帝祷告"的。

有关宗教黑暗势力的讲述，对于心灵中由于家庭影响而开始扎下宗教道德根子的那些学生有极大的触动。通常我们都是在很特殊的情况下才对这些学生说,他们的父母走错了路,叫儿子或女儿去参加宗教活动是对儿女意志的强迫;而我们首先做的,则是给他们揭示宗教的反人道实质和不道德的客观情景。学生们通过这些事实便亲自认识到:宗教道德充满污秽和无道。在这种情况下,有时家里会发生冲突,学生通过冲突中的胜利,逐渐在精神上和道德上坚强起来,从而摆脱宗教偏见的束缚。

系统的无神论教育谈话,要求教师做周密的考虑和发挥教育机智。这里特别重要的是,要使概括性的结论和思想不以现成的形式摆在学生面前,而要通过学生的思索、考虑和对比在他的意识中自然形成,要使学生(这同样也包括成年人)去独立思考所讲述的事实,并亲自得出结论来。

第六章

劳动教育

一、劳动教育原则

劳动教育是对年轻一代参加社会生产的实际训练，同时也是德育、智育和美育的重要因素。我校全体教师在努力建立一种劳动教育体系，使劳动在这种体系中能培养人的道德品格和智力品格。我们认为，教育任务就是让劳动渗入我们所教育的人的精神生活，渗入集体生活，使得劳动在少年时期和青年早期就成为学生的重要兴趣之一。

我们在劳动教育方面的工作遵循下面这些原则。

1. 劳动教育与全面发展（德育、智育、美育、体育）相结合。

只有当劳动能使个人和集体的智力生活得到丰富，智力兴趣、创造兴趣得到多种内容的充实，道德更加完美以及美感得到提高时，它才能成为教育力量。

一个人的和谐全面发展、富有教养、精神丰富、道德纯洁——所有这一切，只有当他不仅在智育、德育、美育和体育素养上，而且在劳动素养、劳动创造素养上达到较高水平时，才能做到。我们所讲的"劳动素养"这个概念，不只包含完善的实际技能和技巧，不只是指在长者得当的指导下训练出来的技艺，这只是劳动的一个方面；劳动素养的实质，还包含劳动活动在一个人的精神生活中的作用和地位，以及劳动创造中的充实的智力内容、丰富的道德意义和明确的公民目的性。劳动素养，是指人在精神发展上达到这样的阶段，这时人不为公共福利而劳动就觉得无法生活，这时劳动使他的生活充满高尚道德的鼓舞力量，从精神上丰富着集体的生活。

2. 劳动中个性的发挥、显露和发展。

只有当一个人认识到在劳动中有比获得满足物质需要的资料更重要的东西，即精神创造及自身才能和天资的发挥，只有在那时候，劳动才能成为快乐的源泉。我们劳动教育的理想，就在于使每个人早在少年时期和青年早期就能领悟到劳动能使他的自然天赋更全面、更明显地发挥出来，劳动会带给他精神创造的幸福。当分析一个学生对劳动生活的准备程度时，我们考虑的是：他为社会能做些什么，劳动能赋予他个人的精神生活什么，他的能力和才华在劳动的成就中能发挥到什么程度。

3. 劳动的崇高道德性及其明确的公益目的性。

我们力求做到，让要为社会带来利益的愿望激励孩子去劳动。因此，我们让孩子们首先去做能创造全民财富的事（如提高土壤肥力，栽种护田林、葡萄园、果园，参加经济和文化生活设施的建设、筑路等）。为了社会、为了未来的这种劳动，便成为陶冶孩子们品德的学校。凡在童年和少年时期就非常关心社会利益的孩子，都会养成一种义务感和荣誉感。每遇到有关社会财物的事情时，他的良心都不会使他无动于衷。

我们不急于过早地让孩子去参与有报酬的劳动，因为这可能养成自私、贪婪的恶习。一个学生在用自己的劳动挣得第一次工资之前，应该有大量体验为社会创造物质财富而无报酬劳动的精神的经历。学生集体劳动的报酬，都按本集体的意愿，用来满足集体成员的物质和精神需要。我们在一个人的童年、少年和青年早期，就向他揭示生活中最高尚的美，即用自己的劳动为社会服务。千百件事实——活生生的事例，向我们说明：一个人在童年、少年和青年时期在为社会的无酬劳动中付出的越多，就越会关心看来似乎与他个人没有直接关系的事。

我们认为劳动的崇高道德意义还在于，一个人能在劳动的物质成果中体现他的智慧、技艺、对事业的无私热爱和把自己的经验传授给同志的志愿。我们力求使孩子在自己的劳动中能体验到、感觉到自己的荣誉、自尊，能为自己的成果而自豪。

4. 尽早参加生产劳动。

孩子在懂得劳动的社会意义之前应当感受到，没有劳动就不可能生活，劳动能带来快乐，能充实精神生活。我们竭力使劳动在幼年时期就进入儿童的精神生活。我们分析我们周围生产环境中种种劳动过程，并从中找出某些东西来具体而又清晰易懂地向孩子们揭示劳动的社会意义和创造意义，向他们说明，他们是在参加为社会创造物质财富的活动。孩子便能体验到自豪感、荣誉感和尊严感，劳动也就进入了他的精神生活。

农业生产中的绝大多数劳动，都可以变为纯属儿童式的劳动活动。在我们学校，七八岁的孩子就已经在做有趣的、引人入胜的且具有重大社会意义的工作了。按已形成的传统，有些工作完全是由孩子们去做的。例如，未来的一年级学生在学年开始前两个月就去采集树种；到春天，他们就去做第一件有重大社会意义的工作——在沟地和沟坡上播种树籽；日后，他们去照看幼树，这样就造出防止土壤侵蚀的护田林带来。在本地集体农庄的田野上，靠年纪最小的学生的劳动已经造出了几条很有效益的护田林带，凭这些护田林带，十年里，防止土壤侵蚀的面积达160公顷，由此保护下来的社会财富，以及同是由这些学生随后在学龄中期和晚期付出的劳动所增添的社会财富就难以计算了；因为重新恢复经营耕作的这每一公顷的肥沃土地将多年里持续不断地提供收获。

7岁的孩子可以开辟苗圃，培育果树苗木；而果树管理则可以在整个少年时期和青年早期一直持续进行。年纪小的孩子们很乐意去做在某种程度上决定着他们高年级同学的劳动成果的那些工作。学校分给他们一块几十平方米贫瘠荒芜的不大地块，他们用几年时间把这块地改造成肥力很高的土地。每逢收获季节，七八岁的孩子们就去拣选最好的麦穗，然后由他们将这些种子一直保存到春天，这种劳动特别能激励孩子：要知道，正是他们所收集这些籽种的好坏——这些种子在春天将由他们的高年级同学进行播种——将决定试验田的产量。

我们的学生在八九岁时就培育小麦、向日葵、甜菜、玉米的杂交种子，或者编成小组、小队去照管幼畜，为家畜储备饲料。由于这种最平凡的劳动与研究、试验、创造相联系，所以具有巨大的教育意义。

早让孩子们借助机器和机械加工各种材料（木材、金属等）是特别有价值的做法，这也是劳动教育的一个方面。

5. 劳动的多样化。

孩子具有一种特殊的天性，就是总希望把两三种操作方式和工作技巧不同而且各具特点的劳动活动相互变换、交替和结合着进行。同是一个孩子，他会很有兴趣地在园地里或在温室里栽培植物，照管动物，而又同样兴致勃勃地在少年机械家小组里活动，或者从事艺术创作。孩子们可以从活动的多样化中，从事情的新奇中得到满足。

每个学生由于同时从事两种或三种劳动，就可以获得各种不同的技能和技巧。如我校近4年来的260名毕业生中，在整个学习期间曾有102人参加两个小组的活动，89人参加3个小组的活动，44人参加4个小组的活动，24人参加5个小组的活动；其中许多人以同样浓厚的兴趣既培植小麦、果树、葡萄，同时又设计装配收音机，制作机器和仪器的活动模型，学习操纵内燃发动机，并在各种金属加工机床上做工。而且，许多人由于爱上另一种劳动而从一个小组转入另一个小组。

对多样化劳动的兴趣，即使在学龄晚期也会保持下来。比如，一个在少年机械师小组学习拖拉机的学生，同时又很有兴趣地在学科科学小组钻研电子学和生物化学。高年级学生的劳动多样化，是培养他们自觉选择专业的极重要的一个条件。

无论以什么方式把孩子"固定"在某一个小组或小队，是根本不能容许的，就像不能容许劳动的单一化一样。他们在少年时期和青年早期的劳动越多样化，选择专业的自觉程度就越高，他们的个人倾向也就越能充分地发挥出来。

6. 劳动的经常性和连续性。

我们认为，切不可把劳动任务集中在一年的某个季节、月份或星期里去进行，只有经常不断地劳动，才能丰富精神生活。只有当孩子从事那种须经常对它进行思考和操心的长时期的劳动时，劳动活动的创造性质才会在他面前展现出来。

我们的少年园艺家用两三年时间培育果树苗木，这种劳动是基于这样一些有趣的想法进行的，即学生可以经过实验来证实，在我们本地用什么方法把果木嫁接到野生树苗上最有效，果树种子什么时候下播最好，施什么肥料最有成效等。这些活儿是名副其实的、经常性的,学生们不仅要在春夏季去干,而且在秋冬季也要干(如试验种子的各种层积贮藏法)。

少年育种家小组的劳动也是经常性的,孩子们要用几年时间来选育最能抵御外界不良条件的作物,要在各种条件下检验它们。

7. 儿童劳动中要带有成年人生产劳动的特征。

孩子们的劳动必须与成年人生产劳动有尽可能多的共同因素,不论在社会意义方面还是在劳动过程中的技术和工艺方面,都应如此。孩子们的劳动越接近成人的劳动,其教育作用也就越大。

有一次,我们给了一个7岁孩子们的集体一件很好玩的电动玩具,而给另一个集体一台小型钻床,也是电动的,但不是玩具,用孩子们的话说,是"真的",可以用它在制造模型用的金属薄板上钻孔。结果如何呢?虽然玩具比钻床好玩,可孩子们对玩具很快就失去兴趣了;钻床的情况则不同:孩子们学会钻孔之后,个个都要力争尽量多用钻床做工。这种劳动,依我们成年人的观点来看,是游戏性的劳动;但对孩子们来说,则是真的、有益的、有用的,而且是有趣的劳动。特别使孩子们感到高兴的是,他们的钻床,就跟他们曾参观过的工厂的机械车间里的钻床一模一样。

我们深深认识到,绝不可妨碍孩子们的发展,他们应当尽可能早些去使用和成年人使用的一样的劳动工具。当然,供孩子们用的机器、机械、工具必须适合年龄特点,符合学校卫生规则和安全技术条例。

操纵内燃发动机和电动机的劳动最能使孩子的劳动接近成年人的劳动。在孩子们看来,这才是真的、严肃的工作。我们学校有几台小型动力机专供小学生们使用,都安装有专门的装置,以排除发生不幸事件的可能性。在高年级同学的指导下,小同学以极大的兴趣学习使用这些机器,拆卸和组装它们,学习保养技术。学校还备有一些低压电流发电机,以及在劳动和自我服务中使用的各种电器(如浇水用的水泵等)。

经验证明,为孩子们制造专用的机器和用具,尽可能充分地体现真正的技术,并使它们能用于真正的劳动——这是十分重要的教育任务。

8. 使劳动具有创造性,而且手脑并用。

驱使孩子进行体力劳动的最强大的动力之一，就是这种劳动的重大意义和手脑的结合，意义越重大，做这种最平凡的工作的兴趣就越强烈。在劳动中掌握技能，进行实验研究和运用科学资料——孩子把这一切都作为精神品格来认识和感受。

农业劳动中包含有许多单调的劳动过程，所以保证体力和智力的结合尤为重要。我们总是尽力使那些与作物栽培和家畜饲养有关的各种工作都能以创造意图为基础，使孩子为实现这些意图而激发智力去思考、去观察、去研究自然现象。例如培植甜菜，其中就有许多很单调无趣的劳动过程，而如果抱有研究目的的话（我们的孩子们研究增加甜菜含糖量的方法），那它们也会变成创造性劳动。

9. 劳动活动内容、技能和技巧的衔接。

我们力求使孩子们在学龄初期和中期所做的一切，到他们更成熟的年岁时，能在更广泛的基础上加以发展、深化和运用。

很重要的一点是，要通过少年时期的劳动使学生到青年时期对新技能和新技巧的掌握变得更容易。我们认为绝不能让少年到十五六岁时才学习诸如金属钻孔、小麦播种、果树芽接等技能和技巧，他们在 10 岁左右时就应掌握这些技能和技巧，而且对这些掌握得越好，进入青年时期时的全面发展就越深入。

早开始劳动活动，就可以做到使我们的孩子在 10—12 岁时会整地，会为播种粮食作物和技术作物做准备，学会种植和收割这些作物，学会栽培果树、积肥、施肥，把贫瘠的土壤改变为肥沃的土壤，学会操纵内燃发动机和在车床、钻床上做工。我们所有的男女生到 14—15 岁时，都会驾驶拖拉机和汽车。如果他们在 10—12 岁时不学会操纵内燃发动机，这是不行的。我们的男女青年到 16—17 岁时，已经不只是会驾驶拖拉机，而且能驾驶着拖拉机做耕地、播种、施肥等农活。这种技能没有职业化，也没有过早专业化，而是劳动的基础技能，在我国驾驶拖拉机是每个人都应当学会的。由此可见，由于劳动内容和技能技巧的衔接，我们的学生当进入青年早期时，就已经掌握范围很广的各种技能和技巧了。

10. 生产劳动的普遍性。

不论学生在哪一种智力活动和艺术活动方面表现出天赋和爱好，他也必须在少年时期和青年早期参加生产劳动。体力劳动，特别是那些不吸引人的苦活儿，在我们这里是带有普遍性的，也就是说，所有的学生都参加，大家一起积土肥，往田里施肥，消灭病虫害，为牲畜储备饲料，种植护田林带，建造饲养场等。一至四年级学生，一年要积100—300公斤土肥；五至七年级学生每人要积300—600公斤土肥；八至十年级学生每人要积600—1200公斤土肥。由于这种简单的劳动带有集体性，干起来便能热火朝天。

11. 劳动活动的量力性。

在任何劳动中产生正常的疲劳，我们是允许的，但绝不允许导致体力和神经系统的过度疲劳。儿童劳动的适度，不仅决定于负担量要符合孩子的体力，还决定于脑力劳动和体力劳动的恰当交替，以及劳动活动种类的多样化。

我们认为，农业劳动（作物栽培、牲畜饲养等）和技术创造（机械设计、模型制造、金属加工等）交替进行，是有重大意义的。那些在单一情况下本会使孩子无法胜任和疲惫不堪的劳动，在这种交替下就会变成力所能及的了。

同时，经验证明，当孩子们的劳动不是进行一些零散的操作，而是基于一种有趣的计划连续进行时，他们的力量和能力就会大大增长。我们可以用观察到的一件事作为例证：有一次，我们为葡萄藤蔓做越冬准备工作，11岁孩子的一个班（28人），培土覆盖40棵葡萄藤的活儿，一个半小时就干完了，这种活儿对这样大的孩子来说是不算轻的，虽说它给孩子们带来了正常的疲劳，但同时也使他们得到了精神上的满足，因为他们照管这些葡萄藤已经三年了。而分配去给同样数量的"别人"的葡萄藤培土的另一个班的情景，则迥然不同：一个半小时他们才勉强完成了一半，而且累得无法再干下去了。

孩子们的任何一次体力劳动，都应当同他的整个精神生活密切联系起来。

12. 劳动同多方面的精神生活的结合。

人的生活中不能只有劳动。只有当他同样能享受到其他的快乐，能接触文化珍品和精神财富，即享受文学、音乐、绘画、运动、故土的旅游之乐时，劳动的快乐才能在他面前展现出来。这些精神财富，提高了人的素养，充实了他的高尚灵魂，也使他能更深刻地理解和感受创造之乐、建设之乐。

一个人在少年时期和青年早期，在他的理智和心灵面前展现的文化源泉越多，劳动就越能使人高尚。所以，我们力求在任何时候都不停止集体中的多方面的精神生活。尤其是在夏季，当我们的学生几周都在田地里从事紧张劳动时，学校里就要举办一些文学和音乐晚会、科学技术晚会、集体的朗诵等活动。

劳动教育的成功，要靠以适当的方式配备物质基础，靠给孩子们恰当地确定劳动项目，同时也要靠教育工作的合理的形式和方法。

二、劳动教育的物质基础（从教育学方面讲）

建立物质基础以保证孩子们早日投入劳动，劳动的多种多样，以及劳动与工农业生产相联系，都是非常重要的教育学问题。

我们在前面已详细介绍过我校劳动教育的物质基础，谈到过工作间、车间、专用室、实验室、温室等。现在我们简单地从教育学、从教育方面谈谈这个问题。

所有这些物质基础的创设目的，是让孩子年幼时就掌握比较复杂的工具、机器和机械的使用方法。学生在使用劳动的技术设备之前要用手工工具去完成一定的任务。如学生只有在学会使用手锯，熟练地掌握它，并用它完成了考查作业从而取得使用第一部儿童机械的权利之后，才被允许使用电锯（圆盘形的、专供年幼孩子用的）。男女孩子们都力求尽可能好地掌握手工劳动的技能和技巧，这是他们向操纵机器过渡所必须经历的一个阶段。机械圆形锯，可以把木头锯成方棱木条、木板、板条等准备进一步加工的材料。这种机械的部件做得能使孩子根据材料的加工目的自行确定加工装置。电锯和圆形锯旁是儿童木材刨床，也装有防止发生不幸事故的安全装置。

那些与金属加工、机械设计和模型制造有关的劳动，也采用这种程序和刺激因素。小学生的工位都配备有特制的儿童工具（供7—10岁的孩子用）。这里还安装着由高年级学生和老师制造的加工金属用的车床和钻床，专供 8—10 岁的孩子们使用。设置了这些机床，就解决了一个重要的教育问题。机床上吸引孩子们的，正是这些缩小并稍加简化了的机床跟工厂真正的机床完全一样这一点。为了获得在这些机床上工作的权利，孩子们耐心地去掌握手工工具。以后，凡是在车床上取得工作成绩的人，就获得在儿童铣床上工作的权利，同时获得在工厂制造的车床上工作的权利。

学龄中期和学龄晚期的学生，只有在他能为小型儿童机床做出一些比较复杂的零件和部件之后，才能获得在工厂制造的车床、钻床、铣床上完成复杂操作的权利。旁边便是少年设计师们的装配台案。一张案上的工位配备的是较复杂的工具，另一台案则是为不太复杂的工序用的。初学的少年技师与有经验的高年级同学一起劳动，向他们学习，争取获得使用更复杂的工具和操纵机械的权利。

在电气安装和无线电技术方面，物质基础和劳动创造之间也是类似的依从关系。凡是亲手制作过三台可转动的发电机模型（每台模型都要比前一台复杂一些），并能把它们与小型可动模型，诸如扬谷机、脱粒机等机械结合起来的人，才能获得许可去使用复杂的工具、机械、仪器和在儿童电站工作。凡能装配电子管收音机的人，才能获得装配半导体收音机的权利。

在儿童电站工作的，是在高年级学生指导下 10—12 岁的孩子：他们启动和关闭发动机，开动发电机，接通用电机械（如小锯、小型金属切削机床、机械细工锯等）。所有这些工作都是很有趣的，都能吸引孩子，但在儿童电站工作的每一个人，都盼望着获得转入供学龄中期和学龄晚期同学用的教学电站的权利——那里装有几台内燃发动机和功率分别为 24 千瓦、16 千瓦、4.5 千瓦、0.5 千瓦的直流和交流电动机、变流器、蓄电池充电设备等。只有那些掌握了儿童电站发动机和电动机的基本保养技能的人，才允许到教学电站（学生称它为"真电站"）去工作。

孩子们总是耐心地学技能，学会了，他就有权去学习驾驶微马力汽车（这是供八九岁的学生驾驶的）。学会了驾驶微马力汽车之后，学生还想学驾驶摩托车，随后又盼着驾驶真汽车。劳动的合理，创造和利用物质基础的合理，使我们七八年级结业的所有学生，都会操纵内燃发动机（固定式）、驾驶微马力汽车和摩托车。

大约有75%的八年级结业生会驾驶汽车和拖拉机。九至十年级的所有学生，不仅会驾驶拖拉机，而且会用它进行耕作。所有这一切，我要再说一遍，并不是专业化，而是劳动的基础、技术素养的基础。如今，会驾驶拖拉机和汽车对于每个人都应当成为很平常的事，就像会使用电炉一样。

物质基础，只有在劳动具有特定的再生产时，才能真正丰富起来。教学实验园地、果园、葡萄园里的收获，以及果树幼苗的培植等，都是有相当价值的物质财富。其中一部分，我们无偿地赠送集体农庄和家长，而有一部分则要出售，利用这笔收入去满足孩子们的文化需要（参观游览，购买乐器、文艺书籍等），同时也用来进一步扩大物质基础；学校用所得资金购买电动机、无线电技术小组需用的器材、内燃发动机等。学生们劳动，不仅是为了学会做工，而且是为了创造物质条件，进行较复杂的、具有丰富智力活动内容的劳动。学校还靠这些资金建立了对生活困难的学生进行物质补助的集体基金，这项基金由学校共青团委员会和少先队大队委员会负责支配。

三、学生劳动活动的种类及其组织方面的教育学要求

为了合理地组织劳动教育和充分地利用劳动的教育作用，我们将劳动种类进行如下的教育学分类。

1. 社会意义。在某些劳动中，其社会目的性表现得很明显；而另一些则不易使孩子理解。学生不论是栽植护田林和柞树林并在之后几年里进行管理，还是每天在教室里扫地擦桌子，他们所做的都是社会必要劳动，都具有重大的教育意义。但在第一种情况下，学生是直接参加社会物质技术基础的创造；而在后一种情况下，劳动则没有超出自我服务的范畴，因而它也就不可能树立在第一种情况下所能树立的那样一些情感和信念。但自我服务也有其有益之处：能培养爱整洁的习惯和尊重那些平凡的劳动和以普通的、不引人注意的劳动为职业的人们。

我们力求使学生在生活中进行具有各种社会意义的劳动，力求

使那些最能清楚显示参加了社会物质技术基础的创造和巩固这一点的劳动,从幼年就逐渐进入孩子的生活中来,这对于培养劳动者的荣誉感和自豪感具有重大意义。同时我们也认为,任何一种劳动都有重大意义,不管它多么无趣和笨重。我们力求使每个孩子从幼年起就感到,他若不积肥,不往田里施肥,若不在炎热的夏天和严寒的冬天紧张地劳动,他就不会创造任何物质财富,也必然不会创造任何精神财富,因而他也不会享受到生活的乐趣。

2. 教学目的和教育目的的相互关系(这里"教育目的"一词的概念是狭义的,指道德教育)。某些劳动的首要目的是掌握知识、技能、技巧,而另一些劳动所追求的则是纯粹的教育目的——形成道德概念、信念和习惯,丰富道德经验。尽管在掌握科学知识和劳动技能中也包含世界观方面的信念的形成,学生在学习中也在受教育,但是这种劳动过程的本身,却是以学习、掌握、会做为主要目的。

教学过程的劳动,总是明显地反映着认识性质的,如果学生很清楚地知道了,劳动的目的就算达到了。除了上课和读书的劳动之外,诸如在学校教学实验园地里的试验、物理和化学课的实验室作业、地形测量活动、采集植物标本、收藏搜集品等,都具有认识性质。很重要的一点是,不能让所有这些劳动的最终目的,仅仅限于认识世界。我们的学生所做的试验性劳动具有双重目的——认识和创造,在认识自然规律的同时,还要把哪怕一小块土地改造得更有生气、更美好。我们力求使学生在学习知识、掌握知识的同时,也创造出物质财富来(在车间里制造出机械和工具,在试验田里培育出种子和果实)。

除去与教学直接有关的劳动外,那些主要目的在于培养人的道德品质、让每一个学生享受到社会劳动的幸福和快乐、体验到公民自豪感的种种劳动,也起着很大的作用。这种教育目的是通过学生创造具有重要社会意义的物质财富达到的。例如,我们的学生加入少先队后,要栽种一片柞树林,接着要在几年里照管这片树木,待毕业时,他们便可亲眼看见自己劳动的巨大成果:柞树林牢靠地在防止沟坡的侵蚀。我们以这种方式使学生的劳动尽可能多地越出学校的圈子和学校的利益范围,使每个学生都感到自己已成为社会生活的参加者。

3. 综合技术教育在智育、德育、体育、美育中的作用和地位。在学龄初期，儿童最容易理解劳动的审美目的和公益目的。他们在劳动过程中及其物质成果的美感之中，确立自己的道德尊严，体验自豪感——在这种年龄，美感是最丰富的道德情感源泉之一。这就是为什么我们学校学龄初期儿童的绝大多数劳动具有十分明显的审美性质，即孩子们在创造美。相应的劳动项目也就由此而来：如栽培花卉并进行照管；做些东西，这些东西的实用价值主要在于它们的美，其作用在于满足审美要求。孩子们在努力把那些不是审美目的而是试验性目的或者公益目的居于首要位置的工作，做精细，做漂亮。我们利用孩子们对美的追求，使劳动在思想上和智力上变得更丰富。孩子们所做的一切，都应当是美的。

有些劳动活动的内容和长时间的劳动过程就起着重要作用：有的在智育、有的在美育、有的在体育、有的则在综合技术教育方面。个性的全面发展，要视共产主义教育各个重要组成部分在劳动中的反映深度而定。

4. 脑力和体力的相互联系。劳动教育最重要的准则之一，就是脑力劳动和体力劳动的结合。我们绝不让一部分学生去制订和实现一些创造性计划（如设计装配活动模型），而让另一部分学生只去做单调的体力劳动。任何一项计划都会有体力劳动——单调的且往往还是较艰苦的，这些劳动都应由执行创造性计划的人自己去干。体力劳动越简单、越单调，就越要注意不把它作为最终目的，而是把它作为达到最终目的，即实现创造性意图的一种手段，这一点很重要。我们认为，年轻一代投身于劳动的心理准备之一，就是不让青年人感到农田或畜牧场的简单劳动只是花费体力而已。我们竭力把用手和用脑的工作结合得使体力劳动能作为一个促进精神方面的提高和日臻完美的领域来吸引青年男女。学生在创造物质财富的同时，也在考察、试验、研究自然界的规律，学习技术和工艺规则，改进工艺流程。凡有最粗笨的、单调的劳动的地方，如畜牧场，就有高年级学生在那里进行最有趣的研究工作，如研究抗生素对动物体内生命活动的影响作用。

5. 劳动工具的性质。作为劳动基础的技术手段和工艺过程越复杂，对于揭示个人的天赋和才能，对于培养较高劳动素养的可能性就越大。为了训练青年去操纵复杂的技术工具（各种机器、机械和装置），我们让学生在学龄初期，特别是在学龄中期就进行比较复杂的生产活动，向他们传授那些适应科学技术高速进步的种种劳动技艺。

我们的学生在学龄初期除了使用手工劳动工具外，已经使用机械工具，特别是电动工具（如细木工电锯）了。这就向孩子们提出了新要求从而引导他们进入技术世界。孩子越大，他的科学基础知识越深，把越来越复杂的技术手段引入劳动过程就越显得重要。这样，我们就能使孩子从幼年就养成从机器技术的可能性来看体力劳动的习惯。例如，如果向少先队员提出把若干公担（一公担等于一百公斤）的麦子从一处搬到另一处的任务，他们就必然产生一个问题：能不能用机械工具代替手工劳动？如果少年们已有使用较复杂的劳动工具的经验，他们这时就会考虑去安装一台输送机。

劳动的技术工具越复杂，那些直接与手工劳动有关的技能和技巧就应当越精细、越熟练，手工劳动的素养也就变得越高。孩子们手工劳动的素养，是从他们的学龄初期就进行培养的。设计、配制、安装零件和部件，修理、调整零件和部件的相互关系……，都是整个在校期间都要进行的多方面的创造性劳动。这种创造性劳动不仅提高了手工劳动的素养，而且发展了思维。使用复杂的劳动工具的技艺，在很大程度上要靠手工技能和技巧的熟练程度。

6. 劳动活动的成果。有的物质成果在劳动过程中创造出来，是学生当时可以看见的（如少年技术家小组的制品）。有的劳动是为在不远的将来获得物质成果做准备（如收割成熟的麦子、准备播种）。有的劳动只是在较遥远的未来获得物质成果的一种条件（如以提高土壤肥力为目的的农林土壤改良工程）。还有的劳动则全无有形的物质成果，劳动只以精神价值丰富生活（如帮助老人和病人）。

劳动的物质成果越可观，信念形成的可能性就越大，伴随劳动过程的情感也越深沉。我们总是把劳动活动安排得使学生要在一个很长的时期内为获取未来的物质成果而斗争，而且要在这种斗争中克服一些困难，使斗争的时间成为精神生活中的一定阶段。集体的活计中除短期劳动任务之外，还有需要连续做若干年的工作（如植树造林，照料果园等）。

在某些情况下，物质成果是在人们中间进行分配的，而在另一些情况下，物质成果就其性质来讲则根本不可能成为消费品。无论这两类中的哪一种劳动，都同样具有重要的教育意义。学生们既创造具有个体消费品价值的东西（面包、蔬菜、肉、牛奶等），也创造属于整个社会的财富（肥沃的土地、森林等）。

7. 报酬。在年轻一代的劳动活动中有两种劳动——无报酬劳动和有报酬劳动。我们在安排这两种劳动的比例时，是以我国社会发生的深刻变化为指导方针的。劳动者越来越多地从社会消费资金中获得生活福利，而且不依个人的劳动为转移。而在孩子们的生活中，这种福利的比重比成年人生活中的要大得多，这就使我们教育工作者承担起很大的责任来。学生们应该懂得他们免费从社会享受到的福利的劳动价值。因此我们才引导学生去参加为社会谋福利的无酬劳动。年轻一代享受到的不用个人劳动所得偿付其价值的福利越多，无酬劳动对他们来说就越有必要。

但是，个体报酬和个人工资也有很大的教育作用。在夏季，中年级和高年级学生在集体农庄劳动都有个人报酬，他们把报酬交给家里，这是培养对父母的义务感的一个很重要的条件。我们利用学校所能采取的种种手段（谈话、讲课等），力求使毕业后的年轻人在踏上独立的劳动生活道路之后，能将自己工资的一部分交给父母亲。

四、劳动教学

一个人在少年时期和青年早期，就应学会一些技能和技巧，以便将来自觉地选择职业，在劳动中发挥自己的天赋、才能和爱好。

我校学生自觉选择职业所必需的技能和技巧，都通过两条途径取得。

1. 通过教学大纲规定的必修课程。低年级班有手工劳动；五至七年级在教学实验园地和车间里劳动；八至十年级则进行与工农业生产基本知识的学习相结合的劳动。必修课的劳动包括对各种材料（纸、硬纸板、蜡泥、黏土泥、织物、金属、塑料）的加工，整地和照管植物，进行制造、装配模型、操纵机器和机械等。

　　普通学校的宗旨并不在于对学生进行职业训练。中学毕业生，应当只是了解生产的主要部门并掌握一些技能和技巧，以便于自觉地选择专业。

　　低年级学生进行各种简单的手工材料加工活动，是劳动教学的第一步，然而也是很重要的一步。在手工劳动课上所获得的技能和技巧，是学龄中期和晚期获得更复杂的其他技能和技巧的一个条件。使用细木工锯或剪纸，是为在虎钳上做工、用锉刀和车床加工金属、装配无线电收音机等的一种准备。我们的孩子在一、二年级用切削金属的工具剪纸花，刻木制机器和机械模型，做人和动物剪影。这种劳动能发展目测力，埋头干活的耐心，并培养美感。孩子们用麦秆编织小手提包、小篮子、小椅子（都是玩具），用黏土和蜡泥捏人形和动物形。

　　孩子们在低年级班，除了做一些最简单的材料加工活动之外，还学习装配和制作、组装和拆卸构筑物、机器和机械的模型（玩具）。劳动中含有游戏成分，构筑和制造模型先从使用软金属丝和塑料薄板做起。孩子们用铁丝制作动物模型，然后再过渡到制作拖拉机、汽车、飞机、起重吊车、挖掘机、输送机的模型，用木头、金属、黏土和塑料构件、薄板搭建房屋和经济建筑物的模型。随着对木料加工的熟悉，他们越来越多地使用胶合办法制作构件。在个别课上，孩子们学习用混凝纸制作人物和小动物。

　　孩子们在低年级开始掌握工具。我们认为，手工劳动使用的儿童工具有着很大的意义。中年级的学生利用劳动课在钳工车间为小同学制作木工削刀和刻刀以及镂刻纸张和硬纸板的刀剪用具，还制作制砖机，小同学可以用它制作盖玩具房屋用的小型黏土砖块。小型凿子、斧子、锤子等工具在儿童劳动中都要使用。孩子们学习了材料加工之后，逐渐过渡到制造一些物件和东西——由各个部件的完好及其相互作用决定整体完好的那种物件和东西。

　　计算准确、加工和装配精细、各个零部件的相互作用严密协调……，小学阶段的这些劳动素养的品质，对日后的劳动教学很重要。比如，四年级学生可用弹簧和剪刀装配成修剪小树枝的工具。

在生活中有些技能和技巧，已从职业性的变为通用的技能和技巧（如在不复杂的车床上工作的技能），成为劳动的基本技能。所以我们在低年级班的大纲里补充了用车床加工木材和金属的内容。孩子们在小型机床上用木材和软合金车小轴和螺栓。

低年级学生通过在教学实验园地的劳动，掌握农业方面的创造性劳动的技能和技巧。他们不是做辅助性的、次要的农活儿，而是有始有终地完成一些对他们的年龄来说是比较复杂的劳动任务，并获得物质成果。孩子们从一年级起就开始在小块地上做改良土壤、提高肥力、看管树木、种植粮食和技术作物等系统的农业劳动，某一项用一年时间，另一项用四年时间，再一项则用七八年时间。每个孩子在小学期间就能种植出很高产量的农作物：在人们至今只种出一穗的地方得到两穗的收成，领会到了大自然的赐予要依靠人的智慧、意志和创造。个人的劳动体验对于这一信念的形成具有很大的意义。每个孩子到二年级时就会分到1平方米的土地，他要在这块土地上种出500克小麦，这合每公顷50公担的产量。在三四年级种植的产量更高——每平方米600到700克小麦（合每公顷60至70公担）。孩子们精心地照管每株作物，珍惜每粒粮食。

待小学毕业时，每个学生可培植出树龄达三四年的树苗（这项劳动从学校生活的第一个秋天或第一个春天开始）。此外，学生在入学的第一个秋季就栽种一棵果树，待他们小学毕业时，果树就已开始结果了。

五至八年级学生在车间和教学实验园地劳动的目的是，进一步发展技能和技巧，加强劳动的公益性和生产性，在发展天赋、倾向和才能的基础上增强兴趣的区别。学生掌握钳工、车工、电气安装工的技能和技巧，照管作物和动物的技能和技巧。经验表明，在八年级就转入生产基础知识的学习是合适的（学生在八年级学习内燃发动机及最常见的工作机器的运转原理、电气安装等）。

在学龄中期，劳动的教学因素与生产因素结合得更多了。不仅要学会，而且要做出有益的、有用的东西，这是劳动教育的主要原则之一。五至八年级的学生在车间和工作室里制作教学仪器和教具，制作活动模型、手工劳动工具、机械劳动工具、工艺过程用的设备。每个班集体或者学生小组在车间里制作比较复杂的机械劳动工具——车床、钻床或者铣床，土壤加工和作物管理工具等。

　　这种劳动都具有综合技术的明确方向，并有助于个性的全面发展。学生在少年时期就熟悉生产的一般原理，掌握了一系列具体劳动部门通用的技能和技巧。

　　我们很重视制作数学、物理、化学直观教具，以及在教学实验园地和车间里工作用的最普通、最简单的工具和力学、电学方面不复杂的仪器和直观教具等。无论技术如何发展，技术思想达到多高水平，攀登科学思想和劳动素养顶峰之路，都要经过掌握技术基础知识，即经过学习内燃发动机、涡轮机、条锯和圆锯等阶段。就像没有基础知识就不能接近科学前沿一样，没有掌握简单的工具、仪器、机械，就不能掌握复杂的技术和培养起高度的劳动素养。

　　每一个学生在五至八年级学习期间，都要在教学实验园地里完成下列个人任务：种植粮食作物和技术作物（3—10种），将培植的果树品种嫁接到25种野生果树上，培植果树苗木，建立苗圃，提高土壤肥力。

　　每一项任务都具有试验性和研究性的明确目的。例如，个别学生从事种子和肥料质量的研究。这样一来，实验园地里的劳动便跟自然生物室内的劳动结合起来了。对农业生产感兴趣的儿童和少年负责种植的地块比较大（20—100平方米），他们在这些地段上由于运用科学成就，特别是化学成就而种植出高于集体农庄田地两倍、三倍乃至四倍的产量来。

　　女孩子也跟男孩子一样，掌握那些技术高度发达条件下的劳动所必备的技能，不过其中为女孩子选择的是体力紧张程度较小而对精确度、设计创造性和技巧要求较高的劳动任务。比如说，倘若男孩子们制作大型金属车床，那么女孩子们就制作自动装置或根据自动化原理运转的模型。

　　八至十年级的劳动教学，由理论课和用来掌握技能和技巧的劳动构成。理论课包含的讲题有：我国生产部门的一般介绍，工农业生产主要部门的基本特点，能源评述，发动机和工作机器的构造和一般原理，内燃发动机和电动机的构造及其在工作机器上的应用，最常见劳动部门中化学工艺的应用。学生通过实践活动掌握各种具有综合技术性质的，也就是说可用于许多生产部门的技能和技巧。八年级学生学习固定式内燃发动机及工作机器和机械，还学习电器安装和发电机。九、十年级学生学习拖拉机、汽车、康拜因，继续学习电工，学习包含电子学和自动化技术成分的无线电技术，掌握在车床、钻床和铣床上工作的技能。技能的掌握是与设计和制模、与修理机器和机械、与制作钳工和测量工具等活动紧密结合的。八至十年级的全体学生都要学习作物栽培和畜牧学的理论课，而在夏季专门抽出时间联系这些课程去实习。作物栽培学和畜牧学的实习，通常与使用拖拉机同时进行。十年级学生还学习农业化学理论课（18课时），并按这门课进行实践活动。

总之，高年级的劳动教学建立在广泛的综合技术基础之上，理论密切联系实际；生产基础知识理论课与数学、物理、化学、生物之间有深刻的内在联系。由于有这种联系，高年级的劳动教学课每周3小时就够了。如农业化学理论课之所以不超过18小时，是因为这里的教学是建立在积极运用学习无机化学和有机化学时所获得的那些知识的基础之上的。

乍看起来，似乎高年级生产基础知识的学习使学生们的负担过重：既要学发动机、发电机、拖拉机、汽车，又要学电工和无线电技术，还要学作物栽培和牲畜饲养。是的，假如我们的孩子们不是在低年级特别是中年级就已经在小组里学习了机器和机械，假如他们没有掌握在金属加工机床上工作的技能，没有兴致勃勃地搞过试验的话，负担的确会过重。假如五至八年级的每个学生不曾在技术小组里亲手做过发电机、无线电收音机的话，就不可能用很短的时间（各用36课时）学完电工和无线电技术。较早地参加生产劳动，会使综合技术教育更容易实施，并为在学龄晚期广泛地掌握综合技术方面的技能和技巧创造条件。

由于所获得的知识和技能具有综合技术的性质，每个高年级学生便有了选择最能显示自己才能和倾向的那种专业的条件。同时还应当指出，除了必修的劳动教学课业和必学的知识和技能外，还有不是必须参加的活动——课外小组活动和学科科学小组活动等，每个人都可以在里面做他喜爱的事情，这里既有资料阅读也有劳动。如果没有这方面的智力生活和劳动生活，就谈不上高年级学生卓有成效的综合技术教育和劳动教学。

我们很注重的是，不让高年级的劳动教学变成墨守成规的工匠活动。起主导作用的是理论，是那些在劳动过程中、在对劳动的观察中和在亲身体验中认识了的理论知识。理论的概括都建立在学生在实践中所接触过的那些劳动细节上。例如，在说明动力技术的作用时，我们就会利用在操纵内燃机和电动机过程中获得的实际经验。在进行参观活动时，总要有意地使学生看到最能代表各主要生产部门的那些技术和劳动过程。当学生述说他们在参观时所看到的东西时，他们便分析出机器和机械、劳动和工艺过程的主要特点来。

学生要解决一些具有这样意义的综合技术课题，就是让学生能在实践中去发现可以揭示生产方面的某个原理或者机器技术方面的某一特点和特征的那种现象、过程。如说出一些这样的生产过程，其中要有机器或机械部件对物质产生粉碎和磨碎功效的机械作用，并解释物质和最终产品的特点是如何决定着作用于物质的那些工具的结构特点的；需要给拖拉机配什么样的装置，才能用来装卸甜菜？

解决综合技术性课题，会加深学生对科学与技术的兴趣，培养其劳动素养。

读完八年级和九年级的学生，夏季有三四周的时间要到校办工厂、工作间、实验室、教学实验园地、机械修配站的车间及集体农庄的拖拉机队里进行实习。读完九年级而且拖拉机课考查合格的学生，在这期间要作为当班拖拉机手在拖拉机上工作。集体农庄的每个机械员都配有一名学生，他要做一名一天工作六小时的轮班拖拉机手。给轮班拖拉机手配备一名助手，一名读完了八年级并在小组里学会了驾驶拖拉机技术的学生。学生们都要做翻地、中耕、行间作业、粮食作物和技术作物的收割，青贮饲料的储备、净种、播种、施肥等农活。

电工实习包括安装线路，往电动机和加热器上接线，制作小功率、小电压的交流和直流发电机等作业。做这种工作要求精细操作，精确计算，因而这也是深化知识和提高技能的好方法。每一个学生在八年级结业时，要向学校物理室交一个电动机活动模型，作为考查作业。十年级毕业时，学生要做一台用在活动模型上的发电机。学生们还维修拖拉机、汽车、联合收割机、净谷机、电动挤奶器以及其他机器的电气装置。每一个高年级学生都要到安装水泵和畜牧场供水系统的工作队工作几天。

每个学生在八至十年级的学习期间，要制作简易的电测试仪器模型和电力驱动的劳动机械工具（水泵、研磨设备等）。这一切不是专业化的，而是劳动基础知识。用列宁的话说，没有电学知识，就不可能建成共产主义[35]。

每一个学生在八至十年级的学习期间，都要装配一台电子管收音机和一台晶体管收音机，这是必须完成的。而那些对无线电技术和电子学产生兴趣和爱好的青年男女，则要独立地掌握更广泛的知识和技能。他们还要定期上课，要制造以自动化原理为基础的仪器。

近7年（1961—1967）内，学校在实习作业和小组活动中共制作物理、化学、数学、天文学仪器和直观教具，各种活动模型和机械及各种机床3500件（台）。其中水准器35件、平板仪35件、垂直测角器36件、课堂用大算盘15架、课堂用角尺75件、圆规10把、量角器63个、通用测角器26个、等高仪（带三脚架）26套、幻灯机7台、活动电动机模型430个、功率计演示器4套、螺旋功效演示仪器25台、带制动的演示手摇钻20件、演示千斤顶6台、传动器模型17件、有动力装置的小车5辆、离心机模型7台、玻璃鱼缸5个、连通器6套、水泵模型12台、各种金属导热性能演示器12台、液体对流演示器18台、水结冰膨胀演示器25台、带金属卡的试管夹子350个、剖面式蒸汽汽缸15台、剖面式内燃发动机26台、反作用功率小车25辆、水涡轮机模型15台、蒸汽机和蒸汽涡轮活动模型37台、风力电站模型8座、水电站活动模型7座、起电盘机6台、电器开关37件、住宅电路安装图10套、单管与双管无线电收音机1360台和晶体管收音机270台、无线电收发报机26台、无线电控制的机器和机械活动模型57台、电报机活动模型43台、电话可动模型40台、电磁式安培计360件、电压表440个、插头变阻器160

件和滑动触头变阻器 25 件、双金属继电器 240 件和电磁继电器 270 件、电警报器 6 个、转数计数器 18 件、电弧炉模型 5 台、富兰克林方向盘 25 个、演示磁场内电流框周转仪 25 件、潜望镜 160 个、光控继电器可动模型 190 台、热力安培计 64 件、光折射和光反射仪 160 件、透光镜真实映像仪 35 件、光度计 35 件、螺线管测量仪 45 件、简易望远镜 27 个、利比格制冷器 5 件、液体比重计 28 件、金属及合金样品标本 65 件、供学龄初期和中期儿童用的小型金属加工车床 55 台、木材加工车床 25 台、钻床 25 台、铣床 12 台、木材加工万能车床 4 台、拖拉机队用钳工工具 7 套。此外还有大量供学校作业用的工具和用具,如平口钳、圆口钳、锤子、粗刨、刨子、平刨、土筛、净种用筛、铲子、耙子、簸箕、喷壶、工作台、小桌子、小凳子等。在这 7 年中,我们还转交别的学校供教学用的金属加工车床 16 台、木材加工车床 8 台、钻床 12 台。

在青年早期掌握某些技能和技巧,喜爱某种劳动,对志向的培养起着一定的作用,但不是对专业预先做出最后选择。在青年早期所获得的广泛的综合技术知识和技能及劳动素养,是一种精神财富。它不仅激发求知的渴望,而且激励好学的钻研精神。毕业生就是凭着这种财富尽力选择他最能发挥才能和天资的生活道路的:一些人去上大学,另一些人学了专业知识,便到工农业生产部门去工作。我校毕业生的情况,可由以下数字来说明。

1949 年到 1966 年,我们学校共有毕业生 712 人,其中已在学院和大学受完高等教育的 278 人,按系科划分为:工科系 94 人,医科系 45 人,农科系 49 人,师范 53 人,其他科系 37 人。正在高校进行学习的有 183 人,其中包括工科系 60 人、医科系 22 人、师范 38 人、农科系 36 人、其他 27 人。具有中等教育程度正在工农业生产部门工作的宽知识面的机械化专业人员 73 人,技师、机械师及高级技工共 116 人,农艺员、畜牧员 62 人;其中有 68 人在我们农庄里当机械化专家、机械员、农艺员、畜牧员。

高年级学生(从七八年级开始),还有机会学习教学大纲以外的一些技能和技巧。例如,有的学生自愿去学习电焊技术;有的愿在学校教学实验园地上搞养蜂活动；春夏两季有些男生去学习装配钢筋混凝土构件；女生则自愿去钻研电动缝纫机，并学着在缝纫机上工作。

高年级学生制作了32台程序控制机床（车床、铣床、刨床）。近三年（1965—1967）里，高年级学生在自动化小组和无线电电子学小组里，以及在电工和无线电技术课上，装配了45台电子计算机，这些电子计算机都在数学、物理、化学和语法课课堂上得到了应用。高年级学生同五至八年级学生一起为低年级学生制作了两辆微型汽车，装设了两座儿童电站，制造了40多套儿童工具。此外，他们还为小同学制作了整地、播种、收割用的机械，如粗耕机、播种机、脱粒机、扬谷机、收割机等，所有这些机械都是用电动机带动的。

普通中学毕业后，有42人接受了中等专业教育（函授和住校），其中学习技术专业和农业专业的26人，医学专业的6人，师范专业的5人，其他专业5人。

我校全体教师引以自豪的是，本乡许多生产和文化部门都有我们过去的学生在工作。集体农庄总农艺师维克多·谢尔宾是我们的学生，区集体农庄生产管理处的总工程师阿纳托利·马卡连柯也是我们的学生，医院里有三名医生是我们的学生，集体农庄机械工作队有十多人也是我校的毕业生。

2. 培养学生进行劳动活动的第二条途径，就是自愿选择适宜自己天赋、兴趣、倾向的劳动。必修的教学大纲不可能照顾到多种多样的个人特点。孩子在学龄初期常常不仅要做手工劳动课堂上全班都做的东西，而且想做一点自己的东西。他们不满足于本班所达到的技能和技巧的那种熟练程度，还企望掌握得更精细一些，而且这种愿望会随着年龄逐步增强。生活要求要有课外的劳动教学。

我校的这种教学是通过小组活动进行的。每年都有40—45个小组在活动（小组数量在不同年份随着孩子们个人爱好和兴趣的不同而有所变化）。某些小组里，只有学龄初期的孩子在里面活动；有些小组里，既有学龄初期的，也有学龄中期的；有些小组里只有高年级生；有些小组则既有高年级生，也有学龄中期的孩子。这些都是由技能和技巧的复杂程度、孩子的劳动与成人劳动的接近程度,以及劳动过程包含理论的丰富程度而定的。

总之,孩子一跨进我们的校门,便会处于各种创造性劳动的气氛之中。我们没有一个学生不在某个技术小组或农业小组里劳动,绝大多数的孩子很有兴趣地参加两三种与技术、作物栽培有关的劳动。学龄初期的孩子能同少年一起,有时还能同男女青年一起在小组里劳动,这一点具有重要的教育意义。

所有的或几乎所有的孩子在头两三个学年里,都参加某些技术小组和农业小组,这好比是孩子在跨越到更复杂的劳动之前的一个阶段。比如说,所有七八岁的男女孩子,都怀着很大的兴趣参加少年细木工小组的活动(使用细木工具)和少年花卉栽培家小组的活动。同时,这些孩子还参加别的一些小组,诸如少年装配钳工小组、少年无线电技师小组的活动。以后,细木工和栽培花卉的劳动只会为一部分学生所喜爱,而绝大多数的学生则随着他们对其他劳动的兴趣和爱好而转到别的小组中去。

1967年,我校一至八年级的所有学生曾在下列这些小组里活动。

一至六年级的两个少年装配钳工小组、三至四年级的三个装配钳工小组、四至六年级的三个少年装配钳工小组,一至三年级的两个少年建筑家小组、三至八年级的一个少年建筑家小组,一至二年级的四个少年细木工小组、三至四年级的三个少年细木工小组,三至八年级的两个少年车工小组,一至六年级的一个少年机械师小组、五至六年级的一个少年机械师小组、六至七年级的一个少年机械师小组、七至八年级的两个少年机械师小组,三至五年级的两个少年电工小组、五至八年级的两个少年电工小组、五至六年级和七至八年级的少年细木工小组,一至五年级的一个少年无线电技师小组、四至六年级的一个无线电技师小组、五至八年级的两个无线电技师小组,六至十年级的两个自动化和无线电电子学小组,一至四年级的一个少年园艺家和林业家小组、五至八年级的一个少年园艺家和林业家小组,一至四年级的一个少年畜牧家小组、五至八年级的一个少年畜牧家小组,一至五年级的一个少年育种家小组、四至五年级的一个少年育种家小组、五至六年级的一个少年育种家小组、六至八年级的两个少年育种家小组，一至二年级的三个少年园艺家小组、三至四年级的两个少年园艺家小组、五至六年级的一个少年园艺家小组、六至八年级的一个少年园艺家小组，五至八年级的一个少年养蜂家小组，三至五年级的一个少年土壤学家小组、五至八年级的一个少年土壤学家小组，一至四年级的一个少年植物爱好者小组、三至五年级的一个少年植物爱好者小组、五至八年级的一个少年植物爱好者小组，一至十年级的一个少年航空模型家小组。

在技术性小组中，孩子们最感兴趣的是装配钳工小组、车工小组、电工小组、机械师小组和无线电技师小组。学生的年龄越大，那些需要加工精确细致，需要进行修配和调整的劳动就越吸引他们。孩子们在少年装配钳工小组和少年电工小组里制造机器和机械模型。一至四年级学生对在小型车床上做工特别感兴趣。在上课时，有的孩子在这种机床上做工，而那些自幼就向往技术创造活动的孩子则可以在小组里提高劳动水平。

学生在少年机械师小组里，先从操纵、拆卸和装配小型内燃发动机这种最简单的活动做起（起初是压缩器式，然后是汽化器式）；继而过渡到学习固定式发动机，然后是摩托车和拖拉机。学校里备有五十多台内燃发动机供小组活动用。

在少年细木工小组里，孩子们开始使用手锯，然后使用电动细木工具；最初用手工工具进行刨、钻、凿，然后用刨床、万能钻床、铣床去加工。少年细木工们制作直尺、圆规、量角器、角规等教学用具以及木制模型（房子、桥梁及其他建筑物）。

少年无线电技师小组先制作矿石无线电接收机，然后装配电子管收音机，最后装配半导体收音机。

少年畜牧家起初照管小兔，逐渐过渡到照管牛犊和牛羊。

在少年育种家小组里，孩子们培育粮食和技术作物，培育树苗。每个少年育种家小组都要为生物课提供一种分发材料。

少年花卉家们为学校培植花卉，为家长培植花卉秧苗。

在少年土壤学家小组里，孩子们研究土壤生命及其质量。

少年植物爱好者，每逢夏天都要去远足，目的是收集各种有趣的树种的种子及粮食作物和技术作物的种子。

小组的各种指导工作，由八至十年级能力较强的学生担任，个别小组，如自动化和无线电电子学小组，则既由高年级生也由老师担任指导。老师要同指导儿童小组的高年级生进行交谈并进行辅导：如推荐进行实践活动的某种程序，讲解怎样带领小组进行活动，怎样使劳动与读书相结合等。

儿童技术小组的目的，是把孩子们渐渐地引入与机械学、电工学、无线电技术、自动化、电子学有联系的技术创造世界。我们认为，机械学对教育幼龄学生有很大意义。对孩子来说，机械学就是创造思想的集中点。少年装配钳工不仅用活动模型复制真机器和机械，而且还想出动力机和工作机的新的配合、活动模型里各种部件的新配合。例如，少年组装家在装配扬谷机模型时，将装配独特的几台输送机同扬谷机连接起来，输送机将未扬的谷物输送进去，并将扬净的谷物输送到专用仓库（在模型中是一只箱子），然后进行装袋（小纸袋），这一切都是靠巧妙的机械结构进行的。在另一个小组里，孩子们则组装了一台以内燃发动机为动力的小型割草机。四至八年级的少年装配钳工小组成员装了一条半自动线，可将木方锯成制作各种模型所需的薄板条。

少年机械师小组里最小的孩子（7—10岁），学习压缩器式发动机，然后过渡到学习小型汽化器式发动机；10—12岁的孩子学习驾驶微马力汽车，然后学习驾驶摩托车。这个小组中的一个分组里，能力较强的学龄中期学生则学习驾驶拖拉机。

在少年育种家小组里，孩子们进行一些有趣的、引人入胜的试验。如孩子们经过几年对冬小麦特性的研究，就培育出了相当于一般产量3倍的冬小麦来。少年育种家们还培植了比一般品种含油量高的向日葵、块茎含糖量比一般品种多的甜菜。少年育种家小组先后已进行了15年以上培育春小麦方面的很有趣的试验，这种春小麦的特点是具有较高蛋白质含量。少年育种家们每年都要精选具有抗寒性能的冬小麦种子。

不论在技术小组还是农业小组里，技能和技巧的获得，总是与有趣的构思与创造分不开的。例如，在少年无线电技师小组里，孩子们每个学季都要装配可用无线电遥控的装置。

机械的制造，特别是那些将用以创造新的物质财富的生产工具的制造，是儿童劳动教育中一个高级的、在教育上很有价值的阶段。正因为如此，我们才如此重视金属加工机床的制造。这种工作，就是对技艺的考试。谁经受住了这个考试，谁就会体验到喜悦感和自豪感。

创造性劳动能使孩子自己在他心目中得到提高，能使他的道德面貌高尚。早在学龄初期，孩子就能看到自己劳动的首批重大成果——树苗、护田林及在不毛之地上造出的小块沃土等，并把它们转交给集体，奉献给社会。少年作物栽培家和蔬菜栽培家把在教学实验园地里培育出来的玉蜀黍、马铃薯、白菜、西红柿的种子交给集体农庄庄员。

在一个小组里获得的技能和技巧，是孩子过渡到另一个小组，即从比较容易的劳动过渡到比较复杂的劳动、从使用简单工具和机械过渡到使用比较复杂的机器的一个准备。因为若不通过前一个阶段，就不可能进入孩子向往的后一个阶段，所以他们竭尽全力去掌握技能和技巧，以便获得这种过渡的权利。例如，学生只有在他几次拆卸和组装并擦洗了小型压缩器式发动机的情况下，才能被批准去学习汽化器式发动机。

由于在小组里进行了多方面的劳动，我们的每一个学生在升入八年级时，就已经掌握了范围很广泛的多种技能和技巧，同时也找到了符合自己心意的事情。一个念完八年级的学生已经会使用钳工工具和金属加工机床进行金属加工，在车床上加工木材，用木材做成不太复杂的用具（框架、小凳子、直尺、圆规等），用现成的部件装配机器和机械模型，为这些模型加工金属零件，制作加工木材和金属用的工具以及组装金属加工机床，装配电动机，安装线路，装配电器、机组，组装无线电收音机，整地，播种，管理和收割庄稼，照管牲畜，驾驶汽车和拖拉机，嫁接果树，培植葡萄树和各种果树等。掌握这些技能，是在高年级不用花费很多时间就能掌握比较复杂的技能和技巧的一个重要条件。

高年级的小组活动，更强烈地反映学生要求劳动中包含有丰富的智力活动和手脑并用的期望。到了高年级，学生间劳动兴趣和智力兴趣的差别日趋明显，每个学生都会在特定的知识领域更加深入。这里很重要的一点是，要使有选择的科学兴趣与高度的劳动素养结合起来。

我们的高年级学生都会参加学科科学小组。我们并不顾忌这里的"科学"一词所包含的某种夸张之意。国家需要成千上万的科学家，而通往科学的路应当从青年早期的劳动开始。С.Л.索波列夫院士建议说："应当尽早开始自己的科学活动，即使十五六岁时还不具备足够的知识和经验，还不能认清自己的愿望和志向，那也无妨。要知道，科学生活并不一定从独立创造开始，而可能是从钻研人类所创造的那些东西开始。重要的是要从这种年岁就培养自己对科学知识的渴求、好学精神和对科学的热爱之情。"[1]

在科学技术小组里活动的，是特别爱好物理和技术创造的高年级生。不论是理论方面的问题，还是实践方面的问题，他们都感兴趣。我们的小组成员钻研的理论问题相当广泛，如基本粒子世界、热核反应、热直接转化为电、量子发电机、半导体和超声波在技术中的应用、电力效应、水力效应等。学生们不仅力求弄懂和领会科学成就，还希望积极地去行动。例如，我们的小组成员设计并制造了水泵能自动开关的自来水管道模型，然后按此模型在校内安装了自来水管道。他们制作了三台由程序控制的车床，现在用这些车床在为上发条的儿童玩具加工零件。他们设计了计量谷物种子的仪器（按谷物颗粒的大小和重量分成等级），还有脱粒机、扬谷机、割草机及锻造炉等机械。他们帮助集体农庄的机械师给他们的修理厂制作了钻床和车床。自动化和无线电电子学小组的学生，设计了颗粒状物质自动计量器、五部电子计算机、铅笔自动售货机、制造卡普伦零件用的电熔炉，为数学课装配了七部教学和考试装置，装备了语音教室。

为使学生形成劳动素养，我们尽可能地利用了化学、生物学，特别是生物化学的成就。例如，我们向学生们阐明土壤中产生的生化过程，动物饲养中使用抗生素和生长物质的目的，教给他们如何借助巴氏芽孢杆菌（能把空气中的氮与饲料的碳水化合物化合成蛋白质），把营养贫乏的饲料变为富有营养的饲料，讲解用化学方法

---

[1] С.Л.索波列夫.青年与科学[J].青年—技术，1961（9）：10.

除莠的原理和技术等。科学成就的实际兑现，使高年级生很感兴趣；他们明白，劳动同科学在这里结合得最为紧密。化学科学小组、生物科学小组、生物化学科学小组的活动，是为有高度素养的农业劳动做好心理准备的一种重要手段。

在化学科学小组里，我们的学生研究对粮食作物秸秆进行化学和生物化学加工的方法。他们现在不仅知道可以给秸秆中所含的低蛋白物质充实蛋白质，从而将低营养的物质变为有价值的牲畜饲料，而且在掌握这种工作的技术。

在生物化学科学小组里，学生研究土壤的生机。在校办肥料厂，他们研究土壤微生物区系，进行创造有利于有益细菌生命活动的培养基的试验。一幅动人的情景展现在他们面前：土壤里生活着数十种菌类——一种菌能刺激植物生长，一种能加速果实成熟，还有的能加强抗寒性。学生通过为有益菌类创造富有营养的环境的办法使试验田的产量提高三倍、五倍，有时甚至是十倍。青霉属中的某些菌种（如特异青霉、产黄青霉、皮落青霉等）能加速黏土壤变为黑土壤的进程。组员们研究出在实验室里配制这种菌类培养基的工艺，现在正从小块试验田转到大块试验田进行试验。

此外，学生利用苏联科学家 В.Г. 亚历山大罗夫的著作，在培养靠硅酸盐生活的细菌。这些细菌破坏了硅酸盐之后，从中摄取灰分要素，并与空气中的氮合起来创造出蛋白质这种富有营养的植物培养基来。

自然界里有许多这样的物质和微生物，有了它们就能使硅酸盐细菌的生命活动更加蓬勃旺盛。化学肥料和微生物肥料配合起来，可以丰富土壤的养分。在肥料厂，组员们试验着各种化学化合物和有机物对细菌生命活动的影响和作用。而这里所要付出的繁重体力劳动并没有使学生望而却步；要知道这些劳动并不是最终目的，而是实现意图的一种手段。

在生物科学小组里，高年级生研究植物界里的生命过程，试验题目包括：加速植物的生长，提高水果和蔬菜的维生素含量、小麦的蛋白质含量和甜菜的糖分含量等。小组的劳动使学生得出一个结论：种子的优良品质乃是植物机体生命活动最重要的根源之一。精选强壮的、生长能量大的谷物籽粒做种子，妥善保管种子，提高植物的生长能量和抵御病害及不良外界条件的能力，……都是组员们的试验题目。

参加各学科科学小组活动的，除高年级生外，还有一些青年工人和集体农庄庄员、我校过去的毕业生。这是学校接近本地集体农庄并在集体农庄庄员中间提高威信的很重要的一个方法。

五、学生以科学技术进步为劳动方针

我们力求使学生的劳动具有创造性，使它成为科学技术成就在生产中的应用。青年发明家、生产合理化建议者的创造才能的培养，靠的是他们的技术素养的发展和善于在任何工作中都能深入其本质的那种本领的发展。如果学生在学龄初期就会操纵内燃发动机，会在机床上加工金属零件，他的发展就会加快好几年，到十七八岁就能达到有经验的工人所具备的那种技术素养水平。

我们力求使孩子们的思想不光在头脑里，而且形象地说，也在指尖上。发明活动——这个儿童创造的最高阶段，是培养技术素养最有效的途径。仿照真机器制造活动模型，只是创造的初步阶段。很重要的是，要让孩子能想出、创造出各种活动模型的新组合，编制新机组，发现机械的新用途。例如，学生们制作了蒸汽机模型，它可带动一台小功率发电机，而这台发电机又为活动模型提供了电能。孩子们很有兴致地将扬谷机模型、机械锯、分离机等连接到发电机上。这已是创造，但孩子们还有更多的愿望，他们已不满足于单纯的运转，还想让机器能对某种东西进行加工，于是就产生一个想法：改变一下机械锯的构造，使它能用于抛光。在改装模型的过程中，他们又产生一个想法：把锯和木材旋床连接在一部机械中。几个小集体之间还开展起创造竞赛来，每个集体都千方百计地想把自己的模型做得尽可能好。

随着对那些与操纵机器、加工金属、设计安装相关的种种技能的掌握程度的提高，学生体力劳动的范围也不断扩大，这些技能在里面不仅得到应用，而且也得到发展和提高。十四五岁的学生便可以学到与操纵机器、设计机械和制作模型有关的一系列技能。因此，少年集体便会颇有兴味地进行发明活动和创造性地运用知识的劳动。例如，读完七、八年级的学生，建造了一座绿色实验室——实验工作中心。他们当时的生产劳动同时又是创造课题：要把一些重体力劳动过程机械化，要用钢筋混凝土板块代替木材。在物理教师的指导下，学生们装配了一台搅拌水泥浆的机械，建造了一台起重机（用来往高处运送水泥浆、砖瓦和板块），架起了输送机，安装了锯床。尽管所有这些机械比起正常的建筑机械小得多，但其工作原理却与正常机器毫无差别。

我们从这项劳动中可以看到生产性目的和创造活动，以及劳动过程本身的改善。学生们不仅建成了房子，而且创造了一种对他们来讲是新的劳动。他们亲身体验到，用几十公斤铁和几米长的钢索，配一台电动机和滑轮，就能建造一台起重机，靠它不仅可以在工地上提升重物，还可以用它装汽车、搬运石头和木材；而用几块薄铁板就能制成混凝土搅拌机。他们在各项劳动中都认识到，组装、修配、善于使用电能等，就是劳动技术素养的本质所在。

我们力求使学生能在简单的农业劳动中不断找出应用机器装备、电能及化学的新的可能性。经验证明，只有当人在少年和青年时期就经过自己的努力用机器或机械代替手工劳动，不以加重体力负担为代价而靠运用科学知识从土地上多收获几公担粮食的情况下，才有可能培养他热爱农业劳动，这些也是为劳动生活做的心理准备。很重要的一点是，要使教学实验园地、温室、果园、自然生物室、养蜂场、绿色实验室……都成为培养技术素养的学校。

温室里和实验园地里的植物原来要靠人工浇灌。当学生学会从使用机器和机械的观点观察每个劳动过程后便想道：供水和浇灌能不能机械化呢？于是在水井和实验园地、温室之间铺设了一条管道，安装了水泵。这项工作是相当繁重的，但它能减轻未来的劳动，所以是有趣的、鼓舞人心的。现在照看植物，主要不是靠体力，而是靠思考了。我们在减轻学生繁重的、单调的体力劳动时，总是极力设法使他们把注意力和手用在更精巧的工作上去。比如，当培育蔬菜、花卉秧苗及葡萄幼苗使用人工灌溉时，在植物管理中占主要地位的是体力劳动；而一旦浇灌退居到次要地位时，孩子们就琢磨起怎样改善土壤成分才能使植物的某些器官和整体得到迅速发展，怎样保证空气的经常性湿度，用什么方法施行根外营养等问题。他们产生一种新的想法：可以用人工雨代替逐株的浇灌。他们在温室的高处架设了一排排带微孔的管道，通过控制管道里的水流便造出雨来。高年级学生还使水电离。电离水使温室的条件近似夏季雷雨天的自然条件（温室里甚至会有股臭氧的气味）。因此，植物的发育增强了，新陈代谢加速了，土壤里有益微生物也旺盛地滋生起来了。

教师和学生们创造了疏松土壤表层用的机械装置。这个装置装配了小型内燃发动机和旋转犁，它可以铲削土壤表层并使之移位，必要时还可以按需要的深度松土。这部机器（学生称它为机械锄），可在不同场合经过调节用来开沟或培垄。这项小小的发明，唤起了创造意念，启发人去寻求不仅由工程师、设计师发明创造，而且每个工人都应去创造的那种小型机械化的可能性。又一种新的想法在吸引学生了，这就是如何把电能应用在果树剪枝上、应用在配制给植物追肥的溶液上。所有这些创造意图的实现，都是从学生在技术小组里着手思考如何变手工劳动工具为机械工具开始的。

经验证明，要培养技术素养和技术思维，就要将生产目的、劳动的物质成果同实验（在学校的条件下，首先就是设计新机械和机组）结合起来。这在高年级生的教育工作中，尤其重要。

九年级生在集体农庄的打谷场上扬场。打谷场算是机械化了的，因为有两台脱粒机都是靠电带动的。然而为了给这两台机器供粮，需要二十名壮劳力提着桶运送粮食。学生们就琢磨怎样使这种手工劳动机械化。他们安装了两台输送机，一台输送未扬的谷物，而另一台则把净谷输送到粮库。这项劳动的性质便迥然不同了。如果说在机械化之前，需要紧张的体力劳动才能确保机器不间断地工作，那么现在需要的则只是看管机组和个别部件的正常运转。在这项实质上是新的工作中，干得最为得心应手的是那些精通电工学和机械学的人，那些善于设计和把电动机这个万能的能源同各种机组和机械结合起来使用的人。男女青年们再一次认识到，农业生产中有数十种劳动过程都可以经过自己的努力，通过把机器同电动机或内燃发动机结合的方式搞小型机械化。

在畜牧场劳动的男女青年注意到，清除厩肥要费很大体力。他们仔细观察了集体农庄庄员早已习惯的环境后,想道:要经常清除的那些沾满牲畜粪便的垫圈麦秸,何以必须是这种不便运输的湿漉漉的烂絮状态呢?能不能把这些铺垫物搞成在清除时(这是十分繁重而又不招人喜欢的活计)便于机器采用的状态呢?这时他们产生一个念头:做铺垫用的麦秸,不应是一般的麦秸,而应是切碎的,这样就便于用运送机进行清理了。他们就这样做了,而且还发现,这种状态的麦秸汲水更加均匀,施在田里也能更快地变成腐殖物。

我们力求使青年能在各个工作领域内越来越深入地运用机器设备,也就是说,不仅是扩大已有机械的应用范围,还要在原有机械的基础上创造新的机组和新的设备。青年一代有决心去创造性地应用技术,去搞群众性的发明,这是技术进步最重要的前提之一。随着技术的发展和完善,生产的进步越来越多地不仅要靠机器的创造者,还要靠用这些机器做工的那些人。

现代的农村里,已经没有千百年来形成的传统的耕耘者和播种者了。作物栽培能手、畜牧业能手,首先都是好机械师。如果说在许多地方由于沿袭传统和因循守旧的缘故,牧场上还摆脱不掉铁锨和叉子的话,那么培养年轻一代去参加农业劳动,绝不意味着培养他们去热爱铁锨和叉子。没有以技术取代铁锨和叉子的愿望和技能,就不可能热爱农业劳动。所有的集体农庄庄员都应当成为机械师,这是消灭城乡差别的主要途径。集体农庄每一千公顷的耕地上,应当不超过十名机械化了的劳力。只有这种条件,才能达到高劳动生产率。农村遍地是宝,很多自然财富还未被利用。人们总是力争从土地里索取更多的东西,而赋予土地的还太少。每个农庄都造出成千上万吨优质的、可以被植物迅速吸收的有机肥料,这至少能提高一倍产量。每一公顷耕地完全可以饲养一头奶牛。如果我们能做到这一点,国家的牛奶将会流成河;很遗憾,目前平均要用五至八公顷地养一头牛。而所有这一切,只有当每一个人从七八岁起就生活在技术世界里的时候,只有把科学成就用于实践成为人智力发展的最重要的特点的时候,才能够达到。

机器能否被有效地利用,是由机械师的技术水平决定的。这对于诸如甜菜康拜因和马铃薯康拜因这类机器的高生产率尤为重要。根部的不同形态,土壤的不同密度,田地的地形——所有这些在调节康拜因机的过程中，都应仔细考虑到，驾驶这些机器，要求机械师具备设计者的思维。我们力求在学生时期就发展孩子们具有这种思维。我们教学生不仅会从机器中取用设计者赋予它的一切，还会给它添加某些初看起来好像是不显著的改进、变化和装置，以保证机器能经常顺利地工作。我们举例来说明一下。

一度，轮到我们的学生在甜菜播种机上做工。这种机器能否顺利地工作，在很大程度上就要依田地地形、土壤特点和种子质量而定。他们仔细观察了机器的工作情况之后发现，能否在每一穴里精确地播下一定数量的籽种，与土壤的湿度关系极大。一旦考虑不到播种地段当天的土壤湿度，不对播种机做出相应调节的话，机器工作一小时后就会不精确，但这并不是制造上的缺陷。播种机的下种机构同其他部件的相互作用，每一次都应当既按籽种的湿度、又随土壤的成分和湿度而调节。我们的学生要学习在各种不同土壤上和各种不同条件下使用播种机。他们也总是能做到使播种机按理想的准确度工作，也就是如设计者预先设想的那样工作。

甚至使用中耕机那样不复杂的机械，也必须采取创造性的方式。我们的学生通过观察得出结论，选择刀具（中耕机的铲子）不仅应该看土壤及耕作性质，而且要考虑拖拉机的行驶速度。他们学会了选择刀具，甚至在提高了工作速度的情况下，不仅能除掉莠草，而且还给农作物培土，并且把行间和作物四周表层板结成的硬皮疏松开。

我们的农艺技术小组，直接在集体农庄轮作田里拥有小块试验田已经五年了，试验田面积不到半公顷。在这里试验的加工土壤和管理作物的方法，都是一些已在学校教学实验园地里证明过的好方法。他们还把一些先在温室和绿色实验室里做过的、并在学校教学实验园地里经过检验的试验，也移到这里来做。这是一些有关促进植物生长和成熟的化学催速剂、促进植物个别器官发育的化学激素、新陈代谢激素的应用等方面的实验。所有这些实验和研究的主要目的，就是要获得比一般产量高出几倍的单位面积产量来。由于施了化肥和微生物肥，对土壤进行了正确的加工，精选了优质籽种，试验地块的产量按公顷折合：小麦达60—70公担、向日葵达30—50公担、甜菜达650—700公担。

我们的学生还进行旨在深入研究粮食作物的特性和化学科学成就对它的影响和作用方面的有趣实验。譬如说，农艺技术科学小组已连续几年都采用中耕法种植春小麦。开沟下种，保证每一行都有很大的营养面积，行间土地都耕松，施放化学肥料和生长激素，结果长出了大得罕见的麦穗——籽粒之大有一般的一倍半至两倍。我们深深地认识到，籽粒大是小麦的自然特性，只不过它的这一特性还未完全被揭示出来。中耕法的产量是一般方法的产量的五六倍。这些实验最近将直接用于生产。把集体农庄生产中现有的机械装配得能进行行间工作也并不难。

我要再一次指出，在我们的农艺技术科学小组里，学生们是和青年庄员机械师、农艺师们在一起工作的。经验证明，我们的学生在集体农庄生产队里结合农业实习的与生产工作者的交往，就是学校与生产联系的最好的组织形式。学生们应当到有生产集体在劳动的那些场所去劳动。

六、才能、爱好和志向的培养和发展

让人享受到进行喜爱的劳动时的幸福，是指帮助人在许多生活道路中找到更能发挥个人创造力和个人才能的路来。学校不应当培养不幸的人，即没有确定自己志向的人。共产主义首先意味着人的才能、才干、天资的充分发挥。共产主义教育的实质，在于发掘每个人身上那种一经发挥就能给他带来创造欢乐的宝贵素质和才能。学生的生活在精神和智力方面的充实程度，取决于他们每个人在多大程度上恰当顺利地在集体中居于应有的地位和履行自己对社会的义务。

发挥个人创造力的范围是多方面的。一个人的天赋和才能，并非只有当他成为科学家、工程师或成为一般脑力劳动者时才能得到发挥。

在一个把人放在了首位的社会里，任何劳动都可以上升到创造性的高度。对每个孩子来说，凡能使他在其中表现为一个创造者，一个诗人、画家，使他为自己和集体的劳动成果而自豪的那种劳动，都可以变成一种精神创造。我们对此是绝对肯定的，因为这是我们基本的教育信念之一。我们学校里没有一个孩子对劳动持冷淡态度。培养每个孩子对劳动的积极兴趣，发掘个人的爱好和志向，确定个人的爱好，这就是个别教育工作的实质所在，真正的教育技巧就在这里显示。每一个学生都会确定自己的志向，走上自己的生活道路。一种庸俗的见解认为，人与志向是互不相干的，个人的生活命运全靠碰运气，这根本就是错误的。志向是要培养的，而培养志向的成效，在很大程度上要看劳动进入人的精神生活的深度以及劳动与思维的融合程度。

我们的目标是，力求做到我们学校里不要有一个毫无个性的、对什么都不感兴趣的学生。如果一个全优学生对什么也不激动、也不爱好，毫不动情地学习数学公式和抒情诗、栽树和在机床上干活的话，就会引起我们的不安。他好像事事都进行得顺顺当当，这种现象在我们看来是一种特殊的危险。我们认为，有必要唤起这个事事顺当的学生的兴趣，使他迷上某种事，使他离开学校时，能十分热爱这件事，并以自己的技艺自豪。

进我校上一年级的孩子，首先看到的就是这里人人都毫无例外地在做着种种有趣的事情。每一个学生都有自己喜爱的劳动角落，有自己喜爱的事，有在劳动方面可以为他做榜样的年长的同学。绝大多数学生，不仅在学习某些东西，掌握某些东西，而且在把自己的技能和技巧、自己的知识传授给别的同学。一个人，只有当他把自己的知识、经验、技艺传授给别人时，他才真正在受教育。只有当他与别人有了道德关系时，当他关心精神财富的增长时，他才会开始感受到自己的创造力量和才能。志向就这样产生，自我教育也就是这样在进行。在劳动过程中，只有当一个人开始在别人身上看到自己的美德时，只有当别人好像变成他的一面镜子时，个人之间才会产生道德关系。志向的自我培养，就建立在集体中的这些道德关系上。

每个孩子的身上都蕴藏着某些才能的素质。这些素质，如同火药，要有火花来点燃它们。年长或者同年龄的同学对技艺所倾注的迷恋之情，就是这种火花。在集体劳动中，不只是一个人对自然界、对周围世界的影响，也是心灵、感情、思想、感受、兴趣、爱好之间的相互影响。

为激起和发展学生们对设计和装配的喜好，我们特别设立了一个工作地点（供学龄初期和学龄中期用），学生在这里用拆卸开的部件和零件装配活动模型。来活动的人完成难度不同的各种作业：低年级学生装配不复杂的起重机，少年装配钻床或车床，而高年级生则在这里装配带有程序控制的演示用车床。一个迷上了技术创造的学生来到这里，还什么都不会做。起初派他做些不复杂的工作，然后是较复杂的工作。他很快就掌握了对这种年龄来讲较复杂的知识和技能。形象地说，他心灵上的火药遇到了火花——孩子遇上了为劳动奋发了精神的同学。而这种奋发精神，就是个人倾向、才能和志向的最强大的培育力量。工具、机械、直观教具——所有这一切如果没有振奋劳动中的创造精神，没有道德关系，就都是死的东西。

我们力求在每一个集体中都能创造一种精神奋发的创造劳动气氛。每10个男女孩子中就有三四个能在10—11岁时拆装小型内燃发动机并操纵它。他们是未来有才能的机械师。每100个男女孩子之中就有七八个能在10—11岁时通晓内燃发动机的程度，比起那些技术不能触动其心灵而要在别的事情上找乐趣的十年级学生要好得多。这些天生有才的少年，很可能成长为有才干的设计师、发明家、工程师。在学校里，我们力求使这些天资较高的青少年在少年机械师小组里能成为火种，去点燃与他们并肩活动的同学和朋友们的心灵之火。没有他们就不可能搞任何小组工作，没有他们就不可能有任何独立的课外活动。这个火种，特别是对劳动的这种迷恋之情，正是产生于集体劳动之中的那些道德关系的源头。我们认为，教育最重要的任务之一，形象地说，就是不能让任何一个孩子的心灵之火没有被点燃，要让所有的天资和才能都能得到充分的发挥，要让最有才华和天资的学生成为教育者（而且只有在这种情况下，他们自己也才能受到教育）。

劳动项目越精细，其中的智力基础越明显，自我教育、个人精神财富向劳动集体中的其他同学的传授，以及年长与年幼同学间的亲密团结等因素，也就越重要。每个少年电工小组、无线电技师小组里，都有那么一两个人在专业上已达到精通熟练的程度，能在劳动上做榜样。学生集体里只要有劳动激发的创造热情之火在燃烧，里面总会有这样有才干的儿童、少年和男女青年。多年的经验使我们深信，每一个人数在30—35人的班里，总会有五六个学生，热爱电工技术和无线电技术的劳动，沉迷于这种劳动；每100名学生中，总有10—12名学生能在自动化和无线电电子学方面取得相当大的成就。在这种比较精细的创造中，高年级和低年级学生的亲密团结特别重要。所以，在我们的自动化和无线电电子学小组里，既有学龄初期也有学龄晚期的学生在活动，这绝非偶然。

在无线电技术和电子学方面达到相当成就和技艺的高年级生，负责辅导设在农庄庄员之家的庄员青年组织的各种小组。男女青年们在这些小组里装配收音机、电视机。

我校教学集体对孩子们艺术创造才能的发展，尤其是实用艺术方面的发展，给予了很大的关注。学校里有一个小陶器制作间，学生在那里用黏土制作各种器皿、各种动物和人的塑像。这里还为低年级学生专门设了工作角，他们在这里可以塑造他们想塑的各种东西，并为学校木偶剧团制作木偶。在艺术烙画和镂刻小组里，孩子们在烫烙的画里和胶合板刻制的图形里展示着自己的想象。绘画小组把一年级直到毕业班的爱好绘画的学生组织在一起。学生们的音乐才能则在合唱小组、儿童民间乐队和手风琴小组里得到发展。在我们的孩子中间，无疑会有未来的演员、音乐家、作曲家。对这类学生中的一些人来说，艺术可能成为主要活动，成为专业。然而，不论是否如此，不论我们学生的未来专业是什么，我们认为，艺术应当成为每个人精神财富的重要源泉。

在学生的集体里，总是有一些儿童、少年和青年把在土地上的劳动——种植粮食、照管动物，当作他们喜爱的工作。这些学生就是生物老师的第一助手。在教学实验园地、果园、温室、绿色实验室、集体农庄畜牧场、学校教学实验兔舍里，到处都有少年育种学家、土壤学家、畜牧学家、植物爱好者从事他们所喜爱的劳动的角落。而每个这样的角落，不仅有很有趣的劳动，不仅有自然界秘密和规律的发现，而且有热爱劳动的火花、出色的才干，以及那些刚刚跨进校门的孩子们正在苏醒中的钻研精神和求知欲。

那些有天赋、有才干的儿童、少年和青年，成为小组的领导者。个别小组由老师指导，只有当老师是能手的时候，才能成为指导者，老师的技术在学生面前表现得越明显，他就越成为孩子们的朋友、同志，他的教育威望也就越高。

我们很关心要使那些有才干、有天赋的学生在学龄初期就能把自己的精神财富传授给同学，凡是在十到十一岁时就能在小车床上做工、装配可活动的发电机模型或收音机、将两三种果树嫁接到野生树上的儿童，到少年时期或青年早期就会成为儿童团体的领导者，这些团体是培养才能、倾向、志向的基地。但这种领导是很特殊的，首先是能以技艺作为活的榜样，以劳动去鼓舞人。每个有才干、有天赋的学生周围，都有一群着迷于同一工作的孩子，这些孩子往往只不过是对年长同学所做的事感兴趣。有才干、有天赋的学生常常并没有考虑去领导，只是埋头于他自己所做的事情，起初并不理会身边工作的那些人。有意识的领导比较晚些才会出现。开始是具有不同劳动锻炼程度及技能和技巧水平的孩子、少年，如同自发般地结合起来：二年级生在同八年级生一起劳动、五年级生在向十年级生学习。但之后，这种表面上的自发性，恰好会成为真正的主动精神：对工作的迷恋促使孩子们结合在一起。

比如，在一个工作间里，在进行心爱的劳动的时间，一起参加活动的一个学生小组共有十一人。这是少年装配钳工小组，他们的共同爱好就是装配电动的活动模型。其中最有才能的是九年级学生谢尔盖，他和他的三个好友（一个七年级学生、一个八年级学生、一个十年级女生）装配带有自动信号系统、数股道岔、死岔线、备用线的铁路模型。在他们旁边工作的是两个七年级学生（一个男生和一个女生）、一个八年级学生和一个五年级学生，这几个人装配的是电动起重机模型，但有时也参与铁路模型的制作，而谢尔盖则帮助他们装配起重机。这样，在一个团体里，仿佛有两个小集体：一个从事复杂的工作，另一个从事简单的工作。后一个小集体的孩子们总想同较有经验的同学在一起劳动，而较有经验的同学总想处于领先地位，他们担心经验较少的同学会很快赶上他们，技能和技艺在这里得到不断发展。

在这个团体里还有三个学生——两个二年级生（其中一个是女生）和一个四年级生。他们也想做一些事，于是年长的同学就给他们工作做：让孩子们磨光制作车厢和道岔用的金属薄板，拆卸和清洗旧的、生了锈的电动机零件。小同学们很满意。他们渐渐也开始去做更复杂的工作。四年级生奥列格，在一个月之后，就已经能帮助谢尔盖在金属薄板上钻孔了。高年级同学已看出，很快就可以让奥列格上车床工作了。因为他手上有把握，目测力强，已能得心应手地使用工具（他已经有一年半的时间使用细木工电锯做活，用旋床旋削木制零件和塑料零件）。

　　过了三个月，铁路和起重机模型已做成。谢尔盖又把一个新模型——初轧机模型的图纸拿到工作间来，这个模型里包含有自动化技术和电子学成分（程序控制，对加工零件的质量监测）。原来做复杂程度不同的工作的两个集体合二为一了。但很快就发现，制作起重机模型当中的几个学生对制造初轧机的工作，绝不是样样都能胜任。他们不愿意只完成一些次要的任务，总是想显示一下自己的某些技艺，他们便做起电动机模型来。又有二年级生进来跟他们一起干，奥列格便一边参加初轧机模型的制作，一边又是制作电动机的最积极的参加者。这时又有两个学生加入这个集体：一个三年级女生和一个四年级男生。

　　所有的孩子们就是这样劳动着。这种以兴趣和爱好的一致为基础的劳动，有促进每个人竭力把工作做得尽可能好的作用。由于几乎每个学生都在把自己的经验传授给同学，所以大家都想竭力达到完善的地步，这种努力中蕴含着可以促使爱好和志向发展的加劲干的精神力量。我们十分注意让孩子尽可能早地开始，形象地说，放射出那种能使劳动成为某个人的指路明灯的灵感之光来。

　　当一个孩子越深刻地感受到他在教别人时，他本人想学习的愿望就越大。有的五六年级学生就能领导一个小集体——少年育种家小组了。娃莉娅和柳达姐妹俩，在念五、六年级时，就很有兴趣地在做二至四年级孩子们的工作。她们培植出高产量的蔬菜和马铃薯：从一平方米的土地上就收获了十多公斤的马铃薯。由于她们身边有一个她们自己也参加活动的农业技术科学小组，她们便从中获得从事这种劳动和辅导小女孩子们的鼓舞力量和知识。姐妹俩很想弄清土壤里所发生的各种现象的实质，而这种愿望恰恰就是一种激发人在智力发展和技艺提高上进入新阶段的刺激因素。这个把感情上的、智力上的、道德上的和意志上的努力交织在一起的复杂的精神过程，正是发挥天资、形成才能和确立志向的过程。

从孩子进我们学校的第一天起，他周围的各种各样的劳动，犹如各种力量的磁铁，吸引着罗盘上的灵敏的指针，给孩子指引着前进的方向。磁力越强，吸引孩子的那种劳动越有趣，这种劳动对孩子的才能、倾向和志向的发展作用就越明显。

化学女教师 E.E. 科洛米琴科在集体农庄畜牧场建立了一个实验室，学生们在实验室里研究抗生素在动物机体发育中的作用。假如没有这位女教师的榜样，没有她对劳动的迷恋，畜牧场的劳动就不会引起少年畜牧家们的任何兴趣来。对劳动主动精神的教育领导就在于，使孩子感到身边存在着被劳动激发的热情，存在着对劳动的倾心和迷恋。如果教师的劳动已成为学生们的表率，为学生所钦佩，那么教师就会成为学生所爱戴的人。经验证明，面对热爱劳动的老师或者年长的同学所焕发的旺盛的创造精神而对工作仍持冷漠的无所谓态度的事例，是没有的。如果我们看到，孩子对什么都冷漠，对什么都不感兴趣，我们就要考虑，让这个困难孩子去接近一位教师或高年级同学。对孩子的个别施教就是从此做起的。每个教师、校长、教导主任都有他们各自要教育的两三名困难孩子，这些孩子往往是在不顺遂的家庭环境里生活并享受不到父母爱抚的。我们之所以能找到通往这些孩子心灵的途径，首先因为我们是他们劳动中的朋友，我们和他们有着共同的意愿、目的和计划。

我们力求使每个学生都在自己所热爱的工作上取得相当大的成就。取得成就的道路，一般要经过长时间的摸索，学生要在各种工作中去试验自己的力量，掌握多种技能，如果他在某一方面的成就没有远远超出对这种年龄来说是一般的、常见的那种程度的话，这就说明，他到这时还未找到自己的道路。相当大的成就，并不只是能合格地、较好地乃至出色地完成人人都能做到的事。谁都能漂亮地做一把尺子或装一台电动机模型，只不过这个人为此需要多做练习，另一个人则要少些。但是要使劳动成为喜爱的事、着迷的事，就需要取得高于这种年龄的所有学生所能达到的最高要求的那种成就。我们把这种成绩称为相当大的成就。我校六、七年级的全体学生，都能很好地把培植的果树品种的枝芽嫁接在野生果木上，而出色地完成这项工作,在我们这里绝算不上是相当大的成就。而如果是三、四年级学生,尤其是二年级学生在这件事上达到了熟练程度,那就是相当大的成就了。这样的学生到六、七年级时,将会在小组里进行育种和杂交试验,这是只给毕业班中最有技能的学生才布置的一般任务,而到即将毕业的那年,他就要做微生物试验,研究土壤生命、化学物质对植物各个器官发育的影响等问题了。所有这一切,已是教学大纲之外的东西了。相当大的成就是与学生赶超自己同龄人相联系的。不言而喻,这并不意味着集体中一两个成员跑在前面,而其他人都跟在后面,而是说,他们每个人都有自己所喜爱的劳动,他们各自在那方面的成就如果说不是相当大的,那也至少是颇有分量的。

许多学生在低年级就已在劳动中取得相当大的成就。有个一年级生使用细木锯比四年级生还要好;有个二年级生造了个小木房,相当漂亮,以致全校都在赞赏;一个四年级生,将培植果木品种的枝芽嫁接到野果树上,长出的枝叶格外挺拔茁壮,以至于连植物教师都要思考:他是怎样做到这些的?二年级生在协助搞发动机的少年们擦洗零件的过程中,都学会了拆装小发动机。然而,这些成就并不意味着孩子的所有天资都得到了发挥,他的才能已经最后确定,甚至他似乎已经可以对他的未来做安排了。过了一段时间,孩子可能在另一件事上取得比较大的成就。才能发展,是个灵活的、变动的过程。人在绝大多数情况下,当不上他在少年时代幻想要当的那种人。但是由于取得相当大的成就是个小小高峰,孩子要付出特别的努力才能登上它。而一旦登上之后,他就会感到他所做到的是那么多而同时又是那么少,因为从小小高峰上更清楚地看到了更高的、暂时还攀登不上的峰顶。

我知道二十多个少年和几个学龄晚期的学生,在很长时期内,无论在哪一种事情上都未能取得成绩,其中有人显然是游手好闲者。但不管他多么不愿意劳动,我们总是从让他取得成绩着手的,起初是小成绩,然后是相当大的成绩。我们对什么都不用心的那些游手好闲者、懒汉,起初就是让他到那些我们相信他可以取得些成绩的地方去劳动。

能促使人去劳动的最好方法,是教师和学生一同劳动。几年来，我们教育了懒惰的、对一切都漠不关心的伊戈乐。起初，他连学习驾驶摩托车都不愿意——要知道，极少有学生会对此无动于衷的。对这孩子，简直只好牵着他的手，叫他去做那些他应该自己做的事，譬如说，把苹果树枝嫁接到野生果树上，移栽小树，而且要几十次地重复去做。但劳动本身有一种奇特的效用：一个人只要完成一定量的工作，见到了工作成果，工作对他就有吸引力了。伊戈尔爱上了园艺。

学生一旦取得相当大的成就，我们就引导他把力量用到更复杂、更困难的工作上去。这对发挥素质和发展才能是很重要的：不去克服一些困难，天赋就会被埋没；天才、技艺、优良品质，首先是顽强的劳动，是克服困难。

几年前，在一个少年畜牧家小组里，有一个同高年级学生一起劳动的四年级学生——维佳，他喜欢照料小牛犊。这个男孩看到了高年级学生是如何关心、保护干草里的营养物质。他们给他布置了为牛犊制备几十公斤含维生素的干草的工作。结果由他晾好的干草，简直成了有价值的药用饲料。对于一个十二岁的孩子来说，这是相当大的成就。维佳爱上了为小牛犊制备饲料的工作，随后又爱上了种植饲料的活；到七年级时，他学会了怎样丰富粗饲料里的蛋白质，他照看的奶牛奶产量提高了。看来，这个少年似乎会成为一个好畜牧家。然而这个男孩只是被这种工作吸引了，还顾不上考虑将来。维佳到高年级又迷上了抗生素。他同教师一起探索创造抗生素生命活动培养基的新方法，并进行实验。维佳中学毕业后进了大学，大学毕业后，成了一名科学工作者。

我们特别关心那些天资不明显、劳动创造精神火花不明亮的学生的才能、倾向、志向的培养。这些平淡无奇的、无个性的学生，不仅学业平平常常的学生中间有，而且在优等生中间也有。由于我们坚信，每个人都可能在某种事上成为诗人、艺术家，所以我们竭力使这种学生把自己的全部力量集中于一点——在某种工作上能够精细入微。一次未能成功，我们就帮助他重新再来；第二次失败了，我们就帮助他从另一方面入手。

有个少年对培植温室里的葡萄苗产生了兴趣。这种劳动要求要有很高的技艺：要会调配土壤成分，会把插条正确地插进土里，选择光照好的地方，保证空气湿度适当，关注土壤中有益微生物的发育。第一次，这个少年一无所获，他都要准备丢下这件事去做某种别的事情。但是，我们明白，培植葡萄苗恰好是他应当使劲的目标所在。我们给他指点怎样更好地配制土壤，怎样追肥。这个少年重新做起，并在工作中看到某些新的东西，从而支持了他的干劲。但结果仍然不好，幼芽不知为什么发得那样慢，枝条长势也不好。我们又从劳动过程中寻找这个少年在第一次和第二次都没有注意到的那些东西。工作重新开始了，个别技能达到了完善的地步，因而取得了一些好的结果。现在这个事实本身已成为激励人去重新做的一种刺激。既然事情比以前做得好一些，也就是说，可以把它做得更好。这个少年反复地重做，使越来越多的技能和技巧达到完善的地步，腾出的智力便可以进一步深入现象的本质。他开始对所做的事进行思考，开始思考劳动成果与付出的努力和进行的探索之间的相互关系。于是，植物发育得比其他人的都好的那个时刻来到了，这就是成就。这时候这个少年愿意一而再再而三地去做这个事情，正是因为这个事情给他带来了成就。这里的成就，百分之九十九是靠劳动取得的。坚持不懈的劳动，使那些不突出的、无个性的学生们感受到了乐趣，他们的才能也得到发展。

我们认为，体力劳动和智力劳动的结合对才能的发展具有重大的意义。一个人，只有当他对所做的一切都要经过预先思考时，他才能成为有才能的、有才干的车工、机械师、植物栽培家、畜牧学家。我们力求使那些对大自然、对土地、对动物表现出兴趣的人，在他们童年、少年、青年早期时所做的那些最简单的有时是令人不愉快的劳动过程都充满研究性的、实验性的思想。学校肥料厂的活儿，很多地方要用铁锨、叉子去干，但这些劳动都是进行有趣研究的开端。这里配制着含有微量元素的、具有特定效用的肥料。例如，一种肥料能使小麦提前5—7天成熟，另一种肥料能提前10—12天。

一个人只要经历过一次这项劳动的全过程——从准备肥料到收获，这种比基本农田提前一周或两周成熟的收获，就很难使他脱离土地、肥料和植物了。我们就有在肥料厂进行创造劳动达四五年之久的男女青少年。由于这种普通的体力劳动同时又是饱含思考的劳动，孩子身上就会渐渐显示出具有高度素养的农事才能。他们能"感觉"出土壤的生机来，他们着迷于植物。他们进行的体力劳动是与实验室的研究相结合的，比如当实验化学物质对有机体内新陈代谢的强度起作用时就是这样。从铁锹和叉子到显微镜，从化学试剂到腐殖沟——这是培养既会用手也会用脑工作的农民研究者、思想家的途径。目前，我们正在筹建一个少年土壤研究站，这将是孩子们从事所喜爱的劳动的又一个场所，他们将在这里研究本地区、本州的土壤。

进行智力性劳动是很难的，而进行体力性劳动却相当容易。把体力劳动和智力劳动相结合，是培养那些最缺乏管教的、最懒散的、父母从未让劳动过的孩子的勤劳品质的有决定意义的手段。对这样的学生，开始时我们先让他去完成一定量的体力劳动，逐渐使他们在这种劳动中看到某种（即使起初是无足轻重的）认识和征服自然力的手段。如当一个人已开始把体力劳动当作达到社会和智力目的的手段时，这就说明他的懒惰已得到克服，培养勤劳品质的途径已经打通了。

随着个人倾向、才能、志向的培养，我们也就借以形成劳动的社会分工。马克思写道："分配社会劳动的**必要性**，绝不可能被社会生产的一定形式所取消，而可能改变的只是它的表现形式。"建立在高度的科学技术生产基础之上的劳动分工，将有助于使每个人自由地去选择能充分发挥其才能的那种劳动。园艺家和建筑师，冶金学家和地质学家，育种学家和土壤学家等，在许多专业方面，物质财富的创造者将和创造精神价值的、在劳动中显示自己智力的思想家结合在一起。那时，最平凡的工作，用马克思的话来说，也将成为"非常严肃，极其紧张的事情"。[36]

教育者的任务，就是要在集体中看到未来的有才干的机械师、育种学家、设计师、数学理论家、矿藏勘探者、建筑工作者、冶金工作者，激发他们的天资，点燃每一个人的创造火花。下面是我们近期的一些打算。

不仅在实践活动方面，而且在掌握理论知识方面，更深入地把学生吸引到他们所喜爱的活动中来。例如，对植物栽培有爱好的学生，将学习更深的植物学课程，学校图书馆现在已经为他们配备了这方面的书籍。在课堂上，将向他们提出更重大的课题，并向他们提出更高的要求。而对那些在机械化、电工、设计、装配和模型制造等方面表现有突出才能的学生，我们已在学校物理课程中补充了一些教学大纲以外的章节，而一般大纲的章节，则要通过补充材料加深教学。那些超出大纲范围的教学也将在课堂上进行（在不影响其他学生的情况下），特别要在课外的独立活动中进行。现在我们已做到补充的理论教材能与所喜爱的劳动密切结合。

对那些最有数学天资的学生，我们将不是在六年级而是在三年级和四年级就教代数基础（将由高年级爱好数学的学生按课表中专门为此安排的时间给他们上课）。这些学生在九、十年级学习微积分，就跟个别孩子十岁左右就能装配收音机一样，是可以做到的。我们现在已经在为少年数学家专用室置备设备和直观教具。而为有数学天资的学生拟定包含高等数学基础知识的大纲，现在已经在实地试用：九、十年级的个别学生顺利地掌握了无穷小分析和微积分。

从三年级开始，各个年级的课程表中将列入心爱科目课时（或许，我们将把它称为创造课时）。在这个课时（每周一学时，高年级则设三学时）里，每个学生将学习、钻研他们感兴趣的问题。在心爱科目课上，将把脑力的使用与体力劳动融为一体。每个学生上课的地点，将以他的爱好性质及所爱劳动的内容而定：一个人将坐在那里埋头于书本，一个人将看显微镜，一个人用铁锹在实验园地里劳动，另一个人则在电工室里或者工作间里开车床或坐在装配台案旁。十年级生将和五年级生一起活动，而前面提到的那些劳动集体的组织者则到自己的小同学那里去。

下午的心爱劳动时间将要变得更加丰富多彩。现在就已经形成一些心爱劳动的新场所；最难的那些活动的工作室，看来可能要变为很有趣味的地方，因为在那里作为创造课题提出的是一些（对孩子来说）较复杂的设计和装配方案，为实现这些方案就必须进行认真的思考。这里的劳动会伴随着意志上的努力，伴随着失败和失望，但这也是必要的：真正的思想家、研究者也正是这样锻炼出来的。已经建立了一个小型机械化工作室，高年级生正在这里思考创造能减轻体力劳动的新机械和机组。

七、手工劳动在全面发展中的作用

不论机器设备和工艺过程多么复杂,手工劳动在任何时候都会是生产的重要因素。"手工劳动"这个概念并不是"体力劳动"这个概念的同义语。有高度素养的手工劳动,能鲜明地显示创造思维。劳动技术和劳动工艺越复杂,在掌握技术之前需要具备的手工劳动的基本技能和技巧就越多。在生产自动化的条件下,为进行控制、修理、调整、安装、技术检查、设备更新所必备的技能和技巧的作用正在增长。那些与操纵复杂机器和机械相关的技能,要靠手工劳动的技能才会变得更精细、更有把握。经过长期手工劳动锻炼的人,操纵起机器来,会使它的零部件相互作用得很平稳,没有猛然的冲撞。真正说起来,巧匠的才能就在指尖上。

我们向低年级和中年级学生介绍机械设备时,很重视这种特殊的手工劳动:在学习操纵机器之前,学生要拆装这种机器的活动模型,领会零件和部件之间的相互作用,然后再过渡到拆装真机器。观察表明,如果在操纵机器之前经历了这样一个手工劳动阶段,人就会成为机器的真正主人。他不仅能十分有把握地操纵机器,而且会预防机器出毛病、发生故障和受损伤。

手工劳动的教育作用,取决于一个人用手在做什么和怎样做,以及劳动过程同做工者的思考进程结合得怎样。在手工劳动中,我们十分重视为制造某种新东西而对材料进行加工改造过程中所显示的劳动技能、计算能力以及动作的准确性与施于材料的体力之间的配合。这就是我们把机器装配,模型制造,土壤加工,树木的芽接、栽种和移栽等劳动置于如此重要地位的原因——在所有这些劳动过程中,人都得直接用手或是用工具作用于劳动对象。同时,我们还注意让人不仅会用右手工作,而且会用左手工作,使两只手在劳动过程中能相互配合。这是劳动教育的一个十分重要的问题,可惜我不能在此详谈。

手工劳动在发展抽象思维方面也起着很大的作用。诸如机器、机械、工艺过程、劳动生产率等这样一些总括性概念的形成,要依赖于手工劳动的性质。对十二三岁学生拆装机械活动模型的劳动所做的观察表明，这种工作很能帮助他们更清楚地理解做工部件和零件对行使其他功能的部件和零件的依赖关系，而这种理解反过来又对劳动活动产生有利的影响。例如，当孩子们学习小压缩器式发动机的构造和工作原理时，三番五次地拆装它，以便弄清在当时的某种情况下，两种原因中的哪一种在妨碍混合液的点燃：是结构上的缺陷和零件的毛病，还是混合燃料的配制不当。直观的比较和对比渐渐让位于思维的分析：孩子们做结论，已经不仅靠直接观察，而且靠采用逻辑推理的方法了。我们的观察表明，这种思维过程的活跃程度如何，要以劳动过程中的直接感知与认识逻辑之间联系的紧密程度而定。学生只有长时间在做工、用手作用于物体、进行设计和制造模型的过程中学习思考之后，才会掌握对劳动进行思考、对劳动过程进行思维分析的技能。

思想深入所要完成的工作的本质的深度，决定着思维中诸如智力实验（即根据实际资料对某种想法的正确性进行逻辑检验）以及想象和思维的协同程度。一个未曾密切结合实践发展思维分析能力的学生，总是在无须重复实践动作的时候，也就是说，完全可以用头脑去思考和设想时，仍然要去重复实践动作。在解决设计问题，以及修理和复原机器时，智力实验能力尤其具有重要意义。这时必须清楚地想象到各个部分的相互作用，以及在某种情况下和某种状态下它们之间的依赖关系。这种想象的清晰程度与劳动中手脑结合的密切程度有最直接的关系。有些少年根据拖拉机发动机工作的声音，就能断定毛病的性质，从而能预先掌握损坏的危险并加以防止。

一个人一旦在实践中、在劳动中锻炼出了分析综合能力时，那他就会像对待解习题那样对待劳动任务——先提出一些假设，然后通过思考和实践检验它们。这种人的可贵之处就在于，他们善于在当时的具体情况下看出问题、看出任务来。而这在人的意志同自然力的对抗成为思维对象的情况下，尤为重要。

凡在劳动过程中能使构思得以实现和发展的那种手工劳动，都能促使智力品质中这样一些品质的发展，如思维的批判力、灵活性、广度和活跃性，以及对判断和结论做出批判性检验的能力。那些两手自幼就能紧密结合思维工作的人都有一个特点：善于通过劳动去检验假设的正确性。孩子凭着本身以及周围人的经验，自幼就会认识到每种工作都有它不同阶段的技艺。理想目标——高超的技艺，就是创造。他从童年起，就会对自己的劳动报以严格的要求，永不满足于已取得的成绩。如果有孩子极力要重新去做已完成的工作，我们认为这是教育工作的重大成功。

在评价劳动的创造性时采取批判性态度，这在人日复一日做同一种工作的场合，尤为重要。优秀的农业生产劳动者，在着手为新的工作周期做准备时，一定要分析研究已经结束的上个周期，要分析地是怎样整的，当时对作物的生长条件是怎样考虑的，播种用的籽种是怎样准备的，等等。对待劳动的这种态度，应当争取在学校里就形成。孩子们应当在年复一年重复的同一种工作中，能看到某些新东西。比如说，学生连续几年都种植同一种作物时，他们同时也进行育种工作——挑选那些显示了某些有价值的特性的种子，接着把这些种子播在专辟的地里。

为此目的，我们总是竭力让我们的学生劳动时，使条件、环境总有变化。这就给计划增添了新的细节，并显示出达到目的有多种方法。要为有意识地改变环境和创造新条件而开辟更广阔的天地——劳动的教育价值在很大程度上是由这些教育要求决定的。创造，是在劳动过程中产生新思想、发展新构思的时候开始的。如今我校正在筹建一间难事工作室，我们正是要在这个工作室里把进行创造的困难提到首位。这困难是指，在完成工作的过程中，要善于根据对工作成果的新要求、新的工艺条件，比如说活动模型的新工作方式而转变。

在农业生产中的某一时期会出现一种对人似乎没有什么要求的情况：似乎可以安心地坐等收获了。有创造思想的人，即使在这种时期也会找到积极行动的可能性。我们总是努力使我们的学生在劳动过程中的创造思想永远活跃。例如，当西红柿开始成熟时，就让孩子们去考虑如何提高西红柿的产量。

手脑并用的教育，对于了解劳动的复杂过程、弄清种种情况和现象间相互关系的那种能力的培养特别重要。

思想上的广度，首先取决于方案的创造者和工作的执行者、设计者和实现设计的巧匠结合于一人之身的紧密程度。我们认为，不应使那些才能较低、积极性较差的学生在技术小组里只充当一个单纯的执行者的角色，只去执行那些积极性较高、才能较强的同学想出的东西。只有当一个人执行的是自己构思的计划时，才会形成才能。

能使每一个学生在他的劳动活动的一定阶段产生关于劳动过程要复杂一些的打算（如种植出高产作物、制作一件活动的机器模型等），这一点很重要。起初这种打算会带有一般化的特性，它的细节部分还没有清晰的轮廓。随后，在劳动过程中，它的轮廓就会越来越清楚，并划分出细节来。

比如，在仿照真机器制作活动模型的计划中，一开始并没有关于构造细节的具体概念，而只有关于结构和运转的一些主要原理的概念。将真机器的结构特点用到模型上去，要靠思路的开阔，要靠对多种现象相互关系的理解能力。我们竭力要使那些打算制作活动模型的学生，能很好地用手工工具做工，这种技能有助于更深地理解那些由手工劳动工具转化而来的零部件的结构和工作原理。学生对手工劳动工具掌握得越好，他就越容易理解人的手工技艺向机器工作结构的这种转化。

为此，在我校的各工作室和车间里，普遍备有各种各样的手工劳动工具。学生通过使用这些工具，就能了解那些在决定工具结构特点的同时，也对人的劳动产生深远影响的种种要素。例如，所有的切削工具都具备这样一些要素，如切削角度的大小、刀齿的形状和尺寸、间隙的大小及锯条的长度和厚度等。对这些要素的理解，以及在手工劳动中对它们的巧妙估计，对发展思维和开阔眼界起着很大的作用。

八、自我服务

自我服务，这是最简单的一种日常劳动，劳动教育一般都从自我服务开始，而且日后不管每个人从事何种生产劳动，自我服务都将成为他的义务和习惯。自我服务，是培养人遵守纪律、培养人对别人的义务感的重要手段。从小就自己动手来满足一些个人需要，能使一个人养成尊敬父母、兄弟姐妹和同学的习惯。自我服务能使劳动变为人人都负担的平等的普遍义务。

只有当一个人从童年就养成厌恶肮脏邋遢的习惯时，只有当这种习惯变为看待周围环境的、带有情感的审美感时，才有可能产生对待劳动，即对待自我服务的自觉态度。

我们为孩子成长的每个阶段都规定了自我服务的义务范围，并教他们履行这些义务，以做到这种劳动的经常化，做到自我服务成为毫无例外的所有人的义务。这里无须多加讲解，重要的只有一点，就是要让孩子感受到，通过自我服务的劳动，能使生活变得更美好、更快乐、更可爱。没有这种感受，就既谈不上信念，也谈不上自觉性了。

自我服务的内容，首先是对工作环境，即对教室、实验室、工作间的整洁美观的关注。

特别重要的是，要把美化生活的劳动纳入自我服务之中。我们使一系列自我服务的义务服从于集体的审美需求——在校园里创造美的环境（照看花草、开辟花坛等）。

在自我服务中，较繁重的劳动一般都由男生去完成，这是培养尊重女性的一个重要条件。

九、劳动教育的方法同智育、德育、体育和美育等方法的联系

劳动教育的方法，同智育、德育、体育和美育的方法是密切相连的。这种联系取决于劳动的目的。如果说工作间或学校实验园地里的劳动目的是传授或加深技能和技巧的话，那么劳动教育的方法则近似于教学方法。如果劳动中居于首位的是道德因素——观点和信念的培养，那么，劳动教育的方法就要具有影响道德情感的那些方法所特有的特点。要培养为社会福利而劳动的道德意愿，光有熟练的技能和技巧、光有劳动习惯是不够的，摆在首位的是人为何而

劳动的思想。在这种场合具有决定性意义的是，与人理解自己的劳动在社会生活中的作用相关的那些情感和感受。

在学生劳动活动的组织形式之中，以及在它们形成的关系之中，就蕴含着很大的教育可能性。在以发展精神力量为目的的劳动中，技能和技巧不应成为最终目的，而应是达到社会目的、创造目的的手段。在劳动教育中，我们是把思想目的摆在第一位的，但这并不意味着要无休止地去跟学生谈论劳动的社会—经济目的。劳动过程本身就贯穿着思想。我们竭力让学生在劳动技艺中，在为人们谋福利的创造中体验自己的荣誉、道德美和自豪感。使劳动成为人的需求，就是成为他的精神需求。我们尽力使学生在幼年就培养起一种情感审美的敏感性，能敏锐地感受他做了什么和做得怎样，别人对他的劳动有些什么看法和评论，以及集体对他的劳动如何评价。只有当孩子能感受到他为人们所创造的事物的美时，劳动才会进入他的精神生活；只有在这种情况下，他才会感到好与坏的差别。每个孩子在校园里、在学校果园里、在自家的宅旁地里，都有创造某种美、用他的劳动美化大地的一角之地。学生到三年级结束时，就能欣赏到他们在学校生活的第一年亲手栽种、现已盛开的树木的美。每个班都有自己的丁香树丛或者桃林，由该班的学生年复一年地照管。

十、树立榜样是劳动教育的一种方法

考虑到孩子们有模仿所喜爱的一切的喜好，我们须努力做到学校里在他们眼前有颇具吸引力的劳动榜样。要让每个孩子在学龄初期就能被老师和高年级同学的娴熟技艺和精巧劳动触动和激励，让高年级学生的劳动和精神生活成为低年级同学的理想和向往目标。师生之间，大小同学之间共同的劳动喜好和精神情趣，以及他们的友爱团结和精神财富的交流，……这一切都会在年轻的心灵里留下终生难以磨灭的印记。

一个孩子的精神面貌，首先要看在他生活起步的道路上是由一个什么样的老师引导而定。

孩子常常从教师口中听到关于道德的教导和告诫。而这一切在孩子心目中的威信的高低，只有看孩子面前的教师在多大程度上是个能为自己的劳动而振奋精神并且热爱自己劳动的那种人。教师的劳动榜样，并不仅仅指教师会亲手做事（虽然这点也有重大意义），而且指教师整个精神生活的构成状况，也指我们要再一次着重指出的，教师的精神从他同孩子们一起做的，并给孩子们带来快乐的一切中所受到的鼓舞程度。

那种能以同样程度既吸引孩子也吸引教师的劳动，对孩子们会产生无法抵御的、极强烈的影响。在那种劳动中，孩子会敞开他的心扉，他会成为教师的朋友和同志。我校低年级的教师们在第一学年的秋天就带领孩子们开辟培育花卉的小苗圃；到了春天，我们和孩子们一起移栽这些花卉，照看它们，一起植树，欣赏树木的美。教师们会把果枝嫁接到野果树上，会移栽树木和培植美丽的花坛，这些对年幼的孩子都会产生巨大的影响，给他们留下很深的印象。这个阶段的劳动教学，就是教师和孩子们的共同劳动。我们和孩子们一起不仅在园地里劳动，而且在工作室和车间里工作，一起制作和装配机器和机械模型。同孩子们一起劳动，是我们从事教育劳动的最快乐的时刻。

对学龄中期和晚期的学生来讲，教师的劳动素养与所教科目紧密相连的那一面具有很大的教育影响和作用。哪里的教师能满怀热情地研究乡土史、开展地方志活动，哪里的学生就喜爱历史；哪里有教师爱好解题，并会找机会把理论知识应用到实际中去，哪里的学生就爱好数学；教师如果热爱大自然，生物学就会成为学生喜爱的科目。教师的劳动，首先是他的知识和技能。

孩子们对自己教师的见识的广度和知识的深度及多面性，与其说是在理解，不如说是在感觉。教师的某种个人爱好，是影响学生的非常强大的手段。这种爱好既与教学科目有联系，又在把孩子们引导到远远超出教学大纲的世界。例如，有位语文教师的个人爱好是搞文学创作：他喜欢作诗，写小故事，不是为了发表，而是为了自己读。孩子们常常在他家里聚会，跟他一起到森林、河边、田野去。他常给孩子们朗读自己的诗和故事，他的话语打动着孩子们的心，因为这些语言饱含着创造激情。给孩子们留下不可磨灭的印象的，不仅是老师的话语，而且是老师这个人。孩子们都想效法老师，他们跃跃欲试，也要写故事。

爱劳动的高年级的或者已毕业的年长同学，对孩子们也有极大的影响。那种充满崇高的劳动精神、着迷于创造计划的学生，就是学生集体中生机勃勃的自我教育源泉。我们认为，对学生的劳动进行教育指导，关键在于不能让任何高涨的劳动热情、任何创造激情，最后成为孤单的火种。向孩子传递自己的技艺和对劳动热爱之情的，不光是同学，还有那些优秀的生产劳动者——我校过去的学生。这些人的精神世界，我们是很了解的，完全可以把教育孩子的任务托付给他们。

十一、复习是劳动教育的一种方法

复习的性质取决于劳动的目的，在每一种复习中，都会有教学和教育两方面的因素。

教学因素在于，通过劳动过程或操作方式的多次重复可以练出扎实的技能和技巧。而这里的教育因素则在于，当学生能把获得的技能和技巧成功地应用到公益性的创造活动中去时，这会提高他的道德尊严、激发他的自豪感。

如果说，把学生已掌握了技能和技巧算作是达到了某项劳动所追求的教学目的的话，那么教育过程并不能以此而告终。例如说，我们的学生都能比较快地掌握果树嫁接技术。教会他们这方面的技术并不难，但从教育的目的出发，我们要让他们一连好几年都搞这种嫁接，因为只有重复才会有教育意义。

第一，复习的教育意义在于培养完成同一种劳动的作业或过程的习惯，以达到劳动的社会目的、创造目的、审美目的。有许多种劳动，要在许多周或许多个月内天天重复去做，而且这种重复不仅是必要的和不可避免的，而且是人在劳动中进行创造和全面发展的重要条件。为了认识劳动或自然界的某条重要规律，有时需要几千次地去完成同一个劳动过程，而这个过程往往是单调的、令人厌倦的。我们培养孩子们为了达到重要的社会目的而反复去完成同一种劳动的习惯，比方说，让孩子们用手去挑选优质麦种，以便通过反复播种这些种子，提高谷物的蛋白质含量。

第二，我们对学生掌握的一些实际技能和技巧，不仅是从学校和教学方面着眼，而且是从广阔的现实生活方面着眼的。如果说，在学校里优等评分是达到完美的顶峰的话，那么在现实生活里完美则是无止境的。当一个学生从教学大纲的要求来看达到纯熟程度之后，就会越过"学校的界线"，而以生活的要求作为目标。对这种学生，我们就要培养他们在提高自己的技能和技巧上树立不断取得更新成就的志向。这时，孩子的理想已是那些练就了万能巧手的人——那些被人们誉为本行业艺术家的能工巧匠。我们尽力使每一个学生不断去完善最有助于他发挥自己个性的那些技能和技巧。

第三，劳动越是成为习惯，在重复十分熟知的过程和操作方式的过程中去掌握新的技能和技巧的可能性就越大。学生重复已经熟知的东西，是为了再掌握新的东西。这个规律在学龄晚期尤其具有重大意义，这时人已在自觉地为自己确定生活道路。

学会挑选播种用的种子并不难。如果在学龄中期和学龄晚期，学生的工作只限于完善这种不复杂的技能，这个工作就可能变成无趣的、令人厌倦的。而当已经熟练了的工作变为掌握新技能的手段时，就是另一回事了。例如，当学生在做增强种子的生长能量的实验时，用手或机器挑选种子时，或者当他们抢着提高植物抗旱、抗寒能力等目的时，情况就会是这样。

第四，重复去做同一种工作，也具有美学目的。培养花卉幼苗和管理它们的劳动虽说单调，但很愉快，它能带来审美的满足。重要的是，要让学生在那些具备可以完善技能和技巧的范围广泛的工作（如机器设计和模型制造）中，去追求完善的美。

十二、集体劳动作业的完成

在学龄初期，布置一些短时间的劳动任务在教育方面是十分有益的。这种集体劳动，我们都从这样的工作开始，即在这种工作的结果中要能明显地显示出每个学生的努力程度，例如从整花坛的地、植树之类的工作开始。在这类劳动的过程中，孩子们会在没有任何竞赛动机的情况下搞起竞赛来，每个人都极力要给集体的工作做出尽可能多的贡献。所以我们给他们选择那些可以自发产生竞赛的劳动。当我们以劳动的社会目的、创造目的、审美目的去激励孩子们时，力求使个人定额地完成对每一个孩子来说，只是事情的一个方面，而且完全是不重要的一个方面。这样，大家都完成了定额，谁也不把它看成是什么功劳。孩子们开始感觉到，个人对集体事业的贡献，就是把自己的工作做得比别人更好。如果由于劳动经验会使每个孩子的这种情感得到发展和加深的话，那么，在集体劳动的过程中，孩子就会自己给自己提出新的目标：要把集体的事做得比原来想要的做得更好。例如，孩子们制作一个热能可在里面转化为机械能的活动模型。创造竞赛、极力要以某种东西丰富自己劳动的愿望，会激发出新的想法来：把机械能变为电能，把电动机发出的能用在几种东西上，于是，模型会开动起来，电灯会发出光亮。

去完成那种需要花费许多时间和气力的、超出本集体乃至本乡本区利益的劳动任务，在青少年的品德教育中起着很大作用。他们在这种劳动中所创造的财富，对于增强社会的物质技术基础、改善人们的生活，都有一定的意义。几所学校承担起了在第聂伯河的克列明楚格水电站地区建造防护林带的义务。这项劳动在高年级生的思想教育中起了很大的作用。他们不仅理解了，而且亲身体验了这项劳动的全民性和社会性目的：这里根本就谈不上有谁会对这么重要的事漠不关心。

十三、竞赛是发展创造才能的一种因素

对同一种劳动表现出良好才能的学生，在完成劳动任务时会比赛谁做得最好。比赛内容包括劳动的创造性、劳动技艺和劳动在美学上的完善。例如，在自动化和无线电电子小组里，每个学生都制作同一种仪器——按电子学原理工作的自动计数器。实现构思的原则对所有学生都一样，但从一开始，他们的劳动就具有了竞赛的性质。每一个学生都想方设法去找出一条自己独特的变构思为设计的途径，他们都在研究如何使设计复杂一些，以扩大这个自动仪表的应用范围，如何把各个零部件之间的相互作用搞得更复杂一些。能否达到这些目的对每个学生来说，都成为与个人荣誉相关的事，创造性思想便具有了道德情感色彩，这就成为激励学生去阅读科学书籍的一种推动力量。集体里充满丰富的智力生活，每个人不仅考虑自己的工作，而且考虑别人在想些什么，并极力去学习和吸取同学们的经验。

制作项目完成之后，便举办全校性展览，把自动计数器都摆出来给大家看。其中最好的那一件，就好像成了今后的竞赛方向。摆在组员们面前的目标是赶超样板，争取更好的成绩。创造性劳动的一个新阶段，便由此开始。不论是刚刚完成了作品的同学、还是新的同学，都参加到竞赛中来。产生新的构思，开始进行对新方案的探索，涌现出新的优胜者，然而这次胜利仍然不是终点，只不过是竞赛的又一个阶段。

在少年无线电技师小组里也会掀起这样的竞赛来，孩子们会在活动模型的制作上展开竞赛；在少年育种小组中也是这样，我们学校每年秋季都举办最佳果树苗木评比展览，同时这也是一个劳动节日。

劳动教育的这种方法的可贵之处在于，它给每个学生都开辟了取得相当大成就、争取冠军，并在最符合他个人素质、能力和才干的那个创造性劳动领域里成为优胜者的前景。

十四、劳动制度

劳动制度，是可以为学生的全面发展提供条件的各类不同劳动活动在教育上合理的秩序。正确的劳动制度的条件包括：脑力劳动和体力劳动的结合和交替，由学生自由选择最适合个人天资和兴趣的那些劳动项目，拥有空余时间乃是做这种选择的必要条件。

我们在照顾个人天资和兴趣的情况下，培养每个孩子都能倾心并习惯于某种他能经常去做的体力劳动。在学龄初期，这就是照管花卉，或者是照管植物、饲养禽鸟、锯削和镂刻等；在学龄中期和晚期，则是看管树木和葡萄藤架，机械模型制作和设计装配，养蜂，照管动物，沤制并往地里施放有机肥，用以变贫瘠土壤为沃土。我们的目标就是要做到，使千百万工农所从事的劳动都在学生的童年、少年和青年早期成为一种习惯。

第七章

美 育

一、美的认识与情操的培养

美是道德纯洁、精神丰富和体魄健全的有力源泉。美育最重要的任务是教会孩子从周围世界（大自然、艺术、人们关系）的美中看到精神的高尚、善良、真挚，并以此为基础确立自身的美。

人在智力上的深入发展，是丰富审美需求和审美感的一个重要条件。因此，审美教育意味着向孩子广泛介绍世界文化成就，介绍人类文化珍品。

我们从学校教育的最初日子起就教孩子去理解周围世界、大自然和社会关系中的美。感知和领会美，是审美教育的基础和关键，是审美素养的核心；舍此，情感对任何美的事物都会无动于衷。我们竭力使那种要珍惜和爱护美的思想贯穿于学生精神生活的一切领域：他的脑力和体力劳动，他的创造、社会活动、道德审美态度、友谊和爱情等。

我们教给孩子们说，人之所以脱离动物界并成为有才能的人，不只是因为他亲手制作了第一件劳动工具，而且是因为他不仅看到了辽阔深远的蓝天、隐约闪烁的星辰、黎明和黄昏的瑰丽霞光、预兆风天的血红晚霞、一望无际的原野、晴空飞翔的雁群、清晨映射着阳光的露珠、阴霾深秋的绵绵细雨、娇嫩的幼苗和淡蓝色的铃花，并为之赞叹，开始创造起新的美来。你一旦能面对美发出惊叹，你心灵里也会有美开放。

人之成为人，是由于他听到了树叶的飒飒低语和草虫的悦耳歌唱、春日小溪的潺潺流水和夏日碧空的百灵啼啭、雪花的沙沙飘落和窗外暴风雪的狂呼怒卷、水波的柔和拍击和深夜的肃穆寂静，而且千百年都在倾听这生活的奇妙音乐。你要学会倾听这音乐，学会欣赏它的美妙。

孩子们认识美，不能没有教师描述周围世界美的富有色彩和情感的言语。但是只有孩子能亲眼看到美的情况下，描绘美的言语才会对他产生感染作用。

对所见所闻的观察、倾听和体验，犹如通向美的世界的第一个窗口。所以，我们认为很重要的一项任务就是教会孩子看到和感受到美，而待他有了这些能力之后，还要教会他终生保持心灵的赞美之情和善良之意。

巡游美的世界——游览、远足、观察和研究自然现象等活动，在我们的美育中起着重要作用。我们带领孩子们去田野、草地、池塘、河边，去阴郁的树林或山谷，去果木园。美景到处都有，需要的是把它展现在孩子面前。我们在春夏秋冬各个季节都去游览，让他们看到美怎样产生和怎样显现。孩子们观察着大自然色彩的变幻，欣赏着大自然的音乐。从初秋到冬季来临，我们都带孩子到同一地点去赏景。他们每次都能察觉到树叶色彩的新变化。而且这种色彩变换，还要看我们是在什么时间来到森林的——清早、中午还是傍晚；也要看当时天气如何，看阳光怎样，看风力大小等。因此，到美的世界的每次游览都会有奇妙的发现，如孩子们发现：秋季，生长在空旷地点、近旁没有其他树木紧密相邻的枫树和橡树叶子色彩的变幻最为丰富。对这种现象要向孩子们解释，说明这种自然造化是怎么回事，我们告诉孩子们：阳光从各个方向都照射它们，这样就使树叶颜色发生变化。但是树木之中也有个别槲树直到冬天也不落叶，它的树冠便会变得绚丽多彩。孩子们凝神伫立，对这美景惊讶不已，也感到迷惑不解，但经老师一说明，他们便可以心领神会。

在风和日暖的初秋季节，我们让孩子们注意那清新的空气、爽朗的天空和清澈的河水。悄然飘逸的银色蛛丝，苍茫暮色中飞鸣而过的南归雁群，乍寒清晨首次出现的寒霜——凡此种种，都要让孩子们留意到。我们让他们观赏几种越冬作物幼苗深浅不同的绿色，如裸麦的绿与小麦的绿有所不同。孩子们高兴地观赏果园和葡萄园里成熟的果实，欣赏那翠绿的叶子陪衬下的琥珀般的果穗，以及阳光照射下苹果、梨和李子树上累累果实的斑斓色彩。在秋季的森林里，我们倾听禽鸟的啼鸣、落叶的沙沙之声，窥伺池塘里的鱼儿在平展如镜的水面上泛起的层层涟漪。而这一切，只有当教师用他的言语向孩子揭示了周围世界的美时，孩子才会注意到，才会去凝神观赏和洗耳倾听。

唯物主义美学是以美的客观性为出发点的。美，来源于不依赖于我们的意识而存在的世界。但是这个世界要用理智和情感去认识。认识和确定美的活动就是多方面的精神生活，也就是从理智上和情感上对自然景致和现象、劳动及道德关系的感知。培养情感也离不开活动，而在活动中处于首要地位的依然是对周围世界的美从理智和情感上的积极感知。

在我们学校，孩子在他学校生活的第一个秋季都要在森林、田野和草场上度过从清晨到夜晚的完整的一天。我们选一个晴朗而又暖和的日子，黎明之前就到村外郊野去。伫立凝望那绚烂的朝霞，孩子似乎从未发现天色竟如此美丽，竟有如此迷人的色彩变幻。斗转星移，新的一天降临，朝阳冉冉升起。我们倾听百鸟的苏醒，牧场羊群咩咩叫，远方田野里拖拉机的轰鸣。我们到森林去，采集落叶，每个人都在尽力找寻色彩最绚丽的叶子。我们在林间空地上休息：生起篝火，男生去拾柴提水，女生架锅煮饭。

日落时分，我们观赏晚霞，观察星辰的闪现，田野、丘陵、牧场以及远方地平线上山峦的色彩变化；在寂静的深夜里，我们倾听夜鸟的啼啭和草虫的鸣叫。这样的一天，孩子们将会终生难忘，而且每逢回忆起来，都会为大自然美景的新感受增添更浓的情感色彩。

孩子们学校生活的第一个秋天就使我们深信：美是善良和热忱之母。孩子在观赏挂满嫣红果实的一丛丛野蔷薇、残留着几片枯叶的一株株匀称端正的苹果树和初受夜寒侵袭的棵棵西红柿时，这些景物会唤起他对一切有生之物的爱抚关切之情。植物在他看来是活的东西，当冷风和严寒袭来时它会冻得难受。孩子便想保护植物不受冻。

冬季则别有一番美景。孩子们欣赏那枝头挂满花絮般积雪的树木；赞叹普希金描绘的雪原上泛起的绯红色光芒、耶稣受洗节前后飞雪弥漫的黄昏和二月的暴风雪；倾听冬季禽鸟的鸣叫。我们不止一次地走出村外，迎接冬日的朝阳，观赏积雪色彩的变幻，倾听融雪滴水的清脆声响，欣赏屋檐下被阳光照射而晶莹闪光的冰柱。

到春天，孩子们可以看到万物苏醒：首批开放的花朵、初绽的枝芽、新出土的嫩草、第一只蝴蝶、第一声蛙鸣、第一群家燕、第一响春雷——这一切都焕发着永恒的生命之美进入孩子的精神生活。当树液开始流动时，我们带孩子们一连几天都出去，从土岗上远眺原野上的柳丛，看那些灰色枝条如何转眼间便显出一片青绿来，色彩几乎每日都在改变。我们还欣赏那地平线上隐现的淡蓝色的烟雾和原野上呈现蓝色的冈峦。

果木盛开鲜花之时，对于孩子们来讲是真正的节日。我们清早起来，来到学校的果园，欣赏身披雪白、粉红、橙黄色盛装的果树，静听蜜蜂嗡嗡飞舞。我们告诫孩子们说："这些日子可不能睡懒觉，要不然就会错过赏景时机。"于是孩子们总是日出之前就起床，为的是不错过第一道霞光照射挂满露珠的花朵的那个美妙时刻。孩子屏息凝神地观赏。这样的美景，若不加以指点和述说，孩子自己是不容易留意的。

夏日里，孩子们赞赏那滚滚麦浪之美。我们让孩子们观察小麦怎样灌浆成熟，向日葵怎样开花，西红柿怎样逐渐变红，甜瓜怎样变黄。

审美素养的培育和情操的培养，都从感受和认识美开始的。

周围世界存在的以及人们为他人创造的一切美好事物，都应当让孩子的心灵触及，并使它变得高尚。我们三番五次地给孩子们朗读这样一些艺术作品，如果戈里的《狄康卡近乡夜话》、屠格涅夫的《猎人笔记》、柯罗连科的《盲乐师》、契诃夫的《草原》、普里什文的短篇故事，以及普希金、莱蒙托夫、涅克拉索夫、舍甫琴科、列霞·乌克兰卡、海涅、密茨凯维支等作家的诗篇。我们认为，朗读赞美自然景色的文艺作品是非常有意义的。

我们总是选择到和艺术家所描写的景致相近的环境中读作品。语言可以帮助学生更加深切地感受自然美的微细色彩，而大自然的美又仿佛在加深语言在儿童和青少年意识中的感情色彩，使他们更好地领略其中的韵味和芳香。我校为每个年级都选配了供他们在自然环境中去朗读的作品（或长篇著作的片段）。这种朗读可以培养学生对语言感情色彩的敏感性，有助于语言更深地渗入孩子的精神世界，成为他们的思维工具。

二、少年和青年时期的审美教育和个性的全面发展

赋予学生的认识和创造活动以及他在多种活动中的精神需求的发展和满足以特定方向的审美教育，涉及正在成长的人的精神生活的一切领域。审美教育同人的思想面貌的形成、同儿童和青少年审美和道德标准的形成，密不可分地联系在一起。

美是人的道德财富的源泉。詹姆斯·奥尔德里奇曾说，一个无耻之徒是不可能喜爱狄更斯的——这是互不相容的事。[37]学校的任务，就是要在学生的孩提时期、在神经系统幼年期使美成为德育的有力手段，成为真正人性的源泉，因为孩子的心灵在这时对于各种思想和形象——他目睹、感知和思考的一切——的感情色彩十分敏感。

在神经系统幼年期内，在7—8岁到10—11岁的少年时期，当智力、情感和意志还在继续形成时，让孩子感受美、欣赏和赞叹美，为人工的绝妙创作和天然的造化之美而惊叹，这是非常重要的。在童年和少年期对美的惊讶、赞赏和崇爱，是人性态度的基础。舍此，人的文明素养的培育和形成便不可思议。人的素养在情感素养中表现得最为精细微妙。确实，学校里所学的许多东西，随着时间的推移难免会被遗忘，然而人的思想所触及过的一切文化珍宝却会在我们的心灵上，首先是在情感和体验中留下痕迹。

从孩子进校的最初的日子起，就给他树立关于完美的社会人、关于他的思想、情操和感受中的崇高庄严美的概念。我们使这种概念饱含血肉、饱含道德高尚的品行和英雄主义行动的生动实例。

在人性美的概念中，我们摆在首位的是心灵美，即忠于信仰、人道主义和不容邪恶。我们不时地更新"人性美"陈列台上的丰富多彩的布置。这里陈列有讲述人的生活、事迹和遭遇的短篇故事和特写。这些故事用儿童、少年和青年易懂的生动方式说明道德理想和审美理想的一致。我们总要做到使学生不仅读关于优秀人物的读

物，而且对它们进行思考，使有关生活道路的想法成为他们亲切谈心的主题。

在人的品格中，作为内在心灵美，我们首先强调的是有思想的生活——为信仰而生活、而行动。我们把为公共福利而做的行动并不当作某种牺牲来解释，而当作真正幸福的源泉、真正丰富的精神生活来看待的。

人类已经创造和我们如今仍在创造的一切精神财富，都应当进入儿童、少年和青年的心灵。

我们在"人性美"的一个橱窗里布置了乌兹别克斯坦一位锻工沙阿哈买德·沙马赫穆道夫的全家照，他在伟大卫国战争年代收养了来自12个民族家庭的14名孤儿。学生怀着十分激动的心情阅读了这种具有非凡人性和热爱人的事迹。这个橱窗里还布置了效法榜样亚历山大·马特洛索夫① 的一些英雄人物的照片……

人性美一旦在孩子们的精神生活中树立起来，就会促使他们考虑自己的行为。这样一来，便会使思想、情感和集体里的相互关系都受到道德美的陶冶。

我们时刻都在关心，要让心灵美的榜样——人的高尚行为、为社会福利而劳动的榜样——对于中、高年级学生成为珍贵的、神圣的东西。尤其重要的是，要让心灵美的人物能激发年轻人的思想，促使他们考虑自己的前程。

每个学生在少年早期就应崇拜一个足以体现心灵美的人。

我们让每个少年都阅读有关这种人、这种人生境遇的书籍。少年和青年们不仅敬仰那些举世闻名的杰出人物，而且也崇敬心灵美的普通人。年轻的心灵里便形成一种信念：人的英勇气概和品德美不仅能在英雄事迹中，也可以在平凡的日常劳动中显示。

美育同德育的联系，可在看待劳动的审美态度中体现出来。千百年来剥削制度的奴役歪曲了人们关于他们所创造的财富的观念：人只把他的私有物、占有物看作是自己的。私有感、占有感是当代人从过去继承下来的最恼人的遗产之一。清除这一残余乃是道德理想和审美理想一致的重要条件。

① 在卫国战争中以身体堵敌人枪眼而壮烈牺牲的苏联英雄。——译注

我们总是竭力把劳动教育和道德教育安排得使每个学生都把自己最优秀的精神品质注入他所创造的财富，在劳动中把自己"对象化"，喜爱劳动过程本身，感受创造之美。正因为如此，我们才如此重视个人的劳动爱好，并力求使每个少年和青年都有一个他喜爱的劳动处所，使得所喜爱的劳动占据他的心灵。

审美教育同求知欲和好学精神的培养密切相关。进行探究性、实验性劳动的努力，同时也是对于优美的、充满智力活动的那种劳动的审美要求的满足。如果人在从事脑力劳动时理智很振奋，在进行思考时感到自己是在主宰大自然，那么，任何困难他都能克服，失败也不会使他悲观失望。劳动中，手脑并用时，思想最易为情感所鼓舞。所以，让学生受到探索和运用自然规律的体力劳动的鼓舞，才显得如此重要。

自然科目教学具有明确的美学目的，这在确立唯物主义信念中起着很大作用。而在文科教学上具有重大意义的，则是高尚感、英雄感以及激情。当学生能感受到为祖国服务和为人民幸福建立功勋之美时，他就会有这些情感的体验。人文科目的教师们，力求把某一历史事件或社会生活现象首先阐发为先进社会力量为人民更美好的未来所做的斗争，学生则从这种斗争中感受到美。例如，在讲述温泉关保卫者忘我的牺牲精神①、伊凡·苏萨宁的功勋②、尼古拉·加斯捷洛③的英勇牺牲以及伟大卫国战争年代千百万妇女和少年的忘我劳动等事例时，我们注意揭示人们精神世界中忠于信念和热爱祖国的品质。智力教育的美学目的在于，在阐发人类历史经验中肯定现在，激发对将来的想望。重要的是，对过去不仅要做出智力的、理性的评价，还要做出情感的评价。按马克思的说法，要请出哪些亡灵来帮助³⁸，我们希望发展和改善过去的什么和扬弃什么，在很

---

① 温泉关——连接希腊北部与中部的山隘。公元前5世纪的希波战争中，希腊军队在保卫温泉关的战役中全军英勇奋战而牺牲。这是古希腊人为独立而斗争的光辉事迹。——译注

② 伊凡·苏萨宁——农民英雄。传说，17世纪初在与波兰侵略军的斗争中，他机智地把敌军引进无法通过的密林而被敌军残酷折磨致死。——译注

③ 尼古拉·加斯捷洛——卫国战争时期的苏联飞行员，把已经起火的飞机开向敌人的坦克群和油车而与敌人同归于尽。——译注

大程度上取决于对历史经验所做的情感审美的评价。

美育与体育有密切的联系。我们在努力确立身体和谐发展的概念，以及劳动美、动作美和克服困难美的概念。每逢我校所定的春季"美的节日"，都举行动作美比赛运动会。优胜者，由低年级同学奉上花束。

学校的任务在于，把美感和许多世纪以来人们创造的美变为每个人的心灵财富，变为个人的和人们之间道德关系中的审美素养。

三、美育和美的创造

美的感受和美的创造之间的相互联系，在审美素养的培养中具有很重要的意义。每个学生在他的童年、少年和青年早期，对各种美的表现应当都会发出赞叹来。只有在这种情况下，他才会对美树立珍惜和关心的态度，才会希望再三地去接触那个业已唤起他的喜爱并在他心灵上留下了痕迹的对象、那个美的源泉。

审美教育，既是认识过程也是情感过程。在这个过程中，概念、观念、判断，即全部思维的这个方面与体验和情感的另一个方面，是紧密相连的。审美教育的成效如何，取决于向学生揭示美的本质的深度。但是大自然、艺术作品以及环境美对学生精神世界的影响不仅仅取决于客观存在的美，也取决于他的活动，取决于这种美以什么方式加入他同周围人们的关系。只有进入了人的生活而成为其精神世界的一部分的那种美，才会唤起美感。

每个人都能感受大自然的美、音乐旋律美、语言美。而这种感受则有赖于他的积极行动，所谓积极行动是指可以感受、创造和评价美的那些劳动和创造、思想和情感。在大自然中被情感感受了的并作为周围世界的美而体验过的东西越多，人在他身边看到的美就越多，美——不论是他人创造的，还是自然的、非人工所造的——也就越能激动和触动他。那些把经常接触大自然已作为精神生活重要组成部分的儿童和少年，都会被文艺作品中对大自然的描写和绘画作品中的自然景致所感动。

我们竭力使我们的每个学生从幼年起就能以精心爱护和细心关

怀的态度对待每棵树、每丛玫瑰、每株花草和每只小鸟……。一句话，一切有生命的和美好的事物。非常重要的是，要让这种关怀爱护之心变成习惯。因此，我校每个学生都要照管本班"美之角"中的花草。每个人都有自己的椋鸟巢房或供山雀栖息的树洞，每个人都爱护燕子巢窝。美育的这个领域带有很强的个人的、个别化的性质。没有单独的，个人的情感，就没有审美素养。

同认识文学艺术珍贵作品相联系的美的创作有很大的意义。

从审美角度认识文学、音乐和造型艺术作品，要有积极活动。这种活动是对认识对象本身所具备的那些品质进行审美评价和深入领会。我们要使孩子从幼年就能领略文艺作品的语言美，使得不论是对大自然的描绘还是对人物精神境界的刻画都能激动他。凡在童年时期多次领略过语言美的学生，总希望用话语表达自己内心深处的想法。多年来的经验向我们证明，凡是在童年期受过优秀作家作品的语言美较大影响的孩子，到少年和青年早期都很喜欢在文学上做些试探——作诗、写故事和随笔等。

孩子们经常在空闲时间听文艺作品的朗读，并进行有表情的朗诵。低年级专门设有心爱作品朗读课，课上每个人都读他最喜欢的、最使他动情的作品——或是诗歌，或是中、短篇作品的片段。老师也读其喜欢的作品。当然，光设一节课是不够的，我们还举行作品朗诵会。随后，还有某一大部头著作的会。

中年级和高年级学生，则朗读我国和外国古典文学和现代文学作品片段。

经验表明，对绘画作品（不论原作还是复制品）美的感知，会唤起儿童要用颜色、线条和色调配合表达自己的思想感情和自己对周围世界的态度的愿望。对这种愿望，我们都加以支持和发展。孩子们都有自己的画册，许多人在里面不光画单件或多件配合的物件，而且在画中表达自己的情感。

学校里常常举办孩子们的画展。如 1964—1965 学年举办过一至四年级学生的这样一些主题的画展："暑假回忆""我们的果园和葡萄园""金色的秋天到了""冬""宇宙飞行幻想"等。

肖洛霍夫的短篇小说《一个人的遭遇》在我校青年人中间产生了极强烈的反响。他们在读这篇作品之前就了解到在法西斯占领时期我们村一位无名英雄的悲壮事迹。

法西斯匪徒在一场劫掠之后,把村民召集在一起得意地扬言,终于把所有的游击队员都消灭了,最后一个已被活着俘获,这马上就可以得到证实。确实,出来一个叛徒,替敌人说了话。几百名农民为此消息而悲痛至极。就在此刻,从人群里走出一个青年,走到法西斯军官面前,要求准许他对乡亲们讲几句话。法西斯便让他讲。青年便说:"别信法西斯的话,我就是游击队员。我们的人成百上千,我们现在斗争,以后也还要斗争。我挺身出来,是明知要死的,但这是必要的牺牲。大家要坚信,只要人民在,为人民的事业而斗争的战士——游击队员就在。"

法西斯匪徒惊呆了,一时不知所措。青年当即被抓起来,就地枪杀了。但是他讲的话却给群众增添了无穷的力量。

肖洛霍夫所描绘的情景,以新的方式向我们的青年男女揭示了四分之一世纪以前发生在他们故乡的无名青年的英雄事迹。

三年级的小学生听老师给他们朗读波兰作家亨利克·显克维支的短篇小说《小音乐家扬科》时,常常会流泪。他们如同在亲身经历作家所叙述的事件,作家所诉说的伤痛成为他们自己的伤痛,他们回忆过去常常被自己忽视的日常生活中的那些小故事。他们会设身处地地感受那个男孩子,并考虑自己若处于那种境地会怎么办。当然,苏维埃儿童无法想象早已消灭的那种社会的生活情境,他们是在想象中把自己的道德准则和审美标准用在了那个可怕的世界。他们满腔义愤地谈论剥削人的地主;人人都坚定地表示,要是他,定会和同学们一起严惩那个狠心的地主……

抒情诗特别能开阔人观察世界的视野。朗读普希金的诗《每当我在喧哗的街市漫步》[39]总会在青年人的观念中描绘一幅永恒不朽的生活画卷,形成世代相传的思想。当他们想到人总会死去,青春会转为衰老时,会产生忧伤情绪,然而这种忧伤之情会把生活、把生活的欢乐衬托得更美:年轻人会渴望尽可能充分、深入地了解生活中同创造、同大自然永存的生命和人追求幸福的无尽激情相联系的一切。诗的语言能激发心灵的高尚情操。有一次在读完这首诗之后,有个青年提议说:"咱们栽一棵橡树,让它千百年地活下去……"我们种下一颗橡实,长出了一株橡树苗,如今已经十年了。幼树虽只有一人来高，但大家都称它为"千年树"。就这样，一届一届的学生集体传递着有关永世不灭的生命夙愿的接力棒。

我们很重视绘画作品的欣赏，这种欣赏在低年级是在阅读课上，在中、高年级则在文学课上进行。有时同一幅画要欣赏几次——在低年级、中年级和高年级都欣赏。第一次欣赏一般不进行涉及作品细节的详细讲解。学生看画通常都安排在那种能使他们在其过程中对自然或社会生活的某一现象产生一定态度的谈话之后，或者在直接接触自然之后进行。

例如，我们带孩子们去郊游时，在桦树林中一片沐浴着阳光的空地上休息。孩子们情不自禁地感受着这里景色的美，一片葱绿映衬着洁白的树干，光线和色彩出神入化地变幻。挺拔的树木、湛蓝的天空、明媚的阳光、远方波光粼粼的小河、绿茵茸茸的草地、嗡嗡飞舞的蜜蜂——所有这一切拟人化了的事物都进入了他们的精神世界。回来之后，我们给他们看列维坦的作品《白桦林》的复制画，它使孩子们产生很强烈的印象，尽管观看时并没做任何讲解。孩子们好像在画家的天才作品中发现了自己。这幅画又唤起他们刚刚直接接触大自然时体验过的思想情感，不过这时产生的思想情感已经是对往事的回忆，是想一次次接触大自然、感受和体验美的愿望了。

我校在中年级和高年级举办以某幅绘画作品为主题的晚会。会上除去简单介绍画家的生平和创作道路之外，我们把主要注意力放在作品的形象上，竭力用色彩鲜明的语言描述作品的内容，评述画家独有的绘画风格特点。

为了能向学生揭示绘画作品的美，教师自己在美学修养上先应具备相应的水平，不断充实自己的知识。我校每个教师都不断丰富他个人收藏的名画家复制品的画册。教学人员常常进行造型艺术方面的学习。若干年以来，介绍绘画作品的大纲已经形成。这个大纲中每一次谈话都包含一幅（有时是两三幅）俄罗斯、苏联或外国名画家的作品。有些谈话则用于介绍建筑和雕塑艺术。

音乐是审美教育的有力手段。音乐是情感、感受和心绪细微变化的语言。能否敏锐地感受和领会音乐语言，要看在童年和少年时期对民间和作曲家的作品领略得如何。我们把分配给唱歌和音乐的时间一半以上都用来欣赏音乐作品。我们先教孩子懂得音乐旋律，然后转入欣赏一些简单的短小乐曲。每听一个作品之前都有一篇说明，通过介绍，孩子们便形成一个关于用音乐特殊手段表现的景色或体验的概念。

在这里，我们也和感知绘画作品时一样，很重视大自然的作用：我们教孩子们聆听大自然的音乐。例如在宁静的夏日傍晚，孩子们聚在果园或池塘岸边。夕阳西下，树木、远方隐约可见的山峦、伫立着斯基福古墓的辽阔原野色彩斑斓，瞬息万变。孩子们凝视四周景致，倾听万籁乐声。原来最寂静的夏夜也充满着丰富多彩的音响。当孩子们听过大自然的音乐之后，接着就给他们听相应的民歌或作曲家作品的唱片。孩子们便产生反复欣赏描绘夏夜之美的乐曲的愿望。在重复欣赏音乐作品的过程中，情感记忆得到发展，对旋律美的敏感性和感受性得到增强。孩子们逐渐开始从曲调中领会音乐所表达的情感、感受、心境和体验了。这样，在还没有给学生介绍音乐术语之前，他们就掌握了形象语言，这不仅对音乐教育而且对整个情感的形成与发展，都有很重要的意义。这种语言在孩子低年级时越能被理解和接受，就越能在中、高年级欣赏音乐时起更大的作用。

会听并且能理解音乐是审美修养的基本标志之一，舍此，便不能想象有完美的教育。音乐的作用领域始于言语作用领域的终了之处；不能对人用言语诉说的，都能用音乐旋律来表达，因为音乐会直接传达情绪和感受。有鉴于此，应当指出，音乐乃是影响青年心灵的一种无可取代的手段。我们竭力把音乐教育体系安排得使它能一年年逐渐向学生揭示音乐中所反映的重大思想：人们之间情同手足的友好思想（贝多芬第九交响曲），人同残酷命运搏斗的思想（柴可夫斯基第六交响曲），进步力量和理智反对法西斯黑暗势力的思想（肖斯塔科维奇第七交响曲）等。我们是逐步引导孩子们去理解这些思想的。如上所述，他们开始时听一些简单的作品，其表现的是对美、善良和人性的赞美之情，而后逐渐转入听比较复杂的作品。

为初、中、高各年级学生举办的音乐晚会都以听音乐为主。音乐教育大纲中包括听最有名的俄罗斯、苏联及外国作曲家的声乐、器乐和交响乐作品及歌剧片段（序曲、咏叹调）等。

每一次音乐晚会，都是在音乐教育上迈出的一步。为了教会学生听懂音乐，就要介绍表达思想感情的音乐手段。先初步讲解音乐联想和类比，介绍作曲家如何从周围世界的音响中假借它们，逐渐再过渡到分析音乐作品的思想。

美感之乐的体验，是进行创作的最初动机。这在学生的文学经验中尤其明显。学生对于诗篇的美感受越深，用语言表达自己思想感情的需求就越强烈。这里，感受与创作不仅相互依存，而且往往融合为统一的审美评价过程。实际上，创作在朗读诗作时就已经开始了。文学，特别是诗歌创作经验的一个突出特点是，思想的表达总是借助于那些同感受诗歌或音乐作品时联想起来的具体的可感形象。

我在近十年中读过一百多篇表达惜别学校和同学的忧伤之情的诗。青年男女往往通过这样一些形象表达自己的情感，如在透明的烟雾中渐渐远离而变得模糊不清的古墓，明媚阳光照射下的矗立在塘堰（或河边）的枯萎（或繁茂）的树木，辽阔无际的蔚蓝色天空中飘浮的云朵；日出（日落），朝霞（或晚霞），远方火车（或轮船）散出的一缕青烟等。就是这样的某个形象在作者的情感记忆中同离愁别绪的忧伤之情联系在一起。

学生的审美感受越深刻细致，他就越关注自己的精神世界。很多学生都记日记。日记中的记载，是创作要求的最鲜明的例证。这种要求应当予以发展。不只是作家而是每个有文化教养的人，都应当会用语言进行创作，会用艺术形象体现自己的思想、感情和感受。这种能力越发展，人的审美素养和一般文化素养就越高，情感就越细腻，感受就越深切，对新的艺术品的审美感受就越鲜明。所以我们非常重视作文这种书面的创作活动。

进行习作——这不仅是语言的发展，而且是情感的自我培养。这项工作是从孩子接触大自然做起的。在到美的世界游览之际，我们向孩子揭示十分丰富的情感、体验和思想，它们都是由人民赋予每个词语的和世代精心相传的精神财富。当孩子赞叹朝霞之美时，我们便向他揭示"霞光"一词的感情色彩；当他观赏群星闪烁之时，我们又揭示"闪烁"一词的美。在夏日寂静的傍晚，我们在自然环境中进行以"日落""黄昏""寂静""草丛的簌簌之声""皎洁的月光"等词语为题的谈话。同样在这种环境中，我们吟诵描写大自然和披露人的内心世界的俄罗斯及世界诗作中的不朽名篇。

造型艺术和音乐方面的创作动机也有赖于美的感知。为了发展孩子对自然的美感，我们鼓励他们用颜色和线条表达自己的感情。孩子在描绘山丘河流和田野森林、表达自己的情感时，就是创作的开始。这种创作可以丰富精神生活。我们的学生进行游览和旅行行军时都携带画本和画笔，在对自然美感受特别强烈时就把它画下来。在低年级和中年级的个别绘画课上，学生自行选题作画，画那些在他们心灵上留下了深刻印象的事物。

人的审美素养和一般素养的一个标志，就是会在音乐中找出表达自己情感和体验的手段。创作新的音乐作品只有个别人能做到，但是理解音乐、在精神交往中利用音乐宝库却是人人都能做到的。我们尽力使乐器成为每个人的必需之物，使每个人都会演奏一种乐器。在我们这里最普及的是演奏手风琴。我校很多学生都课余拉琴，并收集乐谱。在校内的空余时间，学生可以去音乐室听他喜爱作品的录音带。

全体学生的美学发展水平越高，那些在艺术创作活动中表现出天赋的人发展其才能的条件就越有利。

四、周围环境和劳动在美育中的作用

我们十分重视给孩子们积累美的印象，我们关心环境美就是从这一点着眼的。孩子跨进校门所看到的一切，所接触的一切都是美的。绿树葱葱的校园全景是美的，绿叶映衬着的串串琥珀般果实的葡萄丛是美的，各楼之间甬道两旁的排排蔷薇是美的，学校果园中的繁茂果木一年四季都是美的，盘绕着野葡萄蔓的学校正门门廊也是美的……

我们周围事物的审美价值，不能同它们的经济价值等量齐观。我们竭力使孩子们周围的一切在美学方面都能成为他们的无价之物，也就是说，使这些东西饱含他们的劳动、关注和激动之情。

对周围环境的审美感受是一种主观性活动，它有赖于目的在于对现实进行审美认识的积极活动。对孩子来讲,他亲手在泥瓦盆里从幼苗培植起来的那棵花草,尽管并无惹人瞩目的姿色,也是无比珍贵的。一个从商店里买来的细瓷花瓶,在他亲手捏成的泥瓶面前也要黯然失色。我们不能把这种情况理解为对能工巧匠创造的艺术品的轻视,这些艺术品在教育中的作用还是巨大的。我们采用这些方式,只不过为的是强调劳动在学生审美教育中的价值。

环境美,是由能唤起愉快情绪的天然造化与人工创造的和谐促成的。我们竭力使孩子在校园里到处都能看到自然美,而且感受到是由于他为此付出了辛劳校园才变得更美。

当孩子周围的件件东西都没有显得过于惹人瞩目而是处于似乎不易察觉的情况下,它们便可以和谐地构成环境的总的美学气氛。例如,在一个本可以展现外面果园景致的敞亮窗台上摆几盆大型花卉,和谐便会遭到破坏:这些花压抑了其他事物——其中也包括那片果园——的审美品质。而如果窗前只探出小小一根树枝,而且在形态上同果园的树木和季节都相和谐(也可以对比方式相和谐),那么不论是这根小树枝还是果园,以及远方辽阔的田野给人的感受,便迥然不同了。

只有当人经过劳动创造了美时,美才会使他高尚。我们在努力使人们愿意劳动不只是为了糊口,也是为了享受快乐。我们教导孩子要进行创造,要塑造美。让麦子旁边有菊花,向日葵旁有玫瑰,马铃薯旁有丁香竞相开放。每个年级在进校后的第一个秋天,都要栽一株自己的玫瑰,并长期进行照管。每个低年级集体都有自己的菊花;随着天气变冷孩子们便把花移进暖房或生物角里去。各个年级在校园中开辟的美化角里栽培着玫瑰、丁香、葡萄和桃树等花卉和果木。对于美的照管,是被当作对某种娇嫩柔弱而又无保护的有生之物的关注而体验的,倘若没有人的照管,它便会死去。

孩子们劳动,既创造有用之物,又创作美。这种统一,使人变得高尚,是大公无私的那种教化力量的源泉所在;它也是对个人占有感这一旧日罪恶残余的预防剂。公益劳动中美的创作因素越鲜明,对作为劳动成果的那些东西的美学评价同对创造这些东西的人的道德评价的结合就越深。孩子们的许多种劳动(如镂花型、烙花纹、泥塑、刺绣等),实际上都是近似于工艺美术的创作。这类劳动在人的生活中保留得越久远，他整个劳动活动中的美学因素表现得就越鲜明。

对劳动的美学评价，是劳动者道德品格美的源泉所在。在教学实验园地、暖房、车间和工作间等处的劳动过程中，对学生除工艺要求外还要提出美的要求。对学生提出的任何劳动任务，不仅具有物质生产意义，还具有与培养美感相关的美学意义。

环境美，素来就带有清爽明亮和空旷深远之感。我校教室墙壁上布置的所有东西如同在扩展四壁，赋予房间以田野、森林和草场的辽阔意境。比如说，学生看到墙画描绘的金色秋季的果园景色，自然会联想到墙外的现实果园。

我们学生的童年、少年和青年早期都同校园联系在一起。这里的一切都在发展其对大自然和劳动的审美感受。校园里平展的草地那边是养蜂场，它使人想到从不停歇的、孜孜不倦的精心劳动。学生不论待在校园何处，面前总会有果木——苹果树、梨树、樱桃树、李子树、杏树等。它们不论在百花盛开的春天还是枝叶繁茂的夏季，或在清爽蓝天的衬托下满挂色彩绚丽的累累硕果的中秋，都是美的；而在隆冬季节，当枝头凝结着冰霜或树冠着上洁白盛装时，别有一番韵味。果园，是天然美和人工美最美妙的结合。

校园中央紧挨着操场的是葡萄园，其外观之所以吸引人，既是缘于攀缘在篱架铅丝上繁茂枝蔓和串串果穗（学生看见果穗可达三个月之久）的自然美，又缘于劳动之美。孩子们创造了这种美，并经常关注它。他们进校后的第一个秋季就栽下了秧蔓，随后一直进行照管。兔舍、绿色实验室和厕所等建筑物都被攀缘在上面的葡萄藤蔓遮盖着。养蜂场附近长满了蜜源植物。从早春直到深秋，这里都可以听到蜂的音乐，孩子们是这样称呼蜂群的嗡鸣之声的。清晨和傍晚的寂静时刻，他们和老师一起到这里来欣赏大自然的音乐，在这里学习如何听懂音乐旋律。

校园里有几座由野葡萄盘绕而成的绿色凉亭，茂密的叶蔓盘成了形同伞盖的栖身之所。在春、夏、秋三季，大自然要为这丛丛密叶更换色彩。色彩的这种变幻使学生赞叹不已，因而也成为观赏对象。学生在绿色实验室墙壁的葡萄叶蔓上，也能观赏到色彩变换的奇景。

教学实验园地、暖房和生物室的环境，也都具有审美的性质。每个低年级和中年级学生在园地里都分有各自的地段，用来种植粮食和经济作物。在配置作物时已考虑到使每个年级的地段直至深秋都能保持常青。秋季的花卉一直开放到冷天来临，乃至有时在初雪覆盖下还有鲜花绽放。温室里则整个冬季都有菊花、雪花、铃兰花开放。教学实验园地里辟有几小片苗圃，培育果树苗。这里生出的美，犹如条条溪流在全乡分流。

我们很注意在教室、工作室、车间创设美的环境。每个班集体都设法使自己的教室具备某种独有的特色。审美环境的独特性以布置在黑板旁边的花木来体现：这个教室是一株柠檬树，那个教室是一盆玫瑰，另一个教室则是一棵小松树。这些花木显示着整个房间环境美的格调。每个窗台摆一株可以使人联想校园美景的小型花草。这里重要的是，不要堆积花卉（窗户毕竟是为采光而设的），而是要以天空为背景衬托出一花一草的茎叶特色来。

每个教室里都布置有美术作品的复制品。这些作品随着情况（季节、教育谈话的内容等）的变换而更换。个别年级还有自己的画廊——成组的画幅，文学教师用它们进行有关艺术的谈话。教师的讲桌上摆放了一只陶制小花瓶，值日生每天都在里面插一枝鲜花或一根观赏植物枝条（春秋季从教学实验园地、冬季从温室里摘取）。这枝花木不仅与季节相符合，而且表达着班集体的情绪和它当时的精神情趣的特点。温室、绿色实验室和生物室不仅为各个教室培育花卉，还要从审美角度使它们搭配得色彩绚丽，更富有表现力。总之，我们在审美素养的培育中赋予花卉很重要的地位。

师生们的衣着和整个仪表，在审美教育中起着相当大的作用。这里最重要的是素和雅。我们反对穿统一的学生装（如今的学生装，特别是女生装简直要不得，很不美观，难怪少先队员们前不久在《少先队真理报》上向教育部要求说："给我们换装吧！"）。[40] 我们力求使服装能增强和突出孩子个人的审美特点。我们坚持服装一定要能发展审美感。这首先就是衣料花色和衣服样式要符合学生的个人特点。衣着应该朴素雅致，不令人刺目，不袒露身体，但又能暗示体态美（而必要时则又要掩饰身体发育的某些缺陷）。衣料切忌鲜艳花哨。我们建议服装颜色要柔和，最好多用间色。对于款式的主要要求则是：线条要徐缓柔和，避免棱角突出生硬，衣着不可裹身过紧。对发式也有相应的审美要求，不能要求男生都推光头。对发式的要求是：朴素大方、简单而又雅致，并且符合个人特点。班主任和教师们向青年男女讲解如何遵守这些要求，并说明什么是真正的典雅。我们特别关心的是，让完满的美表现为外表的典雅与内心的高尚、仪表的质朴与心灵的优美的一致。这方面的教育工作，效果相当显著。我们的学生，尤其女青年审美水平都很高。女青年人人都会自己做衣服。乌克兰民族服装在衣着中占有相当地位，它和现代时装结合得很成功。

*　　　　*　　　　*

关于我们怎样对来到我们学校的年轻人进行教育和教学，就介绍到这里。我们的教育工作经验并不是固定的、常年不变的、僵化了的。我们不断以新的创造性经验丰富它，每年不论谁的主动精神所创造的最有价值的一切，我们都点点滴滴地细心汇集。如今，我校全体人员遵照苏共二十三大关于必须大力改进中学工作的重要指示，正以新的努力精心完善我们这所农村中学教育教学工作的每个环节。我们的教育目标和理想是，让那些由我们发放了通向日后生活通行证的青年男女的精神面貌完全符合我们党和政府的如下要求："学校应当授予每个走向生活的人以符合社会进步和科技进步时代要求的、合格的普通教育，使青年一代形成共产主义世界观，培养学生的集体主义、爱祖国和社会主义、国际主义精神，使青年做好从事谋利于社会的劳动准备，并锻炼出足以坚决抵制资产阶级思想意识任何表现的能力。"[1]

我们相信，各教学集体在借鉴我们的经验时不会去机械地照搬它的细节。创造性地借鉴经验，就是在发展自己的教育思想，也是在形成自己的教育信念。只有这样，才会有助于我们把我们的中学工作提高到生活所要求的水平上来。

---

[1] 内容选自《苏联共产党中央委员会、苏联最高苏维埃主席团、苏联部长会议致全苏联教师代表大会的贺词》。

和青年校长的谈话

赵 玮 等 译
杜殿坤 等 校

一个学校的领导者,只有精益求精、每天提高自己的教育和教学技巧,只有把教育和教学以及研究和了解儿童这些学校工作中最本质的东西摆在第一位,他才能成为一个好的领导者,成为一个有威信的、博学多识的"教师的教师"。

作者的话

本书介绍的和青年校长的这些谈话，曾发表于1965—1966年的《国民教育》杂志。这些材料引起了学校领导人的兴趣。我在把杂志上的文章整理成书时，增加了关于学校道德教育问题的一章，对其余各章也补充了一些新材料。本书涉及的问题，包括对学校教育和教学过程施行领导的下列几个方面：教师集体的创造性劳动和教师的个人创造，课堂上的教育和教学过程，教师的教育学修养，怎样指导教学过程，怎样分析课，怎样做学年总结，教师和学生的相互关系，怎样教育难教的儿童等。之所以挑选这些最重要的问题来谈，是因为本书的主旨就是要探讨与教学过程以及如何指导教学过程有关的各种问题。因此，对教师的创造性劳动的特点也将加以阐述。

和青年校长谈的这些内容，并不能解决领导学校的全部复杂问题。就教学过程及其领导的一些问题所谈的这些建议，一方面是基于个人的多年经验，另一方面也是利用现代科学的研究成果，并在总结我国优秀的学校领导人的经验的基础上提出的。把个人的经验总结出来并以建议的形式传给年轻的学校领导人，这是一件责任重大的事。这要求对别的学校领导人已经取得的成就加以深思熟虑的、科学的分析。只有当教育家们的创造是建立在牢固的科学基础上时，他们所得出的结论才能成为行动的指南。

第一次谈话

教师创造性劳动的几个基本问题

校长要领导好一个学校集体，就必须深刻理解教育过程中最微妙的细节，并理解其深远的根源。也就是说，校长应当深刻理解学生的精神世界，理解学生的脑力劳动的特点，理解学生掌握知识和形成信念的过程。他应当既是一个熟悉业务、经验丰富的教育学家，又是一个心理学家。然而，校长不是一下子就变得经验丰富的。当今，极其重要的一个问题是：怎样才能使新担任校长工作的同志们，尽快地缩短这个获得经验的过程？

新担任校长工作的人所操心的问题很多：怎样领导教育和教学工作？怎样计划、组织和安排自己的工作，才能捉摸到学校生活这个复杂机体的各个细节？怎样使家长学会正确地教育子女？怎样才能避免领导工作中的形式主义和行政命令作风？校长是否一定要熟悉教学计划里的所有学科？怎样直接地和间接地参与到儿童的生活和劳动中去？等等。

教师的思想水平和教育业务水平正在不断提高。校长如果把主要精力放在行政事务工作方面，他就可能跟不上教育科学的最新进展。如何防止这种危险呢？教养和教育之间的相互关系是什么？怎样分析一堂课？除分析课堂教学之外，还可以通过哪些形式来研究和总结教师的工作经验呢？

对于绝大多数青年校长来说，最困难的事，就是如何使自己的意图被教师所领会，如何激发教师的首创精神。某八年制学校的一位青年校长说：

"我担任校长已有一年多的时间了，很想创造性地工作，但恰恰在这上头'触礁'了。我应当从何做起呢？我们学校的工作中缺乏创造劲头。刚担任学校领导工作,我就翻阅了学校图书馆的全部藏书,把教师需要的参考书全都摆到最醒目的地方,加以推荐。我为'教师和学生'讨论会选定了参考书,自己也做了准备。我在八年级的一个差班担任了班主任,负责辅导两个课外活动小组——历史小组和摄影小组。我主持教学法联合小组进行了两次活动。但是,所有这些活动进行得都不带劲,没有引起教师们的兴趣。为什么会这样呢?我这时在想,怎样才能抓住一根线,顺着它把整个线团解开呢?怎样才能克服个别教师的惰性,改变他们对工作漠不关心的态度,以及进一步使他们克服个人主义思想呢?"

所谓教师集体的创造性劳动究竟是指什么呢?要怎样领导学校,才能使全体教师都创造性地工作呢?每次我和来自全国各地的那些勤学好问的青年校长们交谈时,最终他们总要提出这些问题。我很高兴跟他们交流领导教学和教育工作的经验。

接待别的学校的校长和教导主任们来校参观访问,已成为我们帕夫雷什中学的一个传统。这种接待每个月两次,每次用两三天时间,让参观访问者参加座谈会、听课、看学生的作业、跟教师们交谈。这样,就形成了一个提高教育素养的"学校"。我们认为,这是推广学校领导工作经验的一种很有价值的形式。这类活动常常变成饶有兴味的聚会。这种提高教育素养的活动的主要内容,就是对教育和教学工作的各种现象进行直接的、生动的观察,对这些现象及它们之间的相互联系和依存关系进行深入的思考。参加这些聚会的人们一致深信,校长只有从无穷无尽的现象中看出问题的相互联系,才能对学校实行真正的领导。我们在讨论所观察到的实际工作中的各种现象时,主要探讨了下面这些问题。

(1)要将行政事务工作跟研究教育学、教学法的工作以及担任教学和教育工作结合起来。校长如何做到每天都能充实自己的教育学知识和不断完善自己的教学、教育技巧呢?

(2)上课的质量取决于许多因素,这些因素包括:教师的学识和眼界,学生家庭和学校集体的精神生活,课外活动(特别是课外阅读),教师的教学法修养等。

（3）学生的智力在教学过程中的和谐发展。这是实际教育工作中最重要，而且是被大家一致认为最迫切需要解决的问题之一。如果教师认为自己的任务仅仅是教给学生一定范围的知识，而不专门在发展儿童智力上下功夫，如果教育工作的这一领域没有引起校长的密切注意，那就必然会导致学生的学业成绩不良。

（4）学校集体和家庭的精神生活是学生顺利学习的极其重要的条件之一。到我们学校来参观的人们，分析了课堂教学、学生的回答和学习成绩优劣的原因和前提之后，都认为学生的智力兴趣应当超出教学大纲的范围，只有在这种情况下学生才能顺利地进行学习。

（5）要培养学生的学习愿望和对知识的兴趣，培养学生掌握精神财富和充实自己智力生活的愿望。这个问题跟教育和教学过程的各个方面都有着千丝万缕的联系。

（6）保持教养和教育的和谐统一，把知识变成学生的个人信念，达到教学和道德教育的统一。怎样使共产主义思想成为每个学生个人的精神财富，这应当是教师和校长所特别关注的事情。

（7）使学生的道德发展具有丰富多样的源泉。如何使道德信念和道德行为统一起来？孤立地使用任何一种方法都是不能保证教育的成功的。只有把多种条件、前提和方法结合起来，才能创造出培养完美道德的良好环境。

（8）保持教师和家长在教育信念上的一致。多年来，我们分析总结了我国许多学校的教育过程，认为要使家长形成正确的教育信念和教育观点，就必须依靠全体教师和家长中的积极分子进行有目的的工作。

以上这些问题，都是要求校长加以妥善解决的。

一、关键在于领导全体教师进行创造性劳动

我认为教育和教学过程有三个源泉：科学、技巧和艺术。要领导好教育和教学过程，就是要精通教育和教学的科学、技巧和艺术。教育——就其广义来说——是既包括受教育者也包括教育者在

精神上不断充实和更新的一个多方面的过程。而这一过程所呈现的特点，原因在于教育现象具有深刻的个别性：某一教育真理，用在这种情况下是正确的，而用在另一种情况下就可能不起作用，用在第三种情况下甚至会是荒谬的。我们所从事的教育事业的性质就是这样：你要领导它，首先就要不断地自我充实和自我更新，使自己在精神上今天比昨天更富有。一个学校的领导者，只有精益求精、每天提高自己的教育和教学技巧，只有把教育和教学以及研究和了解儿童这些学校工作中最本质的东西摆在第一位，他才能成为一个好的领导者，成为一个有威信的、博学多识的"教师的教师"。

如果你想成为一个好校长，那你首先就得努力成为一个好教师、一个好的教学专家和好的教育者，不仅对你所任课的那个班的孩子是这样，而且对家长、人民、社会所托付给你的那所学校的所有学生也都是这样。而如果你担任了校长职务，便认为凭着某种特殊的行政领导才能就可取得成功，那你还是打消当一名好校长的念头吧！

只有日益深入地钻研教育和教学过程的微妙细节，只有不断地开辟"塑造人的灵魂"这门艺术的新境界，你才能成为真正的领导者，成为"教师的教师"，才能为别人所信赖和尊重。当我回忆自己担任校长工作的年月时，什么东西留给我的印象最鲜明呢？首先就是教师的辛苦而细琐的工作，这些工作有时充满着令人焦虑的痛苦的探索、思虑和挫折。但在这项劳动中，也有一些令人感到幸福的发现，它们就像晶莹的宝石一样闪闪发光，不仅鼓舞着校长本人，而且尤为重要的是，鼓舞着与他一起工作的教师。毫无疑问，这些发现和创造精神的发扬，犹如星星之火，能驱散教师对工作的冷漠和惰性，点燃创造精神的火花。领导学校工作的秘诀之一，就在于唤起教师探索和分析自己工作的兴趣。如果一个教师能努力去分析自己的课堂教学以及他与学生的互动关系中的优点和缺点，那他就已取得了一半的成功。

我想起了刚担任学校领导工作的那几年。恐怕那时我更多的是感受到而不是理解到（当时我没有想到）这样一点：不能只是用一般号召，而要用其他的什么方法来激发教师进行创造性工作的愿望。我在听课和分析课时常常想：为什么学生的回答总是那么贫乏、平淡而又刻板？为什么在这些回答里往往缺乏儿童自己的、活生生的思想？于是，我开始记录学生的回答，分析他们的词汇量、言语的逻辑性和修辞成分。我发现，学生使用的许多词语和词组，在他们的意识里并没有跟周围世界的鲜明的事物和现象相联系。我一边分析在同事们课上所观察到的情况，一边愈加深入地思索下列问题：词语是怎样进入儿童的意识的？词语是怎样成为思维的工具的？儿童是怎样借助词语来学习思考的？思维又是怎样反过来促进言语发展的？在对学校精神生活中最复杂而又最微妙的东西——儿童的思维进行的指导过程中，从教育学的角度看，究竟存在哪些缺点？

我首先开始分析研究自己的工作、自己上的课和自己班上学生的回答。譬如说，我让孩子讲讲一滴水旅行的故事。他本来应当讲到初春的溪水，讲到春雨，讲到天上的彩虹和宁静的湖水轻轻拍击岸边的声音。儿童应当像讲述他亲身接触的世界那样来讲述这一切，因为他自己就是这个生机勃勃的大自然的一部分。然而，学生说了些什么呢？都是一些死记下来的、生硬笨拙的词组和句子，它们的含义连儿童本人也是模糊不清的。为什么儿童的思想这么贫乏呢？我听着他们的言语，反复地思考着，逐渐形成了一个看法，这就是：我们当教师的没有教会儿童如何思考。从最初入学起，我们就把儿童眼前通往大自然这个迷人世界的大门关闭了，他们再也无法倾听小溪潺潺的流水声、倾听初春融雪的滴水声、倾听云雀清亮的歌唱声，他们只是背诵描述这些美妙事物的枯燥乏味、苍白无力的词句。

我和教师们交换了各自的想法，给他们讲了自己的观察发现，想激发他们对于创造性地思考自己的劳动的兴趣。我们深入思考了教育劳动这个概念。决定我们成绩的东西不应当是偶然的成功和侥幸所得，而应当是兢兢业业的探索，是对所做的事情与所得的结果之间的依存关系的深入研究。姑且让我们先考虑这样一个问题：我们教师言语的丰富程度是怎样影响学生的言语和词汇的形成的？

几周之后，我们召开了教学法会议。每位教师都讲了自己初步观察的情况。我确信，出于对教育和教学工作某一问题的兴趣的这种交流才是学校领导工作中最主要的。教导主任也跟校长一起参加教师的座谈会。如果没有校长本人的首创精神，而是等着教导主任去解决所有的教学问题，指望教师主动精神的自然产生，那就意味着等待侥幸的发现和意外的成功。没有校长的以身作则，没有校长自己进行的创造活动，领导学校也就无从谈起。

为了让孩子们体会到大自然的迷人，我挑选了这样一个时刻，把他们带到花园里：灰色的雨云遮住了半边天空，在太阳光的照射下出现了一道彩虹；苹果树上开满了鲜花——有的乳白，有的微红，有的深红；蜜蜂在花丛中发出轻微的嗡嗡声……。"孩子们，你们看见些什么？说说吧！把你们欣赏和感到激动、惊奇的东西说一说吧！"我看到，孩子们的眼睛里流露出喜悦的神情，可是他们很难找到恰当的词语表达自己的感受。我看着他们感到难过：学生在学校学习的大好时光，竟是在失去绝妙的思想源泉的情况下度过的。词语是在缺乏鲜明形象的情况下进入他们的意识的。因此，鲜艳芬芳的花朵变为夹在书页当中的干枯的花片，只是从外形上还使人想得到那曾是一种有生命的东西。

不，不能再这样下去了！我们忘记了知识最重要的源泉——周围世界、大自然。我们逼着儿童去死背书本，从而使他们的头脑变得迟钝了。夸美纽斯、裴斯泰洛齐、乌申斯基、第斯多惠曾经告诫过教师的话，有时被我们淡忘了。我开始一次又一次地把孩子们带到大自然中去——带到花园里、树林里、河岸旁、田野中去。那里是取之不竭、永远常新的知识源泉。我带领孩子们开始学习用词语表达各种事物和现象之间的极细微的差别。

瞧，蔚蓝色的天空中，云雀在歌唱；一望无际的麦田上，风儿掀起层层波浪……。烟雾缭绕的远方，神秘的西徐亚人①的坟丘隐约可见，百年老橡树的密林中有清澈见底的溪水潺潺流过；小溪上空，黄鹂在尽情歌唱……

应当让学生确切、优美地述说出这一切。于是，我的桌子上不断出现各种各样的新书：关于实物课的教育著作，植物学、鸟类

---

① 公元前黑海北岸的草原游牧民族。——译者

学、天文学、花卉学方面的著作和辞典。我常在春天的清晨漫步在河畔、林间和花园，仔细地观察周围世界，尽量用精确的词句表达事物的各种形态、颜色、声音和动态。我在一个本子里写了许多"小作文"：写一丛玫瑰，写一只云雀，写火红的天空，写美丽的彩虹……

我把在自然界里上的课叫作"到生动的思想源泉去旅游"。这种课使儿童的脑力劳动的目的更明确，形式更多样。它们首先是训练思维的课[①]。例如有一堂课，让孩子们讨论什么是**现象**、**原因**和**结果**。他们在周围世界里寻找因果关系，并加以描述。我看到，孩子们的思想逐渐变得鲜活、充实了，他们的词汇有了表现力和感情色彩，变得活泼而有生气了。

可能看起来，这一切与学校领导工作无关。不，这一切和校长的工作有着最直接的关系。这正是领导艺术的基础和根本之所在。我面前展现出一个无比丰富、无比美妙的教育技巧的领域，那就是要善于教会儿童进行思考。我一直为这一发现所鼓舞，并领略到创造灵感所带来的不同寻常的幸福。于是，我向同事们介绍了自己的发现，他们开始到我的班上来观摩怎样在大自然中上课。我把自己的"小作文"念给他们听。初秋的一天，我和教师们一同去欣赏那色彩缤纷的树林。我们不仅欣赏美景，而且力图更鲜明、更富有表现力地来描述这些美景。

在我们苏维埃教育学家和心理学家的科学著作中，尤其是在А.Н.列昂节夫、Л.В.赞科夫、Г.С.科斯秋克等人的著作中，对涉及思想和思维的这些复杂的理论原理做了很好的阐述[1]。我十分尊崇科学，敬重学者，我一直认为自己是一名实践工作者，是一个人民教师。但是正如许多教师感到的那样，我总觉得，把科学真理转化为创造性劳动的生动经验，是科学与实践相结合的一个极其复杂的领域。教师的创造性劳动正在于选择方法，在于把理论原理变成人的活生生的思想和感情。

校长、副校长以及课外活动的负责人应当成为教育科学和教育

---

① 这种"思维课"被认为是苏霍姆林斯基在教学论上的一项创造，它的核心是通过观察自然界的事物和现象发展学生的思维能力。——译者

实践之间的中介人。他们不仅要宣传和在实际工作中去体现科学知识，而且要以创造性的设想和主张作为契机把教师集体组织起来。

我向同事们介绍怎样进行词汇教学工作，怎样发展儿童的言语，这就好比是给了他们灵感的火花。他们对于"到生动的思维源泉去旅行"的做法发生了兴趣，也开始带领孩子们去旅行和参观了。低年级①的词汇教学工作开始跟孩子们的观察和积极活动融合起来了。

我们要使学生认识到：如果他不能成为一个有智慧的、细心而又关切的"大自然之子"，进而成为大自然的主宰和主人翁的话，他就可能把自己周围的一切变成一片荒漠并毁灭自己。这一切都要从童年做起——从儿童的思维，从儿童对世界的看法做起。

要研究词语和思维的统一这一想法逐渐占据了全体教师的心。于是我们便经常凑在一起，讨论这件引人入胜的工作。我们的交谈总是亲切而又友好的。我们常常争论，并在争论中发现真理。尽管这些真理在教育学中是早已为人们所熟知的，可是对我们来说，它们却是真正的发现，**是我们自己的发现**。词语——这是我们教育工作中最重要的、无可取代的工具。低年级的每一位教师首先应当是个语文教师。大自然是思维的取之不尽的源泉，是发展智力的学校。不是消极的感动，而是创造性的、积极而有效的认识活动——只有在这个微妙的活动领域里才能找到发展智力的取之不尽的源泉。

这些真理逐渐成为我们**全体教师的教育信念**，这是很重要的。全体低年级教师都有了写"小作文"的本子。我们开始分析研究孩子们在一年四季里"到生动的思想源泉去旅行"（如在春、夏、秋、冬四季去观察果园）时，所能掌握的各种词语。我们记录了可以在观察过程中引导儿童积极表达的名词、形容词、副词和动词。一些教师介绍了自己有趣的试验，这些介绍很动人，我们大家都为同样的思想和探索所鼓舞。教生物学的女教师注意到学生回答问题不够好，有时缺乏逻辑连贯性。于是她便着手教孩子们如何思考，带他们到大自然中去，让他们看各种现象如何循序变化。这位女教师在

---

① 苏联完全中学的"低年级"，指小学各年级（作者当时指一至四年级，后小学改为三年制），"中年级"指初中，"高年级"指高中。——译者

谈到她对脑力劳动的观察报告中说：

"应当到自然界中去教孩子们进行逻辑思维。我们有时忘记了我们是在大自然中生活的。现在，我制订了到自然界中去参观（每次3天）的计划。我要运用自然界里的各种现象向学生说明各种事物的因果关系、时间关系、功能关系及相互制约性，进而教会他们如何进行思考。学生要写出长时间观察自然现象的小结。"

我们的探索和发现工作可以叫作"深入了解儿童思维的秘密"。这项工作在精神上把我和教师们联结起来了。这样，全体教师共同进行一项把理论付诸实践的工作就有了可能。我给低年级教师，以及生物、物理、化学、地理教师看了一系列课（即"到生动的思想源泉去旅行"）的记录。在每次旅行中，我们都针对某一种自然现象或者某个季节进行观察。这些记录有：《自然界中的生物和非生物》《自然界中的一切都在变化》《太阳是生命的源泉》《大自然从冬眠中苏醒》《冬季树林中的鸟类》等。教师们阅读、讨论这些旅行课的记录，并且自己也开始写记录。有意思的是，这种旅行课对物理教师、数学教师、化学教师也都是很需要的。我们全体教师一起做这项有意义的工作已有15年之久。我们还编写了一部《大自然课本300页》，这是一本关于300次观察课的记录。但工作还远没有结束。

许多青年校长常常问道：怎样制订校务委员会的工作计划？怎样才能使校务委员会成为学校的一个集体领导机构？如果没有某项探索、某种思想去鼓舞全体教师，那么最完备的计划也会变成一纸空文。请从最平凡的事情做起吧！让全体教师（不论低年级、中年级，还是高年级教师）都来思考一下这个问题：学生的思维和思想与阅读能力之间的依存关系是什么？让教师都来通过观察学生的脑力劳动，思考、钻研两者之间的依存性这一有意思的问题。

请你相信，如果你把这个问题提交校务委员会讨论，则讨论将会是饶有兴味的，并会产生种种创造性的思想。这样，许多学校的教师在不同程度上还存在着的消极情绪，便会被对本职工作的浓厚兴趣所取代。

或者还可以讨论这样一个问题：对学习、书籍、脑力劳动的兴趣由何而来？如果整个集体都来关注这个问题在各个方面的依存关系，如果每个人都学会探索产生兴趣的根源，那么整个学校就会变成一个富有创造性思想的实验室。

每当听到**教师的创造性劳动**这个字眼时，我总会记起指导我们集体、激励我们去探索（这种探索一直持续到今天）的第一个想法，即应当教会儿童思考。这是教学过程中最重要的一个方面。不仅在课堂上，而且在师生进行精神交流的一切场合都是这样。目前，我校教师正在致力于新的探索，研究人们在观察大自然的过程中发出的词语的情感色彩。我们在探讨思想与情感这个问题，也在更加深入地钻研课堂教学的细节，在研究各个学习阶段的儿童的思维方式。

没有整个集体的奋发精神，没有一定的教育思想统一全体教师的意识，就不能想象我们如何进行这项工作。由此，我便联想到教育经验的推广问题。打算借鉴别人经验的人如果没有掌握激励创造精神的那种思想，那么就无法接受别人的经验。只有当教师在他自己的工作和同事们的工作中觉察和思考了各种教育现象之间的依存关系，并且去探索新的东西，考虑怎样改善自己的技巧时，他才能理解别人经验里包含的思想。运用别人的经验，从来就是一种创造性的工作。

我觉得，经验犹如盛开的玫瑰。我们要把一丛玫瑰从别的花园移植到自己的园地里来，为此，我们需要做些什么呢？首先要考察并改善自己这块地的土质情况，然后再来移植。应当怎样移栽呢？要连土一起移，不能伤根。而遗憾的是，有时人们却不是这样做的。校长一听说某座花园里的玫瑰长得很美，就对教师说：你们去看看，把玫瑰带回来，栽到咱们的园地里。于是教师就去观赏盛开的玫瑰，马马虎虎掘出一株来，把活着的根都砍掉，有时甚至把花枝也折断了，而这上面还开着香气扑鼻的花朵呢。这样移植过来的玫瑰，没有多久就蔫掉了、枯萎了。校长和教师都很奇怪：怎么会发生这样的事呢？我们也像先进经验的创造者那样，该做的都做了，而经验却没能生根开花。那就是说，这种经验没有什么可取之处，人们对它的赞扬没有什么道理。以后，我们还是按老章程办事吧！

校长应当像精心的园丁为玫瑰花准备土壤那样，为借鉴优秀教师所创造的先进经验准备条件。这种准备工作首先取决于校长的教育技巧。教师集体的教育技巧反映在教育思想里，而教育思想离开了具体的行动，就会变成不结果实的花。要把一种思想由一所学校传播到另一所学校的实际工作中去，那就必须有扎根于集体信念的个人创造精神。

下面我们就来谈谈领导教育和教学过程的一个最重要的问题：集体的教育信念和教师的个人创造。

二、集体的教育信念和教师的个人创造

只有当教育和教学工作中那些最重要的问题能在实践中不断得到解决时，才能彻底改进学校工作、提高学生知识质量和完善道德教育。多年的经验证实，从千万种日常现象中抽取出来的教育思想，才是教育创造的实质所在。

教育思想，形象地说，就是教育技巧得以在其中展翅翱翔的空气。在我们复杂而多方面的工作中，只有在探索现实生活所提出的问题的答案时，闪现出生气蓬勃的思想火花，那才会有创造性的劳动。如果没有提出问题以及寻找各种事物间因果关系的愿望，那么任何时候也点燃不起这种探索的火花来。只有当你想使自己的劳动和劳动成果变得比现状更好的时候，只有当你因思考为什么自己的努力没有得到应有结果而坐卧不安的时候，你的头脑中才会产生出能够点燃创造性思想火花的问题来。你是校长，形象地说，你应当把教育工作这块宝石那未经雕琢的一面转向教师，使他们为里面包含的思想受到震动、感到不安。如果你能做到这一点的话，全体教师就能在自己的工作中发现教育问题，获得教育思想。

20年前，我反复考虑了知识质量这个老问题之后，和教师们进行了一次谈话，谈话是这样开始的。

"这里是一至四年级和五至七年级学生的学业成绩。这些成绩说明什么呢？你们看到：五至七年级不及格的人数比低年级多

6倍，而优秀生只有低年级的1/5。为什么会出现这种情况呢？是学生越学越糟糕，还是五至七年级的教师工作比低年级差呢？或者是低年级教师纯粹在谎报成绩呢？由区里统一命题的低年级测验卷子就在这里，成绩很好，一切正常。究竟为什么到五至七年级情况就有如此严重的变化呢？①

  同志们，我和你们一样，也是一个教师。我非常明白，不去深入分析造成这种令人不安的现象的原因，而一味要求提高五至七年级的成绩，那只会导致欺瞒行为。已经有半年了，我天天都做这样一件事：每天听两节课，一节是低年级的，一节是五至七年级的。半年来，有一种想法使我不得安宁：低年级和中年级学生的脑力劳动究竟有什么区别？也许我错了，但我觉得自己已经抓住了问题的关键。听课时，我认真听学生说些什么，细心观察他们做些什么，同时在思考一个问题：究竟什么是知识？我们天天在讲'要为深刻而牢固的知识而斗争'。可是，知识这个概念是很广泛的。而当你注意观察了儿童在想些什么、谈些什么、做些什么和议论些什么之后，就会得出一个结论：我们所理解的这个广义的概念里，有时指的是两种截然不同的东西。

  一种是关于周围世界的规律性的知识，另一种是学生为了进行学习所必须掌握的知识和技能。如果仔细观察一下学生在低年级做些什么的话，就可以毫不夸张地说：小学的主要任务就是教会儿童使用可以终生都靠它来掌握知识的那种工具。当然，这项任务在以后的教学阶段也不会取消，但在小学它是居于首位的。谁也不会否认，儿童在低年级时期，在一般发展上会有巨大的进展，会认识周围世界的许多规律。然而，低年级阶段的主要任务还是**教会儿童学习**。应当教会他们使用这种工具，没有它，儿童掌握知识就会一年比一年感到吃力；没有它，儿童的成绩就会渐渐不及格，他们就会变得缺乏能力。低年级和以后各学习阶段之间的脱节，就从这里产生。在低年级，我们总是过于谨慎，不敢大胆地把工具交给儿童，而儿童如果没有熟练地掌握这种工具，其精神生活和全面发展就是不可能的。可是一旦到了中年级，教

---

  ① 这里讨论的是小学与初中在知识衔接方面的问题。——译者

师却要求学生能自如地使用这种工具。教师甚至不考虑这种工具处于何种状态，忘记了这种工具还是需要经常磨砺和调整的，看不到个别学生手中的工具已经坏了，无法继续学习，仍然把一批又一批新材料堆到学生的机床上，要求他说：'快点加工，别偷懒，使劲干！'这里说的是一种什么工具呢？这种工具包括五种技能：观察、思考、表达、阅读和书写。

当然，这种划分是相对的。因为思考能力和观察能力有着密切联系，而观察能力和思考能力又是表达能力的源泉。然而，它们毕竟是反映智力活动特征的几个单独的方面。我仔细观察五至七年级学生的脑力劳动情况整整半年，反复思考了学生知识质量差以及许多人努力学习而不见效果的原因，这主要就是因为学生不会使用那些最重要的技能——这些最重要的技能构成总的学习能力。首先是学生不会积极主动地观察，其次就是不会阅读。

积极的观察，这实质上是儿童同周围世界，首先是同大自然相互作用的最初的活动。只有凭借观察，认识和学习才成为劳动，才能锻炼出观察力这种智能素质和智力发展的特征。观察力跟有思考的阅读相配合，这就是儿童智力不断发展的牢靠基础。"

这些初步的结论引起了教师们的兴趣。我认为，我们全体教师都窥察到了教育工作中迄今尚未看到的那个侧面。我们决定，不论在低年级、中年级、高年级，都要研究学生的学习能力状况，他们从一个年级升入另一年级时具备了哪些能力，这些能力以后又是如何发展的。

结果，展现在教师面前的情景使得他们感到困惑不解，但同时也促使他们去认真思考整个教育工作的效果。五至七年级的各科教师（地理、历史、自然、物理、化学、数学教师）在考察了学生的学习技能之后发现，许多学生在阅读技巧方面没有达到自觉地领会教材的程度。

原来，某些学生之所以不会解算术应用题，正是由于他们不会流畅地、有意识地读题的缘故。

一个很重要的问题是，许多学生的阅读尚未变成一种半自动化的过程。我们看到，许多孩子在读课文时，把全部精力都集中到阅读过程本身上去了：全身紧张，头上冒汗，唯恐读错了一个词；碰到多音节的词念不顺，因为他们不会把这些词和词组作为一个整体来感知。在这种状态下，他们已经没有余力去理解所读的东西的含义了。如果只看阅读的过程，即阅读的技巧，那么初看上去似乎是令人满意的。但正是这种表面上一切顺利的假象使低年级教师陷入迷惑之中。

我们全体教师聚在一起，讨论学生的阅读问题，大家争论得很激烈。一位物理教师说："既然学生还不会阅读，不懂他所读的东西的意思，怎么能让他学好我的物理课呢？应当把学生的阅读技巧提高到这样的程度，使他能够一边阅读一边思考所读东西的含义。只有这样，我们前面所说的工具，才能在他的手中运用自如。"我们决定让全体教师都来帮助低年级教师，教学生掌握自主学习所需要的那种阅读技能。不仅校长和教导主任，而且语文教师、数学教师、物理教师、历史教师和地理教师都到低年级去听课。而低年级教师则到中年级和高年级去，看那里的学生对阅读工具掌握的情况。

这样一段时间后，教师们发现低年级教学中有一个严重的缺点，那就是：在阅读课上，学生读得很少，而对关于所读的内容（包括已经读过的和将要读的内容）的谈论却很多。阅读常常被各种各样的教育性谈话、教育性因素取代了。

后来，低年级教师克服了这个缺点，开始研究和考虑学生在课堂上和在家里分别应当阅读多少，以及为了熟练掌握阅读技能需要多少阅读书。而中、高年级各科教师则开始注意研究，在自己的课堂上要做些什么工作，才能使学生的阅读工具日趋完善而不致变钝。

全体教师越来越清楚地看到，在教师的指导下发展独立掌握知识的能力，是学生智力发展中最重要的一个方面。而在这个重大能力中，阅读能力又居于首位。这种认识成了大家的教育信念，它是激励大家的一个重要条件，没有它就谈不上创造性劳动和教育技巧。多年来的经验证明：哪里的教师能从集体的信念出发来看待个人的工作，哪里就会有创造性的劳动。

我们全体教师花费了近 20 年的时间，努力使学生在低年级就完全熟练地掌握阅读技能，并使这种技能在以后各年级也不断得到发展和提高。多年的观察使我们得出以下结论：要使学生学会流畅地阅读，并理解阅读的内容，要使他们能一边阅读一边思考所读的东西，而不是考虑怎样才能读得正确。那么，就必须让他们在低年级期间在课堂和家里朗读 200 小时以上，默读 2000 小时以上。教师要分配好这项工作的时间，校长和教导主任则应当检查教师是怎样考察每个学生的个人阅读情况的。

　　这里所说的流畅快速的阅读，并非指一部分最有才能的学生所能达到的那种快速阅读，而是指每个学生都必须掌握的正常阅读。这种阅读是以中等能力的学生为标准的，阅读的速度是每分钟读 150—300 个单词。

　　对于集体所形成的每一个教育信念，都应做出一些实际结果来；而要使每一个教育思想成为事实，就要去做长期的细致的工作。全体教师一旦认识到了阅读能力的重要性，那么对怎样才能教会学生流畅地阅读，每个学生需要完成多少实际练习的研究，就属于校长和教导主任的工作范围了。

　　我们在分析学生的阅读能力时，发现个别教师自己也没有很好地掌握这种能力。我们看到个别教师对缺乏表情的朗读并没有留心，这是因为他们没有语感，不能体会所读的东西在含义上和情感上的微妙之处。鉴于这种情况，我们为低年级教师组织了一个阅读讲习班。教师们在讲习班里修炼了自己既能理解又能流畅而有表情地朗读的能力。

　　在全体教师中，对于学生顺利学习所必需的一些其他技能，也确立了明确的教育信念。我们在分析中、高年级学生的学习情况时发现，许多学生在书写技巧和速度方面，还没有达到半自动化的程度。这就是说，学生在写某种记录的时候，还要再去考虑怎样正确地书写每个字母。我们发现，五至七年级的许多学生常常把精力用在书写过程本身上，而无暇对自己所写的东西进行思考（即使在高年级，这种毛病也很常见）。

　　怎样才能使学生的书写过程半自动化？怎样才能使学生做到在书写时，把精力主要用在理解所写的东西的含义上，用在思考应当写些什么上呢？集体的教育信念激励了教师去进行创造性的探索，成为每个教师产生个人创造的动力。低年级教师们在研究了书写过程之后，认为学生早在二年级时，就应当训练到写字时手不颤抖，不需要进行特别的意志努力就能把字写正确。教师们认识到，要达到这一点，就必须有一定量的练习。

要使学生学会快速地、清晰无误地书写，使书写成为学习的手段和工具，而不是学习的最终目的，那么在低年级期间就应当让他们在练习簿里写字不少于1400至1500页。我们发现，要做到这一点，只靠完成语法和算术作业的书写是不够的。于是教师们开始布置一些专门训练书写技巧和书写速度的作业。到了四年级，就开始教儿童凭听力来感知教师所讲的内容，并把它记录下来。

所有这些结论都是很简单的，然而为了把它们确定下来，付出了多少劳动，进行了多少探索啊！教师们常常在校务委员会会议上汇报自己工作的成果。校长和教导主任在听课和分析这些课时，也考察了每个学生的作业内容和作业量。教师的个人创造逐年丰富起来了。中年级和高年级教师得出一个结论，即在中、高年级的教学阶段，还有一种能力也很重要，那就是自我监督、自我检查的能力。于是，我和语文、数学、物理、地理、历史教师一起分析了一系列课，从而确定了培养自我检查能力的途径。

低年级教师的教育创造活动就这样开展起来了。几年中，学校里逐渐建立了一套写作文的制度。教师开始教学生根据观察自然现象所得到的材料写作文。例如，孩子们写的作文题目就有：《树木的美丽秋装》《初寒》《春天的花》《果园里的蜜蜂》《夏雨》《冬季里阳光明媚的一天》等。我们认为，学生这些有趣的创作活动，是教会学生思考、学习的一种手段。几年来，我们学校形成的这套写作文的制度，犹如一条线把各个年级培养思考能力的工作贯穿起来了。教师在开始教一年级的时候，就把孩子们以后四年内要写的作文题目拟定出来了。这些教师教出来的学生，在小学毕业时，就能很好地讲述他们所看到、观察到和想到的东西。

根据观察材料确定作文题目，这是校务委员会讨论的问题之一。我们学校的全体教师认识到，这并不是一个狭隘的教学法问题，而是关系到学生的智育和为他们在以后各年级的学习做好准备的重大课题。校长和教导主任在分析低年级课的过程中，跟教师们共同研究应当把哪些成功的经验和发现吸收到智育体系中来。发现和检验教学中的成功做法，是教导主任日常工作中极为重要的一件事。我要建议青年校长和教导主任准备一个本子，把教学中的点滴收获、成功做法和微小的发现都记录下来。像这样把值得关注的一切点点滴滴地积累起来，就仿佛每天都在向前看，在思考改善教育和教学过程的前景。

总之，只有当集体中形成这样一种教育信念，即为了让儿童顺利地进行学习就必须教会他们怎样学习时，低年级教师才可能有所创造。经验证明，如果全体教师和校长都把低年级当作儿童掌握学习工具的一个环节加以关注的话，那么就能用三年时间顺利地完成初等教育。领导普通学校的艺术就在于：用统一的教育信念把低年级、中年级和高年级的教师团结在一起，使他们共同关心学生的学习，使每个教师的个人创造（没有个人创造，就不可能有富于创造精神的集体），像一条条永不枯竭的溪流，汇聚成集体技巧、集体经验的巨流。

三、真正的脑力劳动是思考、理解，而不是死记硬背

决定学校整个生活气氛和方式的主要活动，是学生自觉的脑力劳动，它的成果便是学生深刻而牢固的知识。领导教育集体，做教师的教师，这就意味着校长要亲自指导学生的脑力劳动，对其施以一定的影响。常常有人问：怎样能够既领导学校，又进行科学研究工作呢？其实，经常分析学生的脑力劳动情况，深入考察他们对周围世界的认识过程的实质，研究大量的事实、进行概括、做出结论，思考如何使学生的脑力劳动变得更有成效——这就是最有生气的、最富有成效的科研工作。我可以毫不夸张地说，我的科研工作中最紧张的时刻就是上课和听课：自己上课，听别的同事上课。课，就是教育思想的源泉；课，就是创造活动的源头，就是教育信念萌发的园地。我每天至少要听两节课，这不仅是因为学校的工作制度要求这样做，而且首先是因为我需要不断滋养我的思想的源

泉,而这种源泉就是课堂。每当我面前出现以前并不引人注意的某种教育工作情况,当我认真观察和百般思考而仍不得其解的时候,我便连续听五节、七节课,力求找出这个令人心神不安的问题的答案来。

只有通过大量地听课和分析课,才能对教师的教育学和教学法修养,对他的精神财富、视野和兴趣做出正确的结论。只有分析研究了大量事实及其相互的联系,才会取得对于教育现象的发言权。把一节课作为一个统一的整体听完之后,就可以跟教师谈谈。但是只有对一系列课做过分析之后,才能进而对各种教育现象之间的依存关系进行概括。青年校长的任务,就在于先对事实进行思考和分析,然后逐渐过渡到对教育现象做出鉴定。这种过渡不仅要求校长善于观察,而且要善于听取教师的意见。对课的分析,只有经过校长和教师共同讨论,才会是较完满的。校长和教师一起评议课堂教学、思考问题、互相了解彼此的思想和观点,这是实施完善的教育领导的一个非常重要的条件。

这是19年以前的事了。我研究了三年级某个单元的一堂语法课。在这堂课上,女教师讲解了一条语法规则。孩子们好像弄懂了,也举了一些例子,且能把规则背出来了。可是在下一次课上,女教师问起这条规则时,却只有几个学习很好的学生记得,其余的人都忘了。为什么忘得这么快呢?昨天大家不是都回答得很好吗?这是怎么一回事呢?于是我又让他们重新背,重新举例。到下一次上课,情况还是那样——还是那几个好学生知道规则。现在女教师已经没有时间再回头去教已经讲过的东西了,她要讲新教材了。而对那条规则,她只是说:"你们回家再背吧,我还要检查的……"

又接连听了几堂课后,我左思右想:为什么要孩子们记住学过的教材这么困难呢?每听一堂课,原因也就变得越加清楚:死记未经充分理解的规则,只能获得表面的知识,而表面的知识是很难保持在记忆中的。没有弄懂的知识就像一个雪球一样,一堂课接一堂课地越滚越大。每听一堂课,我都要和教师一起考虑:学生应当怎样进行脑力劳动,才能使知识牢固地保持在记忆里,才能既做出一定的意志努力而又不特别困难地回忆起规则呢?我们不断地研究识记和记忆保持的心理规律,提出各种假设,想说明影响脑力劳动效率的原因。我们反复阅读苏维埃教育学家和心理学家的著作。我们想知道：理解、识记、记忆的保持和知识在实践中运用的过程是怎样进行的？科学著作给我们这些实际工作者回答了许多问题，然而每个理论性的真理都要用具体的教学方式和方法去加以体现。我们又不断产生许多新问题：语法规则是理解了，但为什么这样难记呢？莫非是因为学龄初期儿童本来就很难记住抽象真理，而要把它们保持在记忆中就更难了？

我建议青年校长要使自己（继而也使教师们）锻炼得能用教育理论去阐明教育、教学过程中的各种日常现象。这也许是学校领导工作中最困难的方面之一。

我接着听这位女教师的课并进行分析，同时也听其他教师的课，有时一天听五节或五节以上。为了尽可能深入地去思考各种事实和现象，对它们进行综合、概括和比较，非这样做不可。当时，不论对我，还是对低年级教师以及对中、高年级教师来说，这都是一个进行紧张的脑力劳动的时期。可以说，我们大家的思想都集中到了一点上：应当搞清楚，抽象真理的识记及在记忆中保持的牢固程度究竟取决于什么。我们就是从这个思想出发来研究课堂上的每种现象的。

由于积累了大量的事实，我们发现学生脑力劳动中有一条很有意思的规律，应当像使用钥匙一样运用它来解释大量新的事实和现象。这条规律是：抽象真理概括事实的范围越广，这条真理的识记和在记忆中的保持就越是取决于学生独立分析和思考过的事实的多少。学生只有在认识事实的过程中理解了抽象真理的实质，在思考事实的时候使用这条真理去解释过事实，并且这一切是在没有提出要他记住这条真理本身的情况下发生的，他们才能很好地识记这条抽象真理并把它保持在记忆里。

我们在一些有经验的教师的课上所看到的一些现象使我们发现了脑力劳动的这条规律。例如：一位教算术的女教师在五年级讲解一条规则。她并没有向学生提出要记住这条规则的要求，而是首先竭力让学生深入理解这条规则的实质。然后，当孩子们很好地理解了这条规则时，她就举出一些例子让他们去理解和思考。孩子们在解释例题时，便在思考中运用了已经很好理解但尚未记住的这条规则。孩子们越是把思想集中在用来说明刚刚讲过的规则的那些事实上,越是不被告知要记住这个规则,越是更多地思考实际例子,那么就越能很好地识记规则,并把它牢固地保持在记忆中。

当我们揭示出这条非常重要的规律之后,教师们就立刻开始用另一种方法来指导学生的脑力劳动了。上语法课之前,我们总要拟定一些生动的语言实例和现象,以便让孩子们通过深入理解这些事实和现象来解释语法规则的实质。这样一来,就不是死记硬背那些已经理解的规则,而是多次地运用它们来解释实例了。学生要反复多次回忆这条规则,规则就像是他正在学着使用的一把钥匙一样。

尽管此时并未提出记住规则这个目的,但由于多次实地运用它,学生也就记住了。记住之后,几乎没有人再忘记。这是没有经过专门的背诵而记住的。特别重要的是,通过这种方法记住的规则,即使它的某些内容被忘记时,学生也会努力地去回想这条规则。看来,学生在这种情况下,是在回想曾经从他的意识里经过的许多生动的语言事实,并借助这些事实在记忆里留下的印象,回想起那条规则来的。

我又听了一些课,教育过程的新的规律一个接一个地被揭示出来。我们确信,如果知识是通过独立思考事实的途径而获得的,那么课堂上就会留有许多时间用于实际作业,用于练习和学习能力的培养。新教材的学习就跟知识的巩固、发展和深化融合起来。下次上课就会大大节省检查旧知识所要花费的时间。

不搞专门的识记,而是在深入思考事实和现象的基础上熟记——这个思想逐渐成为我们的教育信念。要把这种信念变为集体的信念。在校务委员会的会议上,我们讲述了自己的探索和"发现",这一发言引起了全体教师的兴趣。因为,识记和保持知识是最令人头痛的问题之一。无休止的记诵实质上会变成死记硬背,会使学生无法集中注意力去理解教材的实质内容。学生死记硬背的东西越多,记忆的保持就越不牢固。而另外有一点也是很清楚的,即如果没有知识在记忆里的保持,不能迅速地回想起为解释周围世界的事实和现象所必不可少的那些知识,也就不可能进行脑力劳动。我给"发现"一词加上引号,因为这并非我们的发现。帮助我们理解脑力劳动的重要规律的那些真理,都是在教育学家和心理学家的著作中找到的。实践又帮助我们察觉、看到和懂得了这些科学真理之间的一些新的联系。

识记知识无须死记硬背,这一"发现"使教师们激动不已。每个教师都开始在自己的工作中对这个思想进行检验。教师个人的教育技巧如同无数条小溪,逐渐汇集成集体创造的巨流。低年级教师以及语文、数学、物理和化学教师的创造性探索最富有成效,收获最为突出。由于教师懂得了教材的识记和保持的规律,他们就能更清楚地理解为什么有些学生学习起来比较容易,而另一些学生则感到困难。为了理解某一规则的实质,并把它理解得清楚而又确切,以至能铭刻在记忆里,一些学生需要思考的实例要多些,另一些学生则可少些。如果一个学生没有思考过足够数量的实例,他就只能在不理解的情况下死背规则,这样获得的知识就是不牢固的,肤浅的。低年级教师开始对学生的脑力劳动采取个别对待的办法:让某些学生分析的实例多些,另一些学生少些。教师们越来越确信:最牢固的识记,乃是津钦科在他的著作中明确阐述的那种无意识记[2],即并不经过特意的死记,而是根据理解或运用规则、公式和结论来分析事实而进行的识记。

低年级教师开始按照这种原则来组织语法和算术课上的脑力劳动。这就是:在规则还没有被学生清楚而又确切地理解到无须死背就能记住之前,要让他们继续对事实进行思考、分析和理解。

数学教师开始按新方式组织旧课的复习。过去要专门拨出时间来复习规则、公式、定理和数学上的其他概括,而现在则是在运用知识的过程中进行概括。

人文学科的教师,特别是历史教师,也开始考虑如何防止学生死背教科书上的教材。他们在检查家庭作业时的提问,总是促使学生去解释各种现象间的因果关系,而不是让他们整段整节地复述课文。

四、教师讲新教材时,学生头脑中在发生什么变化

校长和教导主任最重要的使命,就是要向教师们说明教育工作

非常重要而又很难捉摸的一个方面：教师在讲课时，应一边思考他所讲的理论材料，一边观察学生的脑力劳动情况，即注意观察和分析学生的注意力、兴趣、意志努力以及他们对待脑力劳动和教师的态度。把教师劳动的这两个职能和谐地统一起来，善于思考各种不同的现象，并从不同的角度对学习这个复杂的过程进行分析——这是教育技巧最微妙的领域之一。我深深体会到，深入到教育技巧的这些微妙的领域之中去，会使我们享受到创造的幸福。没有比教师和学生的脑力劳动更为生动、更为千变万化和更加活跃的事物了。如果教师在上课时善于一边思考要讲的教材，一边又想到学生，如果他能随时变换原定的课时计划而这种改变又是最为合理的话，那么他就能自如地驾驭这个班级了。

对学校实行教育领导，首先就是要看到这两方面的职能在每个教师的工作中是否能统一起来，并帮助教师明智地达到这种统一，使学生进行专心致志的脑力劳动。一位善于思考的校长对刚任教的教师或实习教师所上的课的最初看法，对他们的教育素养的初步印象，正是在分析了这种能力之后形成的。

多年的实践使我深信，教学工作的这一领域是有一定规律性的。在课堂上，只有当教师教给学生的基本知识只占他自己的知识财富的很少的、微不足道的那么一小部分时，他才能在思考教学内容的同时，也考虑和照顾到每个孩子。如果教师懂得的仅仅是他教给学生的那点知识，他就顾不上去观察全班的情况、学生的情绪和兴趣，就顾不上去注意学生的脑力劳动及注意力的状况。

为什么要对青年校长谈这个问题呢？这是因为我们学校的工作里有一些可称之为奠基石的东西。不砌好这些奠基石，就建不成整个建筑物。教师掌握的知识，就是这样的一块奠基石。要想观察课堂上学生的脑力劳动情况，教师懂得的知识就要比教给学生的多许多倍。学校的领导实质上应从这里做起：使教师打下掌握教育技巧的坚实的知识基础。不打好这个基础，就既不会有创造，也不会有教育信念。

当然，问题不仅在于教师的知识量要比学生多许多倍。除此之外，教师还应当懂得认识活动的规律。

全体教师在这一点上确立了一种信念：完善的脑力劳动就是

理解，就是在深入思考基础上的识记。我们每年都举行理论讨论会，专门研究学生的脑力劳动。每个教师都要为参加这种讨论会做准备。校长在会上作报告，分析课堂教学中教师的讲解、学生的回答、教材的讲述和知识的巩固等情况。教师们汇报自己的创造性探索和收获。

我们越是深入研究这个课题，产生的问题就越多，在孩子们认识世界的这个复杂过程中发现的新方面也就越来越多。几年来，我们一直都在探索这样一些问题：学生是怎样领会教师讲述的教材的？学生在感知新知识时脑子里究竟在发生些什么活动？

教师应当了解本节课上要讲述的新内容跟学生已知的哪些概念和规律有联系，这一点是很重要的。校长的一项非常重要的任务是，要教会教师从学生是否积极地进行脑力劳动这个角度来观察和分析自己所上的课。一般来说，只有当教师不仅听取校长的意见和建议，而且也对自己的工作进行自我分析时，校长的听课和评课才会产生效果。

在听课之前，我总是对教师说：我希望能在您讲述（讲解、演讲和谈话）的内容中看到，您为促使学生积极地进行脑力活动做些什么，您自己也应当考虑这一点，应当力求使学生成为掌握知识过程的积极参加者。有目的地指导学生的脑力劳动，这方面的经验确实是点点滴滴地积累起来的，因为教师起初在讲新教材时，他的全部注意力、精力和思想主要都集中在教材的内容上，而教学论方面的要求则不知不觉地被忽略了。然而，正因为教师的经验不多，向全体教师揭示经验的实质才更为重要，从而使他们在借鉴经验时不致把个别方式机械地搬用到自己的工作中去，而是创造性地去发展教育思想。我把在许多课上点点滴滴收集起来的经验都综合起来，在校务委员会的会议上作报告。

例如，有经验的教师在对脑力劳动进行目的明确的指导中，常常使用亚里士多德"思维始于惊奇"[3]这个经典法则。每当讲授新教材时，某些数学教师总要在阐明事实和现象的实质的过程中，使学生的头脑中产生带有鲜明情感色彩的疑问。正是这种带有情感色彩的疑问在激发学生的惊奇感："为什么会是这样呢？"惊奇感，这是求知愿望的巨大源泉。例如，在上植物课时，教师给学生举出实例，说明植物细胞在有温度、湿度和阳光的情况下，是怎样制造和积蓄有机质的。这个事实在学生们看来是自然界的一大奥秘，而想要深入探索这个奥秘的强烈愿望就是一种强大的推动力，是思维的情绪、意志的动力。

我一直在努力使每个教师都来探索实现教育思想的创造性途径，都来思考自己所教学科的特殊性并考虑本班学生思维的特点。我听的和分析的某些课，是我和教师一起准备的。这并不是说我们要一起写教案和讲课提纲。关键并不在这里。我们是在一起反复思考，如何依靠教材内容来培养学生的求知愿望，怎样在授课过程中得出有关学生的感知和理解的初步结论。这样的听课具有很大的价值：因为这样我和教师仿佛都立足在教育技巧的源头上，教师可以借助校长的这种帮助来学习分析自己的教学工作。而对我来说，这样听课和分析课，则是我综合各种教育现象的根据之一。

我和数学教师一起考虑六年级的一堂几何课：用什么方式保证学生积极地进行脑力劳动呢？这堂课讲的是斜线对直线的投影概念。我们分析了教材内容之后认为：如果学生会制图、会图解并会画图表示教师的思想，那么这堂课上的脑力劳动就是最积极的了。因为，要做到这一点，学生就得非常注意地思考教师的每句话。于是，教师上课时讲了垂直线和斜线的画法，学生一边听讲，一边画垂直线，引出斜线并用虚线从斜线上的数点向直线引出一些垂直线。这可以说是一堂特殊的数学听写课：学生领会了教师的意思，并用各种线条和图式把它再现出来。所有这些图式都画在草稿本上。我们认为，使用草稿本是很重要的。教师在讲解过程中通过看草稿本，就可以了解个别学生是怎样领会教材的，他们遇到了哪些困难。

课后，我们一同分析上课的收获和不足之处，并准备下一次课，接着再去上课。这不单纯是校长对教师的帮助，而首先是教师对学生的脑力劳动进行的观察和研究。我认为校长的使命就在于使每个教师都成为善于思考、勤于钻研的研究者。真正的教育创造应当是对自己的工作进行不断的研究和创造性总结。

多年来，我对一些学生从一年级到十年级在课堂上的脑力劳动情况进行了跟踪观察。进行这些观察的目的，是要弄清儿童智力和才能发展的最佳条件，要解释清楚智力发展过程对具体知识的掌握、教师的教学方法以及儿童脑力劳动的类型和方式的交替等因素的依赖关系。我总是带着一些问题去听课的：学生顺利掌握知识的能力究竟是什么？能力的高低优劣应如何解释？为什么一个学生理解、记忆和掌握教材非常快，甚至毫不费力，而另一个则困难重重？怎样才能使全体儿童的能力都得到发展，才能使我们称之为"机敏"的这个智力品质不断发展和完善？因为"机敏"实质上也就是掌握知识这种能力的具体表现。

多年来的观察逐渐使我们确信，促使学生顺利掌握知识的智慧和机敏不是天赋的、一成不变的，而是可以改变的，是随着孩子所处的环境、教学特点和脑力劳动的过程而变化的。这种特性表现为学生能从一个认识对象迅速转向另一个认识对象，并在保持住已有信息的同时，去确立不同思考对象之间的联系。具备这种特性的孩子，教起来容易，他能迅速地领会教师的思想，迅速理解和识记，并善于运用自己的记忆。

但是班里有的孩子的能力则完全不同，他连记住算术应用题的条件都很吃力。他刚要开始去做数的运算，就把应用题的条件给忘了，脑子里是一团乱麻，一切又得从头做起。如果学校不完成自己的人道主义使命，那么这种孩子会落得终生不幸。所以我们首先要发展学生的智力。

应该怎么办呢？必须专门做一些智力训练。这是一项长年而细致的工作，教师要有极大的耐心和毅力。我们在学校的心理学和教育学讨论会上经常专门讨论这种学生。多年的经验证明，对这些孩子做工作应当坚持不懈，但又要谨慎行事。总之，为发展机敏性和记忆力而有目的地对学生的思维施加影响，这项工作要求非常审慎地去做。

所谓善于培养智力，就在于给每个孩子找出一条学习的路子。应当让学生发展感觉、知觉、表象、想象和幻想等认识的直接形式和感性形式。这是进行思维的极重要的条件。多年的经验使我深信：应当把这种孩子带到自然界中去，带到花园里、树林间、田野里去，带到向日葵或三叶草盛开的田地里、河岸旁去。我们带孩子们到自然界去，是为了使他们感到惊奇和叹赏——我们认为惊奇感是推动儿童智力发展的重要因素之一。

教师不要用不及格的分数去惊扰这种孩子，这一点尤为重要。在一段时期内，对个别学生可以根本不打分数。

可能，有些青年校长会觉得，我在本书中对校长的行政组织工作方面的问题谈得很少，诸如召集各种会议、制订工作计划等。可是，如果你希望全校人员的工作富有创造性的话，那么这方面的工作就不应当摆在第一位，它应当完全从属于教育过程。领导学校，首先是教育思想上的领导，其次才是教育行政上的领导。

现在可以回答某些校长提出的一个问题了：校长是否必须懂得中小学教学计划里的所有科目呢？是的，一定要懂，不仅要懂得教学大纲的内容，而且要懂得比这多得多。校长应当看到科学发展的最新成就，这些成就的基础知识就是中小学的教学内容。至于教学大纲就更不必说了，那是最基本的知识，如果连这些都不懂，领导学校就纯属空话。

你被任命为中学校长，为了顺利地领导学校，你首先应当置备的参考书就是各年级的教科书，从识字课本到对数表全都要有，把这些书放在你的书架上。对于这成千上万页的书，一个学生不光是应当看完它，而且应当理解和掌握它。仅仅一门历史课的教科书就有两千多页。粗略浏览一下教科书，你便会对学生肃然起敬：一个学生要付出多少艰辛的劳动啊！你把学生应当学习的教材按学年一划分，就会看到，学生脑力劳动的负担是怎样逐年在增长，脑力劳动的性质又是如何在改变。你会陷入深思，教师为培养学生的智力和才能——没有这些能力就无法掌握偌大分量的知识——他也要付出多大的劳动啊！

接着，你就要从运用知识的角度来分析学生的学习。这种分析是很有意思的，它会说明，掌握知识的过程是何等复杂，又何等纷繁，我们所说的学习这种劳动又是多么艰苦！我花费了整整一年的时间，分析了一个学生在学校学习的十年期间必须认识的那些概念。我的面前展现出一幅令人惊奇的图景：在校十年的教学中，要为学生揭示出数千个概念，这些概念都是全新的，是学生以前不知道的。这样，学生每天就应当认识十个新概念。而后还必须有时间来运用其中的每个概念来说明新的事例、现象和过程。除此而外，学生还要演算成百上千道习题，掌握数千个书写正确的词，完成大量的实际作业。而如果学生对教科书的学习变成死记硬背的话，那么学习就会成为学生力图摆脱的沉重负担。

一个校长必须了解这一切，才能既便于分析教师的工作，又便于在全体教师中确立这样一个重要的信念：教学是非常复杂的脑力劳动，要领导教学，就应当了解和洞察教学的一切细节。

第二次谈话

教育现象之间的相互依存性

有人天真地相信,借助某种唯一的、万能的灵验手段就能轻而易举地对教育和教学过程进行根本的改革。

一位中学教导主任参加了两周的学习班回来后,非常兴奋地对教师们说:"真是活到老,学到老啊……。非常遗憾,我们白白浪费了那么多年的时间,送出去那么多教育上的废品。回顾过去,感到很惭愧。我怎么就没有发现,甚至连想也没想到,综合课是毫无用处的。直到这次学习班上才开了眼界。最好的课,是按'讲授——实际作业法'上的课。就是先讲授和做实际作业,然后考查。这样,可以立即看出教学结果来。"

教导主任看到同事们对他的兴奋和良好的愿望没有发生共鸣,便说:"我相信,每个教师,即便是最平常的教师,照这个方法去教,也会教得好。方法本身会迫使你教好……。用'讲授——实际作业法'来上课,能使所有的学生学好知识,难道你们不相信吗?"

教师们回答说:"一个好教师,不论用什么方法上课,只要能调动学生积极地进行脑力劳动,都能使学生学好知识。如果把'讲授——实际作业法'当作包医百病的灵丹妙药,那么它一点也不比设计法和单元教学法好。因为后两种方法也包含有合理的因素。"

教师们费了很大劲儿,才使教导主任不再相信借助某种万能的灵丹妙药式的手段就能使教育和教学工作来一次变革。这场谈话引起了大家对于各种教育现象之间的相互依存关系的深思。

学校是一个极其复杂的机体，在这个机体里有许多活生生的"器官"，其中每一个"器官"都跟它的"同行"一样敏感、警觉，都能对它的处境做出敏锐而强烈的反应。教师们想让教导主任相信，一个好教师用任何方法上课都能把学生教好。他们这样说，丝毫没有夸大或者贬低教学法和教学论的意思。教学理论是一种复杂的、很有用的理论，不掌握它，就不能在学校里任教。

某中学有一位物理教师，他徒劳地想在自己的课上实现程序教学的一个原则——反馈联系的原则。他读了一些关于控制论和仿生学的文章，但是毫无收获。因为他除了学校的教科书之外，对其他有关物理的东西一无所知。其实，一种方法，通俗点说，只有当它有可以依附的基础时，才能成为教师手中的得力手段，而如果教师的学科知识这个基础本身是残缺的，那么方法也就无可依附了。

遗憾的是，还有一些语文教师，他们教的学生不会写作文。这种教师为了使学生写出作文来，常常从一个极端走向另一个极端：要么给学生一些从教学法参考书里抄来的现成的范文，要么就要求学生完全独立地写作文。这样进行教学，自然毫无结果。因为这样的语文教师自己从来没有试着写过一篇描写春天的雷雨或者正月的暴风雪之类的作文，学生也从来没有听到他谈过自己的切身体验。在这种情况下，即使让他们用最完善的教学方法教上7年，也不会有任何效果。

教育和教学过程的各个方面和各种现象之间的相互联系，要求把校长、教导主任、课外活动负责人、少先队总辅导员以及党、团和少先队组织的力量联合起来。我建议你经常跟副校长和助手们碰头，研究和讨论学校的某项工作为什么做得不好，是什么原因造成的，受着什么因素的制约。例如，学生很少阅读文学作品，他们不会欣赏杰出的诗作，这件事使你感到不安。那就请你把副校长和助手们召集起来，并且邀请一位最好的语文教师，一起研究这是怎么回事。在这种会议上，肯定会发现课堂教学跟课外作业之间，少先队和共青团组织进行的思想教育工作跟学生在学习历史、文学及社会常识的过程中形成信念之间的一些有意思的依存关系。弄清这些关系及各因素间的相互制约性，才好安排具体工作，克服工作中的缺点。我们所从事的教育工作的逻辑就是这样：任何一项成就，都不是单靠某一种手段或某一种方法所能取得的。

善于认清教育现象的复杂性和多面性,并找出它们之间的依存关系,这可以说是学校领导人主要的能力之一。我们大家所认为的教育和教学的统一这个复杂过程,具体表现在课堂上的只是它的一部分。实际上,教师和学生的生活和劳动,学生在智力、道德、审美、身体诸方面的发展和完善,主要都是在课外发生的——在校园里、家庭里,甚至在孩子们放学回家的途中。这些现象的实质是什么?它们之间有着怎样的联系?从中可以提出什么问题作为主要的东西来加以研究、分析,并把所得的结论贯彻到我们日常的具体工作中去呢?

我认为,学校中最主要的教育现象之一,就是学习与劳动之间的相互联系和相互依存性。

一、学习与劳动之间的相互联系和相互依存性

我们的教育工作体系,就在于要让儿童生活在体现公民的思想和行动的世界之中,这些公民的思想和行动正是孩子们欢乐和忧愁的主要源泉。如果一个孩子在生活中只知道消费,如果他从小只看到我们生活的一个方面:社会在无微不至地关心他,长辈们创造的一切条件使年轻一代无忧无虑地生活,那么我们就很难把他培养成一个真正的公民。一个人,只有从童年特别是从少年时代起,就以自己的行动改造世界,使世界变得更美好,他年轻的心灵里才能焕发公民精神。

孩子到7岁就是小学生了,我们把周围的世界展示给他们,并给他们进行讲解和说明。

"瞧,这儿是葡萄园。一串串沉甸甸的葡萄把枝条都压弯了。这儿是一片肥沃的田地,长着碧绿的冬小麦。小麦成熟时,你们会看见沉甸甸的麦穗,看到联合收割机手怎样收割庄稼,集体农庄的场院里怎样堆起粮垛。可是,孩子们,你们看,离这块肥沃田地二百多步远的地方,却有一片荒芜的黏土地,那儿连杂草都

没长。为什么会有这种事呢?怎么在肥沃的田间会有一片不毛之地呢?这是一片失去了生命的荒地。几十年以前,那里也是一片沃土,如同这碧绿的麦田一样。由于人们在那块地上耕作不当,黑土被雨水冲走了,那块地就荒芜了,变成了黏土地。"

我们认为,教学与教育的统一,就在于让儿童怀着关切和不安的心情来观察世界,并让"不应该有这种事"的思想成为激励他的最早的公民愿望,要让这种思想激起儿童对游手好闲、不负责任、挥霍浪费等恶劣现象的不满,促使他们挽起袖子来动手干事。

我们并不担心孩子会因想到"难道所有的土地都会这样变荒芜吗"而感到震惊,恰恰相反,我们力求在儿童的心中确立这样一种想法:田地如不精心耕作,都可能荒芜。当孩子还很小的时候,他们很难彻底理解"自然资源在现代再也不是取之不尽的仓库"这样的观念。当学生进入少年和青年早期的时候,他们会逐渐形成这种观念的。而现在,在童年时期,就应当让他们感到震惊和不安:你看,肥沃的土地变成了荒地,这会给人们带来灾难,是不应该的!

我们力求使儿童怀着不安和关切的心情开始观察世界。甚至让孩子入睡之前,躺在床上还在心疼和忧虑地想:肥沃的田地就这样荒芜了!我们不必担忧思想痛苦会使童年变得忧郁,而更应该关注是什么东西引起这些痛苦的思考、不安和关切的。我们应当把孩子的觉悟提高到一个具有初步公民信念的阶段:儿童内心的忧虑不是出于个人利益而是关心社会利益,把社会所关心的事变成个人关心的事。使孩子在童年时代就想到,如果他无所作为的话,家乡就会变得穷困,使他由于这个想法而不能安稳入睡,这是多么重要啊!深入儿童心灵的途径只有一条:把孩子带到他的心灵所能理解的世界,激发他产生公民的忧虑和公民的情感,除此之外,别无他法。

我们在荒地旁边的一块好地里种上了罂粟[①]。不久,这块地里开满了罂粟花。让孩子们能同时看到这两种情景,其目的正是为了让

[①] 罂粟是一种两年生草本植物,花呈红色、粉色和白色。苏霍姆林斯基带领学生种植罂粟,是为了通过种植罂粟的具体劳动,培养学生初步的公民信念。但是,罂粟的果实是制造鸦片的主要来源,因此,目前世界各国普遍禁止种植。——译者

他们能以关切、不安的心情开始观察世界，正是为了激发这些小公民想要劳动的愿望。

儿童想要劳动的愿望是一种非常复杂、微妙而细腻的情感。只有在儿童的心灵中牢固地树立了"事情不应该是这样"的想法时，他才会产生想要劳动的愿望。只有让孩子们能想到要使世界变得更美好时，公民教育才会充满崇高的精神。要让他想到不应当再有荒地，要把这发黄的黏土也变成生机勃勃的、肥沃的田野。如果一个孩子在看到寸草不生的荒地时没有忧虑、不安和痛苦的情感，他就不可能产生想使世界变得更美好的愿望。一般来说，只有当孩子通过自己的劳动感受和体验到了快乐时，他才能理解和认识到什么是快乐。这是教育工作中一条极其重要的规律。如果一个人在用理智和双手来认识世界时，没有体验到忧虑、担心和不安的情感，那么他是不会懂得公民的自豪感和劳动的乐趣的。

孩子们在罂粟田旁边的那块荒地上开始了长年的劳动。这项劳动的教育意义正在于，它是长年进行的，是从童年开始的，这时候儿童刚刚开始认识世界，"该是怎样"和"不该怎样"这样的观念正随同第一批真理进入儿童的意识。我们要让儿童操心的是：不应该让土地荒芜。应该让荒地恢复生机的想法会激发孩子的兴趣和志向。儿童好几年劳动的意义就在于创造肥沃的土地。班里有 30 名学生，每人负责改良 10 平方米的荒地。300 平方米就是 3% 公顷。我们成年人可能认为，这种事算不了什么，可对于孩子们来说这却是一项艰巨的劳动。它的可贵之处首先就在于思想跟行动的结合。也只有在这种情况下，才会产生我们所说的那种精神生活。如果一个人没有把某种艰巨的事业变成自己生活的核心，他就不可能把自己的心灵同这种艰巨的事业联系在一起。

为造福整个社会而从事的劳动，应当进入一个人的精神生活，这就是童年时期、少年时期和青年早期的公民教育的实质。变荒地为良田的劳动，其教育意义就在于使劳动变成儿童喜爱的事情，因为它会使世界变得更美好。如果一件困难的、并不轻松的工作变为一个人乐意去做的事，这就说明他已把自己的心跟劳动连在了一起。

变荒地为良田的劳动真是一篇史诗。孩子们把淤泥、沙土和沤过的有机肥料运送到荒地里。他们使用的是水桶、铁锹、筐子、耙子和锄头这些古老的农具，孩子们就是通过这些工具开始接触土地的。他们不仅用双手，而且用自己的心灵去接触土地。他们因成功而激动和欣喜，因失败而苦恼；既有喜悦高兴的日子，也有伤心流泪的时刻。土壤改良之后的第一个春天，在刚刚开始恢复生机的田地里长出了苍白嫩弱的罂粟苗，由于肥力不足，罂粟还没开花便枯萎了。但是，这时候如果儿童心中有了"事情不应该这样"的决心，那么在他们的精神生活中，就会产生我们称之为"信念"的这种微弱而又有强大生命力的"枝条"来。形象地说，只有在这种树枝上才会开出热爱劳动的鲜花来。当涉及儿童时，这一点尤其重要。如果一个人对实现自己的计划、对达到预期的目标以及对自己的耐心和毅力缺乏信念，那就根本谈不上使劳动成为他精神生活的一部分，谈不上终生都把全身心跟劳动连在一起。没有信念，就无法使人珍惜某种事物。如果我们想让儿童珍惜土地、热爱土地，就应当在童年时代让他去经受劳动的锻炼，在劳动中深信"事情应该是这样的"而受到鼓舞。

　　劳动逐年带来越来越明显的成果。五六年之后，3%公顷的荒地变成了良田。春天，当罂粟花像彩虹一样盛开在那片原来毫无生机的荒地上时，这个春天对孩子们来说简直成为真正的节日。罂粟花盛开的田野——这实现了孩子们梦寐以求的愿望，使他们第一次享受到了劳动者的欢乐。下一年，在曾经盛开过罂粟花的田地上，沉甸甸的麦穗又成熟了。

　　罂粟田是一种独特的象征。我们的目标是，形象地说，使每个孩子都开垦出自己的"罂粟田"来。一个少年公民，如果当他十二三岁时就看到小麦在他亲手开垦的田里结出麦穗，那么，对他来说，田地就会成为自然界里无可比拟的宝贵财富，因为丧失了这份财富是无法弥补的。因此，我们认为，让一个人在童年和少年时期就获得这份巨大的道德财富，是一项极为重要的教育任务。如果错过，是任何努力都无法弥补的。问题不仅仅在于一个班在几年内开垦出3%公顷的肥沃土地，更在于一个人由于创造这些财富，从幼年起便以共产主义的态度和观点来看待人民的财产、劳动以及人的尊严这些最主要的东西。孩子们在这3%公顷的土地上劳动，领会生活中流汗、劳累，手上磨出老茧是为了什么。与此同时，在这小小的田地上也培育着人。孩子们对自己在上面迈出过最初几步的这片土地感到亲切，是因为他们把自己的一部分心血倾注在了上面，把他们的操心、忧虑和激动都跟它联系了起来。他们通过自己的劳动使世界变成应该有的那种样子。我深信，这是克服依赖他人为生的思想、克服对物质财富及精神财富单纯享受的思想的最重要的条件。如果你想让学校和家庭共同努力使培养的每一个人都成长为忧国忧民、勤奋耐劳的公民，使社会的利益成为他个人关心的主要事情，那么就得让他在童年和少年时期用自己的双手去创造出**应该有的事物**。少年时期是应该做出为社会服务的初步总结的年龄。这时候，一个人已经应当自豪地回顾过去，并且因想到自己亲手有所创造而感到自豪。如果这时才刚刚开始认识为社会而劳动的实质，那么到17岁就会成为一个幼稚的人，成为意志不坚强、道德不稳定的人。我国青年中有那么一部分人懒惰成性、玩忽职守，对自己的社会职责敷衍了事。这些不良品质就是由于他们在童年和少年时期无所用心，没有经受艰苦和风浪锻炼而造成的。应当使一个人在童年时期就打好热心于心爱工作的基础。

　　青少年的活动中要渗透这样一些道德思想：公民的高尚情操、不屈不挠和毫不妥协的精神。缺少了这些，我们就根本无法想象能有真正的青少年的教育。这种劳动的教育意义首先就在于人进行劳动是很艰苦的，而且这种艰苦是为着一个崇高的公民目的而承受的。应当使青少年的心灵深处怀有成为一个斗争者的愿望，这是教育工作中的一条真理。忽略了这一点就会产生某些青年人道德上不坚定、游手好闲和追求庸俗趣味等社会问题。青年人常常被斗争和克服困难的豪迈理想所鼓舞。我们要力求用公民英勇无畏的高尚精神来陶冶青年，使他们在青年时代就对挥霍浪费和处世冷漠等不良现象不能容忍。

　　教养和劳动的联系是多方面的。人为了进行劳动而获取知识，因而知识在人的整个生活中起着十分重要的作用。但是，具有决定性意义的则是道德上的联系。人在他积极活动的一切领域中都应当是一个劳动者。一个人只有在劳动的相互关系中不愧为一个公民时，他在学习上才能成为一名真正的劳动者。

二、全体教师要团结成一支统一的教育力量

全体教师形成一支统一的教育力量是学校生活必不可少的基础，是体现各种教育过程的相互依存和相互制约关系的基础。

教育是让学生在精神上不断丰富的过程。学生不单是在课堂上受教育的。我校的全体教师认为，教育的某一个定义也可以这样来表述：教育是教育者和受教育者在精神生活上的一致，是他们的理想、愿望、志趣、思想和感受的一致。把道德信念和思想观点传授给人，教会他怎样在社会上生活，确立他的道德审美原则，所有这些都要求师生在**精神生活上的一致**达到双方都感到志同道合的那种程度。

那么，仅仅在课堂上能否达到这种程度的精神一致呢？不能。作为教育的实质的这种精神生活的一致，只有当每个教师不仅是授课人，而且成为学生集体中的一员时才能达到。教师应当迷恋于这个集体的工作，和他的学生抱有共同的志趣。我们学校有 32 名教师，每一个教师都是一个、两个甚至是三个学生集体的指导者和教育者。从教师的角度说是指导者和教育者，而对学生来说则是同志，是跟他们一样醉心于有趣活动的志同道合的朋友。学生的精神生活同时在几个集体里度过。每个学生都参加两三个集体的活动，其中总有一个集体里有他的指导者、年长的同志——老师的参加。

这些集体就其活动内容和性质来讲，是多种多样的。高年级有各种学科（如数学、物理、化学、生物、历史、人种学、天文和地理等）的科学小组，如少年机械师、少年无线电技师小组，自动化技术、无线电电子学小组，家乡地区自然资源考察小组等。中年级有各种农业小组和技术小组，发展学生的各种创造禀赋和爱好，如少年设计师、钳工、模型工、电工和无线电工、车工、细木工、建筑工、畜牧家、作物栽培家、机械师、园艺师、林学家、养蜂家、小育种家、植物爱好者等小组。低年级则有进行各种创造性活动的小组，如小园艺家、自然保护者、花卉家、养蜂家、木刻和刺绣艺术、小技术员、马达工、家乡地区小旅游者、自然资源考察小组等。

高年级、中年级和低年级学生还有一些可用以满足和发展学生的审美需求的组织，如艺术语言、文学创作、戏剧和音乐等小组。低年级学生有学校童话剧团，喜欢阅读和听童话的儿童每天晚上都去童话室聚会。

高年级学生还有由共青团组织领导的一些小组，那是普及自然科学知识的一些小组。每个班级的团组织有一个六七人的小组，每月都举办自然科学知识晚会。我们还有科学幻想作品爱好者小组之类的集体。

少先队和共青团组织在使师生精神生活取得一致方面起着特别重要的作用。每一个少先队中队和班级共青团组织里都有一个小组，其主要活动是鲜明地体现爱国主义的思想。他们或者是考察伟大卫国战争期间保卫祖国的英雄们功勋的少年考察者，或者是家乡自然环境的保护者，或者是把关心孤寡病残老人放在自己精神生活首位的铁木儿队员。如果学生集体的生活受到"应当为祖国、为社会做些好事"这样一种崇高思想的鼓舞，而教师只是一般地参与集体生活，并没有成为这个集体的灵魂，那么就不能想象有师生之间精神生活的一致。

这些集体都是在若干年内逐渐形成的。是随着每位教师把自己的创造火花播种到孩子的心田里，把一批批学生团结在自己的周围，并同他们一样倾心于某项创造活动，成为他们亲密无间的朋友和同志而形成的。这种师生精神生活的一致也就是教育的实质所在。能吸引儿童亲近教师的力量来源于教师的信念、技巧和能力，来源于他堪为学生楷模的创造性劳动。

也许有人会提出这样的问题：如果教师除上课之外，还要指导一个课外小组（有的教师还自愿指导两个课外小组），他是否会负担过重呢？不，这不是额外负担，而是必不可少的工作。如果教师不能经常跟学生保持精神上的一致（这种一致必须是超出上课、批改家庭作业和打分数范围之外的），那么他就不可能进行真正的创造性的教育工作。况且，要创造教师跟学生之间精神一致的条件，不一定要开展专门活动或召开会议。我们学校有几个科学读物爱好者小组，组员很少聚会，可能半学期才有一次，小组的活动主要是个人阅读以及教师和本组学生一起讨论所读图书及其科学问题。

我们花费了好几年的时间，才使每个教师都跟一两个或三四个由儿童、青少年学生组成的集体建立起精神生活上的一致性。我仔细地观察了每位教师，发现了他们的天赋素质和志趣爱好，并为他们创造物质条件，以便形成我认为是真正教育的那种师生之间的精神上的一致。例如，我发现一位低年级女教师精于刺绣艺术，又有木刻才能。于是，我便考虑应当怎样让她和孩子们亲近起来，为此需要添置哪些工具和材料。她的手艺像磁铁一般吸引着孩子。从此她便指导起刺绣和木刻小组来。在同事们看来，她是几个课外小组的指导教师，而对于孩子们来说，她则是一位教给他们手艺的知心朋友。几个月期间，刺绣小组的孩子们专心致志地绣着一幅表现民间故事里的一个场面的有趣的图画，这简直是用各色丝线绣出来的一首叙事诗。孩子们在绣这幅作品时，感到自己就是诗人。这位教师和孩子们之间在精神上的一致，在这几个月内并不局限于刺绣活动。这位教师熟悉许多民间童话，还会极其生动形象地讲述书中的内容。孩子们在小组活动时，总是沉浸在书的世界里，这也培养了他们对祖国语言的热爱，形成了一些良好的道德信念。

另一位低年级女教师也喜爱刺绣艺术，此外，她还有别的爱好。她作为戏剧小组和文学创作小组的一位出色组织者，还创办了一个童话剧团。这是许多儿童组织之中的一个对孩子们进行审美教育的创作集体。我们认为，在儿童的精神生活中，把审美、情感和道德诸因素统一起来，具有极其重要的意义。在童话剧团里，也和其他创作组织里一样，是美在吸引着孩子们。在这里，他们的道德信念是在感受美的基础上形成的。

还有一位女教师指导的文学创作小组，也是丰富儿童精神生活的情感源泉之一。孩子们在这里接受语言美的教育。在温暖的春天和炎热的夏天，女教师常常把孩子们带到森林、河畔、牧场、田野去。她教孩子们欣赏大自然的美，教给他们怎样用语言表达周围世界中那些令人赞叹的美景。孩子们在这里，在大自然的怀抱里写"小作文"、写诗。语言的美、语言的表现力及其异常丰富的情感色彩——所有这一切都是无法取代的有力手段。我们借此触动着儿童心灵最隐秘的角落。因此，我们全体低年级教师、全体语言文学教师和校长，都是文学创作小组的指导员。我们指导的每一个这样的小组里都有7—12名学生。经验证明,没有哪个孩子会对语言的美无动于衷,会不为美所倾倒。我指导的文学创作小组有12名四至七年级学生,其中包括几个最难教育的怪脾气学生。很难找到什么别的力量,能像语言美这样深刻地触动孩子的心灵,能像铭记在心里的创作那样时刻激起孩子高涨的激情。

许多教师都能深刻感受到大自然和创造性劳动的美。他们以创造美的劳动鼓舞学生,从而也成为一股巨大的教育力量,把学生团结成一个精神上充实的牢固集体。其中有些教师能把学生的劳动组织得非常好,以致播种、田间管理和收割这样一些劳动都变成了孩子们的节日。另一些教师则善于把作物和土壤的生命向学生揭示出来,如同充满着奇妙现象的世界一般。而这一切都会给人以创造的乐趣。他们指导的少年自然考察小组有一项有趣的活动,孩子们都很感兴趣。这项活动的中心,就是我们的"绿色实验室"——果园里的一座小屋,学生们在这里总结考察结果。这项活动最可贵的地方,是把勤奋好学和钻研理论的精神同实验以及简单的体力劳动这几方面都结合起来了。

还有一些教师喜爱技术。他们的学生不单纯是一些能工巧匠,而且还是"理论家":这些学生阅读电工学、无线电工程学、电子学和力学等方面的科学书籍,常常在操作室和实验室里工作到深夜。

物理、化学、数学和生物教师每人都负责一个高年级班,学生分别组成物理、化学、数学和生物科学小组。在这些小组中,师生间存在着的精神上的一致,表现为师生都酷爱读书,善于进行理论思考。这些小组的组员经常在我们学校里为居民举办自然科学知识晚会。他们在会上作报告,放映科普影片。

劳动小组、综合技术小组和科学学科小组都是学校生活的重要组成部分。这些小组乃是一种独特的学校,儿童和青少年在这里经受着劳动、读书和思考能力的锻炼。

正是由于每个教师经常都和孩子们在精神上息息相通,跟他们有共同的兴趣和爱好,由于学校里没有一个学生不处在教师的影响之下,因此我校的全体教师才成为一支统一的教育力量。

如果你希望学校里有丰富多彩的精神生活,希望每个教师都成为教育者，那就请你去考察、去发现教师们的兴趣和爱好（有智力方面的、劳动方面的、审美方面的和创造方面的），为许多小组的活动去创造物质条件吧。

正是在这里，为课外活动的组织者开辟着进行创造性活动的广阔天地。我们注意使全体学生都从他们的精神丰富、道德高尚、富有智慧的教师那里受到教育，使每个学生都处于教师的道德的和智力的影响之下，使每个学生都对教师所崇敬的神圣理想都深信不疑。学生参加课外小组，例如少年机械化工作者小组的目的，不仅仅是为了学会开汽车。任何一种课外活动的教育价值，首先取决于课外小组的指导者把人的哪些品德传授给了学生。

三、关于自我教育

你是校长，你领导的学校里有各种不同年龄阶段的孩子。这既给教育工作造成困难，也带来方便。年龄不同的学生集体会迫使校长经常关心年长学生和年幼学生之间的智力、道德、审美及创造性活动中的多方面的关系。这里就涉及学校领导工作中一个非常重要而又不轻松的问题——自我教育问题。

这里讲的不是个人的自我教育，而是集体精神生活中极其微妙的一个方面，即学生之间在品德等方面的相互影响，一种道德财富的传递。集体并不是某种抽象的、无个性的东西。集体是由个人组成的，它的生命力就表现在：一个人总在影响着另一个人，而这种影响又受到其他人的评价，他们通过评价为自己做出应当如何行动、如何处世的结论来。在集体里，个人的道德和智力发展水平是各不相同的：一个人能对别人产生影响就在于他身上有某些与众不同的、独特的东西。这种独特性表现在每个人都有自己的天赋、爱好、才能和志趣。

自我教育作为一种集体的内部生活，是从一个人的独特性引起别人产生仿效的愿望开始的。我们学校最关心的是要使得集体里能成长起"具有鲜明个性的人"（А.В.卢那察尔斯基语）[4]，让他们能影响其他的人，使这种影响在活动中为集体树立一个榜样。任何一个基层的或全校的集体里都有许多具有突出的个人天赋、能力、智慧和才干的人。教育的技巧就在于，要让这些个性特点通过坚定的意志、高尚的自尊感、强烈的志趣和正当的自爱心表现出来。

如果你能深入到那些干练的教育者的"创造实验室"里去，你就会发现，他们为建立一个集体所做的一切努力，实际上都是从发现和磨炼鲜明的个性着手的。这些人就好比是集体的骨干或支柱。他们鲜明的个性是在对别人的影响中表现出来的。这样一个强有力的、能排除困难的集体才能营造出一种教育的环境。多年的经验使我相信，一个人对另一个人的影响（指那种能显示人的优良品质的影响），乃是培养人的自尊感和防止对自己抱无所谓的态度的最好的教育环境。

经验也说明，鲜明的个性并不会压抑能力较弱的学生，不会伤害他们的积极性和独立性，相反，它有助于提高他们的能力。作为集体的内部生活的自我教育会培养出意志坚强的人来。

遗憾的是，对如何在集体的精神生活中培养意志力这个问题研究得还很不够。当一个人在教育别人的时候，他才真正经受着意志的锻炼。当一个人能把自己的一份精神力量赋予别人，希望别人变得更好，并能把别人当作一面镜子，从他身上看到自己（看到自己的道德品质、创造才能和技巧）时，他就会激发起自己的自尊感、荣誉感和自豪感。我认为作为学校的主要教育者（乌申斯基是这样称呼校长的）[5]的一项头等重要的任务，就是使每个共青团员在某种程度上都成为少先队员和"十月儿童"①的教育者，并且让每个少先队员都能关心一年级小同学。每当我需要了解一个人的内在力量、他的特征和才能时，我就要设法在集体里营造出这样的相互关系，使得我所要了解的这个人感到他对别人负有重大的责任。一个人只有在他负有的责任和义务中才能表现出他有什么能力。最要紧的是，在这种相互关系中，不要让任何人感到自己是弱者，是无能为力的人，或者是总受别人照顾的人。

要做到这一点的可能性很多。儿童的才能和爱好是多方面的，

---

① "十月儿童"组织吸收7—10岁儿童参加，少先队组织吸收10—15岁的学生参加。——译者

问题在于要主动去了解他们，善于看到他们身上的长处。一个团员喜欢画画，他的周围就会聚集一批喜爱艺术的小同学。他带领孩子们去树林、花园和河边，画他们看到的景物，收集著名画家绘画的复制品。另一个团员手风琴拉得好，于是又出现一个小的集体——少年音乐家小组。第三个团员爱好无线电，他在无线电实验室里就不会是单枪匹马的，而是跟一批低年级同学一起活动。有三个八年级的学生辅导着几个由二三年级的小同学组成的法语学习小组。学生们还组织了游览本地区的少年旅行家小组和少年植物爱好者小组。一年级小学生则邀请三四岁的学前小朋友来参加新年枞树晚会，给他们表演自己排练的文艺节目，建立了儿童木偶剧团。也就是说，连学校里最小的学生也在关心如何给学前小朋友带来欢乐。

上面列举的这些事例，或许每一件都显得微不足道，然而几十件、几百件这样的事例加起来就成为无数条线索，把全校儿童和青少年联结成为一个统一的集体。课外活动组织者所应做的最细致的工作之一，就是对所有这些事例进行分析和总结，应当把关于学生集体的理论概念具体化为活生生的人们相互之间的关系。可以用一种共同的活动吸引各种不同年龄的学生，把他们结成一个统一的集体。但是要做到这一点，就必须使年龄大的同学关心小同学，而小同学也信赖大同学并寻求他们的帮助。没有一个全校集体，就没有学校，也就没有教师集体这支统一的教育力量，也就没有校长这个主要的教育者。只有当大量微妙的人与人的关系的纽带——关怀、体贴、同情把大同学和小同学联结起来，使他们亲密无间时，才能形成一个全校集体。只有当全体学生从具有深刻个性的关系中找出千丝万缕的共性联系时，学校集体才会显得生机勃勃，成千成百个孩子才能结成一个和睦友爱的大家庭。

但要想使这种精神焕发出蓬勃的生气，就需要了解儿童。

四、要了解儿童

教师应当了解孩子的长处和弱点，理解他们的思想和内心感受，小心翼翼地去接触他的心灵。了解孩子——这是教育学理论和实践最主要的接合点，是对学校集体进行教育领导的各条线索的集结点。全体教师在领导教育和教学过程中行动上的一致，使教师形成一个统一体的那些教育信念——所有这一切，只有当全体教师都努力去了解儿童时，才可能实现。

人们在校务委员会、讲习班、教学法讨论会上谈论最多的是什么呢？是教学法、教学方式、课程体系、教学经验等内容，而关于儿童却谈得很少。对于孩子的智力发展、他们的智能状况，教师往往只是根据分数来判断：分数好的学生就是好学生。一旦给这种分数赋予了道德含义，教师就会根据学生所得的分数对他的道德面貌下结论。

人的个性，是一种由生理力量、精神力量、思想、情感、意志、性格、情绪等因素组成的极复杂的综合体。不了解这一切，就既谈不上教学，也谈不上教育。如果你想要做到对学校实行教育思想的领导（没有教育思想的领导，也就没有校长），如果你力求使全体教师成为一支统一的教育力量，使每个学生在教育过程中都能成为你的助手和志同道合者，使教育和自我教育结合起来，那么你就得把儿童放到你和全体教师注意的中心。

多年来我一直在研究学生成绩不良的问题，想弄清导致不及格和留级现象的错综复杂的原因。大约经过四年的研究，我找出了一条有趣的规律：造成每一个儿童学习成绩不良的一系列原因之中，必有一条最主要的原因，一旦能排除这个原因，那么其他原因的影响就会减弱。

原来，造成许多学生学习落后、课堂上和课外做不好作业甚至留级的重要原因之一，就是他们的健康状况不佳，患有某种疾病，而且这种疾病往往极不明显，只有在家长、医生和教师的共同努力下才能被发现并得到治疗。我们发现了一些不明显的、常常被儿童的活泼好动所掩盖了的心血管系统、呼吸道和胃肠道等方面的疾病。

我们开始注意研究儿童的健康状况，于是一年年地越来越鲜明地呈现出令人惊奇的一种情景，那就是儿童的精神生活——他的智力发展，思维、注意、记忆以及长时间坐着学习的能力等，都有赖于他的体力。我们发现，所谓思维迟钝，在许多情况下都是由于身体的状况不佳造成的，而这种毛病有时连儿童自己也没有感觉到。观察表明，除了那些可以诊断、治疗和预防的心、肺和其他器官的疾病以外，还有一些毛病只不过是由于这些器官虚弱以及它们对周围环境的病态反应而已。

我们也发现一些学生新陈代谢异常，对这种异常现象只有富有经验的内科医生才能做出充分的解释。我们学校四年级有个名叫柯利亚的男孩子，他体质很弱，身材瘦削。没有听他说过哪儿不舒服，但是他的母亲和老师觉得这孩子有点什么毛病：他脸色苍白，略呈病态的黄色，稍一改善饮食，就会引起反应，身上立刻会出现一些斑点。经过详细的化验，也没查出什么来，一切正常。最后医生得出结论，认为这是因长时间坐在室内而引起的新陈代谢失调。症状本身似乎并不严重，但是它却会导致严重的后果：孩子会失去聚精会神地进行脑力劳动的能力。柯利亚的情况正是这样。开始上课时，他能专心学习：听老师讲课，做习题；但是过了 10—15 分钟以后，他便两眼无神，目光呆滞，老师讲的他都不懂了（在情况没有弄清以前，人们往往责备他懒惰，不努力学习）。医生建议采取的唯一根治办法，就是改变这个孩子的整个作息习惯。于是，柯利亚开始一天至少有 10 小时在户外度过，晚上睡觉时开着窗子，早睡早起。这样过了半年，他便能在课堂上长时间地进行脑力劳动了，学习跟不上的情况也改变了。而原先大家都断定柯利亚是会留级的。

类似的其他事例也有过。有些儿童看上去很健康，气色很好，但仔细研究他们的健康状况之后，就会发现他们有某种潜伏的毛病。值得注意的是：每当教师竭力要使课堂上的每一分钟都充满紧张的脑力劳动时，这种潜伏的疾病和不舒服的症状就特别明显地表现出来了。

而且，这种过快的教学进度即使对于健康的儿童来说，也是无法适应并且是有害的。过度紧张的脑力活动（例如，算术课上教师一道接一道地布置复杂的题目）会导致一些儿童劳累过度：他们目光黯淡，两眼模糊，动作软弱无力……。长此以往，儿童便什么也不能做了。这时他本该去呼吸新鲜空气，而教师却抓住他们不放，不住地催促："干吧，干吧……"

当我们确信，儿童的整个精神生活，尤其是他们的脑力劳动，有赖于他们的身体健康和身体发育状况时，当我们认识到健康这个概念本身有着多方面的含义时，我们全体教师便决定：研究儿童必须要从研究健康状况入手。此后，医生经常在校务委员会上作有关儿童健康状况的汇报。对于那些已经发现在心血管系统、肺或新陈代谢方面有疾病或功能衰弱的儿童，我们规定要进行经常的教育学观察。为了预防疾病、增强他们机体的抵抗力，我们首先采取了下列措施：和家长一起为学生制订个人的作息制度，关心如何改善他们的饮食，让他们有更多的时间在室外活动等。

我们做到了让那些由于身体衰弱而造成思维过程缓慢的孩子，在夏季能露天睡眠，多吃富含维生素和植物杀菌素的食物（如蜂蜜、牛奶、黄油、水果等）。这一切都对这些孩子的整个健康状况和智力发展都产生了奇妙的效果。

我们刚开始做研究儿童的工作时，便深信没有家庭和家长的协助，不仅无法研究儿童，而且什么事都做不成。经常和家长进行谈话，这使全体教师认识到学生家长必须具备系统的教育知识。于是我们创办了一所"家长学校"。这个学校设有下列几类班：

（1）还没有孩子的年轻夫妇；
（2）学龄前儿童的家长，即再过一至三年孩子就要上学的家长；
（3）一至二年级学生的家长；
（4）三至四年级学生的家长；
（5）五至七年级学生的家长；
（6）八至十年级学生的家长；
（7）在智力发展和身体发育上有缺陷的儿童的家长。

孩子在学校里学习 10 年，家长也需要在家长学校里学习 10 年。父亲和母亲都要来学习。

家长学校的各个班每月都上两次课，由校长、教导主任、课外活动负责人、教师和校医授课。全体教师都认为，在所有的工作中，这是一项最必要和最重要的工作。如果我们不做家长的工作，我们就会一事无成。我们在"家长学校"讲课，讲应当怎样教育孩子。我们教父母亲怎样保护孩子的身体健康，怎样发展他的智力和言语能力，怎样防止神经系统的疾病，怎样教育孩子爱劳动、爱学习。关心孩子的身体健康和道德发展，已成为我们学校的家长教育学的研究课题。

我们越来越坚定地相信，预防疾病、增强体质是提高学生脑力劳动效率十分重要的一个条件。

1969—1970学年度，我们在一二年级学生家长班的课上讲了这样一些问题：儿童的身体发育和心理发展；神经系统类型和儿童的气质的概念；儿童的饮食和作息制度；儿童的健康与智力发展；家庭的精神生活与孩子的教育；家庭和公民教育；本民族语言及其在学校教学最初几年内的作用；七至九岁儿童的品行和公民义务感的培养；学习过程中儿童神经系统疾病的预防；大自然在思维的发展和道德教育中的作用；美及其在儿童思维和言语发展中的作用；家庭中的图书与儿童的精神发展；伦理准则的掌握；家庭和学校中的爱国主义教育；家庭中的劳动教育；精神兴趣和精神需求的培养；纪律性和责任感的培养；父母亲之间的相互关系与孩子的教育；对孩子的严格要求和尊重；对儿童的无神论教育；文明行为的培养；家长在教育子女方面的责任；自我教育；酗酒对儿童的影响。

我们的工作是逐步开展起来的。起初，家长学校里每个班每月只上一次课。随着理论教材的逐渐积累，几乎所有教师都能担任家长学校的讲课任务了。

我们认为，在家长学校，为智力发展有缺陷的学生的父母开班，是我们的一大成绩。1969—1970学年度，我们为这个班的家长们讲了这样一些题目：介于智力发展正常与不正常之间的儿童；家庭的智力素养与儿童的智力发展；促使儿童进行脑力劳动的刺激动因；儿童的思维；童话故事在能力较低的儿童的智力发展中的作用；父母嗜酒与儿童的智力发展；情感的培养与智力发展；艺术思维；怎样发展记忆；自然界在近似不正常儿童的智力发展中的作用；美在儿童智力发展中的作用；近似不正常儿童的思维练习以及怎样在家里做这些练习；思维练习的方法指导；专供智力不正常儿童阅读的童话故事在发展智力和培养情感方面的意义；儿童的智力爱好；如何激发智力爱好；思维迟钝的儿童的智力倾向；智力倾向的形成；取得成绩对脑力劳动的影响；理智感及其激发；对智力近似不正常的儿童可以提出什么要求和不可以提出什么要求；儿童的创造性劳动；语言创作（编童话和故事）是发展儿童智力的手段；劳动、休息和饮食制度；春、夏、秋、冬四季的医疗作息制度；饮食疗法；发展智能（而不是首先掌握一定分量的知识）是学校和家庭对智力发展不正常儿童进行教育的主要任务。

我们认为，家长学校里这个班的工作具有很重要的意义。整个学校的道德气氛怎样，是否形成了尊重人的风气，这些都要看智力近似不正常的儿童学习得如何，看我们教师是否使他们享受到了童年的幸福。如果教师对这些学生未予关注，使他们感到自己在受委屈，那就既不可能有团结的学生集体，也不可能有正常的师生关系。

在家长学校讲课时，我们尽量避免谈及个别家庭中的纠纷和冲突。因为如果我们谈论这些事，就会使家长们与学校疏远。我们只是在与家长进行个别谈话时，才谈起家庭中具体的棘手问题以及各种错误和挫折。

家长学校的课程，是学校领导人员最重要的工作之一。他们要为每个班的课程编排顺序，要调查每个家长的教育知识水平，要配合每一次上课给流动图书馆选出参考书。

学校心理学讲习班的活动就是专门研究儿童的，大约一个半月举行一次，由某一位班主任教师作题为《对某个学生的教育鉴定》的详细报告。你可以尝试去安排一位教师准备作这种报告，你就会明白，这要求教师具备多么高深的教育素养，才能讲出有关孩子的必须了解的一切来。起初，我们感到对某个孩子作教育鉴定是很困难的。

教育鉴定中放在首位的是儿童的健康状况、身体发育情况，以及对儿童全面发展的条件的评定。教师既报告自己的观察，也介绍医生定期检查和观察的结果。其中非常受重视的一个项目，就是对儿童智力发展的个人特点的评定：孩子如何感知周围世界的事物和现象？他的概念是怎样形成的？他的言语特点是什么？他如何识记？他的形象思维和抽象思维发展得怎么样？他说话的情感色彩如何？他的一般情感修养水平如何？等等。我们在分析某个具体孩子的这些特点时，就能探索到他的脑力劳动的根源。在集体讨论的过程中，在研究儿童的热烈辩论中，常常会揭示出一些令人惊奇的情况。

深入探索儿童的精神世界的结果，促使我们全体教师认真思考这样一个问题，即在教育和教学过程中如何利用儿童的形象思维，并在形象思维的基础上逐渐发展其抽象思维。我们"发现"了一种初看起来是难以理解的、奇特的矛盾现象：一方面孩子具备惊人的观察力、求知欲和钻研精神，拥有很多关于周围世界事物和现象的知识，推理的敏捷程度也令人惊叹；而另一方面，他却掌握不住基本的语法规则，写起东西来文理不通。对于产生这类现象的原因进行争论是非常有益的，我们在争论中寻求真理。为研究儿童而开展热烈的争论，为研究儿童而举办的心理学讲习班——在我们看来，这些就是研究儿童的实质性工作，是我们全体教师的一项创造性实验。

教师给某一位学生做教育鉴定时，要介绍儿童智力形成的环境，要详细说明决定儿童的感知、表象、言语和知识面的积极因素和消极因素。这里他要着重分析儿童家庭的智力生活的情况。教师要介绍：儿童形成对周围世界初步表象的认识的背景是什么，这些认识在他的言语里是怎样反映出来的；在学说话的年岁里（从出生到五六岁），他的父母及接近他的其他人的言语的一般特点是什么；孩子在幼年时听过哪些童话和歌曲；人们读过哪些书给他听，书籍在家庭的精神生活中通常占有什么地位；孩子学会阅读以后读的第一本书是什么，现在又读些什么书；家里订阅哪些报纸、杂志；等等。

我们还对儿童道德面貌的形成环境做出鉴定。这里着重分析儿童在家庭和在学校集体里的道德关系，注意他的道德信念和道德行为的一致性。通过多年来对儿童的教育鉴定的讨论，我校全体教师认识到：在儿童道德面貌的形成过程中，起决定性作用的是家庭在儿童幼年时期所给予他的最基本的道德修养，这种修养就是指已经成为习惯和表现在人与人的关系中的那些道德行为。

家庭、教师和年长同学的审美修养对儿童的智力和道德发展也有很大的影响。因此，教育鉴定的内容也应分析美对一个人的精神世界的影响。

对儿童情感修养的分析在教育鉴定中占有特殊的地位。教师对于培养儿童的道德情感、审美情感和理智感具有促进作用的环境也要加以分析。儿童的情绪性自我评价（即对自己的品行尤其是对别人的态度的自我评价）能力发展得怎么样，也是全体教师要予以重视的。

教育鉴定的一个很重要的方面，就是对前景的展望。我们力求不仅要分析儿童的现状，要说出自己的想法、打算以及对儿童个性积极施加教育影响的计划，并且要说明这种影响现在已经实施得怎样，在教育工作中碰到哪些困难。我们不仅要看到一个人的现状，还要设计他在智力、品德、审美和情感素养等诸方面的发展。由此看来，对鉴定进行集体讨论，以便集思广益，具有极为重要的意义。我们定出计划，规定做哪些实际工作，以便吸引儿童积极参加上述那些小组的创造性活动。我们做出结论：应当为孩子智力的、道德的和审美的发展做些什么，才能使他明天比今天更有进步，使他产生和发展出新的品质来。

如同医生要研究影响人的机体健康的多种因素一样，教师也要全面地研究儿童的精神世界。每个儿童的个性都是独一无二的。儿童正处在体力和精神力量迅猛发展的时期。只有当我们对孩子的个性有了科学的认识，当我们不是以侥幸的成功，而是以全面的科学分析作为依据的时候，我们同儿童的交往才会真正起到教育作用。举办研究儿童的讲习班，是校长、教导主任和教师们的共同工作。我们通过研究儿童的脑力劳动和全面发展，就可以确定，什么样的教育鉴定对于全体教师是最有教益的。

对儿童的个性进行科学研究，这是对学校和教师集体进行科学领导的重要条件之一。每个教师、校长和教导主任都能精心地做出儿童的教育鉴定，这是教育素养的基本功。这里就涉及科学地领导教育和教学过程的一个极重要的问题。我认为，这个问题的解决是向普及中等教育过渡的重要条件之一。没有对儿童的了解，就没有学校，就没有教育，就没有真正的教师和教师集体。而教师对儿童的了解，只有在不断提高和不断充实他的教育素养的情况下，才有可能做到。

五、教师的教育素养

这里所谈的都是早为人们所知的一些最基本的道理。然而，说来奇怪，在一些学校的生活里，有时连最基本的、最普通的真理都被忘记了。

教育素养是由什么组成的呢？首先就是教师精通自己所教的学科。我们认为务必要使教师清楚地了解他在学校里讲授其基础知识的那门科学中最复杂的问题，了解这门科学的学术思想前沿的问题。如果你教物理，那么你就应当了解关于基本粒子的知识，熟悉各种场论，应当哪怕是大概地了解能源学发展的前景；生物教师则应当了解遗传学的历史和现状，通晓生命起源学说和细胞内的生物化学变化过程。教师的教育素养正是由此开始并在此基础上形成的。也许有人反驳说：教师为什么要了解课堂上不教的，或者和中学教材没有直接关系的那些东西呢？这是因为，通晓学校教学大纲只是教师学识中最起码的东西，而只有当教师的学识比教学大纲的范围广泛得多时，他才能成为教育工作的真正的巧匠、艺术家和诗人。

我认识几十位这样的教育能手。他们的教育素养在备课时就已经显示出来了。他们是按教学大纲而不是照着教科书备课的。他们先细心思考教学大纲，然后通读教科书上相应的章节。这样做的目的是把自己置于学生的地位，从学生的角度看一看教材。一个真正的教学能手，他拥有的知识比学校里所教的要多得多，所以他并不把要讲的新教材抄进教案里。他对要讲的内容进行周密的思考，准备直观教具，挑选例题和作业题。而这一切都无须写进教案里去。他写入教案的不是要讲述（讲演或解释）的内容，而是上课的细节，做一些指导学生的脑力劳动所必要的简单纪事。教育工作的能手对本门学科的基础知识十分精通，以致他们在课堂上、在讲授教材过程中，可以不把注意的中心放在所教的知识上，而是放在学生身上，放在学生的脑力劳动、思维活动以及他们在脑力劳动中所遇到的困难上。

你再仔细观察一下另一种教师的教学吧！他们只懂得应当教给学生的那点知识，照着教科书认真地准备要讲的内容，甚至能把讲解的内容和讲解的逻辑顺序背出来。你会看到，在他们的课上，那些应当在讲新教材时使用的直观教具、辅助材料（例如历史、地理、植物课上引用文艺作品的形象），都好像是硬贴在课的内容上的，所有这些都是在学生思维的表面一擦而过的（有时，教师甚至忘记了使用他事先挑选和准备好的东西）。为什么会发生这种情况呢？这是因为教师把注意中心放在了教材内容上，而没有放在教学过程的细节上：他在紧张地回想事先准备的讲解进程，把全部注意力都放在自己的思路和教材内容上。学生领会这样的讲解会感到非常吃力，课堂上也就没有无意识记，因为教师的讲解和言语毫无感情色彩。既然教师把全副精力都用在回想教材内容上，那么讲解就不会有感情色彩，孩子们也就不会感兴趣。而凡是引不起兴趣的东西，也就不会产生无意识记。这是教师教育素养中非常微妙而又非常重要的一点：教师越是纯熟自如地掌握教材，他讲课时的感情色彩就越鲜明，学生课后在教科书上花的时间就越少。真正的教育能手是满怀激情地讲课的。而对教材了解得很肤浅的教师，尽管使用漂亮的词句，想借以加强对学生意识的影响，然而结果只是造成一种可悲的虚假气氛，实际上是空话连篇、言之无物。这种教师只会使儿童的心灵变得空虚。

在谈到信念的形成时，常常会听到这样一种说法：仅仅是知道教材，还不成其为信念，知道还不意味着深信无疑。这样把知识和信念对立起来是毫无根据的。真正的知道，意味着对知识做过深刻而又反复的思考。而经过反复思考的知识，就变成学生主观世界的一部分，成为他的见解，他的观点，也就是说，知识就成为信念了。那么在什么条件下知识才能触及人的精神世界，才能成为人所珍视的智力和道德的财富呢？形象地说，只有当感情的血液在知识这个活的机体中奔腾时候，才能做到这一点。如果教师在讲课时没有真情实感，如果他对教材的掌握没有达到融会贯通的程度，那么学生的心灵对他所讲的知识就不会产生共鸣。精神生活中没有心灵的参与，那里就不会有信念。这里还是那个结论：教师精通教材，这是教育素养的基础之一。

教育素养这一重要品质的第一个标志，就是教师直接触及学生的理智和心灵。真正具有这种宝贵品质的教师，他的讲课过程就像在跟学生进行讨论一样。他不是拿真理来进行说教，而是跟青少年一起谈心：他向学生提出问题，吸引他们来一起进行思考。当你分析这种课的时候，会感到师生之间十分融洽，你这位听课的校长也会被教师的思路所吸引，你甚至会忘记自己是为检查教师的工作来听课的。你会觉得自己也变成了学生，你会在心里回答教师所提出的问题，跟那些 15 岁的少年们一起为发现真理而分享快乐。我们州的一所学校里曾经发生过这样一件有趣的事：一位年轻校长在听一位有经验的几何教师的课，他跟着教师的思路听得入了迷，以致当教师问少年们谁能回答这个问题时，校长把手一举说："我！"这才是真正的艺术，这就是直接触及学生的理智和心灵的境界。要达到这个境界，教师就要掌握高深的知识，以致在讲课时无须把注意力放在教材内容上，而是放在儿童的脑力劳动上。

而在另一种课上，师生之间缺乏精神的交流，教师死盯着教案，学生则望着天花板或者天空中的浮云。那时你又会作何感想呢？你会在学生面前觉得很不自在，你也会为教师、为你自己和为整个教育学感到惭愧。你会因为来听这样的课而扫兴。下课后你也不想找教师交谈，你会想：还是明天再谈吧，是否再来听他一次课呢？

总之，教师不深刻了解他所教的基础知识所属的那门科学，就谈不上教育素养。然而如何才能使每位教师不仅了解教学的基本内容，而且了解本学科的渊源呢？

这就要读书，读书，再读书！——这是教师的教育素养这个品质所要求的。要读书，要如饥似渴地读书，把读书作为精神的第一需要。对书本要有浓厚的兴趣，要乐于博览群书，要善于钻研书本，养成思考的习惯。

怎样才能使读书成为每个教师的需要呢？这里很难提出什么专门的方式、方法来。看书学习的需要只能在教师集体的整个精神生活的气氛中养成。

但是，要把看书学习变为教师的精神需要，应有一些非常具体的、容易捉摸和便于衡量的前提和条件。这首先就是时间——教师的空闲时间。教师能自由支配的时间越少，他陷在写各种各样的计划、汇报里的时间越多，那么，他没有什么东西可教的时刻就会来得越快。我校全体教师都遵循这样一条规定：教师不写任何总结和工作汇报。除了教育工作计划和课时计划外，教师无需拟订任何其他计划。课时计划是反映教师个人创造性活动的必要文件。对课时计划没有规定什么标准的规格，但有一定的要求，这首先是对学生应当掌握的理论教材进行教学论上的加工。一个善于创造性地工作的教师所制订的课时计划，要最大限度预见课堂上应当发生的事是什么和可能出现的情况是什么。

　　教师的创造性活动是一种非常复杂的劳动，它要耗费教师大量的精力。如果他的精力得不到恢复，他就会精疲力竭，以至无法工作。教师之所以能在假期中有条件充分休息，是因为学生集体能够进行自我教育。例如：暑假期间，学生在学校教学实验园地里进行两个月的紧张劳动，而教师每周只要到校一次就行了。有两名十年级学生负责领导教学实验园地上的活动，而中年级和低年级学生在他们的带领下完成自己的试验工作，收割庄稼。这些工作也不加重学生的负担：学生们轮换地劳动，每个学生在暑假期间只在园地里劳动一至三天。

　　每个教师都有自己的"创造实验室"，它在逐年丰富起来——这是教师教育素养非常重要的一个方面。这里所说的创造实验室是指教师劳动的工艺学。例如，数学教师逐年积累着教学法资料：不同难度、不同类型的应用题，教师和学生制作的直观教具等。随着一年年的积累，教师用于每节课的资料越来越多，他也就不必再编写课堂教案了。地理教师逐年积累充实直观教具，按主题编辑成册：《全世界的国家和民族》《苏联各民族》《我们祖国的大自然》等。语文教师则按大纲的各章节顺序编成个别教学时使用的语法卡片集，编写出学生应当牢记的最低限度的正字表，并不断地加以修改，使之更加精确。

　　丰富多样地来研究儿童的方法也是教师教育素养的一个很重要的部分。教育素养在很大程度上取决于教师是否善于观察儿童（在儿童进行脑力劳动和体力劳动时，在他们游戏、参观和闲暇时观察他们），以及如何从观察的结果中探索出对儿童施加个别影响的工作方法。对儿童的了解和认识首先来源于对他们的观察。在这里应当再一次指出：教师应当了解儿童的健康状况，了解他们身体发育和智力发展的个人特点，以及影响他们智力发展的生理解剖方面的因素。解剖学、生理学、心理学和缺陷学等方面的书籍，都应当是一个善于思考、善于进行创造性工作的教师在案头必备的书籍。教师对心理学的真正钻研，实际上是在参加学校工作后开始的，这个结论来自许多教师的亲身体验。当教师在儿童的行为和脑力劳动过程中，以及在他与同学的相互关系中，看到某种现象和某种特征的时候，应当更深入地进行思考，理解这些现象和特征，这就需要经常翻阅心理学书籍。

没有扎实的心理学基础，就谈不上教育素养。教师中有人觉得心理学是一门枯燥的科学，在学校中不能实际应用。我们则注意让心理学成为全体教师实际工作中的真正指南。我们在校务委员会的会议上介绍心理学家的研究成果，把心理学方面的书籍摆在教员休息室里的"新书陈列台"上，希望教师们阅读、思考和研究。当然，如果每个教师（包括校长和教导主任）不去经常认真地对儿童作教育鉴定（这种教育鉴定是以心理分析、心理观察和心理研究为其基础的），不去分析儿童复杂的精神世界，不去深入了解儿童的欢乐和忧愁，那么，对心理学书籍的这种宣传，也只能是一种良好的愿望而已。

我和教导主任在听课和分析课时，总是把那些要对之进行教育学和心理学分析的问题单独记录下来。例如，紧张的脑力劳动对于记忆以前学过的教材有什么影响；确定课堂上的脑力劳动的方法时如何照顾学生神经系统的类型；可以采用哪些特殊的方式去激发学生对所学科目和具体教材的兴趣；等等。不论校长、教导主任，还是课外活动的负责人，我们随时都会碰到教育工作中的心理学和教育学问题。在这里，在学校生活的这个领域里，会遇到很多问题，不懂心理学就根本无法去解决它们。例如：学生的哪些行为应当在班上集体讨论，哪些行为则不应拿到集体中去讨论；在评定知识的过程中应当具备怎样的教育机智；等等。我们三个人每周都要聚会，翻阅我们记下的心理学和教育学笔记，并且讨论用什么办法去解决那些复杂而又棘手的问题。有些问题要提交校务委员会讨论，有些问题则要到科研中心去求教。

心理学的实际应用是跟缺陷学密切配合的。缺陷学不单是有关智力落后儿童的一门科学,缺陷学的知识也有助于分析某些儿童在进行脑力劳动过程中所碰到的困难。我们把在心理学和缺陷学理论方面最有学识的教师组织成一个教学法小组,这个小组的任务之一就是协调对能力较差的儿童如何进行教学的各种建议。这个小组根据医学检查的客观资料进行分析,竭力去查明导致儿童学习困难的原因。同时,特别注意研究儿童感知周围世界各种事物和现象的特点,分析他们的思维、言语、记忆和注意的特点。我们称这个小组为心理学小组。个别儿童连续几年都处于这个小组的监护之下,没有小组的意见,不允许采取任何可能影响儿童今后命运的措施。

心理学小组的成员都是具有较高深的理论知识和丰富的实际工作经验的教师。教师要参加心理学小组的条件是要能充分理解儿童的精神世界。

心理学小组(由7—8人组成,其中包括校医)负责为全校教师参加的心理学讲习班备课。在心理学讲习班上,除了给学生作心理鉴定以外,还探讨儿童智力、道德和情感发展的一些重要问题。近两年来,在心理学讲习班上主要研究了下列问题:对学龄初期、中期和晚期的学生实施教育影响的各种手段;词语作为影响儿童智慧、情感和意志的手段,对儿童智慧和情感的平行影响;道德信念的心理本质;对儿童不应采用"强制的"和"坚决的"教育手段;在儿童集体里可以讨论什么和不可以讨论什么;学生的相互关系的性质和多样性;师生的相互关系;如何教育少年儿童控制自己的欲望;怎样激发儿童做一个好学生的愿望;学生个人兴趣的鉴定。

心理学讲习班对于我们教师来说,也是给"家长学校"讲课的一种准备。特别是在有关儿童智力发展有些偏差的问题上(这种情况大多跟家长的身心素养有关),这种准备显得尤其重要。

几年前,有个叫瓦连金的学生在我们学校八年级毕业了。多亏心理学小组的教师对他热情关怀,经过周密考虑并采取了相应措施,才使这个少年念完八年级。早在一年级时,教师就注意到了这个孩子异常的智力活动:他脑子里什么也记不住,费了很大力气才记住的东西,很快就又忘掉了;原来似乎已经弄懂的东西,又不得不像完全陌生的东西一样重新给他讲。女教师按心理学小组建议的方法对他进行观察，发现他还有一个特点——知觉迟钝，思维过程缓慢无力。例如，当教师提问题时，瓦连金聚精会神地听着，从他的眼神中看得出，他是在努力想弄清问题的意思，但是，他怎么也不能领会。他额头上呈现出老年人那样的皱纹，眼睛中流露出紧张而痛苦的神情。最后，他终于费力地弄懂了教师的问题，沉默了一两分钟之后，回答了问题。在这种情况下，他几乎能回答出和他同龄的正常儿童所能回答的任何问题。但是，如果不给他一个专心思考的机会，不给他时间去领会问题和思考答案的话，那么他就会什么也答不出来。

一方面，瓦连金这孩子能够正常感知和认识世界；另一方面，他的感知过程进行得非常缓慢，遇到的困难很多。在这种情况下，他又该怎么学习呢？如果按照其他儿童的学习速度来要求他，他是做不到的，甚至会毫无作为。然而也谈不上把这个孩子转到特殊学校去学习，因为任何一个缺陷学家在他身上也找不到他智能不全的明显特征。应该怎么办呢？

心理学小组决定从两方面进行工作：一方面，考虑到瓦连金现有的可能性，给他另外布置个别作业；另一方面，继续对他进行观察，发展他的智力，教他进行思考，训练他的思维能力。

女教师按照心理学小组的建议，给瓦连金挑选了一系列训练思维的"图片思考题"，让他一边看图片，一边解释事物和现象之间的有机的和因果的联系。这些思考题的意义就在于，孩子要比较快地转移注意力，同时变换感知的性质，每一次都要接触一些新的概念和概括——这一切构成了一套特殊的思维训练，旨在唤醒这孩子的神经细胞，迫使它们更灵敏地对来自周围世界的信号做出反应。教师每天都给他布置一些图片思考题。与此同时，我们还仔细地考察了孩子生活的家庭环境，研究了过去和现在影响他的智力发展的种种因素。

在我们面前展现出一幅使人心情沉重的情景：瓦连金的生活是跟其他小朋友隔绝的，母亲很少跟他讲话，而父亲则更是一声不响，孩子跟自然界之间又被高高的篱笆隔离开来。

教师把这一切以及瓦连金做图片思考题的情况都向心理学小组做了汇报。小组提出了新的建议：必须进行更鲜明、更生动、更多样的感知活动，还需要制订一份增强他的体质的合理的作息制度。女教师一面继续上"图片课"（这种课已产生了初步的效果：瓦连金对周围世界产生了兴趣，已能察觉到以前从未注意过的东西，眼睛中那种冷漠的神色也在消失），一面开始培养他对大自然（这是极重要的思想和言语的源泉）的兴趣。老师引导他去注意初看起来不大惹人注目的东西，努力激发他带有情感地去感知——惊讶，赞叹。无论是心理学小组当时提出的建议，还是我们全体教师的教育信念都认为：带有情感地对待认识对象能促使大脑积极地活动，刺激大脑的生理过程，这与脑细胞的营养相关。大量的观察结论一再证实这一见解是正确的。我们把那些需要发展智力情感的、需要加强情感灵敏性的孩子带到大自然中去，向他们揭示出周围事物和现象之间的因果关系。只要能引导孩子们细心而又深入地观察这一切，他们便能从中发现使他们惊奇、赞叹和迫使他们集中精力进行思考的某些东西。

当时我们有一组孩子，他们的智力活动需要被激活，瓦连金也在其中，而且教师对他给以了特别的关注。我们带着孩子们到田野里去，面前是一片繁花盛开的苜蓿地，蜜蜂在其中嗡嗡地叫着。"孩子们，你们注意看，蜜蜂在干什么？瞧，那只蜜蜂低低地飞近一朵花，仿佛在仔细观察着什么，轻轻地碰了一下花朵，然后——你们看，它又很快地飞起来，在花朵上方盘旋，然后……"。于是，孩子们的注意被吸引到这个有趣的现象上来。他们看见：这只蜜蜂又落到花上，但是这一次它待的时间比较长，它把自己的喙伸进小小的花蕊里去。孩子们赞叹着，惊奇着。他们将目光小心翼翼地从一朵花转向另一朵花，生怕惊扰了蜜蜂。他们在看，在细心观察，很想弄清这个"不解之谜"。孩子们的眼睛里射出求知的火花。你可以看到这个火花是怎样点燃的，在这个时刻，孩子的头脑里正在进行紧张的思考。

积极地探求"为什么"这个问题的答案，这也就是在锻炼思维，消除大脑细胞不活跃和受束缚的状态。为什么蜜蜂那么小心翼翼地落到苜蓿花上？为什么向日葵的花盘随着太阳转？为什么鸽子从来不落在树上？为什么蝙蝠只在夜间才飞出来？为什么有些树木在秋天再一次开花？我们在"旅行"的第一个月里，就已经听到瓦连金提出这些问题。

瓦连金的观察力每个月都有进展，思维过程也逐渐活跃起来，这孩子开始逐渐对周围世界更感兴趣了，记忆力也在增强。但这一切发展得非常缓慢。瓦连金在学校学习的头三年里，做的只是个别作业，因为他做不了给全班同学布置的思考题。到四年级时，他已经能和其他同学一样地学习了。心理学小组每年都为他提出一些课外阅读方面的建议，提出有关发展思维和创造力的个别作业的建议。

如果你想把学校的领导工作建立在科学的基础上，并使每个教师都能通过实际工作不断丰富理论知识，随着实际经验的取得提高教育素养水平，那么就请你从心理学和缺陷学入手。你要建立心理学小组，要亲自研究儿童，要去研究、观察和激发教师的集体智慧。

世界上再没有别的职业比医生和教师更富有人道性了。医生为拯救人的生命总要奋战到最后一分钟，从不让病人感到他的病情严重，乃至无可救药，这是医疗道德的起码要求。我们做教师的也应当在自己的集体里发扬我们的教育道德，应当把在教育工作中确立人道主义原则视为每个教师教育素养的最重要的品质。这是教育工作中的一个重要方面，也是研究得很少的一个方面。

我了解许多学校和许多教师的工作情况，这使我有权断言：人们平常总说要关心儿童，但有时这只不过是漂亮的词句和口号，并没有付诸行动，结果变成了空谈。一个完全正常的、健康的孩子，只因为一门学科不及格，就让他留级，这哪里谈得上是关心呢？或者反过来，教师对什么都无所谓，只是为了使这个孩子不致留级，就给他打个"3分"，这怎么谈得上是对他关心呢？这两种情况都是对儿童的命运淡漠无情的表现。产生这种冷漠态度的原因，并不是因为教师心肠冷酷，也不是教师随着岁月的流逝而失去了从情感和道德的角度评价教学过程的敏锐感。不，教师的心是善良的，问题在于他不了解孩子，在于全体教师的工作缺乏扎实的心理学基础。对于许多教师来说，学生学习成绩不好、学习跟不上，还是一个百思不解的秘密。如果不了解儿童的心灵，不了解他的思维和感知周围世界的特点，那么关心儿童就会成为空谈。不了解儿童的心灵，就谈不上教育素养，也谈不上科学地领导学校。

多年来对学生的生活和脑力劳动的观察，还使我们得出另一个令人忧虑的结论。那就是许多家长都认为，学习成绩不好是孩子的过错。这种看法是在教师抱怨的影响下产生的。教师常常对家长说："你的儿子学习不好，这是因为他没有好好学习，念书的时间太少。你要督促他多用些时间学习。"然而，学习成绩不好，远非都是因为孩子不肯刻苦学习造成的。我们认为，我们教师肩负着一个重大的责任，就是要让家长正确地理解为什么他们的孩子不能顺利地学习。不论在心理学小组的会议上，还是在"家长学校"的课上，我们都讲到了学生的学习兴趣和学习愿望的问题。

孩子愿不愿意学习这个问题，是教育和教学领导工作中最微妙而又研究得最薄弱的环节之一。多年以来，我校最有经验的教师们花了很多时间思考这些问题：为什么孩子会失掉学习知识的兴趣？为什么在许多情况下学习会变成使他们感到烦恼的沉重负担？要知道，儿童就其天性来说，是爱学好问，有很强烈的求知欲的。刚入学的时候，他们的眼睛总是流露出求知的渴望。

于是，我们得出了这样的结论：教学，不是机械地传授知识。这是人与人的极其复杂的相互关系。学生首先是一个人，是一个劳动者。一个人，只有当他能在劳动成果中看到自己所体现的精神力量时，他才能顺利地完成任何一项长期劳动（而学习这项劳动，其时间之长简直使孩子看不到尽头）。换句话说，在学习中取得成绩，才是产生学习愿望的源泉。学习毫无成果，则会扼杀一个人学习知识的兴趣。那么，当一个学生被划入已经丧失学习兴趣的儿童的行列时，其后果将会如何呢？一天又一天，一个月又一个月，儿童关于他的劳动所能听到的总是一句话：不好，不好，不好。渐渐地他便会觉得这种对他劳动的评定，也就是对他本人、对他人格的评定。于是孩子慢慢地也就会认为自己是个坏孩子。即便是成年人，当他在智力上付出的努力毫无结果时，也会产生沮丧情绪，更何况孩子呢。孩子的心灵中有一个最隐蔽的角落——那就是人的自尊心。这个角落里的组织是娇嫩的、微妙的、脆弱而又敏感的，很容易受到损伤，更容易变得粗糙起来。

教师最细致、最艰巨的任务之一，就是爱护并发展孩子的自尊感。不应当让儿童的劳动成为徒劳无益的事——这就是优秀教师的座右铭。只有当儿童的脑力劳动给他带来某种成果时，他才能最大限度地挖掘自己的精神潜力。有了成绩，才会产生学习的愿望。在小学里，在这个学习的初级阶段，这一点尤为重要。因为在小学里，孩子还不善于克服困难，学习中的挫折会给他带来真正的痛苦。而如果挫折和失败接踵而来，那么孩子先是会在一段时间里感到痛苦万分，随后他心底隐蔽角落里的娇嫩组织就会变得粗糙和麻木不仁，结果他会对一切都无所谓了。要切忌发生这种心灵上的麻木不仁和无所谓的情况。如果你在听课和分析课时，发现孩子双目无神，如果教师打的"2分"对孩子毫无触动的话，这就意味着这个班的情况不妙，这个班的教学已经不再是人与人的细腻的相互关系了。

真正的教育智慧在于教师从来不给学生打"2分"，而是经常激发他要做一个好学生的愿望。有经验的教师就是这样做的：当一个学生还做不好作业时，教师就不给他打任何分数，永远不堵塞他争取好成绩的道路。

教师的语言修养，这是教育素养的又一个方面。谈到这一方面，不能不使人焦虑不安。20年前我听一位教师的课，观察孩子们是怎样感知新教材的。我注意到学生们听课很疲劳，下课时简直是精疲力竭了。我开始细心听教师（他教生物）的言语，结果使我大为吃惊：他讲的话是那么混乱而又缺乏逻辑性，讲的意思是那么模糊不清，以致那些第一次感知某个概念的孩子必须费很大的劲儿才能领会到一点点东西，所以孩子们才这样疲倦。

为什么我这个校长没有立刻发觉这个问题呢？这是因为我听的是我很熟悉的教材，只要有所提示，就足以理解其含义，也就是说，教师讲解中的"漏洞"实际上都被我用自己的思想弥补了。我在几节课上逐字逐句地记录了这位教师的讲述，然后在校务委员会上念给大家听，并请大家考虑一下：一个对所讲的东西事先毫无了解的人，从这样的讲述中能听懂些什么呢？请你设想一下，假若你对叶绿素、二氧化碳和光合作用都一无所知的话，你从我所读的讲课记录中能听懂些什么呢？

回答这个问题是令人痛心而又困难的。然而，答案只有一个：

什么也听不懂。如果下一次上课发现学生们毕竟还是懂得了一点东西，一些能力强的学生对教材理解得还可以的话，那也只能归功于孩子们的勤奋好学，归功于他们的刻苦钻研。然而，这些知识是用了多大的代价才获得的呢？这个代价就是孩子们的身体健康。因为实际上，他们的这些知识并不是在课堂上从教师那里获得的，而是通过自己独立钻研教科书得到的。

全体教师清醒地分析了实际情况，而情况确实令人痛心。我跟教导主任又去记录了别的教师（历史、物理、化学）在几堂课上的讲述，又一次逐字逐句地读给大家听。虽说情况并不都像生物课那样令人焦虑，但所有这些课的讲解，在许多方面都不符合语言修养最起码的要求。而引起全体教师注意和不安的最主要的问题是：教师对概念讲解不清，他企图通过语言创造出的表象是模糊不清的，甚至是混乱的。而没有这些表象就无法完成由简及繁、由近及远、由具体到一般的转化。我们不得不遗憾而且痛心地承认：我们不会用言语创造鲜明的形象，使之成为儿童思维活动的出发点，思想洪流的源头。

我们千方百计在课堂上使用直观教具，不也是由于上述这个原因而未能收到预期的效果吗？要知道，直观教具只应起辅助作用。而在这种课上，孩子的注意力全被直观教具这个新奇的东西吸引过去了，但对于这个东西究竟有什么用，教师为什么把它拿到课堂上来，孩子们却无法理解。

从此，教师的语言修养问题，也同其他一些重要问题一样，成了我们全体教师十分关心的事。我们致力于解决这个问题已达25年之久。

我们全体教师给自己提出的第一项任务，就是分析那些应当向学生阐明的表象和概念。我们是从非生物界和生物界的表象和概念体系入手的，因为这是全体低年级教师（不论自然学科还是人文学科的教师）都应知道的。

我们分析了各科的教学大纲和教科书，共同思考了如何找到最鲜明的、确切而又简洁的语言外壳，使儿童形成关于一些事物和现象的表象，例如天空、田野、草原、灌木丛、沙漠、火山、初寒、土壤肥力、收成等等。所有这些似乎都是很普通的东西，但是当我们试图为其中的每个事物都创造一个能让儿童容易明白的鲜明的语言形象时，才感觉到这件事并不那么简单。

"怎么解释天空这个概念？"一位教师对于这个问题感到很奇怪，他把手朝上一指，说："天空嘛，那就是天空！"然而，难道学生总是用能够看到的形象来思维的吗？我们的教师在语言上的缺点正在于不善于用词来创造鲜明的形象，这就妨碍了学生由形象思维向抽象思维的过渡，因为抽象思维是建立在概念的基础上的，而概念又是在用词创造的表象的基础上形成的。

于是，我们便开始学习用词来描述可以看到和观察到的东西，逐渐又转到与那些不能直接感知的事物和现象有关的概念上去。接着，我们又去深入分析教科书的内容：理出教材里的逻辑顺序以及因果的、性质的和时间的关系来。我们发现，备课并对教材进行教学论方面的加工处理，这首先需要教师的逻辑思维和语言素养的结合。

教师们开始认真地思考讲课时的表达方式了，从而出现了教师在课堂上进行创造性劳动的一个有意义的特点，那就是教师的自我监督。于是，有一点变得一天比一天清楚了，那就是：教师的语言修养对学生在课堂上的脑力劳动起着决定性作用。我们证实：高度的语言修养是合理利用教学时间的重要条件。教师未能用儿童可以接受的、鲜明的语言表达清楚事物的现象和概念，因而不得不多次重复讲解，这要浪费多少时间啊！

提高每位教师和整个集体的教育素养，这是领导教育和教学工作的一个重要方面。不能把对这方面的领导归结为一套行政命令的办法。这里需要的是对实际情况的科学分析和对改进教学过程的规划。校长关心教师的教育素养，这是使集体的思想和集体的创造精神得到发展的动力之一。

第三次谈话

学校集体的精神生活

一、教师的业余时间安排及其一般素养的提高

一位有30年教龄的女文学教师在十年级上公开课,课题是"当代青年的道德和审美理想"。这堂课的题目有点不同寻常,似乎离开了教学大纲,却是一位熟悉生活的教师直接触动学生才智和心灵的一堂课。她的讲授毫无训诫的意味,而是精细入微,真挚亲切。教师的每句话都像是在启发大家要对照自己,深入思考自己的命运和未来。

"这才是真正的人学",一位附近学校的校长在评论这堂课时说,"我想,准备这么一堂课,需要花几个小时吧。您花了多少时间备这节课?"

"一辈子都在准备",女教师答道,"至于考虑这节课的教材和教案的时间则不长,大约有20分钟……"

教师上好一堂课要做毕生的准备。我们这行的职业和劳动工艺的精神基础和哲学基础就是这样:为了在学生眼前点燃一束知识的火花,教师本身就要吸取一个光的海洋,一刻也不能脱离那永远发光的知识和人类智慧的太阳。教育工作有一条极重要的规律:传授知识并不是直线进行的,并不是教师今天知道了一点什么,马上就可以把它传授给学生。如果一个教师在上课的前一天才去找寻知识的出处,选取他要教的东西,那么他的学生的精神生活必然是贫乏而狭隘的。一个有学识的、善于思考的、有经验的教师,他并不花很长时间去准备明天的课,他直接花在备课上的时间是很少的。他不写冗长的教案,更不必把这堂课的具体材料的内容抄进教案里。但他确实一生都在为上好一节课而准备着。他的精神生活就是不断

地丰富自己的头脑。他永远不会说：我的知识已经积累到够用一辈子了。知识是活的东西，它永远在更新。知识也在陈旧和死亡，就像人有衰老和死亡一样。

教师要成为学生的知识的源泉，就要永远使自己处在一种丰富的、有意义的、多方面的精神生活中。

人们经常听到关于教师应该这样或那样的许多要求。譬如说：教师应该好好备课；教师在走进教室时应该把一切个人的和家庭的苦恼和不幸丢在门外，面带笑容地站在孩子们面前；教师应该善于找到通往每个孩子心灵的小路；等等。但是我们常常忽略了一点，就是我们（校长、党组织、社会各界）应该提供给教师一些什么。例如：为丰富教师的精神生活创造环境和条件，使他不要白白地耗费精力和宝贵的时间，去做那些琐碎无用和妨碍他的创造性努力的事。

这里的问题首先在于如何保证教师能自由支配的时间，它对于不断丰富教师的精神世界，像空气对健康一样必不可少。教师没有自由支配的时间，这对于学校来说是真正的威胁。

为什么教师没有自由支配的时间呢？原因很多。我认为，最主要的原因是家长的教育素养很低和缺乏责任心，教师往往不得不承担本来应该由父母担负的义务。我们学校非常重视家长工作，目的是为了使家长成为孩子最早的教育者和启蒙教师，以便在他们精心的观察和监督下，绝不让孩子养成懒惰和闲散的习惯。经常关心家长的教育素养和家庭的美满和睦，会收到良好的效果。我们并不经常去学生家里叫家长到学校来，家长们是主动来找我们的，他们是我们的得力助手。家长关心自己子女的教育，就可以给教师空出时间来。此外，教师还不得不花费足足的一半时间，去给学习落后的学生补上以前荒疏的功课。看来，这是学校生活中最大的麻烦之一。要使教师有自由支配的时间，就必须使学生按时完成他们应当完成的事情，及时而牢固地掌握知识，特别是掌握实际的技能，因为没有这些技能他们就无法学习。

在教学的一定阶段有必要减轻学生的负担，使他们愉快地胜任学习，不至于觉得脑力劳动有负担而无法承受。但是教师必须始终看到减轻负担的限度。在减轻负担的同时，必须给学生的学习以能够接受的难度。意图在于使学生学会靠自己的力量去克服困难,而不是依赖教师的照顾。换句话说,早在童年和少年早期,就要使学生感到对自己未完成的某件事负有道义上的责任。学校生活中危害最大的恶习之一就是道义上的依赖心理,即在学生的头脑里形成这样的想法:我学习不好是老师的责任。道义上的依赖心理是闲散、懒惰的产物,它反过来又会助长懒惰和懈怠。

营造一种大家都在劳动的气氛(尤其是在低年级和中年级),营造对懒惰和闲散不肯妥协和不能容忍的气氛,这是使儿童和少年对自己的学习成绩怀有道义责任感的先决条件,也是他们牢固地掌握知识的先决条件。做到这一点,又能使教师赢得自由支配的时间。学校领导的作用,就是要使每个儿童把经常的、振奋精神的劳动当成幸福的事,并能在劳动中感受到这种无与伦比的幸福。

这里所说的"劳动"这个概念,既包括脑力方面,也包括体力方面的劳作。学生在学龄初期和中期的独立阅读越多,教师自由支配的时间就越多。学生为了满足求知的愿望和爱好而深入思考地读书,这是防止学生游手好闲和虚度时光的极重要的手段。

领导学校工作的多年经验证明,必须保护教师,使他们从文牍主义中摆脱出来。当需要学校做出统计报表时,可以查阅班级日志;当需要学校作书面报告时,可以利用校长和教导主任的日常观察记录。学校工作计划要由校长来草拟,而不是由各个教师写的东西来拼凑。教师可以帮助校长考虑,但不能替校长代写。教师在一学年里只写两份计划:一份是教育工作计划,一份是授课进度计划(这是一种从教学论方面对教材进行创造性加工的规划。其中包括发展学生的思维和言语,学生对教材的独立学习,学生的课外阅读,对个别学生的辅导等。也就是说,都是教学大纲中没有的东西,因为大纲不可能预见到每个具体班级和具体学生的特点)。这两份计划都是教师很有意义的创作,它们不是为写而写的,而是进行创造性劳动所必不可少的工具。

我们全校教师有一项规定:教师在上课以外参加其他活动(包括教学法研究会、校务委员会的会议、课外辅导工作)的时间,每周不得超过两次。应当尽可能给教师留出更多的时间用于自学,让他们从书籍这个最重要的文化源泉中尽量地充实自己,这是全体教师精神生活基础的基础。

读书的兴趣、热爱和尊重书籍的氛围是不会自发产生的，也不是靠领导的指示形成的。这件事用行政命令的办法根本不行。有了集体思考、集体讨论、座谈、生动活泼的争论和钻研精神，才会有爱读书的风气。我读了一本关于少年的有趣的书，就建议八年级的班主任们也读一读。这本书引起了许多争论。一位有经验的女教师说："事情并不都像作者所描绘的那么简单。作者认为一切都取决于学校，这固然不完全错。但是家庭呢？应当从家庭做起，单单向家长普及教育知识还不够，还应该对他们做某些更深入的教育工作。这单靠学校的力量是不够的。要提出和研究'社会－学校－家庭'这个课题。"

这本书也引起了其他教师的兴趣，许多人都读了。大家一致认为，"社会—学校—家庭"这个问题，不能像现在那样来解决，而应该采取一些更加认真、更加彻底的办法。大家还谈到了社会教育、少年道德面貌的形成、家庭和学校集体的关系等重要问题。在教师集体中产生了关于青少年的公民教育、关于中年级和高年级学生集体的精神生活等一些很有意义的想法。学校党组织关心了这些问题。我们邀请了学校的共青团积极分子和共青团区委书记来参加校务委员会的会议。我们讨论了应当做些什么工作才能使共青团和年龄大的少先队员感到自己是一个真正的公民，使他们对自己的所作所为怀有公民责任感。我们全体教师通过对我校和其他学校一些做法的分析，得出这样一个结论：要正确地实施公民教育，就必须规定专门的劳动任务，必须使学生的劳动生活充满公民责任感。

这些思想就是受那本有趣的书的启发而产生的。随后，教员休息室的书架上便出现了一些有关社会、文化、教育和道德等方面的书籍。当然，并非每一本书都能引起所有教师的兴趣，事实上也不需要这样。当一部分教师对某一本书感兴趣时，他们便会自动结成一个小组。我们并不组织什么专门的讨论会，而是通过友好的交谈进行讨论的。

我们认识到，应该更加有目的地进行书籍的宣传工作。我们有时会组织一些报告或专题报告会，介绍我国社会乃至全人类都在关心的重大问题，其中包括社会、政治、道德、教育、美学、自然科学等各方面的问题。这可以说是一种独特的到书籍的世界里去的旅行。这种旅行已成为我们精神生活的一个丰富的源泉。这种报告由哪些教师作,并不做硬性规定。出席这种报告会也是自愿的。但是,几乎每次都是全体教师参加。我们还邀请高年级学生来听讲。

1967—1970年的报告会的题目有:

当代的唯物主义和唯心主义哲学;
作为意识形态的宗教;
当代世界各国人民所关心的社会问题;
关于生命起源的科学;
我国社会青年人的道德理想;
全人类的道德财富和共产主义建设者的道德规范;
我国人民的道德财富和对青年一代的教育;
劳动与道德;
美与道德教育;
人们精神生活中的公与私;
家庭和学校;
正在成长中的一代人的爱国主义教育;
……

教师们在讨论中提出的各种问题说明这些专题报告在他们的心灵中留下了深刻的印象。会上经常出现活跃而又热烈的争论、思想交流。到书籍的世界里去旅行,自然而然地促使我们全体教师去思考如何更好地教育新的一代,如何克服我们工作中的种种困难。

书中的一些思想充实着我们的生活,促使我们去思考那些天天看到而并未引起注意的事情。像"我国人民的道德财富和对青年一代的教育"这个报告,就引起了一些很有意义的想法。那些关于国内战争和伟大卫国战争时期的战斗英雄以及关于劳动英雄的书,帮助我们更好地理解了道德教育的极为丰富的资料源泉。我们认识到,在日常工作中,我们还远没有充分利用这一源泉。我们全体教师都在思考:我们的学生在读些什么书?他们把哪些人当作自己的理想人物和学习榜样?我们认为,必须很好地指导学生的课外阅读，使每个学生都树立起正确的道德理想。

然而，最丰富地体现我们的制度和我们社会的道德财富的"书"，是当代我国人民的现实生活和劳动，是他们为之奋斗的伟大的、美好的理想。怎样才能使每个学生在全部的学习岁月中都去钻研这部"书"呢？怎样才能使光明美好的现实生活成为提高当代青年道德水平的强有力的教育手段呢？这个问题成了我们全体教师讨论的课题。大家认为，应当把胸怀崇高理想的苏维埃人的心灵美揭示给学生。而怎样去揭示这种美，那就是教育技巧的问题了。我们经过讨论，提出了一些很有意义的建议，说明怎样向青少年介绍当代英雄人物的事迹，怎样以英雄人物为实现崇高理想而斗争的榜样去鼓舞学生。

二、教师集体的创造性工作中的研究因素

只有在教师不仅向儿童传授知识，而且研究儿童的精神世界，探索脑力劳动和人的个性形成的复杂过程的规律性的情况下，书籍才会进入教师集体的精神生活。前面几章里已经讲过，由于教师集体有了教育信念，所以在他们的日常工作中便产生了研究的因素。教师的工作就其本身的逻辑、哲学基础和创造性质来说，不可能不带有研究因素。这首先是因为，我们与之交往的每一个个体，在一定程度上都是一个具有自己的思想、情感和兴趣的独一无二的世界。如果你想使教育工作给教师带来欢乐，使每天的上课不至于变成单调乏味的苦差，那就请你把每个教师都引上进行研究的幸福之路吧。在这里，校长对教师进行个别工作有着广阔的天地；在这里，有收获和发现，也有快乐和苦恼。谁能感到自己是在进行研究，谁就会更快地成为教育工作的能手。

应当附带说明的是，这里指的并不是严格意义来说的那种科学研究工作。一个人可以创造性地工作，但是并不一定要进行那种通过大量事实从而做出科学概括的研究工作。我们这里讲的是研究那些已被教育科学解决了的问题。一个能创造性地工作的教师，一旦成为理论与实践之间的中介人，他对上述那些问题就会经常有新的

发现。

这里讲的是我们的工作性质本身要求我们进行的那种创造性研究。这样的研究能丰富集体的精神生活。十多年来，我们学校的每一个教师都在对教育和教学过程的某一个问题进行研究。

下面就是部分教师在一学年中研究的课题：

诗歌及其在当代青年精神生活中的作用；
男女青年道德理想的形成；
爱国主义情感与爱国主义信念；
如何培养学龄中期学生具有道德价值的需求；
如何在学习新教材时使学生的思维过程积极化；
如何培养学龄晚期学生有道德价值的需求；
美育和智育；
学龄中期学生的个人荣誉感和自尊感的培养；
学龄中期学生集体中的道德关系；
随意注意和不随意注意；
个人与集体的相互关系；
如何把我们社会的道德财富传给青年一代；
一年级学生善恶概念的形成；
一年级学生公正和不公正观念的形成；
学龄初期学生集体中的道德关系；
学龄初期儿童教育中的审美情感；
思维过程迟钝的儿童；
大自然在学龄初期儿童的美育中的作用；
学龄初期儿童劳动中的美感；
少年的个人爱好的培养；
学龄初期儿童思维的个人特点。

读者可能要问：是否每个教师集体都能胜任这些研究工作呢？刚担任领导工作的青年校长，是否可以向教师提出在教育和教学过程中做一些研究工作的要求呢？一个教师只要善于分析自己的工作，他就能成为有才干、有经验的行家。一个校长尽管缺乏经验，但总要先从某一点上做起，踏上教育智慧的第一个阶梯。而这第一个阶梯，就是分析自己工作中遇到的种种教育现象。

对教师来说，研究工作并不是什么神秘的、高不可攀的事。不要一听说研究就胆怯。教育工作（只要是真正创造性的劳动），就其实质来说，已经接近于科学研究。这种亲缘关系首先表现在两者都要对事实进行分析，并且都必须有预见性。一个教师只要善于深入思考事实的本质，把握事实之间的因果关系，他就可以避免许多困难和挫折，避免教育工作中那些令人伤脑筋的意外事件。这些意外事件在学校里是多么经常地发生，多么严重地干扰着教育和教学工作的正常进行啊！例如，一个学生一向被认为是安分守己的，可是他突然做出了流氓行为；另一个学生一直到四年级前学习都不差，但是突然间落进了差生的行列。而如果教师能根据对于事实的分析，预见到学生在明天、一年乃至三年之后会成为什么样的人，那么这种意外事件就会大大减少。如果缺乏预见能力，教育工作对教师来说就会变成一种很苦的差使了。

给教师在日常工作中的创造性研究创造条件，这是学校领导工作的一项任务。这项任务对于每一位善于思考和分析事实的校长来说，都是可以做到的。我认为，要引导教师去进行创造性研究，最好先从向他们展示观察、研究和分析事实的方法做起。事实——这是教育过程的客观规律的现实的表现。只有善于弄清事实的本质，才能弄清下面三个因素的相互依存关系：第一，生活本身所给予的东西（即儿童入学时客观上已经具有的特性和特点）；第二，教师所做的事情；第三，将要达到的目的。

教育现象就是上述三种因素在逻辑上的共性和一致性。教师只有不是消极地承认所发生的一切，而是自己去积极地影响它们、创造它们时，他才能成为对学生个性产生积极作用的力量，他的劳动才具有创造性。创造性研究的一个极其重要的因素——预见性，正在于教师通过对事实的观察、研究和分析而创造出教育现象。不研究事实，就没有预见性，就没有创造性，就没有丰富而完满的精神生活，也就没有对教育工作的兴趣。不研究事实，不积累和分析事实，就会产生像某些校长忧心忡忡地谈到的那种不良现象——教师得过且过和因循守旧。只有对事实进行分析和研究，教师才能从司空见惯的事情中看出新的东西。从平常的、司空见惯的事物中看到新的方面、新的特点、新的细节，这是养成创造性劳动态度的重要条件。这也是兴趣和灵感的源泉。倘若一个教师没有学会分析事实和创造教育现象，那么对于那些年年重复的事情，他就会觉得枯燥乏味，从而失去对自己工作的兴趣。而如果教师对工作不感兴趣，那么学生对于学习也会觉得索然无味。教育经验的实质就在于每年都有某种新的事物展现在教师的面前，而教师就在这种对于新事物的探索中施展着创造力。

低年级女教师 M.H.维尔霍维妮娜从事创造性研究工作已有 10 多年了。她在校务委员会的会议上，在区和州的讲习班上作过好几次报告。这些报告曾在学术刊物上发表（但她从未把发表当做主要目的）。在刚开始进行创造性研究工作时，她并没有显得比其他教师有什么特别的长处。只是在实际工作中有些问题令她感到不安，那就是儿童入学前的训练、家庭里的智育和德育问题。有些儿童在入学时，知识面很窄，言语很贫乏，给教师带来许多苦恼。造成这种现实的原因何在，却难以做出回答。我就建议这位女教师研究各种事实，分析孩子们入学时已经具备哪些概念和表象，研究他们的思维特点，同时注意观察他们家庭的精神生活，观察他们在有意识的生活中迈出最初几步时所处的智力的、道德的和审美的环境。

对事实的初步研究、观察和对比进行了几个月。这位女教师把每个孩子的智力发展情况跟他们父母的爱好、文化水平、见识范围进行了比较。在进行观察的第一年末就作出了这样的结论：儿童的智力发展水平取决于家庭的文化修养。这一结论说明，对儿童入学前的训练必须及早地予以关心。这位女教师跟来年即将上学的孩子们的父母进行谈话，她建议家长要丰富家庭的精神生活，开阔儿童的眼界，扩充儿童的表象、概念和兴趣的范围。家长们接受了女教师的建议，购置了书籍作为家庭藏书，并让学前儿童阅读儿童读物。在儿童入学前的几个月，女教师定期地把她未来的学生集合到学校里来，带他们到田野里、到河边。这是一项很有意义的创造性工作，其意义在于扩大儿童的眼界，丰富他们的积极词汇，发展他们的思维能力。她总结了这项科研工作，写成论文发表在了共和国的杂志上。

现在，这位女教师正在研究思维过程迟缓的儿童。她学会了如何观察、分析和研究事实，如何把本质的东西和非本质的东西区分开来。她认为，学生的学习劳动是一种教育现象，其根源不仅在于学生的先天素质，而且取决于教师的积极劳动。教师经过研究和分析的事实，能为其深入思考、进行总结提供丰富的素材。这是每个善于思考的教师都能做到的一种真正具有创造性的研究。就拿有关感知与思维之间的依存性的初步结论来举例吧，对事实的分析表明：思维的个人特点在很大程度上取决于对周围世界的感知的个人特点，而这一点往往被人们忽略。教学生思考，首先就要求考虑学生的个人特点。

你刚开始担任校长工作时，可能会认为，你的学校里没有经验丰富的、得力的教师，很难激发起教师的首创精神。如果你想培养出这样得力的教师，那么我建议你跟他们一起从研究儿童是怎样感知自然现象、怎样感知周围世界的这个问题做起。你的面前会展现出一幅有趣的图景，你会看到：孩子们如何观看鲜花盛开的果树和雷雨将临的景色，他们察觉到哪些东西，什么使他们激动不安，这一切是如何决定他们的思维和言语的。你会弄懂一些问题，但同时也会产生大量的疑问。

你遇到的疑问越多，今后就越能成为一个富有探索精神的、细心的观察者。

创造性研究的意义，不仅在于教师发现并研究了教育过程中到目前为止尚未被人注意的某个方面，而且在于这种研究能从根本上改变教师对自己劳动的看法。创造性研究能使教师不再把教育工作看作是同一些事情的单调乏味的重复，看作是每天在各个年级里千篇一律地讲课和复习巩固等，而是看作永远常新的、独一无二的创造活动。哪里的教师看不到教育现象的蓬勃的生命力，感觉不到自己是教育现象的创造者，那里的怠惰、消极、漠不关心等这些学校生活中的不良现象就会迅速蔓延开来。

教师集体的精神生活的丰富源泉，首先就是我们所从事的这种美好的、创造性的、永远常新、独一无二的教育劳动。而只有在这种劳动中具有创造性探索和创造性研究的精神，才会有助于我们理解和感受到这种劳动的美、它的创造性、它的永远常新和独一无二的性质。教师感到自己是教育现象的创造者，这种情感是他渴求知识、热爱读书、不断地更新和充实自己的知识的内心需要的取之不竭的源泉。女教师维尔霍维妮娜说："自从我开始认真地思考我在日常劳动中遇到的种种事实的意义的时候起，书籍对于我来说，就变得如同大自然、鲜花和休息一样必不可少了。"

　　创造性探索和研究的精神是一种娇嫩的、变化莫测的东西，学校领导要以高度的修养来对待它。这种精神不能容忍粗暴的干预和行政命令。如果你想引导教师进行创造性的研究，借以丰富教师集体的精神生活，使每个教师都能确立起作为善于思考的和具有创造精神的个体的自尊感，那你就千万不要忘记，教育创造是永无止境的。你在听课、分析课和给教师提建议的时候，切忌武断地下结论。当你在分析课堂上看到的一切时（这是应当做的），切莫把优点和缺点加以绝对的划分，你应当跟教师一起思考，一起讨论，提出自己的想法和疑问。这是因为你对于自己在课堂上看到的一切，不可能都那么清楚。你要善于发现自己还不清楚、不理解的东西，跟教师一起思考这些还不理解的地方，这正是促使教师进行科学探索和科学研究的最初动力。

　　还有一点也很重要。如果你想以创造性探索的精神来丰富教师集体的生活，那么你自己就应当是一位探索者和研究者。你自己没有火花，就无法点燃起别人的火焰。你是学校里为首的教师、为首的班主任、教师的教师，你的面前有着进行创造性探索的真正无限广阔的天地。你和其他教师一样，也是一名教师，这是一方面；但另一方面，你是站在指挥岗位的教师，在你的面前展现出的教育天地比一般教师要更加广阔。你有一个非常优越的条件：你经常有机会把各种事实和教育现象进行比较。教师和学生之间的精神交往就在你的眼前发生着。这种教育现象的特殊之处在于：它是教育思想、教育观点和教育信念在人们的关系、行为和行动中的体现，是人类智力的、道德的和审美的财富从教师个性向学生个性的传递。其实，你正可以就教育创造中的这个永远常新的问题进行创造性的研究和探索：从极其复杂的、多方面的关系中研究教师和班主任，研究他们深刻的个性特点，因为归根到底，正是这些个性特点决定着作为科学、技巧和艺术三位一体的教育的奥秘。在教育科学研究中，有许多问题吸引着我，而其中一个主要的问题，就是教师的个性问题。人道精神、同情心、真诚和严格要求是师生关系的基础，这既是道德思想，也是教育思想。但这种思想在十个教育能手身上就会有十种完全不同的表现。当我研究教师的带有深刻个性的东西的时候，我深入地思考着：究竟这些道德思想和教育思想是怎样从这个人的精神世界中折射出来的？他是怎样成为一个指导教育过程的能手的？

即使你还没有任何经验，还不善于概括教育现象，即使你昨天刚来到学校当校长，你也应当今天立刻开始对这个永不过时的问题进行观察：教师的个性在如何塑造着学生的个性。你的研究可以从这样一条基本真理出发：一个精神丰富、道德高尚、智力超群的教师，是能够尊重和陶冶自己学生的个性的；而一个无任何个性特色的教师，培养出的学生也不会有任何个性特色，他只能造成精神的贫乏。你可以仔细观察一下师生之间的相互关系，想一想为什么有的教师能像磁石一般把儿童吸引在自己的周围，而有的教师却使儿童疏远自己。如果你把自己的思考和观察集中到一点，通过分析把一些片断的事实连接成广阔的教育现象，那么你就会发现一些很有意义的规律。

教师集体的精神财富，需要教师间精神财富的时常交流。只有当每个人对同志们都有所贡献时，集体的生活才能生气蓬勃。没有这种精神贡献，生活就会变成单调的例行义务。

教育书刊中关于教师集体的团结友爱已经谈得很多。那么教育上的这种同心协力从何而来呢？用什么力量才能使集体成为一种统一的起教育作用的因素呢？这种力量在于我们的劳动受着道义的鼓舞，在于有丰富的智力生活，在于有多种的智力兴趣。任何行政命令和指示都不能使一个教师把自己的经验和技巧传递给另一个教师。只有当一个人的奋发精神、聪明才智、博学多识和丰富的智力生活吸引着别人的时候，这种传递才有可能实现。

我坚信只有当学校里有一个由具有创造精神的教师组成的核心时，才能形成一个真正的教师集体。而这个核心必须具有一种伟大的人道思想，即我们手中掌握的是世界上最宝贵的财富——人。我们如同雕刻家雕琢大理石那样在塑造人。这个毫无生气的石块中有美妙的线条,我们要把它们发掘出来,并把所有多余的东西去掉。学校领导者的任务,就是要使具有这种思想的创造核心成为鼓舞全体教师的力量。只有相信人的人,才能成为真正的能手。

教师集体的精神生活,并不局限于教育上的兴趣。我们还有其他的兴趣,其中首先就是对文学艺术和音乐的兴趣。我校教师的读书兴趣是多方面的。用俄文和乌克兰文出版的一切有趣的书,我们都看。我们读书产生的印象、心得和情感,就像一些极细的线把大家联结成一个友爱的大家庭。一本有趣的书,往往争相传阅,把大家带进艺术财富的宝库和社会的、审美的、道德的天地里。大家最爱看的是反映当代生活的文艺作品,对古典文学的兴趣也很浓厚。大家喜欢在闲暇时间乃至在上课前的时间议论所读的书籍。这已成为我们精神上的需要,满足这种需要使我们感到快乐。我们经常留心新书的出版情况,许多作品引起我们很大的兴趣。我们总是急切地渴望读到苏联作家的最新作品。我们也以很大的兴趣阅读外国进步作家的著作。

对文艺作品的爱好,正是教师和学生在其中相互接触的一个精神领域。我们认为,一个班主任,无论他教的是什么学科,都应当善于通过论述文艺作品的机智的、有趣的谈话,用艺术作品中反映的当代青年的理想来吸引自己的学生。

生活在农村,接触音乐文化很不容易。但是我们力求不让学识脱离音乐这一精神财富的源泉。夏天,许多教师到莫斯科、列宁格勒、基辅去。他们每一次都利用这个机会去欣赏音乐和歌剧。但是对我们来说,通向音乐世界的主要窗口还是那淡蓝色的荧光屏。几乎所有的教师家中都有电视机,学校也有3台。晚上我们需要有空闲时间,首先是为了欣赏音乐。学校的唱片室里保存着许多优秀音乐作品的录音带,教师可以随时去欣赏他此时感兴趣的音乐。

多种多样的个人爱好也在丰富着教师们的精神生活。有的教师喜欢园艺,有的喜欢养蜂,有的喜欢种植花卉,有的则喜欢到家乡的山林草原去旅行。

教师如果到学年末由于脑力的过度紧张而感到精疲力竭的话,那就谈不上进行创造性的劳动了。让教师有休息的时间,有机会看看书,能在果园里挖挖土,或者到树林里散散步,这些都是完满的精神生活不可缺少的条件。我之所以如此详细地讲到这个问题，是因为它是充实的精神生活中非常重要的条件。在任何情况下都不能允许一个教师在执教 25—30 年之后，当他正要领悟教育的真谛的时候，却感到自己已经精疲力竭。这一点，在教育创造这个大课题中，在把教师集体变为一种统一的教育力量这个大课题中，可以说是一个非常尖锐的问题。一个具有 25 年到 30 年教龄的教师，应当仍然是精力充沛、不觉疲倦的人。对他来说，带孩子们一起去行军，在散发着清香气息的干草垛旁露宿，不应当感到是一种负担，而应当感到是一种乐趣。要使我在前面所说的那种教师集体的精神财富的交流成为可能，就必须使那些积累了多年教育经验而头脑精明的人不至于变成婚礼席上可尊敬的"证婚人"，变成老态龙钟、人们为了尊重他们的白发而把他们选入主席团，给他们献花的人；而应当使他们成为好活动的、精力充沛的、新的精神财富的创造者。

批改练习本是耗费教师精力的一个重要因素。我们制定了一套批改作业的制度。低年级学生的许多作业，采取由学生自己检查、互相检查的办法。教师并不批改全部作业本，而是进行抽查，各个年级都照这个办法做。我们不让高年级的学生写篇幅太长的作文，这没有必要。在出作文题时，我们就考虑到使这篇作文写不到两三页以上，而且要求学生只写他自己所思考的东西。高年级的数学也广泛采用互相检查作业的办法。

要求没完没了地把后进生"提上来"，这是一个最使人伤脑筋的问题，是耗费教师时间的无底洞。教师给后进生补课，就不得不一再回过头来讲以前讲过的教材，无止境地布置补充练习。多年的经验证明，要使教师摆脱这种无效劳动，必须在小学阶段就使学生牢固地掌握知识和技能。此外，还要尽力使学生做到在掌握知识的同时运用知识，尽可能少让以前的知识只是处于储备状态。

三、"思想之室"

好多年以前，就有一个疑问一直使我不得安宁：为什么青少年不喜欢阅读一些好书，一些文艺作品，特别是科学著作呢？书，是重要的、永放光辉的明灯,是学校集体的丰富精神生活的源泉。读书,是一个富有智慧而又善于思考的教师借以通向儿童心灵的门径。如果书籍没有成为学生获得精神财富、享受和满足的源泉,那么学生也就不会有其他的精神需要,他的精神世界就会变得贫乏而毫无生气。没有阅读,师生之间就没有精神上的一致,教师也就无法了解自己学生的个性。当我更加细心地观察青少年在读些什么和怎样读的时候,我发现许多人不懂什么是真正的阅读,不会深入思考、体会书中的含义。不少学生只知道读一种书——教科书。

我越来越认识到,一个人如果缺少真正的阅读,缺少那种震撼他的理智和心灵、激发他去深思生活和考虑自己前途的阅读,那将是很大的不幸。我们应当尽量让好书成为青少年的朋友,并使他们每天都跟这个朋友单独相处,哪怕一天只有一小时也好。现在已很清楚,要教少年怎样读书。

我们学校里建立了一个"思想之室",这实际上是一个不大的阅览室,收集了三百多种最好的图书。给阅览室起这样一个名称,这就引起了学生很大的兴趣。当"思想之室"第一次开放时,我给学生们介绍了一本有关罗蒙诺索夫的书。这本书的内容很有趣。我还让他们看了我已经记了二十多年的读书笔记。我向他们描绘了一个有文化修养的人的最大的幸福,那就是在精神上跟书籍交往的幸福,一个人安静地得到智力上和审美上的享乐的幸福。

起初,来"思想之室"的人并不多,加上这个阅览室设在校园一个僻静的角落里,室内非常安静。室内看书的人谁都不得高声说话,破坏这种宁静的气氛。

我仔细端详过那些正在埋头读书的学生。当看到年轻人的一双双眼睛闪射出内心活动的火花时,我感到十分欣慰。

书籍不仅在青年们面前展开了周围世界,而且揭示了这样一条真理:他们对世界的认识就如同刚刚掀开巨著的第一页而已。一个人在读书时也在认识自己,这正是书籍给人的精神生活带来的可贵财富。这财富在于认识之乐。当一个青年一旦和一本有益的书交上了朋友的时候,他便会越读越认识到自己知道的太少,但这种认识不会使他感到失望,而是在他面前展开一个无止境的认识的世界。书籍在他面前打开了一个新的天地。

我们在室内设了一个专柜，里面集中了一类特殊的图书——关于杰出人物生平事迹的书，关于为人民的自由和幸福而战的斗士们的书。这里集中的几十本书，是写那些刚毅顽强、为维护真理而宁死不屈的人物的，这些人物中有乔尔丹诺·布鲁诺、亚历山大·乌里扬诺夫、尤利乌斯·伏契克、穆萨·扎里尔和卡尔贝舍夫将军等。描写英雄人物的书是教育青少年的百科全书。只有当那些堪为世世代代所敬仰的人物的名字在青少年面前闪耀出灿烂光辉的时候，青少年才会真正地看到自己。

理想是一个人精神的核心。对理想的追求和信仰是青年时代的精神生活的核心。我们竭力使每个学生都喜爱这个专柜，都有一本心爱的书，一本读了还要再读的书。

追求理想是一个人进行自我教育最初的动力，而没有自我教育就不能想象会有完美的精神生活。我认为，教会青年和少年自己教育自己，这是教育技巧和艺术的一个高峰。衡量一个学校集体的精神生活如何（其中起主导作用的是教师和高年级学生），就要看这个学校的学生是用什么标准来衡量自己的，看他们思想上是以什么人、什么事来对照自己的行为和自己的道德面貌的。

我们感到高兴的是，"思想之室"逐渐地成了丰富学生精神生活的一个源泉。青年们开始一遍又一遍地阅读同一本书。他们带来了记录本，抄录亚历山大·乌里扬诺夫、费利克斯·捷尔任斯基、格奥尔基·季米特洛夫、恩斯特·台尔曼等人的火热的语句。我们看到，当一个人的面前正展开进入生活的道路时，他已经在用英勇战士的眼光来查看自己，试着用英雄行为的尺度来衡量自己。一个人能进行自省，面对自己的良心进行自白，这是精神生活的最高境界；只有那些在人类的道德财富中找到了自己的榜样的人，才能达到这个境界。

如果你想使学校集体的精神生活变得丰富多彩，想使学生的理智和心灵对你的话很敏感，那么你就要去激发他们追求理想的热情。应当尽量设法使一个人在少年和青年早期就理解、感受和体验到人类最高尚的美——即忠于信念、忠于劳动人民的理想、英勇顽强、在困难面前毫不动摇。要让这种美激动青年人，点燃他们心灵中的火焰，使他们度过一些不眠之夜，认真地思考自己的未来。导致集体的精神生活空虚的最可怕的东西，就是对凡事都无动于衷，对什么都无所谓的态度。

据估计，一个最勤奋的读者毕其一生能读的书，也不会超过2000本。这就要求我们严格地去精选书籍，准确地给青年人指出通向这些生活"绿洲"的途径。我们努力让青年人在这个"思想之室"里，不要错过这些"绿洲"中的任何一个。最重要的是要让每个青年都找到一本合适的书，这本书能拨动他的心弦，使他精神振奋，并在他的心灵中终生留下痕迹。阅读这本书应当成为他的精神生活中的一个转折点。

"思想之室"里还有自然科学图书专柜，有物理学、数学、化学、天文学、电子学、生物学、地理学等方面的图书。教师根据学生的兴趣、爱好和才能，向他们推荐适当的书。阅读科学著作逐渐地成为学生的一种精神上的需求，成为他们享受认识之乐的源泉。我们认为，如果青少年没有迷上科学书籍，如果这个图书专柜里没有他心爱的书籍，那就是我们没有找到通向他们心灵的门径。

四、读书和创作

怎样才能使阅读科学书籍成为学生的精神需要呢？这是一个不容易解决的教育问题。只有当学生中形成了勤奋好学的风气和广泛的兴趣时，图书才会进入他们的精神世界。书籍的教育作用的大小，取决于教师的精神生活的丰富程度。教师的智慧跟学生的智慧有着千丝万缕的联系。如果教师上课不局限于课本上的知识，而是一步步地引导学生去接近科学，那么他们就会对科学书籍产生兴趣。我们经常举行各种专题的科技晚会，教师和高年级学生都是晚会上平等而又积极的参加者，这对于丰富学校的精神生活起着很大的促进作用。

有些学校存在着一种奇怪的弊病，这初看起来是不合常情的，那就是学校里"没有图书"。也许，学校图书馆的书柜里放着不少书，但它们都像沉睡的巨人一样躺在那里，并没有进入学生的精神生活。我们应当唤醒这个"巨人"，为学生打开通往书籍的大门。

不要害怕占用一些上课时间，让学生到浩瀚的书海里去漫游；不要吝惜在每门学科上占用几节课的时间，去进行几次人类最奇妙、最美好的活动——接触书籍。要让青年的心灵在这种活动中充满激动和欢乐。要让书籍像心爱的音乐旋律一样紧紧扣住青少年的心弦。假如书籍对学生来说总是那样新奇、那样有魅力，假如年轻人总想独自一人去钻研书本，假如他们当中出现许多爱书胜于爱其他一切的"书迷"，那么学校生活中许多令人头痛的问题就会自然消失，首先就不会有那种对待知识冷漠和无所谓的现象了。

如果你想让青年如饥似渴地追求知识，你就要关心精神文明最重要的基地——图书馆。我指的不仅是学校图书馆，还包括学生的个人藏书。当你的学生快要毕业时，他个人有多少藏书？如果他的书架上只有教科书，而且准备把它们转送给低年级同学，那就说明你对他的教育不是成功的。个人藏书——这是精神文明的源泉，也是一面镜子。一个快要毕业的学生应当有一些个人藏书，即使为数不多也罢。儿童刚刚进入你的学校时，你就应该告诉家长，子女的个人藏书是他们最大的财富。希望做父母的每年能在孩子过生日的时候，把书作为礼物送给孩子——这应当成为一个好传统。要让"图书节"成为你们学校最愉快的节日。在这一天，我们的集体农庄总要给学生们赠送图书。要让国内外那些不朽的文学名著在每个青年的个人藏书中占有最显著的地位。要教育学生不仅要读书，而且对某些书要反复地读。反复地读一本好书，就像反复地欣赏喜爱的音乐作品一样，应当成为学生的精神需求。那么，怎样才能使学生做到这一点呢？当然，主要还是教师要教好文学课。要让学生从小就能体会到语言的优美、馨香和其中的细微色彩，要让他不仅领会到蕴含在语言中的丰富思想，而且感受到语言的美，这样才会产生反复阅读好书的精神需求。我们学校在低、中、高各年级都拨出一些课时，让学生朗读他们喜爱的文艺作品。有时由几个学生（有时是全班学生）朗读同一篇作品（例如普希金的《我徘徊在喧闹的大街上……》[6]）。这就变成了一种朗诵比赛，如同大家都演奏同一首曲子的音乐比赛一样。

我们学校有好几个文学创作小组，由低年级教师和语文教师进行指导。小组活动时，学生朗诵优秀作家的作品以及他们自己写的诗歌、小说、短文。我们把文学创作看作是培养学生精神文明的一项基本活动。我们的学生将来无论是当农民还是当工程师,当饲养员还是当数学家,对他们来说,美的感受就像基础文化知识一样必要。我们把对语言的爱好、艺术思维以及用语言表达自己的思想、情感和感受的能力,都看作是人的文化素养的主要标志。有时候,各年级文学创作小组还举行旅行活动,到艺术语言的发源地去,即到大自然,到美的世界中去。

春天,在明媚的阳光照耀下,苹果树上花朵盛开,蜜蜂嗡嗡地叫着,百灵鸟在蓝天上歌唱。孩子们,看一看这美景吧,用优美的语言来描述它,从祖国语言中去寻找恰当的词语,来表达各种色彩和声音的细微差别吧。孩子们通过创作一些短诗,他们的艺术思维得到发展。周围世界的美感能陶冶学生的情操,使他们变得高尚文雅,富有同情心,憎恶丑行。孩子们创作的一些富有诗意的小作品,就记录在学校的文艺记录簿《我们的创作》里。

下面是四年级和五年级学生写的几篇小作文的片段。

"红色的玫瑰花瓣上有一滴露珠。我摘下花朵,露珠在花瓣上颤动着滚来滚去,它的色彩变幻着,但没有跌落下来。"

"清晨,我家房子旁边那棵老橡树的叶子,在微风中不安地颤动着。一群鹳雀飞向天空,在农舍上空盘旋了一阵之后落到了巢边,低下头向远处张望。秋天就要来临了。"

"柳树枝低垂在池塘边,枯黄的树叶飘落在水面。一群群燕子在空中飞旋。秋阳灿烂,蛛丝在透明的空气中飘浮。"

下面是一至四年级学生自编的几个故事。

"青绿的谷草丛中住着一只蝈蝈儿,白天怕热,躲藏起来。太阳一落,它就高高地爬上谷秆,蹲在绿叶上,调调它的琴弦。蝈蝈儿是一个多么好的音乐家呀!它的琴声悠扬动听。它的琴弦一动,就会奏出美妙的乐曲来。小兔、小狐狸都来听,整个田野都在欣赏这音乐。"

"几个小姑娘到野外去玩。她们走在绿草地上,突然发现一朵鲜红的罂粟花。小姑娘们奇怪地问道:'罂粟花,你为什么生长在野外的草丛中?'罂粟花回答说:'在战争中,这里曾流过英雄的鲜血。他们的鲜血浇灌了我，我就生长在这个地方．'姑娘们向罂粟花行了少先队队礼，深深地向它鞠躬。罂粟花像英雄的鲜血一样红。它象征着革命的旗帜。一个蓝眼睛的女孩轻轻地说：'也许，我爷爷就牺牲在这里．'"

"果园里有棵苹果树，树上的苹果已经成熟了。一只苹果像布满朝霞的天空那样绯红。一个小男孩从远处望见了这只苹果，不由得想走近它仔细瞧瞧。可是他不能走过去，因为果园四周有高墙，大门上了锁。孩子向墙边走去，摸摸门上的锁。锁是铁的，很坚固。

铁锁感到惭愧起来。这时候要是它能把自己所想的说出来，它准会说：'小朋友，请原谅我。我真想让你进园子去，可是我能做些什么呢？要知道，我是铁锁呀！'然而铁锁不会说话，它只是又气又羞愧，羞愧得真想钻到地底下去……。那男孩呆呆地望着绯红的苹果，两行泪水从眼睛落到地下。这时候，铁锁再也忍受不住了，它由于羞愧而脱落了。那男孩便进了果园。"

"冬天，外面非常寒冷，但是太阳还照耀着。一个男孩走进了温室，里面鲜花盛开：有白色的、红色的、蓝色的、淡蓝色的、紫色的……。孩子偷偷地摘了一朵淡蓝色的小花，藏在衣兜里。他对自己的行为感到羞耻。但是因为他妈妈在生病，他想送朵鲜花给妈妈。

路上，小花感到很闷气，就央告小孩说：'小朋友，把我从兜里掏出来吧！我闷得喘不过气来了．'小孩惊奇地说：'外边很冷，你会冻死的．''不管怎样你还是把我掏出来吧！'小孩把花掏了出来。小花又说：'请把我放到地上．'

小孩把花朵放在雪地上。小花的腰挺直了，花瓣也舒展开了，轻松地吐了口气，对着太阳微笑着说：'我终于又见到了太阳．'"

对于我们来说，这些小作文要比许多冗长的作文宝贵得多。因为这些小作文是鲜明的艺术思维和细腻的情感的表达。

或许有的读者会认为，只有有了很强的教师集体，只有在有才干的教师的指导下，学生才能写出这样的文章。然而，我们写这本书的目的，正是为了帮助某些较弱的教师集体变成强有力的集体。至于才干，那是对工作的热爱跟对孩子的信任的乘积。如果你想使你的学生也写出这样的文章来，那么首先就要引导教师热爱书籍和语言。任何成功都是来之不易的，一切好的东西背后都是巨大的劳动。很重要的一点是要用长远的眼光来看我们所从事的活生生的教育工作：一天从一堆沙土中淘出一粒金子，一千天就能淘出一千粒金子。

这里我们就要谈到学校生活中我认为是（至少应该是）最微妙，也是最困难的事——这就是准确地用词的问题。词应当在孩子们的创作中，在儿童和青少年的关系中成为有生命的东西。我深信，准确地用词，这是学校生活文明的最本质的东西。现在让我来介绍一节课，这节课大概可以称之为"准确用词的课"吧。

那是九月的一个宁静而晴朗的早晨。我带领孩子们到田野里去。田野里是那么寂静，以至连天上高飞的雁群的鸣叫声都可以听得见。我对孩子们说："你们看看天空，夏天它是灼热的，散发着火辣辣的热气……。可现在的天空是什么样子呢？你们想一想，从我们的语言中找出恰当的词来形容现在的天空。"

孩子们沉默了，望着天空在思索。几分钟后我便听到了孩子们所找到的词：

"天空是蓝色的，就像池塘里累乏了的水一样。"
"为什么说水累乏了呢？"我问孩子。
"因为夏天的水在翻滚，掀波浪，到秋天它就累了，蓝蓝的，静止着，显得很疲乏的样子……"

孩子们又沉默起来，又在搜寻词儿。

"天空像刚被雨水洗过的一样……"
"天空是清净的，连一根羽毛也没有……"
"天空是碧蓝的，好像切列西卡的童话里的天空一样。一会儿天鹅就要飞来了……"
"天空是秋天的天空……在夏季是夏天的天空，到秋天就是秋天的天空了。"

孩子们又沉默下来。小女孩瓦莉娅站在一旁。

"瓦莉娅,你怎么不说话呀?"
"我想说个自己的词儿。"
"那你找了个什么词儿呢?"
"天空是柔和的。"瓦莉娅微笑着轻轻地说。

又是一阵寂静。然后每个人都想再说一个自己的词儿。

"天空是忧郁的。有乌云已经从北面涌过来了。"
"天空是宁静的。当有雷雨的时候,天空是多么不平静啊!"
"天空在沉思,它在回忆着云雀的歌唱。"
"天空贴近地面了,夏天的天空比现在高,有燕子在天上飞。现在看不见燕子了。天空在凝神静听:燕子是不是躲到树丛里去了?"
"天空在晒太阳取暖,很快太阳就要被乌云遮住了。那时候它会觉得多么冷呀……"

词语的活用是一个充满思维的王国。我感到,我的工作中最幸福的时刻,就是充满丰富的思想和创造精神的那些时刻,是词语和思想在孩子的心灵中汇合成湍急的洪流的那些时刻。思想要求通过词语来表现,在这种时刻,思想在搜寻和挑选鲜明的、带着清香味儿的词语,产生富有诗意的形象,孩子们为创造了这样的形象而唤起自豪感来。

音乐在学校集体的精神生活中具有很大的作用。我们全体教师深信,音乐修养是道德修养的一个极重要的条件。音乐形象能触动人的心灵,陶冶人的高尚情操,具有强大的感染力。进行音乐教育,目的不是培养音乐家,而是培养和谐的人。

我们从学龄初期起,就引导儿童逐渐进入音乐文化的世界,教他们对音乐进行欣赏、理解、感受和体验。我校已经形成了适用于低、中、高各年级学生的整套音乐欣赏曲目,我们培养了学生反复地欣赏优秀音乐作品的内心需求。

在童年、少年和青年早期去了解祖国,能丰富一个人的精神世界。如果一个人到中学毕业时有幸到过莫斯科、列宁格勒和基辅,那当然是很好的。但是,使学生了解祖国并不一定要从此入手。我们尽力使每一个学生在青少年时期都能真正看到田野、森林和河流,去过那些无名的、偏僻的角落,因为正是这些东西的独特的美构成了我们祖国的美。拄着棍棒,背着行囊,到家乡各地去旅行,这跟阅读好书一样是不可缺少的。只有青少年时期在家乡的土地上旅行过几百千米的学生,他才能对祖国产生深厚的感情,才能体会到祖国的美,对祖国产生眷恋之情。我们的学生经常去第聂伯河和克列缅楚格海的沿岸旅行。他们每年都发现一些惊人的美丽地方。

多年的工作经验使我们全体教师认识到,只有学校的团队组织都积极参加到各种课外活动中去,才能使书籍、音乐和艺术进入学生的精神生活。我们学校的"图书节"就是由共青团委员会和少先队大队委员会负责筹备和举办的。这种"图书节"通常都在学年的开始和终了时,或在纪念著名作家、画家、作曲家的日子举行。学生家长也会参加图书节的筹备和举办活动。我们在"家长学校"的讲课中要讲到书籍在家庭精神生活中的作用。我们已经做到每个学生的家庭里都有自己的文艺藏书。

学校集体和个人的丰富的精神生活离开劳动是不可想象的。每个学生个人的爱好和创造活动,我们认为都是精神生活中的劳动。我们尽力使每个青少年都能体验到劳动创造的幸福,使他们感到劳动不仅是一种义务,而且也是自己喜爱的事情。一个人的个性就表现在他创造了什么,表现在他的智慧和技巧上。要让每个学生都从劳动的物质成果中看到和感受到自己的荣誉和尊严,这样就能使劳动跟精神生活融为一体。在劳动中确立个性,用双手和智慧创造成果,把精神和品质外化出来,用形象的话说,这就是把劳动跟精神生活连接起来的纽带。

要把为社会的劳动变成大家喜爱的劳动——这是我们全体教师的座右铭。我们把劳动教育看作一个长期的过程,这是人探索自己、探索所喜爱的能发挥自己能力、天才和志趣的那种劳动的过程。要使学生进行这种探索,就必须具备一定的物质条件,此外(我又要重复这一点了),学校里要确立一种用创造性劳动的精神鼓舞人心的气氛。我们学校的每一个学生都有他从事自己所喜爱的劳动的那个角落。学生们可以在教学工厂或工作间里,在无线电实验室或化学专用教室里,在"绿色实验室"(这是我们的一个研究工作中心)里,在教学试验园地或温室里,在学校果园或养蜂场里,在机械化工作者生产队或生物角里,从事他们心爱的劳动。这种情况之所以成为可能,是因为学校集体的劳动已经成为一种经常性的、永不中断的交流精神财富的活动。只有依靠这种交流,劳动才会进入集体和个人的精神生活。

如果你想使学校里充满有趣的、鼓舞人的劳动气氛,使劳动不仅成为强有力的教育手段,而且成为集体和个人的巨大精神财富,那么你就要想办法让年龄较大的、较有经验的学生把人的最重要的财富——技巧和才干传给年龄较小的同学。

这里也存在着校长进行观察、研究和创造的广阔天地。从你任职的第一天起,生活就会向你提出这样一些问题:学校是否已形成一个集体?是什么把学生们联系在一起的?学生的生活内容是什么?每一个人对集体有什么贡献?他为自己的全面发展、为充实和丰富自己的精神生活而从集体中得到了什么?你正是应当从这些问题出发去观察和研究学校集体的精神生活。

总结这一章里讲的主要意思就是:校长和教师应当设法使学校集体过一种生气蓬勃的、富有思想性的精神生活。

第四次谈话

难教儿童①

在一所学校里发生了这样一件事,它迫使教师们对师生关系问题进行深思。

一年级来了一个叫尤拉的学生。这孩子活泼好动,刚开学就连续几天给女教师添了许多麻烦。

女教师对尤拉的母亲抱怨说:"他在课堂上太不守规矩,连一分钟也不能安静地坐着。"

这类抱怨逐渐变得越来越强烈了:"尤拉不经允许就随便说话……今天在课堂上无缘无故地高声大笑……他对同桌的同学叽咕了一阵,逗得那个同学也笑了整整一节课……"

"那该拿他怎么办呢?"母亲发愁地问。

"这么办吧,"女教师提议说,"我们搞个联系手册,我每天给他打个操行分数,再把他所有的过错都写在里面。您就采取措施吧。"

母亲高兴了。但是女教师说的"采取措施"的话却又使她不安。她想:"采取什么措施呢?"

于是,联系手册里开始出现这样的记载:"尤拉在上课时投放纸叠的飞机""老师提问别的学生时,尤拉给他暗示""您的儿子变得没法教育了"……

每一次,妈妈都问:"尤拉,你在干些什么呀?你为什么不听话?为什么你的表现不像其他孩子那样呢?"

---

① 原文为"трудные дети",直译是"困难的儿童",意指在品德修养和智力发展上都有困难的学生。译文中视具体情况亦译为"难教的"儿童。——译者

尤拉不吭声，只是用他那明亮的蓝眼睛望着远处的什么地方。妈妈觉得，尤拉对她提出的问题不理不睬，这使她恼火，她终于控制不住自己了。

妈妈打了尤拉一下，尤拉叫喊着说："您干什么呀？妈妈！"

尤拉惊呆了，他的双眼瞪得很大。他不仅从来没有经受过这种痛楚和屈辱，而且他在童年所经历的那种环境里从来还不知道，人可以打人。

儿童的心灵是易受伤害的。在教学中，以及在整个学校生活中，如果对儿童采取不谨慎或者漠不关心的态度，就会出现许多尖锐的矛盾，给儿童造成他们无法经受的精神伤害。这种精神震撼是不应当有的。我们作为学校领导人，应该深入地思考这一点。

解决这个问题最切实可靠的保证，是要求教师、家长和所有与儿童教育有关的人，都具有高度的教育素养，都能认识到自己对儿童的命运负有公民的责任。

儿童对于善恶、是非是十分敏感的。成年人能够认识到不公正的事是错误的，儿童却还无力理解生活的全部复杂性。遗憾的是，并不是所有的成年人都对儿童的内心体验有所了解。儿童的内心状态——这是指当别人的行为或多或少地触及儿童的人格时，儿童所做出的带有鲜明情绪色彩的评价。儿童对这些行为的反应（首先是情绪上的反应）是十分敏锐的。他对不公正的事极其敏感。儿童对粗暴的斥责、冷嘲热讽，甚至对随便说出的一点责备（有时成年人也不一定感到其中的冷淡意味），都会感到不公正。尤其是当成年人对儿童抱着轻视的、冷淡的态度时，问题就更加严重了。

不公正会伤害儿童的自尊心，引起他的愤慨，使他的内心产生各种各样积极的或消极的反抗意图。有些事在成年人身上只会引起轻微的激动，而在儿童心里却可能造成巨大的痛苦。我们学校里发生过这样一件事。我从五年级学生彼嘉身旁走过时，偶然地对他的脸瞅了一眼。我停下来了，感到极为震惊：这孩子的眼睛里流露出一种巨大的、绝望的、不是儿童常有的痛苦神情。事情的起因在成年人看来可能是微不足道的：生物教师要每个学生把收集的植物标本交上来，彼嘉晚交了一天。教师说，没有按时交，现在不要了。

这孩子还向我诉说了他的其他一些不幸和烦恼，我听了心里很不安：原来这孩子在家里还遭到那么多痛苦！屈辱和痛苦接踵而来，而生物教师的严厉态度正好是火上浇油。这件事教会了我要时常留心周围的人特别是儿童的内心状态。

冷淡的态度会刺痛、伤害天性细腻而敏感的儿童。我亲眼看到过这样一件事。

卡佳是一个小个子、蓝眼睛、梳着一条浅黄色粗辫子的三年级女生。她今天特别高兴。

她的父亲之前病了一年多，住在医院里，动过三次手术。妈妈和卡佳都很痛苦。卡佳有时候夜里醒来，不止一次地听到妈妈在轻声啜泣。

可是今天爸爸开始上班了。他恢复了健康，精神很好。卡佳的眼里流露出衷心的喜悦。她来到学校，在校园里遇到两个同班同学——彼佳和格里沙。她跟他们打了招呼，并把自己的好消息告诉他们：

"我爸爸病好了！"

彼佳和格里沙看了卡佳一眼，莫名其妙地耸了耸肩膀，什么也没说，跑去踢球了。

卡佳朝一群正在玩"跳房子"的女同学走过去。

"我爸爸病好了。"她说，眼睛里闪着喜悦的光芒。

一个女同学尼娜惊奇地反问道："那又怎么样呢？"

卡佳感到喉咙里好像是塞进了一团什么东西似的，她朝校园边上的一棵孤独的白杨走过去，哭了起来。

"你为什么哭啊，卡佳？"她听到了科斯嘉的声音，那是一个平时沉默寡言、在教室里坐在最后一排的男孩子。

"我爸爸的病好了……"

"那太好了！"科斯嘉高兴地说，"我家旁边的松树林里，铃兰花开了。放学后我们去采一些最好看的花，送给你爸爸。"

卡佳的眼里闪耀出喜悦的光芒。

往往有这样的情况：只要说一句得体的话，就能使久病卧床的人感到犹如大病痊愈。儿童在集体中的相互关系，乃是学校生活中最细腻的领域之一。为了使一个儿童不致伤害另一个儿童的心灵，就应当对儿童进行情感教育。保护人的欢乐，如同聚集阳光一样，是件很不容易的事。只有依靠心灵的敏感和力量，才能像聚集阳光一样地保护人的欢乐。教育者首先要关心的事，就是使儿童的心灵对于别人内心发生的事抱着敏感的关心态度。

有些儿童的神经特别敏感，学校里的嘈杂环境——奔跑、喧哗、叫喊，都会使他受到刺激。特别是教师的大声训斥，哪怕不是对着某个胆小的孩子，而是对班上别的孩子而发出的，这个孩子简直也会被吓得发呆。恐惧感甚至会使儿童听不见别人喊他的名字，听不懂教师在讲些什么，这样教师讲的话对他就失去了意义。常有这样的情况：一节课已经过去了15—20分钟，这个学生却还在机械地继续做着别人早已做完的事，因为恐惧心把他的意识震惊得麻木了。教师惊异地在一个孩子身旁站住了：全班学生早已在画圆圈了，而维佳还在那里画杠杠①。教师不明白这是怎么一回事。于是，维佳就逐渐地得到了一个"注意力不集中，头脑迟钝"的坏名声。教师的训斥也就时常直接地针对他而来了。教师哪里知道，当他走近维佳的课桌时，这孩子吓得双腿都在发抖呢！在学校里，恐怕再也找不出比这更加不能容忍的事了。在学校里，人们的每一句话都应当浸透高度的人道精神和同情心，人与人之间的关系不应蒙上恐惧的阴影。学校里不应当有恐惧，正如美和丑不应相容一样。

虽然在绝大多数情况下，孩子们终将摆脱恐惧心理的束缚，但恐惧就其本身来说对儿童是极其有害的。在恐惧心的影响下，他们在很长一段时间内不能正常地得到发展。这段时间本来是孩子们智力充分发展的最宝贵的时间，然而却白白地丧失了。

我们可以做到使一个人习惯于生活在恐惧和威慑之下，但是养成这种卑劣的习惯后，会使人在道德上败坏，变得卑鄙、伪善和阿谀奉承。出于恐惧、害怕而俯首听命，这会使人变成一个残酷的、没有心肝的人。健康的道德的最重要的条件之一就是善良的意志，这要建立在人对他人、对集体的责任感的基础之上。

---

① 指学写字母前的书写练习。——译者

只有善良的人才能英勇无畏、不屈不挠。

一个孩子受到不公正的或者粗暴的待遇，受到缺乏机智的或者漠不关心的对待之后，内心为此而震荡，体验了强烈的激动，他却要竭力装出毫无痛苦的样子。他会采取一种人们完全意想不到的积极反抗的形式，如装模作样、故作丑态等。他宁愿充当傻瓜、无所用心的捣蛋鬼甚至小丑的角色，也不愿经常想到自己内心的痛苦。常有这样的情况，就连教师和别的孩子们，也终于对彼佳①的装模作样、故作丑态习以为常了。大家在许多事情上宽恕他，教师对他采取迁就容忍的态度……，有时甚至发展到大家故意怂恿彼佳做出逗人发笑的行为。这是一种非常危险的情况——荣誉感和自豪感遭到麻痹。我们决不能允许一个儿童不再尊重自己，不再珍惜自己的荣誉，不再奋发向上。在教育上，有这样一条极其重要的规律，就是人在道德上不断完善，不断获取新的道德财富。我常想，可以对教育这个复杂过程作如下的比方：教育者是一位向导，他熟知崎岖难行的山路上的一切曲折和坎坷，他在向初次上路的年轻人指引道路。他只是指路，但路还得靠行路人自己去走。向导和年轻的行路人，在崎岖小路的艰难攀登中，共尝艰辛和分享快乐。共同的劳动使他们亲近，共同的自豪感使他们高兴。这种追求共同的目标和付出共同劳动的感情，应当把明智的领路人和经验尚少的年轻行路人结合在一起。我要再一次强调指出：教育——一种很不容易的劳动，只有当受教育者由于自己付出了劳动而感到自豪的时候，才能把道德财富引进他的心灵中来。我们要使年轻的行路人心灵里确立起自豪感和荣誉感，使这些情感植根于领路人和行路人的共同劳动。哪里有这种共同的劳动，哪里才有教育。

教育的明智就在于保护受教育者，不降低他的人格，不使他感到自己是听任命运摆布的一粒无能为力的尘埃。无论何时都要努力不让学生的意志受到压制。意志，形象地说，这是承载人的尊严感之大船的深水。性格执拗和不肯听话，要比唯唯诺诺、盲目服从好一千倍。

如果说我们对儿童了解得还很少，那么许多教师听了会觉得委

---

① 泛指前述那种儿童。——译注

屈。但事实上许多人对于儿童的精神生活缺乏起码的了解，这是不能容忍的。关于儿童心理状态的问题——关于他们的欢乐和忧愁、创痛和病患问题，应该经常列入校务委员会及讨论共产主义教育理论和实践问题的专业会议的议事日程。几乎所有的学校都在举办一些讨论会。但是，有些讨论会往往脱离了儿童活生生的精神生活，而去研究一些理论问题：什么是社会教育啦，什么是人的全面发展啦，什么叫教养啦，等等。让我们想象一下，假如农学家们在讨论会上年复一年地、无休止地讨论"什么叫收成"的问题，那么研究农学能有什么实际的益处呢？可是我们教育工作者在自己的讨论会上搞的往往正是这一套：没完没了地研究什么是我们的"教育收成"。

教育理论应当是照耀教育实践的光亮，应当是灵敏度极高的指南针，指示人们怎样和向什么方向去引导儿童。伟大的俄国教育家康·季·乌申斯基，满怀愤慨地把没有理论的教育实践比作以魔术治病的巫医[7]。给巫术披上科学的外衣，是绝不会有利于事业的。在这里，可怕的是，这种巫医治病的风气侵入到学校生活最细腻的领域——人与人的相互关系（教师与儿童、高年级学生与低年级学生、同年龄学生之间）中去了。

学习——这首先是人与人之间的关系，是精神财富的交流，是发自内心的善意和相互体贴的赠予。学校的全部生活应当充满人道的精神。

那么，这里究竟什么是最主要的呢？

要成为有人道精神的人，就必须了解儿童的心灵。人道精神不是用某些专门的方法所能制造出来的。温情主义跟真正的人道精神是格格不入的。对儿童娇生惯养、百依百顺，会使他们变得懒惰、散漫和随心所欲。教师为这种现象而深感忧虑，于是就决定把家长对子女的姑息态度所造成的影响一下子扭转过来，认为只有用严厉才能对抗娇生惯养的影响。教师为了坚决扭转某些不良影响，就在触及儿童个性的一切问题上搞"急转弯"，于是就总是要跟儿童的意志打交道。而意志这个东西是非常复杂和难以捉摸的，更何况这里指的是儿童的意志。

真正的人道精神首先意味着要公正，而所谓公正，就是尊重与严格要求相结合。在学校生活中，没有也不可能有什么抽象的公正。教育上的公正，意味着教师要有足够的精神力量去关心每一个儿童。用一个模式、毫无区别的态度去对待所有的儿童，那是漠不关心、不公正的最坏的表现。如果儿童感到别人眼里没有他，不想去知道他个人的小小的不幸，把他丢在一边不管，那么他会认为这是一种痛苦的屈辱和极大的不公正。有时候，譬如在儿童独立完成作业时，只要教师走到他跟前，问他一点什么，给他一些指点，这对他就是一种精神支持。

我坚信，严格要求是从高度尊重儿童的力量和能力开始的。所谓严格的要求，就是要理解和体会什么是学生力所能及的，什么是他力所不及的，帮助儿童竭尽全力去达到他能够达到的那个高度。使一个人相信自己所确定的目标是能够达到的，这就是真正的严格要求，同时也是真正的尊重。

所谓对儿童的人道态度，就是教师要懂得这样一条简单而明智的真理：离开儿童内在的精神努力，离开儿童要成为一个好人的愿望，那么学校和教育就都成了不可思议的东西。真正的教育能手，对学生也是有督促、有强制、有逼迫的，但是他在做这一切的时候，永远不会去扑灭儿童心中那一点宝贵的火花——要成为一个好人的愿望。教育者的真正的人道精神，就在于他有高度的技巧和艺术，能够激发儿童这样的思想：即他还没有成为他应当而且能够成为的那样的人。应该让美好的事物成为儿童的理想，吸引他、鼓舞他前进。一个真正的教育能手，即使在责备儿童，对他表示不满和愤怒的时候（教师，也像任何有情感有修养的人一样，难免有愤怒的时候），他也从不忘记：绝不能扑灭儿童的这种思想，即目标还未达到，但一定要达到。

那种认为人道精神就是教师始终用温和的、克制的语调说话的看法是错误的。善良不是指声调，也不是指说话时特别地挑选字眼。真正的教育者向来都是情感丰富的人。他对欢乐，对忧愁，对令人担心的事，都有着深刻的内心体验。儿童若能从他老师的这些激情中感受到他的真诚，他们就会信任他。

也许你会问："那么，一般地说，教师是否可以提高声调说话以至大声训斥呢？"有一位教师伤心地说："这么一来，教师连高声训斥也不允许,他还剩下什么可做呢?"看待说话的声调问题、提高嗓门的问题,一般来说,不能离开教师的情感修养和思想涵养。一个有情感修养的人,他说话不用喊叫,也能打动儿童的心。对儿童的精神世界高度敏感和关心的教师,是从来不高声训斥儿童的。教师的担心、忧愁、苦闷、惊奇和愤慨——所有这些情感以及它们的种种细微反应,即使从老师的平常话语里儿童也能体会出来。一个真正有人道精神的教师,为了使儿童领会他的情感,大可不必去进行什么修辞训练:既然这些情感发自内心,他就是不说出来,儿童也能理解。

真正的教育能手都具有高度的情感修养。我认识一位教师,他在学校已工作了36年,他的学生已有100多人当了教师,都具有很高的教育水平。这位教师也常常发火,也激动,也愤慨,但是从来不大声叫喊。这并不是因为他在尽力控制自己。儿童能够从他的声音里分辨出几十种细微的感情色彩:苦恼、烦躁、抱怨等等。的确,在儿童做事不能令人满意时,他也会深切地难过。当他为某种事情烦恼时,他说话的声音很低,全班都屏息静气地倾听他的每一句话。这不是某种特别的表演,也不是人为地控制自己的嗓门。不,这一切都是发自内心的,都是教师具有广阔的胸襟和高度的情感修养的结果。儿童每天都在亲身感受老师对他们的行为举止在他的心灵深处做出的最细腻的情感反应。这种反应就是用人道精神进行教育的强大基础,离开它,就无所谓学校。正是在这种反应中,在教师的宽宏情怀中,学生才感受到他的真诚。

对待懒惰、无所事事、吊儿郎当、虚度光阴、挥霍浪费和满不在乎等现象的不容忍态度——是一个善于以自身高度的情感修养教育学生的教师的高超教育技巧的一种突出特征。这种绝不容忍态度,乃是与人为善的真正本质之所在。

这里我要重申一下这个思想:真正的教育者要唤起学生努力成为一个好人的志向。教师基于他教导学生的道义权利对学生所怀有的真挚诚恳的感情,这正是激励学生要实现成为一个好人的志向的生气蓬勃的力量。真正的教育者很少直接对自己的学生说:你们可要成为好人啊。学生是从教师深厚而又真诚的感情中体会到他的善良用心的。真正的善良就是真诚,它并不总是令人愉快的。真理也常常是使人痛苦的、令人揪心的，真理里面包含着坚强的意志和严格的要求。但是，令人痛苦的真理却常能在儿童心灵中激发当一个好人的志向，因为善良从来不贬低他人的人格。

这里有必要再一次把善良这个复杂概念的细微含义说清楚。所谓教师的善良，首先意味着对儿童的现在和未来怀有强烈的责任感。只有能以敏感的心灵去觉察学生最细微的内心活动的人，才配称为善良的人，才有权利当学生的导师。善良的最主要的、决定性的细微含义之一，就是教育者要有坚强的意志，要对精神空虚、虚情假意的任何表现采取决不妥协的态度。

依靠教师所具有的高度情感修养和思想水平而在集体中创造的那种真挚的、坦诚相见的氛围，能使学生形成这样的信念：他们跟自己的老师在共同的劳动中是志同道合的同志。只有当教育者和他的学生在合作中能感受到同心协力的欢乐时，才能真正地把道德财富传给年轻一代。

由于教育者和受教育者共同体验着同志式的情谊，相互之间就能开诚布公。这里十分重要的是，人的最美好的品质都不会被偶然的、假装的、次要的东西所遮掩。在同志情谊的氛围中，儿童的心会变得对一切善良、美好的东西非常敏感，他们会竭力去模仿好的榜样，会把教师的意志作为一个好朋友、好同志的忠告来接受。学生被共同的同志式的劳动所吸引，就会充分展示自己的意志品质。这时他的意志不会受到压抑，相反地，他会发挥自己的意志，力求达到目标。真正的教育的这一重要规律，在实践中常常表现为：教育者很少去禁止学生，而是经常地、几乎是始终地用自己为榜样去激励和吸引学生。教育技巧的奥妙之一正在于此：儿童从一个好教师那里很少听到禁止，而经常听到的是表扬和鼓励的话。

儿童要成为一个好人的志向，正是通过他自己的意志力量表现出来的。真正教育的逻辑在于：实质上，在教育工作中，正是学生本人充当着教师的第一个助手。自我教育（从这个词的直接含义来说）乃是教育的真谛和核心。

当然，也不能简单化地要求教师尽量不去禁止学生。当教师和学生受到共同为集体劳动的思想的鼓舞，体会到双方都是为实现同一目标而斗争的同志和战友时，禁止的办法就很少有必要加以采取了。当学生跟教师一样，被同一种高尚的社会活动所吸引的时候，他们就能深刻地理解什么是"可做"的，什么是"不可做"的。

学生有了做一个好人的志向，他就容易领会教师对他的态度所包含的一切意义。学生由于有了这种志向，即使教师表现出烦恼和愤怒，他也不会认为这是不公正的。相反地，教师的烦恼和愤怒更能激励学生做一个好人的志向，因为学生感受着教师的公正。学生会由于自己的行为而感到内疚，他会首先想到教师也是一个有着自己的欢乐和痛苦的活生生的人。

这是教师和学生相互关系的一个非常重要的方面，它体现着学校生活的人道主义精神。然而我们也不能不看到，在某些学校里，儿童并不理解和体会教师的独特的个性，他们对教师在工作中遇到困难毫无同情之感。教师已很疲劳，到了放学时已精疲力竭，可是孩子们照样顽皮、胡闹，给教师增添烦恼，于是又惹得教师发火，大声喊叫……

大声喊叫足以说明人与人的关系中缺乏文明。教师的大声喊叫会把儿童弄得惊慌失措。这是对儿童的行为举止、学习态度所做出的最简单粗暴的反应。这种反应里包含着一种本能的因素。在大声喊叫中，会丧失真正的人所常有的情感。想必你也注意到了：教师在大声训斥儿童时，他的声音跟心平气和时完全不同，连他自己也认不出自己的声调。这是一种征兆：教师对学生大声喊叫，不仅是让自己的本能任意发泄，而且摧残了儿童心灵中那些细腻的、人的情感。经常受到大声训斥的儿童，会丧失感受别人的细微情感的能力，特别令人不安的是，还会丧失对真理和正义的敏感性。大声训斥会使儿童的良知变得迟钝麻木。常有这样的情况：在大声训斥之后，父亲、母亲或者教师消了气，冷静下来了，开始心平气和地劝导和说服孩子。他们对孩子可能说些好听的、公平的话，但是儿童已经丧失了接受的能力，因为儿童还处在大声训斥的影响之下。

儿童从大声训斥中会感到对方的心绪慌乱、束手无策。在儿童看来，别人对他大声训斥，要么是有意找他的麻烦，要么是在他面前因感到害怕和恐惧而实行防御，不管是前者还是后者，都会导致儿童做出积极反抗的反应。

你在上课时间走进学校，教室里一片轻微而平静的嗡嗡声，你好像站在养蜂场的蜂箱旁边一样。突然从远处什么地方传来了刺耳的喊叫声。这是教师在大声训斥学生。对于这种情况，你早已有了一种看法：这位教师跟学生的关系不大好。于是你陷入了痛苦的沉思：怎么办呢？怎样才能把大声训斥从学校里根除掉呢？

在这里，任何行政措施都不会收效。如果教师除了大声训斥以外没有任何别的办法，那他是不会停止大声训斥的。需要认真地讲一讲教师的情感和思想修养问题，以及学校工作中的人道主义精神问题。所有的教师都需要做一番自我回顾，分析一下自己跟儿童的关系。依我的建议，你应从详细分析下面几个问题开始做起：教师的大声训斥如何伤害儿童的心灵，如何破坏人的美好感情，如何培养出长大了同样也会对别人大声喊叫、漠不关心和冷酷无情的人。我想劝你用师生关系中的具体事例，来说明教师的大声训斥，将如何在他跟儿童之间造成隔阂，妨碍相互理解，有时甚至会在他们之间形成一道仇恨的鸿沟。你可以用生动的事例说明大声训斥是毫无意义的。譬如，某一位教师以为，如果当着全班同学的面把万尼亚"好好地训一顿"，舆论会帮助教师，万尼亚在同学面前会感到羞愧，从而受到良心的责备。但是，这一切希望都落空了。当万尼亚遭到劈头盖脸的一顿训斥时，反而引起了同学们对他的同情。学生们站在被训斥的同学一边。为了替同学辩解，他们甚至往往采取欺骗教师的办法，这是毫不奇怪的事。

如果大声训斥是针对整个班集体的，那情况就会更糟。任何情况下都绝对不应采用这种办法。这种办法不仅使学生感到震惊、受到压抑，不知所措，而且会使学生感到受了侮辱。如果教师的委屈、苦恼是由整个集体引起的，那你就要非常慎重。你要先使自己冷静下来，控制自己的情绪。在当天，你不要去谈到引起你苦恼的事件。你不要去训斥学生，不要急于责怪他们，而是要好好想一想。你要跟自己的学生一道交换思想。你要这样来处理这件事：要求儿童帮助你一起分析所发生的事。

儿童常有自己大大小小的烦恼、忧愁和不幸。一个具有高度情感修养的教师，一下子就能发现儿童有什么不顺心的事。首先从儿童的目光里就能看出他的思想、情感和内心体验。敏感的教师发现儿童有什么不顺心的事情时，不是马上就进行盘问，而是要设法让儿童感到教师已经猜测到他心里的烦恼、忧愁、担心和他的不幸。等到和儿童单独在一起时，教师就可以详细询问了。但是，教师如果已经确知儿童需要帮助，却袖手旁观或者干脆把他忘记了，那就会给儿童带来新的痛苦。

往往有这样的情况：按成年人的观点来看，儿童的委屈是一些不足挂齿的小事。例如，谁把他的玩具藏起来了，等等。不要忘记，孩子们对欢乐和苦恼、善与恶有自己的衡量尺度。有经验的、敏感的教师决不会忘记，他本人也是从童年过来的。必须设身处地地站在儿童的立场上，为他分担痛苦，给他以帮助。对儿童来说，最适当、最宝贵的帮助，往往就是真诚的同情和关怀。而漠不关心、态度冷淡则会使儿童的神经系统进入一种震惊的状态，由此而引发严重的心理疾病。

这里说一件发生在二年级的事。

女教师发现沙夏心神不定，字写得不好。

女教师生气地说："沙夏，想想看，你写的什么？你不是在街上玩，是在教室里……"

沙夏面对着作业本，把头垂得更低了。过了一会儿，女教师发现沙夏的作业中有一些大的错误。

"喂，你动脑筋了没有？"女教师说得更严厉了。

"他奶奶死啦！"与沙夏同座的一个女孩子说，"昨天安葬的。"

"奶奶？"女教师以疑问的声调重复了一下，就再也没有说什么。她过了一会儿就把这事忘掉了，但是沙夏却永远不会忘记。

沙夏一句话也没有说，眼泪从他的眼里滴下来。奶奶是他最亲爱的人，她的死给他带来了痛苦。可是女教师再也没去理睬这个男孩。

沙夏不能聚精会神了，他既不能思考算术习题，也不能思考语法练习。当女教师走近沙夏时，他的手和脚都在发抖。女教师忘掉了沙夏的痛苦，只是一味地要求他写得好些，不许出错。儿童的痛苦需要同情和安慰。对待儿童的痛苦采取漠不关心的态度，会使学生感到受侮辱。

还有不少这样的情况，就是儿童自己也不明白痛苦的感觉是从哪里来的。儿童身体不舒服了，但自己甚至毫无察觉。教师应当看到、感觉到这一点。如果教师是一个有情感修养的人，又有高度的机智，能够看清人的内心活动，他就能够看到和感觉到这一点。

儿童感受的许多屈辱和痛苦，其根源在于家庭生活，在于他家里的日常生活不顺利。学校不能消极地旁观，不应认为自己的作用只是正确地说明事情的根源。学校是一个社会性的教育机构，负有积极地影响环境、创造良好的教育气氛的使命。我校全体教师确信，通过宣传教育学知识，可以防止许多苦恼、冲突和不幸。在"家长学校"的讲座中，我们对家长们讲解，用"严厉的""强制的"措施来对待儿童会造成什么害处。我们向家长们说明，听话和服从不应当建立在恐惧的基础之上，恐惧只会产生欺瞒、伪善和逢迎。

为了防止家庭教育中出现麻烦和错误，必须在学校里就对男女青年进行做夫妻、做父母的教育。男女青年结婚了，但在许多情况下，他们并不懂得婚后生活对夫妻双方所要求的那种高度的内心修养。必须使他们深刻地理解和认识到：结为夫妻，已经不像婚前度过幸福的约会时刻那样，他们要每天生活在一起，住在一个屋子里，要过一辈子。这就不只是快乐和幸福，还有巨大的操劳——精神上的操劳和紧张，同时也要有丰富多彩的精神生活。为此，需要进行大量的关于如何明智地对待生活的教育。

现实生活要求在中学高年级给男女青年开设一门家庭关系修养的课程。如果我们能够给他们真正讲清楚生活的复杂性和生活的道理，他们就会认识到结婚首先就意味着养育子女。如果我受委托制订高年级所需要的这门课程的教学大纲的话，我会把关于"人的愿望的文明"这一问题放在首位。要知道，什么是正确养育子女的基础？这首先是能控制自己的欲望，为了家庭、子女、父母的利益而敢于舍弃自己的某些欲望。那些匆匆忙忙地离婚的人，首先是些利己主义者，是些把自己的愿望看得高于一切的青年人。在这份教学大纲里应当包括《家庭中愿望的和谐》一章。我会在阐述这一部分的内容时，详细地分析和睦的家庭和不和睦的家庭中所发生的事情,用有教育意义的实例来说明:人的愿望是怎样产生的,其中哪些愿望可以去满足,而且是在什么条件下去满足,而哪些欲望则需要加以克制,以及如何使自己的愿望服从于家庭的共同利益。而最重要的一点,则是如何培养子女的愿望。

我来公开一个小小的秘密:我们学校已开设了家庭关系修养这门课。我们教育男女青年:如何做好结婚的准备,如何处理好家庭生活,什么是家庭关系中的高度文明以及如何教育子女。在教学计划里没有为这类课题规定授课时间的情况下讲授这门非常重要的课程,无疑是不容易的。但是不管有什么困难,我们都要克服,因为我们知道,这门课即使不是最重要的,它的重要性也绝不次于数学、物理和化学。不是所有的人都会成为物理学家和数学家,然而所有的人都要成为丈夫或妻子,成为父亲或母亲。

我只是顺便地涉及了这个非常复杂的问题,但是这个问题跟教育和教学工作的任何问题都有直接的关系。在道德上做好当父母的准备,这是人的精神成熟的重要条件之一。我们努力使我们的学生对做父母想得美好一些,高尚一些。使爱的感情高尚起来,这需要做大量的工作,要使人在少年时代就深刻理解:爱情就是自己对别人承担道德上的责任。

有一类儿童,在对他们的教育中,教师的真正人道精神——公正、敏感、高度的道德修养和情感修养,起着决定性的作用。这里指的是那些智力发展迟缓的儿童,他们不是低能儿童,而是一些正常的儿童,只是他们学龄前期所受的教育有过失误。对这些儿童进行教育,乃是对普通学校人道主义精神的真正考验。如果对这些儿童不做特殊的、经过深思熟虑的工作,学校就没有尽到它的职责。

只要科学知识上出现了关于儿童、关于教育和教学过程的点滴的新东西,教师和学校领导人就会被迫重新观察自己的工作,用新的观点来重新研究那些很普通的、司空见惯的现象。新的观点总是跟重新评价、重新思考以前已经形成的原理和信念联系在一起的。于是,在这种重新评价、重新思考的过程中,可能发生某些夸大行为。我想提醒一下,要防止匆忙地做出判断和结论,特别是关于难教儿童的判断和结论。要知道儿童的命运在某种程度上是由教师决定的。固然,我们不能把学校里的每一种冲突、每一次相互关系尖锐化的表现都看成是神经官能症的征兆。不过每一种冲突、每一次相互关系尖锐化的表现都应引起学校领导人的不安，使他警觉起来。

如果教师们对儿童的心灵有深刻的了解；如果全体教师由于具有共同的教育信念而团结一致，而其中最主要的信念是认为学生并不是消极的被教育的对象，而是一种积极的、有创造性的力量，是教育过程的积极参与者；如果在十多年的时间里，学校不仅教育了儿童，而且教育了家长，那么，在这些地方，一般都不会发生教育上的神经官能症。建立在真挚感情基础上的师生之间、父子之间的相互信任，是有助于此的。在缺乏和丧失相互信任的那些地方，父亲或教师把儿童看成捣蛋鬼，儿童也把父亲或教师看成与自己格格不入的、对自己不怀好意的人。在许多家庭里，笼罩着互不信任的气氛，大家不是心平气和地用商量的口吻谈话，而是经常吵吵嚷嚷，这样就会出现难教育的儿童。与这种灾难作斗争、建立健康的家庭精神生活和良好的师生关系的唯一有力的手段，就是把家庭和学校里的教育过程建立在高度文明的基础上。

学校的教育修养水平低下，这不仅会打击孩子，也会伤害教师。教师并非铁石心肠的人，他有灵魂、有精神、有自尊感和自爱心。如果教育过程是建立在伤害儿童心灵的简单粗暴的态度和感情之上的话，那么教师也有犯病的危险。这是个至关重要的问题。在关于提高教育修养水平这一复杂的问题上，教师的心理状态占有重要的地位。

教育修养水平低下的一个危险根源，就是教师总认为儿童的每一个不好的行为，或者只是教师看不惯的行为，都是出于恶意的，或者是故意的，甚至是预谋的。怀疑孩子的每个行为都是存心而为，那就是忘记了很重要的一条道理：教育在本质上就是以明智的意志治理意志薄弱、经验贫乏和感情冲动。儿童还不大会控制自己的意志，教师应当对此采取父母般的谅解态度。教师理解儿童行为的实质，这是他不会把自己跟学生摆在一个水平上的重要前提。

我在二十多年当中研究了所谓"学校性神经官能症"，现在我才敢于就这个十分重要的问题讲一点初步的意见。我也劝你在任何时候都不要匆忙下结论。但是，当情况十分清楚的时候，也不要踌躇。为了防止在学校里出现大声训斥、神经过敏之类的现象，你要一天也不迟延地采取具体措施。

对很多学校的情况进行了解以后，我们得出了这样的结论：学校集体的规模越小，儿童就越能被集体中的家庭般的和睦关系紧密地团结在一起；人与人之间的精神财富的交流越是丰富多彩，神经过敏的情况就越少发生。相反，有些学校里没有和睦的集体，到处是一片吵闹、混乱的景象，这就容易出现神经过敏症。但是人数众多的学校现在有，将来还会有。应当考虑如何防止在大的集体里出现我们不希望出现的现象。那些学生人数达千人和超过千人的学校，要设法采取措施，创造一些条件，使同年级平行班的每个集体都形成一种和睦的家庭式的气氛，防止学生喧哗和打闹。这是提高教育的文明程度的基本前提。

还有一种情况也是不正常的：在许多学校里，"延长学日班"①的作息制度，本质上跟上正课没有任何区别。还是让儿童听到铃声就走进教室，完成家庭作业，课间休息也要按铃声开始和结束，还是同样地紧张，同样地必须循规蹈矩，安静地坐着。遗憾的是，个别学校还往往有这样的情况："延长学日班"不仅使儿童感到很疲劳，而且没法学会独立阅读书籍。对儿童进行意志教育，并不是要把他的每一个行动都规定得死死的，而是要提供最大的可能，使他在独立活动中表现出意志上的努力。儿童应遭谴责的、有时看来是无法解释的行为，用形象的话来说，乃是教师一直用笼子套住儿童所造成的。儿童巨大的精神力量受着抑制，他不能使这种力量服从于自己的理智和志向。教师要善于放手让儿童发挥自己的力量，而不是加以限制和压抑，不能让儿童经常感觉受到了禁止。做到这一点是需要高度的教育技巧的。

不过教育过程中也有一些其他困难，其根源并不在于教师的教育修养，而在于其他方面。

有一批所谓难教的儿童，他们是些什么样的人呢？

---

① "延长学日班"是为照顾双职工的子女而设立的，学生放学后在学校里做作业和休息，比其他学生回家晚些。——译者

一、难教儿童是些什么样的孩子

这些难教的孩子给教师、家长带来了许多沉重的思想负担、烦恼和痛苦。

有一次,我从基洛夫格勒回来,在公共汽车上认识了一位年轻的铁路员工。他是一个三年级学生的父亲。当时,他正要回到一个偏僻的小站——他常年工作的地方去。在那个小站附近没有学校,家长们都把自己的孩子送到近旁一个大村子里的八年制学校去上学。这个三年级学生的父亲乘车去参加了家长会。这个年轻工人的眼神使我十分惊讶:我看到他的眼睛里充满着痛苦、困惑的神情。这是那种在考虑是否还值得活下去的人的眼神。在生活中我很少看到过人的眼睛表现出那样深沉的痛苦和绝望。

当汽车里只剩下我们两个人时,我对他说:

"你跟我说说自己的痛苦吧。或许我能给你些帮助。"

于是,那位铁路工人对我述说了这样一些话。

"我去参加了家长会。我的儿子在三年级读书。每次需要我到学校去时,都像要剜我一块心头肉一样。每次听到的都是同样的话:班里所有的孩子学习都不错,学习有良好的或者及格的,也有优秀的,而我的孩子却是个笨蛋。当然,老师是用其他的话说的,但是我却是那样理解的,老师也希望我那样理解。如果我的儿子有什么能得个三分,这对他来说就已经非常好了。别的孩子一节课能解三道题,我的孩子连一道题也解不出。老师说:'在审题时,他读到后面,就忘了前面。'我注意到,老师怜悯我,没有把所有的话都直率地说出来。当别人不在时,我就问老师:'以后我的孩子怎样办呢?能不能把他送到一个什么特殊的学校去?'他说:'不,不必送,那里不会接受他的,因为他并不是低能儿,而是正常儿童。'既然他的智力发育是正常的,那么为什么他的学习连三分都得不到呢?这到底是怎么回事?请你相信,我愿意拿出我全部的心血,只要能够把我的儿子培养成人。

要知道，如今没有知识，便谈不上做人……"

请深思一下这些话吧！我们社会成员的智力和道德，现在已经发展到很高的水平，所以家长们都抱着这样一种想法：他们要在孩子身上再现他们自己，并且希望再现得比他们自己更好一些，更美一些。每一个落后的、成绩不好的孩子，都是一个严重的人间悲剧。

难教的儿童是些什么样的孩子呢？直到不久之前，这样一种说法还是相当流行的：没有不好的学生，只有不好的教师。既然这样，那就应当没有难教的学生了。而所谓的难教的学生，是无能的教师臆想出来为自己的教育无能找借口的。因此，为了保险起见，"难教"这个词经常被加上引号，这样做比较安全。没有难教的儿童，只有加引号的"难教的"儿童，这样一来，意思就大不相同了。

对于我们教师来说，听到这些是很痛心的。我们听到学生不好、成绩不良是我们工作不好的结果，为此感到痛心。报刊上关于单纯追求及格率的讨论时起时伏，反复多次了。如果我们不停止解释那些本来就无须解释的事，如果我们不明确而肯定地说，那些掌握大纲规定的知识比一般学生困难得多的儿童，必须留在普通学校里学习下去，那么关于单纯追求及格率的辩论，就永远是徒劳的、无意义的。①这就产生了一个问题：既然这些孩子掌握知识比一般学生要吃力得多，那么应当用什么样的标准来考查难教儿童的知识呢？

难教的儿童总是会有的，无论如何也不能摆脱他们。教师都十分了解这是怎么一回事。所谓难教的儿童，是一些由于种种原因而在智力发展上有偏差的孩子。那些常用的教育方法和措施，在对一般儿童的教育工作中会取得良好的效果，但是用于难教儿童则会徒劳无益。这就需要探索某些特殊的教育方法和措施。

"难教儿童"是一个复杂的概念。每一个难教儿童都具有自己特殊的、跟其他儿童不一样的个性，也就是说，他们有各自的特

---

① 苏霍姆林斯基一贯主张，学习上有困难的学生，只要不是真正的低能儿童，就应当留在普通学校学习。如果把这些学生排除在外，讨论及格率就毫无意义。——译者

点，有各自偏离常规的情况和原因以及各自受教育的经历。

听了上面那位年轻的铁路工人的话，我向他谈了一个难教儿童的情况，这个孩子的命运好多年一直使我不能忘怀。很可能，你们当中的每一个人，都正在为这样的现象伤脑筋。

一个班里的儿童都在聚精会神地听教师讲解数的乘法，彼佳也在听。看上去他甚至比其他孩子更聚精会神，更用心，至少他是非常希望听懂的。结果，其他的孩子都听得懂并掌握得很好，做完了习题。但是，彼佳却什么也没有听懂。教师布置了独立作业题，大家都在分析题意，一个一个地着手解题。不一会儿，班上所有的孩子几乎都把题解出来了。只有彼佳一个人坐在那里，对着习题发愁，垂头丧气：他无论如何也弄不明白题意。好几次他试图把式子列出来，加呀，减呀，但是得不出任何结果。更确切些说，他自己也不知道结果是求出来了还是没有求出，因为他不明白这道算术题是什么意思，老师要他从中求出什么。

有这样的儿童，他们能懂得教师的讲解、提问和布置的作业中的个别词句，但是弄不懂句子之间的相互关系。

在每一所规模较大的学校里，想必都会有像彼佳这样的学生。一般说来，这类学生成绩不好，学习跟不上，以致最终留级，但是原因却各不相同。如果教师费了很大的气力能把彼佳"拉到"五年级，这固然很好，但是也有这样的情况：这个孩子读到三年级，就再也升不上去了。这里有一种情况似乎有些奇怪和难以理解：彼佳比较容易学会阅读，一开始似乎也能够跟上其他孩子的进度，但是到了要同时掌握技能和知识的时候，他就越来越跟不上了。在这种情况下，校长常常责备教师不会教学生，而教师又责怪学生不用心、不刻苦，花在做家庭作业上的时间太少，懒惰，抄袭同学的作业等。往往，看上去，教师的所有这些说法好像是正确的：儿童理解能力差、反应迟钝，常常是跟不用心联系在一起的；而不会思考、不善集中精神则会转变为懒散。

为了帮助难教儿童克服这些毛病，教师在课上和课后都要对他们进行个别辅导。如果难教学生能勉强地跟班升级，那主要是由于对他进行了补课，对他降低了作业的难度。当了解到难教儿童不管怎样努力也掌握不了跟其他儿童同样多的知识时，教师就开始用特定的标准来评定这类学生的学习成绩，并且对每一个难教儿童都用不同的标准。这类孩子会竭尽全力来完成教师要求他做到的事情。他信任教师，尊重教师。他珍视自己每一个微小的进步。教师的表扬，是促使他学习进步所不可缺少的内在动力的活的源泉。教师从不责备彼佳懒散或者脑子笨，对他的力量也不丧失信心。他在精神上给孩子以支持。如果这个孩子以不可思议的勤奋在学习，这种力量的真正来源就是他对教师独有的信任。这种教师确实是高明而又有极大耐心的：虽然他看到这孩子一连几个星期都没有任何收获，或者看到他花了很大努力才取得了一点微小的、极其有限的进步；但是他确信，这孩子最终一定会达到他所追求的目标。我想把教师的这种信心、这种希望，比作医生对卧床不起的重病患者的那种信心和希望。

　　教师的这种信心和希望，终于获得了报偿：在彼佳的智力活动的某一个阶段上，出现了乍看起来无法理解的豁然开朗的局面。突然间，这个孩子读完了习题以后，一下子就解了出来，而以前这种习题他是根本解不出来的。他体验到一种十分兴奋的欢乐感。他胜利了，一种豁然开朗的难忘时刻到来了：那些以前弄不明白的、搞不清楚的东西，忽然间在他面前敞开了，变得清晰了。这不是偶然现象，而是一个人在脑力劳动中永不丧失信心的合乎规律的结果。的确，关键就在于要使儿童相信自己的力量，并有情感的动力。

　　我们不可能用什么异乎寻常的办法对难教儿童的意志施加影响，使他们的意志活动发生质变，不可能用强制的办法使一个人变聪明。谁要试图用强制的、用"意志的"手段来影响儿童，他就会犯难以纠正的错误。这种错误之所以难以纠正，或者一般地说无法纠正，是因为使用了这种手段之后，就使那些必须采用的而且唯一可以采用的方法，也变得不起作用了。要求于教师的最重要的一点，乍看起来似乎是非常简单的，但事实上是一种最细致的教育技巧，这就是：要加强儿童对自己力量的信心，并且要耐心地等待儿童智力活动中哪怕只是微小进步的时刻的到来。这种进步，这种豁然开朗的局面，并不意味着这个儿童今后在学习上将会一帆风顺，会完全变成另一个人。事情远非如此简单。这个进步实际上非常微小,乍看起来它好像不过是偶然的成功。但是这个进步能使孩子体验到取得胜利的快乐,从胜利中汲取新的力量。你们要爱护难教儿童的这种快乐情绪,这种快乐情绪乃是教师施展教育技巧的基础。由一个胜利到另一个胜利——这就是对难教儿童进行的智育过程。如果他今天有什么还没有掌握,你不要给他打"2分",不要急于根据评分标准十分严格地评定他的学习成绩,使他受到打击。娇嫩的、纤弱的幼苗需要特别的照料。我的看法是,教育问题不能用什么万能的方法一下子就解决。

用乐观愉快的心情对待事物,对自己的力量充满信心,这是照亮难教儿童前进道路的火光。如果扑灭这个火光,儿童就将陷入黑暗、孤独之中,感受到无出路的悲哀和绝望之苦。

现在让他们来看看,如果儿童丧失了自信心,将会产生怎样的后果。

教师认为儿童跟不上班是由于不用心、不刻苦、懒惰,因此就在课上和课后尽量地加重这些学生的作业负担,并且叫他们留下来补课。可是这样做却收不到任何积极的效果。学习对彼佳来说变成了苦恼的、讨厌的事情。他知道,不论怎样反复地读课本和做作业,反正总是得"2分"。他似乎觉得,老师之所以把他留下来补课,只不过是为了再给他打一个"2分"罢了。他已经学会了对教师和父母撒谎,学会了抄袭别人的作业。他甚至在能够独立完成作业的情况下也如此。因为抄袭作业不用费脑筋,而且他的同班同学都同情他,总是"帮助"他——把作业给他抄,因为他们知道这样可以使他在学校里和家里免去许多不愉快的事情。

对于把家庭作业借给自己的同学去抄的行为,无论怎样禁止,怎样恐吓,一般说来,都是无济于事的。你们仔细想过这是为什么吗?这种给同学以帮助的动机,实是出于对不会做作业的同学的同情。但是那些懒惰的学生也逐渐地习惯于抄袭作业了。同学们出于习惯,而懒惰成性的学生也不拒绝提供这种帮助。何况要求儿童分清谁是懒惰,谁是确实不会做,也是不可能的。

懒惰,通常来自散漫,但常常也产生于无知。彼佳逐渐地变懒了,有时候他也会变成一个恶作剧的人:当教师不愉快时,他反而幸灾乐祸。因此，毫不奇怪，"脑筋迟钝"的、"什么也不懂"的学生常给教师带来很多不愉快的事。我们听到许多关于智育和德育相互联系和统一的议论。譬如，历史课上学习了斯巴达克思领导的奴隶起义，学生们便对压迫者充满了仇恨；学生认识了宇宙的无限性，便形成了唯物主义的信念；等等。这一切确实非常重要。但是这里必须具备这样的条件，即在学生掌握知识的过程中，要使他确立起自身的尊严感，珍惜自己的荣誉、名声。如果这些情感迟钝了，学生感到自己什么都不行，那么关于智育和德育统一的一切安排都会变得毫无用处。因为心灵麻木的学生对周围发生的一切都会采取漠不关心的态度。

看到一个孩子的自尊心丧失到如此程度，看到他竟然因为自己成了同学嘲笑的对象而感到得意，心里真有说不出的难过。

某种程度的、可能不是很明显的智力异常发展，会逐渐地转变成道德方面的现象。有多少这样难教的学生正坐在课桌旁（多半是坐在最后一排），他们给自己的家长和老师带来多少麻烦啊！让我们设想自己处于彼佳的地位。如果我每时每天、月复一月、年复一年地总是感觉到自己比同学落后，不能做到同学能做到的事，那么我的心情将会怎样？我会怎样对待老师？那些关于斯巴达克思和宇宙无限性的很生动的讲述，在我的心灵里会留下什么呢？

这些感到自己是失败者的学生怨恨、恼怒、任性、不听劝告、无礼，甚至变得残酷。他们坐在课桌旁边，心焦地等待下课的铃声，在教室里放起纸折的仙鹤（这是往好处说）。他们用小刀刻桌子，或者把电灯泡拧下来。有一次，好似晴天霹雳一般，传来了彼佳离家逃走的消息，教师大为震惊……

观察表明，在某些班级里，教师对这类儿童，特别是对这类少年，花费了那么多的心血，以致他往往再也没有精力去对其余多数学生进行正常的工作。同时还不应忘记，如果一个班里有两三个对什么事都无所谓，丧失了信心的学生，那么教师对这个班集体的教育影响实际上就大为削弱了。

二、他们为什么变成了难教儿童

学校里有难教儿童,虽然不能完全归咎于教师和校长,但遗憾的是,我们的过错在于没有努力考察孩子变成难教儿童的原因,而这种考察正是教师的神圣职责。如同医生仔细地检查病人的身体,寻找和探究病源,以便着手治疗一样,教师也应深思熟虑地、细致耐心地调查并研究儿童在智力、情感和道德方面的发展情况,探索和研究难教儿童形成的原因,并且从每个儿童的困难和特点出发采取相应的教育措施。教师还可以做工作来预防使儿童变得难教的原因的产生。当然这不能只靠教师的力量,还要得到社会上的帮助。

我们很难想象,一个真正具有人道主义精神的医生(每个医生首先应该是一个人道主义者),会对病人说这样的话:"你的病治不好了,你没有希望了……"这样的医生是一天也不容许留在医院里的!但是,在我们教师当中,却有些人每天都在让儿童感觉到他没有希望了,而且有时甚至就直截了当地对儿童这样说。我在前面提到的那个年轻的铁路工人之所以感到绝望,就是因为他儿子的教师使他感觉到:对他的儿子什么法子都用过了,再费劲也绝不会有效果。这样做是不能容许的。我们必须珍惜我们神圣的职业荣誉,高举人道主义的旗帜。医生长年累月地医治某个病人,他很可能比我们教育工作者有更充分的根据做出悲观的结论,但他还是相信科学的强大力量,相信患者本人的精神力量。教育上的人道主义精神就在于:当一个人无法做到大多数人都能做到的事情时,我们不要使他感到自己是低人一等,而要使他感受到人间崇高的快乐——掌握知识的快乐、脑力劳动的快乐、创造的快乐。我们工作中的人道主义的最高境界,就是依靠对于自然界的深刻认识,来征服那些似乎是先天已经决定了的东西。要成为一个真正的教育工作者,就必须深入地研究心理现象、人的精神现象的自然科学的与解剖生理学的原理,研究儿童的心理过程对于周围环境的极其复杂多样的因素的依存性。

多年的教育工作实践,对儿童的智力活动和精神生活的调查研究——所有这一切使我得到了如下的认识：儿童变得难教，学习跟不上，功课不及格，在绝大多数情况下，其原因都在于他们在童年早期受到的教育和所处的环境。学龄前儿童和学龄初期儿童的父母和老师与之打交道的，是自然界中一种最精细、最敏感、最娇嫩的东西，即儿童的大脑。如果一个孩子成了难教儿童，别人能做到的，他都做不到，这就意味着他在童年时期没有从周围人那里得到对他的发展来说是应当得到的东西。难教儿童的形成正是在一至七八岁这个年龄段。如果教育者没有发现或不懂这一点，没有查明儿童智力发展异常的原因，那么这个儿童以后在智力活动中的困难还将继续加深。如果对这些原因进行了调查研究，把它们弄明白了，那么就可以使教育这个强大的手段发挥作用，这正像依靠建立在同样严密的科学基础之上的医学为病人治病一样。

我们教师应当记住，对于难教儿童，不管他的学业已经荒疏到什么程度，我们都要把他引到一个公民应有的劳动生活和精神生活的道德之路上去。我们的崇高使命就是使我们的每个学生都能选择一条正确的道德之路，使他感到他的职业不单单是能给他一份糊口的面包，而且能给予他生活的欢乐和自身的尊严感。

智育在形成人的精神面貌、道德面貌和公民性格方面，一年比一年起着更大的作用。决不能允许在学校里存在一批感到自己学不下去、什么也学不成的儿童。存在这样的儿童，不仅对他们来说是一种精神上的创伤，而且直接会造成这样的后果：在一些地方，有一定数量的少年脱离学校集体，长大后又脱离生产单位，游荡街头，使社会不安宁。未成年人和青年中一些人违法犯罪，其起因就是他们感到自己在智力上低人一等而造成的精神苦闷。如果再加上不良的家庭环境，那么难教儿童在道德行为方面出现崩溃的危险性就更加严重了。我想特别强调指出：我们教师必须使难教儿童首先成为我们所教育的人，使学习成为他确立高度自尊感的领域。

我们应当明确地认识到，我们的难教学生彼佳，不管他将来会成为学者、工程师、哲学家，还是会成为工人、农民，他首先将成为共产主义社会的公民，他有享受人的幸福的权利，而幸福离开创造性劳动、离开思想、离开知识是不可思议的。由无知到已知的道路是非常复杂的，而且每个孩子走这条路的方式都各不相同。这条道路，对于一些孩子来说是没有什么困难的，但是对另一些孩子来说却需要再三的帮助，不然他们的困难就无法克服。不管一个孩子难教到什么程度，都必须使他学会思考。书籍应当成为他的欢乐的源泉。书里的话应当进入他的精神世界，成为他的个人财富。

难教儿童的理解力差、头脑迟钝，常常表现为缺乏求知欲和钻研精神。我曾多次见到过，教师对这种理解力迟钝的现象感到困惑莫解甚至大为惊讶：真理明明就在眼前，你只要好好地看一看，用思维的链条把两样东西联系起来，你一下子就会弄懂，可是学生却什么也没有看见。难教儿童在智力发展上的特点，表现为求知欲减退、观察周围世界的兴趣淡薄。有经验的教师正是从这个特点入手，抓住问题的症结，从而找到那些促进难教儿童智力发展的手段的。

人的品质是在人出生以后，靠人与人的关系即社会关系而形成的。每个教师、每个家长都必须记住这个非常重要的真理。为什么彼佳在读应用题的条件时，读到末尾就忘了开头？为什么他在自己的意识中不能把几样东西，如苹果、篮子和树木联系到一起？莫非大自然亏待了彼佳，他的大脑跟其他孩子不一样？为什么彼佳学习起来那么困难？

这是因为他在童年时期所处的那个环境，没有给予他作为儿童在那个时期所应当获得的一切。人的思维是从提出"为什么"的疑问开始的。当儿童看到周围世界的无数现象时，他才只有一岁半或两岁，但是他已经不是单纯地感知现象，而是以人的眼睛来看事物了。他感到惊奇：蜜蜂向花儿盛开的苹果树飞去，落在白色的花瓣上，后来又飞走了——飞到哪里去了呢？为什么呢？有的小鸟在树上做窝，而有的小鸟在屋檐下筑巢——为什么呢？草原在晚上是一片灰暗，而早晨却铺上了白色的毛茸茸的地毯——为什么呢？太阳落山了，天空里闪烁着星星——这是怎么一回事呢？雪花落到小手套上，雪花很美丽，好似能工巧匠用银子雕刻出来的小巧玲珑的花——这么美丽的东西是从哪里来的呢？冬天树枝光秃秃的，没有生气，而到了春天就发芽、长出绿叶——这是怎么回事呢？夏天燕子飞来飞去地忙于筑巢，而冬天看不到它们——它们躲到哪里去了呢？做梦时我看见了一种非常奇怪的、从来没有看见过的鸟，而醒来就不见了——这是怎么回事呢？我到底看见了鸟，还是没有看见呢？

人的不可遏制的好奇心和求知欲，对大自然的奥秘或者对周围世界美的惊异和赞叹（请注意，这是非常重要的），所有这些都不是由大自然赋予的，而是从其他人那里获得的。这正是人的正常发展必不可少的最重要的因素，即人的社会关系。如果儿童看到黄蜂钻进墙上的一个小洞里，感到惊奇，要问"黄蜂为什么钻进小洞里"，那么，这并不是因为他生来就有好奇心，而是由于父亲、母亲、他周围的大人，已经教会他感到惊奇，教会他问"为什么"了。儿童的好奇心是逐渐形成的，周围的人不大容易觉察到这一点。我们成年人经常把各种东西、事物和现象展现在儿童面前，这正是好奇心形成的根源。因此，我们让儿童看的东西（事物、现象）越多，他们就越会感到惊奇、感到喜悦。在儿童的意识和下意识里，也在逐渐形成着对于美的惊奇和赞叹、对于人的智慧和双手的技巧的赞赏。通过所有这些情感的折射，来自周围世界的信息进入了儿童的思维。儿童在认识、理解、发现的过程中，他的发展不是"自动地"进行的。不是的，是人的思维在千百年间积累的经验在促使他发展。

36年的学校工作使我确立了这样的信念：教小学儿童，首先要教他们观察，教他们发现世界。请你们观察和研究一至四年级的教育、教学工作，看看儿童通过自己的努力看到些什么、发现些什么。

发展孩子的思维，首先要培养他的观察技能，使他通过对周围世界的视觉感知来丰富思想。但是，观察的技能（这里指人类的这一技能）不是自然界的恩赐，从有意识的生活开始，它就是人的相互关系的产物。人观察世界的技能的形成，取决于在童年早期是一些什么人在教育儿童，他们在周围世界里都看见些什么，以及他们是怎样教他观察的。教育者的任务就在于，要使儿童看出事物之间最细微的差别和变化，思考其间的因果联系。但凡聪明伶俐的学生都来自这样一些家庭：他们的家长教会了儿童能够看出周围事物的色彩和细微差别、它们的运动和变化以及它们之间的相互依存关系。

儿童正是在看到新奇的、不了解的东西而产生惊异感的那些时刻，才进行最积极、最紧张的学习的。

人在出生后，他的智能教育开始得越晚，他就会变得越难教。遗憾的是，有些教师忘记了这一点，很多家长则根本不懂这个道理。在家长中直到现在还流行着一种错误的见解，说什么在儿童入学之前，应当让他的意识成为一张白纸：不要教他认一个字母，也不要让他学习阅读——这样会使他在入学后学得更好一些。在学龄初期暴露出来的学前教育的一个严重缺陷，就是儿童在学龄前期所处的环境不能促进他的求知欲的发展。缺少了求知欲，实质上就没有智育。我想，如果每一个小学教师都能设想一套在几年内对学生进行智能教育的基本大纲，这倒是不错的。这种大纲应说明：让儿童应当在周围世界中看到和发现哪些东西以及哪些因果联系，他在对认识的渴望的不断增长中应当经过哪些阶段。学前教育机关尤其需要这样的大纲。如果我们不让儿童每天都去发现周围世界的一些因果联系，儿童的求知欲和好奇心就会逐渐消失。

当儿童不能处于正常的人际环境时，情况往往就会更糟糕。

彼佳的情况正是这样。在向那位年轻的铁路工人讲述彼佳的遭遇时，我问："你的头生子是不是也曾生活在那样的条件下呢？"彼佳的情况是这样的：在童年时代，这个孩子是自然成长的。父亲和母亲都有工作，把他交给祖母照管。家庭的物质条件很优裕，而且也可以送彼佳进幼儿园，但是父母怕那里对他照料不好。祖母是一个善良而细心的人，对他关怀备至，但是她的关怀只限于满足孩子物质方面的需要：按时地让他吃饱，安排他睡觉，给他洗澡。祖母的听力非常差，后来就完全聋了。

彼佳是个很结实、很好动的孩子。当他满两周岁时，夏天来到了。父母用篱笆把绿色的草地围了起来，把院子跟街道和果园隔离开来。彼佳虽然能够随便地在草地上玩，但是他的活动天地被限制住了。因此，这个孩子没有跟比他大一些的孩子交往的机会，后来年龄大一点时，也没有跟同年龄的孩子交往。附近也没有什么儿童可以使彼佳从他们那儿学到一些什么，听到一些什么。彼佳看到很多有趣的和美丽的东西：啄木鸟沿着粗大的树干跳跃，云雀在天空里歌唱，一群蜜蜂从蜂箱里飞出来，落到苹果树上……。成千上万种景象在他眼前一个接一个地晃过去了，但是却没有在他的意识里留下任何痕迹。孩子已经两岁半了，但是还不知道周围许多东西的名称。有时彼佳的眼睛里燃起了好奇的火花，他喊他的祖母，但是她听不见。有时她即使发现了小孙子在喊她，走过去，看见彼佳只是用手指指使他感兴趣、使他兴奋的小鸟或者蜜蜂，确信并没有发生什么危险的事情之后，她就又走到凉快的地方打瞌睡去了。

冬天来到了，彼佳的天地就变得更加狭小了：大房间里铺上了地毯，他可以尽情地在上面走呀，跑呀，爬呀，碰不到任何硬的东西，不会受伤。从早晨到晚上，祖母十分留神地看护他，有丰富的饮食，还有玩具（这孩子不知为什么一会儿就把玩具弄坏）……似乎一切都挺好。邻居们的看法是，彼佳受到了非常理想的照看。那些家里没有老人帮助照料孩子的年轻父母都很羡慕彼佳的父母。他们只得把自己的孩子送进幼儿园，而在10年前，农村幼儿园还不具备良好的物质和教育条件。有些四五岁的孩子从早到晚都在街上，晚上往往鼻青眼肿地回到家里，这些孩子的父母也都羡慕彼佳的父母。

但是，彼佳所处的环境年复一年地没有变化：绿色的草地或者铺着地毯的房间，耳聋的老祖母（她的思维力和记忆力正在逐渐减退）。每年父亲和母亲一起出去走亲戚，一去就是一个月，在这期间彼佳受到祖母特别的照看，但这些日子对他来说恰恰是特别枯燥无味的。

在5岁多一点时，彼佳开始被放出了围着篱笆的草地，可以到邻近的街上去稍微玩一会儿。开始时这孩子得到了很大的快乐。他拼命想去跟别的孩子一起玩。但是他们很快就开始给彼佳和他的父母带来不快。5岁的彼佳不懂捉迷藏是怎么一回事。三四岁的孩子都懂，而他却不懂。按照游戏规则，大家应该四散跑开，然后躲藏起来，而捉的人要一个一个地把藏起来的人找出来。彼佳找不到藏起来的人，他就躺在草地上哭起来。当他把谁从灌木下面或小土丘后面找出来时，他就抓人家的头发，用拳头打人家，打得很凶。所以，孩子们不再邀彼佳参加游戏了。对此彼佳并没有感到特别不高兴，他坐到灌木丛旁边，折下一根树枝，用它敲打着地面，他这样能敲打整整一个小时。有时他会想出一些其他什么名堂来玩——把树叶子摘下来,然后把它们一个一个整齐地放在兜起来的衬衫下摆里。有一次他捉到了一只从窝里跌落下来的雏鸟,他毫不怜悯地把它的羽毛都拔光……。当大家向彼佳的妈妈抱怨,说彼佳毫无恻隐之心和残酷无情(这些都是一个小孩所不应有的)时,彼佳的妈妈却不假思索地为儿子辩护,责怪大家对他抱有成见。孩子们十分惊讶地发现,已经将近6岁的彼佳,数数还不会数到5。人们发现,这个孩子在学龄前期有一个奇怪的特点:他没有幽默感(这个特点到他上了学之后,就特别惹人注目)。这使他在集体里惹了许多不愉快的事情。我现在还不能十分确切地解释这个现象的原因,但它却是事实:在学龄前期被剥夺了真正的人的环境的儿童,他们的幽默感或者完全没有,或者非常微弱。这给教师对班级集体的教育造成很大困难:没有幽默感的儿童,往往会引起同班同学哄堂大笑,会逐渐与集体疏远。

  这就是彼佳的情况,是使彼佳成为一个难教的儿童的原因。孩子周围的人们是善良的,对他是关怀备至的。但是这种关怀缺少了主要的东西——人的智慧,人和人之间的交往,人的探索精神、求知欲。彼佳的父母万没有料到,正是他们自己扑灭了彼佳对周围世界的兴趣的火花。孩子智力发展最好的时期被错过了。

  以上就是我对那个因自己的不幸而非常苦恼的年轻铁路工人所讲述的内容。我们坐的车到达了一个村庄。这个村庄跟他工作的小站相邻,他的孩子的童年就是在这个村子里度过的。孩子的遭遇给父亲带来了巨大的痛苦。铁路工人对我说:"现在我明白了,为什么孩子变成那样。在他童年时,他周围也是没有什么人的。我和他妈妈都上班,他奶奶的耳朵聋了。奶奶去世之后,我们每天一清早就把他送到离我们有一公里远的一个林业工人家里。这个家庭的情况是怎样的呢?有一个老爷爷和一个跟我们的托里亚同年的小姑娘。那个林业工人和他的妻子也是整天在上班。如果我知道会出现这样的后果……"

  的确,如果当父母的能懂得这些道理就好了。这个想法已经不止一次使我感到不安:不应该有任何一个孩子在童年时缺乏人的环境,人的环境是能激起儿童的好奇心和求知欲,能教他发展思维的。如果孩子不在幼儿园,那么孩子就应当受到学校的教育影响,他的父母就必须学习如何教育孩子。几年来我们的教师集体在解决如何提高家庭教育水平这一重要问题方面，已经做了一些工作。这项工作乃是整个教育、教学体系的一个重要方面。在对"家长学校"里的"学前组"的讲课中，我们谈了儿童从出生到入学前所不可缺少的人与人之间的关系。在儿童教育机构里并不是总有这种关系。通过跟同龄儿童的相互交往，儿童只能走过人的实践的很短一段路程。他们只有同父母、哥哥、姐姐交往时，才能获得人与人之间的关系方面的充分的实践。我们向家长们讲述，要跟幼儿讲些什么话，如何引导他们进入大自然、美和艺术的世界，如何使儿童产生无数个"为什么"。经验证明，对形成完美的人际关系最有利的条件，乃是儿童跟父母和祖父母两代人的交往。老一代人向儿童传授许多世纪以来积累的生活经验，用体现在故事、歌谣、传说里的人民的智慧来滋养儿童，这些在儿童的智育方面具有巨大的意义。

　　故事、歌谣在学前儿童的智育方面的作用，是怎么估计也不会过高的。我想给校长和组织课外活动的教师提个建议：你们要教母亲和祖母给孩子讲民间故事。是的，特别要讲民间故事，这是因为民间创作里不仅有智慧和思想，而且有富于情感色彩的语言。我确信，由民间故事中的鲜明形象所激起的强烈情感，不论是欢乐或者悲伤，赞叹或者惊奇，这些都是我们要使儿童产生的最细致的精神活动，是我们称之为信念这个东西的心脏。儿童是从感知童话开始，逐渐学会感知艺术作品和历史故事里所包含的情感因素的。

　　难教儿童如果碰到一个对他智力发展落后的原因以及对人的心理形成的实质毫无所知的教师，这个孩子的命运会是怎样的呢？遗憾的是，这有可能会给家庭带来痛苦，给社会带来很大的麻烦：儿童永远被剥夺了我们社会绝大多数成员能够享受的东西，即科学财富和精神文明的成果、智力活动和创造的快乐。决不能认为这种儿童是低能儿，他是正常的儿童。只要懂得了儿童的心理过程，懂得了思想是怎样产生的，记忆是怎样发展和巩固的，才能理解儿童在智力发展上的偏差。遗憾的是，在很多情况下，这些儿童最终成了学习很差的学生。如果智力发展方面的偏差（实际上往往是很小的偏差）还没有在人的精神面貌上打下烙印，那还算是没有完全把事情搞坏。而如果这类孩子感到自己在精神上也低人一等，那就是很令人痛心的事了。他们终究将成为不幸的人。如果在我们的社会里，还有由于这种原因而变得不幸的人，那还谈得上什么社会的和谐发展，谈得上什么普遍的幸福呢？社会幸福跟每个人的幸福是分不开的。我们关心每个人，就是为了使我们的社会成为幸福的社会。

对于儿童的智力发展，我首先是从他将来的个人幸福的观点来考虑的。然而，决不能把幸福看作是某种完全个人的东西。在我们这个以人为最高目标的、和谐的、公正的社会里，个人幸福乃是极重要的社会福利和财富。我们社会的每个成员都应当在他那完全不受侵犯的、属于他个人的精神世界里成为幸福的人。如果没有这种幸福，那么和谐的、幸福的社会就成为无法想象的了。

三、关键是要有富于经验的、懂得儿童心理世界的教师

童年时代缺乏真正的人的环境，这是一些孩子成为难教儿童的主要原因。当然也有其他的原因，例如，童年时得过传染病、父母患有酒精中毒症等。

能力强、有经验的教师，把儿童在低年级学习的几年作为对他进行思维训练的重要时期。教师常常带领这些儿童到大自然中去——到田野中、森林里、河岸上去，带他们到工厂的车间去，到实验室、工作室去。在那里，好奇的、爱学习的学生会不断地提出问题：是什么？怎么样？为什么？教师就要在儿童面前渐渐揭示各种自然现象的起因及因果关系，以唤醒他们昏昏欲睡的大脑。这是一项相当长期的、耐心细致的工作。缺乏耐心和体谅，缺乏对未来的信心，一般说来是不能从事这项工作的。对难教儿童的这种教育，就是要使周围世界的事物和现象通过思维和情感的折射成为一种刺激，使处在昏睡状态中的儿童大脑苏醒过来。在带领难教儿童到大自然去或到劳动场所里去的时候，我总是努力使儿童对周围世界的事物和现象的认识带上鲜明的情感色彩。惊讶、诧异的情感——这就是我在思维练习课的时间里，努力要在儿童头脑里唤起的东西。

这类思维训练课对于那些智力发展缓慢的儿童，就像空气一样不可缺少。与所有儿童都要学习的基本课程相并行，对难教学生进行的这种特殊的教学，一般需要进行两三年，这要依儿童智力发展的落后程度和所收到的效果如何而定。需要再次声明一下：效果的取得不会是一蹴而就的。100节思维训练课可能都没有收效，而只有在第101节课上，你才发现儿童眼里闪烁出最初的求知的火花。

　　在这种情况下，能够看得见的，在某种意义上说是可以测定的成果，并不是儿童已经掌握的知识量，而首先是求知欲、好奇心，是找出不懂的东西并探求其答案的能力，是不断增长的对知识的渴望。

　　有些教师和学校领导认为，只要强迫难教儿童学会一定数量的教材，就能把他们"拉上来"，这是十分错误的看法。有时把事情弄糟的原因恰好就在于教师走了这条错误的道路。不要强迫儿童长时间地坐在那里抠书本（教科书），而要培养和发展他们的智力，教他们去观察世界，发展他们的智能——关于这一点，教师和校长都永远不应忘记。

　　我想再讲一遍，把难教儿童与其他能力较强的孩子放在一起上课时，教师应当对难教儿童特别关心，特别有耐心。教师不要用任何一句话、任何一个手势，让这些儿童感到教师对他们的前途丧失了信心。在每一节课上，都应当使难教儿童在认识的道路上前进那么一步——哪怕是十分微小的一步，获得某些成功——哪怕是一点点成功。如果一连几个星期，甚至一连几个月，让难教儿童完成的作业都比一般儿童做的容易得多，你也不要担心。要让难教儿童完成专门为他们选定的作业，而且一定要对完成的结果给以评定。只要你始终如一、坚持不懈、耐心、细致（还要对难教儿童的头脑不灵活表现出充分的耐心），那么，难教儿童的思维就总有一天会豁然开朗。这将成为一种强烈的情感动力。真诚的同情，对儿童心理的了解，耐心和坚持——这一切都有助于使儿童的智力发展逐渐赶上来，使他们不再是难教的儿童。

　　如果这个豁然开朗的时刻迟迟不到来呢？这种情况也是有的。在这种情况下，更加重要的是在学习中首先要对难教儿童进行智力训练，不要让他们在童年就为低人一等的自卑感而痛苦，而要设法让他们充分地展示自己的才能。在这种情况下，要把劳动教育提到首要地位：必须使每个人在某一方面发现自己的长处，在某一方面表现出自己的才能来。不管这个学生在学习上多么困难，不管他接受知识多么吃力，都不能让学生时代在他的心灵上留下痛苦的痕迹。对待这类学生，要特别注意做好这样的教育工作：在他们的心灵里培植起对书籍的终生的尊重、对智力生活的兴趣。在我们的社会里，不应当有任何一个人把生活仅仅看成是为了糊口而奔波。

关于难教儿童的讨论，是一个重大的课题，也是一个难题。实际上这是最复杂的教育问题之一，对这个问题采取忽视的态度，就要为此付出高昂的代价。这篇谈话中主要谈的是智育方面的困难。还有其他方面的困难，例如道德教育方面的困难：在儿童的心灵中，任何创伤和震动都会留下深刻的痕迹。

第五次谈话

关于道德教育的几个问题

我旁听过人民法庭对一个 15 岁少年罪犯的审判。

审判员问被告：

"难道你不觉得你的犯罪行为可耻吗？难道你在人们面前不觉得羞耻？"

"我没什么可羞耻的，我是流氓……"少年阴沉沉地回答。

这个少年并不是真的不觉得羞耻。他的话里蕴藏着羞愧、恐惧、忏悔，还有怨恨，这些反映了他深重的心灵创伤。审案过程揭示出一个最可怕的现象，这种现象在教育中是可能遇到的，那就是少年心灵的空虚。法庭的判决是公正的——罪犯同社会隔离开来，保护社会免受其害。然而社会是否相信，通过惩罚就能使那年轻的心灵充分感受到高尚的情操呢？

我为什么要从讲一个少年罪犯的事，来开始这篇关于道德教育问题的谈话呢？这是因为违法和犯罪是教育不力的最明显的标志。有一些儿童、少年和青年堕入罪犯的行列，这种情况对一个教师来说，是使他一刻也不能安宁的，因为他的工作的意义就在于使个人利益和社会利益保持和谐。学校和家庭教育的缺点、错误又在哪里呢？我提到的这个 15 岁的少年，他的家庭好像并没有什么问题。他本人在上学，念完了八年级，可是恰恰就在领了八年制学校结业证书的那一天，他犯了罪……

这里要说的是一个困难而又细致的、重要而又棘手的问题，这个问题往往使那些善于思考的教师和关心子女成长的父母惶恐不安，乃至彻夜不寐。要知道，这个故意装出无所谓的样子并把自己称作流氓的少年，再过1/4世纪只不过才40岁——那正是创造能力极盛的年纪啊！我们今天的学生将成为共产主义社会的什么样的公民？这需要深思，再深思。在人们的意识中和人们的相互关系中确立共产主义，就像在原始森林地带建造几十座大型水电站或城市一样艰难。造就人是一项极细致的工作，它有自己特殊的困难。一个教育者所做的工作，一般总要在10年之后才能见到效果。因此展望未来，树立明确的远景目标，这在今天的教育工作中具有前所未有的特殊意义。

一、怎样才能使每个人心中确立起神圣的不可动摇的原则

我们不怕使用"神圣的"和"不可动摇的"这些词语。千百年来，宗教把人置于神的威慑之下。我们揭穿了神灵，告诉人说：你自由了。我们在人的面前展示了宏伟美好的理想——共产主义社会。在这个社会里，人既是伟大的主宰，又是伟大的目标。当谈到新人的道德面貌时，我们赋予"神圣的"和"不可动摇的"这些词语以具体含义。所谓"神圣的""不可动摇的"东西，是指一个人如同珍惜自己的荣誉和尊严一样而加以珍惜的东西，是指他在任何情况下都绝不放弃的东西。我们培养的人，心目中应当有神圣的真理和神圣的人物，应当有神圣的原则，有神圣的、不容争议的、不可动摇的行为准则。

要使我们的社会里没有一个道德上不坚定、心灵上不纯洁的人，一方面要培养人对于美好的、惹人喜爱的、令人神往的东西的敏感性；另一方面也要培养人对于丑恶的、不能容许的、不可容忍的东西的敏感性。每个人都应当懂得，违背共产主义道德原则就意味着行为越轨而陷入一种令人极其厌恶的境地。

道德的核心内容乃是义务：一个人对别人、对社会、对祖国所负的义务；父母对子女、子女对父母所负的义务；个人对集体所负的义务，对最高道德原则所负的义务。整个教育过程都贯穿着一条道德义务感的红线。义务感并不是束缚人的枷锁，它能使人获得真

正的自由。恪守义务可以使人变得更高尚。教育者的任务，就在于使义务感成为自觉遵守纪律这个极其重要品质的核心，缺少了这种品质，学校教育就是不可想象的。

我相信，你是常常见到和经历过这样的（或是类似的）事情的：一个淘气的一年级学生（甚至是五年级学生）在跑着，他精力旺盛，满心欢喜，边跑边喊，嬉笑着，尖叫着。他碰到一棵小树，它是这个学生前不久跟他的同学一起栽种的。可是现在这孩子一把抓过树梢，把它折断了，又顺手扔掉了……。他继续往前跑，转眼间他已经忘记了小树，也忘记了自己这个莽撞（岂止莽撞）的行为……。一天之后，他再也记不得这件事了，而且当你问到他为什么要这样干时，他还会感到十分诧异。

一群一年级的小孩子：头发蓬松的男孩和梳着细辫子的女孩，他们那一双双黑色的、蓝色的、淡蓝色的、灰色的眼睛里闪着好奇的光彩。他们曾经那么急切地期待过这一天——学校生活开始的一天。他们有千百个"为什么"要问，他们对什么都感兴趣，什么都想知道。但是，他们有一个令人担心的弱点……

一个天气炎热的日子，我们从树林里回来。离学校越近，越觉得口渴。不一会儿，孩子们看见了一口水井，那里经常放着一桶清凉的井水。这时候一位上了年纪的大娘来到井边，摘下头巾，正要喝水。看得出，大娘是远道而来的，她在这个阴凉的地方停了下来，轻松地舒了一口气。教师从她的眼神中看出她已疲劳，同时又很高兴：她知道，现在可以坐在长凳上，在繁花盛开的椴树下歇一歇了。她的双手已经向水桶伸去，却突然被猛冲过来的一帮孩子的叫喊声和脚步声吓了一跳，浑身战栗地退到一边去了。她即使不离开水井，也会被推搡到一边去的。大娘惊讶地看着孩子们，不禁摇摇头。而孩子们却旁若无人。教师看到这一切，感到十分寒心：孩子们，对你们应该从哪门功课教起呢？对你们的理性和心灵，教些什么才是最重要的呢？你们曾在哪里生长？为什么是这种样子呢？

在许多家庭里，大人没有帮孩子培养起一种重要的人的品质——教会他们关心人。他们的发展还仅仅停留在只知按自己的需要行事的那个阶段。父母娇惯他们，只知为他们享受到幸福——样样需求都得到满足的那种幸福——而高兴。结果长到7岁了，孩子身上出现了看起来难以理解的现象：愿望野蛮化了。这些愿望没有闪耀出人的美德和高尚精神的光辉，反而带有了兽性，即只知道一条法则，那就是"我想怎么做就怎么做"。义务感的培养则要求从这一点做起：教育儿童体贴别人，理解别人的利益和愿望，使他们自己的行为与人的尊严感协调一致。

那么，现在的问题在哪里呢？并没有人这样教小孩子：你要对人冷漠无情，要毁坏树木，要践踏美好事物，把个人利益看得高于一切。道德教育有一条很重要的规律：教人为善，并且教得明智、得当、坚定又严格，结果就会有善；教人作恶（这很少见，但也有），结果就会有恶；如果既不教人为善，也不教人作恶，那么结果人就会作恶，因为人生下来只是被称作"人"的生物，不是完美的人，完美的人是造就出来的。А.В.卢那察尔斯基⁸在论及人的形象时这样写道：我们大家"只不过是材料，是需要加工成形的钢锭，但这是自身有意识的活的钢锭①"。我们的任务就在于，把大自然提供的这些人的毛坯全都造就成真正的人。人是大自然之子，具有人的激情。而人性之美恰恰就在于人能自觉地使自己变得高尚，在于人总是有志于向上，努力使自己的品德趋于完美。当儿童一旦能自觉地看待他周围的世界，当他能有所见、有所思并能对事物表示自己的积极态度时，就不能把他跟消极被动的"钢锭"相比拟了。他已是一种积极的力量，他已负有义务，并能体验到责任感了。教育者的任务，是去激发每个人身上的这种巨大的人的力量——在改造环境的同时也提高自己的能力。然而，如果说千万年的劳动把这颗小生命变成了世界和他自身命运的主宰，而他在长大之后却依然不能成为名副其实的人，那么这过错就在社会，而主要责任则应当由那些以培养和造就人为职业的人来负，即由教师来负。我们的过错就在于，我们未能紧紧地携手带领好我们所培养的人，未能为他树立起受崇高目的激励的意志，未能使他们具备不屈不挠的精神和对邪恶不妥协的态度。

人是要教育的，为此必须懂得用什么去进行教育和怎样进行教

---

① А.В.卢那察尔斯基.А.В.卢那察尔斯基论国民教育[M].莫斯科：俄罗斯联邦教育科学院出版社，1958：71.

育。这里我们要涉及一个非常困难而又迫切的问题，不仅是理论问题，还是实践问题。

二、是否需要一个道德教育工作大纲

　　道德教育大纲好比是蓝图，我们教师就是按照这张蓝图对材料进行加工、锤炼而使之成为人的。德育大纲中应当非常明确、具体地规定，在每个人身上要确立些什么，并把哪些东西变为他的精神财富。这是要在人的心灵里培植善良的大纲。至于德育工作大纲应当包含什么内容，仅用十几行字是很难说清的。但是我认为，编写大纲的人应当遵守一条很重要的原则：大纲应当明确规定，我们的学生要爱什么和恨什么，用他们整个生命、行动和斗争去维护什么和摒弃、鄙视、反对什么。大纲应当规定，什么东西将成为学生心目中唯一的、神圣不可动摇的真理，什么是共产主义理想，怎样引导学生向着这个理想攀登。——这就是德育大纲的实质所在。

　　德育大纲应当为教师提供一个如何达到意识、信念、情感和意志统一的总概念。信念是在积极的活动中形成的，而活动则要为思想、信念和追求理想的意志所激励。我们对学生讲些什么，学生在做些什么，他的活动是在什么环境中进行的，以及他受到哪些思想的影响，所有这些对于达到教育目标都是同样重要的。

　　有人认为，没有必要制订一个德育大纲，因为它的内容在科学基础知识的内容中，在共产主义思想体系中，在我们的社会意识中，在马列主义经典作家的著作中，在党和政府的各项决议中都有了。如果这种论据也可以站住脚的话，那么我们也可以说，各门学科的教学大纲也是多余的，因为我们有各门科学，有科学家们撰写的学术巨著。然而我们却在（进行这方面的）争论和论证，譬如说文学教学大纲或物理教学大纲究竟应该把什么写进去，不应该把什么写进去，等等。那么为什么在确定道德教育内容的时候，我们又不能表现出同样的认真精神呢？

　　有些人之所以做出"德育工作大纲无用"的结论，在我看来，是由于许多学校在教育实践中没有很好地贯彻德育的一条重要原则——远景性原则,是由于忽视了德育大纲的特殊性。人们曾期待这个大纲,对它抱着很大的希望。可是有了这个大纲之后,有人却又像执行基础学科的教学大纲那样来执行它,即按季度来分配德育工作大纲规定的内容:在这个季度搞完谦虚品质的教育,下一个季度搞忠诚老实品质的教育,等等。有的地方则要求教师写大量的计划、日记和汇报。这件工作本来只要教师发挥创造精神就可以搞得生动活泼,却被文牍的浪潮给淹没了。

我们要培养学生某种道德品质,并不能靠某一项专门的措施一蹴而就。德育大纲的实质是树立道德理想,而道德理想则是信念和生活实践的和谐统一。

人并不是由一个个螺丝钉装配而成的,而是靠和谐培养成的。不能今天培养一种道德品质,明天培养另一种道德品质。在制订和实施德育大纲的时候,都要考虑如何使人的全部品质和谐地确立起来。这些品质包括:共产主义的世界观和信念,对共产主义道德原则的真理性和正义性的坚定信仰,以及为我们的理想而斗争的献身精神,等等。实施德育大纲的一个重要问题是要把我们灌输到人的心灵中去的东西跟他本人所表现出的东西统一起来。德育工作大纲应当在青少年的心灵和理智面前展示出我们的道德理想,并说明它是我们社会衡量道德水平的标准,是我们的精神财富和生活指南。

我坚信,如果教师不能从学生的活生生的思想、情感和意向中发掘出意志力量的无尽源泉,使他凭借这种意志力量不仅能够接受教育,而且能成为个人命运的主宰——如果做不到这一点,那么教育工作大纲将仍然只是一纸空文。可以把德育大纲称为火花,应当用它去点燃人的内在精神力量的火焰。而不能把它当作某种用不完的燃料储备,认为靠它就可以永远维持人的积极的社会生活所必需的那种热量。教育人的最主要的力量应该是人本身。教育的全部技巧就在于,教育者在明确了应该培养什么样的人之后,善于鼓舞人自己去努力实现他的理想。

三、是数学的世纪,还是人的世纪

某些同志在确定教学、教育内容时过高估计技术成就以及整个自然科学知识的作用,我认为这是很危险的。有人曾经建议把文学改为选修课。这个令人惊讶的走极端的建议突出地表现了一种广为流行的思想:我们生活在一个数学、物理学和电子学的时代,应当把全部注意力都放在这些学科上。不论在什么地方,当人们讨论普通中等教育的内容时,总是异口同声地讲:学生应当知道些什么,因而应当把什么列入教学大纲。

自然科学的重要性是无须争辩的,但是必须考虑另一个同样重要的问题,即道德教育的内容问题。"数学的世纪"——这是一个巧妙的用语,但是它并没有反映出当今世界上所发生的事情的全部实质。世界正进入一个"人的世纪"。我们现在应当比以往任何时候都更多地考虑:要用什么来充实人的心灵。知识在道德面貌的形成中起着非常重要的作用。但是应当说,在普通教育体系中,对于那些同人的心灵和信念直接有关的知识是不够重视的。我们的学生在学校里学到许多重要的和不可缺少的知识:关于基本粒子和引力的知识,关于生物奥秘的知识,以及关于斯巴达武士的装备的知识,等等。可是他们关于人的知识却那么贫乏,像文学和历史这些人文学科的知识,对于学生的自我意识和自我教育所起的作用又是多么微弱啊!当你看到16岁的少年犯了强奸罪而被关进监狱的时候,当你看到20岁的青年为了几个卢布而犯了杀人罪被法庭判处死刑的时候,你是绝不会因为这只是些极个别的事例而心里感到轻松的。我们没有权利对这种现象泰然处之。

陀思妥耶夫斯基说过这样一句话:让我们带着我们自己也有罪的心情走进法庭吧。⁹ 让人的这种可怕的堕落使你们大家——父亲和母亲们、教师和学者们,都为之担忧吧。你们之所以应受到惊扰,首先是由于未成年的杀人犯曾经就生活在平常的、似乎毫无问题的家庭里。然而为什么,为什么一个还远未成年的人却堕落到如此严重的地步?道德上严重败坏的根源又在哪里?我考虑了很久才做出结论:这些人堕落的根源在于缺乏道德教养,在于需求、愿望、追求和兴趣的极端粗俗。那些抢劫或行凶杀人的人十分清楚,他们的行径是不可饶恕的,社会道德和法律是要鄙弃和严厉制裁犯罪者的。一个人在道德上缺乏教养,内心生活处于原始状态,表现为他对道德的美没有积极的追求,对一切丑恶的事物没有憎恶和仇恨。人之所以堕落,是因为他没有提高到高尚的人的情操、思想和志向的高度。你只需深入察看一下堕落者的心灵,就会看出他的精神发展走上了一条本能占上风的道路。在我们的社会里,同时可以看到两种互不相容、截然对立的现象:有的人达到了人道精神的顶峰,做出了高尚的行为——为抢救别人(往往是素不相识的人)而牺牲自己的双手、双脚和双眼,而另一个人则在遗弃生身的母亲或亲生的儿女……。想到这些,确实令人痛心。

对青少年的精神世界持漠不关心的态度是不可容忍的。精神上的贫乏会导致道德上的空虚和堕落。最严重的损失是人的损失,这是任何东西都无法弥补的。要把这种损失减少到最低限度,以至减少到零,我们首先就应当关心人的心灵的培养。不应当把任何一个少年"推出"校门,当作"包袱"甩掉,或者给个"3分"就打发他走,说什么"让生活去教育他吧"。生活本身是不会自发地教育人的。哪里有放任自流,哪里就会有不坚定的、处处遇到危险的年轻人。学生时期应该特别重视那些对心灵、意识、情感和信念有教育意义的知识。

"生活会教育人",这种说法一般来讲只是一种比喻。每个人都是由一些具体的人进行教育的。一个人如果在学校里没有受到很好的教育,进入生活后仍然是个道德粗野的人,他就会给社会带来危害。对"劳动会教育人"("去做工吧,劳动会教育你")的说法,则需要做更多的说明。劳动如果脱离了社会生活的其他方面,它本身是不会起教育作用的。只有当劳动具有崇高的目的时,只有在高尚的人与人的关系中,它才能发挥教育作用。

如果我们不去认真地进行道德教育,就不可能在人们的心灵中树立共产主义理想。我们一刻也不能忘记列宁所说的话,即苏维埃学校里最重要和最主要的任务是培养共产主义道德。[10]

在某些学校里，教养和教育之间存在着脱节现象①：那些本应用来培育高尚心灵的知识却没有触及学生的思想，没有转变为他们的信念。

关于人的知识具有极大的教育作用。学校的任务是要使学生了解人类智慧所创造的一切，懂得艺术，认识人的行为美，对邪恶采取毫不妥协和毫不容忍的态度。在学习所有这些知识的时候，必须使学生联系自己，树立起做一个完美的人的坚定志向。生活本身如今提出一个很重要的教育、教学工作的问题，这就是道德与知识之间、精神文明与知识水平之间的相互关系问题。

四、道德与知识之间、精神文明与知识水平之间的相互关系

有人认为，学生在学习理论知识的同时，就在形成信念，形成观点，也就在道德上受到了教育。然而假如教学跟教育结合的问题能如此简单地得到解决，假如这一问题的解决只取决于课堂上所掌握的知识的内容和分量的话，那么所有的人特别是正在成长的新一代人的道德修养就不会落后于他们的文化程度和知识水平了。

产生这种道德落后于知识的现象的原因，首先在于一部分学生掌握的知识很肤浅，他们意识中留下的只是一些零碎的知识。个别教师在教育、教学工作中未能确立这样的宗旨，那就是要使知识在学生的意识中按一定的方式发生转化，从而变成他们个人的修养（信念、情感、志趣、需要和兴趣），在他们的一生中留下深深的痕迹。有些知识之所以应当永不忘记，只是因为它们不可能被忘记。如果一个人把这些东西也忘记了，那么这是十分令人忧虑的，这说明他生活在道德上贫乏的、空虚的天地里。我们无法忘记普希金和果戈理、莎士比亚和塞万提斯、柴可夫斯基和列宾。我们普通中学教师首先应当关心的是必须使知识永远进入每个学生的精神世界，转化为他们的情操和志向。

---

① 在这里，教养（образование）一词指知识的传授，教育（воспитание）则指思想品德教育。——译者

思想修养落后于知识水平的原因还在于忽略了这样一个事实，即现代人在智力上的超前发展不断对人的道德提出新的要求。这里必须注意知识水平与道德水平的一种重要的相互依赖关系：现代人的劳动、素养、生活乃至他的全部活动，正在越来越大的程度上依赖于智力，依赖于他的思想、创造性和内心体验这些极其微妙的精神因素。智慧赋予人以如此巨大的支配自然界的权力，以致于一个人就可以决定成千上万人的命运——这并不是指个人在某种重大历史事件中的作用，而只是指他在日常劳动中的作用，譬如在水电站、矿井、原子能发电站、铁路枢纽的调度室里等。现在，一个所谓的普通劳动者，就必须非常细心，思想高度集中，具有顽强的耐心和极其沉着冷静的头脑，而所有这些品质又都取决于人的道德感——对于人们的义务感和责任感。

所有这一切都对人的品德修养、内心世界提出了全新的、极高的要求。现代人掌握的关于自然界和社会的知识越多，他所掌握的关于人、关于自己的知识也就应当越多，这条规律是从共产主义社会的人性素养的实质产生出来的。显然，我们今天所教的科学基础知识的内容已经不能适应社会对人的品德修养所提出的新要求了。令人惊奇和不可理解的是：我们的学生在学习许多知识——关于星球和海底的知识、关于遥远的星系和基本粒子的知识、关于古埃及和巴比伦的国家体制的知识等，但是他在感知和认识周围世界的时候，他的头脑里发生着什么过程，他的情感和内心体验的实质是什么，以及怎样培育自身的文明，对此他却并不进行研究，以致毫无所知。学生知道古代斯巴达人的生活方式，却不知道自己在公共场所应当怎样行动，不知道应该怎样使自己的行为和愿望跟别人的利益协调起来……

有人说，科学基础学科的内容中已经包含着很多道德思想和政治思想，只要把这些思想变为学生的信念，变为他们的精神财富，就可以完成道德教育的任务。在这里，人们不知何故忽略了教学过程中的一个重要特点，那就是不论课堂上所学的教材包含着多么丰富的政治思想和道德思想，学生在掌握知识的过程中都常常把认识目的放在首要地位，那就是学会、记熟和弄懂教材。教师全力以赴追求的也是这一目标。这一目标（学会、记熟、弄懂教材）越是被置于首要位置,它占去学生的精力就越多,它的思想性就越是退居次要地位,知识转化为信念的效率就越低。学生很少进行思考,很少深入分析事实、现象和规律的实质,于是这种效率本身就降低了。

遗憾的是,在某些教师的课堂上,脑力劳动是按"听讲——熟记——回答"这样一个公式进行的。按照这种公式,思想在学生的意识里只是一掠而过。我曾跟这样一位青年妇女谈过话,她中学毕业后成为一个虔诚的教徒,进了修道院,但是之后又因为阅读自然科学书籍而渐渐摆脱了宗教世界观的影响。

我问她:"难道您当时在学校里所学到的那些知识,不能使您认识宗教的反科学实质吗?"

"我当时只是一部能熟记课本和回答老师提问的机器而已。问题就出在这里。那些思想没有触动过我的内心。当时的主要目的就是记熟教材和回答问题。我在这一点上达到了很出色的地步。"

"那么书本呢?莫非书本对您的心灵也毫无启示吗?"

"悲剧就在于我当时是在背书,而不是真正在读书。直到现在我才懂得了真正的读书——是那种出自兴趣、出自求知需要的读书。"

这是一个值得深思的问题。如果我们扪心自问,就该直言不讳地说:"我们有多少学生是在那里背书,而不是在阅读,教材里的思想并未进入他们的内心深处!"死记硬背不仅危及智力发展,而且对道德发展也是极其有害的。死记硬背会抹杀教材的思想内容。真正的教育者为了防止死记硬背的危险,他会竭力使学生在第一次感知教材时就深入地认识各种事物、现象及其相互联系中所包含的思想内容。一个教师要成为真正的教育者,就应当向学生打开通向知识世界的窗口,同时又能触及他的个性,打动他的思想、情感和良知。

讲到道德教育的方法,写一本书是不够的。在这篇谈话中,不可能详细谈论道德教育的那些最主要的方面。我只试图根据实践经验来谈谈道德形成过程的实质。依我看,这个实质就取决于下面这条最重要的真理:课堂教学是师生相互接触的一个精神生活的领域,它虽然不是唯一的,却是极为重要的。

五、课堂教学是师生相互接触的一个极为重要的精神领域

我们平时所说的教师对学生的教育，在什么时候进行得最鲜明、最积极、最深刻呢？那就是在教师的情感接触了学生的情感的时候。这种接触的机会很多：进行推心置腹的交谈，参加共同的劳动，还有你和自己的学生一起默默地欣赏着那繁星闪烁的夜空，等等。但是最经常的接触还是在课堂上。这时候你既在传授知识，也在教学生思考和生活，培养他的认识和情感。学习——这是对人的精神生活的各个领域（思维、情感和意志）发生影响的一种极其复杂、细致和多样化的过程。有经验的教师在讲述斯巴达克思领导的奴隶起义时，关心的不只是让学生知道斯巴达克思其人，而首先是青年公民对英勇、刚毅和坚忍不拔的斗争精神的想法。有经验的教师在课堂上提问学生时，不仅在了解学生知道了什么，而且在了解学生的观点、兴趣、志向、信念和疑问。例如，一个十年级学生给你讲科学共产主义的伟大先驱者托马斯·莫尔和托马佐·康帕内拉，他的讲述对你来说就不仅是谈论早已过去的事件，而首先是关于那些为真理而献身的人们的讲述。

我们的工作中有一种极其微妙和难以捉摸的东西，它可以称作对待知识的态度。真正的教育者不仅告诉学生真理，而且向学生表明他对待真理的态度，以此来影响学生，培养他们高尚的情操，激发他们赞美善良和憎恨邪恶的情感。传授对待知识的态度，要比讲解知识和使学生识记、保存知识困难得多。但是要使脑力劳动达到高效率并有充分的价值，这里的一个秘诀，正在于你在讲解真理的同时必须培养学生对待真理的态度，点燃他们心中的火花。这时你就可以确信，知识会在学生的意识中燃起熊熊的火焰，具有长久的生命力，并能教导他如何生活。你不仅要向学生传播真理，而且要培养他们对待真理的态度，只有这样，你的学生才能算作真正受到了教育。如果学生对真理没有鲜明的态度（或者更确切地说，只有冷淡的态度），那么他就不能真正受到教育，而只能成为书呆子。知识在他意识的表面滑过去，并没有进入他的心灵。

你要和学生多接触。例如，在课外小组里跟他们一起思考科学上的新问题（这时候用不着操心学生是否记熟了所研究的材料），跟他们一起体验读完一本书后的愉快心情，跟他们一样入迷地参加有意义的劳动，跟他们一起享受那艰难行军之后的休息，等等。只有这样，你上的每一节课，才能对学生产生更有效的教育作用。

对待真理的态度——这就是我们所说的思想，是教材的思想内容。而思想内容有时是很难捉摸的，也无法让人把它背诵出来。单凭学生对问题的回答，无法判断他有无思想信念。给学生传授真理，首先就要跟学生想到一起。只有这样，他们才会信任你，才能从你的话里听出隐藏的含义来，而这种"潜台词"在道德信念的培养中，有时比"台词"的作用还大得多。教师只在课堂上跟学生有共同思想是不够的，还要在社会活动中，在公民生活中跟他们经常接触。这里我们就要讲到道德教育的又一条带规律性的结论：教师是学生的朋友和同志。

六、教师是学生的朋友和同志

学校教育的一个不幸，就是教师的命令、指示、要求提得太多。如果儿童，特别是少年，从教育者那里听到的总是命令，他的精神就会受到束缚，而孩子们是多么不愿意受束缚啊！

教师做学生的朋友，这意思并不只是跟他们一起到树林里去，坐在篝火旁吃烤土豆。那只是教育者跟学生的最简单的接触。如果教师找不出别的更丰富的东西来，那么光靠一起吃土豆是办不了事的。因为学生特别是少年很快就会察觉你的意图有假。而友谊应当有牢固的基础，我指的首先是思想上和智力活动上的广泛的共同兴趣。真正的教育者跟学生有许多东西可谈，这样学生才会珍惜跟老师的友谊。

我认识一位文学教师，他限于年龄和健康状况，不能带学生到森林和田野里去，也不能去远足或者钓鱼。他跟孩子们的见面地点就是教室，偶尔也在校园里。而孩子们却是那样急不可耐地盼望着同他会面！

这位教师之所以能成为学生的朋友，是因为他能为学生揭示令人惊叹的美的世界，用高尚的激情和动机鼓舞和激励他们，使得他们总想做点什么——看书，认识世界，领略美。教师的建议成了学生的指路明灯。

　　如果教师有可能同他的学生一起到集体农庄去，到森林里去，一起坐在篝火旁边，这当然很好。所有这些都会加强他的智慧和精神财富对学生的影响。但这里主要的还是精神财富本身和对学生的传授。

　　做学生的朋友和同志，这意味着能和自己的学生共享为崇高目的而斗争的欢乐，共同去克服困难，感受思想上的鼓舞。生活中的这种斗争机会无穷无尽。比如在傍晚，庄员的农舍里正有20来人在聚会，这时候如果你和学生一起到那里去，你的学生向人们讲讲科学、技术和文化上的成就，那么你们师生都会在精神上受到这种争取人的斗争的鼓舞。① 这时你就会感到你和自己的学生是真正的朋友和同志。此后，你在课堂上讲到共产主义的伟大思想的时候，青年学生就会受到为共同目标而斗争的精神的感染，因而他们也会信任你。在我们国家的任何一个角落里，都有这种为文明而斗争的阵地。而在劳动中，在征服和利用自然力的活动中，又有多少为社会和道德而进行斗争的机会啊！我认识一位生物教师，他鼓励学生设法培育出比通常的麦粒大一倍的麦种，从而博得了他们的信任，学生自己也受到鼓舞。

　　所有学校的教学大纲是统一的，教科书也是一样的，然而各个学校的情况却并不相同，这是因为各校的师资条件不同。学校如何首先要看师资如何。教师的人格是进行教育的基石。教育工作中所实施的一切——观点、信念、理想、世界观、兴趣、爱好等等的形成，都在教师的人格这个焦点上汇合。社会上各种政治的、道德的、审美的思想、真理和观点，都会在教师身上反映出来。而所有这一切，又都将通过教师的个人世界反映在学生身上，并在学生身上得到更高基础上的再现。教师应当在他的学生身上再现的最主要的东西是他的理想。一个把为他人做奉献视为自己最高心愿的教

---

① 指教师带领学生向农民进行无神论的宣传。——译者

师，才是共产主义信念的真正培育者，才能造就具有共产主义思想的新人。一个人为了使他人幸福而奉献自己的精神力量，并由此享受到高尚的、无私的欢乐——这是照耀青年一代生活道路的强大的光芒。让学生在刚刚开始认识生活的时候，就能有一位敬爱的老师，这种学校才会拥有强大的教育力量。

你作为校长，不仅是教师的教师、学校的主要教育者，而且形象地说，也是一个特殊乐队的指挥，这个乐队是用一些极精细的"乐器"——人的心灵来演奏的。你的任务就是会倾听，而且听到每个演奏者（教师、教导员、班主任）发出的音响，你要看到并从心底里感觉到每个教育者在学生的心灵里留下了什么。教育工作中最令人痛心的一种现象，就是一个教师工作了几年离开学校以后，没有一个人怀着感激的心情追忆他，他也没有在人们心里留下任何痕迹。建立教师集体的技巧，就在于要使每一个教师都成为他的学生的榜样——有高尚的品德修养和丰富的精神生活，热爱知识，不知疲倦地探求新事物。

教师成为学生道德上的指路人，并不在于他时时刻刻都在讲大道理，而在于他对人的态度（对学生、对未来的公民的态度），能为人表率，在于他有高度的道德水平。谁能唤起学生的人的尊严感，能启发他们去思考活在世上是为着什么，谁就能在他们的心灵中留下最深刻的痕迹。年轻人特别是少年，总是信赖这样的教师：形象地讲，他永远在进步，他坚定地朝着提高自己的学识修养和道德修养的目标前进；他在学生心目中在日新月异地变化着，今天比昨天更好，而明天更胜于今天。

一个教师热爱自己的学科，热衷于科学，已经把共产主义信念变成他心灵的一部分，愿为共产主义理想的胜利而贡献自己的全部生命，这样他才能够在自己学生的意识里确立坚定的思想信念。

面对勤学好问、满腔热情的青少年，教师只有每天都有新的东西表现出来，才能受到他们的爱戴。如果你想成为受学生爱戴的老师，那你就要努力做到使你的学生不断地在你身上有所发现。如果你过了几年还是依然故我，如果逝去的一天没有给你增加任何新的财富，那你就可能成为一个令人生厌甚至憎恶的人。你要像怕火一样地惧怕精神上的僵化。在当前这个时代，只有把道德美和智力的丰富性结合起来，不断地向青年们揭示出人的新的品质，你才可能博得年轻人的心灵和理智。

不能把师生间的友谊看作用以防止学生不守纪律的手段。如果教师过着贫乏的精神生活，而又企图把自己的友谊强加给学生（特别是少年），那么他很快就会发现，学生并没有成为自己的朋友，反而老在跟他捣乱。怀着空虚的心灵去接近学生是危险的。教师如果不能在精神上具备很大的优势，学生（尤其是少年）就会企图跟他建立一种狎昵的关系。而这种情况在教育上是跟脱离学生同样有害的。教师在精神上的贫乏，会使他无法去实现道德教育和师生关系中很重要的一条原则，这就是：尽量鼓励学生多参加积极的活动。

七、尽量鼓励学生多参加积极的活动

一个人能理解"应当""不许"和"可以"这些道德准则的含义并能身体力行，这就说明他有了高度的道德修养。要使自己的学生提高到道德发展的这个高度，教师就应当懂得和实施教育上一条简单而明智的真理，那就是：你向自己的学生提出一条禁律，就应当同时提出十条鼓励——鼓励他们从事积极的活动。要想使人理解"不许"意味着什么，就应当使他确信什么是"应该"的和"必须"的。孩子怎样对待他周围的东西和生物（一本书、一本练习簿、一株花、一只鸟和一条狗），这正是人性素养的开端，是对人的态度的开端。任何一条规定都可以让学生看不出是对他的禁止，而让它变为鼓励他行动的号召，用来帮助他在善良的土地上站稳脚跟。不需要处处都用禁律去约束孩子，而要解除对他们的这种禁律，给他们以充分的自由，鼓励他们去活动。例如，用不着教训孩子说："不许摘校园里的花。"而应当对他们说："你们每个人都应当在校园里栽一株花，精心地去照料它。"

教育的艺术就在于，要让受教育者把他周围的东西加以"人化"，使他通过对待物品来学习如何正确地、有人情味地去对待人。应当使孩子把生活中接触的物品都看成是有"灵性"的东西，从这些物品中感受到人性的东西——人的智慧、才干和对人的爱。如果孩子感受不到这些，他就不懂得什么是真正的人的细腻情感，就会缺乏知觉的敏锐性，在他身上就会形成一种可以称之为道德上的冷心肠、冷漠无情、无动于衷的东西。实质上这就是道德上的愚昧无知。

总之，要使孩子能把各种物品加以"人化"，即通过对待物来学习有人情味地对待人，那就要更多地鼓励他去积极地参加活动。没有精神上的努力，没有儿童特有的积极性，年幼的公民（孩子在一定意义上应当是公民，他应当理解人性的、社会的、集体的事物的含义）永远也不会懂得什么是"不许"的、"不可容忍"的和"不可能"的。那些任性的儿童和少年之所以不懂得抑制自己的无理要求，就是因为他们没有从幼年起就把自己的精力用在为他人、为集体谋福利的劳动上。建立在清规戒律基础上的教育，实际上会把儿童变成孤独的人，会使他对周围世界失去人的情感。

要促使孩子去积极活动，那就要做他们的朋友。这对小学教师来说尤其重要。只有当你跟孩子们一起做点什么事的时候，他们才会真正地信任你。鼓励学生参加积极的活动，正是从这"做点什么事"开始的，这会进入你和你学生的精神生活。这里所说的"做事"就是创造出一些我们衷心珍爱的东西，因为这些东西在某种意义上说是世界上独一无二的（这里说的创造是广义的，它不一定是指制造出什么东西，但一定要有所创造）。有一次，我们去树林里旅行，找到一粒橡实，它已经长出了根，幼芽也眼看就要露头了。我们把这颗发了芽的橡实带回学校。在返校途中，每个孩子都想亲手捧一会儿橡实，他们小心翼翼地保护着它的幼芽。这颗橡实便成了我们所珍爱的东西。我们把它种在了地里，不久绿色的幼苗就钻了出来。这棵娇嫩的小树成了我们在世上独有的一件东西。我们每个人都把自己的心血花在了它身上。这就是物的人化。于是我便促使孩子们从事积极的活动：给小橡树浇水，保护它，给它施肥。孩子们都很乐意做这些事。不许摘树叶，因为树木是靠叶子呼吸的。每个孩子都知道这种禁止是理所当然的，因为他们从物的世界中感受到了人性的东西。而如果他们没有被这种创造性劳动所吸引和鼓舞，他们就不可能领悟其中的人性的东西。

下面我就要谈到教育的几个结论、几个原则，它们对于掌握教育技巧起着很重要的作用。

八、道德标准（准则、规则、原则）要体现在事物、现象、关系之中

伊利夫和彼得罗夫说得好："不要只号召讲卫生，而要去打扫。"[11] 这些话里包含着深刻的教育哲理。遗憾的是，人们在实践中有时违背了这条朴素而明智的规则：让学生参加名目繁多的活动月、竞赛、评比等活动，而在这些活动下面掩盖的是对周围一切事物的漠不关心。一位校长说："各种活动毁了我们。从9月到次年4月就有92项活动（活动月、竞赛等）。每搞一项活动都要写总结。就是因为搞这些活动，我们才顾不上去教育学生……"如果一个领导想出种种活动是因为怕不搞活动教师就会不好好工作，那么他就是一个不中用、没能耐的领导。哪里把精力全都花费在各种突击的活动上，哪里的教育工作就要失掉远景目标。

不要只号召讲卫生，而是要去打扫。要少说多做。要给孩子揭示出人性的世界来——只有在这个条件下，道德真理才会成为每个人的财富。

共产主义道德的一条准则，就是要尊重人，关心人，无微不至地体贴人。如果在一个班集体里，有一个或几个学生一天天、一月月地总是得"2分"，感到自己是不合格的人，那里就谈不上有完满的道德教育。

儿童具有一种他们特有的美好天性——他们怀着赤诚的心对待生活，把自己的全部情感倾注在周围的事物和有生命的东西上。圣埃克苏佩里创作了《小王子》，这是写给成年人的一篇出色的童话。要让我说，这是给教师们写的童话。小王子驯养了小狐狸。对于小狐狸来说，小王子变成世上唯一可以依靠的人，小狐狸对于小王子来说也是世上独一无二的。他们两个都感到幸福。"我们要对我们驯服的对象负责……首先是对人负责……"圣埃克苏佩里的这些话已传遍世界。[12]

只有让每个孩子都"驯养"一样什么东西，对某种东西倾注了心血，使某种东西具有了灵性，才能使他们富有同情心、侧隐心和人道性。我确信，只有当每个儿童都把同学的喜悦放在心上的时候，儿童集体才能培养出真正的人。如果班上有同学总得"2分"，学习总跟不上，并且对自己的成绩满不在乎，而别的同学对这种情况竟习以为常，并未感到不安，那么这里的集体就谈不上是强有力的教育工具。一个善于思考的教师，总是设法让学生对集体的每一成员的学习成绩都感到担心和不安。他教育学生用情感来认识事物，分享别人的欢乐和分担别人的痛苦。责任感的培养即由此开始。教师对学生说，你们有一位同学写不好字母，要有人在课后留下来帮助他，写给他看，给他以精神上的支持。于是，几个孩子下课后留下来，帮助那位同学。受帮助的同学有了进步，他们感到高兴，受帮助的同学也高兴。每个学生的心里都有了别人。于是，一个人除去他个人的兴趣和需要以外，还拥有了对他来说是很珍贵、很需要的某种东西。

　　这就是我所说的道德标准在人与人的关系中的体现。教育上非常重要的一点就是，要让一个人在童年时期就体验到这种高尚的情感——希望别人变得比现在更好。这种愿望是集体主义的源泉，也是防止利己主义的有力手段。

　　在儿童集体中，道德准则也会通过物品体现出来。我记得有一届低年级学生在二年级的时候制作了布娃娃，建立了自己的小木偶戏团。娃娃都是用旧碎布做的，外表并不美观。当时还处在困难岁月，我们连水彩都没有，木偶"小红帽"的眼睛是用铅笔画上去的，它的头发也常常粘不住。到三年级的时候，孩子们得到一份礼物——从莫斯科百货商店里买来的真正的木偶。孩子们很高兴，可是到了排演的时候，他们却把崭新的漂亮木偶放在一边，拿起了在他们看来比什么都宝贵的自制木偶。

　　亚努什·科尔恰克在《当我返老还童时》一书中，讲到他童年时父母怎样送了他一样很稀罕的东西——冰鞋，而他却拿冰鞋跟别人换了一个木制铅笔盒。"难道一个旅行者在沙漠里不会用一袋珍珠去换一罐水吗？"亚努什·科尔恰克在故事末尾提出了上面这个寓意深刻的问题。[13] 这是我们教育工作者应予深思的。我们所培养的人，应当能感受到人的渴望，渴望跟同龄人交往，渴望给对方带来快乐，自己也从中得到快乐。

每个孩子都应当努力追求自己认为最珍贵的东西，应该感到没有它就无法生活。起初可能是对某些物品或植物的依恋，随后则是对动物、对人怀着一种依恋的心情，这是培养人道精神的有力手段。正因为如此，我们竭力要做到使每个孩子都有自己的一棵树、一丛玫瑰、一株菊花，在工作室里有自己的工具，并要他能在几十把工具里一下子就认出自己的那一把来。照料生物能从精神上鼓舞孩子，培养他高尚的情感和动机。我们校园里有一条栗树林荫道。这些小树都是用栗子培育出来的。孩子们在前一年的秋季，趁着晴天去采摘栗子种子，把它们放在温暖、僻静、各自知道的"秘密"地方，保存了整整一年。第二年每个人都把自己保存的栗子种子拿来种在土里。人人都怀着急切而又不安的心情期待幼苗破土而出。每个人都体验过喜悦、苦恼、忧虑和愤怒——没有这些情感就不可能有物的"人性化"和"驯化"。所以当孩子们第一次听到"要爱护和尊重长辈的劳动，劳动者是生活的创造者"这些话时，他们就能领悟到这些话里包含着我们生活中的一条重要的道德准则——伟大的和神圣的东西是人类在艰难的斗争中取得的。这些话能在他们心里唤起强烈的反响。一个孩子，如果他曾经把自己的心血倾注在一种生物上，曾经创造过一种他"驯化"的东西，那么当他读了《共产主义建设者道德法典》时，就会产生深思。如果他心里没有任何最喜爱的人或物，那么神圣的共产主义真理就不会打动他的心。而当儿童在世上有了最为心爱的事物，这事物已经在创造、在建立、在获得灵性的时候，他也就能真心诚意地去倾听关于人、关于劳动和关于责任感的专题谈话了。

这一切都指向一个最高的目标——人。对于每个学生来说，世界上最可贵的应当是人。我们的教育中有这样一条极重要的原则：在童年、少年和青年早期，要使学生获得尽可能多的精神力量，锻炼出强壮的体力。这里需要的不是一般的劳动，不是那种仅仅被当作义务的劳动，而是这样一种劳动：它引导学生进入一个最幸福、最欢乐的世界——即人们亲切地交往、人与人之间充满诚恳和信任的世界。儿童是在什么时候才真正爱另一个人，爱他的母亲、父亲、祖母、祖父、兄弟和姐妹的呢？是在他为这些人做了一些事，并在其中倾注了自己的心血的时候。一个孩子还很年幼，还在念一年级，但是他应当有一个无比亲爱的人，能让孩子把自己所能做到的一切都奉献给他的人。他栽一棵果树作为给妈妈的礼物，种一株葡萄给奶奶作礼物。他培育出果实，把果实献给妈妈和奶奶。如果儿童懂得什么是为别人的幸福和欢乐付出辛劳，如果他为此而流了汗水，手上磨出了老茧，那么他的心灵就会为善良敞开大门。

只有当儿童的心灵被各种事情、被劳动、被现实的社会关系所鼓舞的时候，教师的话才能对他起到鼓舞作用。你也许不止一次地听到过教师这样的抱怨："孩子们什么话也听不进去，不管你说什么，一点反应都没有……"为什么会有这种情况呢？这是因为儿童或少年还没有被培养到这样的程度：能把教师的话当作珍贵的神圣的真理，并受到这些话里所表达的思想的鼓舞。要使儿童的精神受到语言这个人类最精细的工具的影响，须得经历一个长期的教育过程。在这项工作中最主要的是使儿童在实际行动和创造中受到精神鼓舞，在劳动中表现出人与人的关系。

指导道德教育，这意味着要在学校生活中创造一种道德气氛，使每个学生都有他所关心的人，都有他所保护和为之操心的人，都有他为之倾注心血的人。在我们的教育领域里，这方面实际上还是一片未开垦的土地。请你仔细观察一下自己的学生，深入地想一想：他们彼此间的关系如何，他们对家里人的态度如何，他们对待一切活生生的、美好的事物的态度如何？这些都是能使人变得高尚、在人身上确立人性的东西。谈到这里，我们就要讲讲道德教育的另一条原则：只有创造并且不断完善育人环境，才能使教育手段收到预期的效果。

九、只有创造并且不断完善育人环境，才能使教育手段收到预期的效果

忘记这条原则便会导致种种不良后果。但遗憾的是，这种忘记还是时有发生，其后果就是言行不一、行为与认识脱节。

环境这个概念含义很广，方面很多。它既包括学生周围的事物，也包括成人的行为和教师的榜样，还包括学校集体生活的道德气氛（即关心人的思想是怎样表现的），以及人与人的相互关心、以诚相待等。其中，家庭更占有特殊的地位。如果感染人的环境和号召人的美好言词不相一致，那么教师的言语就会对学生产生相反的影响，使他们变得口是心非，不相信善良。近年来，广泛流传着一种错误观点，似乎积极的活动，特别是劳动，变成了比言语更为有效的教育手段。不能把这两者对立起来。离开环境（这个概念中也包括活动）的言语是没有教育力量的，必要的教育环境也离不开言语。如果你想使人的道德发展达到完美与和谐，那你就要创造环境与言语之间的和谐。

这里所说的环境，其中最主要的东西是什么呢？就是每一个学生随时随地都在为别人、为集体做一些事，在为集体利益进行积极的活动。没有这一条，集体便会失去生命力。环境不是一旦建立起来就不再变化的东西，它需要不断地创造和完善。我们的每个班集体都有自己的"审美角"。这可能是几丛蔷薇，或是一架葡萄，或是一小片桃树林，或是一小片柞木林，等等。如果没有这个极其重要的环境因素，那么我们的道德教诲——要爱护生物和美好事物、要做善良和富有同情心的人等，都会变成无用的空话。

这里说的只是"小环境"。人只有感到自己是一个在广阔天地里为人民服务的劳动者时，才能树立起真正的责任感和集体归属感。必须使学生在学校这个小天地里所做的一切，通过某些线索跟社会上的大事联系起来。

但是，劳动的社会方向性并不意味着抹杀个性。在学校环境中，要使每一个学生都有他最心爱的东西，唯有如此他才会珍视别人所创造的一切。这个真理已成为我们的一条教育原则。如果你的学校里有500名学生，那么校园里就应当有500棵树，或500丛灌木，或500株玫瑰，让每个学生都在这些花木上倾注他的心血。劳动没有落实到人，这往往是环境对学生失去教育意义的原因之一。

环境不仅要能促使人积极活动，而且要能起抑制作用。比如，校园里有一条两边种着核桃树的小林荫道。树的栽植布局，要考虑到能使一个欢蹦乱跑的男孩子看到这些树就不得不抑制自己的热情,小心翼翼地躲开它们。要是他能停下来欣赏一下这里的美景,那就更好了。行动不仅意味着去创造,而且意味着爱护。我们认为,完善的道德教育就是要训练人约束自己的愿望:并不是你想做什么,就可以去做什么。

环境中有一个对教育特别重要的因素,这就是:教育者与受教育者、年长同学与年幼同学、同龄同学之间这三种关系的细微性、人道性。

十、教育者与受教育者、年长同学与年幼同学、同龄同学之间这三种关系的细微性和人道性

这里讲的是精神生活中的情感美的方面,这是道德教育中研究得最少的问题之一。学校里应当充满一种尊重人、相信人和师生相互信任的气氛。不论学生由于家庭环境的关系而变得多么放肆,多么没有希望,也不论他心里带着多少委屈来到你的学校,他身上总会有一些善良的东西。一个真正的教育者要坚持去发掘这善良的、人性的东西。如果你仔细探究一下儿童或少年心灵中埋藏着的邪恶的话,你就会发现它的根子总是长在不尊重人的土壤里。学生对教育者缺乏信任,怀有戒心,甚至抱着怨恨、冷酷、仇恨的态度,所有这些东西的产生,都是因为有人用粗暴的甚至往往是污秽的手摧残过他们敏感而嫩弱的心,使它变得粗糙,失去了敏锐感和反应力,因而使教育者很难去触及每个学生(特别是孩子)身上都有的那些美好的东西。

如果你想成为一个真正的教育能手,那么你就不要企图用某些断然的、闪电式的、异乎寻常的措施,一下子就把孩子心里结成的冰块融化开。离开自我教育,心灵的完美是不可能实现的。谁想闯进儿童的心灵,一下子就清除掉里面的邪恶,谁就必定遭到儿童的反抗。儿童之所以要反抗,是因为邪恶的根扎在他那受了伤害的人格之中,突然的拔除反而会使儿童遭受更大的痛苦。要知道,邪恶的根深深扎在他们心底最敏感、最不容易触及的地方,你不可能一下子就拔掉它,否则心就会流血,会变得更加冷酷。

真正的教育就在于，要让孩子心里的冰块逐渐融化，让孩子的心自己发出热来。

教育上的明智和技巧在于精心保护和珍惜孩子心灵中对美好事物的向往之情，以及他们要成为一个好人的志向。如果儿童还没有这种向往和志向，那就要去培养。我在学校工作中最爱护的一种精神财富，就是对个人身上和人们相互关系中的美好东西的追求。应当使儿童喜爱、赞赏乃至醉心于追求这种精神财富。如果说少年和青年早期的浪漫主义幻想具有一种巨大力量的话，那么这种幻想最鲜明的表现就是那些完美的人物和高尚的人与人之间的关系。我认为教育者的首要使命在于帮助自己的学生赞赏道德美并被这种美所鼓舞，使他坚定地相信，美和真理总是会胜利的。

应当让儿童特别是少年在人们的具体生活和现实关系中看到真和美，这也就是说让他们经常感受到自己生活的道德力量的支撑。我们要儿童、少年和青年去赞赏、仰慕和追求的理想人物，不应当是某种神化的偶像，而应当是具有鲜明的思想、情感和激情的活生生的人。这种人身上最吸引儿童和青少年并使他们敬仰的美德，乃是对原则和信念的忠诚不渝和道德上的坚定不移，特别是对邪恶的毫不调和、绝不容忍的态度。能使青少年受到鼓舞并成为他们所仰慕和赞赏的人，首先是满腔热情的斗争者。学生在童年时期能见到不屈不挠、毫不妥协和思想鲜明的榜样，这对于他的成长来说是很大的幸运。

真正的教育者关注的是在自己的学生之间建立细腻的情感。也就是说，要使学生愿意把自己心里的温暖给予别人，愿意为别人做好事和创造快乐。对于心里埋藏着痛苦的人，不应当把他当作不幸的人去对待，不应让他感到别人只是在怜悯他，只是出于怜悯才好心对待他。难教育的孩子常常拒绝跟老师诚恳地谈心，这多半是教师的粗心造成的：难教育的孩子从老师的温和善意的话语中感受到的只是怜悯，而任何一个有自尊心的人都不愿自己被人怜悯。只有当集体中的每个成员都能把自己心里的温暖给予别人，只有当人对人的关心和尊重并不是某些特殊场合的产物而是平时的一种自然气氛、是人们相互关系的一条准则时，这个集体里某些儿童心灵中的冰块才会开始消融。

幼年就失去父母的关怀和爱抚的不幸孩子是需要怜悯的。而善于怜悯则是教育者必不可少的一种道德特征。这种怜悯应当是去激起年幼心灵的内在力量和自尊感，从而激发孩子自己去对丑恶的东西进行不妥协的斗争。

在道德教育中，有一件非常细致、复杂而不容易做到的事，这就是使每一个学生都来做好事，都给别的同学带来欢乐，从而在这种精神活动中产生对人的需求，即学生彼此怀着深刻而真挚的依恋心情。教会学生为别人做好事，这也是一种教育技巧。明智的教育者总是细心地、机智地、委婉地向儿童示意：把你的书借给你的同学看看；你给他画一幅好看的画；放学时你跟他一起走，就是不大顺路也没关系；等等。教学生做好事的机会有千千万，教师应该抓住这种时机。教学生做好事的工作做得越细致，学生之间的人道关系和高尚的情感关系就越深。

这并不是提倡某种抽象的博爱主义。这里讲的是如何在年轻的心灵里培育起真正的无私精神。我们的任务是让儿童的行动从幼年起就不是出于个人利益，而是出于崇高的道德动机，让儿童能为真善美的胜利而牺牲个人利益。只有无私的人才可能真正成为对邪恶毫不妥协、绝不容忍的人。自私自利——这是无原则性、阿谀逢迎和道德不纯等恶劣品质的根源。

在一个集体中，大家都能与人为善，为别人做好事，这是集体精神生活的特征。它微妙地决定着人与人的相互关系的性质，决定着人的行为（这些行为反映了人对人的态度）的实质。多年的经验证明，这种特征的形成，取决于人的心灵在童年时期是从哪些快乐源泉和乐观精神的源泉获得滋养的。创造性教育工作的技巧中最精巧细致的一件事，就是保持每个孩子在学校集体中的精神生活的欢乐与和谐。要让儿童为了他人的平安和幸福献出自己的力量，并以此作为第一乐趣。要尽量让孩子多有这样的精神感受："人们需要我，我给人们带来幸福，因而我自己也感到幸福。"这种复杂的情感是由大量的行为积淀而成的，每个教育者都要去鼓励和引导这些行为。学校领导要努力做到使学校里没有一个人不关心别人。课外活动的组织者应当注意使学生集体从事的每一项活动，都以关心别人的思想作为它的动力。

教师要把许多善良的东西给予孩子。你一定会问："教师这样照顾到所有的学生，他的精力够用吗？"是的，如果教师能把学生变成他创造善良事物的得力助手和亲密朋友的话，他的精力就会够用。道德教育的重要原则之一，就是要在年轻人的心灵里激发起想变得更好的愿望。

十一、激发起学生心中想变得更好的愿望

不论一个学生变得如何孤僻、如何冷漠无情，你都要想方设法触及他心灵中尚有的人性。譬如，他从来不完成算术家庭作业，或者经常抄别人的作业。当你把他找来时，你要忘掉他是一个惯于欺骗老师和家长的学生，要以完全平等的态度，跟他谈怎样独立解答应用题。不以对待犯错误者的强制态度同他谈话，而是以人和人的通常方式交谈。

这并不像某些人理解的那样，一提到"尊重、同情、亲切"这些词，就认为是鼓吹宽容无边。我赞成要有严格的合乎人性的要求。我赞成那样的对劳动、思想和人与人的相互关系的严格要求和纪律，即当学生的精神生活还没有走上正确的道路，向着使人变得高尚起来的目标前进，向着道德美、增长智慧和创造力的顶峰前进时，教师就无法安然入睡。

教师既要激发儿童的信心和自尊心，又要对学生心灵里滋长的一切不好的东西采取毫不妥协的态度。真正的教育者就要把这两方面结合起来。这种结合的真谛就是教师对学生的关心。也只有这种关心才能如水载舟，载起我们教育界称之为严格要求的那条很难驾驭的小舟。没有这种关心，小舟就会搁浅，你用任何努力也无法使它移动。如果在儿童失去自信心或者教师已经不相信学生能够变好的情况下来提严格要求，那么这就如同苦思冥想地要找到可以在沙漠中划船的船桨一样，不论你到哪里去找，也不会找到的，因为沙漠行舟这个想法本身就是荒谬的。

关于教育儿童特别是严格要求儿童的经验，不可能作为某种直观的、可以触摸的东西加以传授，因为情感是无法拿来演示的。有

两位邻近学校的教师来观摩我校一位低年级教师上课。他们对所看到的一些情况感到十分惊讶：没有完成作业的孩子能主动向老师报告，并请求给他补加作业，以便弄懂教材。老师从来不收学生的记分册，总是由学生自己把分数记在里面，带给家长看，从没发生过弄虚作假的事。

"请您告诉我们，您是怎样做到这些的？"来学习经验的两位教师提出要求说。

为了激发学生使自己变得更好的愿望，教师自己要先有这种真诚的意愿。如果没有教育者的真实情感和敏锐的智慧赋予真理以活的灵魂，那么即使最高尚的道德真理，对学生来说仍旧只能是空洞的词句。

如果没有教师这样一个活生生的人的炽热的心、高尚的情操和审慎的理智，任何一种教育理论，不管它多么高明，都会变得毫无用处。要让孩子感觉并领会到人们在信任他、希望他好，只有信任人，才能唤起人的自尊感，才能有自我教育。

我为什么要给校长讲这些呢？难道这跟对教育和教学工作的领导没有直接关系吗？不，这里的关键就在于领导掌握着作用于人的心灵的那些精细、复杂的影响手段。正是因为这样，他们才能洞察教师们所做的一切，才能理解某些错误产生的原因。也正是因为这样，他们才能做到平常在学校里不容易做到的事，比如消除个别家庭环境对儿童的不良影响。

十二、消除个别家庭环境对儿童教育的不良影响

有些家庭的生活方式、家长之间的关系以及家长对社会义务的态度，会把学校在儿童身上培养的一切善良、美好和积极的东西都破坏掉。通过教育宣传手段是可以做很多事，然而学校在这方面的能力毕竟是有限的。有一些儿童生活在充满丑恶、谎言、虚伪和贬低人的尊严的环境里，学校的使命就是把他们从这种环境中解救出来。

解救的办法并不一定是要把他们送到寄宿学校或儿童之家去受

教育。在个别情况下,这样做是必要的。但是生活是如此复杂,以致无法用一种现成的方法去处理所有的矛盾和难题。在许多场合下必须考虑实际情况。如果一个儿童每天受着家庭环境的不良影响,那么学校的任务就是:当他在校时,让他处在足以消除上述影响的气氛之中。如果已经没有任何办法使家长转变过来,那就不能再让子女去步他们的后尘。

校长作为学校的主要教育者,应当了解儿童、少年和青年受到哪些不良的环境影响,了解他们的精神生活。这里很重要的一点是要设法使这些学生尽可能多地处在学校环境的影响之下,要用在学校集体的精神生活中确立起来的善去战胜家庭环境中的恶。而这就意味着应当使学生对恶采取不容忍和不妥协的态度。要使学生只受学校良好环境的影响而不为家庭的不良环境所支配,就应当使他憎恨各种丑恶的东西。

人不可能离开人生活,人的思想也是在人与人的关系中体现出来的,因此,重要的是要在这些学生身上发展高尚的对人的需要。我们在自己的实际工作中总是竭力使道德真理和准则能在儿童、少年和青年的行为和他们活生生的相互关系中鲜明地表现出来,使学校环境充满人道精神。这是对来自不良家庭的那些学生进行正确教育的一个先决条件。实际上,这就是要教他们过一种有智力的、审美的和富有创造性的丰富生活。但是,这里必须考虑一个重要条件,也是道德教育的一个特点:学生特别是少年不喜欢当被教育者。

十三、学生特别是少年不喜欢当被教育者

如果少年觉察到你是故意找他谈话,是特意在教育他,他对你说的话就会报以不信任和戒备的态度。学校教育中有一种弊病,它就像古代神话中描绘的那副喜欢训人的"驴耳"那样,使孩子望而生畏,疏远我们。有时人们企图用种种教育措施的梳妆打扮加以掩饰,但是梳妆越美,那"驴耳"反而显得越发愚笨,使教育变为无聊的空话的危险性也越大。

这里要谈到一种令人不安的现象，我把它叫作戏弄孩子。个别学校有时会举办一种所谓观摩性的共青团辩论会。少年们事先排练好自己的发言，然后邀请外校教师来听他们辩论。这种活动被称为"交流经验"。少先队有时也如法炮制。前不久，有位校长告诉我，他们学校每个月都为生日在本月份的孩子搞一次庆贺生日的活动。也就是说，有人在他生日过后庆贺，有人则预先庆贺；有祝贺性的发言，还有赠送礼物……

我真想高声疾呼：同志们，清醒一下吧，你们在干什么？！不要把神圣而珍贵的东西变成一文不值的游戏。不要戏弄孩子。孩子们喜欢玩耍，但不喜欢人家把他们当作玩物。他们会为此使你付出沉重的代价：他们会对神圣、伟大的事物抱无所谓的态度。这是比教育工作中的无意疏忽更加危险的。这里举出一个令人震惊的事例：在一次预先排练好的"观摩性辩论会"上，一位16岁的共青团员把他预先准备好的插话不合时宜地提前背了出来，结果使得那些充满崇高精神的言辞带上了讽刺含义。大家好不容易才忍住没有笑出声来。这场表演使前来观摩的人们感到哭笑不得。

在道德教育中要确立这样一条原则：使你的教育意图通过学生自己的积极活动来实现。我们绝不主张把教育意图掩盖起来，对学生"保密"。我们的目标是伟大而崇高的，我们应当跟我们的学生一起，为我们的理想、为共产主义教育的实质而感到自豪。我的意思是说，不要把教育强加于学生的精神生活，而要使教育的理想自然地融入他们的生活，成为他们生活的本质。

我们在结束这篇谈话时，要概述一下我们上面所说的意思，这就是知识转化为信念这个过程的特点。文科各学科的教材都贯穿着马列主义思想：热爱祖国，忠于共产主义理想，决心为共产主义理想而斗争，对养育了我们的劳动人民怀有义务感，对邪恶毫不妥协，人道主义，诚实谦虚，等等。但是，正如前面谈过的，学习有它自身的逻辑，学习的目的在于掌握知识，并把它们保持在记忆中。然而与此同时有必要注意：我们不仅要在那些必须记住和背熟的东西中向学生揭示出道德的、社会政治的和审美的思想，而且要在精神生活的其他领域里也这样做。

十四、想法、情感和内心体验构成的思想财富

这应当成为一个集体的精神生活的突出特点。当课堂上学习的教材中贯穿着构成道德信念基础的思想时,就要特别关注每个学生的精神世界。要结合当前所学的教材让学生去阅读一些有着丰富思想内容的好书,以便让他们体验到与教材有关的那些纯洁而高尚的情感。

一个人只有在不是为了背诵,而是为了思考、为了体验认识真理的喜悦而看书的时候,他的想法才能有丰富的思想性。他思考得越多,对事物的态度越鲜明,他就越想对别人表明自己的想法,抒发自己的情感。于是,他便产生了跟老师、同学谈心的诉求,产生了同人讨论和争辩的诉求。学生有了这种诉求,我们才能在没有拘束的气氛中毫不勉强地对他们实施教育。

假使你想就某个问题举行讨论会,你首先要考虑一下,学生集体中是否有进行这种讨论的情绪准备,社会政治思想、道德思想和审美思想是否在激励着他们。如果没有这种激动的情绪,教育意图就不可能实现。

一个人思想的丰富性来源于他的各种想法、情感、内心体验与行动的和谐统一。而对这个统一体起主导作用的因素是道德教育中的公民教育。学校的任务在于使每个青少年的精神世界不仅仅局限在个人和家庭利益的狭隘圈子里。在将来的《德育工作方法》一书中,我认为关于道德教育中的公民教育这一章是阐述德育这个政治和教育学问题的最新颖、最有意义的一个章节。

人是从童年起就受教育的,离开公民教育这个德育的核心就无法想象能培养出合格的人。因此整个道德教育中的公民教育是校长首先要关心的。一年级孩子来到我们的学校,我们就为他们规划思想、情感、内心体验与行动和谐一致的发展前景。在这个远景规划中,我们确定要逐渐扩大儿童的公民眼界、增长他们的见识,要逐年地使他们由近及远地关心周围的世界——由家庭到学校,由农庄到本乡,由本区到本州再到全国。

我们在规划如何逐渐培养学生以公民的眼光来看待世界。我们在考虑怎样使学生的公民态度和爱国主义思想跟他们为人民服务的劳动和为崇高理想而进行的创造活动融合起来。如果你打算拟订规划，你就要研究如何培育作为公民的人。你会感到这是最有意思和最有必要的规划。这里特别重要的是，要把一个人的所学所思同他的所作所为结合起来。我们跟班主任共同考虑这样一些问题：怎样才能使关心和热爱祖国的思想逐渐融入学生年轻的心灵并变成与他们个人心情密切相关的事；每个学生在他的童年、少年和青年时期必须做到些什么，才能使自己在公民的活动舞台上站稳脚跟；应当用哪些线索把学生的活动和思想、行为、情感、创造和体验连接起来。

教育人，最重要的是要认清其中起主导作用和决定作用的东西。今天，一个刚满7岁的孩子怯生生地跨进学校大门，在习字本上练习简单的笔画；而再过10年，我们就会看到他已成为一个公民。这是首要的、高于一切的事情。今天刚刚掀开识字课本第一页的小男孩，10年之后就将手握钢枪保卫我们的祖国，一旦需要，他将和敌人进行殊死的搏斗。对于他来说，最宝贵的东西应当是祖国，是祖国的自由、独立、荣誉和尊严。我们的伟大使命，就在于让他脑子中的每个细胞都渗透进伟大、神圣的东西——祖国的利益，让社会精神和公民精神在他的内心世界中居于至高无上的地位。

教育技巧正在于能使人从幼年就开始他的公民生活，树立爱国思想。为此需要做些什么呢？首先是使儿童站在公民的、爱国主义的立场来看待和理解他们周围的世界。我们竭力使儿童和少年从内心深处关注在他们周围发生的一切，体验到一个公民应有的喜悦和忧虑。

第六次谈话

怎样指导学生的脑力劳动

近来，教育学越来越多地关注"劳动的科学组织"①的问题。人们也已经提出了这样一些问题：教学过程是一个统一的整体；必须在教学的组织因素和教学法因素之间建立起相互联系。

但是，在许多情况下，人们仅仅将学校中的科学地组织劳动的问题，归结为诸如课堂提问、家庭作业、教师备课等教学过程的组织方面和教学法方面的问题。所有这一切固然都是很重要的，但是它的基本问题应当是如何指导学生的智力活动，帮助他们掌握、深化、巩固和运用知识以及引导智力发展。

教育和教学是一种创造性的工作。它们的科学性，并不在于一步也不离开事先计划好的东西，而在于善于对事先计划好的东西做出必要的调整。究竟要叫哪几个学生来回答问题，对他们进行检查，这原本是教学工作中的一个微不足道的细节，对此事先做出规定是没有多大意义的。有经验的教师从来不把课堂上究竟提问谁做事先安排。在没有走进教室以前，看不到全班学生的普遍情绪，我们在"提问谁"这个极其具体的问题上是不能做出任何决定的。至于检查知识时要提哪些问题，那就是另外一回事了。对于所提的那些问题，我是事先考虑好的。在这里，教师会接触到一些很微妙的东西，如学生个人的思维特点、兴趣、爱好等。

我们不应当离开教育和教学工作的整个体系来看待检查知识这个问题，不应当把它作为某种单独的东西来加以考虑，它只是整个

---

① "劳动的科学组织"是管理科学的一个术语，指如何科学地管理人的有目的的活动，提高活动的效果。教学过程中也有如何组织师生的脑力劳动问题，即下文所说的"组织的因素"。——译者

教学过程的一小部分。学生对脑力劳动是否胜任，取决于教师对教学过程的安排是否得当，取决于他能在多大程度上控制这一过程。许多校长都坚决地认为，实行网络规划（即对一定的过程——如工艺过程、生产过程、教育过程——的两个端点之间的现象、事件和情境都做出预见并加以规划）的原则，这是领导教育过程的科学基础。应当把学校的实际工作，把学校工作中最落后的那一部分——对教学的领导、对学生脑力劳动的指导、对教师和学生活动的控制等置于这个科学的基础之上。

这里谈的是学校的领导，而学校又是一个复杂的机体，它里面交织着成百上千种相互制约的因素，时时都在发生着无法预见的事情。在我看来，所谓领导，就应当把教育和教学工作中那些无法（也没有必要）预见和规划的东西排除在外，同时把最重要、最主要的东西找出来，把那些不仅可能而且必须科学地预见的东西都规定下来。

我们不能把网络规划机械地搬到教育和教学工作中来。必须说明的是，这里只能采用网络规划的一般原则，即在什么阶段、什么时期要完成什么工作，在什么阶段、什么时期开始向新的、更高的质的状态过渡等。但同时必须说明事情的另一面，即教学工作中有许多东西，也像生产计划的各个组成部分一样，是能够精确地、具体地做出估计和分析的。否则就没有任何教学科学可言了，教师也只好在暗中摸索了。学校的许多教学工作办不好，究其原因，正是由于人们天天、月月、年年都在重复同样的缺点，无休止地议论却又不能改正这些缺点。无论是校长、视导员，还是教师，往往都是只看见缺点，而看不见产生缺点的原因；不去分析并力图从源头消除产生缺点的原因，然后再研究后果。

关于学生的读写程度很差这个问题，实在是谈论得够多了！但同这种不会读写的现象进行斗争的办法，至多不过是经常给学生布置些补充练习，或者要求他们再复习一下语法规则。语法教学大纲明文规定了四年级学生应该掌握哪些规则，五年级学生又应该掌握哪些规则，等等。然而还是常常出现这样一种令人莫名其妙的现象：有些十年级的学生还不能掌握四五年级学生就应该掌握的东西，比如写"Объявление"（布告）这个词时，竟漏掉了硬音符号"ъ";而把"Извините"(请原谅)错写成"Извените"。究竟应该在哪个教学阶段上让学生牢固掌握这些词的正确写法,以至永远不再犯书写错误,同时写的时候不需要再查语法手册、去想语法规则,而只需想到所写的内容呢?对于这个问题,没有人能做出回答,也没有人进行过认真的思考。于是,十年级学生写出"Извените"这种错别字,竟无人感到惊奇。大家都习惯地认为,教学是一件十分复杂而又难以解释的事,有些现象很难预见,因此把这类现象视为不可避免的东西。

如果教学过程是建立在科学预见的基础之上的,那就不会出现上述情况。为了批改学生的作业,教师白白耗费了多少精力,熬了多少个不眠之夜啊!校长在指导学校工作,尤其是在指导课堂教育和教学的工作中,又白花费了多少精力啊!人们无数次地重复着同样的意见:最好把学生叫到讲台前面(或黑板前面)来回答问题啦,让学生拿着作业簿给教师检查啦,提问不应花过多的时间啦,等等。然而,校长和教导主任指导课堂教学,更重要的是要对学生的积极的脑力劳动做出科学的预见和规划,关心学生在课堂上如何取得知识。

一、知识的"关键点"

在备课的时候,我们力求使教师从这样一个观点出发周密地考虑教材:向学生揭示那些初看起来并不引人注目的"关键点"。因为在这些"关键点"之间交织着各种因果联系和其他有机的联系,它们将会使学生产生各种疑问,而疑问可以激发求知欲。

譬如,你就要上"光合作用"这一课了。你正在思考教材的内容:其中的"关键点"在哪里呢?你将在学生面前展示一幅诱人而又神秘的情景:植物从土壤和空气中吸收无机物,又把它们变成了有机物。这种有机物的形成是怎么回事呢?在植物机体这个奇妙的"化验室"里发生了什么?你通过自己的讲述引导学生去理解这些问题,使他们每个人都感到惊奇:无生命的肥料在阳光的作用下怎么会变成饱含汁液的番茄?这究竟是怎么回事呢?为什么我过去没有想到这个问题呢？

怎样诱导学生去进行这样的思考呢？这里没有应付一切情况的现成办法。一切都取决于教材的内容和学生已有的知识。但是有一点是必须明确的，即课堂上哪些知识是要讲透彻的，什么则是要讲一点、保留一点，以便让学生自己去思考的。

学生产生了疑问后，你就要进一步帮助他们从已经掌握的全部知识（在以前的生物课上、劳动中和各种书籍里学来的那些知识）中，把解答这个疑问所必需的那些知识提取出来。这种把已有的知识提取出来，用它去解释不懂的东西的过程，就是获取新知识的过程。可以接连叫好几个学生，对他们说："你们把自己所知道的东西说出来，然后大家来找出这个问题的答案。"一个学生的思想启发着另一个学生。有时候，会有个别学生表现消极，他们只听别的同学回答，而自己却不开动脑筋。但我们必须让所有的学生都通过自己的努力来获取知识。对于这种最消极的和漫不经心的学生，可采取各种方式使他们参与学习活动。其中一种方式就是给他们单独布置思考题，已经清楚疑点之后，再要求他们一起来思考，并把各自的思路写出来。

也有这样的情况：教师提出问题以后，由他自己来回答、解释。在这种情况下要想让学生也积极地活动，教师就必须充分地了解学生的知识情况。有的学生知识面宽些，有的则窄些；有的能牢记学过的东西，有的则有所遗忘。这里教师就要很好地指导学生的脑力劳动，使他们每个人都能细心地听讲，跟上教师的思路，从自己已有的知识中找出需要的东西。如果学生在知识上有空白，或者脱离了教师的思路，教师就要补充讲解一些东西来填补他们知识上的空白，使他们重新跟上他的思路。这就要求教师必须具有高度的教学技巧。他必须能及时发现有谁开始听不懂他的讲解了，及时弄清学生遗忘了什么，他们不能理解教材的原因又是什么，怎样帮助他们克服困难，等等。要做到这一切，常常只要向学生提一个只需用几句话便能回答的问题就可以了。

在讲解过程中，有经验的教师特别注意观察学生对知识的"关键点"（即各种联系相互交错、相互衔接的地方）是怎样进行思考的。他总是以这样的方式对学生进行检查：是否所有的学生都把我教给他们的东西用到了这里？我在教新课时，学生们各自动用了哪些原有的知识储备？这样的检查，对于促使学生去积极地获取知识是很重要的。它可以根据不同的教材内容采用不同的方式。例如可以提出问题要求学生做结论性回答，也可以布置一些简单的实践作业，要求学生在几分钟内完成。

有经验的教师发现学生有不懂的地方时，并不会将教材从头再讲一遍，而总是用上述的检查办法来帮助学生。

在课堂教学中，学生感兴趣的问题占有特殊的地位。他们对所学的东西越感兴趣，就越能集中注意，并做到深刻理解。兴趣——它在人们掌握知识的过程中，可以给人们的思想带上强烈的情感色彩。这种色彩的鲜明程度决定着学生运用记忆里的知识的能力。学习应当是有趣的、引人入胜的事情，但这并不是说，在任何教材里都必须找出有趣的东西。只要学生经过本身的努力，发现了自己所不理解的东西，那么即便最枯燥单调的教材也能使他感到极为有趣。

教学效果在很大程度上取决于教师将如何确定新知识与旧知识的关系。在讲课中，有时应当少给学生一点新知识，因为一下子讲得太多，学生接受不了，就会造成消化不良。学习的规律告诉我们，新知识只有牢固地依附在人们熟悉的知识上，才能被人们牢固地掌握。教师必须善于找出新旧知识的联结点，这些知识联结得越牢固，学生学习起来效果就越好。

二、学生应当掌握的最重要的技能和技巧

我在 20 年前曾提出一个目标，即规定学生在第几学年、第几学季，应当达到什么样的教养水平，应当掌握哪些最重要的技能、技巧、规则、结论、公式和定律，并且要达到不会忘记的程度。我分析了中等教育所包含的全套知识、技能和技巧，好像从中看到了教养、智力和信念所赖以发展和产生的基础。这个基础就是一些具体的技能和技巧，如果没有它们，那么教学工作就很难进行下去了。这些技能和技巧包括这样一些方面：观察、思考、表达、阅读

和书写，等等。一个学生在学校里学习 10 年，不应当把这 10 年时间都花在学习阅读和书写上，他在入学后的头几年内就应当学会读和写。他对读和写学会得越早，学习其他东西就越容易，他就越不会有负担重的感觉。反之，他就不能顺利地掌握知识。

我把学生在 10 年内应当掌握的最重要的技能和技巧依次排列如下：

（1）会观察周围的世界；
（2）会思考，即会类比、比较、对比，找出不懂的东西，提出疑问；
（3）会表达自己对所看见、所观察、所做和所思考的东西的想法；
（4）能流利地阅读，并理解所读的东西；
（5）能流畅、迅速而正确地书写；
（6）能划分阅读材料的各个相对独立的部分，并找出各部分之间的联系；
（7）能找到同所要了解的问题相关的书籍；
（8）能在书中找到自己所需要的有关材料；
（9）能对阅读材料进行初步的逻辑分析；
（10）能听懂教师的讲解，并做好简明扼要的记录；
（11）能阅读原文并同时听懂教师关于如何理解课文的讲解；
（12）会写作文，即能把自己在周围所看到、观察到的事物叙述出来。

通过对各年级学生的学习情况的观察和研究，我确定了他们分别应当在哪一年级（个别情况下还确定了哪一学期和哪一学季）掌握哪一种技能，并且必须达到什么要求。只要粗略地看一下上述技能技巧，就能引起人的警觉来。因为它将平时教学中学生和教师所遇到的某些困难的根源都展现得很清楚了。

例如，上面提到这样两种技能：能流利地阅读，并理解所读的东西；能划分阅读材料的各个相对独立的部分，并找出各部分之间的联系。在这里，前者是后者的基础，后者是前者的发展。

但是奇怪的是，掌握后一种技能的任务早在三年级特别是四年级就向学生提出来了。而掌握前一种技能的任务，却要等到学习文学阅读①时才提出来。这就意味着在学生还没有学会阅读的时候，就被要求对所读的东西进行逻辑分析了。例如五年级学生没有掌握前一种技能（这意味着在阅读的时候还必须考虑阅读过程本身，而对所读的东西则无暇顾及了），却已要求他们对历史、地理、生物学等学科的课文进行逻辑分析了。

这是不是说，在学生没有扎实地掌握某种技能以前，不要让他去完成需要这种技能的复杂的学习任务呢？如果是这样的话，那么在学生还没有学会阅读（即还没有学会在阅读中进行分析）的时候，就不要让他做家庭作业。但这样也不行，因为这会把目前的学习年限拖长到 15 年。由此可见，学生必须及早掌握最常用的技能，即那些用以掌握知识和其他复杂技能的基本技能。如果学生还没有学会阅读，那么对他来说，书籍就不能成为知识的源泉，学习就不会成为有趣的、有创造性的事，他的功课就不会及格。

随着学生阅读技能的不断提高，就应当要求他们学会边阅读、边思考，不仅要思考所读的东西，而且要思考别的东西，如教师的提示、自己的看法等。这种技能在七年级就很需要了，在八至十年级的创造性脑力劳动中将得到更加广泛的运用。如果学生还不会划分阅读材料的各个相对独立的部分，特别是如果他还没有充分掌握快速阅读的技能，那么他就不能在阅读课文的同时听懂教师关于怎样阅读的指导。但在实践中，我们却常常看到这样的现象：学生还不会对阅读材料进行逻辑分析，就要求他在阅读中思维离开所读内容了。

上述几种技能的排列次序，还使其他一些怪现象也都暴露出来了。谁也不能肯定地说出学生究竟应当在哪一学年学会流畅、迅速而正确地把教师口授的东西写下来（既没有遗漏，也没有错误），学会一边听教师讲解，一边做简要的笔记。可是事实上，我们的学生在整整 10 年时间里，都在学习快速书写。至于三四年级学生，还远远不能掌握这种技能，而我们却在要求他们写作文，这怎么可

---

① 苏联将文学课设置在中学阶段。这里作者指责这项任务提得太晚。——译者

能呢？然而，正是在三年级特别是在四年级却在要求学生把他的所见写成作文。

至于"会思考，即会类比、比较、对比，找出不懂的东西，提出疑问"这一技能（不掌握这些技能就根本无法学习），有谁以及在什么地方专门对儿童进行过会思考的培养呢？哪里有这种练习呢？是不是每一位小学教师都有一本专门的练习簿，逐年地把一些训练思维的习题积累下来呢？没有，一点没有。原因据说是反正教师在每一节课上都要教学生思考的。儿童之所以不会解答应用题，难道不是因为谁也不负责教他思考吗？

不培养学生的观察技能和表达技能（这两种技能是紧密联系的），教学工作也将是不可思议的了。但是奇怪的是，我们没有见过任何培养这些技能的工作体系。孩子们没有特意（在专设的课上）学习过观察周围的种种现象，也没有一个教师能够肯定地说：我已完成了这些工作，我的学生已经学会观察事物或现象的主要的、本质的属性了。

实际生活表明，无论是哪一种技能（没有它就无法顺利地学习），我们都说不出也不敢说，学生是在哪一个教学阶段上把它掌握的。有一个时期，我感到自己好像是在暗中摸索，教学工作实际上是在自发地进行的。我去听一些课，无非是为了有点事可做而已。后来我觉得这种情况不应当再继续下去了。我跟一些最有经验的教师一起，分析了教学大纲，估量了学生的实际能力，把关于每一种技能的概念的内涵和外延弄准确（这一点十分重要），并且研究了各种技能之间的联系。最后，我们确定了应当在哪一个教学阶段上让学生掌握哪一种技能。例如，"流畅地阅读，并理解所读的东西"这一技能，应当让学生在第三学年第一学期末就掌握。此后各个学年就不再谈关于阅读技能的问题，否则就无法实现对教学的有计划的领导了。从第三学年第一学期起，同时也让学生开始掌握"划分阅读材料的各个相对独立的部分"这一技能。这项任务要分几个阶段来完成，第一阶段在四年级末完成，第二阶段在六年级末完成。在后一个阶段上，同时要让学生开始掌握中学阶段一种比较复杂的技能，即在阅读时，学生不仅要理解所读的内容，而且能在头脑中对阅读材料进行初步的逻辑分析。

掌握流畅书写技能的任务，第一阶段在二年级完成，第二阶段在四年级完成。到四年级末，每一个学生都应当做到书写迅速、字体端正、形成笔体，技能上以至达到书写时不用考虑字母的写法，而只把精力用在思考所写的内容上。在第四学年的第二学期，开始掌握"听懂教师的讲解，并做好简明扼要的记录"这一技能。这一项任务要求在六年级末完成。

对作文技能的掌握要分两个阶段。第一阶段是预备阶段，就在掌握快速书写技能的第一阶段之后，即第三学年初开始。第二阶段在第四学年第二学期开始，到第六学年完成。

在掌握一个个的技能时，必须实现使它们相互衔接的原则：当一种技能将要掌握时，就开始学习另一种技能。新的、较复杂的技能是建立在较容易的技能的基础上的。

在弄清楚各项技能的顺序和相互衔接的情况以后，我们就开始付诸实践了。于是，让学生掌握前面提到的一系列技能，就成了教师们在教学上的自觉要求了；对于学校领导人来说，则成了管理教育工作的一个纲领。

我们这样按照教学过程的逻辑本身提示的技能和知识体系进行工作已经有二十多年了。每一位教师在明确认识了某项技能的实质以后，就去寻求让学生掌握它的具体途径。例如，经验已经证明，学生为了掌握"能流利地阅读，并理解所读的东西"这项技能，就必须进行一定数量的练习，朗读一定页数的书籍，否则是不可能掌握的。而且，练习的数量也因人而异。又如，为了掌握思考（类比、比较、对比）的技能，就必须练习有明确规定的一定数量的思考题。再比如，为了让学生掌握观察的技能，我们就让学生去观察自然现象，讲述他们所看到的东西，逐步形成了到自然界去上的一套课。

根据学生的技能和知识的体系来领导教学工作，这样做具有一定的优越性。为了更清楚地看出这种优越性，就让我们来谈谈学生的知识体系问题吧。我们分析了教学大纲和学生脑力劳动的情况，明确认识到学生必须牢牢记住的那些基本知识乃是教学工作的基础。我们确定了每一门学科中的那些学生所必须牢记的概念、公式、法则和其他概括性的原理，而且要求他们把这些东西保持在记忆中，因为这是在脑力劳动中经常要用到的。用形象的话来说，它们是随时要用的万能工具，没有这些工具学生就无法走进知识的宝库。

比如说语法学习，它就首先要求学生牢固地记住最低限度数量的正写法的词。我们从词典和语法教科书里挑选出 2000 个正写法的词，这些词包含了所有最重要的正写法规则。学生在小学四年里掌握 1500 个词的写法，在五六年级再掌握 500 个词的写法。最低限度的正写法词的数量是由教师的硬性大纲规定的。教师把学生掌握这些词的时间加以妥善分配，在不同的时间布置不同的练习，并且对每个人的作业情况进行考察。多年的经验告诉我们：如果一个学生到了六年级末能对 2000 个包含了最重要的语法规则的正写法的词牢记不忘，并且是在理解的基础上记住它们的，那么这个学生的读写已经过关，他的语法知识和书写技能就变成了他的学习工具。记住必要的东西——这是学生在中年级和高年级不会感到学习负担过重的极其重要的前提。它能把学生的智慧解放出来，以便去完成创造性的学习任务。

再比如说算术学习，它要求学生牢记乘法表。学生在第二学年的第四学季就该牢记不忘了。学生还要牢牢记住 100 以内的数的四则运算的简便方法（例如，学生要不假思索地说出 83-69 等于几，并且牢记不忘）。在三年级，学生应当记住 1000 以内的数的四则运算的简便方法。

在代数中，学生要牢牢记住乘法公式。这应当在六年级末就要做到。此外，对坐标法、数的整除特点、方程式、对数函数、导函数、积分、三角函数、复数等各部分内容，也都确定了其中要在理解基础上牢牢记住的那些东西，并规定了从什么时候起应当记住它们。

各门科目都对学生应当在什么时期牢牢记住什么做出了明确规定。

为了使学生能牢记那些基本的知识，教师必须周密地备课，恰当地分配练习时间。例如，为了使学生牢记最低限度数量的正写法的词，俄语教师就要周密考虑整个学年以至好几个学年的词语默写作业。每一节课都得让学生抄录和复习几个词的正写法。每一个学生都要随身带着抄写本，回家后就复习抄在上面的词。这样在一学年中，学生能把每个词和有关的语法规则复习好几遍。

我们还要在必须记忆的东西跟只要理解而不需记忆的东西之间，画一条明确的界限。如果一个学生想把全部东西都记住，那么他将什么也记不住，甚至连那些必须记忆的东西也会记不住。忽视这一点常常是学校工作中最严重的缺点。

我们必须科学地分配学生掌握最主要的技能和知识的时间，这样领导教学工作，就能保证学生不但掌握一定数量的知识，而且在智力上得到发展，从而学会如何学习。

通过科学地安排掌握最主要技能和知识的时间来指导教学过程，就可以把掌握某些基本技能（首先是读和写的技能）和必须牢记的知识的任务提前到小学教学的早期阶段去完成，而正是在这个时期，儿童的大脑十分容易接受来自周围世界的信息。如果儿童在小学里就能熟记包括全部正写法规则的 1500 个词，那么他就是一个会读会写的人了。

科学地领导教学工作，有助于在教养的两个最重要的组成部分——技能教养和知识教养之间建立正确的关系。学生学习困难的原因之一，就是对技能作用的忽略。在绝大多数情况下，学生不能掌握知识，是由于不具备学习的技能。一个不会相当迅速而正确地书写的学生，是不可能写出好的作文，不可能把教师讲述的内容扼要地记录下来的。领导教学工作时，科学地安排掌握技能和知识的时间，还有助于为中等教育打下一个坚实的基础，即让学生掌握学习的技能。请你们仔细地观察一下学生做家庭作业的情况吧：他们还不会阅读，我们却已经要求他们理解古希腊奴隶制国家形成和衰亡的规律了；他们还不会写字，我们却布置他们去写以《一个阳光灿烂的冬日》为题的作文了。在给学生布置复杂的作业之前，必须先把一些基本的技能教给他们。

对教学过程的科学领导，应当促进学生在技能和知识两个方面都不断地发展和完善。学生掌握不太复杂的技能，就是为逐渐地掌握较复杂的技能打基础。而他们在掌握技能的同时，也就在学习知识，包括记住各种规则、定律、公式等高度概括的知识。知识不是靠死记硬背，而是通过运用某些知识掌握另一些知识记住的。如果说复习是学习之母，那么运用就是记忆之母。

校长靠科学来领导教学，才可能成为教育工程师。这种科学领导，能使全体教师团结一致、发挥力量，能真正地把小学、初中、高中各个阶段的教学活动衔接起来。

在领导教学工作的过程中，校长和教导主任的力量会结合起来。对技能和知识的分析，对学生掌握技能和知识的时间上的分配，以及对它们的相互关系的确定——教学领导中的所有这些问题，只有通过分析许多堂课和学生的书面作业，通过对比多年工作的结果，才能得到解决。在这里，校长和教导主任的职责是不能截然分开的。领导教学是一项集体工作，但是一些具体事情（听课和分析课，分析个别学科的教学大纲以便确定技能的体系）的分工也十分重要。

校长和教导主任指导学生的脑力劳动，首先就要体现在经常听课、观察课和分析课上。

教学领导与课外活动有着密切的联系。负责课外活动的教师要通过分析学生掌握各种技能和技巧的顺序，来制订课外阅读的一整套计划。应该指出，学生课外阅读文学和科普作品，如果缺乏经过周密考虑的一整套计划，那么他们在掌握知识和技能方面就会遇到不可克服的困难。课外阅读有助于学生及早培养和掌握流利地阅读这一最重要的技能。科学地组织课外阅读，在于学生不是死记书报杂志上的东西，而是怀着极大的兴趣去揭示那些构成基本知识的种种概念、现象、规律和观念的实质。换句话说，凡是要识记并保持在记忆中的东西，都应当通过课外阅读来加以强化。

第七次谈话

关于听课和分析课的几点建议

上课——这是教育和教学的主要形式。教师每天在课堂上给学生以教养和教育,并使学生得到全面发展。上课质量的高低,不仅决定着学生知识的巩固程度和深度,而且决定着他们能否树立起科学唯物主义的世界观和共产主义信念,是否热爱知识和科学,尊重人类所创造的精神财富。上课也是学生智力生活的一个主要方面。上课能发展学生的认识力、创造力,形成科学思维的能力,培育学生对书的热爱。在课堂上,生活经验丰富的教师和刚刚迈向生活道路的学生之间进行着精神交往。因此,教师的榜样作用是非常重要的。

上课并不仅仅意味着以知识来教育学生。同样的知识内容,在一个教师手里能起到教育作用,而在另一个教师手里却起不到教育作用。知识的教育作用在很大程度上取决于它跟教师个人的精神世界(他的信念、道德生活和智力生活,他对自己的教育对象即年轻一代的未来的看法)融合的密切程度。教师的榜样——这首先是指他的信念,他对科学的热爱以及他的道德面貌(用自己的智慧和知识为社会主义社会的最高理想服务)。

一个有经验的校长,他所注意和关心的中心问题就是课堂教学。经验证明,听课和分析课是校长的一项极为重要的工作。有许多东西——教师集体和学生集体的智力生活是否丰富,教师的教学技巧是否高明,学生的需要和兴趣是否多样和广泛——都取决于校长的听课和分析课是否有高度的科学水平。如果校长能对课堂教学进行深思熟虑的分析,使之得到不断的改进,那么整个学校的教育水平就能提高。课堂教学同学生的课外活动、自我教育,同教师个人的创造性实验,同学校的家长工作,等等,都通过许多条不易察觉的线索相联系着。在课堂上，我们可以发现学校的课外活动、对家长所做的关于教育学知识的宣传以及对学生集体的教育等工作的优缺点。

下面我想就听课和分析课的问题，向年轻的校长提些建议。

一、听谁的课，何时去听，听多少课

校长只有掌握了足够的事实和进行过足够的观察，才能高质量地做好教育教学过程中的这方面的工作。而只有经常听课和分析课，校长才能了解教师们在做些什么。如果校长不定期去听课，或因忙于开会和其他事务性的工作而无法走进教室，去接触教师和学生，那么他的其他一切工作都会失去意义，无论是开会还是做其他工作，都将毫无价值。

一所学校里可能有 15 名教师，也可能有 50 名教师。但是无论教师有多少，校长都必须了解他们每一位的工作情况。为此，校长就必须订出制度，经常去听课和分析课。多年的经验使我深信，尽管校长有各种各样的工作，但应当把听课和分析课摆在首要的地位。我给自己立下一条规定：一天内必须听两节课。否则，我就会认为这一天我在学校里什么事也没有做。如果今天要去开校长会议，抽不出时间去听课，那么明天就得去补听，一共要听四五节课。这一天将过得很紧张。要是预定出差四五天的话，那我就得在这之前的两星期内，每天去听三节课。

对校长工作的多年观察使我深信，学校工作之所以会做得表面化和简单化，首先是由于校长不了解课堂内的一切，不了解教师的创造性技巧在朝什么方向发展，不了解学校工作中是否有技巧。遗憾的是，有些学校有 15—20 个班，可是校长在整整一年里却只听七八十节课，甚至更少。这种校长好比是一个被蒙住眼睛的人在黑暗中徘徊：能听到一点，却什么也看不见、不知道、不理解。

校长要分析教师的工作，最适当的形式，就是定期地去听所有教师的课——既要听有二三十年教龄的教师的课，也要听青年教师的课。可是有些校长却错误地认为，对于那些有多年教龄的教师，可以少听他们的课。

教龄的长短并不一定能决定经验的多少。遗憾的是，有些具有多年教龄的教师，说得形象些，就像干枯了的花朵：仅仅在外形上像朵花，实际上早已失去了芳香和鲜艳的色彩，失去了生命的气息。这种现象虽然令人不愉快，却实际存在着。教师只有不断地进修提高，才能成为真正的教师。我们有一种教育机构能帮助教师在精神上得到提高和充实，这一机构被称为教师进修学院，这是很恰当的。在我看来，教师的成长取决于他的教育学知识的深度。教师的进修提高，首先意味着他今天对于某一教育真理的看法已胜于昨天。一个在努力提高自己的教师总是不断地处理着理论与实践的关系，一方面在总结自己所积累的丰富的经验，另一方面在用理论的光芒照亮自己前进的道路。他就是这样成长起来的。

校长去听课和分析课，不只是为了给教师一些东西，提些建议而已。学校是个教育实验室，教师在这里进行创造性的工作，相互之间每天在进行精神的交往。对那些有经验的教师，校长应当多去听他们的课，为的是把他们个人创造的一切有价值的东西都吸取过来，变为全体教师的共同财富。

听课和分析课，应当贯穿学期的始终。既不要在开学初期"加速进行"，也不要在学年结束前的两三个星期就匆忙停下来，似乎认为学期就要结束，大局已定，对于教育和教学工作再加干预未必会有什么益处。这些做法与想法是不对的。正是在学期快要结束的时候，对课堂教学的分析才有更大的意义。它不仅有助于校长对学生的知识质量做出估计，而且可以使他看出教师能否拟定进一步改进自己的创造性实验的途径。

校长越是经常听课，就越能了解学生。校长应当了解每一个学生，了解他们的脑力劳动的特点。只要校长能听足够数量的课，他是不难做到这一点的。

校长除了要经常听课以外，还要对一系列的课进行分析，这在他的整个工作中也占有重要的地位。教育工作的特点，就是它的高度的复杂性和多样性。学生在今天的课上所做的事，将在以后的许多堂课上继续下去、发展下去、深化下去。知识不是某种凝固不变的东西，而是不断发展的——这是真正的知识具有的极其重要的特征。一个有经验的教师永远不会这样断言：在今天这一节课上，他就一定会使学生获得牢固的知识。这是不可能的。学生只是由于教师用了巧妙的方法来不断发展和充实他们的知识，才能牢固地掌握知识。为了分析教师在这方面的工作，校长应该系统地听课，即听一个教师在一个课题下和一个章节范围内所上的一系列课。这样系统地听课和分析课将有助于校长对自己提出的意见和建议所产生的效果和实际作用做出判断。

系统地分析课之所以必要，是为了看出和理解各种教育现象的实质及其因果联系。这一过程最便于揭示教学工作中的这样一些主要问题：牢固而又深刻地掌握知识的条件是什么？知识肤浅的原因是什么？

在学年开始前，我就和教导主任一起拟定计划：这一年内我们将分别系统地去听哪些教师的课。我和教导主任每年可以系统地听 15—18 位教师（校长听 6—8 位教师，教导主任听 9—10 位教师）的课并加以分析（一边进行系统听课，一边进行系统分析）。这样就有可能在一年内对每一位教师的工作都进行考察。

二、听课和分析课的目的是什么

有时可以听到个别校长抱怨说："我听那位教师的课已经连续几年了（也许有 5 年、10 年），但是毫无益处——他的课仍然上得不好……"为什么会存在这种情况呢？这是因为这些校长听课和分析课的目的过于狭窄：只是想发现教师上课的错误和缺点，至多也只是要对教师指出：怎样才能在备好课的情况下使教学方法获得较好的效果。

在听课和分析课的时候应当记住，今天某教师上的一节课，不仅仅是他昨天花一定时间进行准备的结果。一堂课并不只是教师在走进教室之前所读过的那点教学参考书和补充资料。

课堂是反映教师一般修养和教育素养的一面镜子，从中可以看出他有多少智力财富，他的见识和他的博学程度。谈到上课，我们不应该忘记教育和教学是相互交叉的这样一个十分重要的事实：教师在讲解教材时，不但是在向学生打开通往知识世界的窗户，而且也是在表现他自己。

我认识苏联各地的几十位出色的教育行家。他们的教育技巧最主要的特征就是表现自我，即把自己的精神财富展示在学生面前。我和戈麦尔省科尔姆寄宿学校校长米哈依尔·阿法纳西耶维奇·德米特里耶夫结识多年。他曾多次来我校做客，我也常去科尔姆。他是一位出色的教师，他的教学技巧就在于能使学生从他的讲课中感觉到一个人可以拥有惊人的精神财富。他以丰富的思想吸引着儿童。他上历史课时，能整页整页地背诵历史文献。学生在听他的课时，眼前会呈现出一幅幅鲜明的历史事件的图景。这位教育能手的一个突出的特点，是善于找出鲜明的、有表现力的形式来表达某种思想，使它能够扣人心弦。米·阿·德米特里耶夫说："我在备课的时候，从来不给自己规定一个非得遵循不可的刻板公式。我只是周密地考虑要讲的事实的范围，且特别用心地考虑如何利用这些事实来讲清楚思想。"

你今天听了一节课，这节具体的课的质量，是跟教师的精神生活有着密切联系的。因此，听课和分析课的主要目的，应该是研究教师的眼界、兴趣和精神财富是如何表现出来的。我在听课时，首先就是要看教师在生活中最关心的是什么，他在读些什么书，在他的精神生活中书籍占有何种地位，以及他是否时刻关心着科学和文化方面的最新成就。

例如，在一节文学课上，教师在讲莱蒙托夫的小说《当代英雄》。我看得出，他是了解这部作品的，能很好地复述作品的内容，但是当他开始讲解主人公的内心悲剧时，就暴露出他对19世纪上半期青年人的精神生活了解得很肤浅，关于这一历史时期的作品他读得很少。在这种情况下，如果只就讲述和分析文学作品的方式、方法向这位教师提出意见和建议，对他会有帮助吗？看来是不会有帮助的。因此，校长在和这位教师谈话时，应当首先建议他读些什么书，通过什么途径扩大自己的眼界，丰富自己的精神生活。

数学课上一位教师在讲授三角函数的初步概念。他下的定义和举的例子都是正确的，但学生却很难理解新教材，因为教师没有讲清数学抽象乃是对周围生活各种具体现象的概括。他也没有举出一些例子向学生说明：掌握了三角函数，就能成功地解决某些实际问题，例如可以实地测量两个无法接触的点之间的距离。学生由于不了解数学概念的生活基础，于是就竭力去死记硬背。没有理解就去识记，所得到的知识必定是肤浅的、形式的，尤其有害的是不会实际运用学到的知识。对这节课的分析，也是要从了解教师读些什么书，藏有哪些教学论和普通教育学的参考书谈起的。

我在低年级一个班听语法课时，注意到学生是通过生动的言语材料来学习语法的：女教师教儿童怎样思考，教他们讲述自己在大自然、劳动以及人们的相互关系中所看到的东西。因而，学生就不再把语法看作是必须死记硬背的抽象概念，而看作是正确地思考以及表达各种事物的性质和关系的细微差别所必需的规则。初看起来，这位女教师似乎并没有专门花时间让学生去背熟语法规则，然而学生在整节课上都通过有趣的作业反复学习和运用它们。这样的教学和教育方法值得我们特别重视。我总结了这位女教师的经验，并向低年级全体教师和其他年级语文教师做了介绍。从这以后，这种创造性的词汇教学成了最重要的语法教学法。我举这个例子是想说明，怎样利用听课和分析课来研究和发展教师的经验，怎样把个别教师的经验变为集体的财富，用以丰富全校的创造性的教育实验。

三、教师怎样理解和达到课的目的

许多课（甚至有多年教龄的教师的课）的重大缺点之一，就是没有明确的目的，因而未能使课的一切方面和阶段都服从于这一目的。问题并不只在于课堂教案里要写明本课的教学目的。有时虽然在形式上是写了，但是教师并没有真正认识它。漫无目的的课不仅是白白浪费时间，而且会增加学生的疲劳，使他们养成一种松松垮垮的习惯和不良的道德品质——懒惰。

看起来，好像理解上课的目的是再简单不过的事。"课的目的吗？"一位一年级教师重复着我的问题说，"那就是让学生读读，复述一下。这就是课的目的呀。"

我们走进课堂，一种令人担忧的感觉控制了我：这里在白白地浪费时间，学生上完这节课就跟没上时一样，他们的技能毫无长进。为什么会这样呢？因为教师没有提出应当提出的主要目的，即：教会所有的儿童（不只是那几个被提问的儿童）阅读，发展他们的阅读技巧。教师对孩子们说：当叫到的同学在朗读时，大家应当仔细地听，记住他读的错误，然后大家来纠正。一年级的课文是很简单的，词语也很容易记住，孩子们记住那些读错的地方也不难。当发现同学朗读中的错误以后，孩子们怕忘了，就不再听了，也忘记了要仔细看课文的要求。接着孩子们纷纷举手，要求纠正那位同学的错误。气氛是很热闹，但是益处甚少：孩子们并没有学习阅读。

那么，在一年级（也可以包括小学各年级）学习阅读意味着什么呢？首先要学会把一个单词（尤其是多音节的词）作为一个整体来感知，而对词的分析，即分音节朗读，则是达到这种感知的途径。让儿童看着课本去检查别的同学的朗读并不重要，重要的是要让儿童看着课本，按音节读词（默读或者轻声地读）。这样的教学目的，正在于让每一个儿童独立地阅读。要达到这个目的（这正是小学特别是一二年级阅读课的最重要的目的）并不是很容易。这里必须最大限度地注意每一个儿童的学习情况。有的孩子读得快些，有的孩子读得慢些，这一切都应当估计到。不要害怕有的孩子落在后头，也不要害怕孩子们读起来嗡嗡作响，好像一窝蜜蜂。并不是所有的一年级孩子都会默读的，在这一点上不必着急。孩子们朗读的声调较差也并不可怕——先让孩子们学会读词，以后就能表现出词的情感色彩来了。

在听课和分析课时，我所注意的正是那种教学目的不明确的缺点。现在教师对于教学目的有了一定的认识。多年的经验告诉我们：教学目的越是简单，看起来越是容易确定，事实上就越是难以确定。属于这一类课的，除了有小学的阅读课以外，还有外语课，要解应用题的算术课、代数课，以及联系实际问题的几何课、三角课、物理课、化学课。在外语课上，主要的学习形式是阅读课文，最好是小声地读。还应当专门分出时间让学生进行默读，这时教师必须仔细地观察每一个学生是怎样学习的，应当教会他们独立学习。

解答应用题时,应当怎样提出目的,并如何达到这一目的呢?你们可能遇到过这样的现象:教师把应用题读了一遍,几个最好的学生就把应用题的条件弄懂了,于是给人造成一种假象,好像全体学生都懂了,就连教师和校长也常常被这种假象所迷惑。但你如果去问问学习较差的学生,就能发现他对应用题的条件是解释不出的,他并没有弄懂。一个学习最好的学生在黑板上解应用题,同时教师不断地喊另外一些学生——主要也是学习好的学生回答问题,他们都能解释。于是,教师认为这节课的教学目的已经达到了:学生学会了解应用题。然而实际情况究竟如何呢?总的来说,后进生和中等生没有学会独立解题。常有这样的情况:一个学生上了七八年学,却没有独立地解答过一道应用题(无论是在学校里还是在家里)。

要提醒教师不要过分迷恋于集体作业的形式,不要被那种一切顺利的表面现象所迷惑。要把学生独立的、个别的作业作为他们学习数学的基本途径。教师可以向全班布置好几种不同形式的作业,让每一个学生都去独立地分析应用题的条件,独立地思考各个数量之间的从属关系,独立地解题。在开始阶段,教师会发现学生在学习上有很大的差距:一个学生用 15 分钟就解出了一道应用题,还需要再给他一道新题目;而另外一个学生直到下课还没有解完一道题。对后者,你丝毫不要着急或感到失望。在下一节课上,你还应当让他继续解那一道没有解出的题目,让他思考,再思考。一定要迫使他独立解决。

正像肌肉离开劳动和锻炼就会萎缩、无力一样,智慧离开紧张的脑力劳动、离开思考、离开独立的探索,就得不到发展。坚持让学生进行独立思考,总有一天,就连"最差"的学生也能独立地解出应用题。

我想对年轻的校长和教导主任提一点建议:请你们去听一些和分析一些数学课(包括低、中、高各个年级的数学课),其目的在于专门分析一下学生脑力劳动的独立程度。在听这些课和分析这些课的时候,特别重要的一点是,要注意每一个学生是怎样学习的,教师是否提出了让每一个学生都进行独立脑力劳动的目的。

四、为什么及如何检查学生掌握知识的情况

许多课的严重缺点,就是在第一阶段(检查家庭作业)浪费时间。可惜,校长并不一定注意到了这个问题。正是在这一阶段最容易忽略上课的明确目的。教师在 15—20 分钟内提问三四个学生,给他们评分,而其余的学生却无事可做,或者至多不过是几个勤勉的学生估计教师要提问到他们,便在翻阅课本上的答案。一个学生回答完了,其余的学生便都十分紧张地等待着教师的提问。但是,只要教师一叫出某个学生的名字,其余学生便会立刻松一口气,于是就各干各的事了。在一节课的 1/3 时间里,他们什么事也没有做。这种惰性接着又会迁移到课的下几个阶段。这样日复一日,就使学生逐渐变得懒惰了。

课上浪费时间正是造成学生知识肤浅、懒惰、散漫的一个主要原因。校长不应该容忍这种状况:检查和评定知识变成了一种目的,教师提问学生只是为了给他打一个分数。在听课和分析课的时候,请注意观察:当教师喊到的学生在黑板前或在座位上回答问题时,班上其余的学生在做些什么。在检查知识的时候,应当让所有的学生都从事积极的、独立的脑力劳动,而在高年级(七至十年级)这种劳动则应当具有自我检查的性质。

在实际工作中如何才能做到这一点呢?在一些优秀教师那里有一种定规:每一个学生都备有一个草稿本(各门学科合用一本)。在检查知识的时候,学生都把草稿本打开,听着教师的提问,然后各自拿起铅笔,在自己的草稿本里简短地写出答案的主要意思,一般可以写成图表、示意图、详图等形式,或做简明的列举等形式。例如,一个学生到黑板前去求分数的公分母,其余学生不等待教师叫他们从黑板上抄下例题或者另解一个例题,他们都在草稿本里写自己的例题,求公分母,并同黑板前的学生进行比较。这样,教师逐渐使学生习惯于独立运算、解题,对知识进行自我检查。

在有些课上,学生的自我检查起着特别重要的作用。叫一个学生把自己造的句子抄在黑板上,其余学生把这个现成的句子照抄下

来。这样做是不能鼓励学生独立地去进行脑力劳动的。在课上，学生的脑力劳动只有独立进行，才能积极开展起来。因而有经验的语文教师，总是要求每一个学生都自己造句。

总之，应当非常仔细地分析教室里的黑板是否使用得当。黑板上只应写学生不能独立完成的那些练习题。另外，听写单词时也可以使用黑板，但并非都必须使用（在黑板上只写出难以拼写的词）。生物、化学、地理、历史、物理课的教师都善于在黑板上画各种简图。应当专门给教师们讲一讲，在上新课时可以用哪些方法绘画。这需要进行长期的细致的工作。

总之，在分析课的时候，要注意分析教学是怎样进行的；检查和评定知识时，学生的知识是否得到了拓展和深化。使学生的脑力劳动积极化的途径是很多的，在这里，善于思考的教师有着发挥创造性的广阔余地。

在检查家庭作业时浪费时间，这往往还表现在教师所提的问题完全是重复教科书里的小标题，这样一来就会促使学生去死记硬背。这种错误的做法在一些学校里盛行。在文学、历史、社会常识课上，学生往往用20—25分钟的时间整段整段地复述教科书。这样经常地、一节课又一节课地背诵，会使学生智力发展迟缓、缺乏才能。校长有责任去消除这种不良现象，他必须向教师提出具体的建议：应当怎样提问题才能促进学生的智力发展，培养他们对所学学科的兴趣，防止他们死记硬背。

比如，在历史课上检查有关1861年改革的知识，这时就应该先提出一些问题，让学生说明历史事件的因果关系。下面就是一位有经验的历史教师提出的问题。

为什么沙皇政府不得不把农民从农奴制中解放出来？如果沙皇政府不解放农民，那么俄国社会的发展会走什么样的道路？

既然不分配耕地的单纯的人身解放并没有改善农民的处境，为什么又说这种改革在俄国历史上具有进步的意义？

俄国哪些阶级和社会集团只关心解放农民自身而不给农民分配耕地？为什么？

如何理解 H.A.涅克拉索夫对这场改革的评价——"粗大

的锁链被砸断了,它的一端打在贵族老爷身上,另一端打在农民身上"?[14]

俄国农民的解放与其他国家农民的解放有何不同?

为什么俄国农民的解放迟于西欧其他国家?

提出这些问题的目的是要学生认真阅读和理解教材,而不是要他们死记教材。

在小学各年级,检查知识的形式比较特殊。没有必要花专门的时间去检查学生对语法规则和运算规则是否掌握——这些都可以在实际作业中得到检查。如果你能够说明小学教师怎样在学生运用知识的过程中检查他们的知识,那么你就等于能分析课堂上的极为复杂的教育现象了。知识的运用对儿童特别有意义。在课后跟教师谈话的时候,校长应当特别注意了解学生在做练习时运用了哪些知识,他们的知识有了什么进步。

五、是否注意教会儿童学习

那些为教会儿童学习而采取的方法和方式,应当引起校长的特别重视。儿童在课堂上的智力发展,表现在下列两个方面:(1)获得了关于自然界、社会以及人们的精神生活的知识;(2)有了在教师指导下独立掌握这些知识的能力。学生的学习成绩和知识面,他们对书籍和科学的热爱,都取决于智力发展在这两个方面的统一与和谐。

在小学,掌握知识的能力具有特别重要的意义。校长要经常注意这样一个问题:学生的观察能力、思维能力、阅读能力、书写能力等处于一种怎样的相互联系之中?在小学里听课和分析课,应当考查和计算教师上课有多少时间是用来教儿童掌握知识的,在朗读上是否用了足够的时间,阅读是否被各种各样的谈话所取代了,教师是否检查了儿童的课外朗读。多年的观察使我们得出这样的结论:为了学会迅速地、有理解地、有表情地朗读,学生在小学的4年时间内,朗读的总时数不得少于200小时(以一二年级每天朗读

10分钟，三四年级每天朗读15分钟计算）。教师对这些时间应当加以统筹分配，而校长则要检查教师是怎样指导学生的个人阅读的。

我和教导主任在小学里听课时，曾经提出一个专门的目的：听学生的朗读。同时提出一项任务：每一年要对每一个学生的阅读能力做出评价，看他迅速阅读的能力如何，以及除了教科书以外他还读些什么书。一个阅读能力不好的学生，就有可能成为一个后进生。如果在小学里没有教会学生迅速地阅读，他们日后在学习中就会遇到无法克服的困难。学会迅速地阅读和理解——这是防止学习上的惰性和学习落后的可靠途径。一个学生即使不能掌握数学、物理、化学等方面的知识（即不能掌握某一学科的足够分量的知识，以便在这一学科的领域中发挥自己的才能），即使不能像中等生那样解答应用题，但只要他掌握了阅读技巧，他作为未来的劳动者和公民也能够为自己打开通往丰富的精神世界的窗户。一个不掌握数学、不会解应用题的人，仍可以生活下去并获得幸福；然而，如果不会阅读，则不能生活，也不会获得幸福。谁没有掌握阅读的技巧，谁就是一个没有受过教育的人，一个不懂道德的人。

要学会迅速地、清晰地和正确地书写，学生应当在小学里完成一些为了培养书写速度的专门的练习。在听课和分析课的时候，校长应当不仅考查每一个学生的学习内容，还要考查他的学习分量。

思考能力（对比、比较、概括和解释因果联系以及其他联系的能力）具有特别重要的意义。在听课和分析课的时候，校长要注意考查学生解决了哪些思维任务，以及这些任务是否是在掌握知识的过程中完成的。

对中、高年级的学生来说，还有一种具有重要意义的能力，这就是自我监督、自我检查的能力。经常听课和分析一系列的课，能为校长提供足够的材料，以便判断学生的这种能力是否得到了适当的和目标明确的训练。

周围现实是知识的第一个和最重要的源泉。学生的智力和才能的发展，取决于教师是否善于利用这一源泉。有经验的教师在教学中，总是首先使自然界、劳动和社会生活的种种现象和事物成为学生思维的主要对象。校长就是要看教师是否善于把儿童带到知识的源泉那里去，使儿童通过观察周围世界和在劳动中与周围世界发生相互作用，学习分析和综合、抽象和概括的逻辑方法。在小学里听课和分析课的时候，必须特别注意教师是否带领学生到自然界里去发展他们的言语。

如果教师没有这样做，这就说明教学有脱离智力训练的严重危险。应当告诉教师如何到自然界里去上课，如何教会儿童思考。

六、学生对新课的学习

这里的关键是要对学生的脑力劳动的积极程度做出正确的结论。这不仅对校长来说是困难的，就是对天天教学生的教师来说，也不是那么容易的。如果教师讲新课用的是讲述（讲解、演讲）法，那么要做出这样的结论就更加困难了。

教师进行叙述的时候，很难了解学生是怎样感知新教材的，以及他们的脑力劳动的积极程度如何。但是正是对于这一点，教师和校长都必须有明确的了解。这里涉及学生产生学习新课的积极性的一个极为重要的条件——保证反馈联系，即在叙述（讲解、演讲）还没有结束以前，教师就应当知道学生对教材的感知情况，以及本节课上所讲的新东西跟学生已知的哪些概念、规律联系起来了。

我听着教师的叙述，从他叙述的内容本身就能知道他是否在促进学生的思维活动，他是怎样使新的东西和学生以前所学的东西联系起来的，他向学生提出的问题能否促使学生去回想已知的东西并运用它们去解释未知的东西，他采取了哪些特殊的方式来促使学生集中精力。有经验的教师总是牢记着亚里士多德的那句名言：思维是从疑问和惊奇开始的。[15] 他们一般都是从学生已知的东西讲起，善于从中揭示出能够引起他们的疑问的那个方面，而疑问的鲜明情感色彩又使他们产生惊奇感。例如，植物课上教师向学生揭示各种事实，说明活的植物体细胞在一定的温度、湿度和阳光照射之下，能把无机物质变成有机物质。这位教师将这一事实作为自然界的一大奥秘加以揭示，从而引起学生探索这一奥秘的愿望。这种愿望对思维活动是一种强大的推动力，是情绪—意志的源泉。在这里，极其重要的是教师要善于引导学生，让他们一心一意想探幽析微，从平常的、司空见惯的东西中看出不平常的东西来。这种思维活动在实践中称之为智力主动性。

促使学生积极思维的一个重要手段，就是让他们完成独立作业，这种独立作业应是学习新课的一个有机组成部分。比如，在六年级的一堂几何课上，学生学习"斜线在直线上的投影"这一概念。有经验的教师会把学习新课的整个过程跟学生的独立作业结合起来。他给学生布置一些作业：作垂线、引斜直线、由斜线上的一些点用虚线作直线的垂线等。所有这些别具一格的数学听写习题只需做在草稿本上。这样在讲解新教材的过程中，教师就能在讲新课的过程中了解学生对教材的理解程度，包括他们所遇到的困难。学习的对象越复杂、越困难，让学生完成独立作业就越重要。

教学的技巧并不在于使学习和掌握知识变得很轻松、毫无困难。恰恰相反，当学生会遇到困难并能独立地克服这些困难的情况下，他的智力才会得到发展。必须给学生的智力活动提出这样的任务，使他集中精力，付出努力，以便用已有的知识去认识未知的东西，从而使他体验到克服困难的欢乐。

让学生在教师指导下独立地研究事物或现象，是刺激他们智力活动的一种手段。在听课和分析课的时候，校长要特别注意：学生的独立钻研是怎样成为掌握新知识过程的有机组成部分的。课堂上的理论、规律，本来就是从周围世界的具体事物或现象之间的相互联系中产生的。应当使这些事物或现象成为学生独立研究的对象。

校长必须了解教师是怎样帮助学生将可见的物质世界变成他们独立研究的对象的。这样的教育技巧是多方面的，而校长的任务就是要千方百计地去帮助教师发展这些技巧，并把他们的先进经验推广到全体教师中去。这里需要特别注意直观教学。一个真正的教师使用直观教具，不仅是为了演示，使学生形成关于事物的鲜明表象，而且是为了让他们进行独立研究。

让学生研究那些可以使他们得出和产生符合科学唯物主义世界观的结论和信念的事物或现象，这是十分重要的。这样的独立研究不应只限于在课堂上。例如，为了让学生独立研究"种子发芽"这一课题，有经验的生物教师提出了一系列作业题，要求学生去比较种子在各种条件下的生命过程，并做好观察笔记。这种作业的价值不仅在于它能帮助儿童在认识道路上迈出第一步，而且还在于它的特殊的教学目的：在独立研究的过程中，学生头脑里会产生许多问题，会在普通的、经常遇到的事情中发现许多复杂的东西，这一点会使他好奇，从而去探究事物的本质。所有这些也就是一种情绪—意志刺激，没有它，思维活动的幼芽就会枯萎。

独立研究的对象包括详图、草图、示意图、进度表、模型、语言材料（词、句）等。教师的技巧就在于，不要把现成的结论告诉学生，而要他们通过自己的劳动去获取。

对于智力上有偏差的学生来说，独立研究周围世界的各种事实或现象有着特别大的作用。应该给这些学生布置一些特别的作业，以使他们有时间去深入思考。

有些教师刚刚讲完新课，就马上转入所谓"巩固阶段"：叫一些学生复述教师刚才讲过的东西。当然，这些学生都是最好的。这样急于提问是不必要的。讲完新课以后，要让学生有思考的时间，教室里要保持安静，让学生想一想教师讲过的东西。根据不同的教学内容，可以让学生做不同形式的作业：看书，编提纲，制图，等等。例如，在讲完三角函数的概念以后，可以让学生在草稿本上画一些草图。

一定要给学生留有思考的时间，让他们有可能聚精会神地想问题。学生不是都能同样迅速地理解新课的，也不是都能以同样的方式进行思考的。要让每一个学生独立地弄懂教师所讲的东西。

时常有这样的情况：教师讲完后，个别学生还有些地方不懂，还来不及透彻理解。而且，他们往往连自己也说不清，什么已经懂了，什么还不懂。理清自己的思想，进行自我检查——这些都需要时间，需要集中精力。有经验的教师都认为，让学生深入思考教材是上课的一个最重要的阶段。

只有教师的讲述文理通顺、清楚、有条理、合乎要求，学生才能进行积极的脑力劳动。如果教师本身思路混乱，表达含糊不清，那就必然会在学生的头脑里造成混乱，以至白白浪费掉90%的课堂教学时间。我经常把一些教师讲课的某些部分逐字逐句地记录下来，和他们一起进行分析，让他们注意思维的连贯性，注意学生是如何感知他们的叙述的，学生弄懂了什么，是怎样记忆的。

七、学生的知识是如何发展和深化的

在教学过程中发展和深化学生的知识——这是教育和教学工作中最重要而又研究得最少的问题之一。学生当堂理解的那些真理、规律、规则、公式，还不能算是牢固掌握的、扎实的知识，它们只有在学生以后的思维活动中得到运用，并成为他们掌握新知识的工具和手段时，才会变成牢固而扎实的知识。

在听课和分析课的过程中，校长应当特别注意学生以前获得的知识是怎样成为他们获取新知识的工具的。在实际工作中，我们通常把这一现象称为"知识的巩固"。

就以五至八年级学生学习语法知识（如副动词短语）为例。如果教师只在教学大纲规定的几节课内让学生学习这些知识，那么他们的这些知识永远也不可能得到巩固。教师的教育技巧就在于，要使学生这方面的知识在长时间内得到运用，这样就把复习跟学习新教材很好地结合起来了，因而就没有必要再专门花时间进行复习了。例如，一个有经验的历史教师从来都不要学生在家里复习"国家""阶级斗争""剥削""革命"等概念，因为他让学生在学习各个时代的历史事件时已多次重复学习了这些概念，并由此加深了他们的理解。

特别重要的是，在分析课的时候，校长应当注意教师是如何布置作业，使学生以前学过的有关规律、规则、法则、公式及其他概括性的知识向广度与深度发展的，学生完成这些作业跟学习新教材是否联系起来。这样做当然不仅仅是为了评价一节课，而首先是为了让教师把所有的课都上得更好。

要使学生的知识向广度与深度发展，教师必须特别重视学生的课外阅读：他们在读些什么，找到了哪些喜爱的杂志和科普书籍。在课堂上学过并要求记住的东西，都应当日后在反复地思考新的事实和现象中加深理解。所谓知识的深化，就是对事物或现象之间相互关系的更深入的理解。

八、能否让全体学生都牢固掌握知识是评价课的主要标准

上课的效果、教师的工作成绩,并不在于个别学生能对教师的提问做出最好的回答,而在于全体学生都牢固地掌握了知识。课堂上经常出现那种由最好的学生做出最好的回答的情况,校长切莫被这种表面现象迷惑。应当注意教师是否给学生布置了要求独立完成的作业,并使他们把这些作业都做完了。让全体学生毫无例外地在独立完成作业上取得成绩,这是促使学生从事紧张的脑力劳动的动力之一。有经验的数学、物理、化学、语文教师,他们在课堂上布置作业,总是要求每一个学生都独立完成(为了做到这一点,就要给同一类型的题目选择好几种变式)。他们总是留出时间让学生去思考和理解,并能估计到在这段时间内就连最差的学生也能把作业做完。他们并不急于提问最好的学生——既然他们把全体学生的独立作业的成绩当作反映学生脑力劳动积极性的主要指标,那么他们一般都懂得这样做是毫无意义的。对于那些能够很快完成作业的好学生,教师应准备一些补充题,这些题目的难度要大一些,使得即使是最好的学生也要认真地动一番脑筋。要使中等生特别是后进生,从作业的开头直到完成,都不指望有别人来帮忙。在数学、物理、化学、语法等许多课上,教师的讲解应当更少一些,让学生安静地、聚精会神地从事脑力劳动的时间更多一些。

校长和教导主任要很好地了解学生(特别是小学生)的实际技能。我和教导主任各负责小学的一半班级。我们在整整一学年的听课中,着重检查学生的阅读和书写能力,我们私下给每一个学生打分数,分析学生技能的一般状况,并且跟教师一起商量做哪些工作来提高学生技能。我们对学生的阅读和书写能力做了 20 年的分析,这些总结材料使我们有可能对教学提出如下几点看法:

(1)一个学生如果在低年级能出色地掌握快速阅读和书写的技能,那么到了中年级和高年级就决不会变成学业不良的学生;

（2）掌握快速阅读和快速书写的技能越早，学生在中、高年级获得知识的质量就越高，他用于全面发展的自由支配时间也就越多；

（3）在低年级获得的快速书写的技能越巩固，到中、高年级时学生的读写水平也就越高；

（4）学生如果到小学毕业时还没有牢固掌握快速阅读的技能，那么到五至八年级，他主要的学习方法就将是死记硬背，他的智力将会变得迟钝起来。

这些结论使我们相信，对学生的实际技能所做的具体分析，是指导教育和教学工作的一个十分重要的因素。

对智力发展落后的儿童应给予特别的关注。我在听课和分析课的时候，常常要考察这样的问题：为了发展这些儿童的观察力和提出问题的能力，教师做了些什么。

九、教师应当怎样布置家庭作业

如果教师在下课前一分钟才布置家庭作业，而且仅仅指出教科书的页码、段落以及练习题的号码，那是不能指望学生会有好成绩的。这种做法反映了教师教育素养的低下。我们多年来的观察表明，学生在课外独立完成家庭作业和独立钻研的能力不一，因而他们在掌握知识的程度方面也显得参差不齐。校长必须和全体教师一起讨论有关家庭作业的问题，必须总结这方面的好经验，以便提高教师的指导水平。

校长要努力做到不让教师把课外作业当成课内作业的量的追加。课外作业应当能使学生的知识向广度和深度发展，能提高他们的学习能力，为他们掌握课堂知识做好准备。应当让学生在课外去观察自然界和社会现象，发展个人的爱好和多方面的智力需求。

教师在布置学生阅读教科书中的课文时，应当同时向学生提出一些问题，让他们一边阅读一边思考。在布置实践作业时，教师要告诉学生，怎样把学过的理论知识跟完成实践作业结合起来。很重要的一点是要让学生在课内先做一些类似的习题。

分析、研究、比较——这些积极的思维活动应当贯穿在做家庭作业的整个过程中，这样学生就能把读书跟观察、劳动结合起来。

给不同的学生布置不同的家庭作业，这一点应当予以特别的重视。如果教师不给某些学生布置特殊的作业，那就说明他没有考查每一个学生的能力。通过对学生智力活动的考察，教师会发现，有些儿童遗忘得很快。知识的遗忘特别是技能的遗忘，是有经验的教师特别注意的问题。每个班里总有那么两三个学生，需要经常地为他们布置一些不太多的、专门为了防止遗忘的作业。在听课和分析课的时候，校长应当注意教师是否忽略了实际工作中的这一重要问题。教导主任应当经常和教某个班的所有教师商量、专门讨论这些问题：应当给某一个学生布置哪些防止遗忘的家庭作业，以及他的负担是否过重了。

十、在分析课的过程中概括教学规律

在分析课的过程中，校长会逐步认识到一些教育和教学工作的重要规律。对这些规律的认识，反映在具体的教育和教学方法中，反映在全体教师的教育信念中，又在优秀教师的经验中得到发展，使年轻教师的教育技巧得到充实。多年的经验证明，在听课的过程中应当对实际材料加以提炼、总结，以便整理成有关教育和教学工作的报告。最近5年来，在校务委员会的会议上，教师们听取了校长所作的下列一些报告：学生在课堂上怎样掌握数学概念和语法概念；讲述新课的逻辑顺序；如何在课堂上考查学生的知识；知识的增长和深化；知识与实际技能的关系；知识的运用是增长和深化知识的最重要的途径；学生在课堂上的独立脑力劳动；课堂上的时间利用问题；如何通过检查家庭作业来深化学生的知识；如何在讲述新课时考察学生的知识状况；什么是掌握知识的技能；如何对自然界进行观察；如何教儿童思考；思维迟钝的儿童的智力活动；课外脑力劳动的特点；课堂上的理解和识记问题；教育和教学的统一；

等等。

　　校长跟教师的个别谈话起着很大的作用，但我认为，通过报告总结教学规律更为重要。大家就这些报告进行讨论、自由地交换思想、开展辩论，这一切都有助于教师集体形成共同的信念、提高教育技巧、启发教师们去进行创造性的探索。

第八次谈话

怎样做学年总结

我是在当了几年的校长、分析了上千节课之后，才开始明白：一堂好课并不是教师一字不差地把事先制订的教案搬到课堂上来；一个好的教师也不是制订了教案之后，就再也不敢越雷池一步的。干我们这一行，如果没有预见和计划，那是不行的；然而一堂成功的课事先也只能由教师在心中粗略地勾画出它的轮廓，而它的诞生只能是在课堂上。因此，一个好的教师应当把握课堂教学发展的逻辑，洞察学生脑力劳动的细微变化，从而善于对计划做适当的改动。实事求是地讲，一个好的教师并不能预见上课时的细枝末节。这并不是说他在盲目地工作，而是说他确实理解了怎样才算是一堂好课。那么，为什么需要经过好几年，我才能领悟这样一条真理呢？这里我就来回答这个问题。

一、学年总结为什么是必要的

和任何其他方面的现象相比较，各种教育现象相互之间有着更为复杂而多方面的联系。这种联系有一个特点，这就是：教育过程中的每一种具体现象，每一个具体事物，看来似乎是与其他现象或事物并不相关的，但实际上它们相互之间却有着千丝万缕的联系，从中我们可以得出一般的结论。因此，我们对教育过程中的每一种现象或事物都应当从各种不同的角度去观察，有意识地把它同教育过程中的其他方面、其他因素和组成部分联系起来加以考虑。

我曾在学校图书馆里看到一个六年级学生，他正在挑选课外读物。他不去理会那些饶有趣味的文艺作品，也不去注意那些新出版的、优秀作家创作的画册，却在放着物理学科普读物的书架旁停下来，拿起一本关于基本粒子的书。这时候，他的眼里燃起了求知的火花。我拿起这个少年的借书卡看了看，发现他借的都是科普读物，主要是物理方面的，并且主要是那些涉及这门学科最新成就的书籍。

看来，这个学生的物理教师非常善于组织课堂教学。他的讲课有一种推动力，能激发学生去阅读超出教学大纲范围的课外读物。关于这方面，我已掌握了某些事实，并且有了一些概括性想法。不过，现在我正要从这一点出发更加认真地考察一下他的课。这位物理教师是通过怎样一些无形的线索把学生从必修教材引导到课外书籍的呢？怎样才能把他的经验传授给其他教师呢？阅读一些远远超过必修范围的书籍，这对学生的脑力劳动会产生什么影响？这个学生是怎样学习教科书的？课外阅读对于少年的禀赋、爱好和志向的培养究竟有多大影响？学生迷恋于某些学科，这对他的其他学科的成绩有何影响？那些迷恋于科学读物的学生在课外是怎样进行脑力劳动的？

我已经得出某些初步结论，那些不仅仅学习教科书的学生的脑力劳动是由两个部分构成的：（1）学习正课；（2）阅读课外书籍，对这些书不要求熟记和背诵。初步的资料表明，学生阅读的课外书越多，他们在课堂上的学习就越容易。不过这还只是一个初步的看法，还需要做进一步的检验。一个真正的教育能手，他所关心的是课堂教学的"后方保障"——如果可以这样表达的话，即为学生的学习创设一个宽阔的"智力基础"。我在那位物理教师的课上曾看到他的教学技巧的这种特点，但当时没有很好地加以思考，现在深感对这些特点应当特别加以注意。要思考这样一个问题：这位教师究竟是怎样为自己的学科创设这种智力基础的？同时也不妨从纯属学校图书馆工作的角度认真想一下：这项工作，包括对图书的宣传工作，应当怎样反映课堂教学的需要？学校的图书管理员对课堂教育和教学的内容应当了解些什么？一个酷爱物理学的少年不看文艺作品，这种情况不能不引起我们的忧虑。为什么会是这样？学生对某一门学科的过分迷恋,是否包含着片面发展的危险性?看来,这个班上所有的任课老师,在一定意义上说,在开展一场吸引学生兴趣的竞赛。这是一个非常有趣的、值得认真思考的问题。怎样才能使学生的智力在科学方面和艺术方面和谐地发展呢?

这就是我从一个偶尔看到的借书少年身上引起的思考。世界上没有比人更为复杂的了,因此,你作为学校的主要教育者,必须经常地、有意识地发展自己的这种能力:善于看出各种现象之间的联系,并且善于进行理论上的概括。请你准备一个专用的笔记本(不是那种偶尔用来记点事情的蹩脚的便条本,而是精致美观、可以保存多年的笔记本),把你所看到的现象记录下来。这些原始资料可用来进行深入思考,同时也是对教育过程做严密分析的原始材料。不要光是记录那些显眼的事物。首先要把那些不经过仔细观察便不易看到的事物记下来。要学会发现和观察事物,要善于找出各种事物或现象之间的纷繁复杂的关系。比如你去听一堂唱歌课,发现个别学生感觉不到旋律的美。那么,你是否想过:这个班级的学生家里总共有多少乐器?你要收集事实,并进行分析。你会确信:只有让儿童从小就生活在一种充满音乐气氛的环境中,才能谈得上对他们进行真正的音乐教育。

作为一名学校领导,你一迈进学校的门槛,就应当以极其敏锐的眼光去仔细观察一切热爱劳动以及懒惰、散漫的现象。你要时常思考学生参加劳动和热爱劳动的问题,在笔记本上留出专门页记载这方面的情况。你要善于洞察学生的劳动生活跟学习态度及知识之间存在的非常微妙的相互联系。

我特别建议你要学会看出下列这些现象之间的相互联系:教师的工作和学生的知识;课堂教学和多种多样的教育、教学组织形式;课堂教学的艺术和创造性的教研工作;书籍和学生的脑力劳动;师生在精神上的一致和教师的人格对学生的理想与情感的教育影响;等等。要知道,作为学校的主要教育者和"教师的教师",听课和分析课只是你的广阔活动领域的一小部分。

不久以前,《共青团真理报》上发表了一位有经验的教师的文章。这篇文章直言不讳地指出:许多学校里,教师对校长和教导主任来听课是不欢迎的。每当校长出现在课堂上,教师就会觉得这课是上给校长听的。遗憾的是，这里说的是事实，令人苦恼的事实。怎么会出现这种情况呢？有一些校长把课堂教学看作是无所不包的，认为学生的知识只是取决于它。每个有自尊心的教师都对这种武断的结论从内心表示抗议。他们那种"为校长（或视导员）而上课"的做法，实质上就是这种抗议的含蓄的表示。如果教师知道（并且亲身体验到）校长能够看到并且理解学生的知识状况是取决于学校、家庭和社会等多方面的复杂因素，能够以这种理解作为指导思想来分析教师的工作，那么，教师在课堂上就会显得很自然，就会按照自己原来的设想展开教学，也就不会产生"上课给校长听"的想法，同时也不会把校长只作为监督者来看待了。

对学校实行教育思想的领导，其规律就在于，我们必须经常把现在跟过去和未来联系起来进行分析，否则就很难工作。善于预见，这首先就是善于回顾所走过的道路，找出取得和产生今天的成绩和缺点的原因。我愿劝告年轻的校长：你要善于回顾走过的道路，对于已经做过的事情要进行思考；总结出来的经验和教训，就是学校宝贵的精神财富。我面前放着近20年来的学校工作计划、课外活动计划，也有10年前的一年级学生的书面作业。我把他们的作业和现在10年级学生的作业进行比较。因为它们都是学生的劳动成果。对于总结、书面作业和计划这些以物质形式表现出来的创造性劳动的成果，我们要精心爱护和尊重。有人轻蔑地把这一切称为"废纸堆"，这是错误的。有些学校甚至连5年、10年以前的工作资料都一点没有保存，这是十分令人遗憾的。

学年即将结束。你要花上几个小时，浏览一下自己的笔记，其中既有你听课和分析课的内容，也有你对一些教育和教学问题的思考。你还要仔细想一想，学生的知识与整个教师集体的丰富的精神生活有着怎样的关系；想一想作为一个学校的领导人，怎样才能成为教师进行创造性工作的鼓舞者和引路人。

孩子们的书面作业，特别是作文，是学校的重要资料。我面前放着近20年来的低年级学生所写的童话故事。把孩子们的作业加以分析、比较，我们就可以看出他们思维发展的复杂而长期的过程，就可以看出他们的思维是怎样在各种因素（包括在大自然中的活动和课外阅读等）的影响下得到发展的。

我们如果能够经常不断地回顾过去，对自己的工作进行分析，就会使学校工作避免一些令人可悲的意外之事。比如教师突然发现，万尼亚到了六年级还不会解应用题，让他解五年级的题目，他还是不会，再让他解四年级、三年级的，结果也是一样。那么，这个万尼亚是从哪儿来的呢？当初我们这些人又在干些什么，怎么会没有看出来呢？于是，大家为万尼亚忙碌起来：又是个别辅导，又是补课……。为什么会突然发现这个万尼亚呢？难道在这之前谁也没有发现万尼亚的弱点吗？不，人们是知道的，只是当时的万尼亚没有迫使人们去进行总结罢了。早在万尼亚上一二年级的时候，我们就应该看到，他不会审题，不会从具体的数量关系中列出算式来……。因此，教师要善于从每一事实中看到蕴含着的实质。只有这样，才不至于出现那些意外的事情。

要善于对事物进行分析、概括，并灵活运用概括出来的结论，这正是对学校实行教育思想领导的实质所在。学校领导者的这种能力在工作中是随时随地都要用到的。而当教育和教学工作进行到一定阶段的时候，这种能力就显得更为重要了。看一看这是一些什么样的周期阶段：

（1）学年结束；
（2）教师教完了小学的全过程；
（3）学科教师教完了本门学科；
（4）班主任完成了一个时期的教育工作；
（5）从一年级到十年级的教育和教学工作的整个周期。

对以上各阶段的工作进行分析是非常有意义的。我们每年都对应届毕业生与往届毕业生进行对比，看看我们送进社会的青年在德育、智育、美育各方面具有哪些新的特征，看看我们的工作取得了哪些新的成绩。在这个过程中，我们得出了一个很有意思的结论：所回顾的工作离开现在越久，全体教师就越能向前看，对自己的任务就越明确，也越能理解和体会到个人的工作是跟自己的同事和整个集体的工作息息相关的。

为了对10年期间的工作进行自觉的回顾，就必须对它进行科学的分析。每当有一届一年级的孩子入学时，我就开始为他们写教育日记。我把在一个班级采取的各种教育措施都记在一个笔记本里。如果把培养人比作栽培果树的话，那么，这些笔记就好像记录了人对幼苗的每一次接触，从它的栽种直到结果。我们的果实，就是我们所教育的学生的道德面貌、理想、劳动和品行。

总结是一个广泛的概念。对于校长来说，这是一个非常有意思的话题，认真地思考一下马卡连柯所说的如何"设计人"的问题，[16]将是很有益处的。我顺便说一句：要创造性地实践我们这位卓越的苏维埃教育家的遗训，就应该在平凡的工作中，对具体问题进行耐心、细致而又深刻的分析，而不是机械地照搬他的某些工作方式。如果深入地思考一下我们的工作，便可看出"设计人"正是其中理论和实践相联系的最主要的领域。

不过现在我们的话题是怎样做学年总结。学年结束是教育和教学过程的最重要的阶段。或者更确切地说，这时，师生精神生活的性质、内容和形式都在发生急剧的变化，这正是它与其他时期的不同之处。这期间，校长和教师也有了思考的时间，这一点也是很重要的。学校党组织应在总结工作中起积极的作用。

学年结束——这不仅是学生而且是教师在攀登途中的一个台阶。每当这个时候，我都要分析自己的听课笔记，对每位教师都做一番分析：他的精神财富是不是有了更多的积累。这一点是最主要的。

二、学年总结的实质及做法

我想再一次提醒校长，要有一本记事簿。只要你是认真对待自己工作的，你就要爱惜它，一年又一年地在上面做好记录，并把它保存好。这实际上是一种教育日记，同时也是你对一个较长时期内的教育和教学过程进行概括分析的准备。凡是引起你注意的或者引起你一些模糊想法的每一个事实，你都要记入记事簿里。积累事实，善于从一些具体事物中看出共性的东西——这是一种智力基础，有了这个智力基础，你就必然会有那么一个顿然领悟的时刻，那长久躲闪着你的真理实质，会突然出现在你面前。

大约20年前，我在七年级一个班的文学阅读课上，听了两个学生的朗读。他们的朗读很呆板，毫无表情，而且我还感觉到他们很紧张，读得很费劲。那些词语对他们来说好像构成了一座复杂的迷宫，他们是在黑暗中摸索着，并时时碰到障碍。我在想："为什么他们会这样朗读呢？他们是怎样领会文章的意思的呢？"我把这些疑问写在记事簿里，并一直为之不安地思考着。后来我又去那个班级听了几节文学阅读课，发现了一些奇怪的现象。

原来，这两个学生不能通过视觉和思维同时感知一个以上的词语。一下子感知好几个词语，特别是一个长句的逻辑上的一个完整部分，对于他们来说是不能胜任的。我跟文学教师花了整整一年时间，想方设法来培养他们的阅读技巧，但是毫无收获。然而，可以毫不夸张地说，正是因为这样做才有了令人惊异的发现。通过对这些少年的言语的研究，我断定，这种不会阅读的情况早在他们读三四年级的时候就存在了，它阻碍了这些学生思维的发展。

我们把这种令人惋惜的现象称为"思维不清"。它表现为思想混乱，没有条理，好像患有幼稚病。你很难弄懂这样的学生在说些什么，他的思路从哪里开头和在哪里结束。他说一件什么事时，总是很紧张、很费力，会把几个词语连在一起说，有时又好像突然忘记了自己在说什么，断了思路，尽力回想教师所提的问题，可是又回想不起来。我们在六七年级又发现了几个这样的学生。我在记事簿里所做的这些记录，迫使我长久地去深入思考和研究儿童和少年的智力发展的许多复杂问题。我在研究中得出了一个初看起来使人感到意外的结论：不会阅读并不是智力发展不正常的结果，相反，是不会阅读阻碍了智力的发展。

我们对三百多个少年和成年人的脑力劳动情况进行了观察，他们在小学没有训练出流利阅读的牢固技能。我们想在他们身上培养这种技能，就像在小学的正常而完善的学习条件下那样来加以培养，但是没有任何一例取得成功。

这一项研究工作虽然是从观察一个不大重要的事实开始的，却使我们全体教师看清了：智力发展和头脑中发生的解剖生理过程同阅读和日常的智力训练有着极其微妙的相互联系。我们感到自己对于每一个学生的命运负有重大的责任：他会不会阅读，决定着他的智力发展状况。教育上的"半成品"会造成严重的后果。于是，全体教师都开始特别注意在平时的教学中培养学生的阅读技能。我们认识到，阅读不只是一种基本技能，而且是一个复杂的智力活动过程。我们开始努力做到，不让任何一个儿童的阅读技能停留在只能感知一个词的水平上，否则是很危险的。凡是一个词一个词地阅读的人，他必然会在学习上遇到不可克服的困难，实际上他是不可能正常学习的。全国的学校有成千上万的学习方面的后进生和留级生，一般来说他们就是那些没有学会阅读的学生。教师认为这种学生的智力发展有些不正常。这种看法是对的，但是在许多情况下，他们智力发展的不正常并非原因，而是结果。

我们开始精雕细刻地培养学生的阅读技能：教学生由按音节阅读一步步地过渡到一眼就能看出一个句子成分和一个整句的意思。这个过渡是一道界限，我们要训练和引导儿童越过这个界限。关于这个问题，教育心理学里谈得很多。Н.А.列昂节夫、Г.С.科斯秋克、П.И.任琴柯在这个问题上写了不少卓越的著作。[17] 我们依靠他们这些科学研究的成果，努力使学生的学习能促进他们智力的发展。我们全体教师深信，这项工作没有家长的帮助也不行。智力训练不仅要在班里进行，还应当在家里，在学生独立阅读的过程中进行。

这就提出了一个新的问题：家长的心理学素养问题。这是我们全体教师正在研究和迫切需要解决的问题之一。我们逐渐地、一步一步地引导家长们去认识人的心理素养。我校的心理学研究会召开了一次会议，邀请六年级学生的家长一起参加。我们向家长们讲述了人在阅读时头脑里所发生的极其复杂的活动，给他们提了一些建议：怎样帮助孩子完成家庭作业，怎样使阅读成为发展智力的手段。

教育研究的途径就是这样：从初步的观察和简短的记录，到广泛而深入地研究学生大脑中、意识中所发生的思考过程的实质。我在上面所举的例子，对于学校领导的教育研究工作来说是有典型意义的。从收集事实、分析事实、研究事实，到做出概括而抽象的结论——这是我们学校领导每天都应当走的一条路。

思考记事簿里的东西，这就是我对自己一天工作的总结。我的记事簿里有一个专栏，只记录一般结论和概括。这种记录不多，不是每天都有的。每当周末，我就把这一周所听过的课通盘思考一遍，抛开为数众多的事实，而着重研究最主要的东西。下面是我在某一个周末所得出的几点想法，是我后来写入记录簿的。

（1）教师的脑力劳动和学生的脑力劳动相一致。教育的技巧在于，要使学生的作业形式能反映出他们的思维过程，使得教师能够凭学生行为的外在表现判断他们是怎样思考的，遇到了哪些困难……。如果教师要等到上课结束后才能去了解学生哪些懂了、哪些没懂，那么他的工作就是盲目的。

（2）不应当过分追求教学的直观性。不要对儿童早已知道的东西进行直观教学——这会阻碍他们抽象思维的发展。如果教师要对学生讲关于猫的知识，那么即使他拿一只活猫到课堂上来，也不会使儿童对猫有更多的了解。他得想一想，怎么给学生讲一点关于猫的全新的知识。

（3）学生注意力的培养并不靠什么专门的教学方式，而是首先取决于脑力劳动的性质。目标明确、思想专注——这才是注意力的主要源泉。应当尽量使思维上的用心和意志上的努力统一起来。

（4）在低年级，特别是在一年级，儿童会由于注意力集中而迅速感觉疲劳。不要让儿童的大脑长时间地处于紧张状态，这是一个很大的问题。要设计出这样一些作业，使儿童做这些作业就等于是在休息。

（5）由于记忆负担过重而感觉疲劳——这是智力衰退的原因之一。必须特别细心地对待记忆力这样娇嫩而精细的东西。有一些思想和词组是特别难记的。无论如何不应当叫儿童去硬记，以免他们过度疲劳。当刚刚发现这种疲劳的征兆时，你就要设法改变方式，让儿童进行一种不需要有意识记的活动。

以上这些记录是概括一年学校工作的总结素材。按照同样的原则，我在周末把对于其他日常工作的想法写在记事簿里，这些工作一般有这么几项：检查教师的课堂教案，查看学生的书面作业和班级日志，观察一些复杂的教育现象，特别是观察师生之间、各个班级之间和各种年龄的集体成员之间的精神交往，等等。下面是我在某个周末写下的几点想法。

（1）真正精通教育工作的教师是不把教材的提纲写进课堂教案的。他的知识就在自己的头脑里。课堂教案只不过是从教学论角度对教材所作的加工而已。这是一种有趣的现象：如果教师死抠讲课提纲，费劲地在这样的提纲里寻找他要讲的话，那么学生就很难听懂教师所讲的东西，他们的头脑里就会是一团乱麻。

（2）现在正在大力推广的课题计划（即按课题把几节课列在一个计划中）是否必要呢？对这一点应当好好思考一下。一个教师能不能预见到，经过五节至十节课后，在哪节课的哪个阶段上将进行谈话或让学生独立做作业呢？一个好的教师，好就好在能让他的课按其内在逻辑去发展。要知道，上课的对象是些活生生的儿童。一个适合于六年级甲班的计划，不一定适合于六年级乙班，因为那里是另外一批儿童。一个好的教师也许不能确切地预见课堂上的一切细节；但是，他善于在课的进程中找出只有这节课上才有用的那个细节。

下面我再举几点在某几个周末所写的关于教育工作的想法。

（1）集体对个人的教育作用须细心琢磨。不要让学生（特别是少年）感到，人们专门地"整"他是为了"杀一儆百"。我认为，在处理集体与个人的相互关系上，这种做法可能是最坏的了。它会使学生对自己的命运抱无所谓的、满不在乎的态度。不要让学生感到他是供人做试验的兔子。

（2）担任少先队辅导员的女教师到区里的另一所学校参加了一次讨论会。她回来说，那里举行了一个有关道德问题的示范性辩论会。一些七年级学生在那里辩论，20位辅导员在旁边"研究教育过程"。为什么要这样做？难道可以把学生的心灵拿来展览吗？这种做法不是在少年身上培养虚伪的作风吗？

（3）在一所八年制学校里有四个"延长学习日班"。这些班的学生给我讲了这样一些奇怪的事:他们在课后都要毫无例外地留在班里,谁也不许回家。下课后教室门口有一个教师值班,学生只有把书本留在教室里,才能出门。于是他们想出了一个巧妙的办法:先把书包从气窗里丢出去,然后再空手走出教室。后来学校下了命令:在窗口也派教师值班。我原以为这是讲笑话,但经过了解却是事实。这个问题应当在下届区党委全体会议上提出来。这些"延长学习日班"以及人们对这些小组所采用的教育方法,都必须引起我们认真的注意。

(4)我对米嘉——一个身材矮小、长着一双黑眼睛的五年级学生,已经进行了半年的观察。他在学习上感到非常困难。有一次,他的作文得了"4分"。当时我正好在他班上听课,我跟米嘉坐在一起(为什么他一个人坐一张课桌呢),我还帮他造了两个句子。那篇作文写得挺好。女教师在办公室里改作业时夸奖了米嘉。于是我特地又去听了下一节课,想看看米嘉对自己的进步有些什么反应。可是,教师没有当着全班的面表扬米嘉,这是为什么呢?然而,即使没有表扬,米嘉也高兴得很。他写起来多么努力啊!听课又是多么用心啊!过了一天,我去参加"少年植物栽培家"课外小组的活动。可能是我觉得如此,但也可能是我头脑里出现的一种想法:在俄语课上,米嘉心里点燃起来的欢乐的火花,可能到现在还没有熄灭。是的,米嘉现在正尽量把自己的那一小块地弄得更好看些。我一边看着他工作,一边在想:大概教育的实质就在于使一个人努力在某件事上表现自己,表现自己的长处。寻找自己身上好的东西——这是人的高尚的志向,而善于支持这种志向,对我们来说是多么重要啊!教育者往往长久而痛苦地在寻找学生进行自我教育的强大推动力,而这动力不是就在这里吗?应当在心理学讨论会上提出这个问题:人的表现。康·季·乌申斯基就正好使用过"人的表现"这个术语[18]。怎样才能使人尽量在好的方面表现自己呢?我深信,一个人想在某个好的方面表现自己的愿望越强烈、越诚挚,他内心对自我约束的要求就越高,他对自己身上不好的东西就越加不肯容忍。应当认真地思考一下:一个人不单单应当在学习上、分数上表现自己,他还应当在其他领域表现自己。对米嘉来说,在学习上(更确切地说是单单在学习上）表现自己是多么困难啊。他还应当在别的什么事情上表现自己。而且，像米嘉这样的学生还不止一个啊。

（5）一位女教师许诺孩子们说，如果星期六天气好，他们就到树林里去玩。星期六到了，天气晴朗，可是他们并没有到树林里去。我看见孩子们眼睛里含着泪花。孩子们不只是想去游玩一次，而且对即将到来的欢乐怀着一种热切期待的心情。女教师对儿童的这种心情采取了冷酷的态度。为什么要给孩子们造成痛苦呢？他们不仅失去了对教师的信任，而且失去了对真话的信任。儿童的兴奋心情就像火花，我们必须珍爱它。

（6）科里亚的分数不好。班主任决定采取"强有力"的手段。星期六，班主任把科里亚喊到黑板跟前，强迫他讲为什么不好好学习的原因。孩子缄默而立，脸色发白，站在黑板前一言不发。班主任很不高兴。后来了解到，科里亚的家庭情况很不安宁：父母亲不断吵架，有时弄得孩子整夜不得入睡。一个教育者多么需要有洞察力和同情心啊！因为只有这样才不至于粗枝大叶地触及儿童痛苦的心，甚至给它加上新的伤痕。不公正会在儿童的心里引起怨恨。

从第三学季末开始，我着手准备校务委员会的总结报告。这个总结会我们一向是在全区教师会议之后，即 8 月 27—28 日举行的。因为这时已经排出新学期的课程表。多年的经验使我确信：如果你想成为一个名副其实的学校领导者，你就不要委托任何人（教导主任或教师）去作这个总结报告。如果你把这件事委托别人去做，自己撒手不管，你就会成为一个"不熟悉情况的人"。如年复一年这样，你就会渐渐成为一个多余的人了。据我所知，某些学校的总结报告是由教师们的汇报材料和工作总结拼凑起来的。这还谈得上什么领导素养呢！

校长作这种拼凑、剪贴起来的报告，就好比一个大企业的领导者被人蒙上眼睛，领到各个车间转了一整天，最后到了一个他完全不熟悉的角落，人家取下蒙在他眼睛上的布，问他："猜猜看，你现在在什么地方……"令人羞愧的是，我们有一些学校的领导人就是在宣读由别人为他写好的总结教育教学工作的报告。

在教育和教学工作中,党、团和工会组织起着巨大作用。教师们的任务,就在于进行思考和讨论,提出主张,并去付诸实施。写总结报告不应该占用他们的时间。学校教育和教学工作比其他任何领域的工作都更加需要高明的总结。当然这种总结应是建立在集体智慧的基础之上的。我在准备总结报告的过程中,总要查阅党、团员们在党组织和团组织的会议上的发言记录,以及教师在校务委员会会议上、在心理学讲习班上的发言记录。他们的发言,连同我在教育日记里记载的那些东西,实质上都是集体思想的结晶。我想,这样的说法将是不错的:一个校长作为组织者,他的作用恰恰就在于他能虚心地倾听集体的意见,善于捕捉那些哪怕是最微小的新生事物,善于根据一些看来是微不足道的事实做出概括。

学年考试期间和考试以后,是准备学年总结报告最紧张的时候。在这些日子里,我把所有的结论、总结、建议都拿来与实际结果、数字和百分比进行对照。多年以来,人们严厉地批评搞百分比,我对于这种批评是很不理解的。我们不能不问学校教育工作的实际水平,便简单地断言搞数据、百分比是好事或者是坏事。如果学校教育工作的水平很高,那么搞百分比就是需要的、有价值的;如果学校教育工作中占统治地位的是教育上的无知,那么搞百分比不仅会变成弄虚作假的手段,还可能使学生和教师染上口是心非的流毒。

我们是很尊重百分比数字的,它们是一种最可靠的总结材料。例如,我每年都要检查所有学生的朗读情况,分别在第一学季和第三学季末给他们各打一个分数。对于那些学习最困难的学生,在第四学季末再给他们评分,这是一年中最后一次评分。如果在我给学生评定的分数中,有73%是"4分"和"5分",那么对我来说,这样的数据能说明很多问题。我看到,上学年结束时,少年学生(五至八年级学生)中有5%—6%不会流利地阅读,而本学年结束时,这一数字就降到3%了,而且其中没有一个是八年级的学生。这已经是很大的成绩,但问题仍然是严峻的。全体教师还要做出很大的努力,才能使少年学生都学会在阅读中一下子把握住某个句子成分和整个句子的意思。如果不能使这3%的学生学会流利地阅读,这就意味着会有六七个学生读到七八年级,智力仍得不到发展,因而他们就不能顺利地掌握知识。

如果没有统计资料的分析，不借助数字来检验所做的理论概括，就很难衡量领导工作的好坏。对教育的真正领导是建立在概括性的教育结论上的，而没有数据的证明，这些理论总结则难以令人置信。

我校低年级的每个教师和所有年级的语文教师都规定了学生应掌握的基本词汇量。这些词必须牢牢记住，任何时候都不允许写错。学生的独立作业，都要服从于掌握基本词汇量的任务。学年结束时，我们通过对学生平时测验和考试成绩的统计分析，可以做出进一步完善这个体系的结论来。统计数字会表明，为了使他们把基本词汇牢固地保持在记忆里，我们应当让他们做些什么样的练习和书面作业。

暑假里，我们对将要读一年级的孩子进行入学前的训练。这项工作首先是研究儿童。我和教师带领孩子们到大自然（这是思想和语言的源泉）中去旅行。这项活动是我们整个智育工作体系的一个非常重要的内容。与此同时，我还对几年前接受过这种专门训练的学生进行研究，研究那些能够反映他们的知识和智力发展水平的书面作业和统计资料。这是一项很有趣味的分析，每一个数字对于我们教师来说，都具有深刻的含义。

预定要在校务委员会的总结会议上作的报告，直到新学年开学前，不断地有新的思想充实进去。这个报告既是上学年工作的总结，又是新学年工作的指导。报告的篇幅一般不超过 40—45 页。最近几年来，谁也没有要求我们写出书面的工作报告，但我们照样写。这不仅因为写总结报告已经成为我们的习惯或传统，而且是因为没有它我们自己也感到很难进行工作。

写年度总结报告，应该提出明确的努力目标。理论上的总结并不是供人欣赏的华丽辞藻，而是领导工作的指南，也是全体教师的教育观点和信念的具体反映。这些理论概括都是密切联系具体工作的。各项理论概括的都是经过深思熟虑并有充分论证的，同时在教师看来都是他们自己的劳动、探索和思考的总结，而不是某种外来的强加于人的东西。这样，理论同实际的联系才会牢固。

对教育和教学过程的领导应当具体而讲求实效。这样就必须有教师集体的参加。因此，如果全体教师没有深刻理解从日常工作的无数具体事实向概括性真理、又从概括性真理向具体事实的转化逻辑，那么这样的领导就不可能实现。我认为，集体领导的实质，就在于大家都要深刻理解日常教育和教学工作中的事实的意义，并善于从那些乍看起来无足轻重的事实背后发现重要的教育现象。

三、应当把师生的脑力劳动情况作为学年总结的重点

每所学校都有自己的面貌。这首先是因为那里的教师都有他们自己的一般教育观点和信念，有他们自己达到总目标（使学生掌握牢固的知识）的途径，也有他们各自遇到的障碍。正是这种有个性、有特色的东西，应当在教育工作的总结中，在学年的计划中反映出来。因此，在两所不同的学校里，无论是工作计划、总结报告，还是对某些问题的分析，绝不可能如同两滴水珠那样相像。刻板和公式化，就像铁锈一样腐蚀着教育过程这一精细机体，这是最有害的现象之一。

常常有这样的事：一旦某一位有经验的教师按照为几堂课制订的课题计划进行教学取得了效果，于是校长、区教育局的视导员就要求所有的教师除了写课堂教案以外，还必须写课题计划。这种要求会导致什么结果呢？只能造成刻板和公式化。因为教师没有预见性和足够的依据，却必须制订这种计划。上课——首先要遇到具体的儿童。譬如说，教师准备明天给五年级学生讲百分数的初步概念。如果他在备课时只想到讲解百分数的方法，而没有想象课堂活动的情况，他的眼前没有出现那个机灵的、思路敏捷的米沙和那个头脑迟钝的、理解能力很差的科里亚的形象，那么，这种备课只不过是抽象的理论思考。如果教师不了解他的学生的情况，不了解听他讲课的是些什么样的人，那么他是无法备好课的。按公式炮制出来的课题计划之所以常常变成死板的模式，首先是因为生动活泼的教育工作要求随时对 10 分钟以前还觉得是正确的、必要的东西做出创造性的改变和修正。当然，对死板的模式做这样的批评，绝不意味着在教育工作中无法预见 5 节课或 10 节课以后将会发生的情况。否则，一切教学大纲都将失去意义，学校工作也就成为一个自

发过程。但是，我们所能预见的，只是达到教育和教学目的的一般途径，而不是它们的细节部分。每一节课有每一节课的细节，它们相互之间的联系是极其复杂而多变的。

我在这里稍许离了一下话题，为的是强调教育分析的具体性。我们的全体教师年年都要就一些问题做工作。这些问题实际上解决得怎样，哪些完成了，哪些有待完成——这正是总结分析中所要讲的东西。

我们以师生的脑力劳动情况作为总结分析的中心内容。我们全体教师一直在研究并反映在学年教育分析中的一个重要问题，就是教师的思维素养问题。我对比研究了一些成功的课和失败的课，得出了这样的结论：在学习新教材的过程中，教师就应当看出和想象出学生的脑力劳动是怎样进行的，他们是怎样感知教师的叙述和讲解的，在认识的道路上遇到了哪些困难。可是在有些课上，教师完全沉浸在自己的思想里，完全不知道学生是怎样感知他的讲述的。表面看来一切都很顺利，学生在听讲，在思考。然而到了这节课结束时教师才发现，即使几个最有才能的学生也是似懂非懂，大多数学生毫无所得。与此相反，有的教师上课时始终注意着学生理解知识的过程。他用不着等到下课后再去了解学生是否领会了教材，在课堂上就能看出学生的脑力劳动情况。他一边思考自己所讲述和学生所理解的东西的含义，一边还在思考自己的教育技巧中最重要的问题：所做与所得之间的因果关系如何？

由此可见，教师的思维素养，就在于能在学习教材的过程中找出适当的工作方法和方式，使他能够看出学生的思路是怎样发展的。我这里所说的就是所谓"反馈联系"的原则——这是程序教学的一条重要原则。优秀的教师在每一节课上都在实践这一原则，虽然并不采用任何复杂的机器和设备。他们在寻找一些让学生完成独立作业的方式，通过这些方式，使学生理解和掌握知识的过程具体地反映出来。对这些情况教师是可以观察到的，并由此可以得出结论。例如，五年级学生学三角形面积测量，教师就让他们在草稿本里画一些图，做一些测量，这实际上已在运用刚刚讲过的公式了。这一切都是在教师的眼前做的，他能看到每一个学生的脑力劳动的特点，给以及时的帮助。所谓"及时"，指的是在学生还缺少牢固知识的时候，而不是在学生无法理解的时候，这两种情况完全不是一回事。

从对于反馈过程的分析中，可以得出对以后的实践有重要意义的结论：在感知、理解知识的过程中，应当让学生充分地进行主动的独立活动。学生不单应当听讲和思考，还应当动手做一些事。

思考应当在"做事"中反映出来。只有这样，才会使所有的学生都在课堂上进行思考，而那些不注意听讲、思想开小差的情况才会消失。在这里，应当特别注意让学生使用草稿本。这种草稿本不是为了工整地记录任何现成的东西而准备的，而是学生用来反映自己思路的便写本。应当密切注意学生的脑力劳动在草稿本里是怎样反映出来的。

如果把课堂教育过程首先当作对学生脑力劳动的指导来分析的话，那就要着重看教师的创造性的特殊作用。上课并不像把预先量好、裁好的衣服纸样摆到布上去那样。问题的全部实质就在于，我们的工作对象不是布料，而是有血有肉、有敏感而娇嫩的心灵的儿童。教师真正的教育技巧和艺术就在于，一旦有必要，他就能改变课堂教案。而事实上改变教案的事是常有的。一个好的教师，好就好在他能感觉出一堂课的进展逻辑，使课的结构服从于学生的思维规律。如果教师死抱住一个教案，"以不变应万变"，那么他是什么也做不好的。更确切地说，他将使学生变得无知。教师要善于修正教案，以至完全改变教案，这并不是不尊重教案，而是恰恰相反。所谓教育上的创造性，绝不意味着教育过程是不可捉摸、服从于灵感和不可预见的；恰恰相反，教师只有精确地预见并且研究过许多教育过程的事实和规律的相互关系，才能成为真正的教学能手，才能当机立断地改变原本制订的方案。譬如说，头脑迟钝的科里亚今天没有来上学，那么今天课的上法就得跟他来的时候不一样了。

我总结了在几十节课上所看到的事实，进一步研究了教师要具备哪些条件，才能看出学生的思路，才能感觉和认识到学生是怎样感知和理解知识的。在几节课上，教师的讲解语言好像是非常痛苦地挤出来的，而学生并不是在追随老师的思路，倒像是在看他如何搜肠刮肚地用词语来表达自己的思想。在这种情况下，教师自然也就无暇顾及学生的思维活动了。这样讲课，效果很差，只能在学生的记忆里留下很少的东西。对处于少年期的学生来说，这种课更是不能容许的（对这个问题需要做专门的心理学分析）。与此相反，有些教师上课，则由于他们对本学科有深刻而广泛的了解，不是把注意力集中在自己的思考上，而是集中在学生身上，看学生是怎样进行思考的。我在这里强调"广泛"这个词，并不是随便说说的。教师的知识面越能超出教科书的范围，他的讲课就越能深入浅出，学生学到的东西就越多。

由此就可以得出结论：学生的脑力劳动是反映教师的脑力劳动的一面镜子。教师备课，无论如何不能把教科书作为知识的唯一来源。真正能够驾驭教学过程的高手，是用学生的眼光来读教科书的。所以伊·尼·乌里扬诺夫[①]写道：教师应当知道的东西，要比他教给学生的东西多10倍、20倍；至于教科书，对他来说只不过是应当随时准备弹离的跳板而已。[19]你们如果看到某一位教师的上课只是在那里忠实地复述教科书，那就可以断定：他的教育素养还很差。

我要总结的还有一个关于脑力劳动的问题，我们全体教师已经对它进行了多年的研究，那就是掌握知识的问题。几年前，我们就看到这样一种情况：有的教师动了很多脑筋，力求把自己所讲解的一切东西都变得明白易懂，使学生学起来毫无困难，用不着再进行思考。我在总结学年工作的校务委员会会议上，曾不止一次地举例子来说明，对这种课似乎可以从两个方面来进行评价：就教师的讲课情况这一面来说，可以说是好的；但是就学生的脑力劳动情况这一面来说，只能说是刚及格的。既然教师已经把学生的脑力劳动减轻到了最低限度，那么学生也就谈不上掌握知识了。知识只有在触动了学生的思想和情感，使他产生需要感，激发他去进行探索，从而变成他自己的东西的时候，才能被学生所掌握。掌握——这就意味着对事实进行积极的思考和研究。而积极的思考和研究，则是从运用概念、判断和推理开始进行的。

如果把掌握知识的过程比喻为建造一幢房子，那么教师应当给学生提供的只是建筑材料——砖头、灰浆等，而砌砖垒墙的工作应

---

① 伊·尼·乌里扬诺夫是列宁的父亲，教育家。——译者

当由学生去做。我们经常看到,正是由于教师不让学生去干这些笨重的建筑工作,学生才变得迟钝和缺乏理解力的。只有让学生去实践,他才会掌握知识。

例如,学生很不容易掌握副动词短语。有时候他们似乎是理解了,却不会使用。为什么呢?正是因为学生没有去尝试运用这些知识,没有在刚刚弄懂的时候进行一下自我检查。弄懂教材还不能算作是有了知识。有经验的教师总是力求往理解过程里加进主动活动。例如,当学生已经弄懂了副动词短语主要是讲同一个主体的次要动作时,教师就立即给学生布置一项实践作业:每个人想几对动词,每对中有一个动词表示基本动作,另一个动词表示次要动作,然后把表示次要动作的动词变成副动词。教室里一片寂静,学生都在聚精会神地思考。教师要珍视这种时刻,课堂上应当经常出现这样的寂静。希望你们警惕,在课堂上不要总是教师在讲,这样不好。我得出一条结论:数学教师或语文教师上一节课,你们要讲的时间一般不应超过5—7分钟。应当让学生通过自己的努力去理解教材,这样他们才能将知识变成自己的东西。

根据这样的看法,在对学年总结进行分析的时候,我把关于巩固学生知识的一些初步看法提交全体教师讨论:教师刚刚讲完课,他认为学生已经懂了,于是就喊学生回答问题。这种做法不能使学生巩固知识,顶多只能使教师了解他的讲课在学生头脑中留下了什么印象,而且,这种了解还带有片面性,因为回答问题的多半是能力强的学生。

学生要真正巩固知识,就得对事物或现象的实质进行独立思考。有经验的教师在学生似乎是理解了教材以后(这里说似乎是理解了,是因为对个别学生一时还不能做出肯定的结论),就拿出5分钟、10分钟甚至15分钟的时间(依教材难度而定),让学生去思考,去聚精会神地进行周密的独立思考。这里很重要的一点是,要让学生的这个思考过程(这也就是知识的巩固过程)能够通过实际作业的形式反映出来,以便进行观察与分析。例如,教师在黑板上画两条平行线,然后画另一条直线与之相交,这时候他可以让学生回想一下他们刚刚听过并好像已经理解的东西,然后打开草稿本作图,并标明各个角的名称(学生画图的时候,黑板上的东西已经擦去）。这样做对学生来说，就是深入到教材的实质里去，同时也是一种自我检查，他们都再一次地对已经理解的和尚未理解的东西进行了思考。而教师在这一段时间里就可以对学生进行观察，了解他们的听讲情况跟他们对知识的思考和理解之间的关系。

我还提出一个看法请全体教师讨论：在讲解（叙述）新教材之后和检查（了解）新知识之前，还应当有一些特定的作业方式，其目的在于使学生加深领会和理解教材。在教师做检查之前，应当先让学生进行自我检查。

我校教师集体对学生脑力劳动的另一个问题也进行了研究，这就是如何发展抽象思维的问题。多年的观察使我们得出结论：抽象思维对学生之所以必要，并不仅仅是为了能够顺利地完成越来越复杂的学习任务。教师常常会遇到这样一种可悲的现象：学生在童年时期学习得很轻松，能顺利地掌握知识；然而到了少年期，学习就变得十分痛苦而艰难，以致他们不能胜任。我翻阅了记事簿，总结了一些说明这种劳动本质的事实。在这学年的总结分析中，我特别注意了数学抽象的作用。一些优秀的教师，都是尽早地让学生解答综合性的算术应用题，让他们自导公式。

我们全体教师感到迫切需要解决的问题，还有学生在课堂上的兴趣和注意的问题。在什么时候和什么条件下，学生对所学的东西才是有兴趣的呢？在总结一年的工作时，我详细谈了怎样确定具体教材和抽象教材的比例问题。

课堂教学和学生的自学，这两者的联系也是总结报告中要加以分析的问题。报告也对下列问题进行总结：课堂教学怎样激发学生阅读科技书的兴趣，学生的爱好、特长和志向怎样养成和树立。

四、对教育工作的分析

我们对教育工作的分析，是从智育开始的。在总结报告中概括地列举一些事实，然后从这些事实中引出结论。例如学生的智育和劳动教育是怎样相统一的，他们的辩证唯物主义世界观是怎样形成的，他们是怎样掌握知识和进行社会实践的，等等。我力求激发教师们去注意研究教育过程中各种因素之间的极其微妙的相互联系。

爱好钻研,富有创造力,热爱劳动,把劳动作为精神需要并掌握高度的劳动技巧,对懒惰、散漫、吊儿郎当采取毫不妥协的态度——这些品质是统一形成的。在总结报告中,我对这种统一的各个因素都进行了详尽的分析。例如,在德育方面采取了什么措施,在劳动教育方面采取了什么措施,在美育方面又采取了什么措施,等等。在这方面不允许报流水账,也不允许把完整的事物分解得支离破碎。在实际的教育工作中,一切都是相互联系和相互制约的。劳动教育对于智育和德育来说绝不是某种附加品,它是世界观、创造性智慧和道德信念的源泉之所在。

在总结报告中,我分析我们学生的两只手在做些什么,以及合理的劳动是怎样影响着他们智力的发展和心灵的成长的。如果把人的和谐发展与拥有能各自发出自己独特音响的几十种乐器的交响乐队相比的话,那么,劳动既是为乐队作曲的作曲家,又是乐队指挥。在我们这个时代,把对劳动的精神需要作为未来的新人最重要的品质来加以培养,这一教育任务已经庄重地被提出了,劳动教育的强有力的、多方面的作用刚刚开始显现。

在总结中,也探讨了创造性思维同脑力劳动的关系①。教学工厂、工作室、实验室、温室、教学实验园地、养蜂场、养兔场、畜牧场——这一切并不是为防止学生无事可做而建立的什么预防设施,而是学生思维发展的源泉。我提出一些想法建议全体教师进行讨论:我们应当怎样去丰富这些思维源泉?

劳动也是一个人展示个性、自我肯定、自我认识和自我教育的领域。让学生在劳动中体验到道德尊严感——这是我们全体教师都在努力追求的目标。我们在寻找开启每个学生心扉的钥匙,舍此,教育就是不可想象的。因此,劳动的道德实质问题便成为总结中的又一个课题:劳动在个人与社会的联系中,如何起着微妙而有力的作用;人由于参加劳动而在多大程度上体会到自己也在促进社会的发展;他从劳动成果中在何种程度上看清了自身的价值;劳动的社

---

① 作者主张体力劳动中要有脑力劳动的因素,故此处系指体力劳动中的创造性思维。——译者

会意义与劳动的美和谐融合的程度如何——而正是在这种融合中包含着人的道德品质和审美原则一致性的极重要的因素。

对劳动的需求源泉蕴含在美的创造之中。这是对学龄初期儿童进行劳动教育、道德教育和审美教育的原则之一。在总结报告中，我分析了儿童在用自己的双手创造美的东西的同时，怎样产生一种自豪感，以及我们应当怎样进一步加强劳动教育的这种趋向。

进行说理教育，这也是总结报告中所要分析的一个内容。归根结底，语言是人类教育中极其重要的手段：人用手和脑所做的一切，只有借助语言才能反映在他们的心灵里，这是人类所特有的现象。我在总结报告里谈到这样一个细微的而且迄今研究得很少的问题：语言——知识——世界观。

在分析优秀教师的课堂时，我详细地指出他们不仅善于用语言传播思想和知识，而且善于用它来接触学生的心灵，对学生进行教育。教师正是由于具有这种能力，才能在课堂上达到教育和教学的真正统一。我分析人文学科的一些课时，记起这样一个具体的例子：优秀教师讲述了一些历史事件或文艺作品中主人公的命运，这些内容虽然看来都和具体学生个人的精神世界没有直接联系，却是针对着活生生的人的理智和情感的，他们力求在学生的心灵里点燃起对人的信任火花，激励学生做一个更好的人。语言是你触摸人的心灵中最敏感的角落的极其精巧的工具。

我们从一学年里听的几十节课中发现一些事实，这些事实说明所谓通过学习科学基础知识来培养学生的辩证唯物主义世界观，并不只是意味着要让学生对现实世界进行一番客观的分析，而且要使学生变得更加高尚，对自己的创造力（公民的、智力的、道德的、审美的）怀有自豪感。例如在生物课上，要使学生相信这样的道理是并不困难的：宗教上关于魂灵的说法纯粹是无稽之谈，实际上不存在什么魂灵；人总是要死的，终归要化为灰烬，人的机体中的所有生理过程都和动物一样，是按照相同的规律进行的。然而如果教师只能做到使学生仅仅相信上述这一点，那他不过是让学生把人看作动物而已。你们是否想过：为什么有些青少年尽管非常了解周围世界各种现象的唯物本质，但他们仍然成了信教的人呢？这是因为无论是教师，还是宣传无神论的演讲者，他们只做到使学生相信：你的机体不过是某些物质的容器，你的大脑不过是某些生化过程……。这个问题在世界观教育中是非常重要的，有必要对它进行专门的研究。我认为，应当对一些优秀教师的经验进行细致的分析。这些教师善于向学生渗透一些非常重要的思想：人并不是时间旋风中的一粒微尘，他是可以做到永垂不朽的；他能以自己公民的、社会的、智慧的创造流芳于世。

在每年的总结报告中，对爱国主义教育问题的分析占有重要的地位。在这方面，语言仍然具有重要的意义。正因为教育者能够使用明智的、真挚感人的语言，正因为教育者要求言行一致、思想和行为的一致，我们才能培养出爱国主义者。我在总结中概括地说明，全体教师怎样引导儿童、青少年以爱国主义的眼光看待周围世界，并从看到的东西中激发深刻的个人情感，从而去履行对祖国的义务。为了使孩子们感到祖国的每一寸土地、每一座小丘都是最亲切、最宝贵的，我们做了哪些具体的工作呢？孩子们怎样在认识世界的同时，像接过接力棒一样，从老一辈人手中接过他们为祖国的独立自主进行了艰苦卓绝的斗争之后才取得的物质财富和精神财富呢？孩子们在自己的劳动中学到了哪些思想，哪些爱国主义情感在激励他们进行创造性活动呢？所有这些问题不仅在总结时要加以探讨，而且要对日后计划也做出安排。使受教育者以爱国主义的观点看待世界，绝不是叫他们冷眼旁观，他们首先要进行创造，具体地参与社会生活。

军事爱国主义教育问题是要进行专门分析的问题。我和课外活动的组织者一道进行分析：男女青年们是怎样学习我国的伟大的战争史，他们是怎样掌握保卫祖国所必备的技术知识和技能的。

我们对共青团员参加社会生活的情况进行了特别细致的分析。我们认为，领导共青团和少先队的工作，首先应当用公民的思想和激情去鼓舞他们。今天这群满14岁的人，已经为社会做了些什么，现在做些什么？他们在这段不太长的生活道路上，已经用自己的双手创造了哪些可以看得见的东西？为同学、为别人做了哪些事？近几年来，我校在共青团员和少先队员中广泛开展了一种社会活动。这种活动的形式越来越完善了，我们称它为"文化宣传"活动。青少年们每周给集体农庄庄员作一次自然科学方面的报告，放幻灯片，回答各种问题。这些极其有趣的晚会通常是在农民的家里，在村子的偏远角落里举行的。我们尽力使每个人在少年时代就对别人有所奉献。

全体教师努力使劳动人民在千百年间形成的那些高尚的道德品质——帮助别人、有同情心、不计私利、慷慨助人等，成为儿童的精神财富。这是教育工作中最细致的一个方面，它和情感教育紧密地联系在一起。我们能为培养学生的文明情操做些什么呢？怎样使集体关系转化为情感关系？集体中，人对人的态度怎样？对这些问题作了说明之后，我努力鼓励教师们提出创造性的教育思想：怎样创造有助于丰富情感的环境和关系？怎样使语言和积极的活动相结合？

在报告中的美育部分，主要的注意力也应放在审美情感的素养上。我向全体教师提出这样一些概括性的意见：儿童、少年和青年能够认识和创造哪些美的东西，怎样使认识美和创造美达到统一，美的财富在个人的精神生活中占有什么位置，学生之间是怎样交流审美观点和情感的，等等。在这个学年结束时，我打算就学校的情感教育问题提出初步的设想，即每个人在童年、少年和青年时代，为了能够认识美，应当受到哪些教育。在我的这些设想中，对学生感官的训练给予很大的注意。这个课题实际上还是教育研究中的一个空白点。在总结中，关于如何改进教育影响的方法问题也占有一定的地位。

今年我们把主要注意力放在研究教育青少年的方法的特点上。在本文开头，我曾谈到某一次少先队辅导员讲习班上的"示范性"辩论会，这并不是偶然的。因为它反映了教育工作中的严重缺点——做表面文章。它只会使人养成虚伪的习气。这种做法常常使孩子们感到：教师找我谈话，并不是因为他从内心愿意跟我谈话，而是他需要完成自己的任务，完成别人要求他做的事罢了。少年们对这种情况是非常敏感的，他们不能接受这样的教育。他们能感觉出对他说话的人在精神上是空虚的。那些话毫无热情，以致它本身所包含的高尚的内容也变得没有价值了。

怎样进行教育工作，怎样使教育者和受教育者在精神上达到一致，怎样在师生之间保持没有拘束和友好相处的关系；个人精神生活的哪些领域是可以在集体里探讨的,哪些是不容集体干预的;对人的情感施加间接的(不是直接的)感化作用的艺术是什么;怎样揭示道德信念中的情感因素;等等。对所有这些问题的回答,都不是从别的地方照搬过来,而是全体教师集思广益的成果。

我们就是这样进行学年总结的。没有必要在总结报告中罗列姓名、实例,也没有必要起草和通过校务委员会的长篇决议。总结报告既是集体思想的概括,集体的创造,也是全体教师新学年工作的起点和方向。报告中提出的那些设想,能引起教师们的争论,而经过争论和思考,他们就会把报告作为今后工作的基本路线、基本方向而接受下来。

(本书第一、二次谈话,刘启娴译;第三次谈话,纪强译;第四次谈话,金芳、继麟译;第五次谈话,赵玮译;第六、七次谈话,丁文礼、黄云英译;第八次谈话,金芳、继麟译。杜殿坤、王家驹校,赵玮重校)

注　释

《帕夫雷什中学》

苏霍姆林斯基的专著《帕夫雷什中学》首次由莫斯科教育出版社于1969年出版。杰出的苏联教育家在这部书中科学地总结了他在基洛夫格勒州帕夫雷什中学多年的教育教学工作经验。该书首版附有照片插图。

收入本卷的《帕夫雷什中学》以上述版本为依据，内容做了部分订正和删减，略去了插图。对原文的删减系出于排除重复现象之必要而为。

1　А.В.卢那察尔斯基在《弗拉基米尔·伊里奇与国民教育》一文中写道："当教育人民委员部沿着弗拉基米尔·伊里奇确定的道路前进时，应当始终不忘，共产主义伟大领袖也正是苏维埃教育强有力的奠基人。"（卢那察尔斯基.卢那察尔斯基论教育与培养[M].莫斯科：教育出版社，1976：145.）

——第3页

2　第斯多惠写道："不高明的教师传授真理，高明的教师教的是寻求真理。"（第斯多惠.第斯多惠教育文选[M].莫斯科，教育教学出版社，1956：158.）

——第5页

3　马克思.资本论[M]//中共中央马克思恩格斯列宁斯大林著作编译局.马克思恩格斯全集：第二十三卷.北京：人民出版社，1972：535.

——第6页

4　这里讲的是狭义教育，即使它不包含教学过程，也同教学过程有着紧密的联系。

——第14页

5　斯坦尼斯拉夫斯基在阐述对演员的要求时，写道："不能硬挤出自己的情感，不能为了嫉妒、爱、痛苦本身而去嫉妒、去爱、去痛苦。不能强迫情感，那样最终会导致令人十分厌恶的演员表演中的做作……。不能表演出激情和形象，而要在激情的激发下、在投入形象之中演戏。""秘诀在于……绝不强制自己的情感，要让它自主，不要考虑'激情真相'，因为'激情'不取决于我们，而是它自己产生的。它们既不听从命令，也不顺从强制。"（斯坦尼斯拉夫斯基. 演员的自我修养 [M]. 莫斯科：艺术出版社，1951：54-55.）

——第 17 页

6 通常任命学校校长和负责教育教学的副校长等职务，由各区（市）、州国民教育厅决定。现在，普通中学人员编制中不再设教务主任职务，而设负责教育教学工作的副校长职务。（校长手册 [M]. 莫斯科：教育出版社，1971：21，326-327.）

——第 39 页

7 普通中学的教育委员会不负责审议教员的任免和调动等问题。[参见《普通学校教育委员会章程》（1970 年）]

——第 44 页

8 中共中央马克思恩格斯列宁斯大林著作编译局. 列宁全集：第 40 卷 [M]. 2 版. 北京：人民出版社，1986：156-158.

——第 45 页

9 列昂节夫. 心理发展问题 [M]. 莫斯科：思想出版社，1965：532-540.

——第 52 页

10 依照《普通学校教育委员会章程》（1970 年）的规定，学校教育委员会（校务会议）固定由校长领导。该文件没有规定教育委员会副主席的选举，只在成员中选举委员会秘书，任期一学年。

——第 73 页

11 通常，家长委员会在学校里不直接管这些问题。[参见《普通学校家长委员会标准条例》（1970 年）]

——第 74 页

12 卓娅·科斯莫捷米扬斯卡娅 1941 年 11 月 29 日被德军绞死。

——第 98 页

13 这里所讲的"学校的物质基础"是广义的。通常，学校的物质基础是指学校的教学用房和辅助性校舍、所占土地及相应设备。

——第 103 页

14 自 1962 年起，苏联开始实行中等教育毕业证书制。

——第 103 页

15 大量实验研究资料和各校在 1969—1970、1971—1972 学年按新大纲进行教学的经验，都印证了苏霍姆林斯基的结论。

——第 145 页

16 苏联部长会议 1970 年 9 月 8 日批准的《普通中学规章》规定了适当家庭作业时间的标准。（苏联国民教育普通学校文件汇编（1917—1973 年）[C]. 莫斯科：教育出版社，1974：230.）

——第 148 页

17 马克思写道："我们坚信，构成真正危险的并不是共产主义思想的实际试验，而是它的理论阐述；要知道，如果实际试验大量地进行，那么，它一旦成为危险的东西，就会得到大炮的回答；而征服我们心智的、支配我们信念的、我们的良心通过理智与之紧紧相连的思想，是不撕裂自己的心就无法挣脱的枷锁；同时也是魔鬼，人们只有服从它才能战胜它。"（中共中央马克思恩格斯列宁斯大林著作编译局. 马克思恩格斯全集：第一卷 [M]. 2 版. 北京：人民出版社，1995：295-296.）

——第 160 页

18 显然，苏霍姆林斯基讲的是马克思在《哥达纲领批判》（1875 年）一文中所阐述的原理："在共产主义社会高级阶段，在迫使人们奴隶般地服从分工的情形已经消失，从而脑力劳动和体力劳动的对立也随之消失之后；在劳动已经不仅仅是谋生的手段，而且本身成了生活的第一需要之后；在随着个人的全面发展，他们的生产力也增长起来，而集体财富的一切源泉都充分涌流之后，——只有在那个时候，才能完全超出资产阶级权利的狭隘眼界，社会才能在自己的旗帜上写上：各尽所能，按需分配！"（马克思. 哥达纲领批判 [M]// 中共中央马克思恩格斯列宁斯大林著作编译局. 马克思恩格斯选集：第三卷 [M]. 3 版. 北京：人民出版社，2012：364-365.）

——第 180 页

19 A. B. 卢那察尔斯基写道："社会只有以其鲜明表现于个人身上的人的个性的多样性，才会显示它是真正文明的、丰富多彩的社会。"（卢那察尔斯基. 卢那察尔斯基论教育与培养 [M]. 莫斯科：教育出版社，1976：306.）

——第 182 页

20 卢那察尔斯基在分析高尔基的长篇小说《克里姆·萨姆金的一生》时，注意到萨姆金主义在俄罗斯知识界很普遍。这类知识分子"处在思想与派别的交叉口。由于自身的空虚，这些知识分子自然而然产生这些思想。有时这些思想轮流统治他们，这样我们看到的便是一个见风使舵的善变者；有时这些思想又同时融合于一身，这样在我们面前的就是一个折衷主义者了。"（卢那察尔斯基. 卢那察尔斯基文集：第 2 卷 [M]. 莫斯科：文艺书籍出版社，1964：191.）

——第 198 页

21　1970 年，评定学生品行的五级分制被废除，代之以三级制，即模范、及格、不及格。（关于普通中学学生品行评定的指示 [M]// 苏联国民教育普通学校文件汇编（1917—1973 年）. 莫斯科：教育出版社，1974：230. 有关学校的基本法令 [M]. 基辅：苏维埃学校出版社，1973：144-145.）

——第 206 页

22　马克思 1871 年 1 月 21 日在致纽约的齐格弗里特·迈耶尔的信中写道："俄国目前发生的思想运动，证明底层深处正在发生动荡。有识之士往往通过无形的纽带同人民的机体联系在一起。"（中共中央马克思恩格斯列宁斯大林著作编译局. 马克思恩格斯全集：第三十三卷 [M]. 北京：人民出版社，1973：178.）

——第 215 页

23　中共中央马克思恩格斯列宁斯大林著作编译局. 马克思恩格斯选集：第一卷 [M]. 3 版. 北京：人民出版社，2012：89.

——第 216 页

24　同上注。

——第 217 页

25　车尔尼雪夫斯基在他的学术论文《艺术与现实的美学关系》中着重指出："科学与艺术（诗文），犹如《Hand buch》对于初识人生者一般；它们作用在于：初为阅读文献做准备，继而有时充当资料。科学不打算掩盖这些，诗人们在畅述自己作品实质的评论中也不想掩盖这些；唯独美学依然肯定地说，艺术高于生活和现实。""让艺术为它崇高而又美妙的作用孤芳自赏：在不存在实际情况时，让它成为可供参考的生活教科书。"（车尔尼雪夫斯基. 车尔尼雪夫斯基教育文选 [M]. 莫斯科：俄罗斯联邦教育科学院出版社，1953：239，242.）

——第 230 页

26　高尔基写道："文学的力量究竟在哪里？它因把思想渗透于血肉，比哲学或科学给人以更强的直观性和更大的说服力。"（高尔基·俄罗斯文学史 [M]. 莫斯科：国家文学出版社，1939：1.）

——第 236 页

27　这里讲的是苏共中央和苏联部长会议 1966 年 11 月 10 日通过的《关于进一步改进普通中学工作的措施的决议》。（苏联国民教育普通学校文件汇编（1917—1973 年）[M]. 莫斯科：教育出版社，1974：219-224.）

决议着重指出，在科学技术和社会蓬勃发展的形势下，学校的作用空前提高。学校应保证新一代全面发展，成为合格的共产主义社会的建设者。学校应授予学生扎实的科学基础知识，为他们培养高度的共产主义觉悟，使他们准备好投入生活并能有意识地选择职业，深刻认识社会发展的规律。要使教育内容符合科学、技术和文化的发展要求。为了拓展学生的知识面和发展他们各方面的兴趣和才能，授权学校自七年级开始为学生开设任选的选修课；开办加深学习个别科目的学校和班级〔九至十（十一）年级〕。

阐述对学生智育要求的文件还有：苏共中央和苏联部长会议《关于完成向青年普及中等教育过渡和进一步发展普通学校的决议》（1972年）、苏共中央和苏联部长会议《关于进一步改善农村普通学校工作条件的措施的决议》（1973年）、苏共中央和苏联部长会议《关于进一步完善普通学校学生的教育和教学并使他们做好从事劳动的准备的决议》（1977年），以及《苏联宪法》和《苏联暨加盟共和国国民教育立法纲要》等。

——第249页

28　К.Д.乌申斯基写道："会用我们的慧眼从事物的一切关系的中心观察它们的能力，这是伟大智谋的一个特殊标志。"（乌申斯基.乌申斯基文集：第8卷[M].莫斯科：俄罗斯联邦教育科学院出版社，1950：356.）

——第249页

29　涅克拉索夫.谁在俄罗斯能过好日子[M].莫斯科：文艺书籍出版社，1975：118.

——第253页

30　М.А.达尼洛夫认为："教学过程的动力在于，教学进程恰当推出的教学和实践课题与学生现有的知识、技能和智力发展水平之间的矛盾。"

——第254页

31　列宁在1916年12月18日致阿尔曼德的信中写道："判断一个人的好坏，不能凭他本人的自吹自擂，而要看他的实际行动，——您还记得马克思主义的这个真理吗？"（中共中央马克思恩格斯列宁斯大林著作编译局.列宁全集：第四十七卷[M].北京：人民出版社，1990：483.）

——第265页

32　该书以苏霍姆林斯基的副博士学位论文《校长——教育教学工作的领导人》（1955年）以及他在乌克兰苏维埃社会主义共和国国民教育领导干部中央进修学院的授课讲义为基本材料。书中阐述了领导学校的基本原则、提高业务工作、保证课堂效益的手段及学生的德育和劳动教育等内容。

——第280页

33 中共中央马克思恩格斯列宁斯大林著作编译局.马克思恩格斯全集：第二十七卷[M].北京：人民出版社，1972：436.

——第285页

34 恩格斯在1884年7月致爱德华·伯恩施坦（苏黎世）的信中写道："至于无神论只是表示一种否定，这一点我们自己早在40年前驳斥哲学家们的时候就已经说过了，但是我们补充说：无神论作为对宗教的单纯的否定，它始终要涉及宗教，没有宗教，它本身也不存在，因此它本身还是一种宗教……"（中共中央马克思恩格斯列宁斯大林著作编译局.马克思恩格斯选集：第四卷[M].3版.北京：人民出版社，2012：569.）

——第289页

35 列宁1920年12月22日在全俄苏维埃第八次代表大会所作的《全俄中央执行委员会和人民委员会关于对外对内政策的报告》中论述了如下原理："共产主义就是苏维埃政权加全国电气化。""现在我们必须使我们建成的每一座电站都真正成为教育的据点，都要对群众进行所谓电的教育。""必须使每一个工厂、每一座电站都变成教育的据点，如果俄国布满了由电站和强大的技术设备组成的密网，那么，我们的共产主义经济建设就会成为未来的社会主义的欧洲和亚洲的榜样。"（中共中央马克思恩格斯列宁斯大林著作编译局.列宁选集：第四卷[M].3版.北京：人民出版社，1995：364-366.）

——第316页

36 马克思在《政治经济学批判（1857—1858年手稿）》中指出，与傅立叶的观点相反，共产主义社会中的劳动不会只是娱乐消遣，并就此着重指出："真正自由的劳动，例如作曲，同时也是非常严肃，极其紧张的事情。"（中共中央马克思恩格斯列宁斯大林著作编译局.马克思恩格斯全集：第三十卷[M].2版.北京：人民出版社，1995：616.）

——第340页

37 苏霍姆林斯基援引了詹姆斯·奥尔德里奇的话，他曾经在《作家与社会公德》一文中写道："当代知识界的某些人喜欢说，狄更斯笔下的英国现在显得很荒诞。然而，要知道，仅仅25年前，就在（20世纪）30年代，数以百万计的英国人生活在丝毫也不强于狄更斯所熟知的那种条件之下，而在某些方面还更差些……。英国由于自由党的政策问题所招致的痛苦失望而变得蛮横无耻和利己主义化。"（詹姆斯·奥尔德里奇.思想意识的决斗[M].莫斯科：真理出版社，1964：7-8.）

——第358页

38 马克思在《路易·波拿巴的雾月十八日》一书中写道："人们自己创造自己的历史，但是他们并不是随心所欲地创造，并不是在他们自己选定的条件下创造，而是在直接碰到的、既定的、从过去承继下来的条件下创造。一切已死的先辈们的传统，像梦魇一样纠缠着活人的头脑。当人们好像刚好在忙于改造自己和周围的事物并创造前所未闻的事物时，恰好在这种革命危机时代，他们战战兢兢地请出亡灵来为他们效劳，借用它们的名字、战斗口号和衣服，以便穿着这种久受崇敬的服装，用这种借来的语言，演出世界历史的新的一幕。"（中共中央马克思恩格斯列宁斯大林著作编译局.马克思恩格斯全集：第十一卷[M].2版.北京：人民出版社，1995：131-132.）

——第360页

39　普希金.普希金全集：第3卷[M].列宁格勒：科学出版社列宁格勒分社，1977：13.

——第363页

40　现代学生制服在俄罗斯联邦、乌克兰及其他加盟共和国都已改善。

——第370页

（赵玮　译）

《和青年校长的谈话》

苏霍姆林斯基的《和青年校长的谈话》一书1973年由莫斯科教育出版社首次出版。该书基本上由发表于《国民教育》杂志1965年第9期和1966年第2、3、7、8各期上的系列谈话、文章构成。在本卷中此书以全文收载。

1　苏霍姆林斯基显然是指以下著作。（А.Н.列昂节夫.心理发展问题[M].莫斯科：思想出版社，1965. Л.В.赞科夫.教学中的直观性与学生的主动化[M].莫斯科：国家教育出版社，1960. Л.В.赞科夫.论启蒙教育[M].莫斯科：俄罗斯联邦教育科学院出版社，1963. Л.В.赞科夫.教学论与生活[M].莫斯科：教育出版社，1968. Г.С.科斯秋克.论理解心理学——乌克兰心理学科学研究所科学札记：第2卷[M].基辅：苏维埃学校出版社，1950. Г.С.科斯秋克.思维心理学问题[M].莫斯科：俄罗斯联邦教育科学院出版社，1959.）

——第383页

2　此处指的是津钦科论述非无意记忆的专著，书中论证了苏霍姆林斯基提出的原理。（津钦科.非无意记忆[M].莫斯科：俄罗斯联邦教育科学院出版社，1955：221，309，319，351，362，368-371.）

——第397页

3　亚里士多德.亚里士多德文集：第1卷[M].莫斯科：思想出版社，1975：69-70.

——第399页

4　А.В.卢那察尔斯基.论教育与培养[M].莫斯科：教育出版社，1976：306.

——第415页

5　К.Д.乌申斯基.乌申斯基文集：第2卷[M].莫斯科—列宁格勒：俄罗斯联邦教育科学院出版社，1948：635，652.

——第416页

6　普希金.普希金文集：第3卷[M].列宁格勒：科学出版社列宁格勒分社，1977：13.

——第455页

注释

7　К.Д.乌申斯基.论教育书籍的效用[M]//乌申斯基文集：第2卷.莫斯科—列宁格勒：俄罗斯联邦教育科学院出版社，1948：24.

——第467页

8　卢那察尔斯基着重指出："我们所有的人与我们理想的人的形象相对而言，只不过是材料、是原木，是要使之成形的原木，但这是活生生的、各怀自身理想的原木。"（А.В.卢那察尔斯基.论教育与培养[M].莫斯科：教育出版社，1976：364.）

——第498页

9　这句话出自陀思妥耶夫斯基的长篇小说《卡拉马佐夫兄弟》中对德米特里·卡拉马佐夫的审判案的描述。（陀思妥耶夫斯基.卡拉马佐夫兄弟[M].莫斯科：国家文艺书籍出版社，1973：667-764.）

——第501页

10　列宁在俄国共青团第三次代表大会上的演说《青年团的任务》中强调指出："应该使培养、教育和训练现代青年的全部事业，成为培养青年的共产主义道德的事业。"（中共中央马克思恩格斯列宁斯大林著作编译局.列宁选集：第四卷[M].3版.北京：人民出版社，1995：288.）

——第502页

11　这一寓意出自 И.А.伊利夫和 Е.П.彼得罗夫的小品文《为了美满的幸福》《白昼客店》。（伊·伊利夫，叶·彼得罗夫.伊利夫、彼得罗夫文集：第3卷[M].莫斯科：国家文艺书籍出版社，1964：267-268，321-323.）

——第512页

12　圣埃克苏佩里在他为成人写的故事《小王子》中通过自己塑造的人物李萨宣告了这样一个真理："你永远对你所开导了的所有的人负有责任。"（圣埃克苏佩里.小王子[M].莫斯科：真理出版社，1979：307，379.）

——第512页

13　亚努什·科尔恰克.当我返老还童时[M].莫斯科：国立儿童读物出版社，1961：76.

——第513页

14　Н.А.涅克拉索夫.谁在俄罗斯能过好日子[M].莫斯科：国家文艺书籍出版社，1975：118.

——第548页

15　参见注3。要注意到，马克思在《共产主义和奥格斯堡〈总汇报〉》一文中援引亚里士多德的说法时，使用了这样的措辞："惊奇是探求哲理的开端"。（中共中央马克思恩格斯列宁斯大林著作编译局.马克思恩格斯全集：第一卷[M].2版.北京：人民出版

第4卷

社，1995：294.）

——第 550 页

16　А.С.马卡连柯在《少年工学团工作方法经验》一书的素材中写道，"对作为教育产品的人的设计，应当按照社会需求去做。"（А.С.马卡连柯.马卡连柯文集：第 5 卷 [M].莫斯科：俄罗斯联邦教育科学院出版社，1958：465-466.）

——第 563 页

17　А.Н.列昂节夫.心理发展问题 [M].莫斯科：思想出版社，1965. Г.С.科斯秋克.心理学 [M].基辅：苏维埃学校出版社，1968：329-330. Г.С.科斯秋克.学生掌握语言的心理学问题 [M].基辅：苏维埃学校出版社，1957. Т.Г.耶格罗夫.掌握阅读技巧心理学 [M].莫斯科：教育出版社，1953.

——第 565 页

18　此处讲的是人通过他的情感表现自己。К.Д.乌申斯基在他的著作《作为教育对象的人·教育人类学体验》的第 2 卷中写道："不论什么——不论我们的言语、思想，甚至行为，都不如我们的情感那样鲜明而又真实地表现出我们本身和我们对世界的态度：从中听闻到的不是个别想法的性质，不是个别决定，而是我们心灵及其构架的全部内涵。"（К.Д.乌申斯基.乌申斯基文集：第 9 卷 [M].莫斯科—列宁格勒：俄罗斯联邦教育科学院出版社，1950：117-118，130-132，153.）

——第 568 页

19　苏霍姆林斯基此处指的是 И.Н.乌里扬诺夫关于 19 世纪 60 年代末的一次联合教育委员会的会议记录。在玛丽艾塔·沙吉尼扬的纪实长篇小说《乌里扬诺夫一家》里可以看到关于它的记述。记录里讲述了教科书的作用及教师对它的运用："教科书之需用仅在于启动思考，犹如跳板是为了跳跃……教师的知识应当比印在课本里的知识多 10 倍、20 倍——让他在课上开辟出课本外的广阔天地。"（玛丽艾塔·沙吉尼扬.乌里扬诺夫一家 [M].莫斯科：国家文艺书籍出版社，1969：307.）

——第 575 页

（赵玮　译）

ИЗБРАННЫЕ ПРОИЗВЕДЕНИЯ
В ПЯТИ ТОМАХ

后　记

《苏霍姆林斯基选集（五卷本）》，由乌克兰基辅苏维埃学校出版社于1979—1980年出版。首版印刷高达10万套，是一套在苏联享有极高声望的大型经典教育理论著作，先后被译成十几种语言文字出版，在世界许多国家产生了深远的影响，是20世纪人类重要的文化教育遗产之一。

本套书的出版宗旨在于为我国教育工作者提供一套全面了解苏联著名教育家苏霍姆林斯基教育思想的权威性经典图书。

参加本套书翻译工作的人员绝大多数是长期致力于苏霍姆林斯基教育理论研究的国内一流专家、学者，其中许多人已是六七十岁的老学者。当他们听到教育科学出版社准备出版这套书时，无不表示由衷的敬意。为实施精品战略工程，许多人不顾年迈体弱，本着高度负责的精神，精益求精地对待书稿。经过近两年的努力，在《苏霍姆林斯基选集（五卷本）》即将问世时，我要首先感谢中央教育科学研究所的张渭城研究员、北京师范大学的赵玮译审和毕淑芝教授、华东师范大学的倪家泰教授、安徽大学的陈先齐研究员、天津教育科学研究院的刘伦振研究员，这些德高望重的老专家、学者严谨的治学态度，认真负责的精神令人感动。同时也要特别感谢北京师范大学的王义高教授、肖甦副教授及从始至终与我共同工作近两年、为这套书的出版倾注大量心血的翻译家蔡汀先生。可以说，没有全体编委会成员的精诚合作，就没有《苏霍姆林斯基选集（五卷本）》中文版的问世。

值得指出的是，五卷本中的有些作品在20世纪80年代初已由我社和国内其他几家出版社出版过，出于精益求精的追求，本次收入选集中再次出版时，相关译者依照俄文原版对出版过的原作进行了认真修订。在此要特别向湖南教育出版社、安徽教育出版社、天津人民出版社、上海教育出版社、北京理工大学出版社的同行们致以深深的谢意。

本套书得以顺利出版，与苏霍姆林斯基的女儿——乌克兰教育科学院院士苏霍姆林斯卡娅女士的支持与合作也是密不可分的。当她得知中国教育科学出版社要出版《苏霍姆林斯基选集（五卷本）》时，同样激动万分，鼎力相助，从而大大促进了本套书的尽早问世。

另外，中共中央编译局的胡永钦编审在后期核对引文和注释的工作中，给予了大力帮助，这里也一并予以感谢。

相信，本套书的出版，将会成为我国教育理论图书出版史上的一个重要的里程碑。

祖　晶
2000 年 10 月 26 日

ИЗБРАННЫЕ ПРОИЗВЕДЕНИЯ
В ПЯТИ ТОМАХ

再版后记

《苏霍姆林斯基选集（五卷本）》是享誉世界的苏联大型经典教育理论著作，首版印刷高达10万套，先后被译成十几种文字，对世界教育改革和发展产生过重大影响。2001年，《苏霍姆林斯基选集（五卷本）》中文本得以问世，一经出版，便引发了国内教育工作者的广泛关注，并先后荣获"第六届国家图书奖"提名奖、"第三届全国教育图书奖"一等奖。二十余年来，该套书的影响经久不衰，成为全面、系统介绍苏霍姆林斯基教育思想的最权威之作，也成为我国引进版教育理论图书中一部最亮眼的大型经典之作。

为更好地服务于我国广大教育工作者，提供高品质的教育精品力作，我们在原版本的基础上，对内容进行了进一步精加工，力求精益求精，更完美、更准确地再现苏霍姆林斯基这位伟大教育家的睿智思想，传承这份弥足珍贵的教育遗产，以期给我国广大教育工作者更多精神的激励、智慧的启迪，为推动教育高质量发展、办好人民满意的教育贡献力量。

祖 晶

2022年10月26日

出 版 人　郑豪杰
策　　划　祖晶
责任编辑　孔明丽　李馨宇
版式设计　郝晓红
责任校对　贾静芳
责任印制　叶小峰

图书在版编目（CIP）数据

苏霍姆林斯基选集.第4卷/蔡汀,王义高,祖晶主编. —北京：教育科学出版社，2023.3
ISBN 978-7-5191-3280-4

Ⅰ. ①苏… Ⅱ. ①蔡… ②王… ③祖… Ⅲ. ①苏霍姆林斯基（Suhomlinskii, Vasilii Aleksanlrovich 1918-1970）–文集　Ⅳ. ① G40-095.12

中国版本图书馆 CIP 数据核字（2022）第 243175 号

苏霍姆林斯基选集（五卷本）　精装本　第 4 卷
SUHUOMULINSIJI XUANJI（WU JUAN BEN）JINGZHUANGBEN DI 4 JUAN

出版发行	教育科学出版社			
社　　址	北京·朝阳区安慧北里安园甲 9 号	邮　　编	100101
总编室电话	010-64981290	编辑部电话	010-64981321
出版部电话	010-64989487	市场部电话	010-64989009
传　　真	010-64891796	网　　址	http：//www.esph.com.cn
经　　销	各地新华书店		
印　　刷	中印南方印刷有限公司		
制　　作	北京浪波湾图文工作室		
开　　本	720 毫米 × 1020 毫米　1/16	版　　次	2023 年 3 月第 1 版
印　　张	38.5	印　　次	2023 年 3 月第 1 次印刷
字　　数	561 千	定　　价	116.00 元

图书出现印装质量问题，本社负责调换。